Grundlagenwissen für erfolgreiche Verhandler

Stefanie Jung · Peter Krebs

Grundlagenwissen für erfolgreiche Verhandler

Springer Gabler

Stefanie Jung
Technische Universität München
Heilbronn, Deutschland

Peter Krebs
Universität Siegen
Siegen, Deutschland

ISBN 978-3-658-41492-4   ISBN 978-3-658-41493-1 (eBook)
https://doi.org/10.1007/978-3-658-41493-1

Übersetzung der englischen Ausgabe: „The Essentials of Contract Negotiation" von Stefanie Jung und Peter Krebs, © Springer Nature Switzerland AG 2019. Veröffentlicht durch Springer International Publishing. Alle Rechte vorbehalten

Die Deutsche Nationalbibliothek verzeichnet diese Publikation in der Deutschen Nationalbibliografie; detaillierte bibliografische Daten sind im Internet über https://portal.dnb.de abrufbar.

Planung/Lektorat: Catarina Gomes de Almeida
Springer Gabler ist ein Imprint der eingetragenen Gesellschaft Springer Fachmedien Wiesbaden GmbH und ist ein Teil von Springer Nature.
Die Anschrift der Gesellschaft ist: Abraham-Lincoln-Str. 46, 65189 Wiesbaden, Germany

Vorwort

Unternehmerische Vertragsverhandlungen sind von großer praktischer Bedeutung. Die Kunst der Verhandlung kann bereits darüber entscheiden, ob ein Vertrag überhaupt geschlossen wird. Kommt es zum Vertragsschluss, bestimmt dann nicht allein die (rationale) Verhandlungsmacht der Verhandlungspartner, sondern daneben gerade auch das Verhandlungsgeschick über den Erfolg bei der Verhandlung. Gute Vertragsverhandler sind daher für alle Unternehmen essenziell.

Um Verhandlungsgeschick zu erwerben, bedarf es viel Praxiserfahrung sowie eines gewissen Talents. Daneben hilft allerdings vor allem die systematische Beschäftigung mit der Thematik dabei, Grundfähigkeiten im Verhandeln zu erlernen, Fehler zu vermeiden und sich stetig weiter zu verbessern. Ebenso wie von den Amateurfußballern der untersten Ligen bis zu den Fußballmannschaften der Champions League alle einen Trainer brauchen, der sie coacht, so ist eine systematische Anleitung zum Verhandeln auch für Laien bis hin zu Profiverhandlern sinnvoll. Es vermag daher nicht zu überraschen, dass die Vermittlung von Kenntnissen der Vertragsverhandlung in den USA bereits zum allgemein üblichen Teil der Ausbildung in juristischen und wirtschaftswissenschaftlichen Studiengängen gehört. Darüber hinaus ist auch für das nicht akademische Personal in den USA eine Ausbildung in Vertragsverhandlungen allgemeiner Standard. Im Unternehmen bzw. in Anwaltskanzleien erhalten Verhandler in den USA dann oftmals zudem die Gelegenheit, sich diesbezüglich fortzubilden. In Deutschland spielen Vertragsverhandlungen ökonomisch die gleiche herausragende Rolle wie in den USA. Eine flächendeckende Ausbildung von Betriebswirten, Juristen und Ingenieuren in Vertragsverhandlungen erfolgt in Deutschland (bislang) jedoch noch nicht, wobei sich in den letzten Jahren gerade die Universitäten darum bemühen, ihre Angebote auszuweiten. Auch Unternehmen werden sich der Bedeutung von entsprechenden Weiterbildungsmöglichkeiten immer bewusster und machen ihren Mitarbeitern daher teils ebenfalls entsprechende Angebote. Daneben kann gerade die Beschäftigung mit der einschlägigen Literatur helfen, durch ein Selbststudium die eigenen Verhandlungsfähigkeiten zu verbessern. Die Autoren wollen mit diesem Werk daher Interesse für das Thema Vertragsverhandlungen wecken, da sich eine Beschäftigung mit der Thematik lohnt.

Das Buch setzt keine Vorkenntnisse voraus und ist daher für Anfänger geeignet. Für Fortgeschrittene geht das Werk teils tiefer und enthält zudem Nachweise für weiterführende Literatur. Es wird darauf abgezielt, die zentralen Erkenntnisse der Verhandlungswissenschaft – maßgeblich geprägt durch die Forschung in den USA – zusammenzutragen und Leserinnen und Lesern somit einen guten Überblick über die Thematik zu verschaffen. Gleichzeitig werden die Erkenntnisse kritisch hinterfragt und weiterentwickelt. Wo es möglich ist, werden zudem Vorschläge für Gegenmaßnahmen zu bestimmten Taktiken unterbreitet. Die Autoren bemühen sich darüber hinaus auch, zentrale rechtliche Rahmenbedingungen für Vertragsverhandlungen mit einzubeziehen. Die Auswirkungen dieser Rahmenbedingungen sollten nicht unterschätzt werden. Sie sind gewöhnlich zwar nicht Gegenstand der Verhandlungsliteratur, aber in der Praxis wichtig, um professionell in Verhandlungen agieren zu können.

Es handelt sich bei diesem Werk um eine deutlich gekürzte, gleichzeitig aber auch erweiterte sowie überarbeitete Version des Buchs *Die Vertragsverhandlung – Taktische, strategische und rechtliche Elemente*. Das Originalwerk ähnelt durch seinen Umfang einem Nachschlagewerk, welches sich darum bemüht den gesamten Stand der Verhandlungswissenschaft abzubilden. Die vorliegende Version hat es sich hingegen vielmehr zum Ziel gesetzt, die zentralen Erkenntnisse der Verhandlungswissenschaft zu diskutieren. Zusätzlich sollen wichtige kulturelle Verhandlungsdifferenzen von deutschen, US-amerikanischen und chinesischen Verhandlern aufgezeigt werden, wobei es sich bei diesem Abschnitt um eine Übersetzung aus unserem Werk *The Essentials of Contract Negotiation* handelt. Die behandelten kulturellen Verhandlungsunterschiede unterstreichen ebenfalls die stärkere Praxisnähe dieser Version. Im Ergebnis richtet sich dieses Werk daher vor allem an Praktiker und Studierende.

Die Autoren möchten die Gelegenheit nutzen, allen zu danken, die sie unterstützt haben. An erster Stelle sind dies ungenannt bleibende Praktiker, die uns praktische Hinweise und Anregungen gegeben haben. Herzlich danken möchten wir zudem unseren Mitarbeiterinnen, die uns bei der Bearbeitung dieser neuen Auflage engagiert unterstützt haben. Im Einzelnen gehörten Melissa Dowse, Anne-Kathrin Haag, Inga Symnick, Bernadette Boehl, Melanie Ryan, Alina Hanke Ruiz, Vanessa Schäfer und Yung-Yu Hsu zum Team.

Uns, den Autoren, bereitet die Beschäftigung mit der Materie Vertragsverhandlung viel Freude. Es ist uns daher sehr daran gelegen, dass es unseren Leserinnen und Lesern ähnlich gehen wird. Feedback, Informationen, Anregungen und Kritik zum Werk sind uns deshalb für die zukünftige Weiterentwicklung des Buchs willkommen. Umgekehrt sind wir auch gern bereit, andere fachlich zu konkreten Verhandlungen zu beraten und in diesem Bereich zu schulen.

Heilbronn, Deutschland   Stefanie Jung
Siegen, Deutschland   Peter Krebs

Inhaltsverzeichnis

1   Einleitung... 1

2   Gebrauchshinweise...................................... 5
   2.1   Gliederung des Buches 5
   2.2   Mögliche Lesarten dieses Werks 6

3   Planung und Ablauf von Vertragsverhandlungen 9
   3.1   Die Verhandlungsvorbereitung.................... 9
   3.2   Der Verhandlungseinstieg 15
   3.3   Die Kernphase der Verhandlung 17
   3.4   Die Vereinbarung............................... 24
   3.5   Die Umsetzung des Vereinbarten................ 25
   3.6   Die Ex-post-Phase 25

4   Elemente der Vertragsverhandlung – eine alphabetische
   Begriffszusammenstellung 27

5   Kulturelle Unterschiede bei Vertragsverhandlungen am Beispiel von
   Deutschland, den USA und China..................... 247
   5.1   Wie Deutsche verhandeln 247
      5.1.1   Vorbemerkung 247
      5.1.2   Verhandlungsausbildung 248
      5.1.3   Mentalitäten........................... 249
      5.1.4   Orientierung an rechtlichen Vorgaben – safe harbor principle 249
      5.1.5   Grundeigenschaften und Herangehensweisen 252
      5.1.6   Verhandlungsvorbereitung.............. 257
      5.1.7   Mock negotiations 258
      5.1.8   Ort, Zeit und Zusammensetzung eines Verhandlungsteams 259
      5.1.9   Small talk............................. 259
   5.2   Wie Chinesen verhandeln 260
      5.2.1   Vorbemerkung 260
      5.2.2   Verhandlungsausbildung 261

        5.2.3   Mentalität... 262
        5.2.4   Orientierung an rechtlichen Vorgaben....................... 262
        5.2.5   Vertrauensbildung und Vertragsverhandlungen................ 263
        5.2.6   Grundeigenschaften und Herangehensweise................... 265
        5.2.7   Verhandlungsvorbereitung................................. 269
        5.2.8   Ort, Zeit und Zusammensetzung einer Verhandlungsdelegation 269
        5.2.9   Kennenlernphase/small talk............................... 271
        5.2.10 Taktiken in der Vertragsverhandlung....................... 271
        5.2.11 Implementierung von Verhandlungsergebnissen und weitere
                Verhandlung.. 272
    5.3 Wie US-Amerikaner verhandeln.................................. 273
        5.3.1   Vorbemerkung... 273
        5.3.2   Verhandlungsausbildung.................................. 274
        5.3.3   Mentalitäten.. 275
        5.3.4   Orientierung an rechtlichen Vorgaben....................... 275
        5.3.5   Grundeigenschaften und Herangehensweisen................. 277
        5.3.6   Verhandlungsvorbereitung................................. 282
        5.3.7   Ort, Zeit und Zusammensetzung des Verhandlungsteams........ 283
        5.3.8   Small talk.. 283
        5.3.9   Strategien und Taktiken.................................. 283

Themenlisten.. 285

Literaturverzeichnis... 301

Stichwortverzeichnis.. 321

Abkürzungsverzeichnis

5 Ps	prior preparation prevents poor performance
Abb.	Abbildung
ABGB	Allgemeines Bürgerliches Gesetzbuch (Österreich)
Abs.	Absatz
ACBD	always consult before deciding
ADR	alternative dispute resolution
AEUV	Vertrag über die Arbeitsweise der Europäischen Union
AGB	Allgemeine Geschäftsbedingungen
Alt.	Alternative
Art.	Artikel
Aufl.	Auflage
B2B	business to business
B2C	business to consumer
BAFO	best and final offer
BAG	Bundesarbeitsgericht
BATNA	best alternative to a negotiated agreement
BDSG	Bundesdatenschutzgesetz
BGB	Bürgerliches Gesetzbuch
BGH	Bundesgerichtshof
BGHZ	Entscheidungssammlung des Bundesgerichtshofs in Zivilsachen
bzgl.	bezüglich
bzw.	beziehungsweise
c. i. c.	culpa in contrahendo
CBCA	criteria-based content analysis
CEO	Chief Executive Officer
CIETAC	China International Economic and Trade Arbitration Commission

CISG	United Nations Convention on Contracts for the International Sale of Goods (UN-Kaufrecht)
CMC	computer-mediated communication
d. h.	das heißt
DAD approach	decide, announce, defend approach
DDD approach	dialogue, decide, deliver approach
DITF	door-in-the-face
DoD	detection of deception
DOJ	Department of Justice
DSGVO	Datenschutz-Grundverordnung
EANT	ethically ambiguous negotiation tactics
EG	Europäische Gemeinschaft
ERCL	European Review of Contract Law
et al.	und andere
etc.	et cetera
EU	Europäische Union
EUR	Euro
EVV	entscheiden, verkünden und verteidigen
f.	folgende/r [Seite, Paragraf]
FC approach	full consensus approach
ff.	folgende [Seiten, Paragrafen]
FITD	foot-in-the-door technique
Fn.	Fußnote
FOA	final offer arbitration
FOG	facts, opinions, guesses
FTF	face-to-face
gem.	gemäß
GeschGehG	Gesetz zum Schutz von Geschäftsgeheimnissen
GG	Grundgesetz
ggf.	gegebenenfalls
GRUR	Gewerblicher Rechtsschutz und Urheberrecht
GTFT	generous tit-for-tat
GWB	Gesetz gegen Wettbewerbsbeschränkungen
h. M.	herrschende Meinung
Hrsg.	Herausgeber
IACM	International Association for Conflict Management
i. d. R.	in der Regel
i. S. d.	im Sinne des/der
i. V. m.	in Verbindung mit
insb.	insbesondere
KMU	kleine und mittlere Unternehmen
LOI	letter of intent

LRRM	Labor Relations Reference Manual
M&A	Mergers and Acquisitions
MBTI	Myers-Briggs-Typenindikator
MESO	multiple equivalent simultaneous offers
MoU	memorandum of understanding
mwN	mit weiteren Nachweisen
NDA	non-disclosure agreement
NEA	Nichteinigungsalternative
NJW	Neue juristische Wochenschrift
NJW-RR	Neue juristische Wochenschrift Rechtsprechungs-Report
NLRB	National Labor Relations Board
NOPA	No possible agreement
Nr.	Nummer
o. ä.	oder ähnliches
PatentG	Patentgesetz
PON	Program on Negotiation
RFP	request for proposal
RL	Richtlinie
Rn.	Randnummer
S.	Seite/Satz
Slg.	Sammlung der Rechtsprechung des Gerichtshofs und des Gerichts Erster Instanz (EU)
SMART	specific, measurable, assignable, realistic, time-related
SMARTER	specific, measurable, assignable, realistic, time-related, evaluated, reviewed
sog.	sogenannt
SOPHOP	soft on people, hard on points
StGB	Strafgesetzbuch
SVA	statement validity assessment
SWOT	strength, weakness, opportunities and threats
TFT	tit-for-tat
TINA	there is no alternative
TKI	Thomas Kilmann Conflict Mode Instrument
u. a.	unter anderem
u. Ä.	und Ähnliches
u. U.	unter Umständen
UCC	Uniform Commercial Code
UCLA	University of California, Los Angeles
US	United States
USA	United States of America
UWG	Gesetz gegen den unlauteren Wettbewerb
v.	versus

v. a.	vor allem
v. Chr.	vor Christi Geburt
vgl.	vergleiche
VO	Verordnung
Vol.	Volume
VR China	Volksrepublik China
WATNA	worst alternative to a negotiated agreement
WNS	Weighted-Negotiation-Score
WWW	what worked well
WWYDD	what would you do differently
z. B.	zum Beispiel
z. T.	zum Teil
ZOPA	Zone of possible agreement

Abbildungsverzeichnis

Abb. 4.1   Ankereffekt. (Quelle: eigene Darstellung).   43

Abb. 4.2   Verhältnis von first offer, aspiration level, BATNA und resistance
            point zueinander. (Quelle: eigene Darstellung)   49

Abb. 4.3   BATNA. (Quelle: eigene Darstellung).   59

Abb. 4.4   BATNA und ZOPA. (Quelle: eigene Darstellung).   61

Abb. 4.5   Diminishing rates of concessions und midpoint rule.
            (Quelle: eigene Darstellung)   102

Abb. 4.6   Parteiinteressen. (Quelle: eigene Darstellung).   137

Abb. 4.7   Januskopf auf einer römischen Münze (As 211–206 v. Chr.).
            (Quelle: eigene Abbildung)   152

Abb. 4.8   Midpoint rule. (Quelle: eigene Darstellung)   164

Abb. 4.9   Negotiation pie. (Quelle: eigene Darstellung).   172

Abb. 4.10   Pareto-Optimum. (Quelle: eigene Darstellung).   183

Abb. 4.11   Principal-Agent-Problematik und Verhandlungen at the table und
            behind the table. (Quelle: eigene Darstellung)   190

Abb. 4.12   Principal-Agent-Problematik. (Quelle: eigene Darstellung)   191

Abb. 4.13   BATNA und ZOPA. (Quelle: eigene Darstellung).   244

Einleitung

Vertragsverhandlungen sind von großer praktischer Bedeutung. Erkenntnisse über die Funktionsweise von Vertragsverhandlungen und ihre Umsetzung in Taktiken und Strategien können helfen, überhaupt zu einer Einigung zu kommen, bessere Verhandlungsergebnisse zu erzielen oder auch eine überlegte Entscheidung gegen eine Einigung zu fällen.

Dieses Werk widmet sich der unternehmerischen Vertragsverhandlung, d. h. business-to-business oder B2B-Verhandlungen. Es handelt sich dabei um eine deutlich gekürzte, gleichzeitig aber auch erweiterte sowie überarbeitete Version des Buchs *Die Vertragsverhandlung – Taktische, strategische und rechtliche Elemente*. Das Originalwerk ähnelt durch seinen Umfang einem Nachschlagewerk, welches sich darum bemüht den gesamten Stand der Verhandlungswissenschaft abzubilden. Die vorliegende Version hat es sich hingegen vielmehr zum Ziel gesetzt, die zentralen Erkenntnisse der Verhandlungswissenschaft zu diskutieren. Die hier erörterten Erkenntnisse, Taktiken, Strategien, Gesamtkonzepte und juristischen Hilfsmittel sowie Rahmenbedingungen können sowohl in Verhandlungen zwischen Unternehmen als auch bei unternehmensinternen Verhandlungen Anwendung finden. Das schließt nicht aus, dass die gleichen bzw. sehr ähnliche Taktiken und Strategien auch im familiären Verhandlungsumfeld, in der Diplomatie oder in Verhandlungen zwischen Unternehmen und Verbrauchern/Arbeitnehmern verwendet werden. Beleuchtet werden sie hier allerdings allein aus dem Blickwinkel der unternehmerischen Vertragsverhandlung.

Der Schwerpunkt dieses Werkes liegt auf den Verhandlungstaktiken und Verhandlungsstrategien. Dabei beziehen sich Taktiken auf einzelne Schritte innerhalb einer Verhandlung, während eine Strategie grundsätzlich für eine ganze Verhandlung gewählt wird. Ein Gesamtkonzept ist so umfassend angelegt, dass es Geltung für alle Arten von Verhandlungen beansprucht. Das einzige, umfassende Gesamtkonzept stellt das Harvard Verhandlungskonzept dar, welches in diesem Werk intensiv diskutiert wird. Zum besseren

S. Jung, P. Krebs, *Grundlagenwissen für erfolgreiche Verhandler*, https://doi.org/10.1007/978-3-658-41493-1_1

Grundverständnis werden auch Grundbegriffe und Techniken, welche für die Taktiken benötigt werden, sowie Effekte und Mechanismen, auf denen die Taktiken beruhen, mit aufgenommen. Darüber hinaus enthält dieses Werk Erläuterungen zu technischen und juristischen Hilfsmitteln, die in der Vertragsverhandlung Anwendung finden. Die Rechtsordnung gibt für Vertragsverhandlungen einen Rahmen vor, innerhalb dessen sich die Verhandlungen bewegen sollen. Diese rechtlichen Vorgaben sind ebenfalls Bestandteil dieses Werks. Zusammenfassend werden in diesem Werk somit folgende Grundkategorien unterschieden:

- Grundbegriffe,
- Mechanismen/Effekte,
- taktische Hilfsmittel,
- Techniken,
- Taktiken,
- Strategien,
- allgemeine Verhandlungskonzepte sowie
- Grundprobleme.

In den Erklärungen wird auf diese Grundkategorien Bezug genommen. Die in diesem Buch erörterten Begriffe sind alphabetisch geordnet. Die Autoren haben sich bewusst gegen eine Aufbereitung der Thematik im Fließtext entschieden. Durch die hier gewählte Herangehensweise lässt sich besser eine umfassende Aufbereitung sicherstellen. Gleichzeitig wird die Vernetzung der einzelnen Begriffe durch das eingeführte Verweissystem (dazu sogleich unter Abschn. 2.2) sichergestellt. Die Stichwortliste hilft beim Auffinden bestimmter Aspekte, und die Themenlisten im Anhang gewähren zusätzlich die Möglichkeit, sich mit bestimmten Fragestellungen konkret auseinanderzusetzen (zu den Gebrauchshinweisen sogleich im Folgenden).

Vertragsverhandlungen sind eine Schnittstellenmaterie. In die Betrachtung fließen psychologische, rechtliche, volkswirtschaftliche und betriebswirtschaftliche Aspekte sowie Erkenntnisse aus der Kommunikationswissenschaft ein. Ziel dieses Werkes ist es, einen Überblick über den Stand der Verhandlungswissenschaft zu geben. Dies bedeutet primär, dass die wichtigsten Erkenntnisse aus den verschiedenen Disziplinen zusammengestellt werden. Darüber hinaus erhebt dieses Buch allerdings auch den Anspruch, diese Erkenntnisse für die Leserinnen und Leser nutzbar zu machen und es ihnen zu erleichtern, diese in ihren eigenen Vertragsverhandlungen einzusetzen bzw. mit dem Einsatz bestimmter Taktiken durch den Verhandlungspartner umzugehen. Da die Verhandlungswissenschaft ihren weltweiten Schwerpunkt in den USA hat und in Deutschland nach wie vor weniger erforscht wird, sind einige der hier zusammengetragenen Erkenntnisse in der bisherigen deutschen Literatur noch nicht bzw. kaum präsent. Die Autoren dieses Werks versuchen, die vorgestellten Taktiken und Techniken kritisch zu hinterfragen und auf ihre praktische Einsetzbarkeit in Verhandlungen im unternehmerischen Kontext zu überprüfen. Gelegentlich finden sich auch gänzlich neue Vorschläge der Autoren (z. B. zu den

Rechtmäßigkeitsgrenzen bei Täuschungen). Da die Autoren Juristen sind, werden die sonst generell – und zwar sowohl in den USA als auch in Deutschland – vernachlässigten juristischen Aspekte vor dem Hintergrund deutschen Rechts mit behandelt. In diesem Zusammenhang werden insbesondere rechtliche Rahmenbedingungen und ihre Auswirkungen auf Verhandlungen angesprochen, sowie juristische Hilfsmittel, die im Rahmen von Vertragsverhandlungen zum Einsatz gelangen.

Dem Hauptteil nachgelagert werden die unterschiedlichen Verhandlungsstile in Deutschland, den USA und China erörtert. Bei diesem Abschnitt handelt es sich um eine Übersetzung aus unserem Werk „The Essentials of Contract Negotiation". Leserinnen und Leser sollen so für die kulturellen Besonderheiten bei Verhandlungen sensibilisiert werden. Die USA und China werden insofern exemplarisch dargestellt, da sie zu den wichtigsten Handelspartnern Deutschlands zählen und entsprechende Kenntnisse für deutsche Verhandler somit von besonderem Interesse sind.

Die Lektüre setzt keine besonderen Vorkenntnisse voraus, sondern lediglich Interesse an der Materie. Das Buch kann daher als Einstieg in die Beschäftigung mit Vertragsverhandlungen genutzt werden. Es richtet sich gleichzeitig auch an Praktiker mit Erfahrung, da es ihnen helfen soll, das in Vertragsverhandlungen Erlebte zu verstehen, die dahinterstehenden Wirkungsmechanismen zu erkennen und darauf aufbauend die eigenen Taktiken und Strategien zu verbessern. Literaturhinweise werden vor allem für diejenigen Leserinnen und Leser gegeben, die sich bezüglich einzelner Phänomene näher informieren möchten. Einige konkrete Literaturhinweise finden sich bereits in den einzelnen Stichwörtern. Zusätzlich ist die gesamte verwendete Literatur im Anhang in der Literaturliste aufgeführt.

Vieles ist im Bereich der Vertragsverhandlungen nicht durch bloßes Lesen erlernbar, sondern bedarf der Übung und teilweise auch eines gewissen Talents. Das Verstehen dessen, wie man selbst und wie andere verhandeln, welche Strategien, Taktiken und Techniken es gibt, inwieweit sie aus welchen Gründen funktionieren und wodurch der Erfolg einer Taktik beeinträchtigt wird sowie das Bewusstsein, welche juristischen Grenzen für Taktiken bestehen, ist jedoch ein wichtiger Baustein auf dem Weg zum erfolgreichen Verhandeln. Die Beschäftigung mit diesem Werk kann und soll nicht die Praxis ersetzen. Es soll vielmehr auf die Praxis vorbereiten, eine bessere Verhandlungsführung unterstützen und zur Reflektion anregen.

Bei den hier aufgeführten Verhandlungstaktiken und -strategien handelt es sich allerdings nicht um generelle Handlungsempfehlungen. Denn die einzelnen Taktiken und Strategien entsprechen teilweise nicht dem anzustrebenden ethischen Standard oder sind gar illegal. Das gilt vor allem für Taktiken die auf Druck und Täuschungen beruhen. Die Autoren weisen deshalb generell auf die mit der Anwendung einzelner Taktiken verbundenen Bedenken hin. Da die Gefahr, dass der Verhandlungspartner derartige unethische Taktiken einsetzt jedoch allgegenwärtig ist, ist es unerlässlich diese sowie entsprechende Reaktionsmöglichkeiten zu kennen.

Gebrauchshinweise

2

2.1 Gliederung des Buches

Dieses Buch gliedert sich in mehrere Abschnitte. Zu Anfang steht eine Einleitung (Kap. 1), die die Ausrichtung dieses Werks erläutert. Im vorliegenden Kapitel soll eine kurze Einführung in die Handhabung dieses Buches gegeben werden, um den Leserinnen und Lesern die Erschließung der Materie und den Umgang mit diesem Werk zu erleichtern.

Kap. 3 skizziert dann den Planungsprozess und den Ablauf von Geschäftsverhandlungen im unternehmerischen Bereich. In diesem Zusammenhang werden sechs → *Verhandlungsphasen* unterschieden und erläutert:

- Die Verhandlungsvorbereitung (Abschn. 3.1)
- Der Verhandlungseinstieg (Abschn. 3.2)
- Die Kernphase der Verhandlung (Abschn. 3.3)
- Die Vereinbarung (Abschn. 3.4)
- Die Umsetzung des Vereinbarten (Abschn. 3.5)
- Die Ex-post-Phase (Abschn. 3.6)

Die einleitenden Ausführungen sind für das Verstehen der folgenden Begriffe der Vertragsverhandlung nicht erforderlich, aber sehr wohl die wichtigste Voraussetzung für die richtige Anwendung der dort präsentierten Erkenntnisse. Denn die Techniken, Taktiken und Strategien lassen sich nur mit Hilfe eines Grundverständnisses für die Struktur von unternehmerischen Vertragsverhandlungen effektiv einsetzen.

Kap. 4 stellt den Hauptteil dieses Werkes dar. In diesem Abschnitt werden Erkenntnisse, Taktiken und Strategien ergänzt und weitere wichtige Grundbegriffe in alphabetischer Reihenfolge erörtert. Daran schließt sich ein Teil zu kulturellen Unterschieden bei Vertragsverhandlungen (Kap. 5) an. Insofern befasst sich das Kapitel (vergleichend) mit der Verhandlungspraxis in den USA, Deutschland und China.

Im Anhang zu diesem Werk befinden sich verschiedene Themenlisten (dazu sogleich im Folgenden), eine ausführliche Literaturliste und ein Stichwortverzeichnis.

2.2   Mögliche Lesarten dieses Werks

Leserinnen und Leser mögen sich dieses Werk, d. h. vor allem die Zusammenstellung der Taktiken, Strategien und der rechtlichen Aspekte, auf verschiedene Weise erschließen. Die Begriffe sind alphabetisch und somit nicht thematisch geordnet. Die lexikonartige Struktur ist besonders geeignet, um schnell etwas nachzuschlagen. Wegen der führenden Position der Forschung in den USA in diesem Bereich werden hier primär die englischen Begriffe wiedergegeben, die häufig auch besonders anschaulich sind.

Leserinnen und Leser, die sich für einzelne Aspekte interessieren, können sich mit Hilfe des Stichwortverzeichnisses orientieren. Dort sind alle Begriffe, d. h. alle in diesem Werk fett gedruckten Schlagwörter, aufgelistet. Fett gedruckt sind zum einen alle Oberbegriffe (zu Anfang des Stichworts). Darüber hinaus werden durch Fettdruck Synonyme und Begriffe mit sehr ähnlicher Bedeutung hervorgehoben. Zudem werden auf diese Weise Schlagwörter markiert, die thematisch eng mit dem Oberbegriff verbunden sind und deshalb im selben Abschnitt erörtert werden.

Beispiel

Fettgedruckte Begriffe unter Harvard Verhandlungskonzept

Harvard Verhandlungskonzept	Dies ist der Oberbegriff, der entsprechend unter H zu finden ist.
Getting to Yes	Dies ist ein Synonym, das im Text ebenfalls durch Fettdruck hervorgehoben wird.
Principled negotiations **Negotiations of merits** **Dritter Weg**	Dies sind im weiteren Sinn auch Synonyme (fett).
SOPHOP	Dieser Begriff ist eng mit dem Oberbegriff Harvard Verhandlungskonzept verknüpft, weshalb er ebenfalls darunter erläutert wird.
Neutrale Beurteilungskriterien	Dieser Begriff ist ebenfalls eng mit dem Oberbegriff Harvard Verhandlungskonzept verknüpft, weshalb er darunter erläutert wird. ◄

Es gibt weitere, eng mit dem Harvard Verhandlungskonzept verknüpfte Begriffe, die jedoch dieser beispielhaften Liste nicht hinzugefügt wurden.

Da somit innerhalb eines Stichpunkts mehrere Begriffe fett gedruckt sein können, enthält das Stichwortverzeichnis gegebenenfalls einen Hinweis, unter welchem Oberbegriff der entsprechende Begriff erläutert wird. Dies wird gekennzeichnet durch „siehe unter".

Beispiele

Dritter Weg *siehe unter* Harvard Verhandlungskonzept

Neutrale Beurteilungskriterien *siehe unter* Harvard Verhandlungskonzept ◀

Leserinnen und Leser, die sich mit bestimmten Aspekten befassen möchten, können mit den Themenlisten im Anhang arbeiten. Dort werden unter einem bestimmten Thema (z. B. Verhandlungsstrategien) alle Oberbegriffe zusammengestellt, die darunterfallen. Um die Themenlisten übersichtlich zu halten, wird darauf verzichtet, dort weitere fett gedruckte Schlagwörter (wie Synonyme etc.) aufzunehmen. Da auch die Themenlisten untereinander in Beziehung stehen können, werden einige Listen unter einem allgemeinen Begriff zusammengefasst. So gibt es beispielsweise den übergeordneten Begriff „Kommunikationstechniken", unter dem sich unter anderem Themenlisten zu „Antworttechniken" und „Fragetechniken" finden lassen.

Selbstverständlich ist es ebenfalls möglich, das Buch von Beginn an zu lesen oder hier und dort Stichworte nachzuschlagen. Um einen Überblick über das Thema zu gewinnen, ist es allerdings durchaus empfehlenswert, zunächst den folgenden Abschnitt „Planung und Ablauf von Vertragsverhandlungen" (Kap. 3) mit den dazugehörigen Schlagwörtern zu lesen und sich im Anschluss gezielt weiter mit einzelnen Aspekten zu beschäftigen.

Obwohl die Begriffe in diesem Buch einzeln erörtert werden (in alphabetischer Reihenfolge), stehen sie nicht isoliert nebeneinander. Die Techniken, Taktiken und Strategien greifen vielmehr ineinander. Um trotz der alphabetischen Auflistung eine gute Verzahnung der Begriffe zu erreichen, wird innerhalb der einzelnen Stichworte mit Verweisen gearbeitet. Aufgrund dieser Verweistechnik erhalten interessierte Leserinnen und Leser Ideen, welche Begriffe sie ebenfalls nachschlagen könnten. Verweise sind im Text durch einen Pfeil (→) gekennzeichnet. Durch diese Pfeile gekennzeichnete Begriffe sind eigenständige Oberbegriffe, die erläutert werden (und zu Anfang des Stichworts stehen). Ist ein Begriff lediglich kursiv gedruckt, handelt es sich um ein Schlagwort, welches unter einem anderen Oberbegriff aufzufinden ist. In diesem Fall steht der entsprechende Oberbegriff dahinter (mit Pfeil davor) in der Klammer.

Beispiel

→ *anchoring* – So wird auf den Oberbegriff Anchoring (unter A) verwiesen.

Ankerdiskreditierung (→ *anchoring*) – Dieser Verweis zeigt, dass der Begriff „Ankerdiskreditierung" unter dem Oberbegriff „anchoring" erklärt wird. Im Stichwortverzeichnis findet sich entsprechend der Eintrag: Ankerdiskreditierung *siehe unter* anchoring. ◀

Durch diese Verweistechnik können einzelne Aspekte nachgelesen werden, sowie weiterführende und nahestehende Begriffe gefunden werden. Damit jeder Begriff in sich verständlich ist, werden in diesem Werk gewisse Redundanzen in Kauf genommen.

Innerhalb der einzelnen Begriffe gibt es keine festgelegte Struktur, da dafür bereits die Grundkategorien zu verschieden sind. Dennoch gibt es verschiedene Elemente, die regelmäßig aufgegriffen werden. Zunächst werden ggf. Synonyme sowie Übersetzungen für den Oberbegriff genannt. Gibt es einen Ursprung oder eine Person, die einen bestimmten Begriff besonders geprägt hat, wird dies ebenfalls zu Beginn des Stichwortes erwähnt. Um interessierten Leserinnen und Lesern eine tiefer gehende Beschäftigung zu ermöglichen, wird in solchen Fällen regelmäßig auch ein entsprechender Literaturhinweis gegeben. Damit den Leserinnen und Lesern bewusst wird, um was für ein Stichwort es sich handelt, erfolgt meist zu Anfang des Stichworts eine Zuordnung zu einer der Grundkategorien (wie z. B. Taktik, Technik, Strategie, Rahmenbedingung etc.). Daran schließt sich im Regelfall die Erörterung des Begriffs an, ggf. gefolgt von Ausführungen zu Umständen, Rahmenbedingungen, rechtlicher Zulässigkeit etc. Zur Veranschaulichung werden teilweise Beispiele, Grafiken oder Erläuterungen von wissenschaftlichen Studien am Ende eingefügt. Da einzelne Begriffe sich ähneln können, wird oft zu Anfang oder am Ende eine Abgrenzung zu anderen, eventuell nahe liegenden Schlagwörtern vorgenommen.

Der Abschnitt zu den kulturellen Verhandlungsbesonderheiten in Deutschland, den USA und China ist im Gegensatz zum Hauptteil als Fließtext geschrieben und eignet sich somit zum Durchlesen. Allerdings enthalten alle drei Abschnitte die gleiche Gliederungsstruktur, sodass es auch möglich ist, die einzelnen Abschnitte im Vergleich zu studieren (das heißt z. B. jeweils den Abschnitt zu „Mentalitäten").

Angemerkt sei, dass dieses Werk das sogenannte „generische Maskulinum" verwendet, welches im Allgemeinen auch Frauen einschließt, selbst wenn das Wort an sich in der männlichen Form verwendet wird (Beispiel: „Der Verhandlungsführer"). An dieser Stelle sei zudem noch einmal darauf hingewiesen, dass nicht alle der geschilderten Verhaltensweisen legal oder gar ethisch empfehlenswert sind. Die Autoren deuten innerhalb der einzelnen Begriffe an, was rechtlich und ggf. auch ethisch zu bedenken sein könnte. Dennoch ist es wichtig, auch rechtlich und ethisch bedenkliche Taktiken und Strategien zu kennen, da immer das Risiko besteht, dass der Verhandlungspartner derartige Verhaltensweisen anwendet. In diesen Fällen ist es entscheidend, zunächst entsprechende Absichten zu erkennen und daraufhin die dazugehörigen Reaktionsmöglichkeiten zur Hand zu haben. Welche Taktiken in einer Verhandlung eingesetzt werden sollten, hängt unter anderem von der Priorisierung der Verhandlungsziele, der Verhandlungsmacht und der Verhandlungstaktik der Gegenseite sowie den eigenen Grundeinstellungen und vielen weiteren Rahmenumständen (Einzelfallumständen) ab, weshalb sich konkrete Handlungsempfehlungen von vornherein verbieten.

Planung und Ablauf von Vertragsverhandlungen

3

Verhandlungen werden in unterschiedliche Phasen eingeteilt (→ *Verhandlungsphasen*). Die Anzahl der Phasen unterscheidet sich in der Literatur. Wichtige Schritte sind aber in jedem Fall:

1. Die Verhandlungsvorbereitung
2. Der Verhandlungseinstieg
3. Die Kernphase der Verhandlung
4. Die Vereinbarung
5. Die Umsetzung des Vereinbarten
6. Die Ex-post-Phase

Im Folgenden sollen einige wichtige grundlegende Aspekte zu den einzelnen Phasen erörtert werden.

3.1 Die Verhandlungsvorbereitung

Die Verhandlungsvorbereitung (vgl. Themenliste für entsprechende Stichwörter) ist entscheidend für den Erfolg von Vertragsverhandlungen. *Leigh L. Thompson* (*Thompson*, The Mind and Heart of the Negotiator, 2014, S. 34) hat deshalb die → *80-20-Regel* aufgestellt. Danach soll die Bedeutung der Verhandlungsvorbereitung vier Mal so hoch sein, wie die der Verhandlung selbst. Sicherlich lässt sich die Bedeutung der Verhandlungsvorbereitung nicht pauschal quantifizieren (die Verhandlungsvorbereitung kann je nach den konkreten Umständen mehr oder weniger Zeit in Anspruch nehmen), aber die Regel unterstreicht

© Der/die Autor(en), exklusiv lizenziert an Springer Fachmedien Wiesbaden GmbH, ein Teil von Springer Nature 2023
S. Jung, P. Krebs, *Grundlagenwissen für erfolgreiche Verhandler*,
https://doi.org/10.1007/978-3-658-41493-1_3

dennoch die Wichtigkeit dieser Phase. Um es mit den Worten von *James A. Baker* zu sagen: „Prior preparation prevents poor performance." (*Baker*, Work, Hard, Study …, 2006, S. 5).

Wie jede andere Phase der Vertragsverhandlung hängt die konkrete Ausgestaltung der Verhandlungsvorbereitung im Einzelfall von den vorliegenden Rahmenbedingungen ab. Dazu gehören unter anderem:

- der Verhandlungsgegenstand,
- der oder die Verhandlungspartner (ein Verhandlungspartner, → *zwei Verhandler*, Verhandlungsteam, zu den möglichen Verhandlungsbeteiligten vgl. Themenliste, zu Genderaspekten → *Geschlecht*) sowie
- die Rollen der Verhandlungspartner (Verkäufer, Käufer usw.),
- die Verhandlungsziele (z. B. kurzfristige oder langfristige Interessenoptimierung für das Unternehmen, Verbesserung bzw. Verhinderung einer Verschlechterung der Beziehungen zum Verhandlungspartner, Gewinnung von Aufmerksamkeit und Reputation, Gewinn von Verhandlungserfahrung, Abhalten des Verhandlungspartners oder eines Dritten von einem bestimmten Verhalten),
- die Art der Beziehung zum Verhandlungspartner (z. B. Einmalgeschäft, → *ständige Geschäftsbeziehung*),
- die persönliche Beziehung (vertrauensvolles Verhältnis oder angespanntes Verhältnis),
- die eigene *Verhandlungsmacht* (→ *negotiation power*) und insofern insbesondere das eigene → *BATNA* (*best alternative to a negotiated agreement*),
- die Verhandlungsstärke der Gegenseite (insbesondere das BATNA des Verhandlungspartners) sowie die Tatsache, ob ein → *ZOPA* (*zone of possible agreement*) besteht oder nicht und
- die Art der Verhandlung (z. B. → *face-to-face*, → *E-Mail*, → *Videoverhandlungen;* → *Auktion*, → *Nachverhandlung* etc., vgl. Themenliste).

Um die Verhandlungsvorbereitung zu strukturieren und zu professionalisieren, kann es sinnvoll sein, einen *Vorverhandlungsplan* (→ *prenegotiation plan*) anzulegen, der auch Checklisten umfassen kann. Der Vorverhandlungsplan enthält Richtlinien für die Vorbereitung von Vertragsverhandlungen. Hier sollten die Erfahrungen der Verhandler und die aufschlussreichen Erkenntnisse der Verhandlungsforschung einfließen. Er dient dazu, den Verhandler an ggf. notwendige Verhandlungsvorbereitungen zu erinnern. Die im Vorverhandlungsplan enthaltenen Checklisten dienen meist der vorbereitenden Arbeit mit dem Vertragsentwurf. Vorverhandlungspläne können insbesondere für Routineverhandlungen eingesetzt werden. Bei von der Routine abweichenden Verhandlungen können sie zwar ebenfalls hilfreich sein, sind dann aber unter Umständen nicht vollständig. Maßnahmen zur Förderung der Digitalisierung innerhalb eines Unternehmens können dazu beitragen, den Vorbereitungsprozess effizienter zu gestalten. Durch den Aufbau und Einsatz von Datenbanken können beispielsweise Erfahrungen aus vorangegangenen Verhandlungen zur Weiterentwicklung des Vorbereitungsprozesses genutzt werden (vgl. auch Abschn. 3.6 zur Ex-post-Phase). In diesem Sinne können die Verhandlungen als ein iterativer Prozess betrachtet werden.

In erster Linie sollten die Verhandlungspartner den Verhandlungsgegenstand festlegen. Hier muss der Käufer seinen Bedarf analysieren, während der Verkäufer marktfähige Produkte oder Dienstleistungen entwickelt, die er verkaufen kann. Käufer suchen auf dem Markt nach potenziellen Verkäufern, während Verkäufer versuchen, mit Interessenten in Kontakt zu treten. So besteht eine weitere wichtige Aufgabe darin, mögliche Verhandlungspartner, aber auch andere relevante Stakeholder zu ermitteln, die den Verhandlungsprozess beeinflussen könnten (→ *think beyond the table*). Bei vielen einflussreichen Beteiligten kann es hilfreich sein, eine sogenannte *all party map* (→ *think beyond the table*) anzulegen, d. h. eine Skizze, die alle relevanten Akteure und ihre jeweiligen Interessen sowie die relevanten Beziehungen und potenziellen Einflussmöglichkeiten aufzeigt.

Anschließend gilt es, organisatorische Fragen zu klären, z. B. wo die Verhandlungen stattfinden (Verhandlungsort) und wie viele Personen daran teilnehmen werden (ein Verhandler, → *zwei Verhandler*, Verhandlungsteam), die → *Agenda*, mögliche → *deadlines*, die Art wie verhandelt werden soll (→ *face-to-face*, per → *Videoverhandlungen*, per → *E-Mail*, per Telefon (→ *telefonische Verhandlung*) etc.). Abgesehen von sehr großen und sehr kleinen Verhandlungen ist insofern die Ernennung eines zweiköpfigen Verhandlungsteams (→ *zwei Verhandler*) bei persönlichen und sogar bei telefonischen Verhandlungen eine gute Empfehlung. Dabei bietet ein zweiköpfiges Verhandlungsteam den Vorteil, dass derjenige, der gerade nicht verhandelt, immer die Rolle des beobachtenden → *Analytikers* übernehmen kann. Generell ist es bei einem zweiköpfigen Verhandlungsteam sinnvoll, Verhandlungsführer mit unterschiedlichen inhaltlichen Schwerpunkten zusammenzustellen, z. B. einen technischen und einen wirtschaftlich-juristischen Experten.

Darüber hinaus ist im Vorfeld zu klären, ob es eine → *Eintextverhandlung* – d. h. eine Verhandlung auf der Grundlage eines einzigen Textes, in der Regel eines Vertragsentwurfs – geben wird und, wenn ja, welche Vertragspartei den Entwurf stellt bzw. ob die Vorlage eines Dritten genutzt werden soll. Es ist aber auch möglich, dass, statt mit einer vollständigen Vertragsvorlage, mit → *boilerplates* gearbeitet wird, d. h. mit bestimmten Standardklauseln oder Textblöcken. In all diesen Fällen ist die → *Inhaltskontrolle* als entscheidende, rechtliche Rahmenbedingung zu berücksichtigen. Daneben kann der Vertrag auch ohne Vorlage von beiden Parteien gemeinsam erstellt oder aus zwei Vorschlägen ein gemeinsam erarbeitet werden. In jedem Fall ist die juristische Vorbereitung ein wesentlicher Schritt im Rahmen der Verhandlungsvorbereitung. Ein in den USA verbreiteter Ansatz sieht vor, dass Juristen in der ersten Phase der Verhandlung nicht beteiligt, sondern vielmehr erst nach Einigung über die Eckpunkte herangezogen werden. Auch dies bedarf der Vorabklärung.

Informationen sind zentral für die Verhandlungsvorbereitung. Insofern kann es sinnvoll sein, zunächst eine → *Informationsbedarfsanalyse* durchzuführen und so zu ermitteln, welche Informationen benötigt werden. In einem zweiten Schritt geht es dann um die

Informationsgewinnung. Zu bedenken ist in diesem Zusammenhang, dass nicht alle wichtigen Informationen im Vorfeld erlangt werden können. Die Informationsgewinnung (vgl. Themenliste „Fragetechniken") ist eine kontinuierliche Aufgabe, die sich über alle Phasen der Vertragsverhandlung zieht und somit bereits während der Verhandlungsvorbereitung beginnt. Typische Quellen für die Informationsbeschaffung sind die Verhandlungspartner selbst sowie deren Wettbewerber oder Geschäftspartner, unternehmensinterne Informationssysteme und öffentlich zugängliche Quellen (z. B. Internet, Handelsregister, einschlägige Fachzeitschriften). Die Zuverlässigkeit der Informationen sollte regelmäßig überprüft werden (→ *Täuschungen entdecken*). In diesem Zusammenhang bietet es sich an, die Informationen nach Möglichkeit von einer zweiten, unabhängigen Quelle zu beziehen. Es ist jedoch nicht nur wichtig, eine → *Informationsbedarfsanalyse* durchzuführen, die Informationen zu sammeln und die Daten anschließend auszuwerten, sondern auch, zu überlegen, welche Informationen für die andere Seite verfügbar sind, welche Informationen über die eigene Seite im Verhandlungsprozess offengelegt werden sollten und welche Informationen vertraulich sind (→ *Informationskontrolle*).

Mit Hilfe der gewonnenen Informationen sind dann sowohl die eigenen Interessen als auch die Interessen des Verhandlungspartners (sofern dies möglich ist) zu bestimmen. Ebenso wie bei der Informationsgewinnung handelt es sich dabei um eine kontinuierliche Aufgabe, mit der im Rahmen der Verhandlungsvorbereitung begonnen und die dann entsprechend fortgeführt wird. Viele Verhandler konzentrieren sich jedoch auf die eigenen Positionen, statt die eigenen Interessen zu analysieren. Das → *Harvard Verhandlungskonzept* empfiehlt hingegen nachdrücklich, sich auf Interessen zu konzentrieren, da dies die Gelegenheit bietet, mit dem Verhandlungspartner gemeinsame oder divergierende (und nicht lediglich gegensätzliche) Interessen zu identifizieren. Ein interessenbasierter Ansatz bietet dadurch die Möglichkeit, den gegenseitigen Nutzen für die Parteien zu erhöhen. Denn die Fokussierung auf die Interessen kann zu einem größeren *Verhandlungskuchen* (→ *negotiation pie*) führen. Der Begriff „Verhandlungskuchen" bezieht sich auf den Gesamtwert der Verhandlungen. Wenn das Gesamtergebnis maximiert werden kann, profitieren – die gleiche Verteilung vorausgesetzt – beide Seiten von einem entsprechend größeren Verhandlungskuchen, weshalb insofern von einer → *win-win-Strategie* gesprochen werden kann. Das → *Orangenbeispiel* verdeutlicht den Unterschied zwischen Interessen und Positionen. In dem Beispiel streiten sich zwei Schwestern um eine Orange. Beide fordern die ganze Orange, was somit ihre Position darstellt. Wenn sie entsprechend ihrer Positionen verhandeln würden, könnten sie beschließen, die Orange in zwei Hälften zu teilen. Allerdings benötigt die eine Schwester nur den Saft und die andere nur die Schale, wodurch sich ihre Interessen von der kommunizierten Position unterscheiden. Auf der Grundlage einer interessenorientierten Verhandlung hätten sie eine Lösung finden können, die beide Interessen optimal befriedigt.

Obwohl es daher gemäß dem Harvard Verhandlungskonzept empfehlenswert ist, sich auf die Interessen zu fokussieren, sollten im Rahmen der Vorbereitung auch die Positionen beider Parteien analysiert werden, da letztere auch ein taktisches Mittel darstellen können. Zu bedenken ist in diesem Zusammenhang, dass bei B2B-Verhandlungen in aller Regel eine → *Principal-Agent-Situation* vorliegt. Das bedeutet, dass ein Auftraggeber (principal) jemanden beauftragt, für ihn zu handeln (agent). In diesem speziellen Fall setzt der principal den agent ein, um an seiner Stelle zu verhandeln und Entscheidungen zu treffen. In solchen Situationen ist es sinnvoll, nicht nur die Interessen und Positionen des Unternehmens zu analysieren, sondern auch die Interessen und Positionen des Verhandlungsführers (agent), da diese voneinander abweichen können.

Von großer Bedeutung für die eigene Verhandlungsposition ist das eigene → *BATNA* (*best alternative to a negotiated agreement*), also die beste Alternative zum konkreten Vertragsschluss. Die Bestimmung des eigenen BATNA dient der Klärung, ob der konkret verhandelte Vertragsschluss im Vergleich zu anderen Handlungsmöglichkeiten (also relativ betrachtet) sinnvoll erscheint. Das eigene BATNA bestimmt auch wesentlich die eigene objektive Verhandlungsstärke. Käufer holen daher normalerweise Angebote von mehreren Verkäufern ein und vergleichen sie. Im Verhältnis dazu, ist das BATNA des Verkäufers i. d. R. schwieriger zu bestimmen, da er die Anzahl der anderen möglichen Kunden nicht genau einschätzen kann und zumeist nicht mit ihnen gleichzeitig verhandelt. Außerdem geht es um Leistungen, die nicht nur einem Kunden angeboten werden können. In der Praxis besteht die Alternative für den Verkäufer daher zumeist in der mit Unsicherheiten behafteten Alternative, auf zukünftige Kunden zu spekulieren. Deshalb orientieren sich Verkäufer oftmals weniger am eigenen BATNA als an Selbstkosten und Gewinnmargen. Um zumindest eine Annäherung zu erzielen, sollten jedoch weitere Faktoren, wie die Auftragslage etc. berücksichtigt werden.

Da das eigene BATNA nicht unveränderlich, sondern dynamisch ist, sollte bereits in der Verhandlungsphase damit begonnen werden, es zu stärken, beispielsweise durch die Ermittlung möglicher Alternativen zum konkreten Vertragsschluss (z. B. andere Anbieter). Bereits das eigene BATNA ist meist schwer zu bestimmen. Erst recht gilt dies, wenn es darum geht die Dynamik des BATNA abzuschätzen. Die Ermittlung des BATNAs des Geschäftspartners fällt häufig noch schwerer. Dennoch sollte versucht werden, Informationen zu gewinnen, die bei der Bestimmung des fremden BATNA helfen können. Denn gerade das Verhältnis der *Verhandlungsmacht* (→ *negotiation power*) der beiden Parteien ist ein entscheidender Faktor bei der später folgenden Bestimmung der Verhandlungsstrategie und der einzusetzenden Taktiken. Die Ermittlung der Interessen des Verhandlungspartners und seiner Alternativen kann auch Hinweise liefern, welche Einwände und Bedenken dieser vorbringen wird. Können diese antizipiert werden, kann bereits im Vorfeld überlegt werden, wie darauf in der konkreten Verhandlung reagiert werden soll. Zur Ermittlung solcher Einwände kann es sinnvoll sein, dass ein Teammitglied im Rahmen dieses Prozesses die Rolle des → *advocatus diaboli* einnimmt.

Eng mit dem eigenen BATNA verknüpft ist der *resistance point* (→ *deal-breaker*), also der Punkt, ab dem die Vertragsverhandlungen eingestellt werden sollten. Liegt eine bessere Alternative zu den konkreten Vertragsverhandlungen vor, sollten die Verhandlungen i. d. R. abgebrochen werden. Das Gleiche gilt für den Verhandlungspartner. Es ist von entscheidender Bedeutung, dass die eigenen deal-breaker vor Beginn der Verhandlungen ermittelt werden, da dies Klarheit schafft und dazu beitragen kann, langwierige (und damit kostspielige) und erfolglose Verhandlungen zu vermeiden. Umgekehrt sollten aber auch die eigenen Erwartungen an die Vertragsverhandlung vorher analysiert werden. In der Vorbereitungsphase sollten daher die eigenen Ziele und Zwischenziele formuliert werden. Es wird generell empfohlen, sich konkrete, ambitionierte Ziele (→ *ambitious target price setting*) zu setzen, da diese wie eine selbsterfüllende Prophezeiung (self-fulfilling prophecy) wirken. Die Ziele sollten nicht nur der Höhe nach konkret sein, sondern auch möglichst spezifisch (→ *know your target*). Das heißt, es sollten Ziele für alle einzelnen Verhandlungspunkte formuliert werden. Helfen kann in diesem Zusammenhang die → *SMART-Zielformulierungstechnik*.

Der eigene *resistance point* (→ *deal-breaker*) und der resistance point des Verhandlungspartners bestimmen den möglichen Verhandlungsbereich, der auch als Einigungszone der Verhandlungsparteien bezeichnet wird. Der Bereich, in dem sich die jeweiligen Mindestziele der Parteien (sog. → *deal-breaker*) überschneiden, wird im Englischen entsprechend als → *ZOPA* bezeichnet. Wenn es ein ZOPA gibt, sollten die Parteien – theoretisch – in der Lage sein, eine Einigung zu erzielen, da sich diese Einigung aus rationaler Sicht für beide Vertragsparteien als vorteilhaft darstellt. Im Umkehrschluss bedeutet dies, dass sich die Aufnahme von Verhandlungen, bei denen es kein ZOPA gibt (→ *NOPA – no possible agreement* (→ *ZOPA*)), nicht lohnt. Oftmals müssen die Parteien jedoch erst einmal miteinander verhandeln, um herauszufinden, ob ein ZOPA besteht. Wenn sie feststellen, dass es keine Einigungszone gibt, sollten sie die Verhandlungen beenden, da Verhandlungen generell zeit- und kostenintensiv sind. Im Rahmen der Vorbereitung ist es daher wichtig, zumindest abzuschätzen, ob es ein ZOPA gibt und wenn ja, wie groß diese ist, da das ZOPA die Grundlage für die Festlegung möglicher Strategien und Taktiken ist. Liegt eine großes ZOPA vor, spielt die Verteilung des Verhandlungskuchens eine entscheidende Rolle. Bei einem kleinen ZOPA besteht die Herausforderung darin, überhaupt eine Einigung zu erzielen.

Zur Beschäftigung mit den einzelnen Aspekten gehört es auch, sich mögliche Kompromisslinien zu überlegen und die Wichtigkeit der einzelnen Gesichtspunkte abzuschätzen (siehe auch beispielsweise → *nicht lineare Kompromisse* und → *split the difference*). Die Forschung zeigt, dass Verhandlungsführer, die sich mehr Zeit dafür nehmen, bessere Ergebnisse erzielen. Insofern ist es unerlässlich, den Stellenwert bestimmter Aspekte zu bestimmen, wobei die Anwendung eines → *Ampelsystems* helfen kann. Nach diesem Ansatz werden die einzelnen Verhandlungspunkte auf einer Skala von „völlig entbehrlich" bis „unverzichtbar" z. B. anhand von Farben (rot, orange, grün) bewertet.

Auch wenn Verhandler während der Verhandlung flexibel reagieren sollten, sollte im Vorfeld überlegt werden, welche Strategie verfolgt werden soll und welche Taktiken unter welchen Umständen Anwendung finden könnten. Jeder Verhandler entwickelt dabei im Laufe der Zeit seinen eigenen → *Verhandlungsstil*. Es kann unter Umständen interessant sein, mit Hilfe eines Tests (z. B. dem *Myers Briggs Type Indicator* (→ *Verhandlungsstil*)), oder dem Thomas Kilmann Conflict Mode Instrument (*Thomas/Kilmann*, Conflict Mode Instrument, 1974) sein eigenes Persönlichkeitsprofil in Bezug auf Verhandlungen zu ermitteln. Denn die eigene Persönlichkeit ist auch bei der Auswahl der passenden Strategie und der diesbezüglich einzusetzenden Taktiken zu berücksichtigen.

Gerade bei bedeutenden und komplexen Verhandlungen kann es unter Umständen sinnvoll sein, im Vorfeld eine Verhandlungssimulation durchzuführen. Um mögliche Probleme, die auftauchen könnten, frühzeitig zu erkennen, kann das Problem-Gedankenspiel hilfreich sein. In der Verhandlungsliteratur beschreibt der von Bruce Patton entwickelte Ansatz → *seven elements of negotiation* die zentralen Punkte der Verhandlungsvorbereitung (*Patton,* in: Moffitt/Bordone (Hrsg.), The Handbook of Dispute Resolution, 2005, 3. Teil, Kap. 18). Bei internationalen Verhandlungen mit Parteien mit unterschiedlichem kulturellem Hintergrund ist es auch wichtig, sich im Rahmen der Vorbereitung der kulturellen Unterschiede (auch im Hinblick auf spezifische Verhandlungsgewohnheiten und -stile) bewusst zu sein (vgl. dazu in diesem Werk Kap. 5).

3.2 Der Verhandlungseinstieg

Der Verhandlungseinstieg wird stark von der Art der Verhandlung (→ *face-to-face,* → *E-Mail,* → *Videoverhandlung* etc.), der Bedeutung des Vertrages und anderen Einflussfaktoren geprägt (z. B. → *ständige Geschäftsbeziehung* oder Einmalgeschäft). An dieser Stelle wird näher auf den Einstieg im Rahmen von face-to-face-Verhandlungen eingegangen. Dabei ist zu bedenken, dass es in diesen Fällen generell bereits im Vorfeld Kontakt zwischen den Verhandlungspartnern gab (z. B. via Telefon zur Vereinbarung des Verhandlungstermins).

Der Verhandlungsort ist die Begegnungsstätte für die Verhandler, auf die man sich bereits in der Vorbereitungsphase einigt. Schon bei der Begrüßung entsteht ein erster Eindruck (→ *Eindruck (erster und letzter)*). Dieser ist ebenso wie der letzte Eindruck (→ *Eindruck (erster und letzter)*) besonders prägend, was sich mit dem *confirmation bias* (→ *Eindruck (erster und letzter)*) erklären lässt. Gemäß diesem → *bias* neigen Menschen dazu, Argumente, die ihrem ersten Eindruck widersprechen, nicht zu berücksichtigen, da sie ihre Eindrücke vielmehr bestätigen möchten. Der → *Halo-Effekt* ist so ein confirmation bias und beschreibt, dass Personen sich von einer ihnen bekannten Eigenschaft eines Menschen oder ihrer Einstellung gegenüber diesem stark leiten lassen. Empfindet ein Verhandler beispielsweise Sympathie für die Gegenseite, mag er ihr auch gute Charaktereigenschaften zuschreiben, auch wenn er über ihren Charakter keine Informationen besitzt. Es lohnt sich daher, sich um einen positiven ersten Eindruck zu bemühen. Einen solchen kann z. B. ein angenehmes Verhandlungsambiente hinterlassen. Daher ist es wichtig, dass sich die andere Partei wohlfühlt. Dies wird in der Regel durch die Aufnahme von *small talk* (→ *chit-chat*) erreicht. Statt gleich in die Kernphase der Verhandlung einzusteigen, ist es insofern generell empfehlenswert, angemessen viel Zeit in das Kennenlernen der anderen Partei zu investieren. Die Intensität und der Umfang dieser Phase hängt nicht nur von den individuellen Präferenzen des Verhandlungspartners ab, sondern wird auch durch kulturelle Unterschiede bestimmt (vgl. Kap. 5). Oftmals sollen die Verhandler sich auch bei einem gemeinsamen Abendessen oder sportlichen Event besser kennenlernen. Verhandler mit einem hohen Grad an Empathievermögen sind oftmals besonders fähig, ein gutes Klima zwischen den Parteien zu schaffen. Insofern ist auch die Suche nach privaten Gemeinsamkeiten (→ *find something in common*, → *similar-to-me-Effekt*) vor Beginn der inhaltlichen Verhandlungen hilfreich. Denn Studien zeigen, dass die meisten Menschen, andere Menschen, die ihnen ähnlich sind, sympathischer finden und positiver wahrnehmen als Menschen, mit denen sie keine Gemeinsamkeiten haben (*Sears/Rowe*, Canadian Journal of Behavioral Science/Revue Canadienne des Sciences du Comportement 35 (2003), 13–24).

Gerade zu Anfang bemühen sich die Vertragsparteien somit häufig um den Aufbau einer harmonischen Beziehung (→ *rapport*), um so einen guten ersten Eindruck zu hinterlassen und Verhandlungsvertrauen aufzubauen. Vertrauen ist ein Schlüsselelement für erfolgreiche Verhandlungen. Dabei ist zwischen interpersonalem (zwischen Personen) und institutionellem Vertrauen (innerhalb der einzelnen Organisation, z. B. eines Unternehmens) zu unterscheiden. Die Anfangsphase der Verhandlungen ist in besonderem Maße geeignet, interpersonales Vertrauen zu schaffen, welches indirekt auch zum Aufbau institutionellen Vertrauens beiträgt. Je wichtiger Vertrauen für die Vertragsverhandlung und -durchführung ist, desto mehr Zeit wird in den Aufbau einer harmonischen Beziehung investiert. Im Rahmen des Aufbaus einer harmonischen Beziehung ist die → *Körpersprache* wesentlich. Denn die Nachahmung der Körperhaltung des Verhandlungspartners (beide beugen sich vor, beide kreuzen die Beine usw.) wird allgemein als positives Zeichen für bestehende Sympathie gewertet. Menschen neigen zudem dazu, anderen Personen zu vertrauen und sie als überzeugend wahrzunehmen, wenn diese ihre eigene Körperhaltung imitieren (sog. *Chamäleon-Effekt* (→ *Körpersprache*)) (*Chartrand/Bargh*, Journal of Personality and Social Psychology 76 (1999), 893–910).

Eine der wichtigsten Kommunikationstechniken, die in dieser besonderen Phase der Verhandlung angewandt wird, ist zudem das → *aktive Zuhören*, da es dazu beiträgt, eine positive Kommunikationsatmosphäre zu schaffen und die andere Seite zu ermutigen, weiterzureden. Aktives Zuhören kann entweder verbal oder nonverbal ausgedrückt werden. Deutliche nonverbale Zeichen sind Nicken und das Zuwenden zum Verhandlungspartner. Zu den verbalen Zeichen gehören Äußerungen wie „ja", „ich verstehe", „oh", „hmm". Nicht nur im Rahmen des Verhandlungseinstiegs, sondern generell, sollten Verhandler ihrem Gegenüber mehr zuhören als selbst zu sprechen. Die → *70-30-Regel* unterstreicht dieses Verhältnis, auch wenn es sich nicht so pauschal quantifizieren lässt (vgl. auch Abschn. 3.3).

Abhängig von der Verhandlungssituation (z. B. ungleiche Verhandlungsmacht) sind aber auch umgekehrt Machtspiele und -demonstrationen (→ *big fish*, → *Herrschaftsgesten*) in der Phase des Verhandlungseinstiegs durchaus nicht unüblich. In diesem Zusammenhang versucht einer der Verhandlungspartner oft, den anderen zu beeindrucken, z. B. mit repräsentativen Gebäuden und protzigen, großen Räumen (→ *big fish*). Auch luxuriöse Firmenwagen u. Ä. können den gleichen Effekt erzielen. Ebenso sind Firmenpräsentationen darauf ausgerichtet, Geschäftspartner zu beeindrucken. → *Herrschaftsges-*

ten werden wiederum dazu eingesetzt, um den eigenen hohen Status zu betonen und gleichzeitig der Gegenseite einen niedrigeren Status zuzuschreiben. Zu den Herrschaftsgesten gehört es, die andere Partei vor dem Treffen warten zu lassen, sich am Kopfende des Tisches zu positionieren oder E-Mails von der Sekretärin beantworten zu lassen. Verhandlungsführer, die Herrschaftsgesten anwenden, riskieren jedoch Schwierigkeiten bei dem Bemühen, ausreichend Vertrauen und ein gutes Verhältnis zur anderen Seite aufzubauen.

Auch wenn die Parteien viel small talk betreiben, kann bereits die Anfangsphase der Verhandlung dazu genutzt werden, wertvolle Informationen über den Verhandlungspartner zu gewinnen. Der Verhandlungsführer kann z. B. Informationen über die Person, mit der er verhandelt (Interessen, Fachwissen, Verhandlungsstil, Persönlichkeit usw.) und die Organisation, für die er arbeitet (Organisationsstruktur usw.), erhalten. Dies kann dem Verhandler helfen, seine Strategien und Taktiken für die Verhandlung zu optimieren. Falls die Verhandlungsparteien wissen, dass sie während der Verhandlung sensible Informationen austauschen müssen, empfiehlt es sich, bereits in dieser frühen Phase, ein → *non-disclosure agreement (NDA)* abzuschließen. Aus rechtlicher Sicht ist zudem zu bedenken, dass bereits mit Aufnahme der Verhandlungen (§ 311 Abs. 2 BGB) zwischen den Verhandlungsparteien ein vorvertragliches Schuldverhältnis mit Rücksichtnahmepflichten (§ 241 Abs. 2 BGB) entsteht. Diese Pflichten gelten somit auch im Rahmen des Verhandlungseinstiegs. Die schuldhafte Verletzung dieser Pflichten führt zu einem Schadensersatzanspruch (gem. § 280 Abs. 1 BGB).

3.3   Die Kernphase der Verhandlung

Die Kernphase der Verhandlung soll an dieser Stelle nur kurz angerissen werden, da sich die Begriffe im Hauptteil vor allem mit diesem Verhandlungsabschnitt beschäftigen.

Nach dem hier vorgegebenen Verständnis reicht die Kernphase der Verhandlungen vom ersten Angebot (→ *first offer*), welches den *Anker* (→ *anchoring*) für die Verhandlung setzt, bis zum letzten Vorschlag (→ *BAFO*) und dessen Annahme bzw. Ablehnung durch die entsprechenden Entscheidungsträger (→ *decision-maker*). Bei komplexeren Verhandlungen erfolgt das erste Angebot allerdings sehr spät. Die möglichen Gegenstände einer Einigung werden vielmehr nacheinander diskutiert. Hier kann der Anfang der Kernphase schon mit Beginn konkreter Verhandlungen über mögliche Inhalte einer Einigung angesetzt werden. Dazwischen liegt die gesamte Verhandlung, in deren Rahmen die Parteien um Lösungen, Optionen und Kompromisse ringen (vgl. Themenliste „Lösungen und Kompromisse"). Die rechtlichen Rahmenbedingungen (vgl. Themenliste), innerhalb derer die Verhandlungen stattfinden, wirken sich auf die Verhandlungen aus, weshalb sie ebenfalls in dieses Buch aufgenommen wurden. Der deutsche Gesetzgeber zeigt durch seine Vorschriften den Verhandlungsparteien gewisse Grenzen auf. So unterbindet beispielsweise das *Kartellrecht* (→ *Verbot des Missbrauchs einer marktbeherrschenden Stellung*) bestimmte Geschäftspraktiken. → *Bestechung* und Erpressung sind sogar strafrechtlich sanktioniert und stellen dadurch vom Gesetzgeber nicht tolerierte Verhandlungsweisen dar. Schwieriger zu beurteilen ist die Unterscheidung zwischen rechtlich noch zulässigen Bluffs im Rahmen der Vertragsverhandlung (→ *listige Täuschungen*) und unzulässigen Täuschungen (→ *arglistige Täuschungen*, → *culpa in contrahendo*, → *Betrug*). Beim Einsatz von → *Drohungen* ist ebenfalls zwischen solchen, die rechtmäßig sind und solchen, die als widerrechtlich angesehen werden, zu unterscheiden. Kann eine Partei durchsetzen, dass bestimmte Klauseln nicht verhandelt und stattdessen die eigenen AGB genutzt werden, so spielt die → *Inhaltskontrolle* eine wichtige Rolle.

Ob, wie fast immer in B2B-Verhandlungen, eine → *Principal-Agent-Situation* innerhalb der Verhandlungen besteht, hat ebenfalls einen wesentlichen Einfluss auf die Kernphase der Verhandlung. Eine Principal-Agent-Situation liegt immer dann vor, wenn ein Geschäftsherr (principal) eine andere Person beauftragt, an seiner Stelle (d. h. als agent) zu handeln (zu den grundlegenden Erkenntnissen vgl. *Jensen/Meckling*, Journal of Financial Economics 4 (1976), 305–360). Ist eine Gesellschaft Geschäftsherr, so liegt somit automatisch eine Principal-Agent-Situation vor. Im Fall von Verhandlungen soll der Agent daher anstelle des Prinzipals den Vertrag verhandeln und diesbezüglich Entscheidungen treffen. In solchen Situationen können verschiedene spezifische Techniken und Taktiken angewandt werden wie z. B. → *ambiguous authority*, → *calling a higher authority*, → *good guy/bad guy* oder die → *Verstrickungstaktik*. Diese Taktiken können hingegen nicht oder lediglich eingeschränkt eingesetzt werden, wenn der Geschäftsherr selbst in seiner Angelegenheit verhandelt. Zu bedenken ist zudem, dass eine Principal-Agent-Situation letztendlich zu zwei Arten von Verhandlungen führt und zwar (1) am Tisch (d. h. zwischen den Verhandlungsführern) und (2) hinter den Kulissen (d. h. zwischen dem Geschäftsherrn und seinem Agenten).

Vor allem in der Kernphase der Verhandlung finden dann die in diesem Buch erörterten Strategien (vgl. Themenliste) und entsprechenden Taktiken Anwendung. Die Strategien reichen z. B. von einer win-lose-Ausrichtung (→ *win-lose-Strategie*) bis hin zu → *win-win-Strategien*. Bei den Taktiken lassen sich aggressive Taktiken, z. B. solche die auf → *Irreführung* (vgl. Themenliste) oder auf Druck und → *Drohung* (vgl. Themenliste) beruhen, von denen unterscheiden, die Effekte der → *behavioural economics* ausnutzen (vgl. Themenliste) sowie den Taktiken, die kooperatives Verhandeln (vgl. Themenliste) fördern.

Es ist wichtig, die gesamte Bandbreite der Taktiken und der möglichen Reaktionen darauf zumindest zu kennen, da viele von ihnen regelmäßig eingesetzt werden. So wird im Rahmen von Verhandlungen beispielsweise oft über die verschiedensten Aspekte geblufft, was teils als akzeptierte Geschäftspraxis angesehen wird (*Guth*, The Contract Negotiation Handbook, 2008, S. iii.). Einige Autoren halten Bluffen sogar für eine notwendige Fähigkeit eines erfolgreichen Verhandlungsführers (*Shell*, Bargaining for Advantage, 2006, S. 93; siehe auch *Lakhani*, ADR Bulletin 9 (2007), 133, 133.). In der Praxis wird beispielsweise oft über das eigene → *BATNA*, also die beste Alternative zum verhandelten Vertrag geblufft (→ *besseres Angebot*). Auch Täuschungen über die Verfügbarkeit eines Produkts (→ *Taktik der kleinen Menge*) oder über → *Budgetbegrenzungen*

(siehe auch → *all I've got*) können in Verhandlungen eingesetzt werden. Generell er-
hoffen sich Verhandler durch solche Taktiken, einen Vorteil für sich erzielen zu können
und nehmen dabei in Kauf, dass die andere Seite dadurch schlechter gestellt wird. Es
handelt sich daher zumeist um sog. black lies (Lügen zum eigenen Vorteil und damit
unter Inkaufnahme eines Nachteils für die Gegenseite). Daneben können auch white lies
(zum beiderseitigen Vorteil) eingesetzt werden, die vor allem als „soziales Schmier-
mittel" wirken und eine gute Verhandlungsatmosphäre schaffen sollen. Ob ein Verhandlungspartner diese Täuschungstaktiken anwenden möchte, hängt von seinen ethischen Standards sowie den Rahmenbedingungen ab. Befürchtet ein Verhandler
beispielsweise, dass die andere Seite lügen wird, so ist er tendenziell eher bereit, ebenfalls Täuschungstaktiken einzusetzen (vgl. dazu *Mason/Wiley/Ames*, Journal of Experimental Social Psychology 76 (2018), 239, 244 ff.). Doch selbst für Verhandler, die nicht
dazu neigen, Täuschungstaktiken einzusetzen, ist es wichtig, diese zumindest zu kennen
und zu wissen, welche Reaktionsmöglichkeiten bestehen, wenn der Verhandlungspartner
Gebrauch davon macht. So gewinnt dann beispielsweise die Überprüfung der erlangten
Informationen an Bedeutung, es gilt somit: Check the facts!

Ebenso üblich sind in unternehmerischen Verhandlungen Taktiken, die auf Druck und
→ *Drohungen* basieren. Dazu zählen beispielsweise die folgenden Taktiken: → *see you in
court*, → *BAFO*, → *take it or leave it*, → *Russian front*, → *this will hurt you more than it
will hurt me*. Sie können darauf ausgerichtet sein, direkt Zugeständnisse von der anderen
Seite zu erlangen. Häufig soll der Druck allerdings lediglich Fehler der anderen Seite provozieren, die dann ausgenutzt werden können. Aufgrund der rechtlichen Risiken, die mit
Drohungen verbunden sind, versuchen Verhandler teils, zu warnen, statt zu drohen
(→ *warnen statt drohen*). Warnungen beschreiben, im Gegensatz zu Drohungen, Konsequenzen einer Handlung, auf die der Warnende keinen Einfluss hat (z. B. auf Unwetter mit
Blick auf eine Verschiffung). Drohungen kann der Verhandlungspartner hingegen selbst
realisieren (z. B. die Beendigung einer ständigen Geschäftsbeziehung). In Verhandlungen
werden Drohungen regelmäßig von der stärkeren Verhandlungspartei eingesetzt und müssen vor allem glaubwürdig sein, um den gewünschten Effekt zu erzielen.

Taktiken, die sich die Effekte der Verhaltensökonomie (→ *behavioural economics*) zu-
nutze machen, basieren hingegen auf der Tatsache, dass Menschen nicht immer rational
handeln. Vielmehr ist ihr Handeln – und damit auch das von Verhandlungsführern – von
Rationalitätseinschränkungen, beschränkter Willenskraft und einem begrenzten Eigen-
nutzstreben geprägt. → *Biases* zeigen insofern systematische Verzerrungen bei der Wahrnehmung, dem Erinnern, dem Denken und der Entscheidungsfindung. In Verhandlungen
ist der Ankereffekt (→ *anchoring*) die wohl bekannteste Entscheidungsheuristik. Der
Ankereffekt zeigt, dass eine Verzerrung in Richtung des Ankers (bei Verhandlungen oft
das erste Preisangebot) zu beobachten ist, ohne dass sich die Betroffenen dieses Effekts
bewusst sind. Deshalb wird oft empfohlen, sofern die Situation es zulässt selbst das *erste
Angebot* (→ *first offer*) zu machen und so den Ankereffekt zum eigenen Vorteil zu nutzen.
Für weitere Taktiken, die auf diesen Effekten beruhen, siehe die entsprechende Themenliste („Taktiken und Techniken sowie ihre dahinterstehenden Effekte"). Selbst wenn Ver-

handler entsprechende Taktiken nicht einsetzen möchten, ist es für sie entscheidend, die Effekte sowie entsprechende Gegenmaßnahmen zu kennen, um ihnen nicht zu unterliegen.

Außerdem gibt es Taktiken, die kooperatives Verhandeln (vgl. Themenliste) fördern. Einige davon wurden bereits im Zusammenhang mit dem Beginn der Verhandlungen erwähnt (vgl. Abschn. 3.2), da sie dazu dienen, eine gute Verhandlungsbeziehung (→ *rapport*) und gegenseitiges Vertrauen aufzubauen. Sie werden aber auch während der gesamten Verhandlung eingesetzt und sind u. a. darauf ausgerichtet, den Faktor der → *Emotionen* zu berücksichtigen. Die Taktik, eine goldene Brücke zu bauen (→ *building a golden bridge*), gibt der Gegenseite beispielsweise die Möglichkeit, einem vorgeschlagenen Kompromiss zuzustimmen, ohne das Gesicht zu verlieren. Bei den kooperativen Taktiken und Techniken wird berücksichtigt, dass die Beziehung zwischen den Parteien nicht nur während der Verhandlung selbst eine besonders große Rolle spielt, sondern je nach Art des Vertrags auch mit Blick auf die Vertragsdurchführung und mögliche zukünftige Verhandlungen (→ *ständige Geschäftsbeziehung*). Der Aufbau und der Erhalt einer guten Parteibeziehung und von Verhandlungsvertrauen ist damit nicht nur eine Aufgabe, die im Rahmen des Verhandlungseinstiegs und der eigentlichen Verhandlung ansteht, sondern sich über die verschiedenen Phasen der Verhandlung zieht (z. B. auch die Ex-post-Phase). Kooperative Verhandlungen zielen zudem darauf ab, ein für beide Seiten zufriedenstellendes Verhandlungsergebnis zu erreichen.

Das → *Harvard Verhandlungskonzept* ist auf solche kooperativen Verhandlungen ausgerichtet und fordert die Verhandlungsparteien daher auf, sich auf ihre Interessen statt ihre Positionen zu konzentrieren und zu versuchen, den Verhandlungskuchen zunächst zu vergrößern. Außerdem empfiehlt das Harvard Verhandlungskonzept, Menschen und Probleme grundsätzlich getrennt zu behandeln. Das bedeutet, dass Probleme auf der Beziehungsebene auch auf dieser Ebene, und nicht mit Hilfe von Kompromissen auf der Sachebene, gelöst werden sollten. In Bezug auf die Beziehungsebene spielen dann insbesondere → *Emotionen* eine überragende Bedeutung. Das → *core concerns framework* zeigt zentrale Aspekte auf, die dabei im Vordergrund stehen. Diesem Konzept zufolge müssen fünf Grundbedürfnisse von Verhandlungspartnern berücksichtigt werden: (1) Wertschätzung, (2) Zugehörigkeit, (3) Autonomie, (4) Status und (5) Rolle.

In jedem Fall ist die Kernphase der Verhandlung von zwei wesentlichen Aspekten geprägt: Das ist zum einen die Vergrößerung und zum anderen die Verteilung (→ *distributive Verhandlungen*) des *Verhandlungskuchens* (→ *negotiation pie*). Im Idealfall bemühen sich die Parteien, den Verhandlungskuchen zunächst zu vergrößern (*expanding the pie* (→ *negotiation pie*)), bevor sie ihn verteilen. Verhandlungsführer neigen im Allgemeinen jedoch dazu, das Potenzial, den Verhandlungskuchen zu vergrößern, zu unterschätzen (*small pie bias* (→ *bias*)). Oftmals wird sogar (fälschlicherweise) von einem unveränderlichen Kuchen, d. h. einem *fixed pie* (→ *negotiation pie*) ausgegangen (*Thompson/Hastie*, Organizational Behavior and Human Decision Processes 1 (1990), 98–123; *Bazerman/Neale*, American Behavioral Scientist 2 (1983), 211–228). Diese Fehleinschätzung führt teils dazu, dass die Parteien sogleich um die Verteilung des Verhandlungsgewinns verhandeln.

Das Harvard Verhandlungskonzept legt den Verhandlungsparteien nahe, sich auf ihre Interessen, statt ihre Positionen zu konzentrieren, um die Chancen auf eine Vergrößerung des Verhandlungskuchens zu erhöhen. Empfehlenswert ist es insofern, zunächst zu ergründen, ob divergierende, aber nicht gegensätzliche Präferenzen bzgl. verschiedener Verhandlungspunkte bestehen. Denn unterschiedliche (aber dennoch nicht gegensätzliche) Präferenzen können dazu beitragen, den Verhandlungskuchen zu vergrößern, wenn die Parteien mehr von dem bekommen, was sie wertschätzen. Häufig unterschätzt wird auch, dass die Parteien durchaus auch parallel verlaufende Interessen bei einer Verhandlung verfolgen können, was somit direkt beiden Seiten zum Vorteil gereicht. Die Einbindung Dritter oder weiterer Projekte, kann den Verhandlungskuchen ebenfalls vergrößern. Grundsätzlich erfordert die Vergrößerung des Kuchens, dass die Verhandlungspartner Informationen austauschen, um gemeinsame oder abweichende Interessen feststellen zu können. Das *Dilemma des Informationsaustausches* (→ *negotiator's dilemma*) hindert die Parteien jedoch manchmal daran, insofern zu kooperieren. Das Dilemma besteht darin, dass beide Verhandlungspartner oft befürchten, dass die jeweils andere Seite keine ebenso wertvollen Informationen preisgeben und vielleicht sogar die erlangten Informationen nutzen wird, um einen einseitigen Verhandlungserfolg zu erzielen. Um dieses Dilemma zu überwinden, ist es in der Regel empfehlenswert, zunächst nur einige ausgewählte Informationen preiszugeben und die Reaktion der Gegenseite abzuwarten. Dieses Vorgehen kann als eine Art des → *signalling* angesehen werden. Verhält sich der Verhandlungspartner reziprok, d. h. es findet ein synallagmatischer Informationsaustausch statt, können weitere Informationen gefahrlos weitergegeben werden (→ *tit-for-tat*). Ist dies nicht der Fall, stellt man den Informationsaustausch (→ *Informationen teilen*) ebenfalls ein, hält sich aber eine Tür offen, um diesen zu einem späteren Zeitpunkt der Verhandlung wieder aufzunehmen (→ *generous tit-for-tat*).

Da es im Ergebnis somit gerade in der Vorbereitungs- sowie der Kernphase der Verhandlung entscheidend ist, Informationen über die Interessen und Präferenzen des Verhandlungspartners zu gewinnen, enthält dieses Werk viele Fragetechniken (vgl. Themenliste), die insbesondere auch der Informationsgewinnung dienen. Untersuchungen verdeutlichen die Bedeutung von Fragen für die Verhandlung, denn sie zeigen, dass erfolgreiche Verhandlungsführer doppelt so viel Zeit darauf verwenden, Fragen zu stellen wie durchschnittliche Verhandlungsführer (*Rackham/Carlisle*, Journal of European Industrial Training 6 (1978), 6, 9). Eng mit den Fragetechniken verknüpft sind die Antworttechniken (vgl. Themenliste), die unter anderem dazu beitragen können, Informationsbegehren des Verhandlungspartners abzuwehren oder lediglich teilweise zu befriedigen. In diesem Zusammenhang sei hier auch noch einmal die Bedeutung des Zuhörens (vgl. Themenliste) hingewiesen. Die → *70-30-Regel* besagt, dass Verhandler 70 % der Zeit mit Zuhören verbringen sollten und nur 30 % mit Reden, um mehr wertvolle Informationen zu erhalten. Die Fähigkeit des → *aktiven Zuhörens* ermutigt den Verhandlungspartner insofern, weiterzureden und dadurch mehr Details preiszugeben. Im Bereich der Verhandlungen sollte zudem der Aussagekraft der → *Körpersprache* besondere Aufmerksamkeit geschenkt werden, da dadurch zusätzliche Erkenntnisse, z. B. über die Emotionen des Verhandlungspartners, erlangt werden können.

Nach der Vergrößerung des Verhandlungskuchens geht es in einem zweiten Schritt um die Verteilung (→ *distributive Verhandlungen*) des (erweiterten) Verhandlungskuchens. Dabei ist der Preis oft der entscheidende Aspekt, wobei zu betonen ist, dass die anderen Verhandlungspunkte nicht vernachlässigt werden sollten. Aufgrund des oben erwähnten Ankereffekts (→ *anchoring*) ist es in vielen Situationen empfehlenswert, ein → *erstes Angebot* zu unterbreiten, sofern eine Möglichkeit dazu besteht. Dafür muss der Verhandler bereits im Rahmen der Vorbereitung eine Zielvorstellung entwickeln, wobei insofern ein → *ambitious target price setting*, d. h. eine ambitionierte (konkrete) Zielsetzung empfohlen wird. Der Anker wirkt am besten, wenn er gut begründet ist (siehe Themenliste „Argumentationstechniken") und wenn der Verhandlungspartner bereits eher → *niedrige Erwartungen* hat. Auf letzteres kann der Verhandler auch zu Beginn der Verhandlung hinarbeiten. Hat die Gegenseite das erste Angebot gemacht, ist es für den Verhandlungsführer wichtig, sich des Ankereffekts bewusst zu sein und Maßnahmen zu ergreifen, um ihm möglichst nicht zu unterliegen. Generell gilt, dass auf ein erstes Angebot nicht sofort ein Gegenangebot unterbreitet werden sollte. Stattdessen kann der Verhandlungsführer versuchen, seinen Verhandlungspartner zu einem für ihn besseren Vorschlag zu bewegen. In diesem Zusammenhang können viele Taktiken eingesetzt werden. Die Taktik → *not happy* konzentriert sich beispielsweise darauf, die Unzufriedenheit mit dem Angebot zum Ausdruck zu bringen, worauf in der Regel die Aufforderung an den Verhandlungspartner folgt, Zugeständnisse zu machen. Aber nicht nur Worte können die Ablehnung eines Angebots ausdrücken. → *Schweigen* als Reaktion auf ein Angebot wird in der Regel ebenfalls als ein negatives (und teils aggressives) Zeichen der Ablehnung wahrgenommen. Auch ein Kopfschütteln oder „Abwinken" sind ein deutlicher Hinweis auf die Unzufriedenheit mit dem Angebot (→ *wince*) und können die andere Seite dazu veranlassen Zugeständnisse anzubieten. Das Diskreditieren des Ankers (→ *anchoring*) ist eine weitere häufig angewandte Taktik, um die andere Partei dazu zu bewegen, ihr Angebot zu verbessern. Der Verhandlungspartner, der mit diesen Taktiken konfrontiert wird, muss aufpassen, dass er nicht in die Falle tappt, gegen sich selbst zu verhandeln. Er sollte daher stattdessen auf ein Gegenangebot bestehen bzw. die Vorstellungen der anderen Seite ergründen, um die Ursache der Unzufriedenheit zu erkennen. Nach dem Einsatz der beschriebenen Taktiken kommt ein Zeitpunkt, zu dem es sinnvoll ist, in Bezug auf den Anker einen Gegenanker, d. h. ein Gegenangebot zu unterbreiten. Insofern wird der Verhandler darauf bedacht sein, einen möglichst weit entfernten Gegenanker zu setzen, da aufgrund der Mittelpunktregel (→ *midpoint rule*) die Tendenz hin zu einer Einigung in der Mitte der beiden Angebote besteht. Das Gegenangebot sollte, ebenso wie der Anker, möglichst gut begründet werden. Wird der Gegenanker jedoch zu weit entfernt gesetzt, kann die Einigung als aussichtslos erscheinen und die Verhandlung scheitern, weshalb es dies zu vermeiden gilt. Der Anker und der Gegenanker bestimmen dann den Verhandlungsspielraum, im Rahmen dessen die Parteien sich aufeinander zu bewegen (oder die Verhandlungen abbrechen).

Während des gesamten Verhandlungsprozesses, aber insbesondere in der Phase, in der der Verhandlungskuchen verteilt wird, spielen Argumentationstechniken eine wichtige Rolle (siehe Themenliste „Argumentationstechniken"). Die Argumentationstechniken dienen in erster Linie dazu, den Vertragspartner von der eigenen Position zu überzeugen. Insofern muss zunächst geklärt werden, welche Partei die → *Begründungslast* trägt. Der Begriff bezieht sich nicht nur auf das Erfordernis, die eigene Meinung überhaupt zu begründen, sondern verweist auch darauf, dass im argumentativen Zweifelsfall diejenige Meinung bevorzugt wird, die keiner Begründung bedarf. Verhandlungsparteien bemühen sich daher darum, die Begründungslast der anderen Partei aufzubürden, da es einen Nachteil darstellt, etwas rechtfertigen zu müssen. Außerdem ist es generell empfehlenswert, eher → *wenige, starke Argumente* zu verwenden, da es umgekehrt erfolgversprechend ist, zuerst die schwachen Argumente des Gegenübers anzugreifen. Gängige Argumentationstechniken sind zudem der → *Analogieschluss* und das sogenannte → *floodgate argument*.

Die Kernphase der Verhandlung kann durch → *Verhandlungspausen* und Vertagungen unterbrochen werden. Bei kleinen Verhandlungen, die innerhalb von Minuten abgeschlossen sind, spielt dies keine so große Rolle, wie bei großen Verhandlungen, die Monate oder Jahre mit zahllosen Treffen in Anspruch nehmen können. Die Parteien können und sollten Unterbrechungen generell nutzen, um sich auf die weiteren Verhandlungen vorzubereiten, Rücksprache mit → *decision-makern* zu halten und den bisherigen Verhandlungsverlauf zu reflektieren. Laufen die Verhandlungen nicht gut, kommt es schnell zu → *deadlocks*. Es ist die Aufgabe der Verhandlungsführer, solche deadlocks entweder bereits zu verhindern bzw. sie (zügig) zu überwinden. Denn ebenso wie Pausen und Vertagungen führen deadlocks zu einer Verlängerung des Verhandlungsprozesses. Das ist insofern nicht unerheblich, als Verhandlungen mit Kosten verbunden sind und diese mit der Verhandlungszeit zunehmen. Aber nicht nur wegen der Kosten spielt die → *Zeit* sowohl im Rahmen der Verhandlungsvorbereitung als auch bei der eigentlichen Verhandlung eine überragende Rolle. Denn auch das eigene und das fremde → *BATNA* und damit das → *ZOPA* können sich im Zeitverlauf ändern und so die Verhandlungsmacht verschieben. Die Zeit ist entsprechend auch Ausgangspunkt verschiedener Taktiken (z. B. → *calculated delay*). Um den zeitlichen Rahmen einzuhalten, stehen vor allem Instrumente wie die → *Agenda* und → *deadlines* zur Verfügung.

Generell ist es in Bezug auf Vertragsverhandlungen empfehlenswert → *Zwischenergebnisse* festzuhalten. Insofern ist derjenige im Vorteil, der die Zwischenergebnisse zu Papier bringt (sogenannte → *rule of pen*). Durch die schriftliche Fixierung der Zwischenergebnisse wird unter anderem auch dem → *foggy recall* vorgebeugt, also der Taktik mündliche Einigungen durch eine verfälschte Erinnerung in Richtung der eigenen Interessen umzuinterpretieren.

Am Ende der Kernphase der Verhandlung steht die Entscheidung beider Seiten für oder gegen den Vertragsschluss. Für diese Entscheidung sind das eigene → *BATNA*, welches bereits in der Vorbereitungsphase ermittelt und dann während der Verhandlung kontinuierlich angepasst wird, sowie die → *deal-breaker* von zentraler Bedeutung. Das Verhandlungsergebnis wird daran gemessen. Ein besseres, eigenes BATNA führt regelmäßig zum *Verhandlungsabbruch* (→ *break it off*), während ein schlechteres BATNA den Vertragsschluss nahelegt. Denn rational ist ein Vertragsschluss grundsätzlich für beide Seiten, wenn ein → *ZOPA* besteht und die erzielte Einigung sich in diesem Rahmen befindet.

3.4   Die Vereinbarung

Diese Phase der Verhandlung ist nicht Gegenstand dieses Werks, weil es dabei um die Vertragsgestaltung (contract design) geht, d. h. darum, wie das verhandelte Ergebnis vertraglich festgehalten werden soll. Dies ist vor allem eine juristische Fragestellung, zu der es umfassende Fachliteratur gibt. Die Vertragsgestaltung ist der Verhandlung nicht zeitlich nachgelagert. Vielmehr handelt es sich auch hier um einen kontinuierlichen Prozess, der sich von der Vertragsvorbereitung (vgl. Abschn. 3.1) über die Vertragsverhandlung (vgl. Abschn. 3.3) erstreckt. Die Kernphase der Verhandlungen endet aber in der Regel mit dem Abschluss der Vereinbarung bzw. deren Ablehnung.

In diesem Buch werden nur einige wenige, zentrale Aspekte der Vertragsgestaltung aufgenommen. Vorrangig beschäftigt sich dieses Werk mit juristischen Hilfsmitteln, die teilweise auch bei der Vertragsgestaltung zum Einsatz kommen, und rechtlichen Rahmenbedingungen, die bei der Vertragsverhandlung und -gestaltung zu berücksichtigen sind.

In B2B-Verhandlungen ist es beispielsweise üblich, mit Allgemeinen Geschäftsbedingungen (AGB) zu arbeiten. Die Vertragsklauseln sind somit oftmals vorformuliert und von einer der Parteien gestellt, sodass häufig allein der Preis zu verhandeln bleibt. Ist dies der Fall, kann der Verhandlungspartner, dem die AGB gestellt werden, die → *AGB-gestützte Verhandlungstaktik* einsetzen, denn AGB unterliegen in Deutschland der → *Inhaltskontrolle* (§§ 305 ff. BGB). Dabei werden die Klauseln auf ihre Angemessenheit überprüft. Hält eine Klausel dieser Prüfung nicht stand, ist sie unwirksam. Dann kommt vorrangig → *dispositives Recht* zur Anwendung. Gerade bei unangemessen benachteiligenden Klauseln i. S. d. § 307 Abs. 1 S. 1 BGB, die somit der Inhaltskontrolle nicht standhalten, macht ein Verhandeln für das Unternehmen, das durch eine solche Klausel betroffen ist, nach deutschem Recht zumeist keinen Sinn. Denn eine bessere Lösung als das Gesetzesrecht, welches nach ständiger Praxis an die Stelle der unwirksamen Klausel tritt (§ 306 Abs. 2 BGB), ist nur schwer als Verhandlungsergebnis zu erreichen. Allerdings ist europarechtlich inzwischen hochumstritten, ob unwirksame Klauseln durch das dispositive Gesetzesrecht zu ersetzen sind. Der EuGH hat mehrfach angedeutet, dass, zumindest im Regelfall, die Klausel komplett wegfällt.

Selbst im Rahmen von stärker ausgehandelten Verträgen werden bestimmte → *boilerplates*, d. h. Standardklauseln verwendet. Dazu zählen unter anderem die → *doppelte Schriftformklausel*, Eskalationsklauseln, → *Verhandlungsklauseln*, Change-Order-Klauseln oder Rechtswahlklauseln und Gerichtsstandklauseln. Teilweise werden in Verträge auch Klauseln aufgenommen, die sich rechtlich nicht durchsetzen lassen. Ein Beispiel dafür sind *Bemühensklauseln* (→ *leeres Versprechen*). Wie der Name bereits erkennen lässt, wird in diesen Klauseln versprochen, sich um etwas zu bemühen. Sie enthalten jedoch nicht das Versprechen, einen bestimmten Erfolg auch tatsächlich herbeizuführen.

3.5   Die Umsetzung des Vereinbarten

Die Bedeutung und der Ablauf der Umsetzung des Vereinbarten hängen sehr stark von der Art des Vertrags ab. Gerade bei komplexen Großprojekten, wie Bauprojekten, Anlagen-bauverträgen etc., stellt die Vertragsumsetzung eine große Herausforderung dar. In sol-chen Fällen ist die Parteibeziehung von besonderer Bedeutung, da es hier häufig auf die Kooperation der Parteien in der Umsetzungsphase ankommt. Die Verhandlungspartner bedürfen in solchen Fällen Vertrauen zueinander. Das Risiko von Streitigkeiten ist bei solchen großen Projekten sehr hoch, weshalb Ex-ante-Regelungen für mögliche Eskala-tionen geschaffen werden sollten (z. B. Eskalationsstufen und Mediationsklauseln). Die Vertragsdurchführung müssen die Verhandler bereits in allen vorgelagerten Verhandlungs-phasen im Blick behalten. Insbesondere Realmaker fokussieren sich auf die reibungslose Vertragsdurchführung und versuchen, diese durch umfassende Regelungen im Vertrag (safe harbor principle) sicherzustellen. Es lassen sich jedoch ex ante nicht alle eventuell eintretenden zukünftigen Situationen regeln (unvollständige Verträge). Mit Hilfe des Legal Risk Managements sollten rechtliche Risiken – auch solche, die im Rahmen der Vertrags-durchführung auftreten – analysiert werden.

Die Stichworte in diesem Werk beschäftigen sich nur am Rande mit der Umsetzungs-phase. Zentraler Bestandteil der Umsetzungsphase ist das sog. → *Claim-Management*. Dabei geht es um das Erkennen von Abweichungen des Ist-Zustandes vom vertraglich vereinbarten Soll-Zustand und die Durchsetzung daraus entstehender Ansprüche.

→ *Nachverhandlungen* sind ebenfalls ein typischer Bestandteil der Umsetzungsphase. Solche Nachverhandlungen können legitim sein, wenn sich Umstände geändert haben. Sie können sogar dazu genutzt werden, den *Verhandlungskuchen* (→ *negotiation pie*) zu ver-größern und somit ein besseres Ergebnis für beide Seiten zu erzielen. Problematisch sind dagegen *opportunistische Nachverhandlungen* (→ *Nachverhandlungen*), die dadurch möglich werden, dass sich das Verhandlungsgleichgewicht nach Abschluss verschiebt.

3.6   Die Ex-post-Phase

Die Ex-post-Phase sollte vor allem der Reflektion der Verhandlung dienen, um so aus den vorangegangenen Verhandlungen für zukünftige Verhandlungen zu lernen. Da es sich bei Verhandlungen um einen iterativen Prozess, kann die Ex-post-Phase insofern nicht nur zur Verbesserung des Vorbereitungsprozesses, sondern auch zur Verbesserung der anderen Verhandlungsphasen, wie z. B. der Aufnahme und der Kernphase der Verhandlungen ge-nutzt werden. Es sollte daher überlegt werden, was gut gelaufen ist (→ *WWW*) und was nächstes Mal verbessert werden könnte (→ *WWYDD*). Häufig werden die Erfahrungen dabei entsprechend des Kontexts kategorisiert. Diese Kategorisierung ist dabei in vielen Fällen zu eng, sodass die so gewonnenen Erkenntnisse schlechter auf neue Situationen übertragen werden können. Hilfreich kann es daher sein, das Erlebte in Bezug auf grundlegendere Strukturen zu systematisieren. Insofern ist es entscheidend, die Strukturen und Mechanismen von Verhandlungen zu verstehen. Da die Verhandlung psychisch sehr anstrengend ist, fällt es Verhandlern leichter, eine Verhandlung zu reflektieren, wenn sie zumindest mit zwei Personen agiert haben. Die andere Person kann dann nicht nur die Rolle des → *Analytikers* während der Verhandlung einnehmen, sondern im Nachgang auch als Partner zur Reflexion der Verhandlung fungieren. Bei der Analyse von Verhandlungen können zudem sogenannte → *deal sheets* helfen, auf denen die Verhandler die wichtigsten Aspekte der Verhandlung festhalten. Die deal sheets können dann vom Unternehmen systematisch ausgewertet werden und zum Beispiel in die Erarbeitung eines → *prenegotiation plans* inklusive → *Checklisten* einfließen.

Elemente der Vertragsverhandlung – eine alphabetische Begriffszusammenstellung

Dieser Abschnitt stellt den Hauptteil des Werks dar. Hier werden Erkenntnisse, Taktiken und Strategien ergänzt um weitere wichtige Grundbegriffe in alphabetischer Reihenfolge erörtert.

7-38-55-Regel

Diese Regel wurde von *Albert Mehrabian* 1968 aufgestellt (vgl. *Mehrabian*, Silent Messages, 1971, S. 43) und bezieht sich auf die Wirkung von Mitteilungen auf den Gesprächspartner. Wie eine Aussage wahrgenommen wird, soll danach nur zu 7 % vom Inhalt abhängen. Zu 38 % soll der Klang der Stimme, also der Tonfall, die Wirkung des Gesagten bestimmen. Mit 55 % sei jedoch die → *Körpersprache* der entscheidende Faktor. Die Studie lässt sich nicht uneingeschränkt auf Verhandlungen übertragen, da lediglich die Wirkung einzelner Wörter getestet wurde. Sie zeigt jedoch, dass die Körpersprache ein nicht zu unterschätzender Faktor ist, der auch bei Vertragsverhandlungen eine große Rolle spielen dürfte.

70-30-Regel

Diese Regel besagt, dass Verhandler 70 % der Zeit mit Zuhören verbringen sollten und nur 30 % mit Reden. Exakt quantifizieren lässt sich das ideale Verhältnis von Zuhören und Reden sicherlich nicht. Bei zwei Verhandlern können zudem nicht beide diese Regel erfüllen, da die Redeanteile beider zusammen 100 % ausmachen müssen. Die Regel verdeutlicht aber, wie wichtig es ist, dem Verhandlungspartner (aufmerksam) zuzuhören. Dadurch lassen sich wichtige Informationen, beispielsweise über seine Interessen, Präferenzen, Vorstellungen, den Verhandlungsgegenstand etc., in Erfahrung bringen und Überlegungszeit gewinnen. Es ist in Vertragsverhandlungen bewusst darauf zu achten, selbst nicht zu viel Redezeit einzunehmen, da viele Verhandler genau dazu neigen. Der Verhandlungspartner kann durch das Stellen von Fragen, z. B. → *offenen Fragen*, zum Reden angeregt werden.

S. Jung, P. Krebs, *Grundlagenwissen für erfolgreiche Verhandler*, https://doi.org/10.1007/978-3-658-41493-1_4

80-20-Regel

Die 80-20-Regel wurde von *Leigh L. Thompson* (vgl. *Thompson*, The mind and heart of the negotiator, 2014) aufgestellt und soll verdeutlichen, wie wichtig die Verhandlungsvorbereitung im Verhältnis zu anderen → *Verhandlungsphasen*, insbesondere der eigentlichen Verhandlung, ist. Nach *Thompson* kommt der **Verhandlungsvorbereitung** eine viermal so große Bedeutung zu wie der Verhandlungsführung, woraus sich die 80-20-Regel ergibt. Daher sollte auch entsprechend viel Zeit und Energie in diese Phase der Verhandlung investiert werden.

Auch, wenn man eine solche quantitative Bestimmung der Bedeutung der Verhandlungsvorbereitung in Zweifel ziehen kann, dürfte die Regel zu Recht darauf hinweisen, dass eine erfolgreiche Verhandlung einer intensiven Vorbereitung bedarf. Gerade den Besonderheiten der konkreten Verhandlung wird häufig zu wenig Vorbereitungszeit gewidmet. Im Einzelfall kann die Verhandlungsvorbereitung mehr oder weniger Zeit in Anspruch nehmen. *James A. Baker* III (früherer White House Chief of Staff, Secretary of Treasury und Secretary of State) beschrieb die Bedeutung der Verhandlungsvorbereitung mit den **5 Ps** (*Baker*, Work Hard, Study … and keep out of politics, 2006, S. 5):

Prior Preparation Prevents Poor Performance.

Eine Studie von *Rackham/Carlisle* legt zudem nahe, dass es nicht nur darauf ankommt, wie viel Zeit ein Verhandler für die Verhandlungsvorbereitung einsetzt, sondern auch darauf, womit er sich während dieser Zeit befasst. Ihren Ergebnissen zufolge verbringen erfolgreiche Verhandler ungefähr doppelt so viel Zeit wie durchschnittliche Verhandler damit, Handlungsoptionen und mögliche Verhandlungsergebnisse durchzuspielen (*Rackham/ Carlisle*, Journal of European Industrial Training 6 (1978), 2, 2).

Aber Ja-Antwort

Bei der Aber Ja-Antwort handelt es sich um einen Antworttyp und damit um eine Kommunikationstechnik, die auch dazu dient, die Zufriedenheit des Gegenübers zu erhöhen und den Status des Zustimmenden zu betonen. Im Rahmen dieses Antworttyps werden zunächst die Bedenken gegen den Vorschlag des Verhandlungspartners angeführt. Am Ende kommt der Antwortende ihm dann jedoch ganz (Aber Ja) oder teilweise (Aber Ja, vielleicht) entgegen. Bei der Aber Ja-Antwort werden die vorangestellten Bedenken stärker als bei der entgegengesetzten Taktik der → *Ja, aber-Antwort* betont. Die im Endergebnis positive Antwort wirkt auf den Gesprächspartner weniger selbstverständlich und wird von ihm daher besonders positiv vermerkt. Letzteres gilt insbesondere dann, wenn das Gegenüber aufgrund des Gesprächsverlaufs nicht mehr mit einer bejahenden Antwort rechnet. Soweit diese positive Antwort erst nach einer guten Argumentation durch den Antwortenden zustande kommt, glaubt die Gegenseite an ihr Verhandlungsgeschick und ist besonders glücklich über diesen Erfolg. Solche „Erfolge" sind psychologisch für die Zufriedenheit mit der Einigung wichtig. Wie bedeutsam dies ist, zeigt sich daran, dass sie sich sogar physiologisch als Endorphinausschüttung nachweisen lassen. Die Aber Ja-Antwort zielt daher häufig darauf ab, den Verhandlungspartner bzgl. des Ergebnisses positiver zu stimmen, was vor allem dann notwendig ist, wenn die Zustimmung eingeschränkt wurde und das Gegenüber somit allein einen Teilerfolg zu verbuchen hat.

Aber Ja-Antworten finden besonders häufig in hierarchischen Verhältnissen durch die höherrangige Person Verwendung, weil damit zugleich auch der Rang des nach anfänglichen Bedenken Zustimmenden betont werden kann.

Aber Ja-Antworten können allerdings auch unglaubwürdig wirken. Dies ist insbesondere dann der Fall, wenn es zu einem abrupten Bruch zwischen den Bedenken und dem dann geäußerten Einverständnis kommt. Gleiches gilt, wenn der Antwortende diese Technik sehr häufig verwendet. Ist der negative Beginn zu intensiv, kann dies zudem zu einer atmosphärischen Vergiftung führen.

Beispiel

Das von Ihnen vorgestellte Projekt ist teurer, als wir das erwartet haben. Aufgrund des sich gut entwickelnden Geschäftsjahres können wir uns allerdings eine begrenzte Budgeterhöhung erlauben. Im Ergebnis werden wir Ihr Projekt daher trotzdem unterstützen. ◄

Abschlussfragen

Abschlussfragen dienen dazu, den Vertragsschluss zu forcieren. Erkennen Verhandler beim Vertragspartner Abschlusssignale, stellen sie in dieser Situation häufig „letzte" Fragen, die leicht beantwortet werden können oder sogar nur mit „Ja" beantwortet werden sollen bzw. eine Detailkonkretisierung betreffen, die den Vertragsabschluss voraussetzt. Stellt der Verkäufer mehrere Fragen hintereinander, die vom Kunden mit „Ja" beantwortet werden sollen, wird dies auch **yes momentum** bzw. **yessable questions** genannt. Hier soll durch die positive Beantwortung der Frage der Käufer auch zur Bejahung der entscheidenden Frage bzgl. des Vertragsabschlusses angeregt werden.

Beispiel

„Möchten Sie bar oder mit Karte zahlen?" → Diese Detailfrage setzt den Vertragsschluss voraus. ◄

ACBD

Die ACBD-Regel stammt von *Fisher* und *Shapiro* (*Fisher/Shapiro*, Beyond Reason, 2006, S. 84) und steht für:

- **A**lways
- **C**onsult
- **B**efore
- **D**eciding

Die ACBD-Regel fordert dementsprechend dazu auf, vor der Entscheidungsfindung die relevanten *Stakeholder* (→ *think beyond the table*) in Form einer Konsultation am Entscheidungsprozess zu beteiligen. Dafür ist zunächst die Identifizierung der Stakeholder entscheidend. Im Rahmen des → *core concerns frameworks* soll dieses Verfahren den Stakeholdern ein stärkeres Gefühl der Einbindung und damit der Autonomie geben. Das funktioniert allerdings nur, wenn der → *decision-maker* den Stakeholdern das Gefühl vermitteln kann, dass ihre Beiträge auch tatsächlich ernst genommen werden. Für den decision-maker wiederum besteht die Herausforderung darin, den Stakeholdern Gehör zu geben, sich dadurch aber in seiner Entscheidungsfindung nicht zu sehr einschränken zu lassen.

Adopt an outsider lens

Bei dieser Technik soll auch ohne die Einschaltung eines Externen, z. B. eines Experten, zumindest zeitweise eine Außensicht während der Verhandlung eingenommen werden. Hier geht es also nicht darum, die Verhandlung aus Sicht des Verhandlungspartners zu bewerten, sondern darum, die Perspektive eines Außenstehenden einzunehmen. Durch den distanzierten Blick auf die eigene Verhandlung sollen Fehler, z. B. durch → *bias,* vermieden werden. Zugleich können feste Denkbahnen verlassen und Chancen entdeckt werden, die aus der Innenperspektive schwerer zu erkennen sind. Insbesondere wenn Verhandler emotional in die Verhandlung eingebunden sind, wird es ihnen jedoch schwerfallen, eine solche Außensicht einzunehmen.

Advocatus diaboli

Hierbei handelt es sich um eine Technik, bei der zum einen versucht wird, schwerwiegende Bedenken, durch die sich der Verhandlungspartner angegriffen fühlen könnte, in milder Form zu vermitteln. Hierfür bezeichnet sich derjenige, der die schwerwiegenden Bedenken vorbringt, selbst als advocatus diaboli (**Anwalt des Teufels/devil's advocate**), um damit auszudrücken, dass solche Teufelsbedenken „natürlich nicht" dem persönlichen Denken entsprechen. Die persönliche Beziehung soll somit von der rationalen Streitbeziehung getrennt werden. Es kann jedoch auch sein, dass ein tatsächlich persönlich gemeinter Angriff hinter der Floskel vom advocatus diaboli versteckt wird. Des speziellen Begriffs bedarf es beim Einsatz dieser Technik nicht notwendigerweise. Möglich ist z. B. auch Bedenken dritten Personen zuzuschreiben, z. B. dem Vorgesetzten, oder es zur gemeinsamen Aufgabe zu erklären, einen zu erwartenden Angriff eines Dritten abzuwehren und in diesem Zusammenhang die möglichen Angriffsmittel zu erwähnen.

Sinnvoll ist der Einsatz eines advocatus diaboli zum anderen auch im Rahmen der *Verhandlungsvorbereitung* (→ *80-20-Regel*), also unternehmensintern. Ein Verhandler des Teams nimmt dabei die Rolle des advocatus diaboli ein. Dadurch soll sich das Verhandlungsteam realistisch auf die Argumente und Reaktionen des Verhandlungspartners einstellen können.

After agreement demand

Es handelt sich um eine Taktik, die der Durchsetzung zusätzlicher Forderungen nach bereits erfolgter Einigung dient (→ *Nachverhandlung*). Im deutschsprachigen Raum wird diese Taktik manchmal auch plakativ als der **Knabberer** bezeichnet. Um die Nachforderung nicht willkürlich erscheinen zu lassen, wird eine Rechtfertigung benötigt. Bedarf z. B. die Einigung der Verhandler noch einer Genehmigung durch Entscheider (→ *decisionmaker*), werden nicht selten in diesem Rahmen noch Nachforderungen erhoben (vgl. die Empfehlung: after agreement has been reached, have your client reject it and raise his demands).

Ein umfassend entscheidungs- und vertretungsberechtigter Verhandler hingegen kann solche Nachforderungen ohne besonderen inhaltlichen Grund kaum ohne Gesichtsverlust gegenüber dem Verhandlungspartner aufstellen. Zur Abwehr solcher Nachforderungen kann daher versucht werden, die andere Seite frühzeitig zu veranlassen, ihren Verhandlern umfassende Entscheidungs- und Abschlussbefugnisse zu erteilen.

Nachforderungen können berechtigt sein bzw. auf einer anderen Beurteilung der Lage durch die Entscheider beruhen. Nicht selten wird diese Situation allerdings systematisch für Nachforderungen genutzt. Der Unterschied zur → *Salamitaktik* besteht darin, dass dort kurz vor der Einigung durch die Verhandler „scheibchenweise" weitere Forderungen vorgetragen werden. Um gegen das häufig erfolgreiche after agreement demand anzugehen, wird empfohlen, selbst ebenfalls sinnvolle und die andere Seite belastende Gegenforderungen zu stellen. Sofern der Vertrag noch nicht förmlich abgeschlossen worden sein sollte, riskieren die Parteien durch ein entsprechendes Vorgehen allerdings noch das Scheitern der Verhandlungen. Verhandeln Entscheidungsbefugte unmittelbar miteinander, kann diese Taktik schlecht angewandt werden. Unter diesen Umständen wird eher auf die Salamitaktik zurückgegriffen.

Ein anderer Legitimationsversuch für Nachforderungen besteht darin vorzugeben, erst nach erfolgter Einigung Lücken „entdeckt" zu haben, für die nunmehr Nachforderungen zu stellen seien.

AGB-gestützte Verhandlungstaktik

Es handelt sich um eine Taktik, die Besonderheiten des deutschen AGB-Rechts ausnutzt. Bei der AGB-gestützten Verhandlungstaktik akzeptiert eine Seite die *allgemeinen Geschäftsbedingungen* (→ *Inhaltskontrolle*) der anderen Seite (fast) vollständig, soweit es sich nicht um Preis- und Leistungsbestimmungen handelt, da diese im Rahmen des § 307 Abs. 3 BGB von der Inhaltskontrolle ausgenommen sind und verlässt sich so auf die → *Inhaltskontrolle* der §§ 305 ff. BGB als Interessensausgleich. Dies kostet weniger Zeit als intensive Verhandlungen, durch die man eine entsprechende Regelung vielleicht auch nur um den Preis einer Gegenleistung an anderer Stelle (teilweise) ändern könnte und die Regelung dann, weil sie ausgehandelt wurde, zugleich der Inhaltskontrolle entzogen wäre (vgl. § 305 Abs. 1 S. 3 BGB). Gerade bei unangemessen benachteiligenden Klauseln i. S. d. § 307 Abs. 1 S. 1 BGB, die somit der Inhaltskontrolle nicht standhalten, macht ein Verhandeln für das Unternehmen, das durch eine solche Klausel betroffen ist, nach deutschem Recht oftmals keinen Sinn. Denn eine bessere Lösung als das Gesetzesrecht, welches an die Stelle der unwirksamen Klausel tritt (§ 306 Abs. 2 BGB), ist nur schwer als Verhandlungsergebnis zu erreichen. Die Möglichkeit der AGB-gestützten Verhandlungstaktik nach deutschem Recht wird insbesondere hinsichtlich Verhandlungen über sehr wertvolle Güter rechtspolitisch kritisiert. Denn die Inhaltskontrolle rechtfertigt sich damit, dass die Vorformulierung zu einer strukturellen Ungleichgewichtslage führt, die durch die Inhaltskontrolle ausgeglichen werden muss. Allerdings kann der Gegenseite nicht entgegnet werden, dass sie hätte verhandeln sollen, da sich diese Verhandlungen – sofern der AGB-Steller überhaupt verhandlungsbereit ist – im Regelfall aus ökonomischer Sicht nicht lohnen. Diese Argumentation überzeugt aber bei Größenordnungen ab etwa einer Million Euro nicht mehr. Hier wäre es – außerhalb kartellrechtlich zu erfassender Ungleichgewichtslagen aufgrund wirtschaftlicher Marktmacht (→ *Verbot des Missbrauchs einer marktbeherrschenden Stellung*) – überzeugender, auf eine Inhaltskontrolle zu verzichten. Allerdings zeigt die Praxis, dass es in ständigen Geschäftsbeziehungen und erst recht bei deutlichen Machtunterschieden faktisch sehr schwierig ist, sich erfolgreich auf die Unwirksamkeit der gegnerischen AGB zu berufen, da die Anrufung der Gerichte häufig das Ende der Geschäftsbeziehung darstellen würde. Die AGB-gestützte Verhandlungstaktik kommt daher primär bei Einmalbeziehungen in Betracht. Aber auch dort bestehen gewisse Risiken. Wird z. B. zugleich eine Schiedsgerichtsklausel aufgenommen, ist zu bedenken, dass Schiedsgerichte gerade bei Grenzfällen tendenziell zurückhaltend mit der Inhaltskontrolle sein können.

Beispiel

Wird bei einem Bauvertrag in den AGB eine Vertragsstrafe mit einer Höchstgrenze von 10 % festgelegt, so ist diese Klausel unwirksam (vgl. BGH NJW 2003, 1805), da sie den Auftragnehmer unangemessen benachteiligt. In diesem Fall könnte der Auftragnehmer die AGB-gestützte Verhandlungstaktik anwenden, allerdings mit dem Risiko, vom AGB-Steller dann, wenn er sich im Streitfall auf die Unwirksamkeit der AGB beruft, keinen weiteren Auftrag zu erhalten. ◄

Agenda

Bei der Agenda bzw. der **Tagesordnung** handelt sich um ein technisches Hilfsmittel von großer praktischer Bedeutung für den Verhandlungserfolg. Die Agenda bestimmt, ob und was, wann und bis zu einem gewissen Grad sogar wie (z. B. mit welchen → *Verhandlungspausen*) etwas behandelt wird. Die Tagesordnung kann eine schnelle oder eine langsame, eine vertrauensvolle Verhandlung oder eine konfrontative Verhandlung begünstigen. Oft stellt sich die Frage, ob und zu welchem Zeitpunkt problematische Punkte behandelt werden sollten. Für toxische Themen, d. h. besonders problematische Aspekte, gilt in der Regel, dass sie weder ganz am Anfang noch ganz am Schluss erörtert werden sollten. Außerhalb Deutschlands wird hingegen in einigen Verhandlungskulturen ohne oder ohne feste Agenda verhandelt.

Aufgrund der hohen Bedeutung der Tagesordnung für den Erfolg der Verhandlung ist es grundsätzlich erstrebenswert, die Agenda zu kontrollieren (**control the agenda**). Wichtig ist dabei, dass zur Kontrolle nicht nur die ursprüngliche Erstellung der Agenda, sondern auch die tatsächliche Umsetzung der Agenda gehört. In der Praxis kontrolliert meistens die Partei mit der größeren Verhandlungsmacht (→ *negotiation power*) die Agenda.

Bei der Erstellung und Durchführung einer Agenda kann es z. B. sinnvoll sein, eine Vielzahl kleinerer Punkte zu verhandeln, die vermutlich erfolgreich abgeschlossen werden können, um so Verhandlungsvertrauen aufzubauen, bevor ein problematischer Punkt angesprochen wird. Dies kann durch die Tagesordnung weitgehend sichergestellt werden. Auch das zeitliche Zusammenlegen oder Auseinanderziehen von Verhandlungspunkten beeinflusst die Wahrscheinlichkeit, dass diese Punkte im Rahmen eines Lösungspaketes (→ *logrolling*) zusammengefasst werden. Manchmal kann sogar schon die Reihenfolge von Verhandlungspunkten – als Teil des → *framing* – darüber entscheiden, ob ein Anliegen einer Seite als legitim oder illegitim wahrgenommen wird.

Der zeitliche Rahmen kann Einfluss darauf haben, wie lange und damit auch wie eingehend etwas erörtert wird. Aspekten, die nicht vorab in die Agenda aufgenommen worden sind, wird zumeist keine besondere Aufmerksamkeit geschenkt. Die Ausrichtung des Verhandlungsablaufs an der Tagesordnung, d. h. die sequenzielle Verhandlung der einzelnen Punkte in strikter Reihenfolge, wird manchmal auch **Einbahnstraßen-Prinzip** genannt. Sie ist typisch für den deutschen Verhandlungsstil.

Akerlof Markt

Der Akerlof Markt ist ein Begriff aus der Neuen Institutionenökonomik. Die in diesem Markt auftretenden Effekte sollten auch bei Vertragsverhandlungen berücksichtigt werden. Er wurde nach seinem Entdecker *George A. Akerlof* benannt (*Akerlof*, Quarterly Journal of Economics 84 (1970), 488–500). Dieser wies anhand des Gebrauchtwagenmarktes nach, dass sich bei Intransparenz der Qualität am Markt zunächst schlechte Qualitäten (lemons) gegenüber guten Qualitäten (peaches) durchsetzen. Denn die Käufer preisen das Risiko von schlechter Qualität ein und sind daher nicht bereit, einen Preis zu zahlen, der für gute Qualität, die sie aufgrund der Intransparenz nicht erkennen können, angemessen wäre. Der Effekt basiert auf **Informationsasymmetrien**. Es wird insofern von **adverse selection**, d. h. adverser Selektion gesprochen.

Beispiel

Auf dem Markt wird ein Gut in zwei unterschiedlichen Qualitäten (Qualität A und B) angeboten. Qualität A ist sehr hochwertig und daher auch hochpreisig. Qualität B erfüllt gerade die Minimalanforderungen und wird daher günstig angeboten. Die Abnehmer nehmen jedoch nur den Preis, nicht aber den Qualitätsunterschied wahr, da die Abweichungen in der Qualität für die Käufer nicht leicht ersichtlich sind (Informationsasymmetrie). Sie fragen daher fast ausschließlich das Gut mit der schlechteren Qualität (B) nach, sodass sich der Vertrieb von dem Gut mit Qualität A nicht mehr lohnt.

Langfristig verschwindet das Gut mit Qualität A somit vom Markt. Bestünde Informationssymmetrie, würden sich diejenigen Abnehmer, die bereit wären für höhere Qualität einen höheren Preis zu zahlen, für Gut A entscheiden. ◄

Vertragsverhandler sollten diesen Prozess, aufgrund dessen keine → *pareto-optimalen* Ergebnisse entstehen, kennen. Bemerken Verhandler, dass ihr Produkt dieser Problematik ausgesetzt ist, sollten sie versuchen, die adverse Selektion zu überwinden. Als Gegenmaßnahme steht einem Verkäufer z. B. das Instrument des → *signalling* zur Verfügung. Vereinfacht ausgedrückt stellt der Verkäufer dem Käufer dabei Informationen bereit, die die Qualität seiner Ware glaubhaft signalisieren (z. B. durch ein Gütesiegel oder ein Expertengutachten durch einen unabhängigen Dritten). Der Verkäufer möchte sich durch das signalling von anderen Verkäufern mit qualitativ schlechterer Ware distanzieren. Durch das Anbieten verschiedener Vertragsarten kann zudem eine Art Selbstselektion erreicht werden. Ein weiterer Ansatz ist das **screening**, welches insbesondere von Versicherern praktiziert wird und zu einer Klassifizierung der Abnehmer durch die Wahl des entsprechenden Vertrages führt. Erfahrungsgemäß werden Teilversicherungen eher von Personen mit geringerem Risiko gewählt, während Personen mit einem erhöhten Risiko zur Vollversicherung tendieren, auch wenn diese teurer ist. Das Verhältnis zwischen dem Verhandler und dem von ihm vertretenen Unternehmen stellt ebenfalls einen Akerlof Markt dar (→ *Principal-Agent-Problematik*).

Aktives Zuhören

Es handelt sich um eine Kommunikationstechnik mit dem Ziel, eine positive Kommunikationsatmosphäre zu schaffen und zusätzliche Informationen zu gewinnen. Das aktive Zuhören kann durch verbale und nonverbale Signale erfolgen. Im Bereich der nonverbalen Kommunikation bestärken vor allem Zeichen wie Kopfnicken, die Zugewandtheit des Körpers zum Gegenüber sowie ein offener Blickkontakt den Redner. Aktives Zuhören kann sich auch verbal ausdrücken, z. B. durch einzelne Worte.

Beispiele

„Ja", „aha", „ach", „hmm". ◄

Auch kurze Rückfragen sind ein Zeichen von aktivem Zuhören.

Beispiele

„Und dann?", „Wirklich?", „Das hat er gesagt?" ◄

Darüber hinaus zeigt das Wiederholen oder leichtes Variieren von Schlüsselsätzen des Verhandlungspartners, dass man das Gesagte aufnimmt und versteht, wobei diese Art der Kommunikation teilweise nicht mehr als aktives Zuhören verstanden wird.

Aktives Zuhören wird bei Verhandlungen häufig empfohlen. Dem ist grundsätzlich zuzustimmen, da es zu einer positiven und konstruktiven Verhandlungsatmosphäre beiträgt. Allerdings legt man sich durch aktives Zuhören auch bis zu einem gewissen Grad mit seiner Reaktion fest. Möchte man sich alle Reaktionsmöglichkeiten offenlassen, kann es gerade bei sehr kritischen Fragestellungen sinnvoll sein, zunächst schweigend, also rein passiv, aber konzentriert und aufmerksam den Vorschlag bzw. die Information oder die Begründung des Verhandlungspartners aufzunehmen. Bei → *Videoverhandlungen* sind die Möglichkeiten für aktives Zuhören häufig durch die schlechte Sichtbarkeit einzelner Verhandler begrenzt. Es bleibt jedoch in jedem Fall möglich, in den eigenen Antworten die Rede der anderen Seite so in Bezug zu nehmen, dass man als aufmerksamer, respektvoller Zuhörer erkennbar wird.

All I've got

Bei Vertragsverhandlungen versteht man unter all I've got eine Taktik, bei der eine Seite eine objektive Grenze nennt, die – aus welchen Gründen auch immer – nicht überschritten werden soll. Die Bezeichnung der Taktik leitet sich aus der Formulierung dieser Grenze ab: **Das ist alles, was ich anbieten kann.** Nicht immer besteht diese objektive Grenze tatsächlich so wie behauptet. Es ist also möglich, dass es sich nur um einen Bluff handelt. Im Falle der nur behaupteten Grenze wird eine Informationsasymmetrie genutzt, um dem Verhandlungsdruck der Gegenseite nicht weiter nachgeben zu müssen. Erkennt oder vermutet der Verhandler, dass die objektive Grenze nicht besteht oder jedenfalls überwindbar ist, wird er den Verhandlungsdruck beibehalten. Sinnvollerweise schafft er dabei für den Verhandlungspartner zugleich eine Möglichkeit, mit deren Hilfe er ohne Gesichtsverlust (→ *Gesicht wahren*) vom geäußerten Limit abweichen kann. Der Erfolg der Taktik hängt damit im Fall eines Bluffs von dessen Glaubwürdigkeit und den bestehenden Informationsasymmetrien ab. Diese irreführende Form des all I've got ist nach Ansicht der Autoren eine Form der → *listigen Täuschung* und sollte daher grundsätzlich nicht rechtlich sanktioniert werden können.

Manchmal bestehen aber auch tatsächlich objektive Grenzen (z. B. → *Budgetbegrenzung*, Mengengrenzen wegen beschränkter Kapazität). Der Hinweis darauf soll den Verhandlungspartner entweder dazu bringen, sich mit dieser Grenze zufriedenzugeben oder dazu anregen, gemeinsam nach Lösungen zu suchen, wie dennoch ein Kompromiss gefunden werden kann.

Ambiguous authority

Schafft eine Seite bewusst Unklarheiten bzgl. der vorliegenden Vollmachten (Abschluss- bzw. Verhandlungsvollmacht) – daher die Bezeichnung **unklare Entscheidungsmacht** –, handelt es sich dabei um eine Taktik, die sowohl der Durchsetzung als auch der Abwehr von Forderungen dienen kann. Dabei vermittelt eine Verhandlungsseite zunächst (zumindest indirekt) den Eindruck, sie habe Entscheidungsmacht, um dann, nach schon weitgehend erreichter Einigung, einzuräumen, dass eine höhere Instanz noch zustimmen muss. Diese stellt dann regelmäßig ergänzende Forderungen auf. Es besteht eine gewisse Verwandtschaft mit der → *Salamitaktik*. Umgekehrt kann diese Taktik auch dazu genutzt werden, Forderungen des Verhandlungspartners abzuwehren.

Die Taktik funktioniert nur, wenn eine Informationsasymmetrie bzgl. der Entscheidungsmacht vorliegt. Ihr lässt sich daher am besten begegnen, indem vor der Verhandlung eindeutig festgestellt wird, inwieweit die Verhandler der anderen Seite Verhandlungs- und Abschlussvollmacht besitzen und bei unzureichender Kompetenz auf die Beteiligung eines → *decision-makers* bestanden wird. Vereinzelt wird empfohlen, generell nicht in Verhandlungen mit unklarer oder begrenzter Vollmacht zu gehen. Dies ist allerdings nicht nur eine Frage der eigenen Grundprinzipien, sondern auch des eigenen → *BATNAs*, denn nicht jede Seite kann sich solch ein durchaus konsequentes Verhalten wirtschaftlich leisten. Befindet man sich bereits in einer Situation, in der der Verhandlungspartner diese Taktik eingesetzt hat, sollte man sich auf den Grundsatz der Gegenseitigkeit (→ *norm of reciprocity*) berufen. Das heißt, sollte sich der Verhandlungspartner, in dem Fall der höhergestellte Entscheidungsträger, nicht an das Verhandelte gebunden fühlen, sollte man sich selbst auch nicht verpflichtet fühlen und ebenfalls nachverhandeln und weitere Forderungen stellen.

Nicht einfach zu beurteilen ist, ob eine solche Taktik auch rechtliche Konsequenzen haben kann. Da die fehlende Entscheidungsmacht vor dem Vertragsschluss offenbart wird (ob auch die Vertretungsmacht zum Vertragsabschluss fehlte, ist sekundär, denn zum Vertragsschluss ist es nicht gekommen), kann keine → *arglistige Täuschung* vorliegen. Es gibt keinen Vertrag, der angefochten werden könnte. War die eine Seite erkennbar nur bereit mit einem entscheidungsbefugten Verhandlungspartner zu verhandeln, dann könnte ein Fall der vorvertraglichen Pflichtverletzung (→ *culpa in contrahendo*) vorliegen, der zum Ersatz der umsonst aufgewandten Verhandlungskosten berechtigt. Ohne einen erkennbaren Willen der anderen Seite, nur mit Entscheidungsberechtigten zu verhandeln, ist es zumindest problematisch, ob die vorgetäuschte Entscheidungsbefugnis zu einer Haftung führen kann. Hier ist zu beachten, dass → *decision-maker* bei Vertragsverhandlungen oft nicht anwesend sind.

Ambitious target price setting
Bei dieser Taktik geht es um das **ambitionierte Setzen eines Zielpreises**. Es handelt sich um eine Taktik, mit der sich ein Verhandler selbst unter Druck setzt, um dadurch bessere Ergebnisse zu erzielen. Das Setzen eines ambitionierten (ehrgeizigen), aber nicht unrealistischen Zielpreises im Rahmen der *Verhandlungsvorbereitung* (→ *80-20-Regel*) wird generell empfohlen (vgl. zu diesem Effekt *White/Neale*, Organizational Behavior and Human Decision Processes 57 (1994), 303–317). Dies gilt in verallgemeinerter Form insgesamt für das Setzen von Verhandlungszielen (also auch außerhalb des Preises). Die Taktik, sich hohe Verhandlungsziele zu setzen, trägt die Bezeichnung **aim high**. In der englischsprachigen Verhandlungsliteratur wird diesbezüglich ein Zitat angeführt, das *Jing*, König von Zhou, zugeschrieben wird:

High achievement comes from high aims.

Entscheidend ist es dabei, nicht nur abstrakt ein „sehr gutes Ergebnis" anzustreben, sondern sich konkrete Ziele zu setzen z. B. in Form eines Preises oder relativ zu anderen Preisen (in %). Nur, wer sich ein hohes Ziel setzt, versucht, ein entsprechendes Ergebnis zu erzielen. Hohe Ziele sorgen somit für entsprechende Anstrengungen und außerdem für eine optimistische Grundhaltung. Ein hohes Verhandlungsziel wirkt wie eine self-fulfilling prophecy, eine sich selbst erfüllende Prophezeiung.

Verhandler sollten sich konkrete, ambitionierte Ziele – z. B. 10 % niedrigerer Preis als bei früheren vergleichbaren Einkäufen – setzen, und sich nicht nur allgemein vornehmen, ein „gutes Ergebnis" zu erreichen (**be specific** – vgl. *Shell*, Bargaining for Advantage, 2006, S. 36). Konkrete Ziele fördern generell gute Verhandlungsergebnisse (vgl. *Locke/Shaw/Saari/Latham*, Psychological Bulletin 90 (1981), 125, 129 ff.). Gerade im Fall eines schlechten eigenen → *BATNAs* kann ein ambitioniertes Ziel helfen, bessere Ergebnisse zu erzielen, da ansonsten jedes Resultat, welches besser ist als die bestehende Alternative, positiv gewertet wird. Konkrete Zielvorstellungen helfen außerdem, dem Ankereffekt (→ *anchoring*) vorzubeugen (vgl. *Galinsky/Mussweiler,* Journal of Personality and Social Psychology 81 (2001), 657–669). Je besser die eigene Position begründet ist, desto weniger wird man sich von Ankern der Gegenseite beeinflussen lassen.

Für Unternehmensvertreter sind ambitionierte Zielvorstellungen allerdings nicht unproblematisch. Da diese ambitionierten Ziele häufig nicht erreicht werden, stellt sich leicht ein subjektives Gefühl des Misserfolges ein. Noch problematischer ist es, dass das Verhandlungsergebnis unternehmensintern negativ bewertet werden könnte, da es mit dem Verhandlungsziel verglichen wird. Bestehen unternehmensintern entsprechende Probleme, sind Verhandler versucht, ambitionierte Ziele zu vermeiden.

Ambitionierte Zielpreise können außerdem Auswirkungen auf die Parteibeziehung haben. Denn sie setzen Anreize, härter zu verhandeln. Insbesondere in Langzeitbeziehungen kann sich dies negativ auf die Parteibeziehung auswirken (vgl. *Lai/Bowles/Babcock,* Negotiation and Conflict Management 6 (2013), 1–12). Deshalb ist es bei solchen Verhandlungen besonders wichtig, Strategien anzuwenden, die auf eine Verbesserung der Parteibeziehung hinwirken (z. B. → *rapport*, → *building a golden bridge*).

Ampelsysteme
Ampelsysteme, auch **Scoringsysteme** genannt, sind qualitative Bewertungssysteme und damit eine Verhandlungstechnik, die insbesondere dann benutzt wird, wenn quantitative Systeme zu teuer oder zu aufwendig sind. Sie werden nicht selten für ein Legal Risk Management (d. h. ein rechtliches Risikomanagement) verwandt, da sich die mit einem Vertrag verbundenen Rechtsrisiken nur schwer quantifizieren lassen. Besonders wichtig sind solche Systeme aber für komplexere Vertragsverhandlungen. Einzelne Vertragspunkte werden nach ihrer Wichtigkeit intern klassifiziert, von vollständig disponibel bis unverzichtbar. Die Bewertung erfolgt üblicherweise in einem Punktschema (z. B. von 1 bis 5 Punkten) oder mit den Ampelfarben. Es ist auch möglich, Zeichen wie „+", „0" und „–" zu verwenden. Im Verhältnis zu **red flags** haben Ampelsysteme den Vorteil, dass sie nicht nur vor Gefahren warnen, sondern ein differenzierteres Bild geben. Red flags, also rote Flaggen, zeigen hingegen pauschal ein Risiko, z. B. ein Vertragsrisiko an.

Grün = vollständig disponibel, orange/gelb = steht je nach Gegenleistung zur Verhandlung, rot = unverzichtbar. ◄

Von der Bewertung hängt ab, ob Verhandlungspositionen überhaupt zur Disposition gestellt werden und was als Gegenleistung verlangt wird. Diese interne Bewertung darf dem Verhandlungspartner keinesfalls bekannt werden. Die nach außen kommunizierte Bewertung streng ist von der internen Bewertung zu trennen. Werden verschiedene Informationen und Bewertungen in Tabellenform zusammengestellt, führt dies zu einer **Entscheidungsmatrix**.

Analogieschluss
Beim Analogieschluss (**argumentum a simile, Ähnlichkeitsschluss**) wird von einem Punkt, dessen Ergebnis feststeht, auf die Lösung einer anderen, ähnlichen Konstellation geschlossen. Es handelt sich um eine der wichtigsten allgemeinen Argumentationsfiguren. Juristen ist sie aufgrund ihrer Ausbildung sehr vertraut, weshalb sie diese Figur häufig und ganz bewusst verwenden. Wegen der Überzeugungskraft des Analogieschlusses, hinter dem letztlich die Gleichbehandlung gleich gelagerter Fälle, also die Gleichheitsidee steht, wird diese Argumentationsform aber auch ohne jede Vorausbildung in diesem Bereich häufig verwendet. Bei Vertragsverhandlungen würde dabei von dem bekannten Ergebnis in einer anderen Situation auf die aktuelle Verhandlungssituation geschlossen. Da zwei Tatbestände nie ganz gleich sind, geht der potenzielle Anwendungsbereich dieses Schlusses einerseits weit. Andererseits ist es häufig schwer zu entscheiden, ob tatsächlich eine hinreichende Ähnlichkeit vorliegt, d. h. die verbleibenden Unterschiede so klein sind, dass sich eine abweichende Entscheidung nicht rechtfertigen ließe. Vor allem hat der Analogieschluss in Vertragsverhandlungen nicht die Überzeugungskraft, die er bei der Lückenfüllung von Gesetzen hat. Denn eine Abweichung von früheren Verhaltensweisen in einem neuen Vertrag ist jederzeit möglich. Die andere Seite setzt sich nur in einen gewissen inneren Widerspruch zu ihrem früheren Verhalten, wenn sie sich ohne Begründung plötzlich anders verhalten will. Außerdem gibt es eine gewisse Vermutung, dass wenn damals keine Probleme aufgetreten sind, dies auch diesmal bei gleicher Behandlung zu erwarten ist. Der anderen Verhandlungspartei soll in Vertragsverhandlungen wegen der Freiheit, jetzt anders zu entscheiden mit dem Analogieschluss nur die → *Begründungslast* für eine gewünschte Abweichung von der Behandlung des Vergleichsfalles zugewiesen werden. Eine ähnliche Idee verfolgt auch der **Fremdvergleich**, bei dem ein Verhandler Ergebnisse oder Geschehensabläufe zwischen Dritten als Begründung gegenüber seinem Verhandlungspartner heranzieht. Insofern greift allerdings die Idee des Widerspruchs zum früheren Verhalten nicht.

Verhandelt wird eine Klausel, die eine großzügige Regelung für den Lieferanten enthalten soll. Der Auftraggeber hat in der Vergangenheit solch eine Klausel akzeptiert.

Auftraggeber: „Diese Klausel kann in der jetzigen Form nicht stehen bleiben. Das können wir uns so nicht vorstellen." Lieferant: „Das kommt für uns jetzt sehr überraschend, da in der Vergangenheit der Liefervertrag XY bereits diese Klausel enthielt. Damals war diese Klausel für Sie doch auch akzeptabel. Worin soll denn jetzt das besondere Problem bestehen?" ◄

Analytiker

Der Analytiker ist ein Hilfsmittel, um bessere Verhandlungsergebnisse zu erzielen. Er analysiert die gesamte Verhandlung, insbesondere jedoch die Verhandlungsführung durch die Gegenseite, aber auch die der eigenen Seite. Seine Aufgabe ist es, zunächst möglichst viele Informationen inhaltlicher, argumentativer und emotionaler Art, und zwar auch Nuancen zwischen einzelnen Verhandlern, durch die Beobachtung der Verhandlung zu erfassen. Er soll dies für die Fortsetzung der Verhandlung aufbereiten und (kreative) Vorschläge (Handlungsoptionen) aus den Erkenntnissen ableiten. Idealerweise hat er eine gewisse emotionale Distanz zur Verhandlung, weil emotionale Betroffenheit die analytischen Fähigkeiten schwächt. Er soll → *Missverständnisse* aufdecken (dies kann einer der wenigen Fälle sein, wo unter Umständen ein aktives Eingreifen während des laufenden Verhandlungsabschnittes sinnvoll ist), stellt die vorgebrachten Argumente und Positionen zusammen und versucht insbesondere auch, die einzelnen Verhandler der Gegenseite zu analysieren. Er soll aber auch Schwächen der eigenen Position und damit wahrscheinliche Angriffspunkte für den Verhandlungspartner finden. Selbst wenn man sich aus Kostengründen die Position eines reinen Analytikers (wie meist) nicht leistet, kann in einem Zweierverhandlungsteam (→ *zwei Verhandler*) derjenige der beiden Verhandler, der gerade nicht verhandelt, diese Rolle ansatzweise übernehmen. Da er jedoch emotional beteiligt ist und kurz darauf selbst wieder die Verhandlungsführung übernehmen soll, ist die analytische Leistung im Regelfall hier deutlich niedriger als bei einem professionellen Analytiker. Bei einer emotionalen Provokation kann es hilfreich sein, sich bewusst in die Rolle eines professionellen Analytikers, anstatt eines an der Verhandlung Beteiligten zu versetzen, um die emotionale Kontrolle und damit auch seine analytischen Fähigkeiten nicht zu verlieren.

Anchoring

Unter dem Begriff „anchoring" versteht man sowohl einen verhaltenspsychologischen Effekt (**anchoring effect**, **Ankerheuristik**) als auch die Taktik, die diesen Effekt nutzt (vgl. *Strack/Mussweiler*, Journal of Personality and Social Psychology 73 (1997), 437–446; *Wilson/Houston/Etling/Brekke*, Journal of Experimental Psychology: General 125 (1996), 387–402). Im deutschsprachigen Raum spricht man in Bezug auf die Taktik von **Ankern**.

Der anchoring effect zählt zu den Urteilsheuristiken, da er die Entscheidung einer Person beeinflusst. Bei Verhandlungen ist beispielsweise die Preisbildung besonders wichtig. Die Ankerheuristik äußert sich darin, dass das vom Verhandlungspartner genannte Angebot (der Anker) sich auf das eigene Gegenangebot (den Zweitanker bzw. **Gegenanker**) auswirkt. Es lässt sich eine Verzerrung in Richtung des Ankers (hier des ersten Preisangebots) beobachten, ohne dass der Effekt den hiervon betroffenen Personen bewusst wird. Der Ankereffekt kann mit der selektiven Verfügbarkeit von Informationen erklärt werden (vgl. *Strack/Mussweiler*, Journal of Personality and Social Psychology 73 (1997), 437–446). Das erste Gebot beeinflusst die Informationen, die aus dem Gedächtnis abgerufen werden. Ist das Gebot hoch, werden beim Käufer rechtfertigende Gedächtnisinhalte bzgl. eines hohen Preises aktiviert (z. B. hohe Qualität, Verwendung wertvoller Materialien), während bei einem niedrigen Angebot entsprechende Informationen abgerufen werden (z. B. einfache Ausstattung, geringe Verwendungsdauer).

Beim Ankern in Vertragsverhandlungen (vgl. auch → *bracketing*) geht es darum, einen (akzeptierten) Ausgangspunkt für die Verhandlungen zu finden (einem ähnlichen Zweck und meist vorgelagert dient die Suche nach einem → *Referenzpunkt*). Die Anker-Taktik zielt darauf ab, unter Ausnutzung der bekannten Heuristik, eigene Forderungen durchzusetzen. Vereinfachend gesagt, nutzt das Ankern die Tatsache aus, dass häufig Unsicherheit über den gerechten Preis oder sonstige Bedingungen herrscht und insbesondere das eigene und/oder das fremde → *BATNA* kaum bekannt sind. Versuche belegen, dass sogar irrelevante oder unrealistische Größen die Wahrnehmung und die Urteilsbildung beeinflussen können. Selbst Experten unterliegen dem Ankereffekt (vgl. nur *Englich/Mussweiler/Strack*, Personality and Social Psychology Bulletin 32 (2006), 188–200).

Mit dem ersten genannten Preis einer Seite wird ein (subjektiver) Anker gesetzt. Das Gegenangebot ist der Gegenanker (bzw. Zweitanker). Da bei fehlenden besseren Informationen eine Tendenz dazu besteht, die Mitte zwischen den beiden Ankern als fairen Kompromiss zu empfinden (→ *midpoint rule*) – das schließt andere Usancen, z. B. auf einem Basar, nicht aus –, legt dies einen Anker weit entfernt vom gewünschten Zielpreis nahe. Anchoring wirft die Frage auf, ob es besser ist, das *erste Angebot* (→ *first offer*) zu machen oder dies dem Verhandlungspartner zu überlassen.

Auf den ersten Blick (→ *bracketing*) hat die zweite Seite einen Vorteil, da erst durch den Gegenanker die Mitte bestimmt wird. Außerdem kann es sein, dass der Verhandlungspartner aufgrund fehlender Kenntnisse den ersten Anker für sich selbst ungünstig setzt (z. B. zu niedrige Preisforderung des Verkäufers eines Kunstwerks). Dies spricht zunächst für die Vorteilhaftigkeit des Zweitankers.

Es gibt allerdings auch (Zweit-)Anker, die zu weit vom Ziel gesetzt werden, weshalb der Verhandlungspartner nicht an die Möglichkeit einer Einigung glaubt und daher die Verhandlungen nicht aufnimmt bzw. abbricht. Außerdem ist die Überzeugungskraft des Ankers entscheidend. Derjenige, der als erster den Anker setzt, hat hier größere Möglichkeiten und kann, insbesondere bei (guter) Begründung, den Verhandlungspartner bereits dazu veranlassen, den geplanten Gegenanker nicht sehr weit entfernt zu setzen (anchoring effect). Wird der Zweitanker ohne gute Begründung relativ weit vom gut begründeten Erstanker entfernt gesetzt, lässt dies die Seite, die den Gegenanker gesetzt hat, als wenig kompromissbereit, manchmal sogar als unseriös erscheinen, womit die Chance auf Einigung bzw. auf eine positive Wirkung des Gegenankers sinkt. Ganz allgemein kann die Frage nach der Legitimität des Ankers bzw. Gegenankers, den Verhandlungspartner dazu veranlassen, seinen Anker bzw. Gegenanker zu verschieben, wenn er darauf keine passende Antwort findet.

Die Einwirkung des Ankers auf den Gegenanker dürfte den theoretischen Vorteil des frei wählbaren Gegenankers (zumeist) kompensieren. Studien legen nahe, dass Verhandler, die das erste Angebot machen, oft ökonomisch vorteilhaftere Ergebnisse erzielen (vgl. *Galinski/Mussweiler*, Journal of Personality and Social Psychology 81 (2001), 657–669). Ob dies am Erstanker oder eher an einer gewissen Führungsstärke und an einer im Durchschnitt besseren Marktkenntnis liegt, bliebe zu klären. Jedenfalls bei inhaltlicher Überzeugung vom eigenen Anker könnte es vorteilhaft sein, selbst den ersten begründeten Anker zu setzen. Dabei ist es wichtig, dass der eigene Anker nicht als rein subjektiv erscheint. Mit echten, aber auch echt wirkenden Vergleichspreisen sowie objektiven bzw. objektiv erscheinenden Bezugsgrößen anderer Art, wie etwa Einkaufspreisen, kann versucht werden, die Überzeugungskraft des eigenen Ankers zu erhöhen. Zu bemerken ist allerdings, dass die subjektive Zufriedenheit mit der Verhandlung insgesamt, bei den Verhandlern, die den ersten Anker setzen, im Schnitt geringer ist als bei Verhandlern, die den Gegenanker setzen (vgl. *Rosette/Kopelman/Abbott*, Group Decision and Negotiation3 (2014), 629–647). Das mag daran liegen, dass beim Verhandler, der den ersten Anker setzt, eher das (nachträgliche) Gefühl eines Fehlers bzw. eines nicht optimalen Ergebnisses eintreten kann. Hat eine Seite gar keine Vorstellung vom angemessenen Preis, sollte sie sich zwar dennoch ein *Minimalziel* (→ *deal-breaker*) und ein *Maximalziel* (→ *aspiration point*) setzen, aber eher dem Verhandlungspartner das Setzen des Ankers überlassen. Die Aufforderung dazu wird mit dem Ausdruck „**you go first**" umschrieben. Daraufhin kann nicht nur ein Gegenanker gesetzt, sondern auch versucht werden, den Anker ohne das Setzen eines Gegenankers zu verschieben. Die Bedeutung der Ankersetzung kann dazu verleiten, diesen Vorgang sehr vorsichtig und langsam anzugehen, was langsamere und aufwendigere Verhandlungen zur Folge hat.

Eine Sonderform des anchoring ist die **range offer**, bei der der Anker in Form eines Bereiches gesetzt wird (z. B.: Wir erwarten eine Zahlung von 2500 bis 3500 € pro Stück). Auf den ersten Blick erscheint dieser Anker ungünstig, weil die andere Seite versuchen wird, unbedingt ein Ergebnis unter dem Mittelwert (hier 3000 €) anzustreben. Es kann allerdings gut sein, dass der Verhandlungspartner die range offer als Verhandlungsbereich akzeptiert und eben nur weniger als den Mittelwert zahlen möchte. Denn die range wirkt von Natur aus nicht einseitig und entfaltet eine Suggestivkraft, in diesem Bereich zu verhandeln. Dann kann eine hochgesteckte range offer (z. B. war eigenes isoliertes Maximalziel 3000 €) durchaus überdurchschnittliche Ergebnisse erzielen. Plausibel wirkt eine range offer vor allem in Fällen, wo der Preis oder der Umfang der Leistung noch nicht genau bestimmt ist. Möglich ist ein range offer daher z. B. bei Gebrauchtwaren oder bei Lohnforderungen von Arbeitnehmern. Wichtig ist, dass die Angabe des Bereiches plausibel ist und fair wirkt.

Insgesamt bleibt festzuhalten, dass die Ankertaktik das eigene Verhandlungsergebnis positiv beeinflussen kann. Umgekehrt ist es auch entscheidend zu wissen, wie diesem Effekt entgegengewirkt werden kann, wenn der Verhandlungspartner ihn nutzen will. Sich diesen Effekt bewusst zu machen, ist ein erster Schritt. Außerdem hilft es, gezielt nach Argumenten gegen den Anker und seine Relevanz zu suchen. Auch eigene konkrete

Zielvorstellungen und die Fokussierung darauf, verringern den Ankereffekt. Das gleiche gilt, wenn man sich auf das BATNA des Verhandlungspartners konzentriert. Hier kann dem Ankereffekt allerdings nur entgegengewirkt werden, wenn man relativ verlässliche Informationen über das BATNA des Verhandlungspartners besitzt (vgl. zu dem Themenkomplex *Galinsky/Mussweiler*, Journal of Personality and Social Psychology 81 (2001), 657–669). Zudem gibt es Möglichkeiten, das Ankern des Verhandlungspartners zu beeinflussen. So kann im Vorfeld des Ankerns über den fairen → *Referenzpunkt* verhandelt werden. Durch die Diskussion über Vergleichsangebote am Markt oder die Analyse kleiner Negativpunkte der vom Verhandlungspartner angebotenen Leistung können → *niedrige Erwartungen* geweckt und dadurch bereits das Setzen des ersten Ankers beeinflusst werden. Als Antwort auf einen Anker des Verhandlungspartners kommt zudem eine **Ankerdiskreditierung** in Betracht. Um ein Ergebnis abweichend von der Mitte zu erreichen (→ *midpoint rule*), besteht eine verbreitete Taktik entsprechend darin, den Anker der Gegenseite – das Ausgangsverlangen – als unrealistisch zu diskreditieren und zunächst erst einmal keinen Gegenanker zu setzen.

Beispiel

„Das ist für mich so nicht akzeptabel. Was könnten Sie beim Preis machen?" ◄

Bei der Ankerdiskreditierung geht es darum, den Verhandlungspartner davon zu überzeugen, einen neuen Anker zu wählen, bevor der Gegenanker gesetzt wird. Am ehesten gelingt dies, wenn man sich hierfür auf objektive Werte oder die Aussagen neutraler Fachleute berufen kann. Bei völlig falschen Vorstellungen des Verhandlungspartners kann auch versucht werden, dessen Anker zu ignorieren. In diesem Fall sollte der Verhandler ihm Zeit und Argumente geben, um sich ohne Gesichtsverlust (→ *Gesicht wahren*) von diesem Anker lösen zu können. Dies ist schwierig, denn der Anker dient intern auch immer als Erfolgskontrolle. Neben der Ankerdiskreditierung gibt es auch andere Wege, eine Verschiebung des ursprünglichen Ankers zu erreichen. Zunächst kann auf ein Angebot geschwiegen werden (→ *Schweigen*). Dies veranlasst den Verhandlungspartner regelmäßig dazu, zumindest weitere Erklärungen abzugeben und kann sogar dazu führen, dass er dabei von seiner ursprünglichen Position abweicht. Denn Schweigen in Verhandlungen empfinden viele Verhandler als unangenehm. Auch die Taktik → *wince* und → *not happy* können zur Ankerverschiebung genutzt werden.

Besondere Probleme wirft das anchoring auf, wenn eine Seite einen sehr hohen Anker setzt, der faire Wert aber z. B. bei 1–2 liegt. Dann kann der Gegenanker nicht genügend weit entfernt gesetzt werden. Dieses Phänomen lässt sich als **Nullpunkt anchoring-Problem** bezeichnen. Hier spielen das anchoring und die midpoint rule zusammen. Die Problematik tritt in Verhandlungen häufiger auf, vor allem wenn es um andere Aspekte als den Preis geht. Will jemand eine bestimmte Regelung nicht (z. B. keinen Zahlungsaufschub gewähren), so liegt sein Anker z. B. beim Punkt Null. Denn eine Gegenforderung in die andere Richtung aufzustellen ist nicht möglich. Das Problem besteht also darin, dass die eine Seite den Abstand zwischen Anker und Zielgröße nicht maximieren kann, da in die-

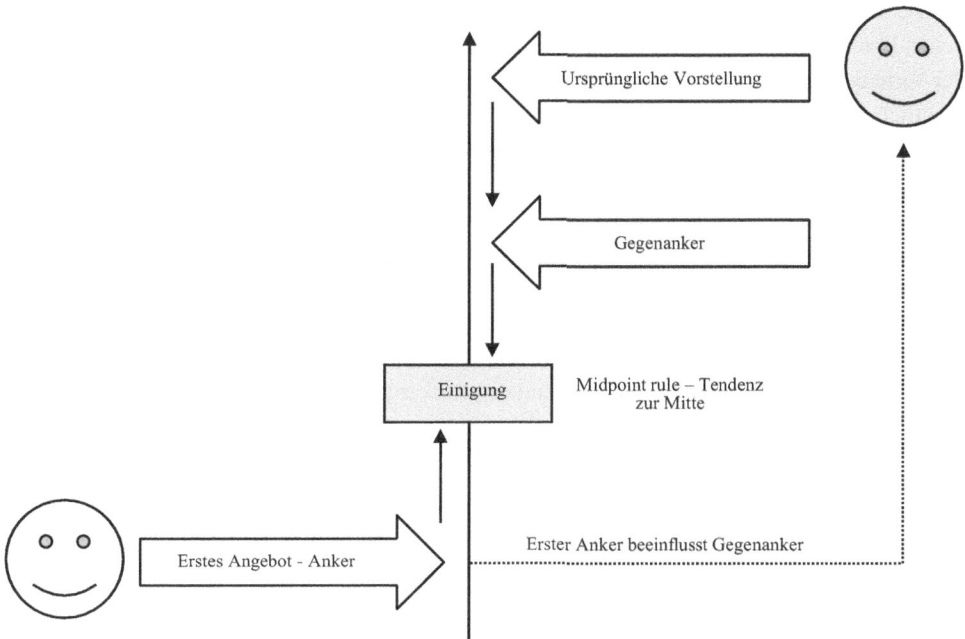

Abb. 4.1 Ankereffekt. (Quelle: eigene Darstellung)

sen Fällen ein Anker unter null nicht möglich ist. Dieses Problem kann z. B. durch das Bestehen auf neutralen Beurteilungskriterien (→ *Harvard Verhandlungskonzept*), die eine Lösung abweichend von der Mitte erlauben, durch Diskreditierung des weit entfernten Ankers der Gegenseite (Ankerdiskreditierung) oder durch Weigerung, über diesen Punkt zu verhandeln (*nicht verhandelbar*), relativiert werden. Der Nachteil kann auch dadurch bewältigt werden, dass dieser Verhandlungspunkt fest mit einem anderen Verhandlungspunkt verbunden wird, z. B. einem Punkt, an dem die andere Seite ihrerseits allenfalls einen Nullpunkt-Anker setzen kann.

Abb. 4.1 zeigt den Ankereffekt des ersten Angebots.

Annotations

Bei annotations (**Anmerkungen** an den Entwürfen des Verhandlungspartners) handelt es sich um ein technisches Hilfsmittel zur Unterstützung von Verhandlungen, welches vor allem in Vorbereitung auf eine Verhandlung bzw. zwischen einzelnen Verhandlungsterminen (in Vorbereitung auf den nächsten Termin) verwendet wird. Eine alternative Bezeichnung ist **redlining**, womit auf die Markierung der zu diskutierenden Klauselformulierung verwiesen wird. Bei größeren Verhandlungen werden mindestens von einer Seite Klauselvorschläge gemacht, wenn nicht gleich ein ganzer Klauselkorpus oder sogar ein kompletter Vertragsentwurf Gegenstand der Verhandlung werden soll (→ *Inhaltskontrolle*). Zu unterscheiden ist zwischen internen und externen Anmerkungen: Erstere sind nur für die eigene Seite bestimmt, während die externen Anmerkungen für den Verhandlungspartner gedacht sind.

Die internen Anmerkungen zu den Vorschlägen der Gegenseite werden von den verschiedenen Beteiligten der eigenen Seite gemacht und dienen der Vorbereitung und Unterstützung der Verhandlung. Sehr häufig wird hier die Rechtsabteilung oder eine Anwaltskanzlei für die rechtlichen Aspekte eingeschaltet. Sie gehören damit zu den mittelbar an einer Vertragsverhandlung Beteiligten. Interne Anmerkungen sind aber auch hinsichtlich der eigenen Vorschläge möglich und sinnvoll, z. B. dazu, worin der Zweck einer Regelung besteht, warum man eine Alternative verworfen hat oder welche Alternative besteht. Da diese internen Anmerkungen wesentliche Informationen enthalten, ist darauf zu achten, dass diese nicht unreflektiert an den Verhandlungspartner weitergeleitet werden.

Externe Anmerkungen werden dem Verhandlungspartner als Stellungnahme zugeleitet werden. Diese müssen auch taktische Gesichtspunkte berücksichtigen. Sie stellen, ebenso wie die Klauselvorschläge, einen Verhandlungsanker (→ *anchoring*) dar. In der Praxis ist es nicht nur üblich, Anmerkungen zu schreiben, sondern auch die Änderungen – für den Verhandlungspartner ersichtlich – direkt im Text vorzunehmen. Die Änderungen können z. B. durch die Arbeit im Änderungsmodus (in einer Word-Datei), durch Unterstreichungen, Streichungen, Markierungen, Kursivdruck hervorgehoben werden. Werden die Änderungen nicht hervorgehoben, kann unter Umständen eine vorvertragliche Pflichtverletzung i. S. d. → *c. i. c.* vorliegen oder ein daraufhin geschlossener Vertrag wegen → *arglistiger Täuschung* anfechtbar sein (→ *neuer Antrag*).

Aufgrund der unterschiedlichen Funktion der beiden Arten von Anmerkungen sollten sie strikt getrennt werden.

A-not-A question

Die **A-nicht-A-Frage** ist eine Form der → *geschlossenen Frage*. Es handelt sich um eine Technik, die der Informationsgewinnung dient. Trotz der (scheinbaren) Neutralität wird mit dieser Art der Fragestellung in der Regel der Zweck verfolgt, eine Vermutung zu klären. Es handelt sich um eine Unterform der Oder-Frage, wobei anders als bei der Normalform der Oder-Frage, keine Alternative genannt wird. Wie bei der Oder-Frage, und anders als bei den → *Ja/Nein-Fragen,* soll mit den A-not-A questions dem Antwortenden nicht suggeriert werden, welche Antwort man erwartet. Im Regelfall wird der Fragende allerdings die bejahende Antwort, also, dass die Aussage A wahr ist, erwarten. Deshalb ist, anders als bei der klassischen Oder-Frage, mit Alternativen der Zweck, die gewünschte Antwort nicht vorher zu offenbaren, nur bedingt erreichbar. Dieser Fragentyp ist insbesondere in China üblich.

Beispiel

„Ist es richtig, dass Ihr Forschungsabteilungsleiter zur Konkurrenz wechselt oder ist es unzutreffend, dass er wechselt?" ◄

Antiwörter vermeiden

Hierbei handelt es sich um eine Empfehlung und damit Technik aus dem Bereich der Kommunikationswissenschaft. Unter Antiwörtern versteht man Begriffe, die auf den Gesprächspartner negativ wirken oder die eigene Überzeugungskraft schwächen. Da es im Rahmen von Verhandlungen darauf ankommt, dass die eigene Argumentation positiv wirkt, sollten auch in Gesprächen mit dem Verhandlungspartner Antiwörter vermieden werden, sofern in der konkreten Situation ein positiver Austausch und kein aggressives Verhandeln angestrebt wird. Als typische Antiwörter gelten beispielsweise (siehe *Opresnik*, Die Geheimnisse erfolgreicher Verhandlungsführung, 2014, S. 110 f.):

- **Konjunktivformen**: im Allgemeinen (könnte, sollte, müsste). Aussagen im Konjunktiv fehlt z. T. die Überzeugungskraft. Beispiel: statt „Man könnte daran denken, dass …", besser: „Ich schlage vor, dass …".
- **Eigentlich**: Das Wort wird häufig genutzt, um die Klarheit der Aussage einzuschränken. Diese Einschränkung kann vom Gegenüber negativ wahrgenommen werden. Beispiel: „Eigentlich liefern wir immer pünktlich." Liefert man wirklich pünktlich, ist es besser, den Satz ohne das Wort eigentlich zu formulieren: „Wir liefern (immer) pünktlich."
- **Praktisch**: Ebenso wie „eigentlich" kann auch das Wort „praktisch" dazu genutzt werden, eine Aussage einzuschränken. Beispiel: „Das spielt praktisch keine Rolle." Spielt etwas wirklich keine Rolle, ließe sich der Satz ohne „praktisch" positiver formulieren: „Das spielt keine Rolle."
- **Vielleicht**: Das Wort wird mit Unsicherheit verbunden und lässt dem Sprechenden eine Fluchtmöglichkeit. Beispiel: „Vielleicht könnte ich das Produkt nachbestellen." Besser: „Einen Moment bitte. Ich werde mich sofort bei unserem Lieferanten erkundigen, ob er uns das Produkt nachliefern kann."
- **Richtig und falsch**: Es ist generell davon abzuraten, das Verhalten des Verhandlungspartners mit den Begriffen „richtig" oder „falsch" zu bewerten. Selbst das eigentlich positive Wort „richtig", kann herablassend wirken.

Arbeitsgruppen

Es handelt sich um ein technisches Mittel zur Bewältigung komplexer Verhandlungssituationen. Es gibt zwei Formen von Arbeitsgruppen (**working groups/work teams**). Zum einen kann es Arbeitsteams auf beiden Seiten geben. Gerade bei größeren Verhandlungen kann dies sinnvoll sein. Zu beachten ist, dass mit der wachsenden Zahl der Beteiligten, der Koordinationsaufwand und die Kosten steigen und bei zu vielen Beteiligten auch die Effektivität der Gruppe abnimmt (→ *Mehraugenprinzip*).

Zum anderen kann es bei Verhandlungen über sehr umfassende Materien mit großen Verhandlungsteams sinnvoll sein, Arbeitsgruppen zu bilden, in denen jeweils die Spezialisten beider Seiten nach einer Lösung suchen. Die Diskussion unter Spezialisten mindert die Wahrscheinlichkeit von → *Missverständnissen* und erlaubt – auch aufgrund der geringeren Zahl von Anwesenden –, schneller zum Kern zu kommen. Zudem ist durch die Parallelverhandlung einzelner Punkte ein Zeitgewinn möglich. Die Aufteilung in Arbeitsgruppen kann darüber hinaus zur Abkopplung von Grundsatzfragen genutzt werden, die tendenziell positionsbelastet sind. Insgesamt ist die Themenzuweisung (Zusammenfassung, Aufspaltung) an die Arbeitsgruppen ein Instrument, das den Verhandlungsverlauf beeinflussen kann. Arbeitsgruppen schaffen auch eine weitere → *Eskalationsstufe*

(→ *calling a higher authority*), da die → *Verhandlungsführer* nicht an den Arbeitsgruppen beteiligt sind. Probleme können allerdings entstehen, wenn die Arbeitsgruppen keinen Blick für das Ganze haben (→ *missing the big picture*). Möglicherweise ergibt sich auch durch die Addition mehrerer Arbeitsgruppenergebnisse ein Gesamtbild, welches für eine Seite nur schwer akzeptabel ist, von dem sie sich aber am Ende nicht ohne erhebliche Störung des Verhandlungsvertrauens entfernen kann. Um so etwas zu verhindern, sollten vor Beginn der Verhandlungen die Ziele der Arbeitsgruppen der eigenen Seite klar definiert und die Arbeitsgruppen koordiniert werden, wozu es der Übermittlung aller Zwischenergebnisse an die Führung der Gesamtverhandlung bedarf. Das Problem des fehlenden Gesamtüberblicks und der Effekt der faktischen Bindungswirkung einer Arbeitsgruppeneinigung werden manchmal auch gezielt genutzt. Hierzu wird eine (meist niederrangige) Arbeitsgruppe gebildet, bei der die eine Seite hofft, ihre Interessen durchzusetzen. Dies kann funktionieren, weil die Mitglieder der anderen Seite übergeordnete Interessen häufig nicht kennen. Die Verhandlung unter Nutzung von Arbeitsgruppen ist insbesondere bei politischen Verhandlungen und in großen Organisationen verbreitet und ist damit einer der Bereiche, in denen Erfahrungen aus politischen Verhandlungen auf wirtschaftliche Verhandlungen übertragen werden können.

Arglistige Täuschung

Das zivilrechtliche Verbot der arglistigen Täuschung (§ 123 Abs. 1, 1. Alt. BGB), stellt eine wichtige rechtliche Rahmenbedingung für Verhandlungen dar. Ergänzt wird der Schutz durch den Straftatbestand des → *Betruges* (§ 263 StGB), der allerdings u. a. einen Vermögensschaden voraussetzt. Außerdem sind Schadensersatzansprüche wegen einer vorvertraglichen Pflichtverletzung (→ *culpa in contrahendo*) zu berücksichtigen, wobei die Anforderungen an die arglistige Täuschung im Verhältnis insofern höher sind, als dort Vorsatz verlangt wird. Aber die Möglichkeit der **Anfechtung** eines Vertrages – genauer der eigenen Willenserklärung – aufgrund einer arglistigen Täuschung, mit der Folge, dass der Vertrag rückwirkend wegfällt (§ 142 Abs. 1 BGB), ist eine einschneidende Rechtsfolge, die beim Einsatz irreführender Verhandlungstaktiken zu bedenken ist. Die Verhandler sind, unabhängig von der Existenz einer Abschlussvollmacht als Verhandlungsgehilfen, dem Unternehmen, für welches sie verhandeln, zuzurechnen (BGH NJW 1962, 2195). Die getäuschte Seite kann damit uneingeschränkt anfechten, wenn sie von einem Agenten der anderen Seite belogen wurde. Wird ein Stellvertreter getäuscht, so bestimmt § 166 Abs. 1 BGB, dass es bezüglich des Vorliegens der Voraussetzungen des § 123 Abs. 1, 1. Alt. BGB auf den Vertreter und nicht auf den Vertretenen (d. h. die juristische Person) ankommt. Die vorsätzliche Täuschung innerhalb von Vertragsverhandlungen ist in der Praxis nicht selten, was auch durch eine ganze Reihe von Taktiken belegt wird, die sich der Täuschung bedienen. Während eine Irreführung über die versprochene Leistung (Leistungsdaten, Wille und Fähigkeit, das Leistungsversprechen zu erfüllen, Vertragsbedingungen, aber auch bei preisbildenden Faktoren) grundsätzlich rechtswidrig ist und die getäuschte Seite somit anfechten kann, ist dies bei anderen falschen Angaben (z. B. über Fristen oder Interessen und Präferenzen) nach Auffassung der Autoren weitaus weniger selbstverständlich. Nach Ansicht der Autoren sollte es durchaus Fälle geben, bei denen vorsätzliche Irreführungen, auch wenn sie zum Vertragsschluss geführt oder den Inhalt des Vertragsschlusses beeinflusst haben und man auch nicht am Tatsachencharakter zweifeln kann, dennoch keine Anfechtung ermöglichen (→ *listige Täuschung*, vgl. dazu *Jung*, Täuschungen in unternehmerischen Vertragsverhandlungen, 2023 (erscheint demnächst)).

Argumente des Verhandlungspartners nutzen
Es handelt sich um eine Argumentationstechnik, die dazu dient, den Verhandlungspartner von der eigenen Position zu überzeugen. Dazu werden die Argumente bzw. Aussagen des Verhandlungspartners genutzt. Grundvoraussetzung dafür ist das aufmerksame Zuhören und das Merken der Argumentation des Verhandlungspartners. Stellt der Verhandlungspartner dann zu einem späteren Zeitpunkt eine Forderung auf und kann ein von ihm vorher verwendetes Argument bzw. eine Aussage dagegen verwendet werden, wird ihn dies eher überzeugen als ein (eventuell sogar besseres) neues Argument. Dies liegt u. a. am **Konsistenzeffekt**: Personen erscheinen gerne in ihren eigenen Handlungen, und daher auch in ihrer eigenen Argumentation, konsistent. Selbst bei drohenden negativen Konsequenzen weichen sie davon oftmals nicht ab. Allerdings ist dieser Effekt nicht überall gleich groß. Es gibt Kulturen und Personen, die gewisse Widersprüche in den Ergebnissen und in der Argumentation eher akzeptieren. Generell gilt, je widersprüchlicher eine Gesellschaftsordnung ist, desto weniger üblich ist es, Regeln im Staat und in Unternehmen zu reflektieren und je geringer die analytischen Fähigkeiten des Verhandlers sind, umso geringer wird sein Gefühl für die Bedeutung von Widerspruchsfreiheit sein. In solchen Fällen funktioniert diese Technik daher allenfalls sehr eingeschränkt. Allerdings sollte die Nutzung des früheren Argumentes des Verhandlungspartners so erfolgen, dass die andere Seite nicht das Gefühl hat, ihr würde ein Verhandlungsfehler nachgewiesen, denn darauf würde sie zur Wahrung des eigenen Ansehens (→ *Gesicht wahren*) häufig mit emotionalem Widerstand reagieren.

Eine ähnliche Argumentationstechnik, die sich ebenfalls auf die Argumentation des Verhandlungspartners stützt, nennt sich **boomerang**. Hierbei wird die Aussage/Argumentation des Gesprächspartners verwendet und um ein eigenes Argument ergänzt. Die Argumentation des Verhandlungspartners soll also wie ein Boomerang zu ihm zurückkommen und sich gegen ihn richten. Die Assoziation der Aussage des Verhandlungspartners mit seiner eigenen Argumentation soll ihn überzeugen.

Hier gilt: „Ist A richtig, muss auch B richtig sein".

Aspiration point
Mit aspiration point ist das anzustrebende Optimum gemeint, d. h. das **Maximalziel**. Eine alternative Bezeichnung ist **aspiration level**. Es ist grundsätzlich zu empfehlen, ein ambitioniertes und konkretes Maximalziel festzulegen, da Studien belegen, dass Verhandler dann grundsätzlich bessere Verhandlungsergebnisse erzielen (→ *ambitious target price setting*). Problematisch ist teilweise, dass unternehmensinterne Strukturen für die Ver-

handler keine Anreize schaffen, sich ambitionierte Verhandlungsziele zu setzen. Denn das Nichterreichen des Ziels wird häufig (formell oder informell) sanktioniert. Es gilt als Misserfolg, die Zielvorgaben nicht zu erreichen. Von den Vorgesetzten vorgegebene Ziele sind zudem nicht selten unrealistisch. Sie können dann sowohl zum Fehlschlagen der Verhandlungen führen, als auch zu Ergebnissen, die zwar pro forma den Vorgaben entsprechen, aber die allein durch das Eingehen erheblicher Risiken erkauft wurden.

Prämien für Abschlüsse statt einer Ausrichtung am konkreten Ergebnis können Verhandler dazu veranlassen, beim Preis stärker als gewünscht nachzugeben, um den Abschluss zu forcieren.

Das Maximalziel liegt in der Regel deutlich über dem → *resistance point* und damit auch über dem → *BATNA*. Wie es konkret ermittelt werden sollte, hängt von vielen Kriterien ab, wie beispielsweise dem Verhandlungspartner, der Beziehung zum Verhandlungspartner, dem Verhandlungsgegenstand, der eigenen Position im Rahmen der Verhandlung, dem BATNA des Verhandlungspartners, der Informationslage (für beide Seiten) etc. Der aspiration point ist nicht mit dem → *first offer* (*erstem Angebot*) oder dem *Gegenanker* (→ *anchoring*) zu verwechseln. Diese beiden Angebote legen den Verhandlungsbereich fest.

Anders als beim *Minimalziel* (→ *deal-breaker*) ist mit dem Maximalziel keine Entscheidung im engeren Sinne verbunden. Jedes Unternehmen würde sich über ein Ergebnis freuen, welches noch über dem Maximalziel liegt. Es kann allerdings vorab geregelt werden, dass bei Erreichung des Maximalziels die Verhandler unmittelbar berechtigt sind, den Vertrag abzuschließen (Verhandlungsvollmacht mit Abschlussvollmacht für das Maximalziel). Dies hätte für den Verhandler, der das Maximalziel erreicht hat, Belohnungscharakter. Eine solche Situation wird jedoch relativ selten auftreten, da das Erreichen des (zentralen) Maximalzieles die Ausnahme ist; bei einer Vielzahl von Einzelzielen ist dies anders. Ein zu schnelles und leichtes Erreichen des Maximalzieles sollte sogar Anlass sein, die Bestimmung des Maximalzieles noch einmal kritisch zu überprüfen. Denn in solchen Fällen liegt die Vermutung nahe, dass der aspiration point zu niedrig angesetzt wurde.

Das Maximalziel sollte vor dem Beginn der Verhandlung festgelegt werden, um dadurch auch einen Maßstab für die Erfolgskontrolle zu haben. Manchmal verraten der Gesichtsausdruck der Verhandler der Gegenseite und überraschte Rückfragen, dass das Maximalziel dieser Seite erreicht oder sogar überschritten wurde. Wer in diesem Fall das zu günstige Angebot gemacht hat, kann versuchen, sich entweder unter Berufung auf einen Irrtum offen von seinem Angebot loszusagen (psychologisch schwierig) oder durch das Aufstellen unannehmbarer Nebenbedingungen darauf abzielen, die Einigung an diesem Punkt zu verhindern.

Beispiel

Verhandelt wird über den Verkauf von Rohren. Das „aspiration level" des Verkäufers liegt bei 100 € pro Stück, der „resistance point" (= BATNA) bei 80 € pro Stück. Das erste Angebot (anchor) des Verkäufers liegt bei 120 €. Beide Parteien einigen sich auf 93 €. ◄

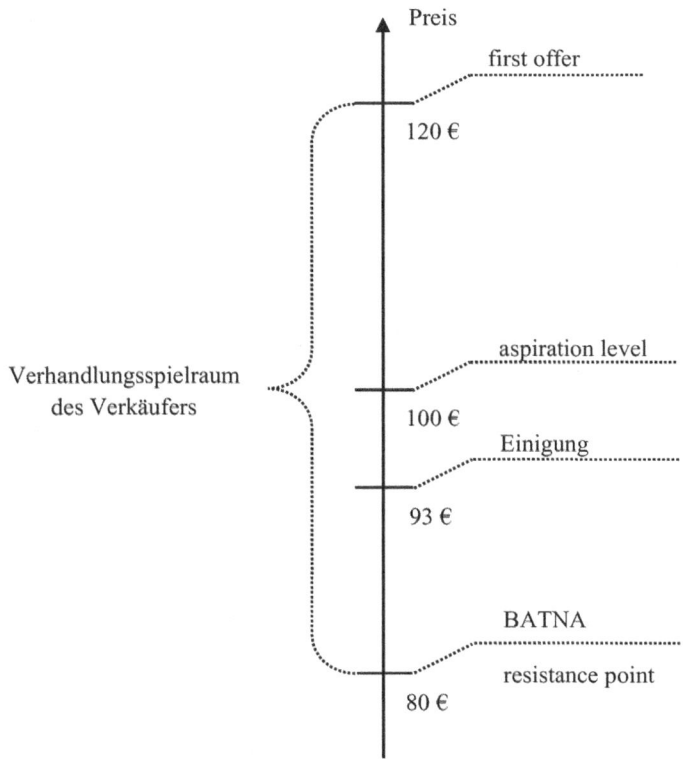

Abb. 4.2 Verhältnis von first offer, aspiration level, BATNA und resistance point zueinander. (Quelle: eigene Darstellung)

Abb. 4.2 zeigt, wie das Verhältnis zwischen *resistance point* (→ *deal-breaker*), → *BATNA*, → *first offer*, *aspiration level* (→ *aspiration point*) und letztendlicher Einigung in Bezug auf den Preis im Rahmen eines Verkaufes aussehen kann. Im gezeigten Beispiel stimmten resistance point und BATNA überein. Liegt das Angebot des Verhandlungspartners unter dem resistance point, wäre es besser das BATNA zu wählen. Das erste Angebot liegt über dem aspiration level und setzt den Anker für die Verhandlungen (der *Gegenanker* (→ *anchoring*) wird in der Grafik nicht gezeigt). Der letztendliche Preis (Einigung) liegt im hier gebildeten Beispiel zwischen dem aspiration level und dem resistance point.

Auf den Busch klopfen
Es handelt sich um eine (irreführende) Taktik, bei der man etwas als gesicherte Erkenntnis darstellt, von dem man nur vermutet, dass es wahr sein könnte. Die Reaktion der Gegenseite soll Aufschluss darüber geben, ob die Vermutung richtig war. Die Taktik hat damit dieselbe Zielstellung wie die → *Prämissenfrage* und ist sehr eng verwandt mit der Taktik „Anspielungen". Prämissenfragen und Anspielungen können etwas subtiler formuliert werden, während ein „auf den Busch klopfen" die Vermutung klarer in den Raum stellt. Ist die Vermutung zutreffend, wird der Verhandlungspartner möglicherweise verschreckt reagieren, weil er sich nicht erklären kann, woher dieses „Wissen" kommt. (Der „Busch"

scheint kein gesichertes Versteck mehr zu sein.) Da ein solches „auf den Busch klopfen" eine durchaus aggressive Taktik darstellt, reagieren Verhandlungspartner darauf häufig ebenfalls in aggressiver Form. Daraus allein lässt sich nicht direkt schließen, ob die Vermutung richtig war oder nicht. In jedem Fall kann ein solches Vorgehen die Beziehung der Verhandlungsparteien beschädigen.

In Verhandlungen kann die Gegenseite versuchen, durch Ignorieren oder ein Ablenkungsmanöver Zeit zu gewinnen, um nachzudenken und → *überlegt zu antworten.* Möglich ist auch eine Rückfrage in der Art: „Wie kommen Sie denn darauf?". Denn diese Rückfrage verschafft Zeit und lässt möglicherweise an der Reaktion erkennen, ob ein bloßes „auf den Busch klopfen" vorlag. Nach der Antwort kann immer noch entschieden werden, ob man die Tatsache einräumt. Die Rückfrage sollte auch dann verwendet werden, wenn die Vermutung des Fragenden falsch war, denn dadurch verrät der Rückfragende weniger über sich und hat die Chance etwas über den Behauptenden zu erfahren.

Auch wenn diese Taktik irreführend hinsichtlich des bereits vorhandenen Wissens ist, sollte ihr Einsatz nach Auffassung der Autoren in der Regel keine rechtlichen Konsequenzen nach sich ziehen. Denn letztlich kann ein Schaden für die andere Seite nur dadurch entstehen, dass sie eigenverantwortlich eine Information preisgibt. Es sollte sich daher grundsätzlich um eine zulässige → *listige Täuschung* handeln.

Aufklärungspflichten

Das deutsche Recht kennt relativ weitreichende Aufklärungspflichten – vor allem im Rahmen der → *culpa in contrahendo,* aber auch im Rahmen des Gebotes von Treu und Glauben (§ 242 BGB) –, die als rechtliche Rahmenbedingungen das Verhandlungsverhalten beeinflussen können. Trotz der grundsätzlich bestehenden Eigenverantwortung der Verhandlungsparteien erkennt der Bundesgerichtshof in ständiger Rechtsprechung (BGH NJW 2001, 2163, 2164; BGHZ 168, 35 Rn. 18; BGH NJW 2013, 1807 Rn. 8) Aufklärungspflichten an, d. h. die Pflicht zur unaufgeforderten Information des Verhandlungspartners, wenn dieser einen erkennbaren Informationsbedarf hat und die Information erkennbar von erheblicher Bedeutung für den Vertragsschluss ist. Zudem muss ein Informationsgefälle bestehen. Dies ist der Fall, wenn eine Seite Schwierigkeiten hat, an die entsprechenden Informationen zu gelangen, während es für die andere Seite unschwer möglich ist, diese Informationen zu erteilen. Zudem darf die Aufklärung weder der vertragstypischen Eigenverantwortung widersprechen noch dem Aufklärungspflichtigen verboten oder unzumutbar sein. Ein Bereich besonderer Eigenverantwortung ist die Rentabilität der Investition. Der Leistungserbringer ist, auch wenn er die Sachkunde hat, grundsätzlich nicht gehalten, der Gegenseite seine Bedenken hinsichtlich der Rentabilität mitzuteilen. Unzumutbar ist z. B. die Aufklärung über Geschäftsgeheimnisse. Soweit man der hier vertretenen Ansicht folgt, dass ein Bluff über die eigene *Verhandlungsmacht* (→ *negotiation power*) nicht rechtswidrig ist (→ *listige Täuschung*), dürfte es diesbezüglich erst recht keine Aufklärungspflicht geben (Erst-recht-Schluss). Umgekehrt gilt: Besteht eine (gesicherte) Aufklärungspflicht, dann ist auch eine rechtliche Pflicht zur Wahrheit zu bejahen. Besteht allerdings keine Aufklärungspflicht, dann bedeutet dies noch nicht, dass auch eine aktive Täuschung zulässig sein muss. Generell lässt sich sagen, dass mit steigendem Verhandlungsaufwand auch die Informationsbeschaffung in größerem Umfang zumutbar wird und Aufklärungspflichten einer Seite im unternehmerischen Verkehr nur noch selten zu bejahen sind. Dabei können auch Ersatzformen eine Aufklärungspflicht entbehrlich machen, wie z. B. die Zurverfügungstellung des Materials, in dem die Informationen enthalten sind, wie dies im Rahmen einer Due Diligence bei Unternehmenskäufen üblich ist. Im Extremfall kann sogar die Verweigerung einer Auskunft ein so deutlicher Hinweis auf ein Risiko sein, dass eine Aufklärung über das genaue Ausmaß des Risikos nicht mehr erforderlich ist.

Auktion

Die echte Auktion ist keine Vertragsverhandlung, sondern ein Preisbildungsmechanismus. Die Auktion setzt alle Nebenbedingungen als fest voraus und orientiert sich nur am Preis. Durch ein (in der Regel) niedriges Startgebot soll eine größere Anzahl von Interessenten angelockt werden. Das Gegenstück zu dieser sogenannten **englischen Auktion** bildet die **reverse auction (umgekehrte – holländische – Auktion)**. Die reverse auction ist eine Auktion, bei der der Preis kontinuierlich sinkt und derjenige den Zuschlag erhält, der als erster bietet. Sie ist wenig verbreitet, aber im B2B-Bereich nicht ganz unüblich. Bei der klassischen (englischen) Auktion hat der Veräußerer einen hervorragenden Überblick über sein → *BATNA*, da die Interessenten gegeneinander steigern. Daraus kann sich eine Auktionsatmosphäre entwickeln, in der die Interessenten nicht einen angemessenen Preis, sondern vor allem den „Sieg" in der Auktion erlangen wollen. Schließlich berücksichtigen einzelne Bieter zu wenig die Risiken, die sich aus der unvollständigen Information während der Auktion ergeben. Eine größere Zahl von Bietern erzeugt auch deshalb einen Bietdruck, weil fälschlich (siehe → *bias*) aus der Vielzahl von Interessenten auf die Angemessenheit des (hohen) Preises geschlossen wird. Nicht der Marktpreis dient dem Preisvergleich, sondern die Gebote der anderen. Dies führt tendenziell zu einem höheren Preis. Im Ansatz gilt dies auch für Auktionen mit fallenden Geboten, wie sie z. B. im Blumengroßhandel bekannt sind. Wer hier nicht rechtzeitig bietet, zahlt zwar nicht zu viel, droht aber keinen Zuschlag zu bekommen. Das übt Druck aus, nicht zu spät zu bieten. Bei einer größeren Zahl von Teilnehmern einer Auktion kann man davon ausgehen, dass der Auktionspreis regelmäßig über dem fairen Marktpreis liegt, weshalb man auch vom **winner's curse (Fluch des Siegers)** spricht. Dieser erhöhte Preis hängt von der Zahl der Bieter ab, wobei die Preissteigerung für jeden weiteren Bieter degressiv ist, also abnimmt.

Eine Auktion ist sinnvoll, wenn es um einen Gegenstand geht, bei dem keine großen Preisabweichungen zu erwarten sind, weil der genaue Wert zwar unbekannt, die potenzielle Benutzung, und daher auch der Wert, aber für alle Interessenten ähnlich ist (**common value assets**).

> **Beispiel**
>
> Ersteigerung von Blumen durch Blumenhändler. ◀

Von **private value assets** ist die Rede, wenn die Abweichungen aufgrund unterschiedlich geplanter Benutzung des Gegenstands, und damit jeweils anderer Bewertung, groß ausfallen können.

> **Beispiel**
>
> Erwerb eines Grundstücks zur Kapitalanlage, zu Wohnzwecken, zur Bebauung mit Neubauten oder zur Verbundnutzung mit einem Nachbargrundstück, das bereits im Eigentum des Investors steht. ◀

Das Auktionsmodell funktioniert nicht, wenn es nicht genügend Interessenten gibt – z. B. weil es für diese bessere Beschaffungsmöglichkeiten gibt – oder wenn Nebenbedingungen, insbesondere Vertragsbedingungen, individuell ausgehandelt werden müssen. Je spezieller das Gut ist und je mehr Serviceleistungen eine Rolle spielen, desto weniger eignet sich eine Auktion. Die aus Sicht eines Veräußerers positiven Effekte einer Auktion können jedoch (teilweise) auch in eine Vertragsverhandlung integriert werden (→ *negotiauctions*).

Auskunftspflichten

Hierunter versteht man die Pflicht, auf Aufforderung eine zutreffende Auskunft zu geben. Sie stellt eine wichtige rechtliche Rahmenbedingung dar, die Vertragsverhandlungen beeinflussen kann. Die Verletzung der Pflicht während der Vertragsverhandlung ist eine Pflichtverletzung im Rahmen der → *culpa in contrahendo*. Die Auskunftspflicht ist eng mit der → *Aufklärungspflicht* verwandt, auch wenn sie wegen des Erfordernisses eines Auskunftsverlangens weniger weit reicht. Voraussetzungen und Grenzen entsprechen jedoch weitestgehend denen der Aufklärungspflicht, weshalb hier auf diese verwiesen wird.

Ausnahmeargument

Bei dieser Argumentationsform konzentriert sich eine Seite darauf, dass eine für sie günstige Ausnahme vorliegt. Damit wird insbesondere versucht, das → *floodgate argument* aufzuheben. Dem Verhandlungspartner wird erläutert, dass er seine generelle Regel nicht aufgeben muss und doch der eigenen Seite wegen der Ausnahmesituation entgegenkommen kann. Diese Argumentationsform ist wichtig, da insbesondere in größeren Geschäftseinheiten großer Unternehmen häufig feste Regeln und Vorgaben bestehen. Das Ausnahmeargument erlaubt dem Verhandler, der Gegenseite scheinbar ohne Durchbrechung der Regel entgegenzukommen.

Autonome Verhandlungen durch Software

Autonome Vertragsabschlüsse durch Software, bei der diese die elektronische Kommunikation steuert und auch selbst ohne menschliche Überwachung (!) entscheidet, gibt es bereits. Ist die Software komplex und selbstlernend, kann nicht einmal der Programmierer die genauen Bedingungen jedes einzelnen Vertragsabschlusses prognostizieren.

Aus so einem **autonomen Vertragsabschluss** ergeben sich z. B. dogmatische Probleme bei der gewünschten Zurechnung zum Unternehmen bei planmäßigem Verlauf, der Bewältigung von Störungen, insbesondere beim Eingriff Unbefugter in das System, und bei der Begründung von Haftungen. Bislang gibt es insofern noch keine überzeugenden Konzepte. Das Spektrum angebotener Lösungen für die Zurechnung reicht von der Zuweisung eigener Rechtspersönlichkeit an die Software de lege ferenda bis zur völligen Leugnung des Problems. Zwischenkonstruktionen sind z. B. die Botenschaft oder vertretungsähnliche Lösungen. Einigkeit besteht immerhin insofern, als der Einsatz autonomer Systeme der Wirksamkeit nicht entgegenstehen darf. Da die Grenze zwischen technischen Hilfsmitteln und echter Autonomie (KI) fließend sind und von der anderen Seite auch kaum beurteilt werden können, sind zudem nach hier vertretener Ansicht Regelungen vorzugswürdig, die nicht zwischen KI und anderen technischen Hilfsmitteln unterscheiden.

Bei entsprechenden autonomen Vertragsabschlüssen durch Softwareprogramme fehlt es allerdings bisher in der Praxis wohl noch an autonomen Verhandlungen. Insofern wird auch von **computer based negotiations** gesprochen. Es ist aber wohl nur eine Frage der Zeit, bis Softwareprogramme auch diese Aufgabe übernehmen können. Der Software dürften auch dann zunächst gewisse nonverbale Kommunikationsmöglichkeiten (vgl. vor allem die Themenliste „weitere Kommunikationstechniken") und → *Emotionen* fehlen. Ein Vertrauen in die Software als Agent des Geschäftsherrn ist zumindest nicht leicht vorstellbar. Auch kreative Überlegungen zur Vergrößerung des *Verhandlungskuchens* (→ *negotiation pie*) könnten zunächst noch ein Schwachpunkt sein. Andererseits dürfte die → *Informationsbeschaffung*, die Informationsauswertung, die Berechnung der Chancen und Risiken sowie des → *BATNAs* und des → *ZOPA* mindestens so gut wie durch Menschen möglich sein. Zahlreiche → *Fehler*, die mit begrenzten kognitiven Leistungen menschlicher Verhandler oder ihrer emotionalen Empfindlichkeit zusammenhängen, gäbe es nicht mehr. Auch die Ausnutzung der → *Principal-Agent-Problematik* dürfte – wenn überhaupt – nur noch sehr eingeschränkt möglich sein. Solche Softwareprogramme könnten daher im Ergebnis rationale Vertragsverhandlungen und -abschlüsse unterstützen. Aus verhandlungstechnischer Sicht können solche Programme helfen, die Verhandlungsprozesse zu standardisieren und damit Transaktionskosten zu senken. Angesichts dieser möglichen Vorteile wird man sich auch auf autonome Verhandlungen durch Software einstellen müssen. Allerdings entfalten sich diese Vorteile lediglich für denjenigen, der die Möglichkeit und die Ressourcen besitzt, solche Systeme einzusetzen. Autonome Vertragsverhandlungen und -abschlüsse durch Software können daher auch zu neuen Ungleichgewichtslagen führen, insbesondere, wenn Menschen auf der einen Seite und Softwareprogramme auf der anderen Seite agieren. Verstärkt wird dieser Effekt, wenn es um Verbraucher geht.

Availability bias

Es handelt sich um einen → *bias*, der Auswirkungen auf Vertragsverhandlungen hat, da er sich auf die Entscheidung von Verhandlern auswirkt (→ *Heuristik*). Der Effekt besagt, dass Personen dazu tendieren, die Wahrscheinlichkeit eines relativ unwahrscheinlichen Ereignisses zu überschätzen, wenn sie entsprechende Ereignisse bereits erlebt haben und sich diese leicht in Erinnerung rufen können (*Tversky/Kahneman,* Science 4157 (1974), 1124–1131). Umgekehrt werden seltene Ereignisse, für die aber doch eine statistische Eintrittswahrscheinlichkeit besteht, meist unterschätzt, wenn sie nicht Teil der Erfahrungswelt sind.

Beispiel

Der Hauptzulieferer der gegnerischen Seite (Partei A) hat seine Produktionsstätte in einem Erdbebengebiet. In der Vergangenheit ist es aufgrund eines sehr starken Erdbebens einmal zu einem Lieferengpass gekommen, der entlang der Wertschöpfungskette zu Produktionsstopps und Engpässen geführt hat. Partei B befürchtet, dass sich das Ereignis wiederholen und auf das vorliegend verhandelte Projekt auswirken könnte, wobei die Wahrscheinlichkeit eines weiteren, sehr starken Erdbebens in den nächsten Jahren als sehr gering eingeschätzt wird.

Im vorliegenden Beispiel fokussiert sich Partei B zu sehr auf ein unwahrscheinliches Ereignis. Partei A könnte dem Bedenken von Partei B begegnen, indem sie alternative Lieferanten aus „sicheren" Gebieten präsentiert oder gewisse Mengen grundsätzlich vorrätig hält. Außerdem könnte das Risiko versichert werden. ◄

Unterliegt eine Seite einer entsprechenden availability bias, kann die andere Seite sich die Übernahme des Risikos, das der Verhandlungspartner überschätzt, auch abkaufen lassen. Liegt das Risiko in der eigenen Sphäre und zögert der Verhandlungspartner daher den Vertrag zu unterzeichnen, kann versucht werden, den Verhandlungspartner an den Kosten der Minimierung dieses Risikos bzw. dessen Auswirkungen zu beteiligen, eventuell auch unter Abschluss einer Versicherung.

Back office

Das back office ist bei Verhandlungen ein technisches Instrument zur Unterstützung von Verhandlungen. Als back office bezeichnet man generell Bereiche des Unternehmens, die der Verwaltung des Unternehmens dienen. Das back office steht nicht in direktem Kontakt zu Kunden und Zulieferern. Gebräuchlich ist der Begriff z. B. für die Organisation der Hauptversammlung von Aktiengesellschaften, die im „Hintergrund" stattfindet. Im Rahmen von Verhandlungen ist häufig die Rechtsabteilung gemeint, da Juristen an den eigentlichen Verhandlungen oftmals nicht (mehr) teilnehmen. Die ausgehandelten Kompromisse werden jedoch der Rechtsabteilung vorgelegt, und diese kommentiert den Vertrag (→ *annotations*). Bei großen Verhandlungen übernimmt das back office – nicht unbedingt die Rechtsabteilung – Recherche- und Verwaltungsaufgaben.

Backlash effects

Es handelt sich um einen Effekt der → *behavioural economics*. Der Begriff backlash (= **Rückschlag, Gegenbewegung**), d. h. die Rückkehr zu konservativen Werten und damit weg von fortschrittlichen Idealen, war in den Vereinigten Staaten der 50er-Jahre mit der sog. „Rassentrennung" verbunden. Im Verhandlungskontext bezeichnet der backlash effect heute vor allem die sozialen und z. T. ökonomischen Sanktionen, die Frauen für nicht stereotypenkonformes Verhalten drohen (vgl. *Rudman/Moss-Racusin/Phelan/Nauts*, Journal of Experimental Social Psychology 48 (2012), 165–179; *Faludi*, Backlash, 1991, et passim). Es wurde beobachtet, dass Frauen, die sich im Hinblick auf die Wahrnehmung eigener Interessen, fordernd und durchsetzungsstark wie Männer, d. h. *kompetitiv* (→ *distributive Verhandlungen*), verhalten, innerhalb einer Organisation häufig von Männern hierfür „abgestraft" werden. So wurde für den Fall von Gehaltsverhandlungen nachgewiesen, dass Männer diejenigen Frauen „abgestraft" haben, die versuchten über eine höhere Vergütung zu verhandeln. Männer waren demnach geneigter, mit Frauen zusammenzuarbeiten, die sich mit ihrer Vergütung ohne zu verhandeln zufriedengaben (*Bowles/Babcock/ Lai*, Organizational Behavior and Human Decision Processes 103 (2007), 84–103). Auch bei Verhandlungen außerhalb einer Organisation lässt sich jedoch eine gewisse negative emotionale Reaktion beobachten, wenn Männer erstmals auf stark kompetitiv verhandelnde Frauen treffen. Dies kann negative, den Verhandlungserfolg gefährdende → *Emotionen* auslösen. Eine Studie hat jedoch gezeigt, dass die Backlash-Gefahr in unternehmerischen Verhandlungen in der Regel durch Gewöhnungseffekte abgemildert wird (*Tinsley/Amanatullah*, IACM 21st Annual Conference Paper, 2008, S. 10 ff.). Dies wird darauf zurückgeführt, dass in diesen Fällen nicht mehr die sozialen Rollenbilder als Verhaltensmaßstab fungieren, sondern die beruflichen Erfahrungen mit kompetitiv verhandelnden Frauen als Normalfall angesehen werden. Nach den Erkenntnissen dieser Studie keimen Stereotypen in unternehmerischen Verhandlungen jedoch wieder auf, wenn männliche Verhandler die Situation als Bedrohung wahrnehmen (z. B. wenn aufgrund der Forderung größere finanzielle Nachteile drohen). Eine zweite Dimension, in der der backlash effect wirkt, ist die Befürchtung von Frauen, aufgrund von Rollenbrüchen in dieser Form abgestraft zu werden. Dann kann es sein, dass sie sich rollenkonform verhalten, obwohl objektiv (z. B. aufgrund von Gewöhnungseffekten) keine sozialen Sanktionen drohen. In diesen Fällen nutzen Frauen aufgrund der Erwartungsangst nicht das Potenzial einer kompetitiven Verhandlungsführung.

Tritt der backlash effect in Verhandlungen auf, lässt er sich in dieser Situation nur schwer bekämpfen. Für Frauen ist es daher interessant zu wissen, wie sie mit entsprechend eingestellten Männern verhandeln sollten, um die negativen Auswirkungen möglichst gering zu halten. Im Rahmen von ständigen Vertragsbeziehungen dürfte bei Verhandlungen mit demselben Geschäftspartner nach einem gewissen Zeitraum ein Gewöhnungseffekt eintreten (Verminderung der sog. type ambiguity, vgl. *Bowles*, Harvard Kennedy School, Working Paper Series 2012, S. 19 f.). Es soll jedoch Männer geben, die das Scheitern einer Verhandlung der drohenden Niederlage gegen eine Verhandlerin vorziehen würden, weil dies als besonderer Gesichtsverlust (→ *Gesicht wahren*) wahrgenommen wird (vgl. *Cra-*

ver/Barnes, Michigan Journal of Gender and Law 5 (1999), 299–352). Eine Möglichkeit, die sich zumindest bei komplexeren Verhandlungen anbietet, liegt darin, dieser Gefahr mit Gesten, die dem Gesichtgeben dienen, entgegenzusteuern. Dem männlichen Verhandlungspartner könnten z. B. (scheinbare) Erfolge ermöglicht werden. Es kann für Frauen in solchen Situationen besonders empfehlenswert sein, eigene Triumphe weniger zu zeigen (→ *hide your glee*). Durch solche Maßnahmen kann zumindest das Gefühl der Niederlage gegen das andere Geschlecht reduziert werden.

Außerdem hat eine Studie gezeigt, dass der backlash effect weniger stark sein kann, wenn Frauen nicht für sich selbst, sondern für andere Personen (z. B. Kollegen) verhandeln (*Paddock/Kray*, in: Benoliel (Hrsg.), Negotiation Excellence, 2015, S. 209–226). Begründet wird dies damit, dass das Eintreten der Verhandlerin für eine andere Person vom Verhandlungspartner als rollenkonform eingestuft wird und Frauen bei solchen Verhandlungen auch keinen backlash effect erwarten und dadurch kompetitiver und selbstbewusster auftreten. Das **Verhandeln für andere** kehrt die Erwartungshaltung derart um, dass nunmehr Sanktionen drohen, wenn Frauen nicht kompetitiv genug verhandeln (vgl. *Amanatullah/Tinsley*, Organizational Behavior and Human Decision Processes 120 (2013), 110–122). Ob Verhandlungen für das Unternehmen Verhandlung „für andere" darstellen, wird unterschiedlich bewertet. Es kann für Frauen jedoch sinnvoll sein, zu verdeutlichen, dass sie nicht für sich selbst, sondern für ihr Unternehmen, ihren Chef etc. verhandeln. Auch eine Entkoppelung von den kompetitiven Forderungen in Form einer → *good guy/bad guy* Taktik könnte hilfreich sein, um den möglicherweise empfundenen Rollenbruch zu minimieren. Der echte oder vermeintliche bad guy, der die harte Forderung möchte, könnte in so einem Fall auch der nicht am Verhandlungstisch sitzende → *decision-maker* sein.

BAFO (Best and final offer)
Das „beste und letzte Angebot" ist primär eine Technik, um Verhandlungen zum Abschluss zu bringen. Der Verhandlungspartner soll sich auf Basis des BAFO entscheiden, ob er den Vertrag schließen möchte. Manchmal ist nicht erkennbar, dass es sich um das finale Angebot handelt, was das Risiko birgt, dass die Gegenseite im Extremfall den Vertragsschluss unbeabsichtigt zum Scheitern bringen kann. Andere Bezeichnungen für BAFO sind **last offer**, **letztes Angebot** oder **allerletztes Angebot**. Die letzte Bezeichnung zeigt, dass das BAFO in der Praxis nicht immer das tatsächliche, letzte Angebot darstellt. Eine Bezeichnung als BAFO, also als letztes oder allerletztes Angebot, ist daher auch ein taktisches Mittel, um keine weiteren Zugeständnisse machen zu müssen oder zumindest zu signalisieren, dass diese Zugeständnisse ab diesem Punkt viel teurer werden. Das BAFO kann daher auch als Abwehrtaktik gegen Versuche des Verhandlungspartners, immer neue kleine Zugeständnisse zu erhalten (→ *Salamitaktik*), dienen.

Bargaining in the shadow of the law
Das **Verhandeln im Schatten des Rechts** bezeichnet Konfliktverhandlungen, die von der Rechtslage beeinflusst werden. Kommt es beispielsweise im Rahmen der Vertragsabwicklung zu einem Konflikt, können die Vertragsparteien entscheiden, ob sie verhandeln oder

die Streitigkeit als Rechtsstreit vor Gericht (bzw. einem Schiedsgericht) austragen wollen. Selbst wenn sich die Parteien für Verhandlungen entscheiden, werden diese auch von dem (hypothetischen) wahrscheinlichen Ausgang vor Gericht beeinflusst. Die Rechtsposition – einschließlich der Möglichkeiten ihrer Durchsetzung – hat erheblichen Einfluss auf das → *BATNA* beider Parteien. Denn der Gang vor Gericht ist die nahe liegende Alternative zu einem Verhandlungsergebnis.

Der Begriff des *bargaining in the shadow of the law* bezieht sich also nicht darauf, dass alle Vertragsverhandlungen „im Schatten (oder im Lichte) des Rechts" stattfinden, und zwar des zwingenden und dispositiven Rechts sowie (in Deutschland) der → *Inhaltskontrolle* vorformulierter Verträge.

Basarstrategie

Die Basarstrategie wird in → *distributiven Verhandlungen* eingesetzt. Den Parteien geht es um einen möglichst großen Teil des *Verhandlungskuchens* (→ *negotiation pie*) für sich selbst. Insofern gibt es Parallelen zur → *win-lose Strategie*. Ziel ist es, eine Einigung möglichst nah an der eigenen Zielstellung (→ *aspiration point*) zu erreichen. Die → *Basartaktik* ist eine Taktik, die im Rahmen der Basarstrategie eingesetzt werden kann. Darüber hinaus können weitere Taktiken zum Einsatz kommen, die auf eine distributive Verhandlung ausgerichtet sind.

Basartaktik

Die Basartaktik ist nach dem Verhandlungsverhalten von Händlern auf Basaren benannt. Alternative englische Bezeichnungen sind **haggling** und **dickering**, die beide für das Verhandeln bzw. Feilschen stehen, wie es auf dem Basar üblich ist. Im Kern handelt es sich um eine Standardverhandlung, bei der beide Seiten einen Preisanker setzen und der Preis zwischen beiden ausgehandelt wird (→ *bracketing*). Die mit einer solchen Verhandlungstaktik verbundenen Blockaderisiken (→ *deadlock*) sollen dadurch kleingehalten werden, dass die Anker relativ weit voneinander entfernt sind und sich die Verhandler in schnellen Schritten aufeinander zubewegen. Je näher die Parteien dabei dem Einigungsbereich (→ *ZOPA*) kommen, desto kleiner werden in der Regel die Konzessionen (→ *diminishing rates of concession*). Dieses – quasi tänzelnde – Aufeinanderzugehen bei der Basartaktik wird daher auch **negotiation dance** genannt. Die Basartaktik hat den Vorteil, dass jede Seite ein Erfolgserlebnis verbuchen kann, da der Endpreis deutlich vom ursprünglich geforderten/gebotenen Preis entfernt liegt. Der Nachteil liegt darin, dass hier positions- anstatt interessenorientiert (→ *interessenorientierte Verhandlungen*) verhandelt wird und die Verhandler daher zumeist nicht die Vergrößerung des *Verhandlungskuchens* (→ *negotiation pie*) im Blick haben.

BATNA (best alternative to a negotiated agreement)

Im deutschsprachigen Raum wird der Begriff **NEA** – kurz für **Nichteinigungsalternative** – teilweise als Synonym für die Bezeichnung BATNA verwendet. Im englischsprachigen Raum wird auch von **no-deal option** gesprochen. Beim BATNA handelt es sich zum einen um einen ganz grundlegenden Begriff der Verhandlungswissenschaft und zum anderen um die maßgebliche Technik zur Messung der Verhandlungsstärke und zur Unterstützung einer *rationalen Entscheidung* (→ *cui bono*) für oder gegen einen Vertrag. Denn das BATNA ist die beste Alternative zum verhandelten Vertragsschluss. Das Gegenteil drückt das sogenannte **WATNA (worst alternative to a negotiated agreement)** – also die schlechteste Alternative zur vertraglichen Einigung – aus. Die Bedeutung von Verhandlungsalternativen hat *John Nash* bereits 1950 (*Nash*, Econometrica 18 (1950), 155–162) herausgearbeitet. Der Begriff BATNA und dessen Bedeutung wurden allerdings von *Fisher/Ury* geprägt (*Fisher/Ury*, Getting to Yes, 1981; Neuauflage unter Beteiligung von *Bruce Patton*). Trotz seiner hohen Bedeutung für die Verhandlungswissenschaft ist der Begriff in der deutschen Praxis bisher vielen Verhandlern nicht geläufig.

Die Bestimmung des eigenen BATNA dient der Klärung, ob der konkrete, verhandelte Vertragsschluss im Vergleich zu anderen Handlungsmöglichkeiten – also relativ betrachtet – sinnvoll ist. Das eigene BATNA bestimmt wesentlich die eigene objektive Verhandlungsstärke, weshalb Verhandler darein investieren, ein gutes BATNA aufzubauen. In die Betrachtung einzubeziehende Alternativen sind andere – ggf. auch nur spätere – Verträge mit demselben Verhandlungspartner, Verträge mit anderen Vertragspartnern, die Beibehaltung des Status quo (also kein Vertragsschluss) sowie unternehmensinterne Handlungen. Nicht legale Handlungsoptionen, insbesondere solche, die strafrechtliche Konsequenzen nach sich ziehen, sollten dagegen grundsätzlich nicht in die Ermittlung des BATNAs und damit des → *ZOPA* einfließen. Für die Einbeziehung von Alternativen spielen zudem rechtliche und ethische Grenzen eine Rolle. Was sich außerhalb dieser Grenzen befindet, sollte als Alternative nicht berücksichtigt werden. Die Alternative mit dem größten Nutzen für das Unternehmen ist dessen BATNA. Das BATNA und der *resistance point* (→ *deal-breaker*) sind daher bei interessengerechten, rationalen Verhandlungen meist eng verbunden. Die Ermittlung des eigenen BATNA hilft somit bei einer rationalen Entscheidung für oder gegen den aktuell verhandelten Vertrag. So sollten die Verhandlungen generell abgebrochen werden, wenn die Alternative zum Vertragsschluss besser ist. Hingegen sollte der Vertrag generell geschlossen werden, wenn der konkrete Verhandlungsstand vorteilhafter ist als das eigene BATNA (vgl. *Jung/Matejek*, Zeitschrift für Konfliktmanagement 3 (2021), 102, 103). Liegen das BATNA und der aktuelle Verhandlungsstand gleichauf, kann sich der Verhandler rational sowohl für den aktuellen Verhandlungsstand als auch das BATNA entscheiden. Dieser Punkt wird als **indifference point** (Indifferenzpunkt) bezeichnet.

Die Tendenz, den aktuell verhandelten Vertragsschluss zu bevorzugen, obwohl eine bessere Alternative vorliegt, wird **agreement bias** genannt. Das bedeutet, dass Verhandler unter gewissen Umständen dazu tendieren, ihr eigenes BATNA beim Vertragsschluss nicht vollständig zu berücksichtigen. Dies kann auch damit im Zusammenhang stehen, dass der verhandelte Vertragsabschluss reif ist, für die günstigere Alternative aber meist noch ein gewisser Verhandlungsaufwand besteht. Dem kann bereits durch den Einsatz von zwei Verhandlern oder der Prüfung des Abschlusses durch einen → *decision-maker* vorgebeugt werden.

Bereits die Bestimmung des eigenen BATNA ist jedoch schwierig, weil sich die genauen Bedingungen der Alternativen häufig nur grob abschätzen lassen; hier setzt das Auktionsverfahren (→ *Auktion*) an. In jedem Fall sollten alle wichtigen Kriterien bei der Bewertung einer Option berücksichtigt werden (z. B. auch die Qualität und der Lieferzeitpunkt) und nicht allein der Preis. Jedenfalls bei größeren Projekten und längerfristigen Beziehungen spielen auch Risiken und Chancen bei der Projektdurchführung, → *Transaktionskosten* für die Durchführung, potenzielle Auswirkungen auf zukünftige Geschäftsbeziehungen einschließlich der Auswirkungen auf die Reputation des Unternehmens etc. eine Rolle. Das BATNA ist damit eine mehrdimensionale Größe (vgl. *Jung/Matejek*, Zeitschrift für Konfliktmanagement 3 (2021), 102, 104 f.), die anzeigt, ob der konkrete Verhandlungsstand besser ist als das eigene BATNA, weshalb eine harte Quantifizierung oftmals sehr schwerfällt. Es müssen aufgrund der Mehrdimensionalität nicht nur unterschiedliche Konditionen bedacht, sondern deren Relevanz auch gewichtet werden. Es bleibt also eine gewisse bis erhebliche Restunsicherheit bei der Bestimmung des eigenen BATNA. Dennoch sollten Verhandler sich darum bemühen, das eigene BATNA zumindest annährungsweise zu bestimmen. Bei der dafür notwendigen Bewertung von Handlungs- bzw. Lösungsoptionen unter Berücksichtigung verschiedener Teilaspekte kann der sog. **Weighted-Negotiation-Score (WNS)** helfen. Der WNS ermöglicht es Verhandlern, eine Option unabhängig von anderen Verhandlungsergebnissen und/oder Verhandlungszwischenständen zu bewerten. Dies wird durch einen Vergleich mit einem selbst-definierten Idealszenario ermöglicht (*Jung/Matejek*, Zeitschrift für Konfliktmanagement 6 (2021), 234, 234 ff.).

Abb. 4.3 verdeutlicht das Verhältnis vom aktuellen Verhandlungsstand zum BATNA und zu weiteren Handlungsoptionen.

Noch schwieriger mag sich die Bestimmung des BATNAs des Verhandlungspartners darstellen, da dieser seine Alternativen meist nicht offen mitteilen wird, bekannt gewor-

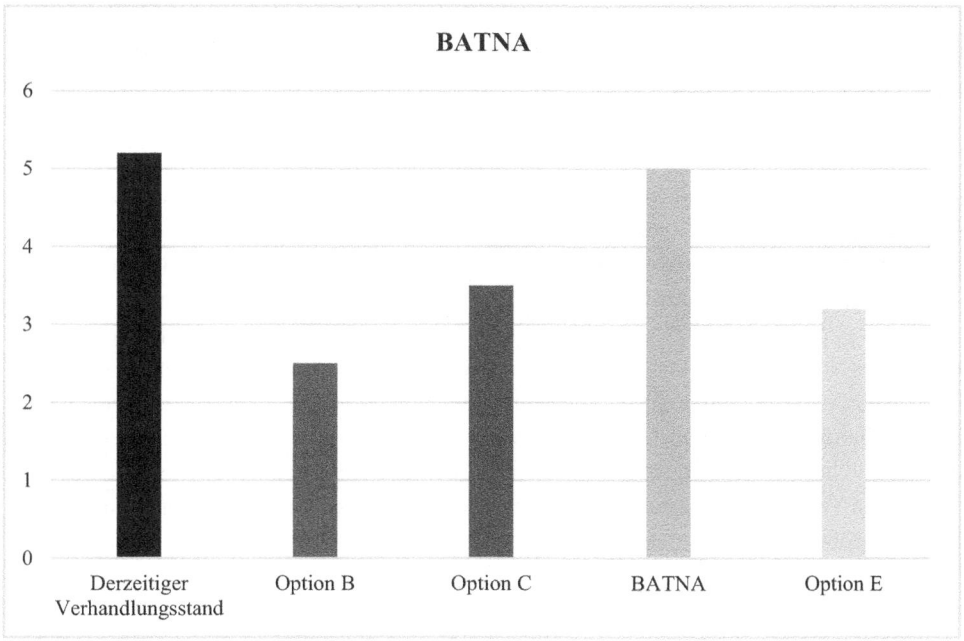

Abb. 4.3   BATNA. (Quelle: eigene Darstellung)

dene Informationen nicht zutreffend sein müssen und oftmals über bestimmte Aspekte gar keine Informationen vorliegen. Da das BATNA des Verhandlungspartners aber für dessen objektive Verhandlungsstärke und zur Bestimmung eines ggf. bestehenden → *ZOPA* entscheidend ist, lohnt es sich, hierzu Informationen zu beschaffen, soweit dies möglich ist. Dafür kann z. B. auf allgemeine Que llen, Informanten von Drittunternehmen und Informanten der Gegenseite zurückgegriffen werden. Außerdem ist es verbreitet, durch → *offene Fragen* im Rahmen der Vertragsverhandlungen Informationen zu gewinnen. Es besteht daneben auch die Möglichkeit, durch die Ermittlung der Interessen des Verhandlungspartners Rückschlüsse auf dessen BATNA zu ziehen. Wird z. B. vermutet, dass dem Verhandlungspartner ein sehr früher Liefertermin sehr wichtig ist, kann in der Vertragsverhandlung ein späterer Liefertermin vorgeschlagen werden. Wenn dieser späte Liefertermin entschieden abgelehnt wird, dürfte der gewünschte Liefertermin entscheidend sein, womit nur Unternehmen, die diesen Termin versprechen können, in die engere Wahl kommen werden. Auf das BATNA des Verhandlungspartners kann dadurch allerdings nur geschlossen werden, wenn bekannt ist, ob Konkurrenten zu diesem frühen Termin liefern könnten. In ähnlicher Weise kann auch die Bedeutung der gewünschten Qualitäten oder technischen Systeme für den Verhandlungspartner Aufschluss über sein mögliches BATNA geben. Gerade Präferenzen und Interessen bezüglich technischer Standards werden teilweise genutzt, um das BATNA der Gegenseite zu verschlechtern, indem eine Beschränkung auf ein technisches System angestrebt wird, welches allenfalls ein Teil der Konkurrenten anbietet. Auch die Erzeugung eines zeitlichen Engpasses (→ *calculated delay*) beim Verhandlungspartner kann darauf abzielen, dessen BATNA einzuschränken oder zumindest eine Verbesserung seines BATNAs zu verhindern. Denn das BATNA ist zeitabhängig und dynamisch.

Das BATNA eines Nachfragers steht unter Umständen nicht zu 100 % von vornherein fest. Rangfolge, Umfang und Intensität seiner Bedürfnisse, seiner Interessen und seiner Präferenzen können teilweise bis zu einem gewissen Grad beeinflusst werden. Da dann ggf. auch nicht parallel verhandelt wird, besteht das BATNA des Verhandlungspartners meist darin, sich (später) mit einem anderen Unternehmen zu einigen. Steht der Verhandlungspartner dann zudem noch unter einem gewissen *Zeitdruck* (→ *deadline*), kann sein BATNA schnell bedeutend kleiner werden, da ihm dann ggf. die Zeit für (zukünftige) Verhandlungen mit Dritten fehlt. Verzögerungstaktiken (→ *calculated delay*) können daher auch das Ziel haben, das BATNA des Verhandlungspartners einzuschränken. Ansonsten lässt sich allerdings gerade das BATNA des Käufers noch relativ gut bestimmen, sofern es um den Kauf eines Standardprodukts geht. Bei entsprechenden Einkäufen von einer gewissen Relevanz ist es in unternehmerischen Verhandlungen auch Standard, mehrere Angebote einzuholen. Allerdings sind auch insofern dynamische Elemente (zeitlich begrenzte Rabattaktion, möglicher Ausverkauf des Produkts bei einem Händler etc.) zu berücksichtigen.

Für den Verkäufer stellt die Bestimmung des BATNA im Verhältnis zum Käufer generell eine größere Herausforderung dar. Dies gilt gerade auch bei Standardprodukten, da die Verkäufer insofern meist nicht zeitgleich mit anderen Kunden um eine knappe Ware verhandeln. Für den Verkäufer besteht daher die Option, auf zukünftige Kunden zu hoffen, was allerdings Unsicherheiten mit sich bringt. Daher ziehen Verkäufer statt des BATNA häufig Selbstkosten und Gewinnmargen zur Entscheidung für oder gegen einen Vertrags-schluss heran. Trotz der Schwierigkeiten bei der Ermittlung des BATNA, sollte jedoch auch der Verkäufer weitere Faktoren heranziehen, um sein BATNA zumindest annäh-rungsweise abzustecken. Dazu zählen Aspekte wie die Auftragslage, mögliche Folgeauf-träge, die Halte- und Lagerkosten für ein Produkt, der ggf. fortlaufende Wertverlust bzw. eine etwaige Wertsteigerung oder die Werbewirkung durch die Belieferung bestimmter Kunden (vgl. *Jung/Matejek*, Zeitschrift für Konfliktmanagement 3 (2021), 102, 105).So-lange dem nicht das → *Kartellverbot* entgegensteht, kann es zudem sinnvoll sein, sich mit anderen Anbietern abzustimmen, um dadurch das BATNA der Gegenseite einzuschrän-ken. Die Grenzen des Kartellverbots sind allerdings eng. Es erfasst gerade Absprachen mit Wettbewerbern über Preis und Leistung. Das Kartellverbot eröffnet lediglich bei wettbe-werblich kleinen Unternehmen gewisse Spielräume und das auch nur, wenn erst der Zu-sammenschluss der beiden kleineren Wettbewerber ein wirtschaftlich sinnvolles Angebot ermöglicht.

Die Betrachtung des BATNA der beiden Parteien zeigt bei einer rationalen, interessen-orientierten Verhandlung an, ob es einen möglichen Spielraum für Einigungen gibt (→ *ZOPA*).

Abb. 4.4 verdeutlicht grafisch das Verhältnis von BATNA und ZOPA.

Obwohl das objektive BATNA das Kriterium ist, an dem sich entscheidet, ob ein Ver-tragsschluss sinnvoll ist, bestimmt sich das tatsächliche Verhandlungsverhalten oftmals eher nach dem geschätzten oder gar gefühlten BATNA (subjektives BATNA) der eigenen Seite und des Verhandlungspartners. Das liegt daran, dass bzgl. des objektiven BATNA die oben genannten Unsicherheiten bzgl. der Bestimmung bestehen. Das bedeutet allerdings auch, dass nicht nur auf das tatsächliche (objektive) BATNA, sondern auch auf das ge-fühlte (subjektive) BATNA Einfluss genommen werden kann, um den Verhandlungsver-lauf zu ändern. In diesem Zusammenhang wird z. T. bezüglich der eigenen Alternativen

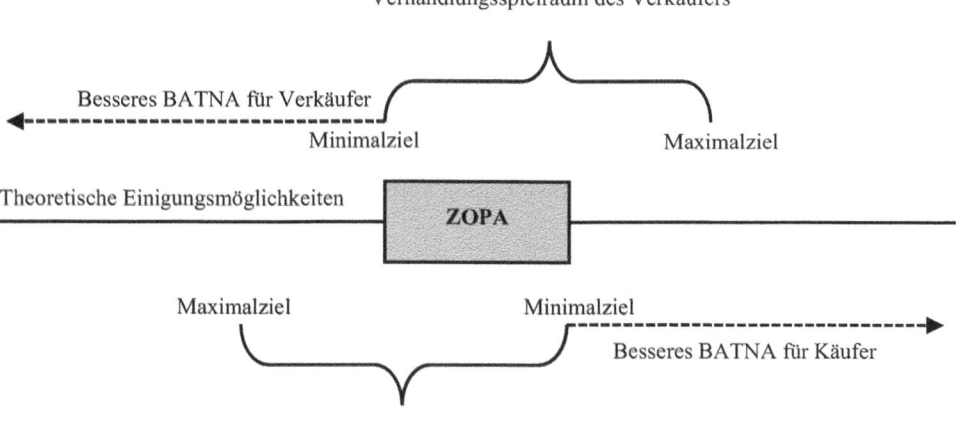

Abb. 4.4 BATNA und ZOPA. (Quelle: eigene Darstellung)

geblufft (→ *better offer*). Es wird also das eigene BATNA besser dargestellt als es tatsächlich ist. Auch Täuschungen im Rahmen der → *Taktik der kleinen Menge* können das eigene BATNA stärker aussehen lassen als es ist. Alternativ kann versucht werden, durch Überbetonung von bestimmten Risiken, das subjektive BATNA des Verhandlungspartners zu verschlechtern.

Entsprechend der herausragenden Bedeutung des BATNA für Verhandlungen legen Studien denn auch nahe, dass sich Verhandler mit einem eindeutigen und starken BATNA höhere Ziele setzen, höhere erste Angebote unterbreiten und ein größeres Stück vom Verhandlungskuchen verlangen als Personen mit einem schlechteren BATNA (vgl. *Pinkley/Neale/Bennett*, Organizational Behavior and Human Decision Processes 57 (1994), 97 ff.; *Anderson/Galinsky*, European Journal of Social Psychology 36 (2006), 511 ff.; *Buelens/van Poucke*, Journal of Business and Psychology 19 (2004) 23 ff.; *De Dreu*, Journal of Conflict Resolution 39 (1995), 646 (insb. 659 ff.); *Güth/Huck*, Metroeconomica 48 (1997), 262 ff.).

BATNA und Verhandlungsreihenfolge

Das eigene BATNA kann auch Einfluss auf die sinnvolle Reihenfolge der Verhandlungen mit mehreren potenziellen Vertragspartnern haben. Gibt es mehrere Verhandlungspartner und soll nur mit einem der Vertrag geschlossen werden, ist es oftmals sinnvoll, zunächst mit denen zu verhandeln, mit denen nicht unbedingt ein Vertrag geschlossen werden soll. Erst im Anschluss sollte mit dem Verhandlungspartner gesprochen werden, der der Favorit auf den Abschluss ist. Diese Reihenfolge bietet den Vorteil, dass der Verhandler bei der Verhandlung mit dem Wunschvertragspartner seine Alternativen und damit sein BATNA kennt. Zugleich gewinnt er bei den vorangehenden Verhandlungen spezifische Verhandlungserfahrung. Dieses Vorgehen wird daher z. B. auch Arbeitnehmern empfohlen, die sich bei mehreren Arbeitgebern um Stellen bewerben. Der Favorit sollte dementsprechend auch bei Bewerbern der letzte Verhandlungspartner sein. Allerdings führt diese Vorgehensweise zu relativ hohen Verhandlungskosten.

Steht ein Unternehmen mit mehreren Unternehmen, insbesondere Lieferanten, in ständigen Geschäftsbeziehungen, d. h. werden mehrere Vertragsschlüsse angestrebt, könnte mit Blick auf das BATNA tendenziell ein abweichendes Vorgehen empfehlenswert sein. Hier mag es sinnvoll sein, erst mit den Unternehmen zu verhandeln, mit denen ein guter Deal zu erwarten ist (den Favoriten). Der Verhandler kann daran anschließend dann gestärkt in die Verhandlung mit dem schwierigsten Verhandlungspartner gehen.

Be tough, talk nice

Diese strategische Verhandlungsmaxime wird auf Deutsch als **hart in der Sache, weich zum Menschen** oder traditioneller **hart in der Sache, verbindlich im Ton** bezeichnet. Sie wird hier den Strategien zugeordnet, da sie sich nicht allein auf einen Verhandlungsabschnitt oder -punkt bezieht, sondern durchgehend in der Verhandlung angewandt wird. Diese Verhandlungsmaxime soll im Sinn des → *Harvard Verhandlungskonzepts* trotz sachlich harter Verhandlung positive → *Emotionen* ermöglichen, die wichtig für das Verhandlungsvertrauen und kreative Lösungen im beiderseitigen Interesse sind. Letztlich soll dadurch der Verhandlungserfolg begünstigt werden. In Bezug auf das Harvard Verhandlungskonzept wird insofern auch vom *SOPHOP-Prinzip* (→ *Harvard Verhandlungskonzept*) gesprochen: soft on people, hard on points. Die Aufgabe besteht darin, trotz harter inhaltlicher Verhandlungen durch Freundlichkeit Sympathie für sich als Verhandler und damit auch für den Vertretenen zu begründen oder zu bewahren.

Begründungen

Man unterscheidet drei verschiedene Kategorien der Begründung: **rationale**, **emotionale** und **moralisch-ethische**. Während die rationale Begründung die Anwendung von logisch-analytischen Argumenten in den Vordergrund stellt, also z. B. mit logischen Schlüssen und objektiven Interessen operiert, argumentiert die emotionale Begründung persönlich-gefühlsmäßig, z. B. mit persönlicher Erfahrung, aber auch Stimmungen. Der letzten Kategorie sind Argumente zuzuordnen, die sich auf Vorstellungen der Allgemeinheit (moralorientierte Argumentation) oder des Individuums (ethikorientierte Argumente) davon beziehen, was richtig oder falsch ist.

Insgesamt ist in Verhandlungen ein **begründender Sprachstil** zu empfehlen. Zentrale Aussagen sollten immer begründet werden. Ein begründender Sprachstil steigert die Überzeugungskraft des Redners.

> **Anwendung**
>
> Einleiten lassen sich Begründungen mit Konjunktionen wie z. B. „da", „weil", „denn", „deshalb", „damit". ◄

Zu beginnen ist mit einem starken Argument, dann sollten die schwächeren Aspekte folgen und zum Ende hin wieder eine Steigerung der Begründung vollzogen werden. Dies ergibt sich aus dem **primacy effect** bzw. **recency effect**, wonach der erste und letzte Eindruck am stärksten wiegen. Insgesamt ist es empfehlenswert, sich auf → *wenige, starke Argumente* zu konzentrieren.

Begründungslast

Unter Begründungslast, teilweise auch **Argumentationslast** genannt, versteht man das Erfordernis, seine eigene Meinung begründen zu müssen, sowie die Tatsache, dass in argumentativen Zweifelsfällen, der Meinung gefolgt wird, die nicht begründet werden muss. Uneingeschränkt gilt dies nur für die Begründungslast als rechtsmethodische Figur, also wenn es um rechtliche Abwägungsentscheidungen geht (vgl. dazu *Krebs,* Archiv für die civilistische Praxis 195 (1995), 171–211). Aber auch bei Argumentationen im Rahmen einer Verhandlung spielt die Begründungslast eine erhebliche Rolle. Denn bei Argumentationen hat es immer derjenige schwerer, der etwas begründen muss. Gelingt es daher, die eigene Position als die nicht zu begründende Regel und die Gegenposition als die zu begründende Ausnahme darzustellen, trifft diese Last die Gegenseite.

Häufig wird dem Verhandlungspartner die Begründungslast mit dem Argument übertragen, dass etwas schon früher in einer gewissen Weise gemacht wurde (*„Das haben wir schon immer so gemacht."*). Der Andere soll dieses frühere Verhalten als Regel akzeptieren und eine gewünschte Abweichung begründen müssen. Auch wer eine Entscheidung gegen das allgemein Übliche erreichen möchte (z. B. Branchenüblichkeit), muss die Begründungslast tragen. Deshalb sind die Usancen in vergleichbaren Situationen von Interesse. Dasselbe gilt, wenn eine Änderung des Status quo der Parteibeziehung erreicht werden soll. Teilweise wird daher versucht, bei einem kleinen Projekt, bei dem eine bestimmte Regelung keine große Rolle spielt, diese unübliche Regelung – z. B. durch Großzügigkeit an anderer Stelle – zu etablieren und damit für spätere Verhandlungen einen → *Präzedenzfall* zu schaffen.

Auch Stellungnahmen von Experten können eine Begründungslast für eine gegenteilige Auffassung erzeugen.

Behavioural economics

Unter diesem Grundbegriff versteht man die wissenschaftliche Erforschung von nicht rein rationalem Verhalten im wirtschaftlichen Kontext. In anderem Zusammenhang (Entscheidungstheorie) ist auch von **behavioural decision research** die Rede. Ausgangspunkt ist hierbei ein dem Homo oeconomicus widersprechendes Menschenbild, das von Beschränkungen der Rationalität, Willenskraft und des Eigennutzbestrebens geprägt ist. Menschen verhalten sich beispielsweise zeitinkonsistent bzgl. Präferenzen, handeln nicht ausschließlich eigennutzorientiert, und ihre Entscheidungen können durch die Art der Präsentation beeinflusst werden (→ *framing*). Diese Erkenntnisse haben große Bedeutung für Verhandlungen. Sie erklären viele, scheinbar irrationale Verhaltensweisen, ermöglichen ein entsprechendes Gegensteuern oder die Ausnutzung eines entsprechenden Verhaltens des Verhandlungspartners (→ *bias*).

Bereit sein für Fehler des Verhandlungspartners

In Verhandlungen unterlaufen beiden Seiten regelmäßig → *Fehler*, zum Teil sogar offensichtliche Fehler, die auch schwerwiegend sein mögen. Solche Fehler können im Rahmen eines *hard bargaining* (→ *distributive Verhandlungen*) zum eigenen Vorteil genutzt werden. Manchmal schrecken Verhandler jedoch davor zurück, und zwar nicht aufgrund ethischer Bedenken, sondern weil sie hinter dem (offensichtlichen) Fehler des Verhandlungspartners eine „Falle" vermuten (zum Beispiel einen Testfehler). Diese Option sollte zwar bedacht werden. Ist aber trotz näherer Prüfung nicht erkennbar, dass der Verhandlungspartner eine entsprechende (Täuschungs-)Taktik einsetzt, kann der Fehler – im Rahmen eines hard bargaining – zum eigenen Vorteil genutzt werden. Häufig werden Fehler in Verhandlungen jedoch nicht erkannt, da nicht damit gerechnet wird, dass dem Verhandlungspartner ein Fehler unterlaufen könnte. Im Falle eines hard bargaining kann deshalb bewusst auf Fehler geachtet werden. In gesteigerter Form können sie durch den Aufbau von Druck (→ *Drucktaktiken*) sogar provoziert und dann ausgenutzt werden. Die negativen Auswirkungen auf die Verhandlungsatmosphäre und die Parteibeziehung sind hierbei im Voraus zu bedenken. In vertrauensvollen Verhandlungen sollte daher zumindest eine das → *Gesicht wahrende* Bereitschaft zur zurückhaltenden Korrektur eines Fehlers bestehen. Dies fördert das gegenseitige Vertrauen.

Beschränkte Vollmacht

Die beschränkte Vollmacht (**limited authority**), ist ein häufig verwendetes taktisches Mittel zur Abwehr von Forderungen und zum Durchsetzen eigener Forderungen (**ratification tactic**). Bezüglich ihrer Auswirkungen und Konsequenzen ist zwischen dem Innen- und Außenverhältnis sowie zwischen Verhandlungs- und Abschlussvollmacht zu unterscheiden.

Wird die Abschlussvollmacht begrenzt, so ist es dem Agenten außerhalb der gesetzten Grenzen nicht gestattet, einen Vertrag mit dem Verhandlungspartner abzuschließen. Fehlt es bereits an der Verhandlungsvollmacht, so ist es ihm auch nicht gestattet, die Vertragsbedingungen auszuhandeln.

Eine inhaltlich oder quantitativ beschränkte Vollmacht kann im Innenverhältnis eine Kontrolle des Verhandelnden erleichtern sowie die Mitwirkung weiterer im Unternehmen beschäftigter Personen ermöglichen. Sie ist damit ein klassisches Mittel im Rahmen von → *Principal-Agent-Situationen*. Darüber hinaus erlaubt insbesondere die beschränkte Abschlussvollmacht, ein Verhandlungsteam klein zu halten, da die Mitwirkung von weiteren → *decision-makern* über die beschränkte Abschlussvollmacht gesichert ist. Schon daran lässt sich erkennen, dass diese Beschränkung kein Zeichen von Misstrauen gegenüber dem eigenen Verhandler sein muss. Die beschränkte Vollmacht kann zudem nicht nur der internen Kontrolle dienen, sondern auch dazu genutzt werden, dem starken Verhandlungsdruck einer tendenziell verhandlungsmächtigeren Seite – zumindest zunächst – standzuhalten. Daher wird sie gelegentlich sogar vorgetäuscht – ähnlich der → *ambiguous authority* Taktik –, obwohl dies dem normalen Handlungsinstinkt vieler Verhandler widerspricht. Letztlich bedarf es dann einer Entscheidung der höheren Instanz (→ *decision-maker*), ob dem Druck nachgegeben wird. In Vertragsverhandlungen wird oft darauf verwiesen, dass man bestimmte Klauseln erst der Rechtsabteilung vorlegen muss, die häufig, gerade bei kleinen Verhandlungen, nicht mit am Verhandlungstisch sitzt. Dieser Rückbezug auf einen Dritten (**Buhmann-Methode**) ist eine spezielle Form der → *beschränkten Vollmacht*; sogar Entscheidungsträger (z. B. der Einkaufsleiter) können sich darauf berufen.

Die beschränkte Vollmacht kann aber auch zur Durchsetzung eigener Forderungen eingesetzt werden (**signature limit lasso**). Verlangt der Verkäufer einen bestimmten Preis (z. B. 166.000 €), kann der potenzielle Käufer erklären, dass er nur Geschäfte bis 160.000 € abschließen darf. Ein Deal über 166.000 € bedarf der Zustimmung der Geschäftsführer. Wenn Zeit für den Verkäufer eine besondere Rolle spielt, kann er geneigt sein, nachzugeben, um das Geschäft sofort abzuschließen und ein langwieriges, im Ausgang unsicheres, Genehmigungsverfahren zu vermeiden. Der Verkäufer wird dabei versuchen, durch Verringerung seiner Leistung seine Interessen zu wahren.

Im Außenverhältnis, d. h. im Verhältnis zum Verhandlungspartner, kann die beschränkte Vollmacht zu atmosphärischen Störungen bis hin zum *Verhandlungsabbruch* (→ *break it off*) führen. Dies ist insbesondere dann möglich, wenn die andere Seite mit hochrangigen Verhandlern, die solche Beschränkungen nicht haben, agiert und sich von der Seite mit der beschränkten Vollmacht daher nicht ernst genommen fühlt (→ *Respekt*). Die Verhandlungspartner können darauf reagieren, indem sie eine direkte Verhandlung mit dem → *decision-maker* fordern. Umgekehrt kann es sein, dass die Gegenseite zwar mit dem Verhandler mit beschränkter Vollmacht verhandelt, ihn aber nicht so ernst nimmt. Die Beschränkung der Vollmacht kann dann zu einer Schwächung dieses Verhandlers führen.

Bei mehreren Verteidigungs-, d. h. Genehmigungsebenen, spricht man auch von **defence in depth (Verteidigung in der Tiefe)**. Dann können sogar hinsichtlich desselben Verhandlungsgegenstandes ohne Selbstwiderspruch mehrfach Nachforderungen erhoben werden.

Die Vollmacht kann in vielfältiger Weise beschränkt werden. Häufig besitzen Verhandler innerhalb gewisser Grenzen Verhandlungs- und Abschlussvollmacht. Die gesetzten Grenzen können sich auf unterschiedliche Aspekte beziehen.

Beispiele

Budgets (Preise, z. B. keine Vertragsabschlüsse über 10.000 €, → *Budgetbegrenzung*), Vertragstypen (keine Immobiliengeschäfte), Produktspezifikationen, Nebenbedingungen (z. B. Ratenzahlungen) usw. ◄

Besseres Angebot

Die Taktik des „besseren Angebots" (**better offer**, manchmal auch **Taktik des verschärften Wettbewerbs** oder **Chinese auction** genannt) kann sowohl auf eine rationale Entscheidung als auch auf die → *Irreführung* des Verhandlungspartners abzielen. Unabhängig von der Zielrichtung wird bei dieser Taktik der Gegenseite zunächst mitgeteilt, dass der eigenen Seite ein „besseres Angebot" vorliegt. Der Vorteil kann, muss sich aber nicht auf den Preis beziehen. Es können auch Vorteile bei den Lieferbedingungen, der Qualität etc. angeführt werden.

Dies ist in erster Linie eine Information über das eigene → *BATNA* und hat das Ziel, den Verhandlungspartner zu weiteren Konzessionen oder zum Vertragsschluss zu veranlassen. Ist diese Information konkret und belegt, so kann die Gegenseite darauf vertrauen und sich darauf einstellen. In diesem Fall begünstigt der Hinweis rationale Verhandlungen. Häufig wird dem Verhandlungspartner allerdings keine konkrete Information gegeben, um nicht das exakte, eigene BATNA zu offenbaren. Die lediglich bruchstückhafte Information über das Angebot kann allerdings auch dazu dienen, dieses attraktiver erscheinen zu lassen als es in Wahrheit ist, etwa indem unvorteilhafte Nebenbedingungen nicht erwähnt oder Bedingungen verzerrt dargestellt werden. In diesem Fall soll die Gegenseite durch Irreführung zum Nachgeben veranlasst werden. Der Hinweis auf das bessere Angebot kann sich auch insgesamt als Bluff herausstellen, d. h. es ist möglich, dass überhaupt kein anderes Angebot vorliegt. Diesen beiden Varianten lässt sich begegnen, indem Belege gefordert oder Informationen von dritter Seite eingeholt werden. Manchmal reicht es auch aus, den Verhandlungspartner durch gezielte Nachfragen nach vermuteten Nebenbedingungen in Bedrängnis zu bringen. Liegt tatsächlich ein besseres Angebot von dritter Seite vor, kann versucht werden, das eigene

Angebot zu differenzieren, d. h. ein anders strukturiertes Produkt anzubieten, um so die Vergleichbarkeit der Angebote zu erschweren.

Auch hier stellt sich die Frage, ob der Einsatz dieser Taktik bei Verhandlungen rechtswidrig ist oder ob eine → *listige Täuschung* vorliegt, die nach Ansicht der Autoren in Verhandlungen zwischen Unternehmen grundsätzlich rechtmäßig ist. Die Bewertung fällt an dieser Stelle nicht leicht. Eine internationale Befragung der Autoren zeigt, dass die Teilnehmer (Richter, Anwälte, professionelle Verhandler und Studierende) in solchen Fällen mehrheitlich kein Anfechtungsrecht befürworten. Ökonomisch betrachtet führen solche Lügen allerdings zu gewissen negativen Konsequenzen, wobei jedoch die Steuerungswirkung eines Anfechtungsrechts begrenzt ist. Die Autoren tendieren im Ergebnis dazu hier grundsätzlich eine listige Täuschung anzunehmen.

Bestechung
Das strafrechtliche Verbot der Bestechung ist in § 299 StGB sowohl hinsichtlich der aktiven Bestechung als auch der passiven **Bestechlichkeit** im allgemeinen unternehmerischen Bereich (Bestechung im allgemeinen Geschäftsverkehr) geregelt sowie in den §§ 331–334 StGB in verschärfter Form als Verbot der Bestechung und Bestechlichkeit von Amtsträgern. Diese Regeln gehören zu den rechtlichen Rahmenbedingungen von Verhandlungen. 2015 wurde der Straftatbestand der Bestechung erweitert. Während es bis dahin um den Schutz vor einer unlauteren Bevorzugung im Wettbewerb ging, wird jetzt in einer zweiten Variante das Anstellungsunternehmen bzw. der Auftraggeber unmittelbar geschützt (sog. Geschäftsherrenmodell). Damit tritt die Strafbarkeit auch dann ein, wenn sich keine Auswirkungen auf den Wettbewerb feststellen lassen. Weiter notwendig für eine Strafbarkeit im allgemeinen Wirtschaftsverkehr ist, dass sich die Zuwendung auf eine konkrete rechtswidrige Handlung beziehen muss. Zuwendungen ohne konkreten Bezug zu einer Handlung (sog. „Anfüttern" oder „Klimapflege") sind daher immer noch nicht erfasst. Anders ist dies bei der Amtsträgerkorruption gem. §§ 331, 333 StGB. Wegen der Voraussetzung „im geschäftlichen Verkehr" sind jedenfalls nach bisheriger Lesart auch innerbetriebliche Bestechungen nicht erfasst, während die Europäische Union und der Europarat diese Fälle wohl erfasst haben wollen. Außerdem sind in Deutschland sog. **facilitation payments**, die der Erleichterung oder Beschleunigung einer ansonsten rechtmäßigen Handlung dienen, nicht als Bestechung strafbar, wenn die geförderte Handlung keine Dienstpflichtverletzung darstellt. Gegenüber Amtsträgern besteht aber eine Strafbarkeit wegen Vorteilsgewährung und auf Seiten des Amtsträgers wegen Vorteilsnahme. Die Bestechung europäischer und internationaler Amtsträger wurde 2015 in den neuen § 315a StGB überführt. Neu ist dabei, dass bei europäischen Amtsträgern jetzt auch die „Klimapflege" ohne konkreten Bezug zu einer rechtswidrigen Handlung strafbar ist. Für ausländische Amtsträger neu ist die Strafbarkeit auch der Amtsträger nach deutschem Recht und der Verzicht auf die Voraussetzung einer Bestechung im geschäftlichen Verkehr. Damit können sich jetzt auch deutsche Diplomaten und Touristen strafbar machen. Der Ausnutzung der → *Principal-Agent-Problematik* durch Zuwendungen an die Verhandler der Gegenseite sind somit Grenzen gesetzt, die in den letzten Jahren deutlich enger geworden sind. Unterhalb des Strafrechts haben sich viele Unterneh-

men im Rahmen der sog. Corporate Compliance intern verschärfte Regeln (codes of conduct) gegeben, die z. B. Einladungen zum Essen oder ins Fußballstadion durch Geschäftspartner, außer bei sehr geringen Summen, von unternehmensinternen Genehmigungen abhängig machen. Dies erschwert es allerdings zum Teil auch, eine positive Grundstimmung zwischen den Verhandlern zu schaffen.

Beispiel

Eine häufige Art der (verdeckten) Bestechung sind sog. Kick-back-Zahlungen, bei denen ein Teil des gezahlten Preises an eine der mindestens drei involvierten Parteien – in der Regel den Vermittler – zurückgezahlt wird. ◄

Betrug

Der Straftatbestand des Betruges (§ 263 StGB) ist eine rechtliche Rahmenbedingung für Verhandlungen. Angesichts der drohenden Sanktionen (Geldstrafe oder Freiheitsstrafe bis zu fünf Jahren, in besonders schweren Fällen bis zu zehn Jahren) könnte schon die Existenz des Betrugstatbestandes erhebliche Auswirkungen auf das Verhandlungsgeschehen haben. Zwar dürften die Voraussetzungen für einen besonders schweren Fall in Vertragsverhandlungen praktisch nie vorliegen, aber auch der verbleibende Strafrahmen signalisiert die Erheblichkeit des Vergehens aus Sicht der Rechtsordnung. Außerdem kann der Betrug gemäß § 823 Abs. 2 BGB i. V. m. § 263 StGB auch Grundlage eines Schadensersatzanspruches sein. Ein entsprechender Schadensersatz kann über die Naturalrestitution auch zur Rückabwicklung des Vertrags führen. Die gesetzlichen Tatbestandsvoraussetzungen eines Betrugs scheinen nur auf den ersten Blick leicht erfüllt zu sein, wenn aufgrund vorsätzlicher Täuschungen im Rahmen der Vertragsverhandlungen ungünstige Verträge abgeschlossen werden. Im Ergebnis stellt § 263 StGB in jedem Fall höhere Anforderungen als § 123 Abs. 1, 1. Alt. BGB mit Blick auf die → *arglistige Täuschung*.

Objektive Tatbestandsvoraussetzungen

- Täuschung, z. B. durch Vorspiegelung falscher Tatsachen,
- um einen Irrtum zu erregen,
- aufgrund dessen der Irregeführte eine Vermögensverfügung vornimmt,
- durch die er einen Vermögensschaden erleidet,
- damit (wodurch) der Täuschende oder ein Dritter einen Vorteil erlangt.

Dass eine Vermögensverfügung und ein Vermögensschaden nachgewiesen werden müssen, stellt einen der größten Unterschiede zu § 123 Abs. 1, 1. Alt. BGB dar. In der Verhandlungspraxis spielt § 263 StGB vor allem beim sogenannten **Eingehungsbetrug** eine Rolle. Ein solcher liegt vor, wenn ein Verhandler darüber blufft, bereit zu sein, seine Vertragspflichten zu erfüllen. Die Lüge bezieht sich dann auf seine Erfüllungsabsicht bzw. seine Leistungswilligkeit. Zudem können Verhandler darüber täuschen, ob sie überhaupt die objektive Möglichkeit haben zu leisten. Dann wird nicht lediglich über die Absicht zu erfüllen getäuscht, sondern über eine Tatsache im engeren Sinn (konkret die Leistungsfähigkeit). Unrichtige Angaben sind hingegen kaum Gegenstand von Verurteilungen wegen Betrugs, mit Ausnahme solcher Fälle, bei denen z. B. etwas als Gold anstatt vergoldet verkauft wird, also über eine zentrale wertbildende Eigenschaft der Ware oder Dienstleistung getäuscht wird. Nach hier vertretener Auffassung sind Täuschungen über die eigene Verhandlungsmacht (→ *negotiation power*, vgl. zum Beispiel die Taktik → *besseres Angebot*), aber auch hinsichtlich der eigenen Interessen und Präferenzen nicht rechtswidrig (→ *listige Täuschung*). Bei nicht wenigen Täuschungen fehlt es letztlich auch am wirtschaftlichen Schaden. Einige Täuschungstaktiken zielen denn auch gar nicht auf einen konkreten Vermögensschaden, sondern z. B. darauf, dass der Vertrag schneller abgeschlossen wird. Insofern scheidet ein Vermögensschaden direkt aus. Bei anderen Taktiken erhält eine Vertragspartei zwar eine werthaltige Leistung, hätte aber ohne Lüge ggf. noch bessere Konditionen durchgesetzt. Dann fehlt es jedoch wohl ebenfalls an einem Vermögensschaden, da die Leistung dem Verkehrs- bzw. Marktwert entspricht. Dennoch verbleiben Fälle, die den objektiven Betrugstatbestand zu erfüllen scheinen, aber gleichwohl nicht zur Anzeige gelangen. Hier könnte vielleicht die Scham darüber, dass man sich derartig hat täuschen lassen, eine Rolle spielen. Darüber hinaus weiß der Geschädigte häufig, dass das Strafurteil ihm wirtschaftlich nicht helfen wird. Schließlich könnte der Umstand, dass Täuschungen im B2B-Bereich im kleineren Rahmen manchmal vorkommen können, die Geschädigten davon abhalten, das Geschehen als Betrug im strafrechtlichen Sinne anzusehen (und anzuzeigen).

Betrugsdilemma

Von einem Betrugsdilemma spricht man, wenn ein Verhandlungspartner feststellt, dass ihn die andere Seite getäuscht hat – z. B. hinsichtlich eines behaupteten Konkurrenzangebotes (→ *besseres Angebot*) –, der Abschluss aber dennoch für ihn vorteilhaft wäre. Deckt der Getäuschte den „Betrug" auf, gefährdet er den Vertragsabschluss, auch weil der Verhandler der Gegenseite dadurch sein Gesicht verlieren würde (→ *Gesicht wahren*). Deckt er den Betrugsversuch nicht auf, könnte der Verhandlungspartner darin bestärkt werden, auch in Zukunft zu täuschen. Letzteres gilt allerdings nur, wenn er aufgrund des Täuschungsversuches ein besseres Verhandlungsergebnis erzielt hat. Eine Zwischenlösung ist dementsprechend, den Betrugsversuch (die Täuschung) nicht aufzudecken, aber hinsichtlich des vom Verhandlungspartner gewünschten Nachgebens hartnäckig zu bleiben oder andere Lösungsoptionen aufzuzeigen. Wird z. B. ein um 5 % billigeres Konkurrenzangebot vorgetäuscht, wäre das Offerieren einer Bestpreisklausel eine Möglichkeit, die Situation aufzulösen. Das Unternehmen würde bei seinem Preis bleiben, sich aber verpflichten, bei einem schriftlichen Konkurrenzangebot innerhalb kurzer Zeit (z. B. zwei Wochen) auf den niedrigeren Preis – ggf. nach unten begrenzt – einzusteigen. Kann der Verhandlungspartner ein solches (schriftliches) Angebot nicht bekommen – blufft er also nur –, bekommt er auch den Preisnachlass nicht. Ein solches Verhalten kann man auch als company policy tarnen. Die Gegenseite verliert dadurch nicht das Gesicht, sieht aber, dass diese Methode nicht zum Erfolg führt.

Better than that

Hierbei handelt es sich um eine dem *hard bargaining* (→ *distributive Verhandlungen*) zuzuordnende Taktik, mit der das Verhandlungsergebnis zugunsten der eigenen Seite verschoben werden soll. Dafür wird dem Verhandlungspartner mitgeteilt, dass er ein besseres Angebot machen muss („*You will have to do better than that*"). Diese Taktik wird manchmal auch **Krunch** genannt. „To do better than that" soll zum einen ausdrücken, dass das Angebot der anderen Seite eindeutig nicht ausreicht (→ *Ankerdiskreditierung*). Gleichzeitig wird kein *Gegenanker* (→ *anchoring*) geworfen, also kein Hinweis auf eine mögliche Kompromisslinie gegeben. Die Hoffnung besteht darin, den Verhandlungspartner zu einem (weiteren) Nachgeben veranlassen zu können, ohne ihm vorher selbst entgegengekommen zu sein. Das bedeutet, dass der Anker der Gegenseite verschoben werden soll, bevor der eigene Anker gesetzt wird. Ähnlich ist es, wenn bei einem genannten Preis der Gegenseite kein Gegenangebot unterbreitet wird, sondern zunächst nach einem unbezifferten Preisnachlass gefragt wird. Geht der Verhandlungspartner darauf ein, wird dieser neue Preis als Anker betrachtet und dazu ein konkreter Gegenanker gesetzt. So kann u. U. eine Ankerverschiebung gelingen. Diese Taktik funktioniert gegenüber Anbietern von Leistungen am Markt relativ häufig. Denn es bestehen regelmäßig Verhandlungsspielräume. Anbieter erleben oft, dass sie nicht zum Zuge kommen und sehen das Abwandern von potenziellen Kunden daher als realistische Gefahr. Zudem haben die Vertreter nicht selten das Gefühl, dass die Preise ihrer Seite ohnehin recht hoch sind (sie kennen z. T. auch die Gewinnmargen). Hinzu kommt, dass der Erfolg des Vertriebs oftmals an der Zahl der Abschlüsse (d. h. an der Abschlussquote) gemessen wird. Der Verhandlungspartner kann versuchen, der Taktik auszuweichen, indem er sofort nach dem Gegenangebot (Preisvorstellungen) fragt, ohne vom eigenen Angebot abzuweichen.

Bias

Bias (**Verzerrung**) bezeichnet im Zusammenhang mit Verhandlungen systematische Verzerrungen bei der Wahrnehmung, beim Erinnern, beim Denken und beim Treffen von Entscheidungen (**kognitive Verzerrungen/cognitive bias**, siehe zur Entstehung des cognitive bias bspw. *Haselton/Nettle/Andrews*, in: Buss (Hrsg.), The Handbook of Evolutionary Psychology, 2005, S. 724–746). Die meisten dieser Verzerrungen beruhen auf automatischen Denkprozessen, die unbewusst ablaufen und zu schnellen Entscheidungen führen, häufig noch ehe das langsame analytische Denken begonnen hat. Ein standardisierter, automatischer Entscheidungsprozess wird auch → *Heuristik* (zur Heuristik als Art der Verzerrung siehe *Haselton/Nettle/Andrews*, in: Buss (Hrsg.), The Handbook of Evolutionary Psychology, 2005, S. 724–746) genannt. Ohne die Fähigkeit zum schnellen, unbewussten Denken (grundlegend *Kahneman*, Thinking Fast and Slow, 2011) hätten die Menschen früher nicht überlebt und könten heute viele Alltagssituationen nicht bewältigen; wirtschaftliche Entscheidungen würden sich sehr lang hinziehen und die Betreffenden schneller überfordern. Die beim schnellen (unbewussten) Denken auftretenden Verzerrungen sind der Preis für diese Fähigkeit. In Verhandlungen ist es wichtig, diese Verzerrungen zu kennen, um eigene Fehlentscheidungen zu vermeiden und – je nach Strategie – die Verzerrungen des Verhandlungspartners ggf. zum eigenen Vorteil zu nutzen.

Von zentraler Bedeutung ist die Neigung, den Einfluss inhärenter Eigenschaften einer Person auf ihr Verhalten zu überschätzen und die Auswirkung von äußeren Umständen zu unterschätzen (**correspondence bias**, dazu u. a. *Gilbert/Malone*, Psychological Bulletin 117 (1995), 21–38). Ein anderer bias ist die Tendenz, verfügbare Informationen so auszuwählen und auszuwerten, dass sie das eigene Handeln und Denken bestätigen (→ *Eindruck (erster und letzter)*, *confirmation bias* (dazu u. a. *Klayman*, Psychology of Learning and Motivation 32 (1995), 385–418; *Oswald/Grosjean*, in: Pohl (Hrsg.) Cognitive Illusions, 2004, 79–96; *Nickerson*, Review of General Psychology 2 (1998), 175–220)). Unter **illusion of control** versteht man die Annahme, Ereignisse, die zumindest auch vom Zufall beeinflusst werden, kontrollieren zu können.

Beispiel

In einer Serie von sechs Studien mit 631 Erwachsenen untersuchte *Ellen Langers* (*Langers*, Journal of Personality and Social Psychology 32 (1975), 311–328.) den Zusammenhang zwischen Zufallsereignissen und der Illusion der Partizipanten, diese beeinflussen zu können. So wurden in einem Versuch einer Gruppe von Probanden Lottoscheine ausgeteilt, die Teilnehmer der anderen Gruppe konnten sich den Lottoschein hingegen selbst aussuchen. Letztere standen unter dem Eindruck, die Gewinnchancen durch ihre Wahl beeinflusst zu haben. ◄

Der **hindsight bias** (vgl. *Fischhoff*, Journal of Experimental Psychology: Human Perception and Performance 1 (1975), 288–299; *Roese/Vohs*, Perspectives on Psychological Science 7 (2012), 411–426) beschreibt die Erkenntnis, dass sich das retrospektive Urteilsvermögen des Menschen über eine Frage durch die Antwort darauf verändert. Der hindsight bias kann dabei in unterschiedlichen Varianten auftreten. In Versuchen zum hypothetischen Design erhielten Probanden beispielsweise Fragen mit den richtigen Lösungen. Im Anschluss sollten sie einschätzen, ob sie diese Antwort auch gegeben hätten, wenn sie die Lösung nicht gekannt hätten. Das Ergebnis zeigt, dass Probanden, die die Lösung vorher kannten, ihre Fähigkeit, die richtige Lösung eigenständig zu finden, überschätzten. Daneben gibt es auch den Versuchsaufbau, in dem Teilnehmer eine Aussage zu bestimmten Fragen treffen müssen. Nach einem längeren Zeitabstand wird ihnen die „richtige" Antwort auf die Frage mitgeteilt und die Probanden werden aufgefordert, sich an ihre ursprüngliche Aussage zu erinnern (Gedächtnisdesign). In der Tendenz glauben die Probanden, mit ihrer Antwort näher an der „richtigen" Antwort gelegen zu haben, als dies tatsächlich der Fall war (hierzu auch *Christensen-Szalanski/Fobian Willham*, Organizational Behavior and Human Decision Processes, 48 (1991), 147–168). Dieser bias ist für das Claim-Management wichtig, da die Vorhersehbarkeit der Folgen oftmals komplizierter Klauseln im Nachhinein beurteilt werden muss. Auch Verhandlungsergebnisse werden im Nachhinein bewertet. Der Verhandler begegnet hier dem Risiko, dass ihm nach der Verhandlung vorgehalten wird, dass dieses Projekt „von Anfang an" keine Aussicht auf Erfolg hatte. Besteht ein solches Risiko, sollte der Verhandler vorab alle möglichen Entscheidungsträger einbeziehen und den Entscheidungsprozess sorgfältig dokumentieren.

Unter **impact bias** (dazu u. a. *Wilson/Gilbert,* Current Directions in Psychological Science 14 (2005), 131–134) versteht man die übertriebene Ausmalung der negativen Auswirkungen und der Dauer eines imaginären Ereignisses. Dies kann sich auf Vertragsverhandlungen in der Weise auswirken, dass Klauseln, die eine Seite (leicht) benachteiligen, von dieser rigoros abgelehnt werden, da sie sich in übertriebener Weise mögliche negative Konsequenzen ausmalt. Hier kann versucht werden, sich die Übernahme eines gewissen Teils des Risikos abkaufen zu lassen.

Der **small pie bias**, d. h. das Unterschätzen der möglichen Größe des *Verhandlungskuchens* (→ *negotiation pie*) und in diesem Zusammenhang die Überschätzung des eigenen Anteils am Verhandlungskuchen (**large slice bias**, vgl. dazu *Larrick/Wu*, Journal of Personality and Social Psychology, 93 (2007), 212–233) sowie die häufige Nichtberücksichtigung der Größe eines Problems bei Entscheidungen (**scope neglect**) sind weitere Verzerrungen, die bei Vertragsverhandlungen zu beachten sind.

Beispiel – small pie bias

Beide Verhandlungsparteien konzentrieren sich bei den Verhandlungen ausschließlich auf den Preis. Dabei übersehen sie, dass der „Kuchen" (pie) durch Hinzuziehen z. B. von Lieferbedingungen, Serviceleistungen und Qualität zum beiderseitigen Vorteil vergrößert werden könnte. ◄

Beim scope neglect handelt es sich um eine Unterkategorie des **extension neglect**. Charakteristisch für diesen bias ist die fehlende multiplikative Beziehung zwischen der Bewertung eines Problems (valuation of a problem) und dessen Größe (*Kahneman,* in: Kahneman/Tversky (Hrsg.), Choices, Values and Frames, 2000, S. 708).

Beispiel

Eine Partei will eine Versicherung gegen einen Schaden in Höhe von a) 20.000 €, b) 200.000 € oder c) 2.000.000 € abschließen. Sie ist bereit, Versicherungsprämien von a) 700 €, b) 2000 € oder c) 3000 € zu zahlen. Hier zeigt sich, dass mit einem exponentiellen Anstieg des „scope" ein geringerer Anstieg der Zahlungsbereitschaft einhergeht. ◄

Die Zusammenstellung zeigt, dass diese Fehler nicht nur einer Vereinfachungstendenz entspringen, sondern häufig auch der Erhaltung des menschlichen Selbstwertgefühles dienen. Dabei wirken bestärkend die Illusion der Überlegenheit gegenüber anderen („*Ich bin gut, und die anderen sind schlecht*"), die Illusion der Gewissheit bzgl. der eigenen Wahrnehmung („*Ich weiß Bescheid*") sowie der illusorische Optimismus („*Ich werde gewinnen*").

Big fish

Bei dieser Taktik versucht eine Seite, ihren Verhandlungspartner dadurch zu schwächen, dass sie ihm zeigt, wie groß und mächtig sie ist. Die Gegenseite soll daraus den Schluss ziehen, dass es eine Auszeichnung für sie ist, mit diesem „big fish" ins Geschäft zu kommen. Diese Taktik ist (auch) in Deutschland verbreitet und wird auch als **Einschüchterungstaktik** bezeichnet. Es fängt häufig damit an, dass der Vertragspartner mit repräsentativen Gebäuden und prunkvollen großen Räumen o. ä. beeindruckt werden soll, setzt sich mit umständlichen Empfangsritualen oder künstlich langen Wartezeiten (→ *Herrschaftsgesten*) fort und findet seinen Ausdruck zudem häufig in den Unternehmenspräsentationen. Das sogenannte **name dropping** wird in diesem Zusammenhang ebenfalls genutzt. Dafür werden Namen von wichtigen Personen/Unternehmen genannt, mit denen man entweder geschäftlich verbunden ist oder Personen, die man persönlich kennt. Diese Taktik funktioniert oftmals. Sie kann aber auch bei dem (kleineren) Verhandlungspartner den Eindruck hervorrufen, dass mit diesem Großunternehmen faire Verträge nicht möglich sind. Bei einem entsprechenden → *BATNA* dieser Seite kann dies ein Scheitern der Vertragsverhandlungen begünstigen.

Blockadestrategie
Die Blockadestrategie ist eine Unterform der Druckstrategie. Angewandt auf einen individuellen Verhandlungspunkt handelt es sich um eine → *Drucktaktik*. Es ist häufig schwieriger, die Entwicklung eines Projekts positiv zu beeinflussen, das heißt in eine gewünschte Richtung zu lenken, als das Projekt zu blockieren. Die Blockadestrategie wird daher teilweise auch benutzt, weil der Blockierende keine gute Chance sieht, durch aktives Verhandeln, seine Interessen zu verwirklichen. Soweit der Blockierende nicht das Endziel hat, das gesamte Projekt zu verhindern, ist ihm oftmals daran gelegen, für die Aufgabe seiner Blockadestellung den Lästigkeitswert zu erhalten. Die Blockadestrategie ist innerhalb einer Organisation häufiger als im allgemeinen Geschäftsverkehr, auch weil in Organisationen mehr Sperrstellungen existieren. Als Reaktion auf die Blockadestrategie kommt neben dem „Abkaufen" der Blockadestellung u. a. in Betracht, dem blockierenden Verhandlungspartner aktive Mitgestaltungsmöglichkeiten zu ermöglichen, die die angemessene Verwirklichung seiner Interessen erlauben. Die Mitarbeit an dem Projekt kann im Idealfall zu einem attitude change, d. h. einer neuen Einstellung, führen.

Boilerplates
Mit dem Begriff boilerplates (Kesselplatten) bezeichnen Juristen umgangssprachlich **Standardklauseln** bzw. Textblöcke, die nahezu unverändert in einer Vielzahl von Verträgen verwendet werden können. Dabei regeln sie eher die generelle Funktionsweise eines Vertrages als technische oder kaufmännische Details. Letztere werden durch sog. **operative** oder **substantive clauses** festgelegt. Zu den Standardklauseln gehören z. B. die → *doppelte Schriftformklausel* und Gerichtsstandklauseln. Die Seite, die ihre boilerplates als Verhandlungsgrundlage durchsetzt, ist im Vorteil (siehe dazu ausführlich unter → *Eintextverhandlung*), was unter anderem mit dem *Ankereffekt* (→ *anchoring*) und dem → *status quo bias* erklärt werden kann. Standardklauseln unterliegen – sofern sie nicht konkret ausgehandelt wurden – der → *Inhaltskontrolle*.

Boulwarism

Boulwarism bezeichnet eine Druckstrategie, die darauf ausgerichtet ist, die Verhandlungen schnell zu einem Ergebnis zu führen. Dieses Ergebnis kann z. B. ein Vertragsabschluss sein, aber auch der Abbruch von Verhandlungen. Die Strategie ist nach *Lemuel Ricketts Boulware* (*Boulware*, The Truth about Boulwarism, 1969), einem früheren Vizepräsidenten von General Electric, benannt. *Boulware* war zuständig für die Gehaltsverhandlungen mit den Gewerkschaften. Seine Strategie bestand darin, den Mitarbeitern von General Electric sofort ein faires Angebot zu unterbreiten und jegliches Nachgeben abzulehnen, soweit nicht neue, bisher nicht berücksichtigte, Tatsachen bekannt wurden. Durch öffentliche Bekanntgabe des Angebotes und der Nichtverhandelbarkeit erfolgte eine bewusste Selbstbindung. In diesem konkreten Fall zielte die Strategie allerdings nicht nur auf eine schnelle Einigung ab, sondern sollte auch die Macht der Gewerkschaften schwächen. Denn den Arbeitnehmern sollte so vor Augen geführt werden, dass sie auch ohne Unterstützung durch Gewerkschaften ein faires Angebot erhalten können. Erreichen die Gewerkschaften nichts für ihre Mitglieder, macht eine Gewerkschaftsmitgliedschaft scheinbar keinen Sinn. Die von *Boulware* gewählte Strategie wurde in den USA in Bezug auf die Tarifverhandlungen vom National Labor Relations Board und den Gerichten (General Electric Co. 150 NLRB 192, 194–95, 57 LRRM 1491 (1964), durchgesetzt 418 F.2 d 736, 756–57 (2nd Cir. 1969)) als Verstoß gegen die Pflicht zum „*bargaining in good faith*" eingeordnet, was vereinfachend einem Verstoß gegen die Treuepflicht gem. § 242 BGB nach deutschem Recht entspricht und wurde daher in dieser konkreten Form gegenüber den Gewerkschaften aufgegeben. Grund war, dass überhaupt in Tarifverhandlungen eine Verhandlungspflicht bejaht wurde. In der Literatur ist die Bewertung, dass es sich dabei um einen Verstoß gegen die Pflicht zum bargaining in good faith handelt, bis heute umstritten.

Eine alternative Bezeichnung für Boulwarism ist **final, fair and firm** (**endgültig, fair und verbindlich**). Allgemein auf Vertragsverhandlungen bezogen, geht es bei dieser Strategie darum, dem Verhandlungspartner sofort ein finales – nicht mehr verhandelbares –, faires und bindendes Angebot zu unterbreiten. Bezüglich des letzten Aspekts sollte man sich allerdings des Unterschieds zwischen dem deutschen und dem US-amerikanischem Recht bewusst sein: In den USA ist ein Angebot grundsätzlich frei zurücknehmbar, solange es vom Verhandlungspartner noch nicht angenommen wurde, während in Deutschland ein Angebot unter Abwesenden verbindlich ist und diese Verbindlichkeit – vorbehaltlich einer besonderen Vereinbarung – bis zu dem Zeitpunkt bestehen bleibt, bis zu dem spätestens mit einer Annahme gerechnet werden darf. Das zum US-Recht Gesagte gilt allerdings nicht im Geltungsbereich des Uniform Commercial Code (UCC); im B2B-Bereich ist ein verbindliches (schriftliches) Angebot daher ebenfalls tatsächlich verbindlich und kann nicht zurückgezogen werden.

Die Boulwarism- bzw. „final, fair and firm"-Strategie kann erfolgreich sein und Verhandlungskosten sparen, wenn sich die Verhandler bezüglich der Fairness des Angebots vertrauen und auch keinen Ehrgeiz hinsichtlich eines eigenen Verhandlungserfolgs hegen. Dann wird diese Strategie vom Verhandlungspartner auch nicht als Druck empfunden. In diesen Fällen können aufgrund der extrem kurzen Verhandlung Kosten gespart werden. Die Strategie birgt aber auch Risiken. Die Unzufriedenheit wegen der Unbeweglichkeit des Verhandlungspartners dürfte hoch sein. Denn Vertragsverhandler möchten in einer Vertragsverhandlung Erfolge erzielen. Ist die eigene Verhandlungsmacht (→ *negotiation power*) gering, also insbesondere das eigene → *BATNA* nicht stark, d. h. ist diese Seite auf einen Verhandlungsabschluss angewiesen, ist der *Ankereffekt* (→ *anchoring*) zu berücksichtigen. Kommt es doch zu → *Nachverhandlungen,* ist das ursprüngliche – bereits faire – Angebot der Ausgangspunkt für die Nachforderungen des Verhandlungspartners. Für diesen Fall ist zu begründen, warum doch verhandelt wird, da anderenfalls ein Gesichtsverlust (→ *Gesicht wahren*) droht.

Die Boulwarism bzw. „final, fair and firm"-Strategie ähnelt stark der Taktik → *take it or leave it*. Der Unterschied besteht darin, dass dort nicht unbedingt ein faires *erstes Angebot* (→ *first offer*) unterbreitet wird. Dies ist auch der Grund, warum Boulwarism hier als Strategie eingeordnet wird (weil damit die gesamte Verhandlung bestimmt wird) und take it oder leave it lediglich eine Taktik ist (Anwendung auf einen konkreten Teilaspekt).

Bracketing

Beim bracketing handelt sich um eine Standardtaktik bei Verhandlungen über zahlenmäßig bestimmbare Werte, wie z. B. den Preis. Beide Seiten nutzen dabei das → *anchoring* und setzen ihr Anfangsangebot weit von ihrem Zielpreis entfernt, da sie hoffen, dass der von ihnen gewünschte Preis dadurch Resultat der Verhandlungen sein wird. Sie setzen das Ziel gewissermaßen „in Klammern" („in brackets"). Im Ergebnis ist es oftmals empfehlenswert, das *erste Angebot* (→ *first offer*) zu unterbreiten (siehe dazu näher unter → anchoring). Das Gegenangebot schließt im hier diskutierten Fall dann die Klammer. Es wird zudem empfohlen, nur in kleinen Schritten nachzugeben (→ *diminishing rates of concession*), seine Angebote fest zu vertreten und zu begründen. Zugleich sollte aber, um die Stimmung nicht zu verhärten, eine gewisse Konzessionsbereitschaft bestehen.

Manchmal zeichnet sich schnell ein möglicher Einigungsbereich ab, der z. B. in der Mitte zwischen beiden Ausgangswerten liegt (→ *midpoint rule*). Es gibt aber auch sehr viele Fälle mit anderem Verlauf, z. B. weil nur eine Seite Kenntnis über die üblichen Werte und ihr BATNA hat. Zeichnet sich der mögliche Einigungsbereich ab, wird manchmal ein sog. **double bracketing** versucht.

Beispiel für ein double bracketing

Will z. B. eine Seite erkennbar 800.000 € erreichen und liegen die Angebote jetzt bei 400.000 € und 1.200.000 € (bracketing), so kann sie versuchen, die Klammern, und damit die Verhandlungsanker, neu zu setzen. Dazu teilt sie dem Verhandlungspartner mit, dass er als Verkäufer ja erkennbar 800.000 € erzielen wolle. Sie selbst habe aber eine Zielgröße von maximal 600.000 €. Wenn man jetzt zu einer Einigung kommen wolle, müsste man sich zwischen 600.000 € und 800.000 € (double bracketing) treffen. ◄

Zwar werden beim double bracketing beide Anker(-klammern) verschoben, aber die größere Verschiebung erfolgt beim Anker des Verhandlungspartners, woraus sich ein Vorteil für denjenigen ergibt, der einen solchen Vorschlag unterbreitet.

Im Beispielsfall würde sich bei einer Einigung in der Mitte jetzt ein Zielwert von 700.000 € statt ursprünglich 800.000 € ergeben. Die Taktik hat eine Chance zu funktionieren, weil die Zielgröße gedanklich so fest verankert ist, dass unbewusst eine gewisse Bereitschaft besteht, den Wechsel von der Zielgröße zur Ankergröße mit zu tragen und diese Änderung auf den ersten Blick fair wirkt.

Einem double bracketing kann begegnet werden, indem der Wechsel unterbunden, d. h. der ursprüngliche Anker beibehalten wird.

Bracketing ist aber auch eine Standardtechnik für Mediatoren, mit der eine Annäherung der Parteien erreicht werden soll. Will der Kläger 800.000 € und der Beklagte nur 400.000 € zahlen, könnte der Mediator z. B. fragen, ob der Beklagte bereit wäre, auf 500.000 € hochzugehen, sofern der Kläger seine Forderung auf 700.000 € reduzieren würde. Stimmt der Beklagte zu, kann die umgekehrte Frage an den Kläger gestellt werden. Stimmt auch dieser zu, so liegt die Forderung nunmehr nur noch bei 700.000 € und das Angebot bei 500.000 €. Die Positionen der Beteiligten haben sich dann durch das bracketing angenähert.

Bracketing ist dagegen nicht zu verwechseln mit den Klammern (brackets), die bei politischen Verhandlungen genutzt werden. Dort zeigen solche Klammern regelmäßig an, dass noch Diskussionsbedarf steht, also bislang keine Einigung erzielt wurde. Bei großen Vertragsverhandlungen im Unternehmensbereich können brackets demselben Zweck dienen. Sie können dann insbesondere den → *decision-makern* in der letzten, entscheidenden Verhandlungsphase anzeigen, welche Aspekte noch verhandelt werden müssen.

Break it off

Hierbei handelt es sich zum einen um eine Technik, mit der der richtige Punkt für den **Verhandlungsabbruch** gefunden werden soll, und zum anderen um eine Taktik, die den drohenden Verhandlungsabbruch als Druckmittel nutzt.

Die Verhandlung sollte abgebrochen werden, wenn keine Chance auf Erreichung des *Minimalziels* (→ *deal-breaker*) und somit kein → *ZOPA* besteht. Dieser Punkt wird schon vor der Verhandlung bestimmt (und ist eng verknüpft mit dem → *BATNA*), aber vor dem Verhandlungsabbruch noch einmal auf seine Angemessenheit überprüft. Denn neue Informationen oder auch eine veränderte Sachlage können eine Anpassung dieses Punktes gebieten oder zumindest rechtfertigen. Hierbei ist allerdings darauf zu achten, nicht der → *sunk cost bias* zu unterliegen. Nähert sich die Verhandlung diesem kritischen Punkt, kann mit dem Verhandlungsabbruch „gedroht" werden (zur Rechtmäßigkeit → *Drohung*). Dem Verhandlungspartner kann zu diesem Zweck eine → *deadline* gesetzt werden. Kann bis zu diesem Zeitpunkt kein Kompromiss gefunden werden, der innerhalb des ZOPA liegt, sollten die Verhandlungen abgebrochen werden.

Kommt es tatsächlich zum Verhandlungsabbruch, muss dieser nicht endgültig sein, sondern kann auch als verschärfte Form einer → *Verhandlungspause* eingesetzt werden, um die Gegenseite unter Druck zu setzen. Dies setzt freilich voraus, dass der Verhandlungspartner während der Unterbrechung der Verhandlung nicht das Interesse am Abschluss verliert. Daher ist diese Taktik nur zu empfehlen, wenn der Verhandlungspartner kein gutes → *BATNA* hat und ihm dies vor Augen geführt werden soll. Teilweise dient diese Taktik den Verhandlern aber auch dazu, dem jeweiligen → *decision-maker* zu signalisieren, dass die Positionen beider Seiten ohne Veränderung eine Einigung ausschließen. Verhindern nur die Positionen einen Abschluss und nicht die Interessen, kann diese Technik dabei helfen, eine Fokussierung auf die Interessen zu erreichen. Die Verhandler können somit durch die Androhung des Verhandlungsabbruchs auch Druck auf die eigenen decision-maker ausüben. Es ist sogar möglich, einen (spektakulären) Verhandlungsabbruch dazu zu nutzen, der jeweils eigenen Seite zu zeigen, wie hartnäckig für die eigene Sache gekämpft wurde (→ *Principal-Agent-Problematik*). In manchen Verhandlungskulturen erfreut sich der Verhandlungsabbruch als taktisches Mittel einer gewissen Beliebtheit. Dies ist bei der Beurteilung der Bedeutung eines Verhandlungsabbruches mit zu berücksichtigen. Zu bedenken ist aber auch, dass ein taktischer Verhandlungsabbruch zu einer erheblichen Verzögerung der Verhandlungen und damit häufig zu steigenden → *Transaktionskosten* und häufig auch zu Veränderungen des → *BATNA* führt. Zudem ist ein entsprechendes Verhalten nicht förderlich für eine vertrauensvolle Verhandlungsatmosphäre.

Brinkmanship
Brinkmanship (von „on the brink" – „am Rande des Abgrunds") bezeichnet eine **gewagte Politik** bzw. aggressive Taktik mit sehr hohem Druckpotenzial und damit verbundenen, sehr hohen Risiken. Der Begriff entstand im Anschluss an ein vom damaligen US-Außenminister *John Foster Dulles* dem Life Magazin am 23.01.1956 gegebenen Interview, in dem dieser ein solches „**bis an den Rand des Abgrundes Gehen**" als Bestandteil der US-Außenpolitik im Kalten Krieg propagierte.

Als Musterbeispiel für politisches brinkmanship gilt das Verhalten der USA in der Kubakrise 1962, bei der das Risiko eines Atomkrieges in Kauf genommen wurde, um die Stationierung von sowjetischen Atomraketen auf Kuba zu verhindern bzw. zu beenden.

In die ökonomische Diskussion kam diese Taktik durch *Thomas Schelling* (*Schelling*, The Strategy of Conflict, 1960). Die game theory (Spieltheorie) hat daraus ein spezielles Spiel entwickelt, welches nach einigen (Spiel-)Runden regelmäßig in einer Katastrophe endet und damit die Gefährlichkeit der Taktik zeigt. Bestandteil dieser Taktik ist eine schwerwiegende → *Drohung*. Damit diese ernstgenommen wird, bedarf es einer glaubwürdigen Selbstbindung in der zentralen Frage. Der Andere soll davon überzeugt werden, keine Wahl zu haben. Akzeptiert die Gegenseite die Forderung nicht, realisiert sich die schwerwiegende Drohung. Diese Verhandlungstaktik ist sehr riskant und kommt in der Regel höchstens in einer Notsituation in Betracht (z. B. Rettung eines Unternehmens vor der Insolvenz im Falle eines bestimmten günstigen Vertragsschlusses). Selbst wenn das Nachgeben für den Verhandlungspartner rational sinnvoll wäre, kann diese Taktik scheitern, da die Unterdrucksetzung eine psychische Abwehrreaktion beim Verhandler oder

Entscheider der Gegenseite auslösen kann. Insbesondere ist zu bedenken, dass vielleicht für das Unternehmen der Gegenseite keine wirtschaftlich sinnvolle Alternative besteht oder der Verhandler der Gegenseite persönlich beim Scheitern keine Nachteile fürchten muss (→ *Principal-Agent-Problematik*). Die Taktik des brinkmanship existiert nicht nur in den geschilderten Extremformen und dürfte in nicht so extremen Formen eher angewandt werden. Sie stellt dann eine Form der → *Selbstknebelung* dar.

Beispiel

So erhöhte die beabsichtigte und später durchgeführte SPD-Mitgliederbefragung 2013 zum Koalitionsvertrag deutlich die Wahrscheinlichkeit des Scheiterns der Koalitions-vereinbarung, zwang aber wegen dieses Risikos die CDU/CSU zu erheblichen Zuge-ständnissen. Wohl insbesondere deshalb setzte sich der kleinere Koalitionspartner SPD insgesamt in den Koalitionsverhandlungen in vielen Punkten durch. ◄

Budgetbegrenzung

Es handelt sich um eine Taktik zur Abwehr von Forderungen. Wie bei der → *beschränkten Vollmacht* soll mit Hilfe dieser Taktik dem Druck des Verhandlungspartners standgehalten werden. Das begrenzte Budget (**budget limitation**) zielt auf einen nicht nur vorüberge-henden Sachgrund, während die Begrenzung der Vollmacht keinen Sachgrund enthält. Beide Taktiken sind daher kombinierbar.

Die Budgetbegrenzung kann der Wahrheit entsprechen und nutzt die tatsächliche Lage dann nur argumentativ. Allerdings sind die Budgets häufig erkennbar nicht wirklich limi-tiert. In diesem Fall ist die Taktik irreführend. Vermutet der Verhandlungspartner einen Bluff, wird ihn die Argumentation nicht überzeugen. Außerdem ist diese Verteidigungslinie relativ unbeweglich, da es schwerfällt, plausibel eine Überschreitung des Budgets zu erklä-ren. Der Verhandler, der das Budgetlimit als red line, also als rote Verhandlungslinie, auf-gezeigt hat, hat damit nur die Möglichkeit am Budgetlimit um jeden Preis – auch um den Preis des Scheiterns der Verhandlungen oder einer nicht hinreichenden Gegenleistung – festzuhalten oder sich bei einer Budgetüberschreitung unglaubwürdig (→ *Gesicht wahren*) zu machen. Um die Flexibilität zu wahren und bei einer Budgetüberschreitung nicht un-glaubwürdig zu wirken, sollte daher vorher nach einer einzelfallbezogenen Begründung für das Überschreiten des Limits gesucht werden. Es ist auch möglich, mit einem an sich festen Limit zu arbeiten und die Änderungshoheit des Vorstandes (der Geschäftsleitung) bzw. des → *decision-makers* als bewegliche, dieses Limit unter Umständen durchbrechende Vertei-digungslinie zu nutzen. Genau an diesem Punkt setzen auch häufig die Bemühungen des Verhandlungspartners zur Überwindung der Budgetbegrenzung an. Kann der Verhandler der Gegenseite vom vorgeschlagenen Deal (inklusive des über dem Budget liegenden Prei-ses) überzeugt werden, wird oftmals angeboten, dem decision-maker das Verhandlungser-gebnis gemeinsam vorzustellen, um diesen von der Notwendigkeit des Abweichens von der Budgetbegrenzung zu überzeugen. Aus Sicht des → *decision-makers* erscheint es allerdings besser, auf dieses Angebot nicht einzugehen, weil er sonst bei Ablehnung das Standing des eigenen → *Verhandlungsführers* schwächen könnte oder umgekehrt vielleicht nur zur Wahrung dieses Standings der Überschreitung des Budgets zustimmt.

Nach Ansicht der Autoren sollte die Irreführung über die Budgetbegrenzung eine → *listige Täuschung* und daher grundsätzlich nicht als rechtswidrig anzusehen sein. Die Situation wird verschärft, wenn zusätzlich Druck auf den Verhandlungspartner aufgebaut wird, wobei außerhalb struktureller Ungleichgewichtslagen die andere Seite wohl auch dem zusätzlichen Druck der drohenden Verhandlungsbeendigung ohne rechtlichen Schutz standhalten muss.

Building a golden bridge

Mit der Taktik des **Baus einer goldenen Brücke** soll eine Differenz zwischen der Verhandlungsposition der Gegenseite und der eigenen Seite überwunden werden. Anders als bei der → *last gap* ist nicht die inhaltliche Differenz das Problem: Inhaltlich könnte der Verhandlungspartner dem Vorschlag an sich zustimmen. Problematisch ist hier jedoch, dass die Gegenseite sich so positioniert hat, dass sie scheinbar nicht ohne Gesichtsverlust (→ *Gesicht wahren*) zustimmen kann. Hier zeigt sich, dass das Brücken bauen eher im Fall von → *positionsorientierten Verhandlungen* als bei → *interessenorientierten Verhandlungen* notwendig sein kann.

Die zu bauende Brücke soll der anderen Seite also eine Zustimmung ohne Gesichtsverlust ermöglichen. Erster Schritt ist daher die Erkenntnis, dass und warum eine Zustimmung für den Verhandlungspartner einen Gesichtsverlust darstellen könnte und dass dies der zentrale Grund für die fehlende Zustimmung ist. Aus dem Warum leiten sich die Möglichkeiten für den Brückenbau ab. Hat die andere Seite z. B. einen Vorschlag „endgültig" abgelehnt, können neue Umstände dem Verhandlungspartner eine Meinungsänderung erlauben. Reicht das nicht aus oder ist dies nicht möglich, kann durch eine sprachliche Umformulierung des Vorschlages – bei Zahlenwerten auch durch eine Umstellung der Berechnungsweise mit den gleichen Ergebnissen – und eine zusätzliche Verbindung mit anderen Punkten, die (scheinbar) günstig für die andere Seite sind, den Vorschlag annehmbar machen. Besonders vorteilhaft ist es, wenn dem Verhandlungspartner nicht nur der „geänderte" Vorschlag zugerechnet wird, sondern er als Urheber der Änderungen erscheint. Dies erhöht nicht nur die Zufriedenheit des Verhandlers, sondern damit steigt auch die Wahrscheinlichkeit, dass die Entscheider im Hintergrund dem Vorschlag zustimmen werden.

Ein besonderes Bedürfnis, Brücken zu bauen kann sich aus der Teilnahme eines inkompetenten oder schlecht vorbereiteten → *decision-makers* an der Verhandlung ergeben. Denn ein solcher will sich häufig aufgrund seines Status unbedingt mit eigenen Vorschlägen durchsetzen. Ist keiner der Vorschläge des decision-makers sinnvoll, kann es dennoch vernünftig sein, einem der Vorschläge zuzustimmen, um die Verhandlungen nicht zu gefährden. Dieser sollte dann aber entweder nur einen Nebenpunkt betreffen oder keinen großen Schaden anrichten. Es können auch solche Vorschläge angenommen werden, die sich aufgrund der Struktur der Verhandlungen oder der späteren Einschaltung weiterer

Beteiligter nachträglich bereinigen lassen. Dem Verhandlungspartner eine Brücke zu bauen, ist zudem vor allem auch dann wichtig, wenn die Einigung noch der Genehmigung durch eine höhere Instanz bedarf oder die Verhandler der Gegenseite wesentlichen Einfluss auf die Vertragsdurchführung haben.

Der Verhandler tut gut daran, der Gegenseite nicht die Freude über das erzielte Ergebnis zu zeigen. Denn Verhandler sind mit dem Verhandlungsergebnis zufriedener, wenn sie denken, dass die andere Seite „unzufrieden" damit ist (→ *hide your glee*). Die Zufriedenheit der anderen Seite mit der Verhandlung ist vor allem dann anzustreben, wenn es bei der Umsetzung auf ihre Kooperationsbereitschaft ankommt oder eine → *ständige Geschäftsbeziehung* aufgebaut oder erhalten werden soll.

Calculated delay
Unter calculated delay versteht man **Verzögerungstaktiken** bei Verhandlungen. Es gibt mehrere Formen eines calculated delay: Die wichtigste Form ist die Verzögerung der Verhandlung. Die Verhandlungen werden in der Hoffnung hinausgezögert, dass sich die eigene Verhandlungsposition verbessern wird, sei es in Form eines verbesserten eigenen → *BATNAs* oder eines verschlechterten BATNAs des potenziellen Vertragspartners. Besondere Vorsicht ist geboten, wenn die Gegenseite zuvor auf zentrale Forderungen sehr schnell eingegangen ist und „unglückliche" Ereignisse den Vertragsschluss verzögern.

Beispiel

Ein Abnehmer steht mit zwei konkurrierenden Anbietern in Verhandlungen, wobei eine dieser Verhandlungen kurz vor dem Abschluss steht. Der Abnehmer kann in diesem Fall bewusst die weit fortgeschrittenen Verhandlungen verzögern, um das Verhandlungsergebnis mit dem Konkurrenten abzuwarten. Ein gutes Verhandlungsergebnis mit dem Konkurrenten würde das BATNA des Abnehmers verbessern. Der Verhandlungspartner des Abnehmers kann dem entweder durch eine Fristsetzung gegensteuern oder selbst die Zeit nutzen, um sein BATNA zu verbessern. Darüber hinaus kann der Abschluss auch durch Verweis auf formale, unternehmensinterne Prozesse verzögert werden. ◄

Da im B2B-Geschäft meist eine Principal-Agent-Situation vorliegt, kann es beim calculated delay nicht nur um das BATNA des potenziellen Vertragspartners gehen, sondern auch um das BATNA des Verhandlers. Kann sich der Verhandler z. B. aufgrund eines engen, eigenen Terminplans oder aufgrund von zeitlichen Vorgaben der Vorgesetzten eine lange Verhandlungsrunde schlecht leisten, so kann der calculated delay dazu führen, dass der Verhandler in hektischen Schlussverhandlungen zu sehr nachgibt oder → *Fehler* macht. Nicht selten wird versucht, diesen Effekt auszunutzen. Durch Reservezeiten oder z. B. die Nichtoffenbarung der endgültig letzten möglichen Rückreisezeit und einer Unternehmenskultur, bei der eine ergebnislose Verhandlungsrunde nicht generell negativ zu Lasten des Verhandlers bewertet wird, wird versucht, dieser Form des calculated delays zu begegnen.

Bei einer weiteren Form des calculated delay lässt der eine Verhandlungspartner die andere Seite warten. Dies kann der Machtdemonstration dienen (→ *Herrschaftsgesten*) oder der Erhöhung des Abschlussinteresses des Verhandlungspartners.

Beispiel

Ein absichtliches Zuspätkommen kann etwa bewirken, dass sich der Verhandlungspartner schon Sorgen um den Vertragsschluss macht. Diese Situation kann in den Verhandlungen genutzt werden. Es besteht allerdings die Gefahr, dass der Verhandlungspartner nur verärgert wird. ◄

Calling a higher authority

Ist eine Verhandlung stecken geblieben (→ *deadlock*), besteht in den Fällen, in denen nicht die oberste Führungsebene verhandelt hat (d. h. eine agentenorientierte Verhandlung gegeben ist), die Möglichkeit, **sich an eine höhere Autorität zu wenden**, um so einen Weg aus der „Verhandlungssackgasse" zu finden. Das gleiche gilt für den Fall ernsthafter Konflikte.

Im Regelfall wird den Verhandlungsparteien daher auch empfohlen, zunächst beidseitig auf der niedrigsten, entscheidungsbefugten oder zumindest verhandlungsbefugten Ebene anzufangen, um Eskalationsmöglichkeiten zu behalten, und zwar nicht nur für steckengebliebene Verhandlungen, sondern ggf. auch, um zu weit gehende Zugeständnisse rückgängig zu machen (→ *Principal-Agent-Problematik*). Zu bedenken ist bezüglich des letzteren Aspekts allerdings, dass offen abweichende Entscheidungen der höheren Instanz die Autorität des Verhandlers schädigen und den Betriebsfrieden innerhalb einer Organisation gefährden können. Dieser Effekt erklärt auch, warum relativ niedrigrangige Verhandler für internationale Verhandlungen nicht selten klingende Titel (z. B. Vice President für einen Hauptabteilungsleiter) bekommen. Denn diese lassen den relativ niedrigen Rang nicht erkennen. Außerdem ist generell zu empfehlen, vorab die Hierarchiestufe der Verhandler der Gegenseite in Erfahrung zu bringen.

Bei Verhandlungen zwischen Unternehmen ist es nicht unüblich, dass die höhere Hierarchieebene die Verhandlungen gemeinsam mit den Verhandlern eröffnet, die eigentliche Verhandlung dann aber der Arbeitsebene überlässt. Auf diese Weise kennen sich die Personen der höheren Ebene bereits, weshalb sie bei Bedarf leichter miteinander kommunizieren können. Die Verhandlungen von vornherein auf höherer Ebene zu führen, würde nicht nur höhere Kosten verursachen, sondern auch ohne Not die Gelegenheit verstreichen lassen, sich schon auf unterer Ebene zu einigen. Die miteinander verhandelnden Personen müssen (in etwa) gleichrangig sein, um eventuelle atmosphärische Störungen (Verstimmungen der höherrangigen Verhandler, Unterlegenheitsgefühle der niederrangigen Verhandler) zu vermeiden (→ *Respekt*).

Die Möglichkeit, sich an eine höhere Autorität wenden zu können, wird manchmal auch als → *Drohung* verwendet. Diese Taktik zerstört allerdings regelmäßig jegliches Vertrauen zum anderen Verhandler.

Change the negotiator

Der **Wechsel des Verhandlers** erlaubt einen weitgehenden Neubeginn der Verhandlungen, und zwar sowohl auf der Vertrauensebene als auch – zumindest partiell – auf der inhaltlichen Verhandlungsebene. Ein neuer Verhandler kann einen anderen Blick auf die Thematik haben und dadurch neue Impulse geben. Der Wechsel kann sowohl zur Überwindung eines toten Punktes (→ *deadlock*) als auch deshalb vorgenommen werden, um sich ohne größeren Gesichtsverlust (→ *Gesicht wahren*) von bereits gemachten eigenen Zugeständnissen zu lösen. Hinzu kommen die Fälle, in denen eine höhere → *Eskalationsstufe* erreicht werden soll (→ *calling a higher authority*). Der Austausch des → *Verhandlungsführers* bringt in jedem Fall eine gewisse Verzögerung und einen dadurch bedingten Mehraufwand mit sich. Der neue Verhandler muss zunächst das Vertrauen der anderen Seite gewinnen, welches generell durch den Wechsel beschädigt sein kann. Im Regelfall führt ein neuer Verhandler dazu, dass seine Seite zunächst weniger berechenbar ist. Die Einschaltung eines neuen Verhandlers kann sich lohnen, insbesondere, wenn der bisherige Verhandler von der Gegenseite emotional stark abgelehnt wird.

Beispiel

Für Letzteres sind der Rücktritt des griechischen Finanzministers Varoufakis und sein dadurch bedingtes Ausscheiden als Verhandler für Griechenland nach dem Referendum und damit vor der letzten Verhandlungschance der Sanierungsverhandlungen mit der EU 2015 ein gutes Beispiel. ◄

Wird das gesamte Verhandlungsteam ausgetauscht, wird auch von **tag team approach** gesprochen. Bei mental sehr anstrengenden Verhandlungen können Verhandlungsteams allerdings nicht nur aus den soeben genannten Gründen ausgetauscht werden, sondern auch, damit frische Verhandler eine Entlastung bringen. Da in diesem Fall kein Neuanfang beabsichtigt wird, sollte der Weitergabe der Informationen über den bisherigen Verhandlungsverlauf große Aufmerksamkeit gewidmet werden. Vorteilhafter erscheint in solchen Fällen meist der Austausch lediglich eines Teils des Teams.

Change the standards

Die **Änderung der Standards** ist eine Taktik, mit der eine verbesserte Ausgangsposition für die Kernverhandlung geschaffen werden soll. Das → *Harvard Verhandlungskonzept* empfiehlt generell den Einsatz *neutraler Beurteilungskriterien*. Gerade über die Neutralität der Bezugspunkte besteht jedoch häufig Uneinigkeit. Verhandlungsparteien versuchen daher regelmäßig für sie günstige Bezugspunkte (→ *Referenzpunkt*) zu etablieren. Dadurch sind bereits die Beurteilungskriterien (sofern sie verhandelbar sind) Gegenstand der Verhandlung. In vielen Fällen setzt eine Seite bestimmte Beurteilungskriterien voraus. Die andere Seite kann versuchen, diese zu verhandeln, wenn sie die Beurteilungskriterien für nicht neutral hält.

Bei der Ausschreibung eines Projektes/einer Leistung (**request for proposal (RFP), call for tenders, bid invitation**) entscheiden die dort gesetzten Standards und deren Gewichtung hinsichtlich des technischen Systems, der Nennleistungen, der Qualität, der Erfahrung, der Fristen, der Nachhaltigkeit, der Sozialstandards oder der Art der Preisberechnung häufig darüber, wer die Ausschreibung gewinnt. Fast nie ist ein Anbieter nach allen möglichen Kriterien der beste Anbieter.

Die Standards beeinflussen auch das → *BATNA* des Verhandlungspartners. Eine Festlegung auf eine kurzfristige Leistung, eine besonders hohe Qualität oder ein bestimmtes technisches System kann schnell dazu führen, dass dem Nachfrager der Leistung nur noch wenige potenzielle Anbieter gegenüberstehen und damit auch das BATNA stark eingeschränkt ist. Die Standards einer Ausschreibung lassen sich allerdings bei Vergabe öffentlicher Aufträge von Rechts wegen nur im Vorfeld einer Ausschreibung beeinflussen, und auch bei Ausschreibungen Privater ist die nachträgliche Änderung der Standards nur schwer möglich (meist → *undiscussable*). Am ehesten gelingt eine Konkretisierung von noch offenen Standards. Die größten Chancen bestehen dabei häufig nicht in den unmittelbaren Verhandlungen, da die Verhandler der Gegenseite auf die Abwehr solcher Versuche geschult sein sollten. Eher führen Gespräche der „Techniker" untereinander dazu, dass sich die Techniker der Gegenseite von einem System oder einem bestimmten Leistungsstandard überzeugen lassen und diesen Standard intern durchsetzen. Wenn die eigenen „Techniker" solche Konkretisierungen vorschlagen, sollte daher immer die mögliche Verengung des eigenen BATNAs berücksichtigt und nachgeprüft werden, woher die „Idee" für diese Konkretisierung stammt. Der Versuch, Standards zu ändern, hat größere Aussicht auf Erfolg, wenn er vor den eigentlichen Kernverhandlungen unternommen wird. Im laufenden Verhandlungsprozess Standards des Verhandlungspartners zu ändern, gelingt selten. Wer Standards ändern will, bedarf überzeugender Argumente für die Vorzugswürdigkeit abweichender Standards (aufgrund der ihm obliegenden → *Begründungslast*) und sollte seine Ausführungen möglichst durch neutrale Quellen untermauern. Vorteilhaft ist es dabei, wenn die Verbindung zwischen der Standardänderung und der Beteiligung an der laufenden Verhandlung möglichst schwach ist. Auch ein von außen kommendes Ereignis erhöht die Chance auf eine beabsichtigte Standardänderung.

Cheap talk
Unter cheap talk (**billige Äußerungen**) versteht man Aussagen, in denen (wertvolle) Informationen oder Aussagen enthalten sein können, die aber nicht unmittelbar überprüfbar sind und die andere Seite in der Regel auch nicht binden.

Beispiel

„Wie schon aus verschiedenen Testberichten und Studien hervorgeht, sind unsere Produkte leistungstechnisch denen der Konkurrenten weit überlegen und finden in der Anwendung daher auch weite Verbreitung. Es besteht zudem hohe Kundenzufriedenheit." Es ist genau zu prüfen, wer die Studien in Auftrag gegeben hat und wie abhängig die untersuchende Institution vom Auftraggeber ist. Was bedeutet „leistungstechnisch"? Welche Maßstäbe wurden angesetzt? Was heißt „weite Verbreitung in der Anwendung"? Ein hoher Absatz (Zeitpunktbetrachtung) bedeutet nicht automatisch eine weite Verbreitung in der Anwendung (Zeitraumbetrachtung). Haben die Kunden ihre Zufriedenheit tatsächlich ausgedrückt oder sich lediglich nicht beschwert? ◀

Cheap talk ist sehr verbreitet, da bei geschickter Präsentation der Verhandlungspartner doch das Gefühl erlangt, er habe wertvolle Informationen oder gar bindende Aussagen bekommen; bezüglich Letzterem besteht eine Verwandtschaft zur Taktik → *leeres Versprechen*. Rechtsordnungen schränken solche Verhaltensweisen unterschiedlich stark ein. Die deutsche Rechtsordnung versucht mit dem Institut der → *culpa in contrahendo* (Verschulden bei Vertragsschluss), das insbesondere bei fehlerhaften und unvollständigen Informationen greift, solchen Taktiken eine relativ enge Grenze zu ziehen. Allerdings fallen in den Anwendungsbereich nur Tatsachenbehauptungen und keine Meinungen. Nichtssagende Äußerungen (vgl. BGH GRUR 1964, 33, 35 zum Lauterkeitsrecht) und nicht nachprüfbare Anpreisungen (vgl. z. B. BGH GRUR 2002, 182, 183 zum Lauterkeitsrecht) sind keine Tatsachenbehauptungen. Es liegt dann auch keine → *arglistige Täuschung* vor. Denn die Rechtsprechung und das Schrifttum gehen auch insofern davon aus, dass „marktschreierische Anpreisungen" und Aussagen mit werbendem Charakter keine Anfechtung wegen arglistiger Täuschung rechtfertigen können. Zu bedenken ist jedoch, dass cheap talk, der einen relevanten Tatsachenkern enthält, durchaus rechtliche Konsequenzen nach sich ziehen kann. Außerdem können scheinbar unverbindliche Aussagen durch die Heranziehung vorvertraglicher Äußerungen für die Auslegung der Leistungsversprechen Relevanz für das Vertragsverhältnis erlangen.

Cherry picking
Die Taktik des cherry picking (**Rosinen picken**) besteht darin, unter verschiedenen Angeboten jeweils die besten Teilaspekte auszuwählen. Dafür werden mehrere Angebote eingeholt, wobei die Anbieter für die einzelnen Komponenten jeweils Einzelpreise angeben müssen, die in ihrer Summe den Gesamtpreis ergeben. Der Käufer geht die Angebote daraufhin durch und stellt die jeweils besten Einzelpreise fest. Die einzelnen Anbieter werden dann kontaktiert und aufgefordert, bestimmte Einzelpreise zu verbessern.

Typische Formulierung

„Ihre Konkurrenten können uns die Komponente für 1500 € anbieten. Da müssten Sie zumindest mithalten können." ◀

So versucht der Anbieter, jeden Einzelpreis zu optimieren. Reagiert ein Bieter darauf mit einem → *BAFO* (Best and final offer), gibt er zu erkennen, dass dies sein bestes und letztes Angebot ist und er diesbezüglich nicht mehr weiter verhandeln wird. In der Praxis gibt es gerade bei großen, attraktiven Aufträgen darüber hinaus allerdings häufig noch ein allerletztes Angebot.

Cherry picking widerspricht einem verbreiteten Gerechtigkeitsgefühl. Bereits der bloße Versuch des cherry picking wird oftmals als unangenehm empfunden und kann daher das Verhandlungsvertrauen gefährden. Besteht allerdings ein strategisches Verhandlungsungleichgewicht, wie z. B. zwischen der Automobilindustrie und den meisten ihrer mittelständischen Zulieferer, kann cherry picking erfolgreich angewandt werden.

Chicken

Diese Taktik – im Deutschen auch **Feiglingspiel** genannt – ist nach einer Szene in dem *James-Dean*-Film „… denn sie wissen nicht, was sie tun" von 1955 benannt, in dem zwei Autofahrer auf ein Kliff zufahren: Wer als erster bremst, ist das „chicken", also der Feigling, der andere der „hero", der Held. Als „chicken game" wird auch das Aufeinanderzufahren von zwei Autos mit hoher Geschwindigkeit beschrieben: Wer ausweicht, ist das chicken.

Situation

A sagt: „Ich bringe uns beide um." B antwortet: „Es werden mehr Leute zu meiner Beerdigung kommen als zu deiner." ◄

Dahinter steht die gleiche Idee wie beim → *brinkmanship*: Auch die Taktik „chicken" arbeitet mit → *Drohung* und Erpressung, um den anderen zum Nachgeben zu bewegen. So könnte ein Lieferant mit seiner eigenen Insolvenz drohen, um verbesserte Konditionen zu erhalten. Auch die rechtswidrige Arbeitsniederlegung eines Zulieferers bei einem Großprojekt, bei der sowohl der Zulieferer als auch sein Auftraggeber hohe Verluste und Ansprüche wegen verspäteter Fertigstellung fürchten müssen und der Zulieferer hiermit eine Konditionsverbesserung erreichen möchte, fällt hierunter. Unabhängig davon, dass hier sogar strafrechtliche Grenzen überschritten sein können, entsteht ein überaus negatives Verhandlungsklima, und das Risiko eines Scheiterns der Geschäftsbeziehung steigt. Außerdem können sich erhebliche Störungsrisiken bei der Vertragsdurchführung ergeben, da der Verhandlungspartner häufig versuchen wird, im Rahmen der Vertragsdurchführung einen Ausgleich für die aufgenötigte Vertragsbedingung zu erhalten (→ *Claim-Management*). Ein weiteres Problem von Drohungen besteht darin, dass man auch in der Lage sein muss, die Drohung ohne langfristigen eigenen Nachteil realisieren zu können, sofern es sich nicht um einen bewussten Bluff handeln soll. Dies wird nicht immer mitbedacht. Drohungen irrational Handelnder sind hingegen häufig auch dann ernst gemeint, wenn die Realisierung der Drohung dem Drohenden stark schaden würde. Eine Rolle spielt hierbei auch, dass ein Drohender sein Gesicht verlieren würde (→ *Gesicht wahren*), wenn er die Drohung nicht wahr macht. Daher kann es für die individuell drohende Person, anders als für das Unternehmen, rational scheinen, die Drohung zu realisieren.

Die Taktik kann mit einer Selbstbindung einer Seite an die Drohung noch verschärft werden.

Im Fall der aufeinander zu fahrenden Autos reißt ein Fahrer das Lenkrad heraus und wirft es, für seinen Gegner sichtbar, aus dem Fenster. Damit kann er seinem Konkurrenten nicht mehr ausweichen. ◀

Chit-chat

Chit-chat (**Geplauder**) bezeichnet insbesondere eine der eigentlichen Verhandlung vorausgehende, vorbereitende „Aufwärmphase". Selbst in scheinbar sehr rationalen und schnell zum Kern kommenden Verhandlungskulturen wie den USA und Deutschland ist zumindest ein kurzer chit-chat oder **small talk** vor dem Beginn der Verhandlung verbreitet. Dabei wird über Themen gesprochen, die nichts mit dem Verhandlungsgegenstand zu tun haben, z. B. das Wetter, den Verkehr, Sport oder Reisen. Die Suche nach *Gemeinsamkeiten* (→ *find something in common*) nutzt den → *similar-to-me-Effekt*. Oftmals wird auch über einen **common enemy** (einen gemeinsamen Feind) gesprochen, der die Verhandler näher zusammenbringt.

Nicht in allen Kulturkreisen ist es, wie in England oder Deutschland üblich, das Wetter zum Gegenstand von small talk zu machen. Kritische Themen wie Politik oder Religion sollten generell nicht im Rahmen eines small talks angesprochen werden. Auch scheinbar harmlose Themen wie das Studium oder Kinder können Risiken beinhalten, z. B. wenn der Verhandlungspartner nicht studiert hat oder das einzige Kind verunglückt ist. Auch deshalb ist es sinnvoll, sich – sofern dies möglich ist – vorher über den Gesprächspartner zu informieren. Neben sozialen Netzwerken und allgemeinen Quellen kann unter Umständen ein informelles (Telefon-)Gespräch mit dem Sekretariat des Verhandlungspartners Anknüpfungspunkte für den chit-chat liefern. ◀

Durch den small talk wird eine emotionale Beziehung (→ *rapport*) zum Verhandlungspartner aufgebaut. In einer Studie wurde nachgewiesen, dass chit-chat im Vorfeld einer Verhandlung per → *E-Mail* unter Fremden die Abschlusswahrscheinlichkeit deutlich erhöht und die Verhandler im Hinblick auf die Verhandlung und den Verhandlungspartner positiver eingestellt sind (*Nadler*, Harvard Negotiation Law Review 9 (2004), 223–253). Im Gegensatz dazu war die Wahrscheinlichkeit des Scheiterns der Verhandlung bis zu vier Mal höher, wenn zuvor kein small talk betrieben wurde. Hier dürften mehrere Effekte zusammenkommen. Ein gelungener chit-chat, bei dem gewisse Gemeinsamkeiten gefunden wurden, schafft eine positive Grundstimmung sowie Vertrauen zwischen den Verhandlungsparteien und gibt unter Umständen ein Gefühl dafür, wie der andere spricht und ansatzweise auch, wie er an Dinge herangeht und wie er denkt. Eine weitere Studie deutet allerdings an, dass die positive Auswirkung von chit-chat, auch vom → *Geschlecht* abhängen kann, sodass in der Regel nur Männer signifikant davon profitieren, Frauen hingegen nicht. Erklären lässt sich dies damit, dass solche kommunikativen Fähigkeiten von Frauen erwartet werden und sie damit, anders als Männer, keine zusätzliche soziale Investition in die Verhandlungsbeziehung einbringen, die von ihrem Gegenüber als „Pluspunkt" belohnt wird (*Shaughnessy/Mislin/Hentschel*, Basic and Applied Social Psychology 37 (2015), 105–117).

Beim chit-chat wird relativ häufig die Unwahrheit gesagt, z. B. um Ähnlichkeiten mit der Gegenseite herauszustellen (→ *similar-to-me-Effekt*), weil dies die Vertrauensbildung begünstigt. Täuschungen werden hier häufig nicht kausal für den Vertragsschluss oder die Ausgestaltung sein. Hat ein solcher Bluff aber doch einmal Auswirkungen auf den Vertragsschluss, stellt sich die Frage, ob hier eine Irreführung ohne Rechtsfolgen vorliegen sollte (näher bei → *listige Täuschung*). Die Autoren dieses Werkes befürworten dies.

Chit-chat wird zwar verstärkt zu Beginn der Verhandlung eingesetzt, zieht sich aber in der Regel durch die Verhandlung hindurch z. B. während → *Verhandlungspausen* und wird auch im Nachgang geführt (z. B. beim gemeinsamen Abendessen nach Vertragsschluss). Ziel des small talks ist es hier, dem Verhandlungspartner die persönliche Wertschätzung (appreciation, vgl. dazu → *core concerns framework*) zu vermitteln, wozu insbesondere nach inhaltlich harten Verhandlungen ein besonderer Bedarf besteht. Auch bei einem Stillstand der Verhandlungen, z. B. in Form von → *Schweigen*, wird nicht selten versucht, durch small talk die persönlichen Beziehungen zu verbessern und damit die konstruktive Fortsetzung der Verhandlung zu begünstigen.

Claim-Management

Das Claim-Management (auch Claims-Management) verfolgt grundsätzlich zwei Zielrichtungen; einerseits das Erkennen von Abweichungen des Ist-Zustandes vom vertraglich vereinbarten Soll-Zustand in Verbindung mit der Durchsetzung daraus entstehender Ansprüche und andererseits die Verhinderung der Entstehung oder Durchsetzung von Ansprüchen des Vertragspartners. Die zugrunde liegenden Ziele sind folglich die Gewinnmaximierung einerseits und die Konfliktminimierung andererseits.

Man unterscheidet verschiedene Claim-Strategien: eine passive Claim-Strategie, die auf jegliche Steuerung des Claim-Geschehens verzichtet, eine defensive Claim-Strategie, die lediglich unberechtigte Ansprüche abwehrt und berechtigte eigene Ansprüche vor allem sichert, aber nur sehr zurückhaltend durchsetzt, und eine offensive bzw. aggressive Claim-Strategie, die darauf abzielt, das vertragliche Preis-Leistungs-Gleichgewicht im Rahmen des Claim-Managements zu den eigenen Gunsten zu verschieben.

Eine **passive Claim-Strategie** kommt nur in Betracht, wenn eine vollständige Unterwerfung unter den Vertragspartner gewünscht oder notwendig ist. Das passive Claim-Management versucht weder die Generierung eigener Claims zu fördern noch die Durchsetzung fremder Claims zu erschweren. Vielmehr werden eigene Claims grundsätzlich nicht durchgesetzt, selbst wenn diese ohne eigenes Zutun entstehen, und Fremdclaims des Vertragspartners immer erfüllt. Die passive Claim-Strategie verfolgt das Ziel einer vollständigen Konfliktvermeidung.

Eine **defensive Claim-Strategie** kommt sowohl bei einer wirtschaftlichen Abhängigkeit von zukünftigen Geschäften mit der Gegenseite in Betracht als auch wenn die wirtschaftlichen Vorteile einer vertrauensvollen Kooperation schon beim laufenden Geschäft höher als die Vorteile aus einem offensiven (aggressiven) Claim-Management eingeschätzt werden. Die defensive Claim-Strategie versucht, einen Ausgleich zwischen den Zielen der Maximierung der Nettokompensation und der Konfliktminimierung herzustellen. Dazu wird zwar alles unternommen, um die Entstehung von Eigen- und Fremdclaims zu verhindern. Soweit jedoch Eigenclaims entstehen, deren Nicht-Durchsetzung erhebliche Nachteile verursachen könnte, sind diese auch bei entsprechendem Konfliktpotenzial mit dem Vertragspartner durchzusetzen, wobei stets darauf zu achten ist, dass der angemessene Rahmen nicht überschritten wird. Die Literatur spricht insoweit von „Schadensbegrenzungsclaims". Während Fremdclaims, die der Höhe oder der Sache nach nicht gerechtfertigt sind, energisch abzuwehren sind, sind berechtigte Fremdclaims stets zu erfüllen. Zum defensiven Claim-Management gehören konsequenterweise vertrauensbildende, Claims reduzierende Verhaltensweisen, wie die frühzeitige Warnung vor drohenden Schäden, die frühzeitige Mitteilung von Termin- oder Qualitätsproblemen, die gemeinsame Suche nach Möglichkeiten der Schadensminderung und faire Regelungen für Nachträge bzw. Auftragsänderungen.

Eine **offensive Claim-Strategie** ist dadurch gekennzeichnet, dass die Entstehung von Claims aktiv gefördert wird, beispielsweise durch die vorsätzliche Schaffung von Vertragslücken oder Interpretationsspielräumen, wobei eventuelle Konflikte mit dem Vertragspartner in Kauf genommen werden. Dies kann so weit gehen, dass sehr schwach begründete Claims, verbunden mit hohen Forderungen und der → *Drohung*, die Arbeit einzustellen, zu einem Zeitpunkt erhoben werden, indem dem Auftraggeber der größtmögliche Schaden droht. Auch wenn diese aggressive Strategie teilweise die Grenzen des Strafrechts überschreitet (Erpressung gem. § 253 StGB, ggf. auch → *Betrug* gem. § 263 StGB oder Urkundenfälschung gem. § 267 StGB), entspringt sie häufig nicht einer kriminellen Einstellung, sondern wirtschaftlichem Zwang. Eine hinreichende Gewinnmarge für den Vertragspartner kann daher geeignet sein, ein übermäßig aggressives Claim-Management des Vertragspartners zu verhindern. Ziel der offensiven Claim-Strategie ist die Maximierung der Nettokompensation, also der eigenen Kompensation für die Leistungserbringung, abzüglich eventueller Fremdclaims und der Kosten des Claim-Managements. Letztlich wird versucht, das Claim-Management zu einer Veränderung des Preis-/Leistungsverhältnisses zu den eigenen Gunsten zu nutzen. Folglich entbindet auch die offensive Claim-Strategie nicht von der Notwendigkeit, sowohl eventuelle eigene als auch fremde Fehlleistungen genau zu dokumentieren, um die Durchsetzung von Fremdclaims möglichst effektiv zu verhindern.

Beispiel

Hersteller von (Industrie-)Anlagen sind bereit, Angebote unter Einstandspreis abzugeben, um den Zuschlag zu erhalten, und versuchen dann während der Ausführung mit Hilfe von Nachträgen die Gewinnzone zu erreichen. ◄

Eine offensive (aggressive) Claim-Strategie kommt eher für Einmalgeschäfte, Geschäfte, die durch eine wirtschaftliche Abhängigkeit gekennzeichnet sind oder bei größeren wirtschaftlichen Problemen einer Seite in Betracht. Wer z. B. als Auftraggeber seinen Auftragnehmer preislich knebelt, muss, wenn dieser nicht längerfristig vom Auftraggeber abhängig ist, mit einer aggressiven Claim-Strategie des Auftragnehmers rechnen.

Es ist festzuhalten, dass bei der tatsächlichen Auswahl einer Claim-Strategie eine Vielzahl von Kriterien zu berücksichtigen sind, beispielsweise die eigene Unternehmenskultur, die zu erwartenden Folgen der Strategie auf den langzeitigen Unternehmenserfolg und insbesondere auch das politische und wirtschaftliche Umfeld, in dem sich das Unternehmen aktuell bewegt. Aus diesen Gründen wird oftmals keine der oben dargestellten Strategien in Reinform verfolgt werden, sondern es wird auf Grundlage der Strategie, die der Grundausrichtung des Unternehmens am besten entspricht, eine projektspezifische Mischform gebildet.

Columbo

Der Begriff bezieht sich auf Lieutenant (Inspektor) *Columbo*, die Hauptfigur einer US-amerikanischen Fernsehserie. In Vertragsverhandlungen bezeichnet der Begriff entweder eine Fragetechnik oder eine Taktik.

Was die Fragetechnik anbelangt, so zeichnete sich Inspektor *Columbo* dadurch aus, dass er während des informellen Gesprächs mit Verdächtigen oder Zeugen einfache Fragen stellte, dabei teilweise leicht verwirrt wirkte, und nach Ende der Befragung, bereits im Hinausgehen, noch eine Frage nachschob. Hierbei nutzte *Columbo* aus, dass die Anspannung und damit die Konzentration und Verteidigungsfähigkeit nach dem Ende der eigentlichen Befragung stark nachlassen. Dieser Umstand lässt sich auch in Vertragsverhandlungen, und zwar ebenfalls zur Informationsgewinnung, nutzen. Zustimmungen zu Forderungen lassen sich auf diese Weise hingegen regelmäßig nicht erreichen. Besonders gefährlich sind Fragen, die noch etwas später, d. h. nach Beendigung der Verhandlung – z. B. beim Hinausgehen, auf dem Weg zum Parkplatz oder zum Essen – erfolgen, da die Konzentration dann regelmäßig gering ist. Beliebt ist es, diese Taktik mit der Technik der → *Prämissenfrage* zu kombinieren.

Manchmal wird auch von **Columbo-Taktik** gesprochen und dabei darauf angespielt, dass Columbo auf die Personen, die er befragte, aufgrund seiner zögernden und scheinbar nach Worten suchenden Sprechweise, kombiniert mit eher nachlässiger Kleidung, auf den ersten Blick etwas langsam und unkonzentriert wirkte. Dadurch wurde er häufig unterschätzt. Die Taktik wird unter dem Stichwort → *play dumb* diskutiert.

Core concerns framework

Das core concerns framework ist ein Ansatz der von *Fisher* und *Shapiro* entwickelt wurde (vgl. *Fisher/Shapiro*, Beyond Reason, 2005, S. 25 ff.), um mit → *Emotionen* bei Verhandlungen umzugehen. Die Autoren identifizieren fünf **zentrale Grundbedürfnisse**:

1. Appreciation (Wertschätzung),
2. Affiliation (Verbundenheit),
3. Autonomy (Autonomie),
4. Status (Status) und
5. Role (Rolle).

Wertschätzung spielt bei Verhandlungen eine große Rolle. Niemand erfährt gern mangelnde Wertschätzung. Dieses Gefühl kann vor allem aufkommen, wenn man sich unverstanden und unterschätzt fühlt und der Verhandlungspartner einem nicht das Gefühl vermittelt, richtig zuzuhören, die eigene Position ernst zu nehmen und die eigenen Leistungen anzuerkennen. Mangelnde Wertschätzung führt beim Verhandlungspartner regelmäßig zu negativen → *Emotionen* und erschwert dadurch kooperatives Verhandeln. Dem Verhandlungspartner sollte daher das Gefühl gegeben werden, dass man seinen Standpunkt versteht und man darin einen gewissen Wert erkennt.

Die Verbundenheit zum Vertragspartner bezieht sich auf die emotionale Verbindung zwischen den Parteien. Das Gefühl der Verbundenheit, also eine gute Parteibeziehung, hilft, konstruktiv zu verhandeln. Der Aufbau guter Verhandlungsbeziehungen (→ *rapport*) ist daher zentral für den Verhandlungserfolg. Wird dem Verhandlungspartner dagegen ein Gefühl der emotionalen Ablehnung vermittelt, zerstört dies regelmäßig die Parteibeziehung und gefährdet den Verhandlungsschluss.

Ein weiteres zentrales Grundbedürfnis ist die Autonomie. Personen lassen sich ungern in ihrer Autonomie einschränken. Deshalb empfehlen *Fisher* und *Shapiro* → *decision-makern* auch, die → *ACBD*-Regel (Always consult before deciding) bei der Entscheidungsfindung zu berücksichtigen.

Status spielt bei Verhandlungen ebenfalls eine große Bedeutung. In Verhandlungen ist es wichtig, den Status des Verhandlungspartners anzuerkennen.

Experiment

Bei einem Experiment (*Wilson*, The Journal of Social Psychology 74 (1968), 97–102) mit 110 Studierenden wurde eine Person (Mr. England) den in fünf verschiedene Gruppen aufgeteilten Studenten von ihrem Kursleiter kurz vorgestellt. Dabei variierte der akademische Status von Mr. England von Gruppe zu Gruppe. Sein Status reichte dabei vom Studenten aus Cambridge bis hin zum Professor aus Cambridge. Die Studierenden sollten nach dieser kurzen Präsentation seine Größe schätzen sowie die Größe des Kursleiters, der während der kurzen Vorstellung neben Mr. England gestanden hatte. Der Status des Kursleiters war bei jeder Befragung derselbe. Die Ergebnisse dieser Studie zeigen, dass die Studierenden Mr. England für größer hielten je höher sein angeblicher Status war. Die geschätzte Größe des Kursleiters blieb dagegen konstant. ◄

Personen nehmen in Verhandlungen zudem verschiedene Rollen ein. Diese Rolle sollte eine klare Ausrichtung haben, für den einzelnen bedeutungsvoll sein und mit der eigenen

Persönlichkeit in Einklang stehen, um als positiv empfunden zu werden. Zu unterscheiden ist zudem zwischen übergeordneten Rollen, z. B. der des Verhandlers in einer Verhandlung, und temporären, situativen Rollen. Beispiele hierfür sind das kurzzeitige einnehmen der Rolle des Problemlösers, des Zuhörers oder auch des → *advocatus diaboli*. Temporäre Rollen werden teilweise als Reaktion auf das Verhalten des Verhandlungspartners eingenommen und beruhen in diesem Fall weniger auf einer eigenständigen Entscheidung des Verhandlers. In Verhandlungen ist zu reflektieren, ob die eingenommene temporäre Rolle mit dem Verhandlungsziel in Einklang steht.

Credible threat

Es handelt sich um eine Taktik, mit der die Wirkung einer → *Drohung* erhöht werden soll. Um einen credible threat, also eine **glaubhafte Drohung**, handelt es sich vor allem dann, wenn der Drohende bei Umsetzung der Drohung objektiv besser stehen würde als ohne deren Umsetzung. Dabei sind nicht nur die unmittelbaren ökonomischen Folgen, sondern auch der Wert von Drohungen als Druckmittel mit zu berücksichtigen. Insbesondere bei öffentlich geäußerten Drohungen ist auch der Verlust der Reputation durch eine nicht umgesetzte Drohung mit zu bedenken. Daneben gibt es Drohungen, deren Verwirklichung zwar objektiv unwirtschaftlich ist, bei denen aber die handelnden Personen so irrational entschlossen erscheinen, dass die Drohung subjektiv glaubhaft ist.

Cui bono

Die klassische, aus dem römischen Recht stammende Frage „cui bono?" (**Wem nützt dies?**), die *Marcus Tullius Cicero* durch seine Verteidigungsrede für *Sextus Roscius Amerinus* bekannt machte, sollte sich der Verhandler bei jeder vorgeschlagenen Regelung stellen, wobei die Beantwortung im Hinblick auf unterschiedliche praktische Szenarien differenziert ausfallen kann. Insbesondere in → *distributiven Verhandlungen* tendieren die Verhandler dazu, Vorschläge der Gegenseite reflexhaft negativ zu bewerten (→ *reactive devaluation*). Es kann allerdings durchaus sein, dass der Verhandlungspartner eine Regelung vorschlägt, die ihm nicht nützt oder die zumindest für die eigene Seite auch vorteilhaft ist (*gemeinsame Interessen*, → *Harvard Verhandlungskonzept*). Umgekehrt gilt es, auch die eigenen Vorschläge unter dem Gesichtspunkt „cui bono?" zu betrachten. Denn → *Fehler* passieren selbst in professionell geführten Verhandlungen.

Culpa in contrahendo (c. i. c.)

Die culpa in contrahendo – c. i. c. (Verschulden bei Vertragsschluss) – ist ein auf *Rudolf von Jhering* (*Jhering*, Jherings Jahrbücher 4 (1861), 1 ff.) zurückgehendes Institut des deutschen Rechts, das erst seit 2002 in groben Umrissen auch im Gesetz geregelt ist (§§ 280 Abs. 1, 311 Abs. 2. 241 Abs. 2 BGB). Die mit diesem Institut verbundenen vorvertraglichen Pflichten der Verhandlungsparteien, denen das Verhalten der Verhandler zugerechnet wird (§ 278 BGB), stellen eine der zentralen rechtlichen Rahmenbedingungen für Verhandlungen nach deutschem Recht dar. Das Verhandlungsverhältnis als pflichtenbegründende Sonderverbindung i. S. d. §§ 311 Abs. 2, 241 Abs. 2 BGB entsteht rechtsgeschäftsähnlich durch die Zurechnung des Verhandlers zur Verhandlungspartei analog § 164 BGB. Voraussetzung ist, dass der Verhandler zumindest Verhandlungsvollmacht hat (→ *Vollmacht*). Die Pflichten aus diesem vorvertraglichen Verhältnis erfassen die Verhandlungsparteien und grundsätzlich nicht die Verhandler selbst. Ein Verhandler kann allerdings gegenüber seiner eigenen Seite schadensersatzpflichtig sein, wenn durch sein sorgfaltswidriges Verhalten seine Seite einen Schaden erlitten hat. In besonderen Fällen kann es auch eine Eigenhaftung des Verhandlers gegenüber der Gegenseite geben.

Generell entsteht durch Aufnahme von Verhandlungen (§ 311 Abs. 2 BGB) zwischen den Verhandlungsparteien ein vorvertragliches Schuldverhältnis mit Rücksichtnahmepflichten (§ 241 Abs. 2 BGB), deren schuldhafte Verletzung zu einem Schadensersatzanspruch (gem. § 280 Abs. 1 BGB) führt. Soweit von den Verhandlungsparteien nichts anderes bestimmt ist, haftet der Schuldner für die vorsätzliche oder fahrlässige Verletzung dieser Pflichten (§ 276 BGB). Für das Verschulden seiner Erfüllungsgehilfen (hier insbesondere der Verhandler) und gesetzlichen Vertreter (Geschäftsführer bzw. Vorstandsmitglieder) haftet der Schuldner (das Schuldnerunternehmen) gem. § 278 BGB. Dem Gläubiger (dem Unternehmen auf der Gegenseite) wird grundsätzlich der Vertrauensschaden ersetzt, d. h. der Gläubiger wird so gestellt, wie er ohne das pflichtwidrige Verhalten stehen würde.

Bestand eine Pflicht zur Information, wird bei nicht gegebener oder falscher Information die Gegenseite so gestellt, als wenn die richtige Information gegeben worden wäre. Bestand jedoch keine Pflicht zur Information und wird (rechtswidrig) eine falsche Information gegeben, so wird für die Schadensberechnung unterstellt, die Information wäre nicht gegeben worden (BGHZ 116, 209, 214). Beruht der Vertragsschluss also auf einer Informationspflichtverletzung kann dies (soweit keine spezielleren Rechtsbehelfe vorliegen) einen Anspruch auf Vertragsaufhebung begründen. Nach einer nicht ganz unumstrittenen, aber seit langem geübten Praxis des Bundesgerichtshofes (vgl. BGH NJW 2001, 2875; BGH NJW 2006, 899, 902), wird auch eine minderungsähnliche Rechtsfolge gewährt. Dabei wird davon ausgegangen, dass es bei ordnungsgemäßer Information gelungen wäre, entsprechend der veränderten Information den Preis zu mindern (herunterzuhandeln). Daher wird die Differenz zwischen dem vereinbarten Preis und dem Preis, der bei Information angemessen gewesen wäre, als Schadensersatz zugesprochen. Nur unter besonderen Umständen wird auch ein entgangener Gewinn ersetzt. Hier ist insbesondere an Fälle zu denken, in denen die geschädigte Seite nachweist, dass sie, bei richtiger Information, stattdessen mit einer anderen Partei ein gewinnbringendes Geschäft abgeschlossen hätte, welches ihr durch die Pflichtverletzung entgangen ist (BGH NJW 2006, 60, 62). „Es kann auch vorkommen, dass Verhandlungen aufgrund der Pflichtverletzung überhaupt erst geführt werden, d. h. ohne die Pflichtverletzung hätten die beiden Parteien wohl nicht gemeinsam verhandelt. In diesem Fall sind die entsprechenden Verhandlungskosten zu ersetzen.

Zu den einzuhaltenden Pflichten zählt zunächst die Schutzpflicht für Körper und Eigentum des Verhandlungspartners. Werden z. B. mit in die Verhandlung eingebrachte Gegenstände (z. B. Laptops oder Modelle) schuldhaft beschädigt, tritt ein Anspruch aus c. i. c. neben den Schadensersatz aus § 823 BGB wegen unerlaubter Handlung. Aus Sicht der Vertragsverhandlungen viel wichtiger sind allerdings Informationspflichtverletzungen.

Zu den Informationspflichten zählt die grundsätzliche Pflicht, die dem anderen Teil ge-
währte Information vollständig und richtig zu geben (**Wahrheitspflicht**). Auch die fahrlässige Fehlinformation kann demnach zu einer Schadensersatzpflicht führen. Die Unvollständigkeit ist erfasst, wenn die gegebenen unvollständigen Informationen ein schiefes Bild
ergeben und der Verhandlungspartner die Unvollständigkeit nicht kennt. Neben der Wahrheitspflicht kann es→ *Auskunftspflichten*, also Pflichten zur Auskunft auf Verlangen der
Gegenseite, geben, die an ein Informationsgefälle, d. h. an einen unterschiedlichen Zugang
zu Informationen, anknüpfen. Am weitesten gehen → *Aufklärungspflichten*. Dieser Begriff
wird für Pflichten zur unaufgeforderten Information des Verhandlungspartners verwendet.

Der soeben beschriebene Standard bezüglich der Informationspflichten ist vor allem
bezüglich der Wahrheitspflicht sehr streng. Dies gilt insbesondere mit Blick auf B2B-
Verhandlungen. Denn soweit es nicht um Informationen geht, die sich auf den
Vertragsgegenstand oder die Identität oder Leistungsfähigkeit der Person des vertraglich
Verpflichteten beziehen, sind in der Praxis Irreführungen sehr verbreitet. Oftmals wird in
Verhandlungen auch nicht erwartet, dass solche Aussagen generell der Wahrheit entsprechen. Dies betrifft nach einer Studie der Autoren z. B. Irreführungen über die eigene *Verhandlungsmacht* (→ *negotiation power*) oder über die Bedeutung einzelner Verhandlungspunkte oder die Dringlichkeit einer Entscheidung über den Vertragsschluss. Hier rechnet
der Verhandlungspartner häufig damit, dass die gegebene Information nicht oder nur teilweise stimmt. Bemerkenswerterweise gibt es insoweit allerdings praktisch keine Rechtsprechung, was vermutlich unter anderem daran liegt, dass solche Irreführungen und ihre
Kausalität schwer nachzuweisen sind. Vielen Verhandlern mag es auch peinlich sein, dass
sie im Laufe der Verhandlung irregeführt wurden. Das → *Betrugsdilemma* in → *ständigen
Geschäftsbeziehungen* könnte ebenfalls ein Grund sein, warum Schadensersatzforderun-
gen bei derartigen Irreführungen nicht geltend gemacht werden.

Nach Ansicht der Autoren sollte nicht jede Irreführung in B2B-Verhandlungen eine
vorvertragliche Pflichtverletzung darstellen. Auch die Regelung über → *unlautere Irreführungen* in § 5 UWG erfasst einige dieser Fälle nicht. In Bezug auf das Anfechtungsrecht
wegen arglistiger Täuschungen werden entsprechende Bluffs unter dem Begriff → *listige
Täuschungen* diskutiert.

Darüber hinaus besteht während der Vertragsverhandlungen eine allgemeine Pflicht zu
vertragsförderlichem Verhalten. Aus c. i. c. haftet der Vertragspartner unter anderem für
die schuldhafte Verursachung eines Dissenses und die Nichteinhaltung vorher vereinbarter
Verhandlungs- und Verhaltensregeln. Dabei spielen vor allem die vorvertraglichen
Vereinbarungen – z. B. im Rahmen eines → *letter of intent (LOI)* – eine wesentliche Rolle.
Sie geben Hinweise auf vereinbarte Regeln und den Fortschritt der Verhandlungen. Konkretisiert ein LOI entsprechend den Geschäftswillen, kann insbesondere eine grundlose
und willkürliche Weigerung zum Abschluss des als sicher hingestellten Vertrages oder die
von vornherein mangelnde Absicht zum Abschluss zum Schadensersatz (gem. §§ 280
Abs. 1, 311 Abs. 2, 241 Abs. 2 BGB) führen (vgl. BGH NJW 2013, 928 Rn. 11 (vorge-
täuschter Abschlusswille)). In Deutschland wird in der soeben geschilderten Situation der
Vertrauensschaden ersetzt. Der Vertrauensschaden umfasst dann die wirtschaftlichen Dis-

positionen, die die andere Partei getroffen hat, oder die Nachteile, die ihr dadurch entstanden sind, dass sie die Verhandlungen mit anderen Vertragspartnern abgebrochen hat. Das von der Rechtsprechung im Arbeitsrecht bejahte Gebot für ein → *faires Verhandeln* fällt außerhalb bereits bestehender Vertragsverhältnisse auch unter die c. i. c.

DAD approach

Die Abkürzung steht für „**decide, announce, defend**" (**entscheiden, verkünden und verteidigen**, kurz: **EVV**) (vgl. dazu *Susskind*, Environmental Impact Assessment Review 5 (1985), 157, 159). Diese taktische Herangehensweise des DAD approach verzichtet bei komplexen Verhandlungsgegenständen, bei denen Beteiligte außerhalb der unmittelbaren Verhandlung das Projekt zu Fall bringen könnten (im Gegensatz dazu → *think beyond the table*), auf jegliche Einbeziehung potenzieller Gegner in die eigentliche → *Verhandlungsphase*. Die potenziellen Gegner sollen vielmehr vor vollendete Tatsachen gestellt werden. Der Widerstand wird – wegen der Nichtbeteiligung und weil ein Kompromiss so kaum möglich ist – häufig besonders intensiv sein. Andererseits erfahren diese Gegner manchmal erst so spät von dem Projekt und brauchen so viel Vorbereitungszeit, dass sie das Projekt nicht mehr effektiv stören können. Die gegenteilige Herangehensweise ist der full consensus approach (→ *FC approach*), der versucht, schon in der Verhandlungsphase mit allen potenziellen Gegnern zu einer vollständigen Einigung zu gelangen, was aus ideologischen Gründen sinnvoll erscheinen mag, aber selten erfolgreich ist. Einen weiteren Kontrast zum DAD approach bildet der → *DDD approach* (dialogue, decide, deliver approach).

Erfolgversprechend ist in der ursprünglichen Verhandlungsphase am ehesten die Einbeziehung lediglich von grundsätzlich kompromissbereiten potenziellen Gegnern.

Beispiele

Beispiele für komplexe Verhandlungsgegenstände: Errichtung von Kraftwerken, Bahnhöfen, Industrieanlagen ◄

Datenschutz

Der Datenschutz ist eine bisher kaum beachtete rechtliche Rahmenbedingung für Verhandlungen. Die datenschutzrechtlichen Regeln zum Schutz personenbezogener Daten werden im Verhandlungsbereich, trotz spürbarer potenzieller Sanktionen, bisher vielmehr weitgehend missachtet. Dies geschieht einerseits aus Unkenntnis und andererseits, weil die Geltendmachung entsprechender Ansprüche unternehmerische Beziehungen belasten bzw. ggf. sogar zerstören könnte. Die Datenschutzregeln dürften zudem hinsichtlich der meisten Verhandlungsdaten rechtspolitisch wenig akzeptiert sein. Da dies die Geltendmachung datenschutzrechtlicher Ansprüche und Verhängung von Sanktionen aber nicht sicher ausschließt (z. B. da die Aufsichtsbehörde auch von einem Whistleblower Hinweise erhalten kann) bedürfen die datenschutzrechtlichen Regelungen zumindest der Berücksichtigung im Rahmen eines Legal Risk Managements.

Dem Datenschutz unterfallen Informationen, die sich direkt oder indirekt mit einem konkreten Menschen in Verbindung bringen lassen. Informationen, die sich hingegen auf juristische Personen oder Personengesellschaften als solche beziehen, werden nicht vom Datenschutz erfasst. Alle Unternehmen und Organisationen müssen die datenschutzrechtlichen Vorgaben beachten, wobei sie auch für nicht genehmigte Datenaufzeichnungen und Verarbeitungen ihrer Mitarbeiter einstehen müssen. Die europäische Rechtsgrundlage des Datenschutzes ist die Datenschutzgrundverordnung (DSGVO). Für das Beschäftigungsverhältnis ist in Deutschland zusätzlich das Bundesdatenschutzgesetz (BDSG) und hierbei insbesondere die Erlaubnisnorm des § 26 BDSG zu beachten. Verhandlungsnotizen, soweit sie sich zumindest mittelbar mit einer Person, über die berichtet wird oder die berichtet, verbinden lassen, sind Beispiele für personenbezogene Daten. Dazu zählen z. B. Aufzeichnungen zum Verhandlungsstil eines Verhandlers, zu seinem Familienstand, zu seinen Vorlieben, zu seiner Stellung innerhalb seines Unternehmens sowie zu von ihm verwendeten Argumenten. Die Aufzeichnung und Benutzung dieser Daten ist nur im Rahmen eines Erlaubnistatbestandes gem. Art. 6 DSGVO zulässig, z. B. aufgrund einer Einwilligung. Eine solche liegt im unternehmerischen Geschäftsverkehr jedoch (bisher) grundsätzlich nicht vor. Fehlt es an einem Erlaubnistatbestand, stellen entsprechende Aufzeichnungen eine Ordnungswidrigkeit dar, für die hohe Sanktionen möglich sind. Die betroffenen Verhandler haben grundsätzlich Schadensersatzansprüche gem. Art. 82 DSGVO wegen Beeinträchtigung ihres Persönlichkeitsrechts. Ob dies auch minimale Eingriffe erfasst, wird noch vor dem Europäischen Gerichtshof geklärt. Betroffene Personen haben zudem ein Auskunftsrecht gem. Art. 15 DSGVO. Die Verletzung des Auskunftsrechts stellt ebenfalls eine Ordnungswidrigkeit dar. Wenn ein Verhandler zu einem Verhandler der anderen Seite auch private Beziehungen unterhält, sind die privaten Notizen, wenn sie nur Bedeutung für die private Beziehung haben, jedoch nicht erfasst. Ob dies bei möglicher oder tatsächlicher auch beruflicher Nutzung ebenfalls gilt, ist allerdings unklar. Die datenschutzrechtlichen Vorgaben erschweren somit die Auswertung des Verhandlungsverlaufs. Dies ist nicht nur im Rahmen der konkreten Verhandlung zu beachten, sondern setzt vor allem auch der Nachbereitung Grenzen, sofern sich Unternehmen in dieser Hinsicht rechtmäßig verhalten wollen.

DDD approach
Die Abkürzung DDD steht für **„dialogue, decide, deliver"** (frei übersetzt: **„Gespräche führen, entscheiden, umsetzen"**). Die Taktik ist eng mit dem Unternehmen *Shell* verknüpft, welches *Stakeholder* (→ *think beyond the table*) auf diese Weise in Entscheidungsprozesse einbeziehen möchte (vgl. *Shell*, Public Engagement, Quest CCS Project, 2013, Section 9). Bei dem DDD approach handelt es sich um ein Gegenstück zum → *DAD approach*. Der DDD approach ähnelt dem → *FC approach*. Vorteil dieser Herangehensweise ist es, dass es seltener überraschenden, späten Widerstand gibt und dieser sich nicht auf die fehlende Einbeziehung der Stakeholder stützen kann. Manche potenziellen Gegner sind nur bei einem solchen Vorgehen kompromissbereit. Nachteil dieser Methode ist, dass einbezogene Gegner sehr früh und sehr effektiv den Widerstand organisieren können. Denn in einem frühen Stadium sind die Möglichkeiten, ein Projekt zu

stoppen, in aller Regel größer als später, auch weil weniger Beteiligte sich auf das Projekt festgelegt haben und das Engagement (d. h. das commitment) der Befürworter noch nicht so groß sein wird.

Deadline

Fristen können von außen kommen, übereinstimmend von beiden Seiten oder – was wohl am häufigsten vorkommt – von einer Seite gesetzt werden. Von außen kommende – zwingende – objektive deadlines wie z. B. das Ende einer Ausschreibungsfrist, haben für die Partner die stärkste Wirkung und stellen keine Taktik dar, weil sie von keiner Seite beeinflussbar sind. Sie sind eine Rahmenbedingung. Der **Zeitdruck**, der durch solche Fristen entsteht (vor allem bei ihrem Näherrücken), beeinflusst regelmäßig die Dynamik von Verhandlungen. Gemeinsam gesetzte Fristen dienen dazu, in angemessener Zeit eine Lösung zu finden und helfen dabei, die Verhandlungskosten zu kontrollieren. Auch eine einseitig gesetzte Frist kann diese Zielrichtung haben. Die stillschweigende oder ausdrückliche Verlängerung einer solchen Frist ist in dem Fall meist relativ unproblematisch möglich.

Deadlines können in Verhandlungen aber auch taktisch eingesetzt werden, wobei durch die Fristsetzung in der Regel die Zeit als Druckmittel verwendet wird. Der Druck entsteht durch die Folgen, die für den Fall des Verstreichens der Frist glaubhaft angekündigt werden (→ *credible threat*). Eine nicht eingehaltene deadline kann z. B. zu einem Abbruch der Verhandlungen (→ *break it off*) führen oder den Wegfall eines Kompromissangebots in Bezug auf einen konkreten Aspekt bedeuten. Eine mildere Form ist die Drohung mit der → *Vertagung* der Verhandlung. Insofern wird nur die aktuelle Verhandlungsrunde zeitlich begrenzt. Sollte bei diesem Treffen eigentlich eine Einigung erzielt werden, droht somit eine Verzögerung. Tatsächliche und künstliche deadlines (→ *false deadlines*) sind dadurch in der Lage, Druck auf den Verhandlungspartner auszuüben. Der Druck erhöht sich, wenn die deadline mit der → *Taktik der kleinen Menge* verbunden wird, d. h. wenn dem Käufer zusätzlich die Knappheit des Produktes suggeriert wird. Diese Kombination wird vor allem im B2C-Bereich eingesetzt. Eine besondere Form einer deadline ist auch das sogenannte **exploding offer**: Das Angebot „explodiert", wird also mit Ablauf einer bestimmten Frist endgültig ungültig.

Der Aufbau von Druck kann den Zweck haben, → *Fehler* durch den Verhandlungspartner zu provozieren und zwar entweder aufgrund des zeitlichen Engpasses während der Verhandlung oder bereits bei der Verhandlungsvorbereitung („*Prior preparation prevents poor performance.*" → *80-20-Regel*).

Taktische deadlines dienen neben der Druckerzeugung auch dazu, zu einem fixen Zeitpunkt Klarheit über bestimmte Fragen bzw. den gesamten Vertrag zu erhalten. In Maßen eingesetzt, kann die Verwendung von deadlines daher durchaus legitim sein, wenn sich Verhandlungen ansonsten ohne Grund unangemessen hinzuziehen drohen. Durch deadlines können so die → *Transaktionskosten* kontrolliert werden. Wie bei einer → *Drohung* muss die Folge einer ausbleibenden Reaktion auf die Fristsetzung im Vorhinein durchdacht sein und gegebenenfalls auch vollzogen werden. Geschieht dies ohne triftige Begründung nicht, verliert die deadline als Instrument für die Zukunft ihre Wirkung. Wer Konsequenzen wie z. B. einen *Verhandlungsabbruch* (→ *break it off*) androht, sollte auch bereit sein, diese Ankündigung umzusetzen, um glaubhaft zu bleiben. Den Inhalt einer Forderung betreffendes Gegenstück zur (zeitlichen) deadline ist die rote Linie (also die red line).

In der Praxis spielen vor allem zeitliche Begrenzungen einer konkreten Verhandlungsrunde (z. B. aufgrund von nicht verschiebbaren Folgeterminen oder eines Rückreisetermins) eine bedeutende praktische Rolle. Es ist üblich, dass der Verhandler mit dem eingeschränkten Zeitfenster dieses offenbart, wenn die ergebnislose Verhandlungsrunde weder für sein Unternehmen noch für ihn einen spürbaren Nachteil hat und erst recht, wenn die andere Seite dringend einen Verhandlungserfolg braucht.

Häufig stehen jedoch die Verhandler, die aus größerer Entfernung aufwendig angereist sind, unter einem gewissen Erfolgsdruck hinsichtlich der konkreten Verhandlungsrunde. Ursachen können die geringen freien Zeitfenster der Verhandler, der hohe Aufwand für die Anreise zur Verhandlung als auch ein manchmal bestehender hoher Erwartungsdruck der → *decision-maker* sein. Besteht auf der anderen Verhandlungsseite nicht die gleiche Situation, wird die insoweit schwächere Seite (meist der Gast) versuchen, durch Reservezeiten den zeitlichen Druck abzumildern. Um der anderen Seite Verzögerungstaktiken, insbesondere in Form eines → *calculated delay* zu erschweren, wird zudem die eigene deadline für diese Verhandlungsrunde nicht offengelegt werden. Denn ist die interne deadline bekannt und sind die Umstände so, dass diese Seite ein deutliches Interesse hat, am Ende der Verhandlungsrunde nicht mit leeren Händen dazustehen, dann besteht die Gefahr hektischer Schlussverhandlungen, bei denen die Seite, die unter Zeitdruck steht, möglicherweise zu stark nachgibt oder → *Fehler* begeht. Grundlegender wäre es, den bestehenden Druck unternehmensintern zu reduzieren, was aber häufig nicht möglich sein wird. Zumindest kann versucht werden zu suggerieren, dass ein solcher Erfolgsdruck nicht besteht.

Deadlock

Der Begriff deadlock (**Sackgasse**) beschreibt einen problematischen Punkt, an dem die Verhandlungen scheitern können und der daher besonderer Verhandlungskunst bedarf. Insbesondere bei → *positionsorientierten Verhandlungen* kann es zu einem **toten Punkt**, also einer **Verhandlungssackgasse** kommen. Das muss nicht unbedingt einen *Verhandlungsabbruch* (→ *break it off*) rechtfertigen, da gerade bei positionsorientierten Verhandlungen trotz der Sackgasse ein → *ZOPA*, also eine Einigungszone, bestehen kann. Es besteht dann aufgrund der Sackgasse, in der die Verhandlungen stecken, jedoch ein erhebliches Risiko des Scheiterns.

Ein deadlock beruht häufig auf Verhandlungsfehlern, weshalb es zunächst darum geht, einen deadlock präventiv zu vermeiden. Besteht die Verhandlungssackgasse, müssen sich die Verhandlungsparteien fragen, wie sie diesen toten Punkt überwinden können. Zu den Optionen, diese Situation aufzulösen, gehört zunächst die → *Verhandlungspause*, um Überlegenszeit zu gewinnen. Wird mehr Zeit benötigt, können die Verhandlungen vertagt werden (→ *Vertagung*). Außerdem kann versucht werden, andere – meist weniger wichtige – Punkte zu behandeln, um die Verhandlung überhaupt wieder in Bewegung zu setzen. Darüber hinaus können → *nicht lineare Kompromisse* sowie der Wechsel zu einer → *interessenorientierten Verhandlung* die Blockade überwinden. Auf personeller Seite käme die Einbeziehung einer neutralen Person (z. B. eines Mediators), die Ergänzung des Verhandlungsteams um kreative dealmaker oder der Austausch des Verhandlungsführers (→ *change the negotiator*) in Betracht. Inhaltlich könnte man das Gesamtgeschäft in Tranchen zerlegen, um schon einmal einzelne Aspekte einer Einigung zuzuführen. Möglich wäre es auch, Geschäfte mit Dritten in die Verhandlung einzubeziehen (→ *negotiarion pie*). Ferner könnte versucht werden, die Standards, an denen beide Seiten das Verhandlungsergebnis messen, zu ändern (→ *change the standards*). Schließlich könnte sich ein Verhandler in einem anderen, möglicherweise bereits abgeschlossenen, Punkt nochmals beweglich zeigen und dem Gegenüber entgegenkommen (**traded small movement close**). Hierfür eignet sich insbesondere ein Aspekt, der für die nachgebende Seite weniger wichtig (**low-cost concession**), für die Gegenpartei indes von großer Bedeutung ist.

Deal-breaker

Ein deal-breaker ist ein meist vorher festgelegter Punkt, an dem bei fehlender Einigung im Sinne der eigenen Seite die Vertragsverhandlung abgebrochen werden soll. Bei rationalen, interessenorientierten Verhandlungen ist die Existenz einer besseren Alternative (→ *BATNA*) ein deal-breaker. Deal-breaker können aber auch für unverzichtbar erachtete Bedingungen – z. B. gewisse Mindestgewinnmargen – oder bestimmte rechtliche oder ethische Grenzen sein. In positionsorientierten Verhandlungen werden diese Grenzen oftmals ohne oder nur unter pauschaler Betrachtung der Interessen festgelegt. Deal-breaker können dann interessengerechten Lösungen im Weg stehen.

Synonyme für deal-breaker sind **walk away term** oder **resistance point**. Im deutschsprachigen Raum wird manchmal auch vom **K.-o.-Kriterium** oder vom **Minimalziel** gesprochen, wobei Letzteres nicht unbedingt mit einem Verhandlungsabbruch verbunden sein muss.

Die Festlegung eines deal-breakers führt zu Klarheit und kann helfen, lange und nicht erfolgreiche Verhandlungen zu vermeiden. Denn das Vorliegen des deal-breakers führt zum *Verhandlungsabbruch* (→ *break it off*). Solche deal-breaker sind meist auf isolierte Positionen bezogen. Soweit der deal-breaker bzw. der resistance point nur auf den Preis abzielt, wird er auch **reservation value** bzw. **reservation price** genannt. Der reservation value stellt dann den niedrigsten Betrag dar, zu dem der Verkäufer bereit ist, zu verkaufen. Umgekehrt ist der reservation price der höchste Preis, den der Käufer für ein bestimmtes Produkt zahlen würde. Im reservation value spiegelt sich somit das eigene → *BATNA* wieder. Geht es um Verhandlungspakete, sollte nicht nur für jeden Verhandlungsgegenstand ein reservation value festgelegt werden, sondern auch für das Gesamtpaket. Dieses Vorgehen lässt mehr Gestaltungsspielraum bei den einzelnen Verhandlungspunkten (**package reservation value**). Die Unterschreitung bzw. Überschreitung des reservation price kann dann durch einen guten Kompromiss an anderer Stelle eventuell ausgeglichen werden.

Neben dem Preis kann es auch andere deal-breaker geben, wie z. B. Liefertermine, technische Anforderungen, Garantien, Haftungsklauseln etc. Häufig wird jedoch nur ein reservation value bestimmt oder wenige deal-breaker, die sich auf bestimmte Positionen beziehen. Dies ist nicht unproblematisch, da so u. U. ein Verhandlungsabbruch (→ *break it off*) in Erwägung gezogen wird, obwohl der Verhandlungspartner außerhalb des Preises interessante Kompromisse vorgeschlagen haben könnte, wie z. B. bzgl. des Liefertermins, der Haftungsklauseln etc. Denn ein isolierter deal-breaker trägt dem Zusammenspiel der Gesamtheit der vertraglichen Regelungen nicht hinreichend Rechnung. Daher sollte ein deal-breaker zwar vor Vertragsbeginn festgelegt werden; wird dieser Punkt in den Verhandlungen aber erreicht, ist jedoch noch einmal zu prüfen, ob der Abbruch der Verhandlungen tatsächlich vorgenommen werden soll. Dabei ist darauf zu achten, dass nicht allein der → *Verhandlungsführer*, sondern eine nicht in die Verhandlung involvierte Stelle diese Entscheidung überprüft. Denn der Verhandlungsführer kann auch aufgrund der → *sunk cost bias* (hier bzgl. der investierten Zeit und des getätigten Aufwands) dazu geneigt sein, die Verhandlungen dennoch weiterzuführen (vgl. auch *agreement bias*, → *BATNA*). Es kann auch daran gedacht werden, einen sehr großzügigen deal-breaker festzulegen, der die geschilderten Unwägbarkeiten, insbesondere in Bezug auf das Zusammenspiel der vertraglichen Regelungen, berücksichtigt. Denn aufgrund der → *Pfadabhängigkeit* fällt es manchmal schwer, sich von einem einmal gesetzten Punkt wieder zu lösen. Der deal-breaker wäre bei großzügiger Betrachtung ein Punkt, an dem der Vertragsabschluss in jedem Fall keinen Sinn mehr macht (auch unter Berücksichtigung möglicher Kompensation durch andere Klauseln). Das bedeutet jedoch auch, dass es bereits vor Erreichen des deal-breakers notwendig sein kann, die Verhandlungen abzubrechen. Es sollte daher zusätzlich zum deal-breaker ein **Graubereich** definiert werden, in dessen Rahmen eine Abwägungsentscheidung zu fällen ist.

Der oder die deal-breaker sind vor der Verhandlung im Rahmen der *Verhandlungsvorbereitung* (→ *80-20-Regel*) festzulegen. In vielen Fällen stimmen deal-breaker und BATNA weitestgehend überein. Denn der *Verhandlungsabbruch* (→ *break it off*) erscheint meist dann sinnvoll, wenn es eine bessere Alternative zum Vertragsschluss gibt. Bei der Bestimmung der deal-breaker und des Graubereichs ist es zu empfehlen, mit einem → *Ampelsystem* zu arbeiten, das signalisiert, welche Einigungen unproblematisch sind (grün), bei welchen es darauf ankommt, ob sie an anderer Stelle kompensiert werden (orange oder gelb) und ab wann in jedem Fall ein deal-breaker vorliegt (rot). Unter dem Eindruck der Verhandlungen und zwischenzeitlicher Ereignisse außerhalb der Verhandlungen (z. B. Veränderung des BATNAs) kann es geboten sein, die ermittelten deal-breaker anzupassen. Hier ist die ursprüngliche Festlegung wertvoll, denn die → *Begründungslast* für eine Abänderung liegt bei dem, der die Modifikation vorschlägt.

Die deal-breaker bzw. resistance points der beiden Vertragsparteien bestimmen, ob ein → *ZOPA*, d. h. ein möglicher Einigungsbereich, gegeben ist. Der resistance point darf dem Verhandlungspartner nicht bekannt werden, da dieser sonst weiß, wie viel er maximal fordern kann. Inwieweit die eigenen → *Verhandlungsführer* (im Fall einer → *agentenorientierten Verhandlung*) die wahren deal-breaker kennen sollten, ist schwer zu beurteilen. Zum einen besteht die Gefahr, dass die Gegenseite aus deren Verhalten den resistance point (jedenfalls ungefähr) bestimmen kann, um sich ihm dann so weit wie möglich anzunähern. Zum anderen besteht die Gefahr, dass Verhandler, die beispielsweise den maximalen Rabatt kennen, im Schnitt einen höheren Rabatt gewähren, als diejenigen, die ihn nicht kennen. Denn das Vertragsabschlussinteresse könnte hier höher sein als das Interesse an einem optimalen Verhandlungsergebnis (→ *Principal-Agent-Problematik*). Dies könnte es ratsam erscheinen lassen, dem Verhandlungsführer den exakten resistance point nicht mitzuteilen. Stattdessen könnte dem Verhandler ein engerer Rahmen vorgegeben werden. Alle darüber hinausgehenden Kompromisse könnten dann der Genehmigung des Vorgesetzten bedürfen.

Über den resistance point (den deal-breaker) kann auch getäuscht werden. Eine relativ subtile Methode besteht darin, mit dem ständigen Verkleinern der Zugeständnisse früher zu beginnen bzw. die Zugeständnisse schneller zu verkleinern, sodass aus Sicht der Gegenseite ein anderer resistance point zu vermuten ist (→ *diminishing rates of concession*). Häufig wird auch über das eigene BATNA getäuscht (→ *besseres Angebot*) und damit auch über den resistance point.

Das Gegenstück zum deal-breaker bzw. Minimalziel ist das *Maximalziel* (→ *aspiration point*).

Decision-maker

Der decision-maker, auch **Entscheider** oder **decider** genannt, ist die Schlüsselfigur jeder Verhandlung. Er entscheidet, ob das vorgelegte Ergebnis akzeptabel ist. Teilweise verhandelt der decision-maker selbst, teilweise schickt er einen Verhandler (mit Verhandlungsvollmacht oder auch mit formaler Abschlussvollmacht aber zugleich mit der Pflicht nicht allein zu entscheiden) in die Verhandlung. Im letzteren Fall entsteht die → *Principal-Agent-Problematik*.

Es ist zwischen den verschiedenen Typen von decision-makern zu unterscheiden:

- Vorschlagsberechtigte,
- Vetoberechtigte,
- aktiv Entscheidungsberechtigte (allein entscheidungsberechtigt),
- Teil eines Entscheidungsgremiums (ohne Vetoposition),
- Personen, die berechtigt sind, eine Entscheidung an sich zu ziehen und
- Personen, die sogar berechtigt sind, generelle → *company policies* zu durchbrechen oder zu ändern, auch wenn sich das auf andere Projekte auswirken würde.

Die Gegenseite sollte sich bemühen, den oder die decision-maker zu kennen. Denn seine Entscheidung wird auch davon abhängen, wie sie ihm präsentiert wird. Bekannten Präferenzen von Entscheidern könnte daher während der Verhandlung Rechnung getragen werden. So kann es sein, dass sich der decision-maker, bedingt durch seine frühere berufliche Tätigkeit oder Ausbildung, immer für einen bestimmten Vertragsteil besonders interessiert.

Als Entscheider im engen Sinn gilt nur der, der letztlich über die endgültige Einigung, d. h. den Vertragsschluss entscheidet. Das bedeutet aber nicht, dass alle Einzelentscheidungen vom decision-maker getroffen werden sollten. Vorzugswürdig erscheint, auch dem Verhandlungsteam bzw. dem negotiator, also dem für die Verhandlung Verantwortlichen, eine gewisse Entscheidungsautonomie zuzugestehen. Im Weiteren gibt es daher möglicherweise mehrere decision-maker für Einzelfragen. Verbreitet sitzt der bzw. sitzen die decision-maker nicht am Verhandlungstisch. Dies kann den Vorteil haben, dass noch einmal eine echte Kontrolle des Verhandlungsergebnisses stattfindet. Allerdings reduzieren sich hier die Entscheidungsoptionen auf Zustimmung, Ablehnung und Weiterverhandlung. Mittelständische Unternehmen haben bei größeren Projekten gute Erfahrungen damit gemacht, dass die decision-maker, jedenfalls in der entscheidenden Runde, mit am Verhandlungstisch sitzen. So können sie unmittelbar einen Eindruck gewinnen, ob das Optimum erreicht wurde. Sie können sich dadurch außerdem noch direkt in die Verhandlung einbringen und somit das Verhandlungsergebnis inhaltlich beeinflussen. Je später der decision-maker jedoch in die Verhandlungen eingreift, desto schwieriger ist es, von den bereits verhandelten Ergebnissen abzuweichen, ohne das Vertrauensverhältnis zum Verhandlungspartner zu stören und die Autorität des Verhandlers zu untergraben.

Sitzt der decision-maker der Gegenseite mit am Tisch, so lohnt es sich, sich besonders auf seine Reaktionen und seine Zustimmung zu konzentrieren. Nicht selten eröffnen decision-maker Verhandlungen, um sich kennenzulernen und um bei Schwierigkeiten besser die direkte Verhandlung suchen zu können. In seltenen Fällen wollen Entscheider unerkannt an Verhandlungen teilnehmen (**graue Eminenz**). Sie nehmen dann praktisch die Rolle des → *Analytikers* ein und können dann, ohne selbst involviert zu sein, in Kenntnis der Verhandlung entscheiden. Unter Umständen kann die Gegenseite jedoch erkennen, dass der Entscheider bei der Verhandlung anwesend ist. Insbesondere, wenn die Verhandler gelegentlich fragend zu einem Verhandlungsmitglied schauen, das offiziell nicht als Entscheider vorgestellt wurde, oder wenn ein Verhandlungsmitglied bei emotionalen Äußerungen, wie z. B. Lachen, tonangebend ist, kann dies auf einen Entscheidungsverantwortlichen hindeuten.

Unter Umständen ebenso wichtig wie decision-maker können **opinion leader**, d. h. Meinungsführer, sein. Sie müssen nicht unbedingt allein oder überhaupt entscheidungsbefugt sein, aber ihre Meinung hat einen großen Einfluss. So kann bei einer Entscheidung, die auf Vorstandsebene getroffen werden muss, derjenige, der die Entscheidung für den Vorstand vorbereitet oder prüft eine solche Stellung haben.

Diminishing rates of concessions
Insbesondere beim Preis lässt sich beobachten, dass der Betrag, dem Verhandler in der Verhandlung von Schritt zu Schritt nachgeben, stetig sinkt (**abnehmende Raten des Nachgebens**). Dies gilt in besonderem Maße, je näher sie dem jeweiligen Maximalpreis bzw. Minimalpreis (→ *reservation point*; dazu *Steedman*, in: The New Palgrave. A Dictionary of Economics, 1987, S. 158 f.) kommen. Es gibt zudem die Tendenz, sich in der Mitte zu einigen (→ *midpoint rule*).

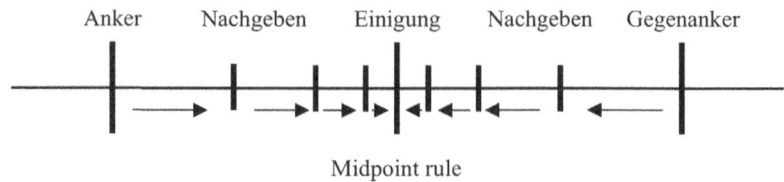

Midpoint rule

Abb. 4.5 Diminishing rates of concessions und midpoint rule. (Quelle: eigene Darstellung)

Abb. 4.5 stellt das Verhältnis von diminishing rates of concessions und der midpoint rule grafisch dar.

Dieser Mechanismus ist professionellen Verhandlern allgemein bekannt. Es gibt daher eine Taktik, den Verhandlungspartner über den eigenen Grenzpreis zu täuschen, – ohne dass es sich im rechtlichen Sinne um eine rechtswidrige → *Täuschung* handelt –, bei der schon deutlich vor dem eigenen reservation price die Raten des Nachgebens reduziert werden.

Dispositives Recht

Obwohl dispositives Recht von den Parteien geändert werden kann – zur Disposition der Parteien steht –, stellt es eine wichtige rechtliche Rahmenbedingung für die Vertragsverhandlung dar. Zum einen kommt es lückenfüllend zum Einsatz, wenn nichts Abweichendes geregelt wird. Daraus folgt, dass man diesen Punkt nicht zum Verhandlungsgegenstand zu machen braucht, sofern die Rechtslage nach dispositivem Recht aus der Sicht der eigenen Seite zufriedenstellend ist. Strebt die andere Seite nach einer abweichenden Regelung, kann man sich auf das dispositive Recht als regelmäßig fairen Interessenausgleich berufen, womit die Gegenseite die → *Begründungslast* für die Abweichung trägt. Das dispositive Recht ist als fairer Interessenausgleich auch Ausgangspunkt der → *Inhaltskontrolle*. Die Intensität der Abweichung von den Wertentscheidungen des dispositiven Rechts ist zentral für die Bewertung im Rahmen der Inhaltskontrolle. Auch bei Klauseln, die aufgrund der AGB Inhaltskontrolle unwirksam sind, tritt das dispositive Recht regelmäßig an die Stelle der unwirksamen Klausel (§ 306 Abs. 2 BGB).

Distributive Verhandlungen

Bei der Strategie der distributiven Verhandlungen – auch **distributive negotiations** genannt – geht es um die optimale Durchsetzung der eigenen Verhandlungsposition. Im Fokus steht die Verteilung des *Verhandlungskuchens* (→ *negotiation pie*), nicht dagegen seine Vergrößerung. Den Gegensatz bilden die → *integrativen Verhandlungen*, bei denen auch die gemeinsamen Interessen beider Seiten, und damit die Vergrößerung des Verhandlungskuchens, ein wesentlicher Teil der Verhandlungen sind. Der Begriff des **hard bargaining** ist weitgehend synonym zu einer distributiven Verhandlung zu verstehen. Teilweise wird auch der Begriff der → *positionsorientierten Verhandlungen* als Synonym zu den distributiven Verhandlungen angesehen, doch dürften sich auch distributive Verhandlungen im Regelfall an den Interessen ausrichten, sofern diese parallel zu den Positionen verlaufen.

Divide and conquer

In Anlehnung an das *Niccolò Machiavelli* zugeschriebene, aber schon in der römischen Antike praktizierte Motto „divide et impera" (teile und herrsche) heißt die hier betrachtete Taktik „divide and conquer", also **teile und erobere**. Danach wird für multilaterale Beziehungen empfohlen, durch Herbeiführung einer Konfliktstellung unter den anderen Parteien Vorteile für die eigene Seite in der Verhandlung zu erlangen. An sich ist die Taktik eher für multilaterale Konfliktbeziehungen als für Vertragsverhandlungen geeignet. Gelingt es allerdings, zwischen dem Verhandlungspartner und einem Mitkonkurrenten einen Konflikt um den Auftrag zu provozieren, kann dies dazu führen, dass sich das Bedürfnis der Gegenseite nach einer vertraglichen Einigung mit der eigenen Seite deutlich erhöht. Denn dieser Mitkonkurrent scheidet dadurch in der Regel aus dem Rennen um den Auftrag aus bzw. seine Chancen werden reduziert. Das führt regelmäßig dazu, dass sich zugleich auch das → *BATNA* des Verhandlungspartners verschlechtert. Wird das taktische Vorgehen allerdings aufgedeckt, nimmt das Verhandlungsvertrauen regelmäßig schweren Schaden. Möglicherweise wird ein Vertragsschluss mit der eigenen Seite sodann aus prinzipiellen Gründen abgelehnt (→ *break it off*).

Doppelte Schriftformklausel

Es handelt sich um eine juristische Technik, die dazu dient, Sicherheit hinsichtlich des Vertragsinhaltes zu erhalten und unüberlegte Vertragsänderungen durch Agenten zu verhindern. Anders als im Common Law sind im deutschen Rechtskreis auch bei einem schriftlichen Vertrag die vorherigen (mündlichen) Verhandlungen und insbesondere mündliche Versprechen zu berücksichtigen. Selbst eine sog. **einfache Schriftformklausel**, wonach der Vertrag und seine Ergänzungen und Änderungen der Schriftform bedürfen, soll dies nach der Rechtsprechung des Bundesgerichtshofs (BGH NJW-RR 1995, 179; BGH NJW 2006, 138, 139) nicht verhindern können, da aufgrund des Vorrangs der Individualabrede gemäß § 305b BGB, jedenfalls beim Vorliegen von AGB, davon auszugehen sei, dass mit einer mündlich vereinbarten Vertragsergänzung/Vertragsänderung zugleich die Schriftlichkeitsklausel stillschweigend aufgehoben wurde. Hier hilft nur die – allein dem deutschen Recht bekannte – doppelte Schriftformklausel, wonach auch die Aufhebung der Schriftformklausel der Schriftform bedarf. Diese Regelung sollte jedoch nur zwischen Unternehmen (BGH NJW 2010, 1065) wirksam sein. Seitdem der Mietrechtssenat (BGH NJW 2017, 1017, 1017 f.) die doppelte Schriftformklausel im gewerblichen Mietrecht, wo auch eine gesetzliche Schriftform existiert, für unzulässig erklärt hat, ist jedoch unklar, ob diese Regelung im Übrigen noch zulässig ist.

Beispiel

für die Formulierung einer doppelten Schriftformklausel: „Änderungen und Ergänzungen dieses Vertrages bedürfen der Schriftform. Dieses Formerfordernis kann nicht durch mündliche Vereinbarungen aufgehoben werden." ◄

Drohung

Zahlreiche Taktiken nutzen Drohungen (z. B. → *red line*, → *take it or leave it*); sie werden unter dem Sammelbegriff „Ultimatum" zusammengefasst. Drohungen sind eine intensive Form von Druck (→ *Drucktaktiken*). Sie können wirkungsvoll sein, wenn sie realistisch sind (→ *credible threat*) und nicht nur eine negative Wirkung für das Unternehmen der Gegenseite in Aussicht stellen, sondern auch zu Lasten des Verhandlers der Gegenseite wirken. Sollten sie von feindlicher Willensrichtung getragen sein, könnten sie allerdings auch die Widerstandskraft der Gegenseite verstärken. Die Drohung kann eine viel stärkere Wirkung als ihre Realisierung haben.

Schachgroßmeister Aron Nimzowitsch, der Rauch schlecht vertrug, bat bei einem Schachturnier, bei dem Rauchen erlaubt war, seinen Gegenspieler *Efim Bogoljubow* auf das Rauchen zu verzichten. Dieser versprach, nur dann zu rauchen, wenn er das Gefühl hätte, er stünde ganz schlecht in der Partie. Allerdings legte er die Zigarre demonstrativ neben sich. *Nimzowitsch* verlor und beschwerte sich bei der Turnierleitung darüber, dass der Gegenspieler zu rauchen gedroht hätte. Auf den Einwand, der Gegenspieler habe doch gar nicht geraucht, erwiderte er, dies sei schlimmer, denn die Drohung wirke noch stärker als ihre Ausführung.

Verallgemeinerungsfähiger Kern dieser Anekdote ist, dass die Drohung dem Drohenden viele Optionen lässt, die er erst durch die Realisierung der Drohung verliert. Mit ihrer Realisierung verliert die Drohung in der Regel ihren Schrecken, soweit nicht noch Eskalationsstufen bestehen. Häufig erleidet auch der Drohende selbst durch die Realisierung der Drohung erhebliche Nachteile (→ *this will hurt you more than it will hurt me*). Nicht realisierte Drohungen führen andererseits in Verhandlungen häufig zum Gesichtsverlust (→ *Gesicht wahren*), weshalb schon vorher ein überzeugender Ausweg (d. h. eine exit option) überlegt werden sollte, um sich die Option der Nichtrealisierung der Drohung offen zu halten.

Drohungen können Vertrauen zerstören und auch rechtswidrig sein. Strafrechtlich kann es sich unter Umständen um eine Erpressung (§ 253 StGB) oder eine Nötigung (§ 240 StGB) handeln. Zivilrechtlich kommt eine Anfechtbarkeit des Vertrages wegen Drohung (§ 123 Abs. 1 2. Alt. BGB), eine Unwirksamkeit wegen Nötigung (§ 134 BGB i. V. m. § 240 StGB) ein Schadensersatz wegen Verschulden bei Vertragsschluss (→ *c. i. c.* §§ 280 Abs. 1, 311 Abs. 2, 241 Abs. 2 BGB), ein Schadensersatz wegen Verstoß gegen ein Schutzgesetz (§ 823 Abs. 2 BGB i. V. m. § 240 StGB) oder ein Schadensersatz wegen vorsätzlicher sittenwidriger Schädigung (§ 826 BGB) in Betracht. Eine Drohung im rechtlichen Sinn liegt nur vor, wenn der Drohende sich Einfluss auf den angedrohten Handlungsverlauf zuschreibt. Davon zu unterscheiden ist die (harmlose) Warnung (→ *warnen statt drohen*), bei der der Warnende sich keinen Einfluss auf die beschriebenen (negativen) Ereignisse zuschreibt. Durch die bloße Formulierung wird aus einer Drohung aber noch keine (harmlose) Warnung. Es kommt auf den Blickwinkel des verständigen Empfängers an.

Nicht jede Drohung ist automatisch rechtswidrig. In § 123 Abs. 1 2. Alt. BGB wird ausdrücklich die Widerrechtlichkeit verlangt. Sonst ergibt sich dies aus dem allgemeinen Rechtswidrigkeitsvorbehalt. Die Rechtswidrigkeit einer Drohung kann sich aus ihrem

Zweck, aus dem Mittel oder aus der Zweck-Mittel-Relation ergeben. Im Rahmen der notwendigen Abwägung bei der Zweck-Mittel-Relation spielt es z. B. eine Rolle, ob es nur um eine bessere Positionierung innerhalb des natürlichen Einigungsbereiches (→ *ZOPA*) oder aber um eine Forderung geht, bei deren Erfüllung der Verhandlungspartner einen Verlust machen würde. Diese Sichtweise teilt auch der Bundesgerichtshof (BGH NJW 1969, 1627, 1628). Er sah das Verlangen des Verkäufers eines Grundstückes gegenüber dem Makler, dieser solle auf die vertraglich vereinbarte Verkäuferprovision verzichten und sich mit der Käuferprovision begnügen, sonst gäbe es keinen Abschluss, nicht als rechtswidrige Drohung an. Denn die Haltung des Verkäufers, dass sich das Geschäft ohne Verzicht auf die Verkäuferprovision durch den Makler nicht lohne und er dann unter diesen Umständen nicht verkaufen werde, sei nicht rechtswidrig. Dem Makler bleibe der Vorteil der Käuferprovision, denn bei Verzicht auf den Verkauf hätte er nichts erhalten. Dabei soll es nicht einmal auf die behauptete, schwierige wirtschaftliche Lage des Maklers zum Zeitpunkt der Verhandlung ankommen.

Beim eingesetzten Mittel spielt eine Rolle, ob es rechtmäßig war oder wenigstens für rechtmäßig gehalten werden konnte. Hat der Empfänger der Drohung eine realistische Ausweichmöglichkeit in Reaktion auf die Drohung, ist diese viel eher rechtmäßig, als wenn ein sog. *hold-up* (→ *Nachverhandlungen*) existiert, also eine gewisse Zwangslage besteht. Bei dieser Zwangslage kommt es aber auch darauf an, ob sie z. B. durch ein veranlasstes Vertrauen in den Vertragsschluss und darauf bauende Vertragsvorbereitungsarbeiten entstand oder sich die Gegenseite freiwillig, d. h. selbst, in eine Zwangslage gebracht hat. Ebenfalls für Rechtmäßigkeit spricht, wenn das Mittel der Drohung einen inneren Bezug zum Zweck hat, wie dies grundsätzlich beim angedrohten Verhandlungsabbruch und dem Ziel eines Nachgebens der Gegenseite der Fall ist. Umgekehrt ist es ein starkes Indiz für Rechtswidrigkeit, wenn die Drohung keinerlei Zusammenhang zum Zweck hat. Das kann z. B. der Fall sein, wenn mit einer Weitergabe von privaten, den Verhandler der Gegenseite belastenden Informationen gedroht wird, sollte dieser nicht zu Lasten seines Unternehmens nachgeben.

Drohungen sollten eine gewisse Interventionsschwelle überschreiten, um rechtlich relevant zu werden. Ausdrücklich angesprochen wird dies in § 240 Abs. 1 StGB, der die Drohung mit einem empfindlichen Übel verlangt. Diese Schwelle ist aber auch sonst geboten und zwar insbesondere in unternehmerischen Verhandlungen. Soweit die Relevanzschwelle in der Literatur abgelehnt wird, werden dennoch ähnliche Ergebnisse über Kausalitätsüberlegungen angestrebt. Jedenfalls in kompetitiven Verhandlungen geht es um die Durchsetzung der eigenen Interessen mit Hilfe der eigenen *Verhandlungsmacht* (→ *negotiation power*). Die Ankündigung eines Verhaltens in Abhängigkeit vom Verhalten der Gegenseite ist hier eine ganz normale Verhaltensweise, aber nicht unbedingt eine (rechtswidrige) Drohung i. S. d. § 123 BGB. Sie überschreitet nicht notwendigerweise die Intensitätsschwelle und ist auch nicht unbedingt rechtswidrig.

Angewandt auf relevante Drucktaktiken bedeuten die obigen Ausführungen Folgendes: Die Drohung mit dem Rechtsweg (→ *see you in court*) ist jedenfalls für sich, also bezogen auf das Mittel, nicht rechtswidrig. Das sollte auch dann gelten, wenn der Anspruch nicht besteht, aber dies sich demjenigen, der sich eines Anspruchs berühmt, nicht aufdrängen muss. Etwas anderes kann sich vor allem aus der Zweck-Mittel-Relation ergeben. In laufenden Vertragsverhandlungen ist insbesondere die Drohung mit einem *Verhandlungsabbruch* (→ *break it off*) grundsätzlich nicht rechtswidrig. Wenn nach einem geschlossenen Vertrag die andere Seite mittels der Drohung des Vertragsbruchs zu → *Nachverhandlungen* gezwungen werden soll, dann ist dies, wenn kein Anpassungs- oder Neuverhandlungsanspruch nach § 313 BGB oder § 242 BGB besteht, die Drohung mit einer rechtswidrigen Handlung. Gibt der Vertragspartner daraufhin nach, kann er die Vertragsänderung anfechten. Ähnlich wie bei der Drohung mit einer Klage sollte aber auch hier nur die Offenkundigkeit des Fehlens eines Anpassungs- bzw. Nachverhandlungsanspruches generell schaden.

Insbesondere im Rahmen von Nachverhandlungen stellt sich nicht selten die hold-up Problematik. In einer solchen Konstellation sollte die Rechtswidrigkeit eher gegeben sein.

Die durchgeführten Überlegungen zu den rechtlichen Konsequenzen von Drohungen betreffen eine noch nicht geklärte Konstellation, weshalb hier besondere Rechtsrisiken für die Beteiligten bestehen.

Schwierig zu beantworten ist die Frage, wie auf Drohungen, die der Verhandlungspartner äußert reagiert werden sollte. Generell wird empfohlen, die Drohung zunächst einmal zu analysieren. Was bezweckt die Gegenseite mit der Drohung? Was ist ihre Motivation? Die Reaktion auf die Drohung hängt vor allem auch von der Beantwortung dieser Frage ab. Wird ebenfalls eine Drohung aufgestellt, kann der Konflikt leicht eskalieren; umgekehrt werden Anreize für zukünftige Drohkulissen gesetzt, wenn aufgrund der Drohung nachgegeben wird. In der Tendenz soll das sog. **process labelling** dabei helfen, dass sich die Parteien wieder auf konstruktivere Verhandlungen konzentrieren (vgl. dazu u. a. *Lytle/ Brett/Shapiro*, Negotiation Journal 15 (1999), 31–52). Dabei wird zunächst der Prozess benannt (der hier auf der Drohung basiert) und dieser dann als nicht effektiv kritisiert. Daraufhin wird vorgeschlagen, zu einem effektiveren Prozess zurückzukehren.

Drucktaktiken

Eine Vielzahl von Taktiken versucht primär oder jedenfalls auch mittels Druck, Erfolge in der Verhandlung zu erzielen. Druck kann durch → *Drohungen* aber auch in anderer Form aufgebaut werden. Solche Drucktaktiken können darauf abzielen, den Verhandlungspartner mittels Drucks unmittelbar zu Zugeständnissen zu veranlassen. Oft sind solche Taktiken jedoch auf das Zwischenziel ausgerichtet, Verhandlungsfehler der Gegenseite zu provozieren (→ *Fehler*), um diese dann auszunutzen. Insoweit kann man von zwei verschiedenen Formen von Drucktaktiken sprechen, da die unterschiedlichen Funktionsweisen auch unterschiedliche taktische Mittel verlangen.

Beispiele für Drucktaktiken, die auf Zugeständnisse abzielen

→ *brinkmanship,* → *deadlines,* → *see you in court* ◄

Beispiele für Drucktaktiken, die auf die Provokation von Verhandlungsfehlern abzielen

→ *Russian front,* → *take it or leave it,* → *ambitious target price setting* ◄

Werden Drucktaktiken eingesetzt, ist es schwer, gleichzeitig das wünschenswerte Verhandlungsvertrauen zum Verhandlungspartner aufzubauen bzw. zu erhalten. Versucht wird dies teilweise durch einen vertrauensvollen Umgang mit den Verhandlern der Gegenseite, bei gleichzeitigem Druck gegen deren Unternehmen (→ *be tough talk nice*), oder durch den Einsatz der → *good guy/bad guy* Taktik.

Drucktaktiken können sowohl mit Täuschungselementen als auch mit Kooperationselementen kombiniert werden. So sind Taktiken, die mit *Zeitdruck* (→ *deadline*) arbeiten nicht selten mit Täuschung verbunden (→ *false deadline*). Auch eine kooperative Lösung lässt sich mit einem Zeitdruck kombinieren, z. B. in dem die eine Seite eine kooperative Lösung anbietet und die Annahmefrist sehr kurzhält, weil der Verhandlungspartner erkennbar nach alternativen, hart kompetitiven Lösungen sucht.

Nach der Art des Druckes lassen sich psychologischer (→ *big fish*), zeitlicher (→ *deadline*) oder inhaltlicher Druck (→ *BAFO*) auf die Gegenseite unterscheiden. Während persönlicher Druck auf einen Verhandler der Gegenseite schnell die Grenzen des Zulässigen überschreitet (unzulässige Zweck-Mittel-Relation), könnte Druck, der darauf gerichtet ist, das → *BATNA* des Verhandlungspartners einzuschränken, relativ großzügig betrachtet werden. Eine der stärksten Formen des Drucks ist die Drohung. Selbst diese führt aber nicht zwangsläufig zu rechtlichen Konsequenzen (→ *Drohung*). Erst recht muss dies für schwächere Formen des Drucks gelten (Erst-recht-Schluss). Ähnlich wie bei der Irreführung durch → *listige Täuschung* könnte dieser Druck als Teil des Verhandlungsspiels angesehen werden. Bei fehlender struktureller Ungleichgewichtslage, die insbesondere Gegenstand des Kartellrechts ist (→ *Verbot des Missbrauchs einer marktbeherrschenden Stellung*), sollte Druck, der schwächer als eine → *Drohung* ist, grundsätzlich noch rechtmäßig sein, (für eine allgemeine Analyse vgl. *Eidenmüller*, ERCL 13 (2007), 21–40; *Schlösser*, Druckausübung in Vertragsverhandlungen, 2014: Vorschlag einer partiellen Analogie des § 123 BGB auf Drucktaktiken, die keine Drohung enthalten, aber ähnlich wirken). Diese hier (rechtsfortbildend) zu ziehenden Grenzen (rules of the game) sind bisher allerdings kaum erforscht. Würde das Gebot des → *fairen Verhandelns* auch außerhalb des Arbeitsrechts anerkannt, könnten sich hier Zulässigkeitsgrenzen für Vertragsverhandlungen ergeben.

Durchsetzungsvermögen

Für den Verhandlungserfolg spielt auch die Fähigkeit des psychischen Durchsetzungsvermögens in Form von mentaler Stärke eine Rolle. Dies gilt in besonderem Maße bei Verhandlungen mit kleiner Personenzahl oder eindeutig die Verhandlungen dominierenden → *Verhandlungsführern*. Mentale Stärke spielt zudem vor allem dann eine entscheidende Rolle, wenn das → *BATNA* und andere Anhaltspunkte für die eigene und fremde objektive Verhandlungsstärke – wie häufig – nur eingeschränkt bekannt sind. Bei der Auswahl der

Verhandlungsführer ist daher auch das Durchsetzungsvermögen zu berücksichtigen. Ein hohes Durchsetzungsvermögen begünstigt allerdings nicht unbedingt ein kooperatives Verhandeln, da es mit einer Tendenz zum *hard bargaining* (→ *distributive Verhandlungen*) verbunden sein kann und auch das Scheitern der Vertragsverhandlungen etwas wahrscheinlicher machen dürfte. Der eventuell größere Verhandlungserfolg bei Abschlüssen wird also mit einem Risiko erkauft.

E-Mail

E-Mails sind ein wichtiges Kommunikationsmittel. Verhandlungen über E-Mail (**e-negotiation, computer mediated communication (CMC)**) weisen ihre eigenen Gesetzmäßigkeiten auf. Anders als bei klassischen, schriftlichen Verhandlungen, werden die Texte häufig nicht sehr sorgfältig formuliert, und der Verfasser legt sie meist auch nicht zu einem nochmaligen Überdenken beiseite. Umgekehrt werden E-Mails nicht immer sorgfältig vom Verhandlungspartner gelesen, was schlicht an Zeitmangel liegen kann. Das Phänomen könnte aber auch darauf beruhen, dass E-Mails die Autorität eines gedruckten Textes fehlt. Zu den allgemeinen Nachteilen der schriftlichen Kommunikation – keine nonverbale Kommunikation, Schwierigkeiten den Verhandlungspartner emotional zu verstehen sowie zu erreichen, keine direkte Kommunikation – kommt die hohe Fehleranfälligkeit (→ *Fehler*). Es besteht eine erhöhte Gefahr, inhaltlich ungewollte → *Eskalationen* und → *Missverständnisse* zu provozieren. Zudem werden weniger Details ausgetauscht als bei Verhandlungen unter Anwesenden (→ *face-to-face*).

Die beschriebene, erhöhte Fehleranfälligkeit von e-negotiations lässt sich durch höhere Sorgfalt bei der Erstellung sowie Prüf- und Genehmigungsroutinen weitgehend entschärfen. Dadurch verliert der Verhandler jedoch gleichzeitig an Reaktionsgeschwindigkeit, und der Aufwand steigt. Letztlich führt dies nur zu einer Annäherung an klassische, schriftliche Verhandlungen, die aber auch als deutlich weniger leistungsfähig als mündliche Verhandlungen gelten, insbesondere unter Anwesenden. Es ist daher in der Regel davon abzuraten, anspruchsvolle Verhandlungen über E-Mail abzuwickeln.

Droht allerdings eine Verhandlung emotional zu eskalieren und besteht nur die Alternative zwischen → *telefonischen Verhandlungen* und einer E-Mail, kann die E-Mail durchaus Vorteile aufweisen. Zwar lassen sich komplexe Einigungen oder emotionale Annäherungen so kaum erreichen. Es ist aber leichter als bei mündlichen Verhandlungen, Eskalationen zu verhindern, insbesondere wenn die Situation emotional aufgeladen ist. Anders als bei mündlichen Verhandlungen kann außerdem der Inhalt der Einigung im Regelfall durch den E-Mail-Verkehr sicher festgestellt werden. Von daher sollten E-Mails in entsprechenden Problemsituationen durchaus als Kommunikationsmittel benutzt werden. Zu bedenken ist dabei allerdings, dass E-Mails leicht an (viele) dritte Personen weitergeleitet werden können. Es ist daher wichtig, sich dieses Risikos bewusst zu sein und durchdacht zu formulieren.

E-Mails können u. U. das Verhandlungsgleichgewicht verschieben. Durch die fehlende face-to-face-Kommunikation (also das Vorliegen einer asynchronen Kommunikationssituation) mögen Umstände wie Alter, → *Geschlecht*, hierarchische Stellung etc. weniger ins Gewicht fallen. Physische → *Herrschaftsgesten* entfallen. Der Verhandlungspartner kann nicht durch Statussymbole beeindruckt werden (teure Geschäftsräume etc., dazu → *big fish*). Ein zeitlicher Einigungsdruck ist schwerer aufzubauen. Der Verhandler kann sich zudem leichter von der eigenen Seite Hilfe holen (→ *back office*). Vor allem für Verhandler, die hier sonst in der mündlichen Verhandlung benachteiligt wären, kann daher eine Verhandlung per E-Mail eine interessante Alternative darstellen (zu diesbezüglichen Geschlechterunterschieden vgl. *Stuhlmacher/Citera/Willis*, Sex Roles 57 (2007), 329–339).

Allerdings ist es schwerer, durch E-Mails → *rapport* aufzubauen, welcher gerade in → *ständigen Geschäftsbeziehungen* wichtig ist. Teilweise wird daher empfohlen, vor einer Verhandlung via E-Mail zumindest telefonisch Kontakt mit dem Verhandlungspartner aufzunehmen und in diesem Rahmen z. B.→ *chit-chat* zu nutzen, um rapport aufzubauen. Eine Studie hat gezeigt, dass die Abschlusswahrscheinlichkeit dann erheblich steigt (vgl. *Nadler*, Harvard Negotiation Law Review 9 (2004), 225–253).

Unter den Vorschlägen, verschiedene Formen der Verhandlung zu kombinieren, ist insbesondere auf die **into-the-wind-technique** hinzuweisen, die face-to-face-Verhandlungen mit E-Mail kombiniert.

EANT (Ethically ambiguous negotiation tactics)

Zu den EANT (**ethisch fragwürdige Verhandlungstaktiken**) zählen zahlreiche Verhandlungstaktiken, die sich insbesondere den Grundkategorien → *Drucktaktiken* und → *Irreführung* zuordnen lassen.

Die Entscheidung über den Einsatz solcher Taktiken in Verhandlungen hängt nicht allein von den individuellen Moralvorstellungen der Verhandler und der → *decision-maker* sowie den generellen Unternehmensvorgaben und Branchenstandards ab. Große Bedeutung haben auch rechtliche und außerrechtliche Risiken, die mit dem Einsatz solcher Taktiken verbunden sind. Hierfür relevant ist die Wahrscheinlichkeit der Entdeckung, die möglichen sozialen Konsequenzen (z. B. Geschäftsabbruch, Reputationsverlust beim Verhandlungspartner und in der Branche) sowie die rechtlichen Folgen (z. B. Anfechtung gem. § 123 BGB (→ *arglistige Täuschung*); Haftung aus → *culpa in contrahendo* (*c. i. c.*)) und die Wahrscheinlichkeit, dass die möglichen Konsequenzen sich tatsächlich realisieren.

Auch wer solche Taktiken uneingeschränkt ablehnt, sollte sie dennoch kennen, um ihnen effektiv begegnen zu können, wenn der Verhandlungspartner sie anwendet. Der Umgang mit solchen Taktiken ist auch aufgrund des → *Betrugsdilemmas* nicht leicht. Zu den möglichen Abwehrmaßnahmen gehört auch die Verabredung moralischer Standards für die Verhandlungen (konkrete Maßnahmen werden innerhalb der einzelnen Stichwörter angesprochen). Diese Verabredung kann nicht verrechtlicht, also ein bloßer moralischer Appell sein. Gerade in Deutschland dürfte eine solche Vereinbarung aber im Regelfall als rechtsgeschäftlich verbindlich verstanden werden und wäre dann auch in der Lage, die Grenzen des sonst rechtlich Zulässigen zu verschieben. Üblich sind solche Vereinbarungen in der Praxis allerdings nicht.

Eindruck (erster und letzter)

Da vor allem der erste Eindruck (*Hamilton/Katz/von Leirer*, Journal of Personality and Social Psychology 39 (1980), 1050–1063) und mit Abstrichen auch der letzte Eindruck prägend sind, ist es lohnend, sich sowohl um einen positiven ersten Eindruck als auch um einen positiven letzten Eindruck zu bemühen. Hinsichtlich des ersten Eindrucks konzentrieren sich die meisten Menschen unbewusst auf die Beurteilung der Vertrauenswürdigkeit und die Kompetenz des Gegenübers, wobei die Vertrauenswürdigkeit eine größere Rolle spielen soll (*Cuddy/Fiske/Glick/Xu*, Journal of Personality and Social Psychology 82 (2002), 878–902). Einen ersten positiven Eindruck kann das Verhandlungsambiente hinterlassen. Aber auch Sprache, → *Geschlecht*, Aussehen, Stimme (Tonfall), → *Körpersprache* und Geruch bestimmen den ersten Eindruck. Die übliche, unauffällige Businesskleidung vermittelt insoweit Seriosität. Aufgrund der Einheitlichkeit ist es allerdings nicht so leicht, sich dadurch positiv von Konkurrenten abzuheben (z. B. bei Bewerbungsgesprächen). Die Suche nach privaten *Gemeinsamkeiten* (→ *find something in common*, → *similar-to-me-Effekt*) vor Beginn der inhaltlichen Verhandlungen kann hilfreich sein, um einen guten ersten Eindruck bei den Verhandlern der Gegenseite zu machen (→ *chit-chat* und → *rapport*). Der erste Eindruck ist wichtig, da Menschen aufgrund des **confirmation bias** (Selbstbestätigung anfänglicher Einschätzungen) dazu neigen, ihrem ersten Eindruck entgegenstehende Argumente nicht zu berücksichtigen (→ *bias*). Beim positiven letzten Eindruck geht es nicht nur um Versöhnungsgesten nach vielleicht langen harten Verhandlungen. Es wird sogar empfohlen, Verhandlungen mit einem Nachgeben in einem Nebenpunkt abzuschließen (*delight factor* → *padding*). Die Gegenseite beendet die Verhandlung insoweit mit einem Erfolgserlebnis – dem Nachgeben – und behält diesen Verhandler und sein Unternehmen dadurch in besserer Erinnerung. Wirkt das Nachgeben am Ende allerdings völlig unmotiviert, erzeugt es allerdings Skepsis, hinsichtlich des Verhandlungsergebnisses.

Eintextverhandlungen

Bei der Eintextverhandlung (**single-text negotiation**) handelt es sich um eine Verhandlungstechnik mit erheblichen taktischen Auswirkungen. Wird nur auf Basis eines Textes, d. h. eines konkreten Vertragsvorschlags, verhandelt, so verkürzt dies die Verhandlungen, erhöht die Widerspruchsfreiheit des Vertrages und reduziert meist auch dessen Komplexität und damit gleichzeitig die Fehleranfälligkeit. Eintextverhandlungen sind besonders sinnvoll, wenn nur schriftlich verhandelt wird, da bei ausschließlich schriftlichen Verhandlungen der Umgang mit mehreren, parallelen Texten schwierig ist. Umgekehrt sind Eintextverhandlungen weniger empfehlenswert, wenn eine kreative Lösung benötigt wird, da der geschriebene Text leicht eine Art geistige → *Pfadabhängigkeit* verursacht, also die Kreativität behindert.

Handelt es sich dabei um den neutralen Text eines Dritten, kann das Verfahren durch die Einschaltung des Dritten zwar aufwendig sein, bietet aber keiner der beiden Seite Vorteile. Ist der Dritte in die Verhandlungen involviert und ändert er den von ihm vorgeschlagenen Text entsprechend den Zwischeneinigungen der Parteien, spricht man von **one text procedure**.

Beispiel

Ein bekanntes Beispiel aus dem politischen Bereich für eine one text procedure ist der Friedensvertrag von Camp David 1978 zwischen Ägypten und Israel, der von den USA gemeinsam mit den Kriegsparteien entwickelt wurde. ◀

In Deutschland wird dieses kostenintensive Ideal bei notariellen Verträgen angestrebt, sofern der Entwurf vom Notar stammt. Allerdings beteiligt sich der Notar im Regelfall nicht an den Verhandlungsschritten, sodass man in diesem Zusammenhang nicht von one text procedure sprechen würde. Teilweise stammen Vertragsvorlagen auch von dritter Seite, ohne dass diese in irgendeiner Weise in die Verhandlungen eingebunden wird. So ist es z. B. möglich, auf Vorlagen aus juristischen Formularhandbüchern zurückzugreifen.

Im Regelfall stammt der Entwurf bei der Eintextverhandlung in B2B-Verhandlungen von einer der beiden Seiten. Diese Seite kann die Vorlage selbst entwickelt haben oder z. B. auf Vertragsmuster zurückgreifen, die ihr nahestehende Verbände entwickelt haben.

Grundsätzlich hat derjenige, dessen Text verwendet wird, erhebliche Verhandlungsvorteile. Zum einen kennt der Verwender den Text und seine Wirkungen in der Regel weitaus besser (Informationsasymmetrie). Zum anderen trägt der Verhandlungspartner die → *Begründungslast* für alle Änderungen, die er durchsetzen möchte. Außerdem stellt der Text einen starken Anker (→ *anchoring*) dar, dem in der Regel kein starker *Gegenanker* (→ *anchoring*) entgegengesetzt werden kann. Die Seite, die den Text verfasst hat, wird sich daher regelmäßig relativ weitgehend in Bezug auf die einzelnen Klauseln durchsetzen. Dieses Phänomen kann auch mit dem → *status quo bias* erklärt werden, wonach Entscheider bei der Wahl zwischen der Ausgangssituation (default option) und einer neuen Situation regelmäßig die Ausgangssituation bevorzugen und das selbst dann, wenn eine Veränderung einen Vorteil bedeuten würde. In Bezug auf Eintextverhandlungen stellt die Entwurfsvorlage eine Art default option dar. Eine Möglichkeit, einen Gegenanker zu setzen, ist die Einbringung einer eigenen Vertragsvorlage. Dadurch lässt sich die eigene Position klar kommunizieren. Gibt es kein großes Gefälle bei der *Verhandlungsmacht* (→ *negotiation power*), können die Parteien aus den beiden vorliegenden Entwürfen einen gemeinsamen erarbeiten. Durch die Einbringung einer eigenen Vertragsvorlage kann so unter Umständen eine Eintextverhandlung verhindert werden. Besitzt eine Partei jedoch stärkere Verhandlungsmacht, wird sie die Einbringung eines anderen Textes unterbinden und auf die alleinige Verhandlung ihrer Vorlage drängen, also auf eine Eintextverhandlung.

Soweit die Vertragsvorlage nicht den Kern der Hauptleistungen umfasst, die meist individuell ausgehandelt werden und gemäß § 307 Abs. 3 BGB auch nicht der Inhaltskontrolle unterliegen, wird die einseitige Nutzenziehung aus Vertragsvorlagen im deutschen Recht durch AGB-Recht begrenzt, da zumindest grob unangemessene Klauseln gem. § 307 BGB unwirksam sind. Denn nach deutschem Recht unterliegen auch AGB im B2B-Bereich der → *Inhaltskontrolle*. Unter Umständen kann es für den Verhandlungspartner sinnvoll sein, die vorformulierten Klauseln nicht zu verhandeln (→ *AGB-gestützte Verhandlungstaktik*).

Electronic Multitasking

Eine besondere Ausprägung des Multitasking stellt das Electronic Multitasking dar. Eine Studie, die von *Krishnan/Kurtzberg/Naquin* (*Krishnan/Kurtzberg/Naquin*, Negotiation Journal 30 (2014), 191–208) durchgeführt wurde, belegt, dass die Nutzung elektronischer Geräte Auswirkungen auf Verhandlungen hat. Insbesondere das Lesen von → *E-Mails* und anderen Nachrichten auf dem Smartphone oder Tablet wirkt sich aus. Dabei ist zwischen Effekten auf den Verhandlungspartner und Auswirkungen auf das Verhandlungsergebnis zu unterscheiden. Verhandler, die während einer → *face-to-face* Verhandlung ihr Smartphone checken,

- erzielen laut der Studie schlechtere Verhandlungsergebnisse für die eigene Seite als Verhandler, die ihr Smartphone während der Verhandlung nicht nutzen,
- wirken auf den Verhandlungspartner weniger professionell,
- wirken auf den Verhandlungspartner weniger vertrauenswürdig.

Emotionen

Es ist eine der grundlegenden Empfehlungen des → *Harvard Verhandlungskonzeptes*, zwischen Personen und Inhalten zu trennen. Der Verhandlungsgegenstand sollte nicht emotional betrachtet werden bzw. die Entscheidung über den Vertragsschluss sollte nicht auf Emotionen gestützt werden. Probleme auf der emotionalen Ebene sollten nicht durch ein Nachgeben auf inhaltlicher Ebene gelöst werden. Grundsätzlich ist dies eine überzeugende Empfehlung, denn die Optimierung der eigenen Interessen – der Interessen des eigenen Unternehmens – sollte auf → *rationaler Ebene* erfolgen.

Roger Fisher und *Daniel Shapiro* (*Fisher/Shapiro*, Beyond Reason, 2006) stellen allerdings auch fest, dass es nicht möglich ist, Emotionen bei Verhandlungen vollständig zu unterdrücken und empfehlen die Beschäftigung mit den *core concerns* (→ *core concerns framework*). Es sollte bei Verhandlungen immer auf die Gefühle der anderen Seite, insbesondere auf die des Verhandlers, aber auch auf die anderer an der Entscheidung Beteiligter (→ *think beyond the table*) Rücksicht genommen werden, weil diese Emotionen in der Praxis doch häufig mit über den Vertragsschluss entscheiden können. Insbesondere negative Emotionen sind in der Lage, einen Vertragsabschluss zu gefährden bzw. sogar zu verhindern. Negative Gefühle bei den Verhandlern der Gegenseite werden oft dadurch ausgelöst, dass dem Gegenüber die Schuld für einen Konflikt zugeschrieben wird, während der Verhandler bei sich selbst stets Umwelteinflüsse als ursächlich ansieht. Dieses Phänomen folgt aus einer Wahrnehmungsverzerrung (→ *bias*). Vielen Verhandlern fällt es auch schwer, die persönliche Ebene von der Sachebene zu trennen, sodass sie Konflikte von einer Ebene auf die andere übertragen.

Positive Emotionen wirken sich dagegen auch positiv aus und führen dazu, dass der Verhandlungspartner eher zum Vertragsabschluss bereit ist. Positive Gefühle wie eine gute Beziehung (→ *rapport*) und Vertrauen (auf beiden Seiten) sind gerade in → *ständigen Geschäftsbeziehungen* entscheidend. Zudem ist zu bedenken, dass sich die Emotionen des Verhandlungspartners nicht nur auf dessen Verhalten auswirken, sondern auch auf das eigene Verhalten. Denn häufig werden Emotionen gespiegelt (vgl. auch → *norm of reciprocity*). Drückt das Verhalten des Verhandlungspartners Ärger aus, wird darauf nicht selten ebenfalls aggressiv reagiert.

Auch auf die Emotionen von *Stakeholdern* (→ *think beyond the table*) der eigenen Seite müssen die Verhandler häufig Rücksicht nehmen. Dies setzt zunächst voraus, dass diese Gefühle wahrgenommen und in der Verhandlungsplanung und -durchführung berücksichtigt werden. Ideal ist es, die Stakeholder der eigenen Seite zu einer rationalen Entscheidung zu veranlassen. Ist dies nicht möglich – z. B. wegen der Rangstellung des Betreffenden –, stellt dies ein Handicap dar, das die rational beste Entscheidung gefährdet und unter Umständen sogar verhindern kann.

Schließlich spielen auch die eigenen Emotionen der Verhandler für die Verhandlung eine große Rolle. Sie wirken sich, entgegen der Empfehlung des Harvard Verhandlungskonzepts, regelmäßig direkt auf die Sachebene aus. Studien belegen, dass die (Grund-)Stimmung des Verhandlers sich auf die Verhandlung auswirkt, und zwar sowohl auf sein Verhalten (siehe z. B. *Forgas*, Journal of Personality and Social Psychology 74 (1998), 565–577), als auch auf das Verhandlungsergebnis (z. B. *Butt/Choi/Jaeger*, Journal of Organizational Behavior 26 (2005), 681–704). Verhandler, die positiv gestimmt sind, sollen eine Tendenz haben, weniger aggressiv und dafür kooperativer zu verhandeln. Ärger und Wut sollen entgegengesetzte Effekte hervorrufen, d. h. solche Verhandler tendieren eher zu aggressivem und weniger kooperativem Verhalten.

Eigene Emotionen gegenüber der Gegenseite sind zudem häufig ein – noch zu reflektierendes – Indiz dafür, wie gut die Zusammenarbeit bei der Vertragsdurchführung funktionieren wird bzw. wie weit man dem Verhandlungspartner vertrauen kann. Vertrauen sich die Verhandler und sind dieselben Personen auch maßgeblich an der Vertragsdurchführung beteiligt, erhöht dies die Chance auf eine störungsfreie Vertragsdurchführung. Das Gegenteil gilt bei einem gestörten persönlichen Verhältnis.

Emotionen sind, weil sie nicht leicht überzeugend gespielt werden können, auch eine wichtige, wenn auch nicht ganz zuverlässige **Informationsquelle** (→ *wince*). Schließlich bedarf es manchmal der emotionalen Verhandlungsebene (→ *Verhandlungsebenen*), wenn sich die Gegenseite rationalen Argumenten nicht zugänglich zeigt.

Empathie

Die Empathie, also das **Einfühlungsvermögen** in das Denken, die Gefühle und Handlungsweisen anderer Menschen, ist ein wesentlicher Teil emotionaler Intelligenz. Mit Hilfe des Einfühlungsvermögens kann es gelingen, die andere Seite und ihre individuellen Verhandler differenziert zu beurteilen, ihre Einstellungen und Ziele zu verstehen und Absichten vorauszuahnen. Damit lassen sich nicht nur → *Missverständnisse* und unbeabsichtigte Konflikte vermeiden. Wenn ein Verhandler erkennt, was dem Verhandlungspartner wichtig ist, kann er das eigene Angebot und die Vertragsverhandlung optimieren, sodass sich nicht nur die Wahrscheinlichkeit der Einigung erhöht, sondern auch eine Optimierung des eigenen Leistungsversprechens und der Gegenleistung erfolgen kann. Empathie kann somit indirekt zur Vergrößerung des *Verhandlungskuchens* (→ *negotiation pie*) beitragen. Das Einfühlungsvermögen ist auch unternehmensintern wichtig, um Konflikte zu vermeiden und ein optimal zusammenarbeitendes Verhandlungsteam aufzubauen. Ideal wäre daher ein hohes Empathievermögen beim → *Verhandlungsführer*. Doch scheint die ebenfalls gewünschte Durchsetzungsstärke häufig nicht mit einem hohen Maß an Empathie einherzugehen. In einer solchen Konstellation sollte der → *Analytiker* ein hohes Einfühlungsvermögen besitzen, um so das Denken, die Gefühle und die Handlungen der Gegenseite besser zu verstehen und daraus Empfehlungen ableiten zu können. Eine andere Option besteht darin, dass das Verhandlungsteam selbst die unterschiedlichen Stärken repräsentiert, was z. B. auch zur → *good-guy/bad-guy*-Taktik passen würde. Bei großen Verhandlungen kann die Bedeutung des Einfühlungsvermögens für den Erfolg der Verhandlungen, die Einschaltung eines Psychologen rechtfertigen.

Endowment effect

Beim endowment effect (**Besitztumseffekt**) handelt es sich um einen verhaltensökonomischen Effekt, der bei Vertragsverhandlungen zu berücksichtigen ist. Wer einen Gegenstand besitzt, hält ihn in der Regel für deutlich wertvoller, als der, der ihn erst erwerben will (vgl. *Kahneman/Knetsch/Thaler,* The Journal of Economic Perspectives 5 (1991), 193–206). Dies erklärt sich daraus, dass die Hinzunahme als Gewinn empfunden wird, während die Abgabe einem Verlust gleicht, der stets mehr schmerzt (Verlustaversion). Die Bewertung eines Gegenstandes hängt also auch davon ab, ob er in Verbindung mit einem Gewinn oder Verlust gesehen wird. Es kommt somit auf den → *Referenzpunkt* an.

Dieser Effekt hat im Rahmen von Verhandlungen primär dann eine Bedeutung, wenn mit einem Menschen verhandelt wird, der selbst Eigentümer des Verhandlungsgegenstandes ist oder sich z. B. als Mehrheitsgesellschafter zumindest wie ein Eigentümer fühlt (siehe allerdings auch → *janus-faced presents*). Dies kann u. U. dazu führen, dass zur Verlustkompensation ein überhöhter Preis gefordert wird. In Verhandlungen geht es außerdem oftmals um einen virtuellen oder potenziellen Besitz (virtual possession), der entsteht, weil Parteien steigende Wertschätzung und Verbundenheit zu einem bestimmten Verhandlungselement entwickeln.

Der Kauf auf Probe, bei dem der Käufer den Gegenstand schon erhält, der Kaufvertrag aber unter der aufschiebenden Bedingung der Billigung durch den Käufer steht (§ 454 BGB), nutzt diesen Effekt aus, da hier bereits ein Besitzgefühl entsteht, welches es schwerer macht, sich gegen den Vertrag zu entscheiden. Bei Verhandlungen zwischen Vertretern spielt der Effekt nur in Bezug auf Vertragsgegenstände eine Rolle, bei denen der Vertreter selbst betroffen ist (z. B. bei Dienstwagen, die der Vertreter selbst nutzt). Allerdings ist ein ähnlicher Effekt zu verzeichnen, wenn der Vertreter oder der → *decision-maker* innerhalb des Unternehmens schon den erfolgreichen Vertragsschluss gemeldet hat. Der endowment effect lässt sich durch neutrale Bewertungen, denen die Gegenseite vertrauen kann, abmildern. Der Effekt scheint zudem beim Tausch nicht so stark zu sein, wie bei der Veräußerung von Ware gegen Geld.

Eine Ausprägung des endowment effects ist der **quasi-endowment effect**. Eine Partei kann sich danach bereits als Besitzer fühlen, ohne dass dies tatsächlich der Fall ist, wodurch es zu einer Beeinflussung des Referenzpunktes kommt und Angebote am zukünftigen Stand anstatt am Status quo gemessen werden. Bestes Beispiel sind → *Auktionen*, bei denen sich der Höchstbietende bereits als Besitzer sieht, jedes Überbieten folglich als Verlust empfindet und somit nicht selten bereit ist, ein objektiv zu hohes Angebot abzugeben, um den Verlust seines (vermeintlichen) Besitzes zu vermeiden. Antiquitäten- und andere Händler versuchen diesen Effekt zu nutzen, indem sie Kunden den Gegenstand ihres Interesses in die Hand geben.

Ergänzende Vertragsauslegung
Das im Gesetz nicht geregelte, aber im Grundsatz im deutschen Recht allgemein anerkannte und auf §§ 133, 157, 242 BGB gestützte Rechtsinstitut der ergänzenden Vertragsauslegung ist eine wichtige rechtliche Rahmenbedingung für Vertragsbedingungen. Denn dieses Institut nimmt entscheidenden Einfluss darauf, wie bei einer fehlenden vertraglichen Regelung, also einer Vertragslücke, die z. B. durch eine fehlende Einigung oder auch durch eine unwirksame Regelung bedingt sein kann, zu füllen ist. Das Institut der ergänzenden Vertragsauslegung gibt auch vor, wie mit einer unangemessenen gesetzlichen Regelung (z. B. bei einem atypischen Vertrag oder einem neuen Geschäftsmodell) zu verfahren ist.

Im Einzelnen funktioniert die ergänzende Vertragsauslegung folgendermaßen: Enthält der Vertrag eine Lücke, bei der mit der Hilfe der vorhandenen Regelungen des Vertrages bestimmt werden kann, wie die Parteien diese Lücke unter Berücksichtigung von Treu und Glauben gefüllt hätten, so erfolgt eine entsprechende vertragsnahe (am individuellen Vertrag ausgerichtete) ergänzende Vertragsauslegung. Die zweite Form der ergänzenden Vertragsauslegung betrifft Fälle, in denen der konkrete Vertrag keine hinreichenden Anhaltspunkte für die Lückenfüllung liefert. Grundsätzlich führt dies zum Eingreifen des dispositiven Gesetzesrechts. Ist dieses Gesetzesrecht allerdings auf diesen Typ Vertrag nicht zugeschnitten (z. B. neuer Vertragstyp oder atypische Interessen aufgrund eines besonderen Geschäftsmodells), so greift eine andere Form der ergänzenden Vertragsauslegung, die man als rechtsfortbildende ergänzende Vertragsauslegung bezeichnen könnte, da sie an die Stelle einer offenen Rechtsfortbildung des dispositiven Rechts für diese Art Fälle tritt. Diese zweite Form wird allerdings nicht offen als separate Form ausgewiesen, wohl auch weil die scheinbare Einzelfallentscheidung keiner allgemeinen Begründung bedarf. Enthält der Vertrag in seinen allgemeinen Geschäftsbedingungen eine unwirksame Klausel, so ist grundsätzlich nur die zweite Form der ergänzenden Vertragsauslegung zulässig, wobei besonders strenge Maßstäbe an die Unangemessenheit des vorhandenen dispositiven Rechts (bis hin zum Kriterium des unangemessenen Ergebnisses) gestellt werden (vgl. BGH NJW 2009, 579; BGH NJW 2011, 1342), da ansonsten de facto eine geltungserhaltende Reduktion eingeführt würde. Ansonsten bleibt es bei der Lückenfüllung durch dispositives Recht (§ 306 Abs. 2 BGB).

Face-to-face

Diese Form der Verhandlung liegt vor, wenn beide Seiten **von Angesicht zu Angesicht**, also face-to-face (**FTF**), verhandeln. Besonders häufig wird diese Form bei umfangreichen und komplexen Vertragsverhandlungen gewählt. Trotz höherer Kosten (Reisekosten, nur begrenzt nutzbare Reisezeit, Koordinierungsaufwand) überwiegen dann im Regelfall die Vorteile, insbesondere gegenüber einer Vertragsverhandlung via → *E-Mail*. Denn die unmittelbare Präsenz beider Parteien ist für das gegenseitige Kennenlernen der Verhandler sowie den Aufbau einer emotionalen Beziehung und von Vertrauen essenziell. Die Interaktion ist bei face-to-face Verhandlungen deutlich intensiver als bei anderen Kommunikationsformen. Durch die gleichzeitige Anwesenheit beider Seiten kann flexibel und schnell nach Kompromissen gesucht werden, vorausgesetzt, die Verhandler besitzen umfassende Vollmachten oder die → *decision-maker* sind selbst anwesend. Die häufig begrenzte Zeit erhöht die Chance auf eine schnelle Einigung, womit die → *Transaktionskosten* im Ergebnis im Verhältnis zu den anderen Verhandlungsformen nicht viel höher liegen müssen. Face-to-face Verhandlungen sind potenziell emotionaler als andere Formen der Kommunikation und erlauben es, praktisch den gesamten Kanon möglicher Taktiken anzuwenden. Den face-to-face Verhandlungen kommen ansonsten → *Videoverhandlungen* (Videokonferenzen) relativ nahe, auch wenn hier einige Details, z. B. hinsichtlich der → *Körpersprache,* nicht sichtbar sind. In der Praxis nicht selten ist die Kombination von face-to-face-Verhandlungen mit Verhandlungen via → *E-Mail*, Telefon (→ *telefonische Verhandlung*) oder Video.

Faires Verhandeln

Das Gebot fairen Verhandelns wurde im Arbeitsrecht insbesondere für Aufhebungsverträge entwickelt und ist insofern auch durch die Rechtsprechung anerkannt (BAG NZA 2019, 688; BAG NJW 2022, 1970). Verhandlungen über die arbeitsrechtlichen Aufhebungsverträge finden aus Sicht des Arbeitnehmers häufig in einer besonderen Drucksituation statt. Das liegt bereits daran, dass Arbeitnehmer gewöhnlich auf das Arbeitseinkommen angewiesen sind. Oftmals wird der Arbeitnehmer zudem damit unter Druck gesetzt, dass ihm alternativ gekündigt werden soll. Die Gespräche über den Aufhebungsvertrag werden für den Arbeitnehmer zudem zumeist überraschend (d. h. ohne Vorankündigung) geführt, und es wird ihm auch keine Überlegungszeit für die Annahme des Angebots gewährt, weshalb sich der Arbeitnehmer nicht beraten lassen kann. Manchmal besteht außerdem eine besondere Schwächesituation beim Arbeitnehmer (z. B. aufgrund einer Krankheit). In Ausnahmefällen kann ein entsprechendes Vorgehen durch den Arbeitgeber gegen das Gebot des fairen Verhandelns verstoßen. Die Rechtsprechung des BAG hat sich insofern für einen nicht spezifisch arbeitsrechtlichen, sondern vielmehr einen allgemeinen Lösungsansatz mit verschiedenen Abwägungsgesichtspunkten entschieden. Denn das Gebot des fairen Verhandelns soll im Ergebnis eine Nebenpflicht i. S. d. § 241 Abs. 2 BGB darstellen, welche mit Aufnahme der Verhandlungen entsteht (§ 311 Abs. 2, Nr. 1 BGB). Wird diese Nebenpflicht von einer Verhandlungspartei verletzt, kann die andere Verhandlungspartei einen Schadensersatzanspruch in Form der → *culpa in contrahendo* geltend machen (§§ 280 Abs. 1, 311 Abs. 2, Nr. 1, 241 Abs. 2 BGB). Hinter dem Gebot des fairen Verhandelns steht der allgemeine Gedanke, dass die Entscheidungsfreiheit der Verhandlungsparteien, durch ein Minimum an Fairness bezüglich des Verhandlungsprozesses (nicht des Verhandlungsinhalts (!)) sichergestellt werden soll. Dieser allgemeine Gedanke könnte auch außerhalb des Arbeitsrechts und insbesondere in unternehmerischen Verhandlungen gelten. Das spezifische Problem der arbeitsrechtlichen Aufhebungsverträge hätte allerdings auch konkreter, z. B. in Form einer Überlegungsfrist bei Aufhebungsverträgen, bewältigt werden können, weshalb Zweifel an der Notwendigkeit eines Gebotes fairen Verhandelns bestehen. Selbst, wenn man, das Gebot dem Grunde nach akzeptieren sollte, bestünden allerdings Bedenken gegen eine allgemeine Anwendung auf unternehmerische Verhandlungen. Nach hier vertretener Auffassung sollten ggf. relevante Konstellationen grundsätzlich nur mit den bestehenden rechtlichen Instrumenten (z. B. der widerrechtlichen → *Drohung* oder der → *arglistigen Täuschung*) gelöst werden. Unternehmensverhandler laufen damit nach Ansicht der Autoren in der Praxis wohl höchstens dann Gefahr, rechtswidrig zu (ver-)handeln, wenn sie eine (ansonsten gerade noch rechtmäßige) Drohung in einer besonderen Schwächesituation des Verhandlungspartners einsetzen.

Fairness-Normen
Fairness-Normen sind bereits deshalb von Bedeutung, da das → *Harvard Verhandlungskonzept* faire Verhandlungen befürwortet, bei denen entsprechend Fairness-Normen helfen können. Außerdem spielen Fairness-Normen für Juristen eine große Rolle. Wird eine Lösung als fair wahrgenommen, besteht eine hohe Chance, dass die Parteien eine Einigung erzielen. Zu bedenken ist insofern jedoch, dass es ganz unterschiedliche Fairness-Normen gibt, die entsprechend zu unterschiedlichen Ergebnissen führen. Es ist daher für Verhandler nicht nur wichtig, die verschiedenen Ansätze zu kennen, sondern auch, ermitteln zu können, welche Auswirkungen eine bestimmte (faire) Regelung entfaltet. Bezogen auf den Verhandlungsprozess werden Fairness-Normen vor allem für die Verteilung des Kuchens (→ *negotiation pie*) eine zentrale Rolle spielen.

In einem Harvard-Blog wurden folgende Fairness-Normen genannt (*Glick*, Harvard Law School, Program on Negotiation):

1. Equality (jedem exakt das Gleiche gewähren)
2. Equity („split in proportion to input", dasselbe müsste es dann spiegelbildlich für den Output geben)
3. Need (wer braucht etwas mehr (vgl. zu Nr. 1 bis 3 *David Messick*)
4. Maintaining the status quo (vgl. zu Nr. 4 *Max Bazermann*)

Das Thema ist jedoch viel älter und umfassender als ein Blick auf die vier Regeln es erscheinen lässt. So stellt z. B. die Talions-(Vergeltungs-)Regel *„Auge um Auge, Zahn um Zahn"* (→ *tit-for-tat*) eine Fairnessregel dar, weil keine Eskalation vorgesehen ist, sondern Gleiches mit Gleichem vergolten wird. Diese Regel findet sich auch ausdrücklich im Codex Hammurapi (*König Hammurapi von Babylon*, 1792 – 1750 v. Chr.). Ob die der

Tradierung dieser Formulierung zugrunde liegende hebräische Rechtsregel, vielleicht sogar nur einen adäquaten Schadensersatz regelte, spielt dabei für die Kategorisierung als Gerechtigkeitsregel keine Rolle.

Auch die goldene Regel, die aus der Bibel bekannt ist und die parallel auch in anderen Kulturkreisen entwickelt wurde (andere so zu behandeln, wie man von ihnen behandelt werden will), sowie der auf dasselbe abzielende kategorische Imperativ von *Kant* („Handle nur nach derjenigen Maxime, durch die du zugleich wollen kannst, dass sie ein allgemeines Gesetz werde"), stellen zentrale Gerechtigkeitsregeln dar. Generell sollte zwischen Verfahrensregeln und inhaltlichen Regeln unterschieden werden. Auch die schon bei *Aristoteles* vorhandene systematische Unterscheidung zwischen austeilender (distributiver), ausgleichender (kommutativer) und wiedervergeltender (proportionaler) Gerechtigkeit ist wichtig.

Die Zahl der Fairnessregeln ist hoch. Die meisten von ihnen gelten jedoch nicht absolut, sondern haben Voraussetzungen. Auch können sie in einem Konkurrenzverhältnis stehen. Hier einige alphabetisch geordnete Beispiele (inklusive der beim Harvard Blog genannten):

- Anciennität (Bevorzugung nach Rang bzw. Dienstjahren),
- Audiatur et altera pars („der andere Teil soll gehört werden" als Verfahrensregel),
- Aufwand (cheapest cost avoider),
- „Auge um Auge, Zahn um Zahn" (→ *tit-for-tat*, wie du mir, so ich dir),
- Ausgleich (für einen vorherigen Vor- oder Nachteil),
- Bedürfnis (je höher das Bedürfnis, je eher soll es befriedigt werden),
- Belohnungsprinzip (für eine Mehrleistung),
- Bindung an ein Versprechen,
- das Übliche (weil die Akzeptanz durch Viele ein Gerechtigkeitsindiz ist),
- die gesetzliche Lösung (im Vertrauen auf die durch den Gesetzgeber geschaffene Gerechtigkeit),
- Einer teilt, der andere wählt (Verfahrensregel, die den Teilenden zu einer gerechten Aufteilung motiviert),
- Entscheidung durch mehrere (z. B. Geschworene),
- Erhaltung des Status quo (da jeder Wechsel mit Risiken und Widerständen verbunden ist, → *status quo bias*),
- Erwirkung (wer ein Vertrauen schafft, einem anderen dauerhaft etwas zu geben, muss sich daran halten),
- gleiche Verfahrensrechte,
- Gleiches gleich und Ungleiches ungleich behandeln (fundamentales Prinzip; in Verhandlungen ist meist der Bezugsrahmen für den Vergleich Streitgegenstand)
- Gleichheit (dazu gehört auch → *split the difference*, also die Teilung der Differenz zwischen dem letzten Angebot der einen und dem letzten Angebot der anderen Seite (→ *BAFO*)),

- Goldene Regel (es geht hier um den Perspektivenwechsel, die Entscheidung aus Sicht eines anderen zu bewerten),
- Gottesurteil (Vertrauen auf nicht-menschliche Entscheidung),
- Kollektiventscheidungen (als Absicherung gegen individuelle Fehler und Interessenausgleich),
- Leistungsprinzip,
- neutrale Dritte als Entscheider (um Fehlentscheidungen durch subjektive Interessen zu minimieren),
- Nützlichkeit (Verteilung nach dem größten Nutzen),
- → *Pareto-Optimum* (ein Zustand ist pareto-optimal, wenn er nicht verändert werden kann, ohne dass eine Seite einen Nachteil erleidet),
- Prioritätsprinzip (wer zuerst kommt, mahlt zuerst; ist also als erster an der Reihe),
- Proportionalität (Unterschiede werden proportional zu ihrer Wertigkeit behandelt),
- Rechtssicherheit (wegen der Planbarkeit und leichteren Durchsetzbarkeit),
- *Reziprozität* (→ *norm of reciprocity*) (Wechselseitigkeit, auf ein Verhalten der anderen Seite gleich zu reagieren),
- Verbot des Rechtsmissbrauchs (Verbot, Rechte für einen anderen als den vorgesehenen Zweck zu nutzen)
- Verhältnismäßigkeitsgrundsatz (geeignet, erforderlich, verhältnismäßig im engeren Sinne; zentraler Gerechtigkeitsmaßstab für Eingriffe in andere Rechtspositionen),
- Verhandlungspflicht/Pflicht zur Mediation (soll die Chance auf eine gerechte Lösung erhöhen),
- Verwirkung (wer ein Vertrauen schafft, ein Recht nicht wahrnehmen zu wollen, verliert dieses Recht),
- Wechsel zur Wahrung gleicher Chancen (z. B. jeder bekommt die bevorzugte Position (z. B. eine Geschäftsführerrolle in einem Joint Venture) für eine gewisse Zeit),
- Zufall (→ *flip a coin*, weil so immerhin die gleiche Chance besteht) und
- Zug um Zug (Gleichzeitigkeit mindert das Risiko, sich nicht an Versprechen zu halten).

Fakten schaffen

Verhandlungen können durch das Schaffen von Fakten beeinflusst werden. Diese Taktik wird auch **fait accompli** oder **vollendete Tatsachen** genannt. Allerdings verspricht sie nur dann Erfolg, wenn diese Fakten Einfluss auf den Entscheidungsprozess haben, man ihnen also weder einfach ausweichen noch sie – z. B. weil sie rechtswidrig geschaffen wurden – mit rechtsstaatlichen Mitteln (effektiv) beseitigen kann. Am ehesten funktioniert das „Fakten schaffen" bei Verhandlungen im politischen Raum und innerhalb einer Organisation.

Die Taktik wird daneben aber auch in B2B-Verhandlungen eingesetzt. Ein solcher Fall liegt z. B. dann vor, wenn bei zwei Unternehmen, die über ein Joint Venture verhandeln, das eine Unternehmen bei zentralen potenziellen Vertragspartnern des Joint Ventures Vorverträge abschließt und hierbei dem noch zu gründenden Joint Venture einen bestimmten Namen gibt, z. B. mit dem Namen des eigenen Unternehmens an der Spitze. Hier üben diese Vorverträge, also die geschaffenen Fakten, Druck im Hinblick auf die Benennung des Joint Ventures aus. Auch (einseitig vorgenommene) Bekanntmachungen können den gleichen Effekt haben. Bei größeren Dienstleistungsaufträgen kommt es zudem häufiger vor, dass eine Seite anbietet, mit der Arbeit schon zu beginnen, obwohl der detaillierte Vertrag noch nicht geschlossen wurde. Ein vorzeitiger Leistungsbeginn schafft einen erheblichen Einigungsdruck, zumal im Falle der Nichteinigung Ansprüche aus → *culpa in contrahendo* (*Verschulden bei Vertragsschluss*) oder ungerechtfertigter Bereicherung bestehen könnten. Die geschaffenen Fakten sind somit generell darauf ausgerichtet, den Handlungsspielraum des Verhandlungspartners einzuschränken und somit dessen → *BATNA* zu beeinflussen.

False deadline

Mit einer false deadline – einer **falschen Endzeit** für die Verhandlung – wird eine unzutreffende Zeitbegrenzung gegeben. Ziel ist es zunächst, den mit einer → *deadline* verbundenen Entscheidungsdruck aufzubauen. Wie stark dieser Druck ist, hängt auch von den angedrohten Konsequenzen ab. Häufig wird damit gedroht, dass die Verhandlung vertagt werden muss (→ *Vertagung*), wenn z. B. keine Einigung „in der nächsten halben Stunde" gefunden werden kann. Hier droht die Verzögerung der Verhandlung. In gravierenden Fällen kann auch mit dem *Verhandlungsabbruch* (→ *break it off*) gedroht werden. Weniger Einigungsdruck wird dagegen aufgebaut, wenn gar keine Konsequenzen angedroht werden. Dann bleibt es dem Verhandlungspartner überlassen, sich die Konsequenzen auszumalen.

Die verkürzte Frist kann bestimmte Vorteile für die Seite mit sich bringen, die die false deadline durchsetzt: Das kann z. B. an dem sich verändernden → *BATNA* beider Seiten oder verkürzten Vorbereitungszeiten für den Verhandlungspartner liegen. Die Seite, die den *Zeitdruck* (→ *deadline*) aufbaut, möchte damit oftmals auch die Fehleranfälligkeit (→ *Fehler*) des Vertragspartners erhöhen. Die falsche Endzeit kann aber auch bezwecken, Reservezeit für weitere Verhandlungen zu behalten oder sie kann schlicht dazu dienen, → *Transaktionskosten*, die durch den Verhandlungsprozess entstehen, zu reduzieren.

Es ist häufig nicht leicht, eine false deadline überzeugend zu vermitteln. Bei Überschreitung der deadline kann die Seite, die sie gesetzt hat, ihre → *Glaubwürdigkeit* verlieren, wenn die angekündigten Konsequenzen nicht eintreten. Es ist daher zu empfehlen, sich vorab eine Begründung zu überlegen, warum „überraschenderweise" die deadline ohne Konsequenzen überschritten werden konnte. In → *agentenorientierten Verhandlungen* wird die deadline oftmals (scheinbar) von einer höheren Instanz gesetzt (zumeist dem → *decision-maker*). Dann besteht die Möglichkeit, die (angebliche) höhere Instanz von der Aufhebung oder Verschiebung der deadline zu „überzeugen". Damit zeigt der unmittelbare Verhandler zugleich, wie stark er sich für den Vertrag einsetzt.

False deadlines können sich auch auf mittelbar beteiligte Personen beziehen. So kann sich eine Seite z. B. auf eine angebliche deadline der finanzierenden Bank berufen. Die false deadline kombiniert in diesem Fall Druck mit Irreführung. Der Druck als solcher ist in B2B-Verhältnissen ohne besondere Umstände nicht rechtswidrig, da selbst ein *Ver-*

handlungsabbruch (→ *break it off*) eine normale Konsequenz einer gescheiterten Verhandlung ist und prinzipiell jederzeit erklärt werden darf. Gerade weil grundsätzlich jederzeit ein Verhandlungsabbruch möglich ist, dürfte nach Ansicht der Autoren auch die Irreführung über die deadline und damit den alsbald drohenden Abbruch noch nicht rechtswidrig sein (→ *listige Täuschung*).

FC approach
Der FC approach (**full consensus approach**) sucht den **umfassenden Konsens** mit allen *Stakeholdern* (→ *think beyond the table*), d. h. Beteiligten. Hintergrund ist, dass es bei Großprojekten nicht nur um eine formalvertragliche Einigung geht, sondern der Vertrag auch bei zu starkem Widerstand nicht direkt Beteiligter (→ *mapping influential players*) scheitern kann. Durch Einbeziehung der potenziellen Gegner schon in den Verhandlungsprozess, soll ein späteres Scheitern des Projektes verhindert werden. Bei ideologisch orientierten Gegnern ist der FC approach meist nicht erfolgreich. Sinnvoll ist hier häufig ein Mittelweg, d. h. nur kompromissfähige potenzielle Gegner sofort mit einzubeziehen. Gelingt allerdings ein voller Konsens und ändert sich nichts Grundlegendes, ist das Ergebnis sehr stabil und wird also kraft Überzeugung und nicht aus rechtlichen Gründen akzeptiert. Gerade in nicht verrechtlichten Bereichen, bei denen wechselnde Mehrheiten vorliegen oder mangels effektiver Verrechtlichung die Anerkennung einer Einigung sehr wichtig ist, wird daher häufig ein breiter Konsens gesucht. Einigungen auf Basis des FC approachs werden dann regelmäßig auch flexibel gehalten, um an sich verändernde Umstände angepasst werden zu können. Der FC approach hat insofern die ständige Beziehung der Beteiligten im Blick.

Die entgegengesetzte Herangehensweise ist der → *DAD approach* (decide, announce, defend approach); vgl. auch → *DDD approach,* (dialogue, decide, deliver approach). Ebenfalls verwandt ist die Empfehlung → *think beyond the table*. Letztere Taktik ist gleichermaßen darauf ausgerichtet, alle Stakeholder im Blick zu behalten. Allerdings wird dort kein vollständiger Kompromiss gesucht, sondern eher versucht, Koalitionen und Unterstützung zu generieren und die Opposition zu spalten.

Fehler
Fehler sind, wie → *Missverständnisse,* in Verhandlungen sehr häufig. Sie lassen sich aufgrund der Komplexität von Verhandlungen auch nicht gänzlich vermeiden. Aufgabe ist es daher, die eigene Fehlerquote möglichst niedrig zu halten, eigene und fremde Fehler zu erkennen und Methoden für den Umgang mit Fehlern zu entwickeln.

Fehler sind bezüglich jeder in einer Verhandlung zu bewältigenden Aufgabe möglich. Besonders häufig sind Fehler bei

- der Informationsweitergabe,
- der Informationsgewinnung,
- der Koordinierung mehrerer Verhandler,
- hinsichtlich des eigenen emotionalen Verhaltens,

- der falschen Bewertung eigener und fremder Interessen,
- der Nichtauffindung von Lösungsmöglichkeiten,
- der Anwendung ungeeigneter Taktiken und
- der fehlerhaften Anwendung von Taktiken.

Viele Fehler werden nicht entdeckt und daher nicht reflektiert. Deshalb unterlaufen Verhandlern häufig dieselben Fehler wiederholt. Selbst wenn sie erkannt werden, lassen sich die daraus resultierenden Konsequenzen zumindest für die laufende Verhandlung häufig nicht mehr beheben. Eigene Fehler können durch Fehler der Gegenseite kompensiert und sogar überkompensiert werden.

Manches, das als Fehler erscheint, beruht auf einer durchdachten Taktik, während umgekehrt – häufiger – bewusst gewählte taktische Handlungen fehlerhaft sein können. Hier kann ein → *Analytiker* hilfreich sein. Um aus Fehlern lernen zu können, ist eine Evaluation nach Abschluss der Verhandlungen sinnvoll (→ *WWYDD*). Dafür bedarf es einer Fehlerkultur, bei der der einzelne Fehler dem Verhandler nicht zum Vorwurf gemacht wird und ihm keine negativen Konsequenzen angedroht werden. Bei der Fehleranalyse sollte es vielmehr um Verbesserungen für die Zukunft gehen.

Final offer arbitration (FOA)
FOA ist eine Problemlösungsmethode, die eine Mischung aus Mediation und hilfsweise schiedsrichterlicher Entscheidung darstellt. Sie kann insbesondere dann zur Anwendung gelangen, wenn der → *last gap* zwischen den Parteien nicht sehr groß ist und sie zu einer Einigung kommen möchten (d. h. der Abbruch der Verhandlungen von beiden Seiten nicht gewünscht ist – zum Beispiel im Rahmen einer → *Nachverhandlung*). In einem ersten Schritt wird von beiden Seiten ein neutraler Dritter bestimmt. Dieser versucht dann, in einer Art Mediation eine Lösung zu finden. Kann so keine Lösung gefunden werden, fordert er beide Parteien auf, ein allerletztes Angebot (final offer) zu erstellen. Der neutrale Dritte entscheidet sich dann für eines der beiden Angebote, ohne dieses in irgendeiner Form abzuändern. Da der Dritte in jedem Fall eines der beiden Angebote auswählt, wird ein gewisser Druck auf beide Parteien aufgebaut, ein möglichst faires und ausgeglichenes Angebot vorzulegen, um so die Chancen zu steigern, dass ihr Angebot ausgewählt wird.

Find something in common
Gemeinsamkeiten erleichtern die Verhandlungen auf emotionaler Ebene. Deshalb gehört es zu den Basisaufgaben eines Verhandlers, nach Gemeinsamkeiten zu suchen, wie etwa gemeinsamen Vorlieben, Hobbies, Freunden, Gegnern und Erlebnissen. Dies geschieht insbesondere im Rahmen des → *chit-chat*, also dem small talk vor der Verhandlung und in gemeinsamen Verhandlungspausen. Genutzt wird dabei der → *similar-to-me-Effekt*.

First offer
First offer bezeichnet das **erste Angebot**, das in einer Verhandlung in Bezug auf einen Verhandlungsgegenstand unterbreitet wird. In Vertragsverhandlungen gibt es nicht nur

ein erstes Angebot, da die Verhandlung meist in mehrere Einzelpunkte aufgegliedert wird und bezüglich jedes einzelnen Aspekts – z. B. Preis, Lieferzeitpunkt, Zahlungszeitpunkt – von einem der Verhandlungspartner ein sogenanntes „first offer" abgegeben wird. Das erste Angebot setzt den *Anker* (→ *anchoring*), das darauffolgende Gegenangebot den *Gegenanker* (→ *anchoring*). Breit diskutiert wird die Frage, ob es vorteilhaft ist, das erste Angebot zu unterbreiten oder ob dies besser dem Verhandlungspartner überlassen werden sollte (siehe dazu näher unter → *anchoring*). In bestimmten Situationen ist es im Ergebnis zu empfehlen, das erste Angebot zu unterbreiten. In anderen Fällen lässt es sich nicht vermeiden, obwohl es vielleicht taktisch nicht vorteilhaft ist. Doch wie hoch sollte das erste Angebot sein? *Roger Fisher/William L. Ury/Bruce M. Patton* (*Fisher/Ury/Patton*, Getting to Yes – Negotiating Agreement without giving in,1992, S. 170) empfehlen diesbezüglich:

(…) the highest figure that you could justify without embarrassment.

David A. Lax und *James K. Sebenius* schlagen vor, einen extremen, aber flexiblen Anker zu setzen (**extreme but flexible**). Durch die Flexibilität soll der Verlust der → *Glaubwürdigkeit* und ein *Verhandlungsabbruch* (→ *break it off*) verhindert werden (*Lax/Sebenius*, 3-D Negotiation, 2006, S. 192). Ebenfalls angeführt wird die **30-percent-rule** (*Collins*, Negotiate to Win!, 2009, S. 114). Die **30-Prozent-Regel** empfiehlt, generell ein erstes Angebot zu machen, welches ca. 30 % vom eigenen → *deal-breaker* entfernt liegt. Ein Käufer sollte demnach ein 30 % niedrigeres Angebot machen, ein Verkäufer seinen Mindestpreis um 30 % übersteigen. Bei diesen Empfehlungen ist allerdings Vorsicht geboten. In einigen Fällen mag die Empfehlung zutreffen. Grundsätzlich ist jedoch in jedem Einzelfall, unter Berücksichtigung der konkreten Umstände, die Höhe des ersten Angebots zu ermitteln. Zu diesen Umständen gehören die prozentualen Rabatte, die üblicherweise in diesem Typ Verhandlung realistisch erzielt werden können.

Im Verhältnis zu anderen wichtigen Zielmarken, lässt sich Folgendes sagen: Das first offer muss über dem *resistance point* (→ *deal-breaker*) und damit auch dem eigenen → *BATNA* liegen. Es ist darüber hinaus zu empfehlen, dass das *erste Angebot* (→ *first offer*) über dem → *aspiration point* liegt.

Flip a coin

Bei der Taktik „flip a coin" (**eine Münze werfen**) wird dem Verhandlungspartner vorgeschlagen, zur Lösung des Problems eine Münze zu werfen. Auf den ersten Blick erscheint diese Idee – insbesondere in B2B-Verhandlungen – aus deutscher Sicht merkwürdig. Gerade deshalb könnte in Deutschland allein der Vorschlag bereits dazu führen, dass sich der Verhandlungspartner intensiver um eine vernunftorientierte, inhaltliche Lösung bemüht. In den USA wird der Münzwurf dagegen häufiger praktiziert, z. B., wenn im Vorwahlkampf um das Amt des US-Präsidenten in einem Wahllokal die führenden Kandidaten exakt die gleiche Stimmenzahl haben. Der Münzwurf entscheidet dann, wessen Wahlmann diesen Stimmbezirk später vertritt. In Blockadesituationen (→ *deadlock*) kann diese

Taktik in B2B-Verhandlungen, unabhängig von diesen Kulturunterschieden, eine Notlö-sung darstellen. Insbesondere bei kleineren Werten mag es sinnvoll sein, den Zufall über die Verteilung der Chance oder des Risikos entscheiden zu lassen. Mit dieser Taktik oder eng verwandten Formen, bei denen man ein Spiel (z. B. Schnick-Schnack-Schnuck) ent-scheiden lässt, kann die humoristische Note eine vielleicht verhärtete Verhandlungssitua-tion auflösen. Es gibt allerdings auch Verhandler, die solche Vorschläge als Ausweis der Unseriösität ansehen. Dann sollte darauf verzichtet werden.

Floodgate argument

Das floodgate argument (auch **slippery slope**, **Dammbruchargument** oder „**da könnte ja jeder kommen**") ist eine der wichtigsten Argumentationsfiguren in Verhandlungen, die sich gegen die Durchbrechung des bisher Üblichen richtet: Befürchtet wird, dass sich im Falle des Nachgebens die bisherige, als bewährt geltende Regelung bzw. Ordnung (zu-künftig) nicht mehr aufrechterhalten lassen wird. Daher gilt es, zur Überwindung des Dammbrucharguments den Ausnahmecharakter des Gewollten zu betonen und zu begrün-den, warum doch keine Dammbruchgefahr besteht, die bisherige Praxis also nicht generell gefährdet wird. Berühmt geworden ist die Bezeichnung floodgate argument aufgrund der Entscheidung *Ultramares Corporation v. Touche* (174 N.E. 441 (1932)) des US-Richters *Benjamin Nathan Cardozo*.

Alternativ kann versucht werden, die Durchbrechung der Regel zuvor bei einem eher unwichtigen Vertrag zu erreichen, bei dem dieses Detail dem Verhandlungspartner viel-leicht entgeht oder von ihm als nicht so wichtig angesehen wird. In späteren Verhandlun-gen wird die Durchbrechung dann als Argument für eine erneute Durchbrechung ange-führt. Umgekehrt erklärt der diesem Argument zugrunde liegende Gedanke manchmal, warum Rechtsabteilungen gelegentlich verbissen um die Beibehaltung einer bestimmten Klausel in einem eher unbedeutenden Vertrag kämpfen.

FOG

Das Akronym FOG, gebildet aus den Wörtern „facts", „opinions" und „guesses" (**Tatsa-chen**, **Meinungen**, **Vermutungen**), stellt eine Grundunterteilung von Informationen dar. Diese Klassifizierung ist aufgrund der besonderen Bedeutung von Informationen für Ver-tragsverhandlungen auch für Verhandler wichtig. Für den Empfänger einer Information ist es entscheidend, die Informationen einer der Kategorien zuordnen zu können, um darauf aufbauend das angemessene taktische Vorgehen zu bestimmen. Dies ist aber oft mit eini-gen Schwierigkeiten verbunden. So werden Meinungen und Vermutungen vom Verhand-lungspartner, aber auch von Mitarbeitern der eigenen Seite, häufig als Fakten dargestellt. Meinungen enthalten meist einen Tatsachenkern. Vermutungen können auf einer logischen Schlussfolgerung von Tatsachen beruhen, rein gefühlsmäßig oder auch kreativ entstehen. Diese drei Typen werden in Aussagen häufig so kombiniert, dass selbst der die Informa-tion Gebende, Schwierigkeiten hat, sie auseinanderzuhalten. Tatsachen können zudem sehr unterschiedliche Zuverlässigkeitsgrade haben, weshalb der Weg der Übermittlung, die Plausibilität und ihre Überprüfung von großer Bedeutung sind. Hier bedarf es daher, zumindest bei den zentralen Informationen, einer Analyse.

Foggy recall

Der foggy recall (**verfälschende Erinnerung**) ist eine Verhandlungstaktik, bei der es darum geht, eine mündliche Einigung in Richtung der eigenen Interessen umzuinterpretieren. So könnte aus einer echten Verpflichtung eine Bemühensregelung (→ *leeres Versprechen*) werden, bei der sich eine Seite nur verpflichtet, sich um eine bestimmte Lösung zu bemühen, diese aber eben nicht verspricht. Ebenfalls beliebt ist unter Verhandlern der Versuch, Punkte, bei denen nicht ganz klar war, ob eine Einigung erzielt worden ist, als – im eigenen Sinne – einig darzustellen. Umgekehrt wird die verfälschende Erinnerung auch dazu genutzt, die Einigung zu negieren. Es bestehen starke Berührungspunkte zum Pseudomissverständnis. Daher ist es wichtig zu entscheiden, ob beide Seiten oder nur eine Seite ein Ergebnisprotokoll der jeweiligen Verhandlungsabschnitte anfertigen bzw. die → *Zwischenergebnisse* festhalten. Wer als Einziger das → *Protokoll* anfertigt, hat keine echte Manipulationsmöglichkeit, denn dies würde entdeckt werden, und der Vertragsschluss könnte daran scheitern. Aber Nuancen lassen sich auf diese Weise schon im Sinne der eigenen Seite verändern. Gleiches gilt im Übrigen für das nach der Verhandlung greifende, spezielle deutsche Rechtsinstitut des → *kaufmännischen Bestätigungsschreibens*. Besonders erfolgversprechend ist der foggy recall, wenn er mit dem Ansatz der *limited authority* (→ *beschränkte Vollmacht*) kombiniert wird. Auf diese Weise kann das Zugeständnis an die andere Seite, für das die Zustimmung einer höheren Stelle gebraucht wurde, etwas kleiner ausfallen, als es ursprünglich gedacht war. Der Verhandler holt in diesem Fall also die Zustimmung der höheren Stelle für die „neblige" Erinnerung ein und präsentiert dies der anderen Seite als jetzt erfolgreich genehmigt. Die andere Seite wird wegen der anerkannten Schwierigkeiten, die Zustimmung der höheren Stelle zu erhalten, oft wegen der geringen Abweichung nicht auf einer erneuten Genehmigung bestehen. Denn daran könnte im schlimmsten Fall der ganze Vertrag scheitern.

Fragen

Fragen sind ein zentraler Teil von Verhandlungen. Sie dienen primär der → *Informationsbeschaffung* (→ *offene Fragen*, aber z. B. auch → *Prämissenfragen*). Gerade geschlossene Fragen (→ *Ja/Nein-Fragen*, Oder-Fragen und → *A-not-A questions*) offenbaren dem Gesprächspartner allerdings auch den Informationsstand der eigenen Seite. Es ist zudem nicht unüblich, etwas zu erfragen, was der Fragende längst weiß, um die Ehrlichkeit der Gegenseite zu testen (**Testfrage**). Fragen können auch die Gegenseite zu einer Entscheidung drängen oder in Frageform gekleidete Argumentationsformen sein (wie dies bei der rhetorischen Frage der Fall ist). Sie können außerdem dazu eingesetzt werden, eine Ablehnung weniger hart zu formulieren. Fragen können auch Zeit beim Durchdenken eines Problems verschaffen oder Verhandlungen bewusst verzögern. Das Ziel, das mit einer

Frage verfolgt wird, hängt zudem von der Art der Verhandlung ab. Im Rahmen von → *win-lose Strategien* zielen Fragen häufig darauf ab, Informationen zu erlangen, die die eigene → *Begründung* stärken oder die als Gegenargument für die Begründungen der Gegenseite genutzt werden können. Letzteres Ziel führt bei den Verhandlern häufig dazu, dass sie nicht gerne → *Informationen teilen*, um das Risiko, dass diese gegen die eigene Seite verwendet werden, zu reduzieren. Streben die Parteien eine win-win Lösung an (→ *win-win Strategie*), zielen Fragen vor allem darauf ab, die Interessen und Präferenzen zu erfahren, um so den *Verhandlungskuchen* (→ *negotiation pie*) vergrößern zu können.

Nach einer Untersuchung von *Neil Rackham* und *John Carlisle* (*Rackham/Carlisle*, Journal of European Industrial Training 6 (1978), 6, 9) beträgt bei erfolgreichen Verhandlern der Anteil der Fragezeit an der Gesamtredezeit etwa 20 %, während er im Durchschnitt nur 10 % beträgt. Erfolgreiche Verhandler fragen somit doppelt so viel wie durchschnittliche Verhandler. Zu den verschiedenen Fragetechniken vgl. die entsprechende Themenliste im Anhang.

Framing

Die Art der Darstellung eines Sachverhaltes beeinflusst das Verständnis des Empfängers, den Grad seiner Zustimmung bzw. Ablehnung und seine Entscheidung. Dies gilt aufgrund des sogenannten **framing Effektes** selbst bei aussagenlogisch identischen Äußerungen. *Amos Tversky* und *Daniel Kahneman* haben dies 1981 grundlegend auf Basis des von ihnen entwickelten Asian disease tests nachgewiesen und konkretisiert (*Tversky/Kahneman*, Science 211 (1981), 453–458). Vereinfacht ausgedrückt kann man drei Arten von framing unterscheiden:

Beim **risky choice framing** (framing bei Risikoentscheidungen) erfolgt die Darstellung eines Entscheidungsproblems entweder als Gewinn oder als Verlust. Das framing soll hier das Risikoverhalten des Entscheiders beeinflussen.

Beim **attribute framing** (Eigenschafts-framing) geht es um die Bewertung eines Objektes/einer Alternative hinsichtlich seiner Attraktivität bei feststehenden Eigenschaften. Wird eine Erfolgsquote primär genannt, beeinflusst dies die Bewertung positiv, während die Nennung der dazugehörigen Misserfolgsquote an erster Stelle die Bewertung negativ beeinflusst.

Beim **goal framing** (Ziel-framing) geht es insbesondere um die Konsequenzen aus einem Handeln bzw. Unterlassen. Drohende negative Konsequenzen eines Unterlassens wirken stärker als die parallelen positiven Konsequenzen des Handelns.

Es gibt einige Taktiken, die das framing verwenden. Bekannt sind vor allem das sog. **gain frame**, also die Formulierung im Hinblick auf das, was durch eine Handlung gewonnen werden kann, sowie das sog. **loss frame**, bei dem die Chancen negativ formuliert werden; beides sind Anwendungsfälle des risky choice framing. Menschen tendieren dazu, sich bei einem positiven framing risikoavers zu verhalten, während ihre Risikobereitschaft bei einem negativen framing steigt. Welche Formulierung im konkreten Fall erfolgsversprechender ist, hängt von der jeweiligen Situation ab. In jedem Fall sollte der Effekt bei der Formulierung von Angeboten und auch Vertragsklauseln mitberücksichtigt werden, wobei jedenfalls bei Anwendbarkeit der deutschen AGB-Inhaltskontrolle (→ *Inhaltskontrolle*) zu bedenken ist, dass die Klauseln transparent, also inhaltlich verständlich sein müssen.

Fuß-in-der-Tür-Taktik

Bei der Fuß-in-der-Tür-Taktik (**foot-in-the-door technique**, **FITD**) handelt es sich um eine Gesprächstechnik, bei der – häufig in Frageform – mit einer ganz kleinen Bitte angefangen und diese (schnell) schrittweise gesteigert wird. Ziel ist es, die Zustimmung zu einer größeren Bitte zu erlangen. Die Taktik hat Aussicht auf Erfolg, da es dem Verhandlungspartner schwerfallen mag, einen sehr kleinen Wunsch abzulehnen. Durch die Zustimmung zur ersten kleinen Bitte wird ein Commitment (Festlegung) bzw. Druck hin zu konsistentem Verhalten erzeugt, was wiederum die Chancen erhöht, dass der Verhandlungspartner auch die größere Bitte nicht abschlägt. Der Effekt wurde bereits 1966 von *Jonathan Freedman* and *Scott Fraser* beobachtet (*Freedman/Fraser*, Journal of Personality and Social Psychology 4 (1966), 195–202). In Bezug auf Vertragsverhandlungen sollte der Verhandlungspartner folglich möglichst früh dazu gebracht werden, die gewünschte Position einzunehmen, die er bis zum Ende konsequent verfolgen soll. Im englischen Sprachraum wird dieser Effekt auch mit der **camel's nose metaphor** verbunden: In Anspielung an ein arabisches Sprichwort, wonach wenn ein Kamel seine Nase in ein Zelt steckt, der Körper schnell folgen wird, wird damit ausgedrückt, dass es scheinbar kleine Zugeständnisse geben kann, die die Tür für größere – unerwünschte – Vorgänge öffnen (vgl. *Rizzo/Whitman*, UCLA Law Review 51 (2003), 539–592). Dieser Effekt ist auch im deutschen Sprachraum allgemein bekannt, wenn sprichwörtlich davor gewarnt wird, jemandem auch nur den kleinen Finger zu reichen. Als Gegenseite könnte man als Reaktion auf diese Taktik verlangen, sofort das Endziel zu erfahren oder anderenfalls (wegen unfairer Verhandlungstechnik) pauschal Nein zu sagen. Alternativ kann sich der Verhandlungspartner den Effekt bewusst machen und die größere, folgende Bitte konsequent ablehnen oder dafür eine entsprechende Gegenleistung verlangen.

Geduld

Vertragsverhandlungen erfordern Geduld. Dies gilt für die Anwendung von Taktiken ebenso wie für sich hinziehende Entscheidungsprozesse. Insbesondere dann, wenn sich das → *BATNA* der eigenen Seite mit der Zeit verbessert und die Einigung nicht dringend ist, lohnt sich Geduld. Geduld (**patience**) ermöglicht auch ein Nachdenken über schwierige neue Situationen. Außerdem ermöglicht erst Geduld, sich genügend Zeit zu nehmen, die Interessen und Präferenzen des Verhandlungspartners zu verstehen. Geduld kann so zu besseren Verhandlungsergebnissen beitragen. Geduld ist bei Verhandlern eng mit der Fähigkeit zur Selbstbeherrschung verbunden.

Generous tit-for-tat (GTFT)

Beim „generous tit-for-tat" (**Großzügiges wie du mir, so ich dir**) handelt es sich um eine Verhandlungsstrategie, die als erfolgreichste unter den Strategien gilt, die sich mit der Reaktion auf das Verhalten des Verhandlungspartners und insbesondere dem Verhältnis von fairer und nicht fairer Verhandlung befassen (vgl. *Axelrod*, The Evolution of Cooperation, 2006, der sich, basierend auf Computerwettbewerben, eingehend mit dem Vergleich der Strategien, insbesondere im Rahmen eines wiederholten Gefangenendilemmas, → *negotiator's dilemma*, beschäftigt hat). Anders als beim generellen → *tit-for-tat* wird das gewöhnliche „Wie du mir, so ich dir" – durch großzügige Angebote, zu einer fairen Verhandlung zurückzukehren – ergänzt, wenn die Verhandlung zwischenzeitlich den fairen Bereich verlassen hat. Trotz zunehmend → *aggressiver Verhandlung* bietet der Verhandler dem Gesprächspartner einen Neustart an und signalisiert (→ *signalling*) zum Beleg ein Entgegenkommen in einer für die andere Seite wichtigen Frage, sofern sich auch diese bewegt. Dadurch sinkt die Gefahr, dass sich Verhandlungen durch unkooperatives Verhalten beider Seiten festfahren (→ *deadlock*) oder sogar immer weiter in einen negativen Strudel geraten und dann abgebrochen werden müssen. Aber auch beim generous tit-for-tat (GTFT) gilt das Prinzip, dass unfaires Verhalten nicht belohnt werden soll, um keine Anreize für ein entsprechendes zukünftiges Verhalten zu setzen (**don't reward bad behaviour**).

Geschlecht

Das Geschlecht (**Gender**) der Verhandler ist eine Rahmenbedingung mit verhaltenspsychologischer Wirkung, die den Verlauf, die angemessenen Taktiken und das Ergebnis der Verhandlung beeinflussen kann. Ausgangspunkt der Betrachtung von Gender und Verhandlungen sind die häufig noch vorherrschenden sozialen Rollenbilder von Männern und Frauen. Sie stellen eine Art gesellschaftliche Erwartungshaltung an die Geschlechter dar (Soll-Zustand). Sie treffen damit keine Aussage über die tatsächlich beobachtbaren Unterschiede (Ist-Zustand), sodass beide auseinanderfallen können. Die Enttäuschung dieser Erwartungshaltung kann jedoch vor allem für Frauen zu sozialen und ökonomischen Nachteilen führen (→ *backlash effects*), sofern die Erwartung nicht durch andere Faktoren überlagert oder abgeändert wird („gender in context"). Dass es geschlechterspezifische Verhandlungsunterschiede gibt – und handele es sich hierbei auch zum größten Teil nur um anerzogene Stereotype und nicht um genetische Bedingungen –, lässt sich nachweisen. Allerdings ist die Flut an Studien, die zu diesem Thema erstellt wurde, durchaus mit Vorsicht zu genießen. Viele Ergebnisse sind nicht unumstritten. Häufig wurden die Studien zudem mit Studenten oder gemischten Gruppen durchgeführt, sodass sie z. B. nur bedingt Rückschlüsse auf unternehmerische Verhandlungen zulassen. Teilweise liegen auch mehrere Studien zu gleichen Forschungsfragen vor, die jedoch zu unterschiedlichen Ergebnissen kommen. Im Folgenden soll dennoch versucht werden, einige Tendenzen aufzuzeigen, wobei sich viele der folgenden Unterschiede im Laufe der Zeit durch Erfahrung und Gewöhnungseffekte relativieren.

Männer sollen im Durchschnitt stärker kompetitiv als Frauen verhandeln: Sie wollen möglichst „den letzten Cent" herausholen, sind tendenziell risikofreudiger und nehmen dadurch ein Scheitern der Verhandlungen eher in Kauf als weibliche Verhandler. In diesem

Sinne scheint die Einstellung männlicher Verhandler einer „low interpersonal orientation" zu ähneln. „Low IOs" legen ihren Fokus auf die Maximierung ihrer Ergebnisse und das Erreichen ihrer Ziele (vgl. *Rubin/Brown*, The Social Psychology of Bargaining and Negotiation, 1975, S. 172). Bei der Betrachtung von Fach- und Führungskräften konnten bezogen auf die Risikofreude jedoch keine Unterschiede zwischen den Geschlechtern nachgewiesen werden, was vermutlich auf Lern- und Gewöhnungseffekte zurückzuführen ist (*Croson/Gneezy*, Journal of Economic Literature 47 (2009), 1–27). Frauen werden allerdings dennoch von ihren männlichen und weiblichen Verhandlungspartnern als weniger risikofreudig eingeschätzt (*Eckel/Grossmann*, Journal of Economic Behaviour and Organization 68 (2008), 1–17).

Zudem sind Verhandlungen für Männer zu einem guten Teil auch für die Bestätigung des eigenen Egos und des eigenen Status wichtig. Folglich sind gerade zu Beginn der Verhandlung statusorientierte Machtspiele (→ *Herrschaftsgesten*) nicht selten. Männer verhandeln zudem häufiger direkt aggressiv als Frauen. Sie versuchen, die Verhandlung eher zu dominieren, was sich meist in einem höheren Anteil an der Gesamtredezeit ausdrückt. Darüber hinaus scheinen Männer ihre Gesprächspartner häufiger zu unterbrechen als Frauen dies tun, obwohl Studien hierzu nicht ganz eindeutig sind (vgl. *Zimmermann/West*, in: Thorne/Henley (Hrsg.), Language and Sex. Difference and Dominance, 1975, S. 115 ff.; *McMillan/Clifton/McGrath/Gale*, Sex Roles 3 (1977), 545, 553; *Campbell/Kleim/Olson*, The Journal of Social Psychology 132 (1992), 420; keine Unterschiede dagegen bei *Dindia*, Human Communication Research 13 (1987), 365; *Robinson/Reis*, Journal of Nonverbal Behavior 13 (1989), 149).

Insgesamt gibt es aus dem sprachwissenschaftlichen Bereich viele Untersuchungen, die Unterschiede nachzuweisen versuchen. Immer wieder wird dabei vertreten, dass Frauen weniger bestimmt/durchsetzungsfähig auftreten, da sie z. B. dazu tendieren, sich an Stellen durch Fragen auszudrücken, an denen Männer eher Aussagesätze verwenden (vgl. *McMillan/Clifton/McGrath/Gale*, Sex Roles 3 (1977), 548, 554; *Merchant*, CMC Senior Theses (2012), 18 f.).

Männer verfügen über aggressionsabbauende Versöhnungsgesten, die nach Vertragsschluss und in → *Verhandlungspausen* eingesetzt werden. Frauen verhandeln demgegenüber im Schnitt weniger aggressiv und weniger kompetitiv. Sie suchen eher nach kooperativen Lösungen (vgl. *Walters/Stuhlmacher/Meyer*, Behavior and Human Decision Processes 76 (1998), 1, 14) und kommen im Vergleich zu Männern häufiger zum Vertragsabschluss (*Bowles/Babcock/McGinn*, Journal of Personality and Social Psychology 89 (2005), 951, 958).

Insofern verfügen Frauen in der Tendenz eher über eine „high interpersonal orientation", was bedeutet, dass sie beziehungsorientiert verhandeln und die Beziehung zu ihrem Verhandlungspartner stärker in den Vordergrund stellen und damit auch stärker berücksichtigen (vgl. *Rubin/Brown*, The Social Psychology of Bargaining and Negotiation, 1975, S. 173). Die Beziehungsorientierung führt auch dazu, dass Frauen wohl stärker als Männer eine gerechtere Verteilung des *Verhandlungskuchens* (→ *negotiation pie*) anstreben und dass eine solche „faire" Verteilung von Frauen auch häufiger erwartet wird als von Männern (vgl. *Solnick*, Economic Inquiry 29 (2001), 189–200).

Zudem steuern Frauen bei einer sich aufbauenden negativen Atmosphäre schneller gegen als Männer. Eine aggressive männliche Verhandlungsführung hinterlässt bei Frauen häufig einen längerfristig negativen Eindruck. Dass Frauen grundsätzlich kooperativer verhandeln, ist nicht eindeutig nachgewiesen. Bei Verhandlungen durch gemischtgeschlechtliche Verhandlungspaare kann jedoch eine Begünstigung kooperativen Verhaltens beobachtet werden, während eine gleichgeschlechtliche Paarbildung kompetitives Verhalten begünstigt (vgl. *Sutter/Bosman/Kocher/van Windern*, Working Papers in Economics and Statistics 27 (2008), 1, 16). Dies gilt (offensichtlich) sowohl für rein männliche als auch rein weibliche Paarbildungen.

Frauen deuten bestimmte Anliegen eher an, als dass sie diese klar aussprechen. Besonders zurückhaltend sind Frauen bei Verhandlungen in eigener Sache, wohl auch aufgrund des → *backlash effects*, welcher als einer von mehreren Gründen für Entlohnungsunterschiede auf gleicher hierarchischer Stufe angesehen wird. Frauen wird daher geraten, entweder nicht die eigenen Interessen zu verhandeln oder sich vorzustellen, sie würden nicht für sich, sondern für andere, z. B. ihre Familie oder den Stellenwert ihrer Abteilung, verhandeln. Dieser Perspektivenwechsel hat auf Frauen einen signifikant größeren Einfluss als auf Männer. Die sog. Rolle der Vertretung (siehe Ausführungen unter → *backlash effects*) wird als „gender trigger" bezeichnet und hat gezeigt, dass Frauen wesentlich höhere Vergütungen erzielen konnten, wenn sie in fremder statt in eigener Sache verhandelt haben (vgl. *Bowles/Babcock/McGinn*, Journal of Personality and Social Psychology 89 (2005), 951, 959). Darüber hinaus sind Frauen zurückhaltender, wenn es darum geht, eine Verhandlung zu beginnen (vgl. *Small/Gelfand/Babcock/Gettmann*, Journal of Personality and Social Psychology 93 (2007), 600, 604 ff.; *Greig*, Negotiation Journal 24 (2008), 495, 502; *Eriksson/Sandberg*, Negotiation Journal 28 (2012), 407, 421). Dies wird u. a. auf Unterschiede in der Sozialisierung zurückgeführt, da Männer zumindest im Durchschnitt, häufiger als Frauen mit Sportarten in Berührung kommen, die ein direktes Konfliktpotenzial in sich bergen und deren Regelwerk direkte Konfliktlösungsmechanismen (z. B. Platzverweis) und Versöhnungsgesten enthalten. Frauen sollen demnach häufiger befürchten, dass sich ein Konflikt in der Wettkampfsituation, also der Verhandlung, automatisch auf die Beziehung durchschlägt, sodass sie Verhandlungen öfter meiden und Punkte schneller als nicht verhandelbar (→ *undiscussable*) akzeptieren. Hervorzuheben ist an dieser Stelle jedoch, dass das Geschlecht des Verhandlungspartners von entscheidender Bedeutung ist. Frauen initiieren im Verhältnis seltener eine Verhandlung, wenn ihr Gegenüber eine Frau ist (vgl. *Eriksson/Sandberg*, Negotiation Journal 28 (2012), 407, 421).

Befragt man Frauen und Männer, ob sie sich schon einmal in einer Verhandlung aufgrund ihres Geschlechts diskriminiert gefühlt haben, verneinen Männer diese Frage nahezu durchgängig. Viele Frauen hingegen haben sich schon einmal in einer Verhandlung aufgrund ihres Geschlechts diskriminiert gefühlt, was sich meist in Unhöflichkeiten ausdrückt oder darin, nicht ernst genommen zu werden (Ergebnis einer empirischen Befragung von Männern und Frauen in Führungspositionen als Teil einer Masterarbeit an der Universität Siegen).

Unter sämtlichen Aspekten der Gender-Diskussion in Verhandlungen ist eine Erkenntnis aus den vergangenen Jahren besonders hervorzuheben bzw. zu berücksichtigen: Die Unterschiede zwischen männlichen und weiblichen Verhandlern sind nicht isoliert zu betrachten, sondern in einen kontextuellen Zusammenhang zu bringen (Stichwort: **gender in context**). Allein anhand des Geschlechts eines Verhandlers kann keine verlässliche Prognose über dessen Verhalten in einer Verhandlung sowie über die Erwartungshaltung des Verhandlungspartners und dessen mögliche Reaktionen getroffen werden (vgl. *Bohnet/ Bowles*, Negotiation Journal 24 (2008), 389, 390; vgl. *Paddock/Kray*, in: Benoliel (Hrsg.), Negotiation Excellence, 2015, S. 209–226). Je nach Verhandlungssituation werden damit auch Gender-Stereotypen z. T. überlagert bzw. verstärkt. So konnte in Studien nachgewiesen werden, dass der Verhandlungsgegenstand wesentlichen Einfluss auf den Verhandlungserfolg von Männern und Frauen haben kann. Bei Verhandlungen über Autos und Motorradscheinwerfer, die als „männliche" Verhandlungsgegenstände gelten, schnitten Männer im Durchschnitt besser ab als Frauen. Umgekehrt gilt dies jedoch nicht, sodass bei „weiblichen" Verhandlungsgegenständen Frauen und Männer gleich gute Ergebnisse erzielen konnten (*Bear/Babcock*, Psychological Science 23 (2012), 743–744; *Bear*, Negotiation and Conflict Management Research 4 (2011), 47–72; *Bowles/Thomason/Macias-Alonso*, Annual Review of Organizational Psychology and Organizational Behavior 9 (2022), 199, 208 f.). Es konnte jedoch gezeigt werden, dass Frauen bei „männlichen" Verhandlungsgegenständen gleiche bzw. sogar bessere Ergebnisse erzielen können, wenn sie durch eine besonders gute Vorbereitung das Überraschungsmoment nutzen und mögliche Vorurteile über mangelnde Kenntnis ausräumen können. Als weitere entscheidende Einflussgröße in Bezug auf „gender in context" gilt die Transparenz der Verhandlungssituation. Je eindeutiger eine Situation (strong situation), desto zementierter ist die Vorstellung von dem „richtigen" Verhalten, unabhängig vom Geschlecht. Bei mehrdeutigen Situationen (weak situations) spielen bei der Entscheidung über das eigene Verhalten sowie bei der Beurteilung des Verhaltens durch den Verhandlungspartner dagegen häufiger geschlechtsspezifische Unterschiede und Gender-Stereotypen eine Rolle. Vor allem bei erstmaligen Verhandlungen besteht mangels Erfahrung mit dem konkreten Verhandlungspartner die Gefahr, anhand von Geschlechterrollen beurteilt zu werden (type ambiguity). Aufgrund der Unsicherheit über die Einstellung des Verhandlungspartners erhöht sich auch die Wahrscheinlichkeit eines rollenkonformen Verhaltens (vgl. *Bowles*, Harvard Kennedy School, Working Paper Series 2012, 1–42). Gewöhnungseffekte können dieses Phänomen jedoch relativieren (vgl. → *backlash effects*). In Verhandlungssituationen, in denen ein Informationsmangel z. B. bezüglich des → *ZOPA* besteht (weak situation), sollen Frauen tendenziell schlechtere Ergebnisse erzielen als Männer. Dies kann u. a. an der Unsicherheit über die Angemessenheit des eigenen Angebots liegen, da keine Unterschiede zwischen den Geschlechtern festgestellt werden konnten, wenn ausreichende Informationen über das → *ZOPA* zur Verfügung standen. Der Gewöhnungseffekt von erfahrenen Verhandlern führt zu einer geschlechtsunabhängigen Angleichung der Erwartungshaltung an den Verhandler (vgl. Nachweis → *backlash effects*). Eine Studie hat gezeigt, dass Ähnliches für den Beruf bzw. den beruflichen Status des Verhandlers gilt, sodass „genderneutrale" Rollenerwartungen geweckt werden können. Dies gilt z. B. für den Anwaltsberuf (*Schneider*, Duke Journal Of Gender Law & Policy 17 (2010), 363–384). Dieser Effekt kann vor allem die Gefahren von Verhandlungen mit unbekannten Verhandlungspartnern (type ambiguity) abmildern. Das Verhandeln für andere wird ebenfalls als Faktor angesehen, der zu einer Neubewertung der Genderproblematik führt (vgl dazu Ausführungen unter → *backlash effects*).

Welche Verhandlungstaktik mittelfristig – also unter der Berücksichtigung der Vertragsdurchführung und von Folgeverhandlungen – erfolgreicher ist, ist bisher nicht abschließend untersucht worden. Auch wie männliche Verhandler am besten auf weibliche reagieren sollten – und umgekehrt – und worin sich Schwächen und Stärken gemischter Verhandlungsteams zeigen, ist noch nicht endgültig geklärt. Es gibt jedoch Hinweise, dass gemischtgeschlechtliche Verhandlungsteams tendenziell etwas besser abschneiden. Eine Studie von *Kray*, *Kennedy* und *van Zant* (*Kray/Kennedy/Van Zant*, Organizational Behavior and Human Decision Processes 125 (2014), 61–72) hat gezeigt, dass gegenüber Frauen in Verhandlungen mehr gelogen wird als gegenüber Männern. Die Autoren führen dies darauf zurück, dass das Vorurteil besteht, dass Frauen leichter getäuscht werden können. In solchen Situationen könnten Frauen dies zu ihrem Vorteil nutzen und unter dem Deckmantel der Naivität und unter Ausnutzung der Selbstüberschätzung des Verhandlungspartners geschickt agieren und sich so (unbemerkt) Vorteile sichern (siehe auch → *play dumb*). Der Hang, Frauen eher zu belügen, mag aber auch daher kommen, dass sich die Stereotype, die für Männer im Verhandlungskontext prinzipiell vorteilhaft sind, als Bumerang erweisen und zu einem belastenden Siegeszwang führen. Männliche Verhandler könnten daher gegenüber einer Frau noch stärker das Bedürfnis haben „zu gewinnen" und dafür auch bereit sein, zum Mittel der Täuschung zu greifen. Dies steht auch im Einklang mit der Beobachtung, dass einige Männer das Scheitern der Verhandlung einer Niederlage gegen eine Frau vorziehen würden, sodass v. a. dem → *Gesicht wahren* und „Gesicht geben" eine große Rolle zukommt (siehe auch Ausführungen unter → *backlash effects*). In vielen Situationen empfiehlt es sich für Frauen, trotz möglicher drohender Nachteile kompetitive Elemente in der Verhandlung (vor allem bei Verteilungsfragen) zu nutzen und sie mit positiv behafteten weiblichen Attributen (z. B. Freundlichkeit, Betonung des Wir-Gefühls) zu kombinieren. So hat eine Studie ergeben, dass rollenkonformes Verhalten von Frauen in Verhandlungen zwar dazu führte, dass der *Verhandlungskuchen* (→ *negotiation pie*) vergrößert wurde, die Frauen jedoch nicht an dem zusätzlichen Gewinn beteiligt wurden (*Kray/Locke/Van Zant*, Personality and Social Psychology Bulletin 38 (2012), 1343–1357). Dabei erwies sich die Nutzung weiblichen Charmes als erfolgsversprechendes Vorgehen, weil dieses wohl eine kompetitive und gleichzeitig eine auf die eigenen Interessen gerichtete Einstellung signalisiert, ohne dabei als Rollenbruch wahrgenommen zu werden. Insgesamt empfiehlt es sich in diesem Zusammenhang, die Einstellung des Verhandlungspartners und die Verhandlungssituation (gender in context) als solche zu ergründen, um möglicherweise nicht genutztes Potenzial einer kompetitiven Verhandlungsführung bzw. drohende Gefahren (→ *backlash effects*), die aus einer solchen resultieren könnten, zu erkennen. Je nach Einstellung des Verhandlungspartners kann es für Frauen auch empfehlenswert sein, zu versuchen, die Verhandlung von der Genderproblematik zu entkoppeln („separate the gender from the negotiation"). So wurde nachgewiesen, dass virtuelle Verhandlungen per → *E-Mail* oder auch Telefon eher eine Art level playing field schaffen (*Stuhlmacher/Citeria/Willis*, Sex Roles 57 (2007), 329–339) Zudem kann es vorteilhaft sein, kompetitive Forderungen von der eigenen Person zu entkoppeln, damit die möglichen negativen Emotionen des Verhandlungspartners nicht die gendergeprägten Reaktionsmechanismen auslösen (siehe Ausführungen unter → *backlash effects*). Die Betonung, dass die berufliche Position ein solches Verhandeln erfordert, könnte die Problematik ebenfalls abmildern (z. B.: „Was wäre ich für eine Einkäuferin, wenn ich nicht versuchen würde, das beste Angebot für meinen Arbeitgeber zu erhalten?").

Gesicht wahren
Wenngleich die Gesichtswahrung (**maintaining face**) in Deutschland keine ganz so große Rolle spielt wie z. B. in arabischen Ländern oder in Ostasien, sollte auch bei rein deutschen Verhandlungen immer darauf geachtet werden, dass sie für den Verhandlungspartner gesichtswahrend erfolgen. Auf jeden Fall zu vermeiden sind Handlungen, die den → *Verhandlungsführer* der Gegenseite demütigen und damit dessen Ehre verletzen. Dazu gehört z. B., dass → *Missverständnisse* oder gar grobe → *Fehler* des Verhandlungsführers der Gegenseite nicht triumphierend korrigiert werden dürfen oder eine schwierige Lage des Verhandlungspartners nicht im Detail ausgebreitet wird. Dem Verhandlungspartner sollte eine unverfängliche Möglichkeit zum Erkennen und der Korrektur des Fehlers gegeben werden. Notfalls muss man absichtlich selbst einen Fehler begehen, um einen emotionalen Ausgleich zu erzielen. Um das Gesicht zu wahren, wird manchmal auch mit einem **Bauernopfer** reagiert. Hierfür wird – wider besseres Wissen – ein Fehler einem niederrangigen Verhandler zugeordnet, der dann die Konsequenzen zu tragen hat, z. B. den Abzug von der Verhandlung.

Der Verhandlungspartner reagiert auf einen **Gesichtsverlust (loss of face)** in der Regel sehr negativ. Hier besteht stets die Gefahr, dass ein sogenannter **suicide by cop** (Suizid durch Polizisten) erzwungen wird, das heißt, dass nach einem Gesichtsverlust unausweichlich ein schnellstmöglicher *Verhandlungsabbruch* (→ *break it off*) herausgefordert wird. Die Furcht der Gegenseite vor dem Gesichtsverlust und den negativen Folgen wird manchmal aber auch ganz bewusst genutzt, indem man versucht, die alleinigen Alternativen „Gesichtsverlust" oder „Nachgeben in der Sache" zu erzeugen.

Go for a walk
„Go for a walk" (**einen Spaziergang machen**) bezeichnet eine (längere) taktische Verhandlungsunterbrechung (→ *Verhandlungspause*), die den Parteien die Möglichkeit gibt, noch einmal grundlegend über eine festgefahrene Verhandlungssituation (→ *deadlock*) nachzudenken. Bei einem schlechten → *BATNA* des Verhandlungspartners wird dadurch ein erheblicher Verhandlungsdruck auf diesen aufgebaut. Ansonsten besteht zumindest hinreichend Zeit, um über Lösungsoptionen nachzudenken und eventuell auch in Abwe-

senheit des Verhandlungspartners → *Dampf abzulassen* und sich somit emotionale Erleichterung zu verschaffen. Allerdings kann sich durch diese Taktik auch *Zeitdruck* (→ *deadline*) auf der eigenen Seite aufbauen. Längere Unterbrechungen geben dem Verhandlungspartner, genau wie der eigenen Seite, zudem die Möglichkeit, ausführlich sein/ihr BATNA zu erforschen und dadurch zu einer günstigeren Alternative gegenüber dem angestrebten Vertragsschluss zu kommen.

Good guy/bad guy
Die Taktik des good guy/bad guy (auch **good cop/bad cop** bzw. **guter Polizist/böser Polizist** oder **black hat/white hat**) basiert auf einer Aufgabenteilung zwischen → *zwei Verhandlern* einer Seite, kann aber auch mit Hilfe einer (vielleicht sogar fiktiven) außenstehenden Person praktiziert werden. Der good guy ist derjenige, der den Vertrag will und sich auf die positiven Seiten der Vertragsverhandlung (z. B. die gemeinsamen Interessen) konzentriert. Er sollte auch die Fähigkeit zur → *Empathie* haben. Der bad guy übernimmt die kritische Rolle (und konzentriert sich z. B. auf gegenläufige Interessen). Die good guy/bad guy-Taktik trägt in den USA auch den Namen **Mutt and Jeff**, einer landläufigen Bezeichnung für ein ungleiches Paar, angelehnt an einen erfolgreichen Comicstrip vom Anfang des 20. Jahrhunderts.

Der bad guy ist derjenige, der die kritischen Argumente vorbringt und bestimmte Regeln nicht akzeptiert. Durch die Teilung der Rollen, müssen die einzelnen Verhandler nicht ständig zwischen Kritik und Förderung des Vertragsprojektes wechseln, was vielen Verhandlern schwerfällt. Sie können in ihrer jeweiligen Rolle überzeugender sein. Gerade wenn der good guy später für die Vertragsdurchführung zuständig ist, kann trotz der kritischen Argumente des bad guy Vertrauen zu ihm aufgebaut werden. Zudem können die Kritik bzw. der Druck des bad guy etwas stärker als gewöhnlich sein, da der good guy für einen Ausgleich sorgt. Wirkt allerdings der bad guy zu stark, kann dies die Hoffnung in einen Vertragsschluss so stark herabsetzen, dass der Erfolg der Verhandlung gefährdet wird. Macht der good guy Vorschläge, insbesondere wenn sie sich (scheinbar) als Kompromissvorschlag darstellen, wird häufig die Gefahr, die von diesem Vorschlag ausgehen kann, unterschätzt und gelegentlich ohne größeres Nachdenken einem solchen Vorschlag zugestimmt.

Eine Spielvariante der good guy/bad guy-Taktik ist die Aufteilung der Rollen in einen vernünftigen Verhandler und seinen unvernünftigen Partner. Der vernünftige Verhandler verhandelt mit dem Verhandlungspartner konstruktiv und stellt bescheidene Forderungen. Der unvernünftige Verhandler torpediert daraufhin die Verhandlungen und stellt extreme Forderungen, woraufhin ihn der vernünftige Partner zu beruhigen versucht und einen Kompromiss vorschlägt. Hier lässt sich manchmal die Tendenz des Verhandlungspartners beobachten, den good guy bei seinen Bemühungen um den Vertragsschluss zu unterstützen und dafür notfalls auch dem bad guy entgegenzukommen.

Sind Juristen an der Verhandlung beteiligt, kommt ihnen öfter die Rolle des bad guy zu, da sie ohnehin häufig die Aufgabe haben, die Bedenken zusammenzutragen und zu formulieren.

Ein einzelner Verhandler kann Einzelaspekte der good guy/bad guy-Taktik durch die Anführung von Fremdbedenken verwenden. Der echte oder vermeintliche bad guy ist dann ein nicht am Verhandlungstisch sitzender → *decision-maker*.

Wenn vereinzelt von dieser Taktik generell abgeraten wird, beruht dies auf massiven Nötigungen, wie sie typischerweise in Filmen dem „bad cop" zugeschrieben werden. Solche Auswüchse sind mit allen Nachteilen verbunden, die generell mit einer rechtswidrigen Nötigung einhergehen und daher abzulehnen. Die good guy/bad guy-Taktik stößt zudem auch dann an ihre Grenzen, wenn der bad guy sehr unsympathisch wirkt und die „Distanz" des good guy zu ihm zu gering ist: Hier besteht die Gefahr, dass sich die Aversion gegen den einen Verhandler auch auf den anderen erstreckt.

Halo-Effekt

Der Halo-Effekt ist ein confirmation bias, d. h. ein Bestätigungsfehler; er wird manchmal auch **Heiligenscheineffekt**, **Überstrahlungseffekt** oder **Hof-Effekt** genannt. In der Sozialpsychologie wird mit diesem erstmals 1907 von *Frederic L. Wells* beobachteten und erstmals 1920 von *Edward Lee Thorndike* entsprechend bezeichneten Effekt (*Thorndike*, Journal of Applied Psychology 1920, 25–29) eine kognitive Verzerrung (→ *bias*) beschrieben. Danach lassen sich Personen bei ihrer Einschätzung von anderen Menschen – aber auch von Produkten oder Unternehmen – von einer ihnen bekannten Eigenschaft dieses Menschen oder ihrer Einstellung gegenüber dieser Person stark leiten. Empfindet man beispielsweise Sympathie für eine Person, schreibt man ihr gute Charaktereigenschaften zu, auch wenn man über ihren Charakter keine Informationen besitzt. Der gute Eindruck in einem Bereich wird somit auf einen anderen, damit nicht in Zusammenhang stehenden, Bereich übertragen. Dieser Bestätigungsfehler besteht allerdings nicht nur in Bezug auf positive, sondern auch auf negative Eigenschaften. In diesem Fall spricht man im Englischen von **horns effect** (**Teufelshorn-Effekt**).

Im Rahmen von Verhandlungen kann der Halo-Effekt auf mehreren Ebenen Auswirkungen haben. Zum einen kommt er im unternehmensinternen Bereich zum Tragen. *Thorndike* zeigte in seiner frühen Studie (s. o.), dass die Beurteilung von Mitarbeitern – in der Studie beurteilten Kommandeure Soldaten – auch vom Halo-Effekt beeinflusst wird: Ist ein Mitarbeiter gut in einem Bereich, tendieren Vorgesetzte dazu, ihn auch in einem anderen Bereich positiv zu bewerten. Zum anderen entfaltet der Effekt auch bei Vertragsverhandlungen Wirkung: So können dem Verhandlungspartner positive Eigenschaften zugeschrieben werden, über die man eigentlich keine Informationen hat.

Beispiel

Der Verhandlungspartner erscheint pünktlich zur Verhandlung. Das wertet man als Zeichen, dass er generell vertrauenswürdig ist und z. B. keine auf Täuschung basierenden Taktiken anwenden wird. ◄

Noch weitreichender ist, dass positive Eigenschaften des Verhandlungspartners unbewusst auch auf das dahinterstehende Unternehmen übertragen werden. Ist der Verhandlungspartner vertrauenswürdig, verlässlich und qualifiziert, besteht eine Tendenz, dieselben Eigenschaften auch dem Unternehmen zuzuschreiben. Dabei ist der → *Verhandlungsführer* der Gegenseite oft nicht an der Ausführung des Vertrags beteiligt, weshalb sein Verhalten schon deswegen keinen direkten Hinweis auf das Unternehmen erlauben dürfte.

Harvard Verhandlungskonzept

Das Harvard Verhandlungskonzept basiert auf dem 1981 erschienenen Buch „Getting to Yes" von *Roger Fisher* und *William Ury* (Neuauflagen unter Beteiligung von *Bruce Patton*) und ist auch im Rahmen des groß angelegten Program on Negotiation (PON) der Harvard Law School zu sehen.

Der Originaltitel des Buches „**Getting to Yes**" steht synonym für das Harvard Verhandlungskonzept. Schon der Titel verrät den besonderen Fokus dieses Werkes: Den Autoren ging es ursprünglich nicht primär um das optimale inhaltliche Ergebnis. Im Mittelpunkt stand vielmehr die Frage, wie in Situationen, bei denen sehr unsicher ist, ob eine Einigung überhaupt möglich und sie gleichzeitig (oft für gesamte Nationen) von großer Bedeutung ist, ein Vertragsschluss erreicht werden kann. Ausgangspunkt waren die Probleme bei diplomatischen Verhandlungen – speziell hinsichtlich der Verhandlungen über die nukleare Abrüstung zwischen den USA und der damaligen Sowjetunion –, die generell mit Positionen und → *Emotionen* belastet waren. Dennoch hat das Harvard Verhandlungskonzept einen ganz universellen Ansatz. Es will unternehmerische Verhandlungen, Verhandlungen innerhalb von Organisationen, Einstellungsverhandlungen mit Arbeitnehmern und diplomatische Verhandlungen erfassen. In ihrem Buch benennen die Autoren ihr Konzept **principled negotiations** (prinzipiengesteuerte Verhandlungen); in der Literatur wird manchmal auch der Begriff **negotiation of merits** verwendet. Die Autoren beschreiben dieses Konzept in Abgrenzung zu harten (*hard bargaining* (→ *distributive Verhandlungen*)) und weichen (→ *soft bargaining*) Verhandlungen als den **dritten Weg**.

Das Harvard Verhandlungskonzept basiert auf verschiedenen Grundideen:

• Zunächst fordert es die Trennung von Menschen und Problemen. Das bedeutet, dass die persönliche Beziehung zum Verhandlungspartner und der Verhandlungsgegenstand getrennt betrachtet werden sollten. In diesem Zusammenhang wird auch vom **SOPHOP-Prinzip** gesprochen: „soft on people, hard on points". Viele Verhandler spüren ein Spannungsverhältnis zwischen der inhaltlichen Verhandlung und der Parteibeziehung. Das SOPHOP-Prinzip verdeutlicht, dass das Harvard Verhandlungskonzept davon ausgeht, dass auch bei „harten" inhaltlichen Verhandlungen ein gutes Verhältnis zur Gegenseite gewahrt werden kann. Entsteht ein Problem auf der persönlichen Ebene, empfiehlt das Harvard Verhandlungskonzept, dieses auch auf der persönlichen Ebene zu klären (z. B. durch eine Veränderung des Verhaltens gegenüber dem Verhandlungspartner). Ziel dieser Trennung ist vor allem das Vermeiden negativer Auswirkungen eines belasteten oder auch positiven persönlichen Verhältnisses auf das inhaltliche Verhandlungsergebnis. Zugeständnisse auf der sachlichen Ebene sollen daher nicht aufgrund von Sympathie oder mit dem Ziel der Verbesserung der persönlichen Beziehung gemacht werden. Außerdem soll vermieden werden, dass Wut oder andere negative Gefühle zu einer unsachgemäßen Betrachtung (insbesondere einer direkten Ablehnung) der Lösungsoptionen führen. Es wird damit ein rein rationales Verhalten bei der Suche und Auswahl von Lösungsoptionen empfohlen. Der Einsatz eines emotional nicht betroffenen Agenten in der Verhandlung mag unter gewissen Umständen helfen, die Trennung von Menschen und Problemen in der konkreten Vertragssituation umzusetzen.

- Darüber hinaus verlangt das Harvard Verhandlungskonzept die Konzentration auf **Interessen** anstatt **Positionen**. Bei einer Fokussierung auf Interessen statt Positionen können die Parteien eher Gemeinsamkeiten finden. Der interessenbasierte Ansatz verbessert auch die Chance, dass das Endergebnis den Interessen der Beteiligten möglichst weitgehend entspricht. Zudem ermöglicht diese Vorgehensweise den Parteien, die größtmögliche Erweiterung des *Verhandlungskuchens* (→ *negotiation pie*) zu erreichen.

Exkurs

Es ist zum Teil sinnvoll, das Verhältnis der Interessen beider Parteien zu klassifizieren (vgl. Abb. 4.6). Zum einen gibt es **gemeinsame Interessen**. Die Existenz solch gemeinsamer Interessen wird von Verhandlern häufig unterschätzt. In einer solchen Situation ziehen beide Seiten „am selben Strang". Es ist wichtig, solche gemeinsamen Interessen zu identifizieren. Sie helfen oftmals, eine gute Beziehung zum Vertragspartner aufzubauen. Darüber hinaus gibt es **abweichende Interessen**, die aber nicht unbedingt gegenläufig sein müssen. Hier kann versucht werden, Lösungen zu erzielen, die eine möglichst große Durchsetzung beider Interessen ermöglicht. Daneben gibt es **gegenläufige Interessen**, bei denen die Durchsetzung der Interessen der einen Seite ein spiegelbildliches Nachgeben der anderen Seite bezüglich ihrer Interessen verlangt. Hier ist es im Sinn des Harvard Verhandlungskonzepts entscheidend, neutrale Beurteilungskriterien bei der Verhandlung solcher Punkte einzusetzen. ◄

- Weiterhin sollen möglichst viele Lösungsoptionen erarbeitet werden. In der Praxis tendieren Verhandler häufig dazu, zu schnell zur Verteilung des *Verhandlungskuchens* (→ *negotiation pie*) überzugehen, statt weitere – möglicherweise bessere – Einigungsoptionen zu erarbeiten. Verhandlungen sind jedoch generell umso erfolgreicher, je

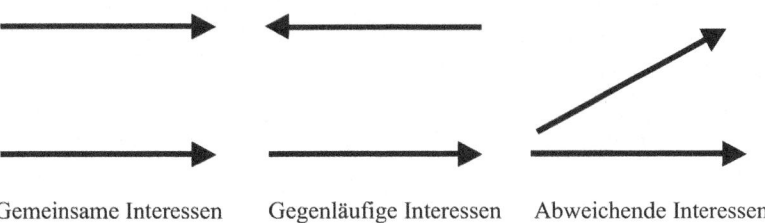

    Gemeinsame Interessen   Gegenläufige Interessen   Abweichende Interessen

Abb. 4.6 Parteiinteressen. (Quelle: eigene Darstellung)

mehr Lösungsvorschläge unterbreitet werden. Dabei spielt die Betonung von *mutual gains* (→ *win-win Strategie*) eine entscheidende Rolle. Die Suche nach Lösungsoptionen ist dabei anhand der Interessen der Parteien auszurichten. Insbesondere gemeinsame und abweichende Interessen, bieten die Möglichkeit, den Verhandlungskuchen so zu vergrößern.

- Zudem empfiehlt das Harvard Verhandlungskonzept das Bestehen auf **neutralen Beurteilungskriterien** (d. h. fairen Kriterien). Als solche können etwa Marktpreise oder übliche Vertragsbedingungen dienen. Neutrale Beurteilungskriterien sind insbesondere für Verteilungsfragen (also insbesondere bei gegenläufigen Interessen) von besonderer Bedeutung. Sie sollen den Parteien helfen, sich auf eine Verteilung zu einigen, die beide Seiten als angemessen empfinden.

- Unter Heranziehung des → *BATNAs* sollten sich die Parteien am Ende der Verhandlung für oder gegen einen Vertragsschluss entscheiden. Im Mittelpunkt dieser Empfehlung steht das Ziel einer beidseitigen Zufriedenheit nach der Verhandlung, die eine künftige Zusammenarbeit ermöglicht bzw. erleichtert.

Das Harvard Verhandlungskonzept ist weltweit das Standardgrundkonzept für Vertragsverhandlungen, auch wenn es gewisse Punkte nicht vollumfänglich berücksichtigt. Die Betonung des → *win-win* hat dem Konzept den Vorwurf eingehandelt, dass es die Interessen der Parteien nicht hinreichend wahre. Die Verfasser des Konzeptes sehen dies anders, was im Zusatz zum englischsprachigen Originaltitel – „without giving in" – zum Ausdruck kommt. Letztendlich wird jedoch die Empfehlung ausgesprochen, nach fairen Kriterien und unter Berücksichtigung aller Interessen zu verhandeln (freilich ohne das eigene BATNA aus den Augen zu lassen). Der vom Konzept angeführte, daraus resultierende Vorteil einer besseren zukünftigen Parteibeziehung ist in → *ständigen Geschäftsbeziehungen* berechtigt, sofern kein dauerhaftes Verhandlungsmachtungleichgewicht besteht, wie dies z. B. zwischen der Automobilindustrie und der überwiegenden Zahl ihrer Zulieferer zu beobachten ist. In anderen Situationen, wie z. B. Einmalgeschäften, spielt die vom Harvard Verhandlungskonzept empfohlene Fairness keine so große Rolle, dürfte aber aufgrund von Reputationseffekten innerhalb einer Branche auch nicht unbeachtlich sein. Das Harvard Verhandlungskonzept vertieft nicht, wie etwa mit unterschiedlichen Vorstellungen von Fairness und Angemessenheit umgegangen werden kann. Für B2B-Verhandlungen bliebe näher zu erforschen, wie der stärkere Verhandlungspartner zum Akzeptieren neutraler Bewertungskriterien für die Verteilung des Verhandlungskuchens bewogen werden kann. Für die Praxis wäre es außerdem interessant, wenn noch näher darauf eingegangen würde, wie es sich auswirkt, wenn nur eine Partei nach dem Harvard Verhandlungskonzept verhandelt und wie der Verhandlungspartner am besten dazu bewogen werden kann, eine Verhandlung nach den Prinzipien des Harvard Verhandlungskonzepts zu führen.

Die Bedeutung der → *Principal-Agent-Problematik* wird vom Harvard Verhandlungskonzept nicht näher thematisiert, obwohl sie sowohl im politischen als auch im unternehmerischen Kontext den Verhandlungsrahmen zumeist maßgeblich beeinflusst. Insbesondere die Empfehlung, sich auf Interessen, statt Positionen zu konzentrieren, ist von der

Principal-Agent-Problematik betroffen. Denn im unternehmerischen Kontext könnten die Interessen ganz unterschiedlicher Akteure verfolgt werden (z. B. des → *Verhandlungsführers*, des direkten Vorgesetzen, der Geschäftsführung, der Gesellschafter). In der Praxis stellt sich hier oftmals das Problem, dass dem Agenten z. B. die übergeordneten „Unternehmensinteressen" vorher nicht klar kommuniziert werden (oder er seine eigenen Interessen verfolgen will). Erhält der Verhandler Vorgaben, besteht das Problem, dass diese häufig positionsbelastet sind. Dann ist es für den Verhandler sehr schwer, sich in der Verhandlung auf interessenorientierte Lösungen zu konzentrieren. Denn die höherrangigen Entscheidungsträger sind zwar leicht in der Lage die Einhaltung zahlenmäßiger Vorgaben zu beurteilen, nehmen sich aber häufig nicht die Zeit, die komplexere Interessenlage zu ergründen.

Auch eine intensivere Behandlung von → *Emotionen* im Rahmen des Harvard Verhandlungskonzepts wäre vorstellbar (*Roger Fisher* schenkt diesem Aspekt im gemeinsam mit *Daniel Shapiro* veröffentlichten Buch „Beyond Reason – Using Emotions as You Negotiate, 1. Auflage, London 2005" seine Aufmerksamkeit). Insbesondere positive Emotionen könnten das Potenzial besitzen, eine sachliche Auseinandersetzung zu befördern. Die Trennung von Personen und Menschen ist zwar generell sinnvoll. Im Einzelfall kann eine Belastung auf persönlicher Ebene die zukünftige Vertragsdurchführung allerdings derart erschweren, dass sie auf sachlicher Ebene berücksichtigt werden sollte.

Insgesamt finden Ausnahmen, bei denen vom Konzept abgewichen werden sollte, wenig Beachtung. Das Harvard Verhandlungskonzept erweckt zumindest den Eindruck eines one-size-fits-all-Ansatzes und arbeitet dafür auch mit durchaus erheblichen Komplexitätsreduzierungen.

Die Erkenntnisse der → *behavioural economics* haben bislang ebenfalls kaum Eingang in das Harvard Verhandlungskonzept gefunden. Dabei beeinflussen Verzerrungen (→ *bias*) die Verhandlungsführung regelmäßig. Diesbezügliche Kenntnisse (z. B. über fixed pie illusion) könnten daher helfen, potenziellen negativen Auswirkungen auf das Verhandlungsergebnis entgegenzuwirken. Auch auf den Erkenntnissen der behavioural economics beruhende Taktiken (vgl. Themenliste) spielen in Verhandlungen regelmäßig eine Rolle und könnten im Rahmen des Konzepts eingehender betrachtet werden.

Im Program on Negotiation (PON) der Harvard Law School werden die angesprochenen Punkte näher untersucht. Wünschenswert wäre es, wenn das Harvard Verhandlungskonzept systematisch um die dort erzielten Ergebnisse ergänzt würde. In diesem Zusammenhang könnte auch angedacht werden, beim Harvard Verhandlungskonzept verschiedene Bereiche zu unterscheiden, z. B. politische, unternehmerische und private Verhandlungen. Dadurch könnten die Besonderheiten dieser Verhandlungstypen eher aufgegriffen werden. So mögen einige Aspekte, die sich im politischen Raum wiederfinden, in dieser Form bei unternehmerischen und privaten Verhandlungen nicht auftreten. Dass die Überarbeitung des Konzepts bisher nicht geschehen ist, mag auch daran liegen, dass die Komplexität des Konzeptes deutlich zunehmen würde, was die Überzeugungskraft reduzieren könnte. Auch wenn das Harvard Verhandlungskonzept noch um einige Aspekte erweitert und verbessert werden könnte, bleibt zu betonen, dass dieses Konzept ein absoluter Meilenstein der Verhandlungswissenschaft ist, dessen Bedeutung kaum überschätzt werden kann.

Herrschaftsgesten

In Organisationen, aber auch in Verhandlungen mit Personen außerhalb der eigenen Organisation, spielen Herrschaftsgesten in der Praxis eine beachtliche Rolle, wobei Männer diese deutlich häufiger nutzen als Frauen. Hierzu zählen u. a.

- ein Wartenlassen im Vorzimmer,
- die Art der Begrüßung, z. B. auch durch Einsatz einer dominanten Armberührung beim Handschlag mit der zweiten Hand,
- die Ansprache während der Verhandlung,
- die Positionierung am Kopf des Tisches,
- die Antwort auf eine → *E-Mail* von der Sekretärin schreiben und versenden lassen,
- keinen Platz anbieten, sodass der Gesprächspartner vor dem Tisch stehen bleiben muss.

Viele Gesten mögen unbewusst geschehen. Dabei kann der Verwender der Herrschaftsgesten allerdings davon ausgehen, dass der Verhandlungspartner, ebenfalls unbewusst, die Herrschaftsgesten und den damit verbundenen Machtanspruch des Verwenders erkennen wird. Insofern lässt sich davon sprechen, dass hier ein non-verbaler Anker gesetzt wird. Wie beim → *anchoring* kann der Verhandlungspartner einen *Gegenanker* (→ *anchoring*) setzen.

Eng verwandt mit den Herrschaftsgesten ist der Begriff **power posing**. Nach hier vorgegebenem Verständnis soll power posing in erster Linie jedoch den hohen eigenen Status demonstrieren, während Herrschaftsgesten stärker darauf ausgerichtet sind, dem Gegenüber einen niedrigeren Status zuzuschreiben.

Hide your glee

Verhandler, die ein positives Verhandlungsergebnis erzielt haben, sollten dem Verhandlungspartner ihre Freude darüber nicht zeigen, sondern ihre **Freude verstecken**. Wegen der Unsicherheit darüber, wann wirklich ein Erfolg vorliegt (z. B. bedingt durch Informationsasymmetrien), sind die Verhandler der Gegenseite – unabhängig vom ökonomischen Ergebnis – grundsätzlich weniger zufrieden mit dem Verhandlungsergebnis, wenn sie wissen, dass sich ihr Verhandlungspartner über das Ergebnis freut (vgl. dazu *Thompson/Valley/Kramer*, Journal of Experimental Social Psychology 31 (1995), 467–492). Die Gegenseite befürchtet in diesem Fall häufig, zu stark nachgegeben zu haben. Dies kann sich insbesondere in Langzeitbeziehungen (→ *ständige Geschäftsbeziehung*) negativ auswirken.

Ideen des Verhandlungspartners weiterentwickeln

Selbst wenn einer Idee des Verhandlungspartners nicht zugestimmt werden kann, sollte geprüft werden, ob darin nicht ein Kern enthalten ist, der sich weiterentwickeln lässt. Statt die Defizite des Vorschlags zu kritisieren, ist es häufig günstiger, die Idee weiterzuentwickeln und Schwachpunkte nicht zu hart zu benennen, sondern die positiven Aspekte herauszustellen. Diese Herangehensweise ist auch schon deshalb sinnvoll, weil dadurch die gesamte Kreativität beider Seiten genutzt werden kann. Gemeinsam gefundene Lösungen schaffen Vertrauen und werden regelmäßig von beiden Seiten als Erfolg angesehen, zumal der eigene Anteil an der Lösung regelmäßig höher eingeschätzt wird, als er tatsächlich ist. Da die Ursprungsidee vom Verhandlungspartner stammt, besteht zudem die Hoffnung, dass er der weiterentwickelten Idee eher zustimmen wird als einer Idee, die ausschließlich vom Vertragspartner stammt.

Zu bedenken ist allerdings, dass der Verhandlungspartner das Skizzieren einer Idee auch taktisch nutzen kann (→ *unvollendete Lösungsvorschläge*). Ein entsprechendes Vorgehen zielt darauf ab, den Verhandlungspartner dazu zu animieren, den Vorschlag zu Ende zu denken. Dadurch wird eine Lösung, die im Grunde von der Gegenseite stammt, als eigene akzeptiert und daher weniger stark hinterfragt.

Incompatibility bias
Verhandler nehmen häufig fälschlicherweise an, dass ihre eigenen Interessen nicht mit den Interessen der Gegenseite übereinstimmen werden, sondern ihnen diametral gegenüberstehen. Man spricht folglich auch von **verzerrter Wahrnehmung der Nicht-Kompatibilität**. Wer diese negative Grundeinstellung hat, wird größere Mühe haben, den *Verhandlungskuchen* (→ *negotiation pie*) zu vergrößern und dann zu einer Einigung zu kommen. Deshalb ist dieser bias eng mit der *fixed pie illusion* (→ *negotiation pie*) verbunden. Möchte man → *win-win* Lösungen herbeiführen, ist es entscheidend, die Interessen des Verhandlungspartners zu erforschen und zu bewerten. Vorschläge des Verhandlungspartners sollten nicht sofort abgelehnt, sondern mit den eigenen Interessen abgeglichen werden. Die Parteien können dann *gemeinsame* und *abweichende Interessen* (→ *Harvard Verhandlungskonzept*) finden. Auch Letztere gewähren im Gegensatz zu diametral gegenüberstehenden Interessen die Möglichkeit, den Verhandlungskuchen zu vergrößern.

Information overload
In bestimmten Fällen bestehen entweder umfassende rechtliche Informationspflichten (z. B. im Kapitalanlagebereich) oder der Verhandlungspartner hat aufgrund seiner Verhandlungsstärke die Macht, relevante Informationen zu erzwingen (z. B. beim Unternehmenskauf). Hier versucht die zur Information verpflichtete Seite teilweise durch ein Übermaß an Informationen – also einen information overload – die eigentlich heiklen Informationen zu verbergen. Ein Indiz für ein entsprechendes Vorgehen ist es, wenn sich Informationen in leicht abgewandelter Form wiederholen. Durch die Wiederholungen lässt die Aufmerksamkeit des Lesers besonders stark nach, und eine signifikante Zusatzinformation mag leicht übersehen werden. Gegen diese Taktik scheinen zumindest in B2B-Beziehungen regelmäßig keine rechtlichen Mittel zu bestehen, weil das für *Allgemeine Geschäftsbedingungen* (→ *Inhaltskontrolle*) geltende Transparenzgebot (§ 307 Abs. 1 S. 2 BGB) grundsätzlich nicht für Informationen vor Vertragsschluss greift und eine echte → *Aufklärungspflicht*, die über das Gebot von Treu und Glauben (§ 242 BGB) auch in der Art der Information Einschränkungen unterliegen könnte, kaum einmal bejaht werden kann. Außerrechtliche Formen der Abwehr liegen daher im B2B-Bereich näher.

Die andere Seite kann z. B. bei einem solchen Übermaß an Informationen versuchen, diese durch Bereitstellung von Zeit und Manpower zu bewältigen. Es kann ebenfalls helfen, den Verhandlungspartner zu zwingen, ein Standardformular zu bestimmten Informationen auszufüllen. Denn diese standardisierten Vorlagen lassen in der Regel weniger Spielräume zur individuellen Präsentation der Fakten. Auch eine direkte Frage nach einzelnen Informationen ist möglich.

Informationen teilen
Informationen mit der Gegenseite zu teilen (**share information**), kann Vertrauen begründen und entscheidend dazu beitragen, den *Verhandlungskuchen* zu vergrößern (→ *negotiation pie*). In diesem Zusammenhang ist es vor allem entscheidend, Informationen über Interessen auszutauschen, um so *gemeinsame Interessen*, lediglich *abweichende Interessen* (→ *Harvard Verhandlungskonzept*) und *gegenläufige Interessen* aufzudecken. Das Teilen von Informationen ist damit ein wichtiger Erfolgsfaktor für Vertragsverhandlungen. Insbesondere bei → *interessenorientierten*, → *integrativen Verhandlungen* ist das Teilen von Informationen notwendig und empfehlenswert. Nicht erwartet wird dabei – und dies wäre auch nicht sinnvoll –, dass dem Verhandlungspartner alle relevanten Informationen gegeben werden. Gerade bei sensiblen Informationen sollte vorher überlegt werden, ob und wenn ja, wie sie dem Verhandlungspartner mitgeteilt werden sollten (→ *Informationskontrolle*) und ob der Informationsaustausch und die mögliche Weitergabe geregelt werden müssten (→ *non-disclosure agreement*).

Damit die Verhandlungsparteien relevante Informationen austauschen, ist zunächst entscheidend, ein hohes Maß an Verhandlungsvertrauen aufzubauen. Ansonsten entsteht das *Dilemma des Informationsaustausches* (→ *negotiator's dilemma*). Denn beide Seiten befürchten regelmäßig, dass die jeweils andere Seite keine ebenso wertvollen Informationen preisgeben und vielleicht sogar die erlangten Informationen nutzen wird, um einen einseitigen Verhandlungserfolg zu erzielen. Werden besonders viele Informationen von einer Seite geteilt, kann dies vom Verhandlungspartner auch als Ausdruck von Schwäche angesehen werden. Besonders hoch ist diese Gefahr, wenn die Verhandler auf der anderen Seite selbst nicht dazu neigen, Informationen zu teilen. Von daher wird es beim Teilen von Informationen häufig ein vorsichtiges Abtasten geben und eine Art → *generous tit-for-tat* eingesetzt werden.

Bei der Auswahl der Informationen ist, zumindest nach deutschem Recht, darauf zu achten, dass das Gesamtbild nicht irreführend ist, da sonst eine Haftung für diese → *Irreführung* entstehen könnte. Dies gilt allerdings nur, soweit man sich nicht im Gebiet der → *listigen Täuschungen* befindet, die nach hier vertretener Ansicht nicht rechtswidrig sind.

Informationsbedarfsanalyse
Hierbei handelt es sich um ein Standardinstrument der betriebswirtschaftlichen Planung für betriebswirtschaftliche Entscheidungen, das auch auf Vertragsverhandlungen angewandt werden kann. Es geht dabei darum, zu analysieren, welche Informationen für die Entscheidung erforderlich sind, welche der Informationen noch benötigt werden und wel-

chen Zuverlässigkeitsgrad diese aufweisen müssen. Bei der Bedarfsanalyse ist zwischen Standardsituationen und bestimmten Sondersituationen zu unterscheiden. Diese Differenzierung ist gerade auch für Verhandlungen sinnvoll. Beim Bedarf sind Häufigkeit, Bedeutung, Kosten der Beschaffung und Unterschiede zwischen früher und ad hoc Beschaffung oder Verzicht der Beschaffung zu beachten. Selbst bei einem Verzicht auf die Beschaffung einer bestimmten Information als Folge der Analyse, bleibt häufig die Information, wie teuer und wie schnell diese Information beschafft werden könnte.

Informationsbeschaffung
In seltenen Fällen ist die Informationsbeschaffung das primäre Ziel von Verhandlungen. Dann geht es darum, diese Informationen selbst unternehmerisch zu verwerten oder sie für Verhandlungen für ein anderes Projekt zu nutzen. In den meisten Verhandlungen ist die Informationsbeschaffung eine von Anfang an und bis zum Abschluss der Verhandlungen bestehende zentrale Aufgabe, die wesentlich für den Erfolg der Verhandlungen, aber nicht das primäre Ziel ist. Informationen sind im Rahmen von Vertragsverhandlungen z. B. entscheidend, um die objektive eigene *Verhandlungsmacht* (→ *negotiation power*), d. h. vor allem das eigene → *BATNA,* und die Verhandlungsmacht der Gegenseite einzuschätzen sowie um Probleme und mögliche Lösungen sowie Ansätze für eine Vergrößerung des gemeinsamen *Verhandlungskuchens* (→ *negotiation pie*) erkennen zu können. Für Letzteres ist es zentral, Informationen über die Interessenlage des Vertragspartners zu erhalten.

Wichtig für die Informationsbeschaffung ist die → *Informationsbedarfsanalyse.* Die nach dieser Analyse benötigten Informationen können aus einer Vielzahl möglicher **Informationsquellen** gewonnen werden. Dazu gehören (ausgeklammert sind hier Quellen für fachspezifische, z. B. technische Informationen):

- Informationsanfragen an den Verhandlungspartner,
- Befragung ehemaliger bzw. aktiver Mitarbeitern der Gegenseite,
- Informationsgewinnung im Rahmen der Verhandlung selbst,
- vorhandene unternehmensinterne Informationssysteme,
- individuelle Informationseinholungen im eigenen Unternehmen (bei Kollegen, anderen Abteilungen etc.),
- Einholung von Informationen bei Konkurrenten des Verhandlungspartners,
- Einholung von Informationen bei Geschäftspartnern des Verhandlungspartners,
- Einholung von Informationen bei eigenen Konkurrenten und Geschäftspartnern,
- öffentlich zugängliche Quellen (z. B. Internetquellen, Handelsregister, Zeitungsartikel).

In zentralen Punkten sollten Informationen hinsichtlich ihrer Eindeutigkeit (Mehrdeutigkeit), ihrer Aktualität, ihrer Unmittelbarkeit, ihrer Zuverlässigkeit und ihrer Unabhängigkeit von anderen Quellen, aber auch ihrer Exklusivität klassifiziert werden. Im Rahmen der Überprüfung von Informationen wird häufig versucht, die Information aus verschiedenen, unabhängigen Quellen zu gewinnen.

Problematisch ist, dass Personen häufig einzelne Fakten im Kopf bleiben, sie aber vergessen, wo, wie oder von wem sie die Informationen erlangt haben (**source amnesia**). Die Gefahr besteht hierbei darin, dass Informationen aus unzuverlässigen Quellen – z. B. lediglich unbestätigte Gerüchte – so in den Entscheidungsprozess einfließen.

Zentral für die Informationsgewinnung ist die eigentliche Verhandlung. In der Verhandlung selbst sind Fragen, verbunden mit aufmerksamem Zuhören (→ *70-30-Regel*) das wichtigste Mittel der Informationsgewinnung. Wie bei einer medizinischen **Anamnese** gibt es immer wieder benötigte Informationen und dazu passende Fragen. Diese können daher vorbereitet werden. Hinzu kommen anlassbezogene und augenblicksbezogene Fragen. Sinnvoll kann es darüber hinaus sein, gelegentlich auch eher sinnlose Fragen oder Fragen zu Informationen zu stellen, die man schon hat. Das erschwert es dem Verhandlungspartner, anhand der Fragen den Informationsstand des Fragenden abzuschätzen. Außerdem kann die Verlässlichkeit der Antworten auf Fragen, zu denen man bereits sichere Erkenntnisse hat, überprüft werden (*Testfragen* (→ *Fragen*)). Daneben können wertvolle Informationen aus den Aussagen und Rückfragen des Verhandlungspartners gewonnen werden. Denn auch umgekehrt können Fragen den Wissensstand des Fragenden verraten. Viele Aussagen enthalten durch die Art der Aussage, den Kontext und die Abweichung von anderen Fällen Informationen über Gefühle, nicht offengelegte Entscheidungsstrukturen, Prämissen oder den Informations- und Planungsstand der Gegenseite. Darüber hinaus können auch aus dem nonverbalen Verhalten des Verhandlungspartners wertvolle Informationen gewonnen werden. Gerade bei der → *Körpersprache,* aber auch bei der Suche nach Aussagen hinter einer Aussage, ist jedoch Vorsicht geboten, da, unabhängig von echten Täuschungsfällen, diese Schlüsse meist nicht eindeutig sind. Hier werden häufig nur **Informationsindizien** gewonnen. Mehrere unabhängige Indizien ohne gegenläufige Indizien können sich zu einer (abgeleiteten) Information verdichten. Das Verfahren entspricht dabei ansatzweise der aus der Medizin bekannten Differenzialdiagnose, da nicht einfach Indizien zahlenmäßig zusammengerechnet werden, sondern diese ihre Aussagekraft durch die besondere Kombination erlangen. Unternehmen ist zu empfehlen, ihre Informationsbeschaffung partiell zu standardisieren. Außerdem lohnt es sich für komplexe Verhandlungen, die Informationsbeschaffung zu evaluieren und auszuwerten.

Informationskontrolle

Gerade bei Verhandlungen in Organisationen, aber – soweit dies möglich ist – auch in Vertragsbeziehungen, z. B. bei komplexen Langzeitverträgen, kann bei vollständiger oder teilweiser Informationskontrolle der Informationsfluss an die Beteiligten gesteuert werden. Zu den verwandten Techniken gehören

- das Zurückhalten von Informationen,
- das Privilegieren Einzelner bei Informationen,
- das Filtern von Teilen einer Information (gezieltes Weglassen von einzelnen Details),
- die Verbindung mit anderen Informationen,
- die Bestimmung des Zeitpunkts des Informationsflusses,

- die Festlegung des Kontexts und der Art der Präsentation einer Information einschließlich der Vermittlung ihrer Glaubhaftigkeit,
- der → *information overload.*

Die Informationskontrolle wird also als Taktik genutzt. Sie beeinflusst das (scheinbare) → *BATNA* der an der Verhandlung Beteiligten. Bei manipulativen Informationskontrollen wie dem → *information overload* ist zu bedenken, dass das Vertrauensverhältnis der Verhandlungsparteien nachhaltig in Mitleidenschaft gezogen werden kann, wenn der Verhandlungspartner den Einsatz dieser Taktik erkennt.

Inhaltskontrolle

Hierunter versteht man die Kontrolle des Inhalts von Verträgen auf seine Angemessenheit, während die **Rechtskontrolle** überprüft, ob eine vertragliche Regelung mit allgemeinen Regeln (zwingende Gesetzesregeln, gesetzliche Verbote, Verbot der Sittenwidrigkeit) vereinbar ist. Existenz und Ausmaß der Inhaltskontrolle sind wesentliche, rechtliche Rahmenbedingungen für Vertragsverhandlungen und können auch Basis spezieller Verhandlungstaktiken sein (→ *AGB-gestützte Verhandlungstaktik*). Der Inhaltskontrolle nachgelagert ist die Ausübungskontrolle. Danach darf eine an sich zulässige Klausel, die der Rechtskontrolle und der Inhaltskontrolle standhält, unter den konkreten Umständen dennoch nicht angewandt werden, insbesondere weil dies rechtsmissbräuchlich i. S. d. § 242 BGB (Treu und Glauben) wäre.

Viele Rechtsordnungen (z. B. Schweiz, USA, Großbritannien) kennen im unternehmerischen Bereich keine Inhaltskontrolle, sondern beschränken sich auf wenige, nicht vertraglich abänderbare, zwingende Regeln, sowie ein → *Sittenwidrigkeitsverbot* und die Unwirksamkeit von Regelungen, die gegen ein gesetzliches Verbot verstoßen. In einem solchen System sind der Vertragsfreiheit, und damit den Verhandlungen, kaum Grenzen gesetzt. In Deutschland gibt es hingegen eine generelle Inhaltskontrolle für allgemeine Geschäftsbedingungen gemäß den §§ 305 ff. BGB, die sowohl im B2C- als auch im B2B-Verhältnis Anwendung findet. Zwar deutet der Gesetzeswortlaut in Deutschland auf deutliche Unterschiede zwischen der Inhaltskontrolle zwischen Unternehmen gegenüber der Inhaltskontrolle im B2C-Verhältnis hin. In der Praxis hat sich die Intensität der Inhaltskontrolle jedoch weitgehend angenähert. Insbesondere die von der Rechtsprechung bejahte (BGHZ 90, 273, 278; BGHZ 103, 316, 328; BGH NJW 2007, 3774) Indizwirkung der meisten – unmittelbar nur für Verbraucherverträge geltenden – Klauselverbote der §§ 308, 309 BGB auch für unternehmerische Verträge führt dazu, dass die materiellen Unterschiede der Inhaltskontrolle bei unternehmerischen Verträgen gegenüber Verbraucherverträgen weitaus geringer sind, als man dies nach dem Gesetzeswortlaut erwarten würde.

Die Inhaltskontrolle erfolgt nur für **Allgemeine Geschäftsbedingungen (AGB)**, die in den Vertrag einbezogen werden. Damit es sich um AGB handelt, müssen die Klauseln vorformuliert sein. Die vorformulierten Klauseln müssen zudem für die Anwendung auf mehrere Verträge bestimmt sein. Diese Voraussetzung ist sehr häufig erfüllt. Die AGB müssen dann wirksam in den Vertrag einbezogen worden sein. Es gibt allerdings auch

Fälle außerhalb der §§ 305 ff. BGB, in denen, obwohl keine Allgemeinen Geschäftsbedingungen vorliegen, nach Ansicht der Rechtsprechung aufgrund **struktureller Ungleichgewichtslage** eine Inhaltskontrolle zur Kompensation der Ungleichgewichtslage durchzuführen ist (vgl. BGHZ 158, 81 ff.).

Sind vorformulierte Klauseln Gegenstand der Vertragsverhandlung, unterliegen sie nicht notwendigerweise der Inhaltskontrolle. Denn Klauseln, die von den Vertragsparteien ausgehandelt wurden, unterliegen nicht der Inhaltskontrolle (§ 305 Abs. 1 S. 3 BGB). Diese Unterscheidung ist bedeutsam, da für ausgehandelte Klauseln größere Gestaltungsspielräume bestehen. Verhandlungen über eine Klausel können allerdings nur für die jeweils verhandelte Klausel die Inhaltskontrolle verhindern und auch nur dann, wenn nachgewiesen werden kann, dass die Klausel ernsthaft zur Disposition stand, was eindeutig nur bei einer tatsächlichen Klauseländerung nachgewiesen ist. Die schlichte Bestätigung, wonach alles ausgehandelt worden sei, reicht nach der Rechtsprechung des Bundesgerichtshofs nicht aus, um die Klausel von einer Kontrolle auszunehmen (BGH NJW 2014, 1725). Es könnte allerdings eine gewisse psychologische Wirkung von einer solchen Erklärung ausgehen, die es dem Erklärenden nicht leicht macht, sich anschließend gegen die Klauseln unter Berufung auf ihren AGB-Charakter zu wehren. Neben den materiell als unzulässig eingestuften Klauseln, sorgt ein extensiv praktiziertes Transparenzgebot (Verständlichkeitsgebot) gem. § 307 Abs. 1 S. 2 BGB für weitere Fälle der Unwirksamkeit von Klauseln (vgl. BGH NJW-RR 2005, 1496). Formulierungen aus dem Gesetz oder von der Rechtsprechung zu übernehmen, reicht dabei nicht aus, da für diese kein vergleichbares Verständlichkeitsgebot gilt.

Rechtsfolge der Inhaltskontrolle ist, dass die unzulässige Klausel wegfällt (unwirksam ist). Eine geltungserhaltende Reduktion, d. h. eine Beschränkung auf das gerade noch Zulässige, wird nicht vorgenommen (BGHZ 86, 297), weshalb es für Unternehmen wichtig ist, Klauseln zu formulieren, die zumindest gerade noch zulässig sind. Die unwirksame Klausel wird durch das sogenannte dispositive Recht ersetzt (§ 306 Abs. 2 BGB). Es kommt also das Recht zur Anwendung, das gilt, wenn keine Vertragsregelung besteht. Eine Auffüllung der durch die Inhaltskontrolle entstandenen Lücke im Wege der sog. → *ergänzenden Vertragsauslegung* durch eine angemessene, dem restlichen Vertrag entsprechende individuelle Regelung darf der Richter nur vornehmen, wenn das Gesetzesrecht als regelmäßiges Mittel der Lückenfüllung unpassend ist.

Da grundsätzlich nur die unzulässige Klausel gestrichen wird, teilen Unternehmen Klauseln manchmal auf. Um hier Umgehungen zu verhindern, findet der sogenannte **blue pencil test** nur sehr restriktiv Anwendung. Die Streichung eines – optisch von einem anderen Teil der Klausel getrennten – Teils einer Klausel („mit blauem Kugelschreiber") mit der Folge, dass der andere Teil weitergilt, ist nur möglich, wenn es sich bei beiden Teilen tatsächlich um inhaltlich getrennte Regelungen handelt. Umgekehrt ist die Streichung lediglich eines Teils einer Klausel möglich, sofern es sich um selbstständige, jeweils sinnvolle Regelungsteile handelt.

Um der Inhaltskontrolle zu entgehen, werden verschiedene **Vermeidungsstrategien der Inhaltskontrolle** praktiziert. So lehnen deutsche Unternehmen in internationalen Verträgen, regelmäßig das ihnen und ihren Anwälten vertraute deutsche Recht ab und wählen stattdessen z. B. schweizerisches Recht. Schiedsgerichtsklauseln ändern zwar formal nichts an der Inhaltkontrolle, doch besteht scheinbar die Hoffnung, dass Schiedsrichter eine weniger strenge Inhaltskontrolle praktizieren werden. Teilweise wird auch bei reinen Inlandssachverhalten versucht, der deutschen Inhaltskontrolle mit Hilfe einer Kombination aus Schiedsgerichtsvereinbarung und Wahl einer anderen Rechtsordnung (z. B. schweizerischem Recht) zu entgehen. Ein anderer Versuch, sich trotz Wahl der deutschen Rechtsordnung ganz oder teilweise der Inhaltskontrolle zu entledigen, ist die Kombination von der Vereinbarung eines Schiedsgerichts für Streitfälle mit einer Regelung über die (teilweise) Nichtanwendung der deutschen Inhaltskontrollnormen. Richterliche Entscheidungen liegen hierzu noch nicht vor, weshalb die erheblichen Unsicherheiten bezüglich der Wirksamkeit dieses Modells noch nicht ausgeräumt sind. Möglich sind auch Vermeidungstaktiken, die darauf zielen, in einer Einzelfrage die Inhaltskontrolle zu vermeiden oder jedenfalls zu entschärfen (→ *Lückenfüllungstaktik*).

Integrative Verhandlungen
Bei integrativen Verhandlungen (**integrative negotiations**) handelt es sich um eine Strategie, die nicht nur die Verteilung von Vor- und Nachteilen zum Gegenstand hat, sondern bei der zumindest auch versucht wird, den Gesamtertrag für die Beteiligten – also den *Verhandlungskuchen* (→ *negotiation pie*) – zu maximieren. Insoweit kann daher von einem → *win-win* bzw. auch von einem → *soft bargaining* gesprochen werden. Die Strategie ist eng mit den → *interessenorientierten Verhandlungen* verwoben. Denn eine Vergrößerung des Verhandlungskuchens wird generell am besten durch die Ausrichtung an (gemeinsamen und lediglich abweichenden) Interessen erreicht.

Interessenorientierte Verhandlungen
Eine der zentralen Forderungen des → *Harvard Verhandlungskonzeptes* sind interessenorientierte statt → *positionsorientierte Verhandlungen*. Insofern wird auch von **interest-based bargaining** gesprochen. Wird die Interessenorientierung, wie meist, für den ganzen Vertrag festgelegt, handelt es sich um eine strategische Entscheidung. Die Orientierung an den Interessen des Geschäftsherrn – zur → *Principal-Agent-Problematik* vgl. auch → *agentenorientierte Verhandlung* – statt an Positionen entspricht in aller Regel den objektiven Interessen des vertretenen Unternehmens. Das berühmte → *Orangenbeispiel* veranschaulicht den Vorteil der interessenorientierten Verhandlung und sogleich eine Herausforderung, die sich bei interessenorientiertem Verhandeln ergibt. Denn eine effektive, interessenorientierte Verhandlung setzt einen Informationsaustausch voraus (→ *Informationen teilen*).

Beispiel

Zwei Schwestern wollen eine Orange. Positionsorientiert bekommt jede eine halbe Orange. Da jedoch die eine Schwester am Saft und die andere Schwester an der Schale interessiert war, hätte eine interessenorientierte Einigung anders ausgesehen können: Sie hätten dann jeweils die ganze Schale bzw. den ganzen Saft bekommen. ◄

Dennoch gibt es Fälle, in denen → *positionsorientierte Verhandlungen* schwer vermeidbar bzw. zumindest (scheinbar) positionsorientierte Verhandlungen sinnvoll sind. In hierarchisch strukturierten Unternehmen erfolgen häufig feste Verhandlungsvorgaben, die zwar an den Interessen ausgerichtet sein sollen, aber de facto als Positionsvorgabe wirken. Ein schwächeres Unternehmen kann durch positionsorientiertes und damit scheinbar partiell irrationales Verhalten unter Umständen ein besseres Verhandlungsergebnis (innerhalb des → *ZOPA*) erreichen.

Irreführung
Verschiedene Taktiken zielen auf eine bewusste Irreführung des Verhandlungspartners ab. Dabei wird versucht, über Tatsachen zu täuschen, die den Verhandlungsverlauf beeinflussen können. Insofern wird auch von **faking** gesprochen. Hierdurch soll ein Verhandlungsvorteil erreicht werden.

Führt ein Verhandler seinen Verhandlungspartner bewusst irre, kann eine → *arglistige Täuschung* vorliegen, in bestimmten Fällen sogar strafbarer → *Betrug* i. S. d. § 263 StGB. Außerdem können durch die Irreführung des Verhandlungspartners → *Aufklärungs-* und → *Auskunftspflichten* im Rahmen des vorvertraglichen Verhandlungsverhältnisses verletzt werden (→ *culpa in contrahendo*). Besondere Probleme bereitet die Beurteilung der Rechtmäßigkeit von Irreführungstaktiken.

In Verhandlungen wird über die verschiedensten Aspekte getäuscht. Dazu zählen insbesondere auch Irreführungen über

- den Vertragsgegenstand,
- den Preis,
- den *reservation price* (→ *deal-breaker*),
- Gewinnmargen,
- Kosten,
- die *Verhandlungsmacht* (→ *negotiation power*),
- Interessen und Präferenzen,
- die Rechtslage,
- unternehmensinterne Vorgaben und Anweisungen,
- Emotionen,
- zeitliche Vorgaben,
- die Marktlage,
- den Verhandlungsprozess,
- die Verfügbarkeit des Produkts und
- den Verhandlungspartner und/oder Vertragspartner.

Viele der in diesem Buch erörterten Verhandlungstaktiken beruhen auf der Irreführung des Verhandlungspartners. Nach hier vertretener Ansicht gibt es einen Bereich, in dem Irreführungen rechtmäßig sein können (→ *listige Täuschung*). Nach Auffassung der Verfasser gehören jedoch bspw. Irreführungen über den Vertragsgegenstand, über eine verkehrswesentliche Eigenschaft i. S. d. § 119 Abs. 2 BGB und die Rechtslage generell nicht zu diesem Bereich. Diese Irreführungen sind also grundsätzlich rechtswidrig.

Beispiele für Irreführungstaktiken bzw. Taktiken die Irreführungen nutzen können

→ *besseres Angebot,* → *Vorbringen einer falschen Rechtsansicht;* → *Taktik der kleinen Menge;* → *false deadline;* → *padding* ◄

Wie → *Drucktaktiken* auch, können Irreführungen – wenn sie aufgedeckt werden – das Vertrauen und damit die Beziehung der Verhandlungsparteien nachhaltig stören. Die getäuschte Seite sieht sich dem → *Betrugsdilemma* ausgesetzt. Sie gehören zu den zumindest ethisch fragwürdigen Verhandlungstaktiken (→ *EANT*). Im schlimmsten Fall kann es aufgrund der Täuschung zum *Verhandlungsabbruch* (→ *break it off*) bzw. zum Abbruch der → *ständigen Geschäftsbeziehung* kommen. Irreführungstaktiken sind nach Auffassung der Autoren nicht per se rechtswidrig (für eine differenziertere Betrachtung → *listige Täuschung*). Lügen, bspw. über den Preis und die Leistung, die Person des Leistenden oder die Rechtslage, berechtigen die getäuschte Seite jedoch grundsätzlich zur Anfechtung.

Oftmals werden in Vertragsverhandlungen Druck und Irreführung kombiniert. Beide Formen der Verhandlungsführung gehören zu den aggressiven Verhandlungstaktiken, die jedoch nicht notwendigerweise offensiv eingesetzt werden müssen, sondern auch im Rahmen einer defensiven Ausrichtung Anwendung finden können. Neuere, allgemeine Forschung zur Täuschung kommt zum Ergebnis, dass diese zum Ende des Vorgangs (hier also der Verhandlung) spürbar zunimmt (*Effron/Bryan/Morningham*, Journal of Personality and Social Psycology 109 (2015), 395–414). Vermutet wird, dass zum Ende die Hoffnung mit (weitgehender) Ehrlichkeit zum Erfolg zu kommen, abnimmt. Für Vertragsverhandlungen bedeutet dies, dass Aussagen am Ende der Verhandlungen, insbesondere zu wichtigen Einzelaspekten, besonders kritisch hinterfragt werden sollten.

Irrtumsanfechtung

Die Möglichkeit der Irrtumsanfechtung gemäß den §§ 119, 120 BGB gehört zu den rechtlichen Rahmenbedingungen für Verhandlungen. Praktisch relevant können insbesondere die falsche Übermittlung einer Willenserklärung (unter Abwesenden) gem. § 120 BGB (Übermittlungsirrtum) und ein Irrtum über eine verkehrswesentliche Eigenschaft gem. § 119 Abs. 2 BGB sein. Wertbildend kann z. B. die Tradition eines Unternehmens für bestimmte Kundenkreise, Auszeichnungen oder Testergebnisse eines Produktes sein. Geringere praktische Bedeutung haben, für Vertragsverhandlungen im unternehmerischen Bereich, der Inhaltsirrtum und der Erklärungsirrtum gem. § 119 Abs. 1 BGB und der von der Rechtsprechung (BGHZ 91, 324, 329 f.; BGHZ 184, 35 ff.) analog § 119 Abs. 1 BGB behandelte Fall eines fahrlässig fehlenden Erklärungsbewusstseins. Aus Sicht anderer Rechtsordnungen ist hinsichtlich der Irrtumsanfechtung in Deutschland überraschend, dass auch der grob Unaufmerksame geschützt wird, und zwar selbst dann, wenn die andere Seite den Irrtum in keiner Weise verursacht und nicht einmal bemerkt hat. Die Eigenverantwortung des Verhandelnden hat damit in Deutschland einen geringeren Stellenwert als in anderen Rechtsordnungen. Dazu passt, dass die deutsche Rechtsordnung insgesamt (→ *culpa in contrahendo*, Treu und Glauben) bestrebt ist, ein harmonisches Miteinander während der Vertragsverhandlung zu fördern.

Das dennoch nur relativ wenige Verträge angefochten werden, liegt vermutlich auch daran, dass viele Verbraucher nicht wissen, dass sie auch im Fall grober, eigener Fahrlässigkeit anfechten können. Zudem stehen dem Verbraucher häufig andere Möglichkeiten offen, um im Fall von Kaufreue den Vertrag rückabzuwickeln. Im B2B-Verhältnis würde eine Anfechtung des Vertrages bei grober, eigener Fahrlässigkeit das Vertrauensverhältnis der Parteien gefährden, sodass Unternehmer schon aus diesem Grund in → *ständigen Geschäftsbeziehungen* davor zurückschrecken werden. Auch bei Einmalbeziehungen könnte eine Anfechtung in solchen Fällen als fehlende Professionalität verstanden werden und daher imageschädlich sein.

Ja, aber-Antwort

Die Ja, aber-Antwort als Gegenstück zur → *Aber Ja-Antwort*, beginnt mit der grundsätzlichen Zustimmung und ergänzt diese nachträglich durch Bedenken oder Einschränkungen. Die Ja, aber-Antwort kommt deutlich häufiger vor als die Aber Ja-Antwort. Dies mag daran liegen, dass der Antwortende sich die Einschränkungen oder Bedenken erst nach und nach überlegt. Es kann auch Ausdruck seines positiven Willens sein. Die Kernbotschaft der Zustimmung soll den Gesprächspartner sofort erreichen. Dies soll die Bereitschaft erhöhen, auf die sich daran anschließenden Bedenken einzugehen. Es gibt aber auch Kulturen und individuelle Verhandler, die generell sehr zurückhaltend mit der Verwendung eines klaren „Neins" sind; bei ihnen sind Ja, aber-Antworten häufig im Sinne eines entschiedenen „Neins" zu verstehen. Ja, aber-Antworten könnte man aber auch in Anlehnung an den fiktiven Sender Radio Eriwan (Sender Jerewan), als **Radio-Eriwan-Antworten** bezeichnen. Anfragen („Stimmt es, dass") seiner angeblichen Hörer wurden stets mit „Im Prinzip Ja" beantwortet, um in den nächsten Sätzen („aber") das komplette Gegenteil mitzuteilen. In diesem Fall hätte die Ja, aber-Antwort auch ein die Verhandlung auflockerndes, witziges Element. Neben der Aufheiterung kann eine solche Antwort der Abwehr der Frage dienen.

Beispiel für Radio Eriwan Antwort

„Stimmt es, dass Sie von C einen Großauftrag bekommen haben? Im Prinzip Ja. Allerdings war es nicht C, sondern D. Außerdem hat nur ein anfänglicher Schreibfehler für die scheinbar hohe Auftragssumme gesorgt." ◄

Ja/Nein-Fragen

Dabei handelt es sich um Fragen, die nur mit „Ja" oder „Nein" beantwortet werden können.

„Stimmt es, dass …?, „Trifft es zu, dass …?" „Hat das Auto eine Klimaanlage?" „Ist das Haus an die öffentliche Kanalisation angeschlossen?" „Liegt für den Dachgeschossausbau eine Baugenehmigung vor?" ◄

Sogenannte **Yes/no questions** werden auch **Ob-Fragen** genannt, da durch die Antwort klar werden soll, ob etwas in einer bestimmten Weise ist oder nicht. Anders als bei → *offenen Fragen* ist der mögliche Informationsgewinn dieses wichtigsten Anwendungsfalls der → *geschlossenen Fragen* begrenzt, da für den Befragten kein Anlass besteht, sich ausführlich zu äußern. Dennoch besteht die Möglichkeit, dass er durch eine → *Ja und-Antwort* weitergehende Informationen preisgibt. Der Fragende erhofft sich durch die Ja/Nein-Frage eine präzise Auskunft. Bei ungeschickter Fragestellung ist allerdings ein nicht ganz zutreffendes „Ja" oder „Nein" möglich, ohne dass der Gesprächspartner dadurch der Lüge bezichtigt werden könnte. Außerdem wird häufig versucht, auch bei klaren Ja/Nein-Fragen ausweichend zu antworten. Eine Relativierung kann auch durch die → *Ja, aber-Antwort* erreicht werden, bei der das Ja im Nachgang eingeschränkt wird.

Ja/Nein-Fragen sind zudem mit der Gefahr verbunden, dass der Befragte die Antwort gibt, die der Fragende seines Erachtens hören will. Dies wird bei den Oder-Fragen und den → *A-not-A questions* in der Regel vermieden. Eine Ja/Nein-Frage kann auch als Nötigung empfunden werden, da sie auf eine definitive Antwort drängt, obwohl der Befragte gern weich und unverbindlich antworten will. Allerdings gibt es wichtige Fälle, in denen gerade die exakte Festlegung des Gesprächspartners wichtig ist. Hier kann also die Ja/Nein-Frage geboten sein.

Janus-faced present
Diese Taktik des **janusköpfigen Geschenks** beruht auf dem → *endowment effect* sowie der Verlustaversion und macht sich zu Nutze, dass jedermann Sachen, die er besitzt, einen höheren Wert beimisst als solchen, die er erwerben möchte. Ein Verhandler kann daher in der Verhandlung früh ein Zugeständnis anbieten, das für die eigene Seite keinen großen Nachteil bedeutet (janus-faced present). Dauern die Verhandlungen an, stellt sich beim Verhandlungspartner der endowment effect bezüglich des angebotenen Zugeständnisses ein. Bietet man deshalb am Schluss der Verhandlungen zwei Angebote an – eines mit und eines ohne das frühe Zugeständnis –, tendiert die Gegenseite oft zum ersten Angebot, obwohl es wirtschaftlich eventuell nicht ganz so vorteilhaft ist. Der Begriff „janusköpfig" greift die Zweigesichtigkeit der römischen Gottheit Janus auf, weil mit dem Zugeständnis als positiver erster Seite des Angebotes die Verführung zum insgesamt schlechteren Angebot verbunden ist; dieses stellt die negative zweite Seite dar.

Abb. 4.7 zeigt den Januskopf auf einer römischen Münze.

Abb. 4.7 Januskopf auf einer römischen Münze (As 211–206 v. Chr.). (Quelle: eigene Abbildung)

Kartellverbot

Das Kartellverbot der Art. 101 AEUV (EU) bzw. § 1 GWB (Deutschland) stellt eine rechtliche Rahmenbedingung für Vertragshandlungen dar, da es den Vertragsgestaltungsspielraum einschränkt. Danach sind Vereinbarungen, z. B. über Preise oder Gebietsaufteilungen sowie abgestimmte Verhaltensweisen, insbesondere unter Konkurrenten und mit Einschränkungen auch in der Absatzkette, verboten und nichtig. Da ein Verstoß gegen das Kartellverbot hart sanktioniert wird – bis zu 10 % des weltweiten Konzernnettojahresumsatzes (Art. 23 Abs. 2 S. 2 VO (EG) 1/2003; § 81 Abs. 4 S. 2, 3 GWB), und zwar auch bei einem Fehlverhalten nur einer Tochtergesellschaft, ergänzend kommt ein Schadensersatz der unmittelbar und mittelbar Geschädigten hinzu –, setzt das Kartellverbot effektive Schranken für vertragliche Einigungen, die durch eine Beschränkung des Wettbewerbs zu Lasten Dritter eine Vergrößerung des *Verhandlungskuchens* (→ *negotiation pie*) für die Vertragspartner erreichen wollen. Obwohl Absprachen mit eigenen Konkurrenten theoretisch eine der effektivsten Möglichkeiten wären, das → *BATNA* des Verhandlungspartners einzuschränken, ist hiervon wegen des Kartellverbotes im Regelfall dringend abzuraten. Nur wenn die Konkurrenten überhaupt erst im Zusammenschluss befähigt sind, wirtschaftlich sinnvoll am konkreten Projekt teilzunehmen oder die Beteiligten so klein sind, dass sie das BATNA der Gegenseite nicht spürbar beeinflussen können – dann gibt dies allerdings verhandlungstaktisch auch keinen Sinn – ist eine solche Absprache nicht unzulässig. Wichtig ist es, in Verhandlungen schon den bloßen Anschein eines Verstoßes gegen das Kartellverbot zu vermeiden. Die Wahrscheinlichkeit, dass ein Kartell letztlich entdeckt wird, ist zudem aufgrund der Anreizwirkung der Kronzeugenregelung relativ hoch. Denn dasjenige Kartellmitglied, welches das Kartell zuerst den zuständigen Behörden meldet und alle entsprechenden Unterlagen freigibt (Kronzeuge), bleibt straffrei.

Kaufmännisches Bestätigungsschreiben

Das kaufmännische Bestätigungsschreiben (BGH NJW-RR 2001, 680) ist eine Spezialität deutschen Rechts, die erhebliche Auswirkungen auf den Vertragsinhalt haben kann. Auch international kennt man das kaufmännische Bestätigungsschreiben als Teil der kaufmännischen Praxis. Doch fehlt z. B. dem UN-Kaufrecht (CISG) eine gesetzliche Regelung bei einem Schweigen auf ein kaufmännisches Bestätigungsschreiben.

Das kaufmännische Bestätigungsschreiben wird erst nach der Verhandlung versendet, und doch hat es mit den Verhandlungen sehr viel zu tun. Nach einem tatsächlichen oder vermeintlichen mündlichen Vertragsschluss bestätigt ein kaufmännisches Bestätigungsschreiben im unternehmerischen Geschäftsverkehr den Vertragsschluss und den Vertragsinhalt.

Achtung

Es wird in der unjuristischen Praxis häufig **Auftragsbestätigung** genannt. ◄

Geschieht dies kurz nach dem Vertragsschluss in gutem Glauben – wobei auch die Beifügung der eigenen, vorher nicht verhandelten AGB in gutem Glauben erfolgen soll –, und widerspricht die Gegenseite dem kaufmännischen Bestätigungsschreiben nicht unverzüglich, so gilt der Vertrag als mit dem Inhalt zustande gekommen, wie er im kaufmännischen Bestätigungsschreiben formuliert wurde. Bei mündlichen Vertragsschlüssen und Unaufmerksamkeit der Gegenseite kann also das kaufmännische Bestätigungsschreiben das Verhandlungsergebnis noch einmal entscheidend beeinflussen. Dies kommt in der Praxis nicht selten vor, da das kaufmännische Bestätigungsschreiben möglicherweise bei einer Abteilung eingeht, die für die Auftragsabwicklung oder für die Buchhaltung zuständig ist und die Bedeutung des kaufmännischen Bestätigungsschreibens für den Inhalt des Vertrages daher nicht erkannt wird.

Sollte es ausnahmsweise zu sich überkreuzenden Bestätigungsschreiben mit jeweils angehängten AGB kommen, sollte – wie auch bei → *kollidierenden AGB* – nicht die Theorie des letzten Wortes gelten. Vielmehr kommt es zunächst darauf an, dass die Bestätigungsschreiben bezüglich der wesentlichen Vertragsbestandteile keinen unterschiedlichen Inhalt aufweisen. Weisen die Schreiben gravierende Unterschiede auf, bedarf es keines Widerspruchs. Ob allerdings ein Vertragsschluss vorliegt, entscheidet sich danach, wie die mündliche Verhandlung zu bewerten ist. In der Praxis ist zu empfehlen, in diesem Fall zu widersprechen. Denn bei unterschiedlichem Inhalt, der sich lediglich auf Nebenbedingungen bezieht, kommt der Vertrag zustande, wenn sich aus den Umständen ergibt, dass die Parteien den Vertragsschluss wollten. Der Inhalt des Vertrags ergibt sich dann aus den Aspekten, die bei beiden Bestätigungsschreiben übereinstimmen.

Keep something in reserve

Die aus militärischem Zusammenhang bekannte Taktik des „**etwas in Reserve behalten**" hat auch bei der Vertragsverhandlung ihren berechtigten Anwendungsbereich. Dies gilt insbesondere für die berüchtigte letzte Verhandlungslücke (→ *last gap*) zwischen den Verhandlungspositionen. Es wird empfohlen, ein potenzielles Zugeständnis in Reserve zu halten, das für den Verhandlungspartner einen hohen, für die eigene Seite aber nur einen begrenzten Wert besitzt. Idealerweise sollte für die Gegenseite nicht erkennbar sein, dass das Zugeständnis für die eigene Seite geringere Bedeutung hat. Denn ohne ein solches in Reserve gehaltenes Zugeständnis müsste für die letzte Einigungslücke einer der Gegenstände geopfert werden, der nicht geopfert werden soll, oder die Einigung scheitert sogar vollständig. Aber es sollte nicht nur ein mögliches Zugeständnis in Reserve gehalten werden, sondern auch Forderungen. Hier bieten sich die Forderungen an, die bis dahin in der Verhandlung nicht durchgesetzt werden konnten. Diese Reserve-Forderung kann dann als Antwort auf eine → *Salamitaktik* des Verhandlungspartners eingesetzt werden.

Know your target

Die Aufforderung, **sein Verhandlungsziel zu kennen**, erscheint auf den ersten Blick so selbstverständlich, dass sie eigentlich keiner Erwähnung bedarf. Laien, unerfahrene Verhandler und manchmal selbst Profiverhandler – vor allem, wenn die Zeit zur Vorbereitung auf die Verhandlung fehlte – haben jedoch gar nicht so selten nur relativ vage Vorstellungen vom Verhandlungsziel bzw. bei längeren Verhandlungen von den Zwischenzielen. Schon deshalb ist die Aufforderung sinnvoll. Andererseits ist sie nicht völlig unproblematisch. Ein guter Verhandler sollte zwar sein planmäßiges Verhandlungsziel einschließlich der notwendigen Zwischenschritte kennen; er sollte aber keinen Tunnelblick haben. Der Verhandler sollte stets auch ein Augenmerk darauf richten, ob sich Chancen für andere Ziele (Geschäfte) ergeben, die ursprünglich nicht bedacht wurden und vielleicht auch nicht berücksichtigt werden konnten, weil die Chance noch nicht bestand. Es gilt also, die Ziele zwischenzeitlich zu evaluieren und ggf. zu ergänzen oder auch ein Ziel als nicht erreichbar zu streichen.

Kollidierende AGB

Kollidierende *allgemeine Geschäftsbedingungen* (→ *Inhaltskontrolle*) liegen bei einer Vertragsverhandlung dann vor, wenn jede der beiden Seiten (nur) ihre AGB in den Vertrag einbeziehen möchte. Dies ist die in der Praxis am häufigsten gewählte Reaktion auf die Vorlage von AGB. Alternativ ist es möglich, im Rahmen einer → *Eintextverhandlung* auf Basis der AGB des Verhandlungspartners über diese Geschäftsbedingungen zu verhandeln. Im Regelfall lassen sich so aber nur relativ kleine Änderungen durchsetzen. Bei der → *AGB-gestützten Verhandlungstaktik* akzeptiert man die AGB des Verhandlungspartners pauschal und verlässt sich auf die gesetzliche Inhaltskontrolle der §§ 305 ff. BGB.

Bei Verwendung kollidierender AGB können beide Seiten, unter Nutzung beider AGB-Entwürfe, AGB aushandeln. Wenn sie stattdessen nicht über die AGB verhandeln, den Vertrag jedoch – wie dies regelmäßig der Fall ist – daran auch nicht scheitern lassen wollen, gilt nach deutschem Recht (BGH NJW 1985, 1838) für die AGB das sog. **Prinzip der Kongruenzgeltung**. Das heißt, die AGB werden nur wirksam, soweit sie übereinstimmen. In der Praxis kommen kollidierende AGB häufig vor. Oftmals legt eine Seite ihre AGB dem → *kaufmännischen Bestätigungsschreiben* bei. Die andere Seite widerspricht dem kaufmännischen Bestätigungsschreiben selbst nicht, sendet aber ihre eigenen AGB zurück.

In anderen Rechtsordnungen gilt dagegen die **last shot rule** (**Theorie des letzten Wortes**), wonach die zuletzt vorgelegten AGB sich durchsetzen. Dies sind regelmäßig die AGB des Lieferanten, der seine AGB ein letztes Mal bei der Lieferung beilegen kann. Das deutsche Recht verschafft beiden Seiten Waffengleichheit und ermuntert daher zu einem gleichgewichtigen Aushandeln der Geschäftsbedingungen.

Körpersprache

Nicht selten verstellen sich Verhandler während der Verhandlungen. Sie verbergen unter Umständen ihre wahre Einstellung zum Projekt, zu den Verhandlern der Gegenseite und zu einzelnen diskutierten Klauseln. Gerade in solchen Situationen bietet die Körpersprache, einschließlich des Klangs der Stimme und des Blicks, wichtige zusätzliche Erkenntnismöglichkeiten, insbesondere über die → *Emotionen* des Verhandlungspartners. Indessen ist eine verlässliche Deutung der Körpersprache schwierig. Von wenigen eindeutigen Fällen abgesehen kann ein bestimmtes körperliches Verhalten in mehrfacher Weise gedeutet werden. So sind verschränkte Arme nicht immer ein Zeichen für Abwehr und Distanz; sie können auch erhöhte Konzentration signalisieren. Die Körpersprache des Verhandlungspartners sollte daher zwar aufmerksam, aber mit der gebotenen Zurückhaltung verfolgt und gedeutet werden. Insbesondere sollte nach weiteren Anzeichen Ausschau gehalten und eine Differenzialdiagnose vorgenommen werden. Die größte Aussagekraft haben intensive, spontane und gleichzeitige Reaktionen, weil sie schwer beherrschbar (vortäuschbar) sind und Intensität und Gleichzeitigkeit manchmal die Erklärungsmöglichkeiten für diese körperliche Reaktion einschränken. Körpersprache kann von der Gegenseite allerdings auch bewusst und kontrolliert eingesetzt werden, etwa um Zustimmung, Ablehnung (→ *wince*), Zweifel etc. auszudrücken.

Die Nachahmung der Körperhaltung des Gesprächspartners – beide beugen sich vor, beide schlagen die Beine übereinander etc. – wird generell als positives Zeichen der Übereinstimmung gewertet. Menschen tendieren dazu, anderen Personen eher zu vertrauen und sie als überzeugender wahrzunehmen, wenn sie ihre eigene Körperhaltung imitieren (sog. **Chamäleon-Effekt**, vgl. *Chartrand/Bargh*, Journal of Personality and Social Psychology 76 (1999), 893–910.). Um ein positives Verhältnis zum Vertragspartner aufzubauen (→ *rapport*), kann daher auch bewusst dessen Körperhaltung (bzw. ein bestimmter Aspekt der Körperhaltung) imitiert werden (Spiegeltechnik). Übertriebene Nachahmung kann allerdings als versuchte Manipulation verstanden werden. Die Nachahmung sehr individueller Gesten oder eines Dialektes kann unter Umständen auch als Veralberung empfunden werden.

Körpersprache soll aber auch zur Gewinnung und Übermittlung von Informationen (Zustimmung, Ablehnung, Unentschlossenheit etc.) verwendet werden. Wer bei einer bisher positiv verlaufenden Verhandlung mitten bei einem Vorschlag des Verhandlungspartners die Arme verschränkt, die Stirn runzelt oder sich gar das Gesicht versteinert, sendet eine klare Botschaft aus, die im Einzelfall sogar dazu führen kann, dass der andere sein Angebot schon während der Präsentation verändert (vgl. → *wince*).

Last gap

Die **last gap** – die **letzte Verhandlungslücke** – ist der Alptraum vieler Verhandler, weil das Ziel der Einigung schon so nah erscheint und dennoch alles an dieser letzten Verhandlungslücke scheitern kann. Oftmals geraten die Verhandlungen gerade an diesem Punkt ins Stocken, oder es wird sogar ein toter Punkt (→ *deadlock*) erreicht. Zudem kann ein letztes Nachgeben dazu führen, dass die eigene Seite mit dem Verhandler unzufrieden ist. Häufig ist diese letzte Lücke auch deshalb schwer zu schließen, weil sich Probleme aufgestaut haben. So kann ein Verhandler enttäuscht oder gar verärgert über den bisherigen Verhandlungsverlauf, die Länge und den Verhandlungsaufwand sein und die letzte Lücke als Chance ansehen, es dem Verhandlungspartner „zu zeigen". Er mag unter Umständen auch darauf hoffen, den Vertrag insgesamt noch zu seinen Gunsten zu wenden oder die Verhandlung über bestimmte Punkte vielleicht noch einmal neu zu eröffnen. Gerade Letzteres dürfte in der Praxis allerdings kaum funktionieren; ein Scheitern des Vertragsabschlusses ist aber ohne weiteres möglich. Es gibt viele Versuche, die berüchtigte „letzte Lücke" zu verhindern, z. B., indem man schon früh mögliche Ziellösungen im Blick hat und versucht, das Aufstauen von Problemen durch frühe Lösungen für Einzelprobleme zu verhindern oder die letzte Lücke elegant zu schließen (→ *keep something in reserve*).

Leeres Versprechen
Bei der Taktik des leeren Versprechens (auch **empty promises** oder **reward in heaven**) macht eine Seite während der Verhandlung Versprechungen für die Zukunft – geschildert werden etwa sehr positive Szenarien – die später womöglich nicht eingehalten werden. Die Versprechen sind meist hoffnungsfroh, aber jedenfalls nicht einklagbar. Oft genutzt werden **Bemühensklauseln** für irgendeine Zusatzleistung, sollte eine Nebenbedingung erfüllt werden. Die Überlegungen kreisen dann häufig um die Erfüllbarkeit der Bedingung und nicht darum, dass es sich um eine bloße Bemühensklausel handelt. Denn wie der Name schon andeutet, enthält eine solche Klausel lediglich das Versprechen, sich um etwas zu bemühen, nicht jedoch das Versprechen einen bestimmten Erfolg herbeizuführen. Im B2B-Bereich gibt es zwar ebenfalls eine Auslegung aus Sicht eines verständigen Empfängers. Bei rechtlich eindeutiger Formulierung dürfte jedoch noch kein Fall einer → *culpa in contrahendo* (*Verschulden bei Vertragsschluss*) vorliegen. Aus Sicht der Beteiligten könnten negative Wirkungen von empty promises für zukünftige Geschäftsbeziehungen bzw. die Reputation gewichtiger sein als die Frage der rechtlichen Zulässigkeit. Diese Auswirkungen sollten bedacht werden, bevor leere Versprechen gemacht werden.

Worte, die auf ein leeres Versprechen hindeuten, werden im englischsprachigen Raum **weasel words** genannt.

Beispiele

versuchen, bemühen, helfen, bestrebt sein, sich anstrengen. ◄

Letter of intent (LOI)
Durch den letter of intent (**Absichtserklärung**) erklären die Verhandlungspartner ihr Interesse an den Verhandlungen und am Abschluss eines Vertrages. Sie sind vor allem auch im M&A Bereich (mergers and acquisitions) verbreitet. Diese Absichtserklärung hat regelmäßig keine Bindungswirkung und stellt somit kein verbindliches Angebot dar. Teilweise werden dort auch die Punkte aufgelistet, über die sich die Parteien noch nicht geeinigt haben. Dies unterstreicht den unverbindlichen Charakter des LOI. Gerade wenn einzelne

Vertragspunkte genau umschrieben werden und keine Auflistung von ungeklärten Aspekten erfolgt, besteht allerdings die Gefahr, dass der letter of intent als verbindliche Einigung ausgelegt wird. Die entsprechenden Regelungspunkte sind daher häufig mit dem ausdrücklichen Hinweis auf ihre rechtliche Unverbindlichkeit versehen. Besonders gefährlich im Hinblick auf die Bindungswirkung sind zweiseitige LOI, da sie strukturell vertragsähnlich sind und daher eher als Verträge interpretiert werden könnten. Einseitige LOI werden insbesondere zur Vorlage gegenüber Kreditgebern als „Quasisicherheit" verwendet. Sie können aber auch verwendet werden, um bei komplexen Projekten jeweils andere mit ins Boot zu holen. Ähnliches gilt für zweiseitige LOI, wenn Optionsverträge zu diesem Zeitpunkt als zu aufwendig angesehen werden.

Trotz seiner grundsätzlichen Unverbindlichkeit kann der LOI bestimmte Rechtsfolgen herbeiführen: Er dokumentiert vorvertragliches rechtsgeschäftsähnliches Handeln, kann zur Auslegung eines später geschlossenen Vertrages herangezogen werden und eine Haftung gemäß den Grundätzen des Verschuldens bei Vertragsverhandlungen → *culpa in contrahendo* (§§ 280 Abs. 1, 311 Abs. 2, 241 Abs. 2 BGB) begründen.

Hauptzweck des LOI ist die psychologische Wirkung: Durch die schriftliche Fixierung der Verhandlungspunkte, durch die zeitliche Absteckung des Verhandlungsrahmens und etwaige Haftungsbegrenzungen etc. wird ein Vertrauensverhältnis geschaffen und die Vertragspartner werden aneinander gebunden. Gleichzeitig birgt die Aufnahme genau definierter Eckpunkte das psychologisch-taktische Problem, dass davon im Laufe der Verhandlungen nur noch schwer abgewichen werden kann. Sie wirken als starker *Anker* (→ *anchoring*).

Werden im LOI vornehmlich → *Zwischenergebnisse* festgehalten, ist der Übergang zum → *term sheet* fließend.

Listige Täuschungen

Viele Verhandlungstaktiken basieren darauf, dass einer der Verhandlungspartner über einen bestimmten Aspekt getäuscht werden soll. Entsprechende Bluffs können sich auf die unterschiedlichsten Aspekte beziehen, z. B. auf attraktivere Angebote eines Konkurrenten, geringe bzw. sehr große Vorräte, die eigenen Interessen und Präferenzen, zeitliche Aspekte, aber auch auf den Preis, die Leistung oder rechtliche Aspekte. Jedenfalls ein Teil dieser auf Täuschung beruhenden Taktiken wird nicht nur sehr verbreitet praktiziert, sondern gilt sogar als generell akzeptierte Geschäftspraxis (für weitere Nachweise siehe *Jung*, Täuschungen in unternehmerischen Vertragsverhandlungen, 2023 (erscheint demnächst)):

> In the context of negotiations, bluffing is a generally accepted business practice where pretense is used to imply that one's position is stronger, cleverer, or more determined, etc., than one's position really is (Guth, The Contract Negotiation Handbook, 2008, S. iii).

Teils wird die Fähigkeit zu Bluffen auch als eine wichtige Eigenschaft eines erfolgreichen Verhandlers bezeichnet. Eine von den Autoren durchgeführte, breitflächige internationale Befragung zur moralischen Bewertung einzelner Täuschungstaktiken zeigt, dass vor allem gängige und/oder als relativ „harmlos" angesehene Bluffs von den Teilnehmern sogar als moralisch akzeptabel eingestuft werden. Mehrheitlich sehen z. B. deutsche Richter, An-wälte, professionelle Verhandler und Studierende Lügen über deadlines (→ *false dead-line*), über den *reservation price* (→ *deal-breaker*), über persönliche Präferenzen und über alternative Angebote durch den Käufer (→ *better offer*) als unproblematisch an. Umge-kehrt werden das → *Vorbringen einer falschen Rechtsansicht* und Täuschungen über den Leistungsgegenstand durch den Verkäufer mehrheitlich als unmoralisch bewertet (näher dazu *Jung*, Täuschungen in unternehmerischen Vertragsverhandlungen, 2023 (erscheint demnächst)).

In Bezug auf die harmloseren Täuschungstaktiken, die teilweise sogar als moralisch unproblematisch angesehen werden, stellt sich daher die Frage, ob bei deren Anwendung wirklich immer eine → *arglistige Täuschung* i. S. d. § 123 Abs. 1, 1. Alt. BGB und zu-gleich eine Verletzung vorvertraglicher Pflichten im Sinne der → *c. i. c.* (§§ 280 Abs. 1, 311 Abs. 2, 241 Abs. 2 BGB) vorliegt, oder ob manche Täuschungen nicht eher „listig", d. h. schlau bzw. pfiffig, sind und die getäuschte Seite gerade nicht zur Anfechtung be-rechtigen sollten. Der Begriff der listigen Täuschung ist § 870 ABGB (Österreich) ent-lehnt, wobei die List allerdings in Österreich ein Synonym für die deutsche arglistige Täuschung ist. Dafür, dass es rechtsmäßige Täuschungen geben sollte, spricht zum einen ebenfalls die internationale Studie der Autoren. Denn neben der moralischen Einschät-zung wurde dabei auch ermittelt, ob die Teilnehmer ein Anfechtungsrecht der getäusch-ten Seite befürworten. Bezüglich Bluffs über deadlines, über den reservation price, über persönliche Präferenzen und über alternative Angebote durch den Käufer, die bereits mehrheitlich als moralisch eingestuft wurden, lehnen die Befragten entsprechend auch Rechtsfolgen ab. Darüber hinaus wird ein Anfechtungsrecht aber auch bei Lügen über die Verfügbarkeit bei einem Händler sowie bei Täuschungen über unternehmensinterne An-gaben abgelehnt. Die Befragung der Autoren kommt zudem zu dem Ergebnis, dass sogar die Mehrheit der befragten Richter davon ausgeht, dass ein Anfechtungsrecht bezüglich der soeben aufgeführten Taktiken nicht nur abgelehnt werden sollte, sondern auch nach derzeitiger Rechtslage kein Anfechtungsrecht besteht (näher zu den Ergebnissen der Stu-die *Jung*, Täuschungen in unternehmerischen Vertragsverhandlungen, 2023 (erscheint demnächst)). Auch wenn man sich die ökonomischen Konsequenzen anschaut, fällt auf, dass nicht alle Bluffs gravierend negative Konsequenzen nach sich ziehen (*Jung*, Journal of Dispute Resolution 2021, 255–295).

Nach Auffassung der Autoren spricht somit einiges dafür, dass es listige Täuschungen, d. h. solche, die kein Anfechtungsrecht begründen, geben sollte. Die h. M. sieht das in Bezug auf § 123 Abs. 1, 1. Alt. BGB bislang noch nicht so bzw. diskutiert diese Thematik nicht. Denn grundsätzlich ist es so, dass bei vorsätzlichen Täuschungen über Tatsachen, die die Gegenseite zum Vertragsschluss oder zu einem Vertragsschluss unter anderen Be-dingungen veranlassen, die getäuschte Seite den Vertrag (konkret die Willenserklärung) anfechten kann (vgl. § 123 Abs. 1 BGB) und der Vertrag dann als von Anfang an nichtig anzusehen ist (§ 142 Abs. 1 BGB). Diese Voraussetzungen können prinzipiell auch von den „harmloseren" Bluffs erfüllt werden und würden damit auf den ersten Blick erstmal ein Anfechtungsrecht begründen. Es ließe sich jedoch vertreten, dass bezüglich bestimmter Bluffs die Rechtswidrigkeit eine Voraussetzung darstellt und somit geprüft werden muss, was letztendlich zur Zulässigkeit bestimmter harmloser Täuschungen führen könnte.

Der Kernbereich, in dem die getäuschte Seite aber in jedem Fall durch die Vorschrift geschützt werden soll, sind die Fälle, in denen auch aus weiteren Normen die klare normative Wertung der Rechtswidrigkeit abgeleitet werden kann. Hierzu gehören insbesondere Täuschungen über den Vertragsgegenstand. Diese werden beispielsweise auch durch das Gewährleistungsrecht und § 5 Abs. 2 UWG als rechtswidrig eingeordnet. Auch das Strafrecht (§ 263 StGB) und das Irrtumsrecht zeigen an, dass der Partei bei Lügen über den Leistungsgegenstand ein Anfechtungsrecht zustehen muss. Auch Täuschungen über den Vertragspartner fallen in den Anwendungsbereich von § 123 Abs. 1 BGB, sofern es sich um verkehrswesentliche Eigenschaften (parallel zu § 119 Abs. 2 BGB) handelt. Bezüglich des Preises ist zwischen Täuschungen über den Preis i. e. S. und Bluffs über den Preis i. w. S. zu differenzieren. Wegen Lügen über den Preis i. e. S., d. h. Täuschungen über Preisbestandteile, kann in jedem Fall ebenfalls angefochten werden, was auch ein Blick in die rechtlichen Umfeldwertungen wie das Irrtumsrecht zeigt. Bluffs über die Vertragsdurchführung berechtigen, ebenso wie Täuschungen über die Rechtslage, auch zur Anfechtung. Gleiches gilt für Bluffs über die Gesamtverfügbarkeit am Markt sowie genereller die Marktlage.

Es gibt aber auch Fälle, die eher als listig und damit nicht rechtswidrig eingeordnet werden sollten. Dazu zählen nach Ansicht der Autoren z. B. Bluffs über den Preis i. w. S., bspw. der falschen Angabe, dass es sich um einen „Freundschaftspreis" handle. Auch Bluffs über deadlines, Interessen und Präferenzen, den reservation price, unternehmensinterne Angaben und Alterantivangebote sollten nach hier vertretener Ansicht als listige Täuschungen bewertet werden. Es kommt dabei nicht darauf an, ob es sich um Übertreibungen bzw. Untertreibungen handelt oder glatt gelogen wird. Rechtliche Regelungen könnten die getäuschte Seite bezüglich der aufgeführten Bluffs, u. a. aufgrund der schwierigen Nachweisbarkeit, ohnehin nicht sehr effektiv schützen. Dem Getäuschten stehen aber soziale Reaktionsmöglichkeiten (*Verhandlungsabbruch* (→ *break it off*), späterer Abbruch der → *ständigen Geschäftsbeziehung*) zur Verfügung, um angemessen auf solche Bluffs zu reagieren.

Täuschungen in Bezug auf die nur begrenzt verfügbare Menge erscheinen dagegen z. B. als Grenzfall. Zwar scheint § 5 Abs. 2 Nr. 1 UWG bei der verfügbaren Menge an die umgekehrte Täuschung der behaupteten Verfügbarkeit gedacht zu haben, womit sich hieraus kein Argument für die Täuschung über die angeblich begrenzte Menge ergibt. Täuschungen über die eigenen Vorräte sollten im B2B-Verhältnis nicht zur Anfechtung berechtigen, weil sie bei rationaler Herangehensweise nicht den Marktpreis beeinflussen dürften. Täuschungen, die die Gesamtverfügbarkeit eines Produkts betreffen, sind dagegen eine (objektiv) wertbildende Eigenschaft. Da diese schon bei einem einfachen, nicht von der Gegenseite verursachten Irrtum gem. § 119 Abs. 2 BGB zur Anfechtung berechtigt, sollte dies erst recht für die Täuschung gelten (Erst-recht-Schluss).

Lockangebot

Ein Lockangebot ist ein besonders attraktives Angebot, das besser ist als die Angebote, die diese Seite sonst macht bzw. machen kann. Das Lockangebot kann verschiedene Gründe haben. Es kann ein speziell für einen Neukunden bestimmtes Angebot sein. Mit ihm soll also erst bei den Folgegeschäften Geld verdient werden. Solange sich der Verhandlungspartner dieses Wunsches bewusst ist und keine technischen Abhängigkeiten oder eine zu starke → *Pfadabhängigkeit* entsteht, kann er dieses Lockangebot unproblematisch annehmen. Lockangebote können auch so konstruiert sein, dass bei der Annahme des Lockangebotes erwartet werden kann, dass noch weitere Geschäfte zeitgleich geschlossen werden, was vor allem im B2C-Verhältnis verbreitet ist. Hier ist gegenüber der Annahme eines Lockangebotes deutlich stärkere Zurückhaltung geboten.

Einen Sonderfall eines Lockangebotes stellt die **bait and switch-Taktik** (Taktik des Täuschens und Wechselns) dar, bei der das Lockangebot nicht reell ist und der Kunde stattdessen zum Abschluss eines anderen Vertrages gebracht werden soll. Dem Kaufinteressenten wird vom Verkäufer in einem ersten Schritt vorgespiegelt, dass er das gewünschte Produkt/die benötigte Technik oder die erforderliche Dienstleistung bereitstellen könne. In einem zweiten Schritt zeigt er dem potenziellen Kunden dann jedoch z. B. eine qualitativ geringerwertige Ware oder versucht auf andere Weise (z. B. durch Aufzählung von Nachteilen), den Verhandlungspartner vom ursprünglich Gewollten abzubringen. Stattdessen soll der Kunde auf eine Ware gelenkt werden, die der Verkäufer tatsächlich liefern kann oder bei der er z. B. beim Preis auch wettbewerbsfähig ist. Dies ist gegenüber Verbrauchern nach Europäischem Recht immer unlauter (Anhang I Nr. 6 RL 2005/29/EG umgesetzt in Anhang Nr. 6 zu § 3 Abs. 3 UWG). Bait and switch könnte allerdings in B2B-Verhandlungen in Einzelfällen legitim und damit nicht unlauter sein. Denn wenn der Interessent eher aus Unwissenheit ein bestimmtes Produkt oder eine bestimmte Technik erfragt, ermöglicht es bait and switch, ihm Alternativprodukte oder Techniken zu präsentieren, denen er sich sonst nicht geöffnet hätte.

Lock-in-Taktik

Bei der Lock-in-Taktik (**Einschließungstaktik**) beraubt sich eine Seite, meist sogar vor den Augen des Verhandlungspartners, ihrer Verhandlungsspielräume, z. B., indem gegenüber der eigenen Seite (oder verbundenen Stakeholdern) Versprechen abgegeben werden, die ohne Gesichtsverlust (→ *Gesicht wahren*) nicht aufgegeben werden können. Die Taktik wird insbesondere von Gewerkschaften häufig verwendet. In abgemilderter Form erinnert sie an die militärische Taktik der verbrannten Schiffe, mit der z. B. *Wilhelm der Eroberer* 1066 seinen Invasionstruppen in England die Rückkehr nach Frankreich abschnitt. Gleiches tat *Hernan Cortez* 1519 vor der Eroberung des Aztekenreiches. Die Verhandler selbst setzen sich hier unter erheblichen Druck und hoffen, dass die Gegenseite dies respektiert und ihnen entsprechend entgegenkommt. Die Taktik kann generell nur funktionieren, wenn beide Seiten wenig Handlungsalternativen haben und somit eine Einigung finden müssen. Die Taktik wurde z. B. auch von der neuen griechischen Regierung Anfang

2015 angewandt, als man das Referendum durchführte. Die Gegenseite soll auf diese Weise zum Nachgeben gezwungen werden. Es handelt sich um eine spezielle Form einer → *positionsorientierten Verhandlungstaktik*. Nachteil dieser Taktik ist, dass die Lösungsoptionen eingeschränkt werden und sich die Gefahr des Scheiterns erhöht.

Logrolling

Beim logrolling (Hilfe auf Gegenseitigkeit, Ursprung des Begriffs ist das Rollen von Baumstämmen als Teil nachbarlicher Hilfe beim Hausbau in der Pionierzeit der USA) wird dem Verhandlungspartner in einem Punkt nachgegeben, der für ihn wichtiger ist als für einen selbst. Im Gegenzug gibt der Verhandlungspartner in einem Punkt nach, der für ihn weniger bedeutend ist. Es handelt sich also um ein asymmetrisches, wechselseitiges Nachgeben, von dem beide Seiten profitieren. Die Taktik wurde von *Lewis A. Froman* und *Michael D. Cohen* (*Froman/Cohen*, Behavioral Sciences 15 (1970), 180–183) ausgearbeitet. Im politischen Raum soll das Mitglied des US-Repräsentantenhauses *David Crockett* diesen Begriff erstmals 1835 in einer Rede benutzt haben. Der Begriff wird dementsprechend häufig mit dem politischen Kontext verbunden, in dem es um Stimmen in Bezug auf Gesetzesvorhaben geht.

Um die Taktik anwenden zu können, bedarf es grundsätzlich mehrerer Themen. Denn eine Seite gibt bezüglich eines Aspekts nach, die andere bezüglich eines anderen Punktes. Da es beim logrolling um ein wechselseitiges, asymmetrisches Nachgeben geht, handelt es sich im Prinzip um → *win-win Verhandlungen*. Denn dadurch wird zunächst der *Verhandlungskuchen* vergrößert (→ *negotiation pie*).

Lückenfüllungstaktik

Viele Unternehmen versuchen, der aus ihrer Sicht strengen → *Inhaltskontrolle* von Allgemeinen Geschäftsbedingungen im unternehmerischen Verkehr zu entgehen oder sie abzumildern. Eine mögliche Taktik, um die Inhaltskontrolle im Einzelfall abzumildern, ist die Lückenfüllungstaktik. Dabei wird eine Vertragsklausel nicht vollständig formuliert, sondern der entscheidende Zahlenwert (z. B. bei einer Vertragsstrafe für verspätete Leistung der Tagessatz und die Obergrenze) fehlt. Die andere Seite wird aufgefordert hier einen Vorschlag zu machen. Macht diese Seite aus Sicht des Vorformulierenden keinen angemessenen Vorschlag, kommt die Einigung hinsichtlich des Gesamtvertrages nicht zustande. Ist das Angebot z. B. für die Vertragsstrafe (seitens dessen, der diese zahlen müsste) hinreichend, wird der Vertrag geschlossen. Damit kann zwar nicht die Inhaltskontrolle hinsichtlich der formulierten Teile des Vertrages oder auch der konkreten Klausel vermieden werden. Der Teil der Klausel, der jedoch von der anderen Seite kommt, ist nicht vom Verwender der Allgemeinen Geschäftsbedingungen gestellt und daher eigentlich schon keine AGB, zumindest aber ausgehandelt i. S. d. § 305 Abs. 1 S. 3 BGB. Eine unzulässige Umgehung muss nicht unbedingt angenommen werden, da das Angebot (im Beispiel für die Höhe der Vertragsstrafe) tatsächlich von dem durch die Klausel belasteten Unternehmen kam. Ohne besondere Umstände wird man auch keine Sittenwidrigkeit annehmen

können. Praktisch durchsetzbar ist diese Taktik nur bei entsprechender Verhandlungsmacht. Mit dieser Taktik kann insbesondere der → *AGB-gestützten Verhandlungstaktik*
begegnet werden.

Da diese Taktik nach einer bewussten Umgehung der Inhaltskontrolle aussieht, besteht
jedoch ein gewisses Risiko. Noch weitergehender könnte daher bei kritischen Klauseln
dem Verhandlungspartner angeboten werden, den ersten Formulierungsvorschlag zu unterbreiten. Die Klausel wird dann nicht von der eigenen Seite gestellt, kann aber bei über-
legener Verhandlungsmacht im Rahmen der Verhandlung (sehr) stark zu eigenen Gunsten
abgeändert werden.

Lückenhafte Regelungen
Während für Verträge nach Common-Law-Rechtsordnungen (z. B. England, USA, Canada) lückenhafte Regelungen generell nicht zu empfehlen sind, da die Richter dort sehr
zurückhaltend mit der Lückenfüllung sind und durchaus Probleme bei der gerechten Vertragsabwicklung in Kauf nehmen, findet in Deutschland eine Lückenfüllung im Regelfall
entweder durch eine vorhandene gesetzliche Regelung oder in nicht geregelten Bereichen
durch richterliche Rechtsfortbildung oder in Weiterführung des vertraglich Gewollten im
Wege der → *ergänzenden Vertragsauslegung* statt. Lehnt man die so bereitstehenden,
lückenfüllenden Regelungen nicht entschieden ab, was relativ selten vorkommt, ist bei der
Anwendung deutschen Rechts die Lückenhaftigkeit von Regelungen demnach kein
schwerwiegendes Problem. Bei Nichteinigung ist die verbleibende Lücke also eine echte
Alternative. Dementsprechend sind auch durch das deutsche Recht geprägte Verträge
deutlich kürzer als Verträge angloamerikanischen Stils.

Mehrere kleine Zugeständnisse
Menschen freuen sich über häufige – wenn auch kleinere – Siege bzw. Gewinne mehr als
über einen großen Sieg bzw. Gewinn. Mit Niederlagen und Verlusten verhält es sich genau
umgekehrt. Dort wird lieber eine große Niederlage bzw. Verlust in Kauf genommen als
mehrere kleine. Diese Erkenntnis wird mit dem Begriff **hedonic framing** umschrieben
(vgl. *Thaler*, Journal of Behavioral Decision Making 12 (1999), 183–206). Auf Vertragsverhandlungen übertragen bedeutet dies, dass es besser ist, öfter kleinere Zugeständnisse
zu machen und dem Verhandlungspartner öfter kleinere Verhandlungserfolge zu ermöglichen, als auf einmal in Bezug auf die Forderungen der Gegenseite nachzugeben. Umgekehrt sollten mehrere schlechte Nachrichten dem Verhandlungspartner auf einmal unterbreitet werden. Diese Erkenntnisse lassen sich allerdings nicht eins zu eins auf Forderungen
bei Vertragsverhandlungen („schlechte Nachrichten") übertragen. Gerade hier kann eher
die → *Salamitaktik* sinnvoll sein. Ebenso ist zu bedenken, dass zu viele schlechte Nachrichten auf einmal zu einem Verhandlungsabbruch führen können, der durch eine aufge-
teilte Präsentation der schlechten Nachrichten vielleicht vermieden werden könnte. Der
Effekt kann aber bei der Präsentation eines Angebots genutzt werden. Hier ist es günstiger,
mehrere kleine Zugeständnisse zu nennen als die Summe der gewährten Vorteile. Diese
Taktik wird auch **smart bundling** genannt (schlaues Schnüren von Paketen aus Forderungen und Zugeständnissen).

Memorandum of understanding (MoU)

Memorandum of understanding bedeutet wörtlich **Notiz über das Einvernehmen**, wird aber oftmals mit **Absichtserklärung** übersetzt, was zeigt, dass die Abgrenzung zum → *letter of intent (LOI)* schwierig ist, da auch dieser Begriff häufig mit „Absichtserklärung" gleichgesetzt wird. Inhaltlich kann das memorandum of understanding vom letter of intent dadurch abgegrenzt werden, dass die Verhandlungsabsichten, die das MoU schriftlich fixiert, meist noch weniger weit gediehen und noch weniger konkret sind, als sie es zum Zeitpunkt des LOI sind. Das MoU fasst somit in der Regel nur Eckpunkte einer Verhandlungs- oder Vertragsgrundlage zusammen. Während das MoU in diplomatischen Verhandlungen eine sehr wichtige Rolle spielt, ist es in Unternehmensverhandlungen wenig verbreitet.

Ebenso wie der LOI ist das MoU grundsätzlich rechtlich unverbindlich, obgleich es – abhängig von der inhaltlichen Ausgestaltung – Grundlage für die Auslegung des späteren Vertrages oder für eine Haftung aus → *culpa in contrahendo* sein kann.

MESO

Diese Abkürzung steht für **multiple equivalent simultaneous offers** (mehrere gleichwertige Angebote gleichzeitig unterbreiten). Zugleich entspricht dieses Akronym dem griechischen Wort für Mitte und kombinierte Lösung. Diese Taktik der differenzierten, aber aus Sicht des Anbietenden gleichwertigen Angebote (empfohlen werden drei parallele Angebote) zielt darauf ab, dass der Verhandlungspartner durch seine Reaktion auf diese Angebote seine Interessen offenbart. Dies erleichtert das Auffinden interessengerechter Lösungen. Auch der Anbietende gibt damit wichtige Informationen preis, da aus der Gleichwertigkeit der Angebote aus seiner Sicht ebenfalls Rückschlüsse auf seine Interessen möglich sind. Nach den Untersuchungen von *Medvec/Leonardelli/Galinsky/Claussen-Schulz* (*Medvec/Leonardelli/Galinsky/Claussen-Schulz,* IACM 18th Annual Conference, June 1, 2005, 1–30) führt diese Taktik zu messbaren Ergebnisvorteilen.

Multiple offers können vor allem dazu dienen, zu ergründen, welches der Angebote am ehesten den Vorstellungen des Verhandlungspartners entspricht. Mehrere Angebote ermöglichen es also, Interessen, Präferenzen und Wünsche des Verhandlungspartners zu ergründen. Dies kann auch durch Fragen (→ *Fragen*) und Zuhören erreicht werden. Aufgrund des *Dilemmas des Informationsaustauschs* (→ *negotiator's dilemma*), kann es sich jedoch als schwierig erweisen, auf diesem Weg die notwendigen Informationen zu erlangen. Multiple offers sind daher eine Alternative zu anderen Formen der Informationsgewinnung. Dienen diese Angebote nur der Informationsgewinnung, müssen sie nicht vollständig in dem Sinne sein, dass man sie unmittelbar annehmen kann. Sie können auch nur in verschiedene Richtungen weisen. Dies hat für den Anbietenden den Vorteil, dass er sich noch nicht endgültig bindet.

Aufgrund der beschränkten Aufnahmefähigkeit von Verhandlern (vgl. zu diesem Aspekt auch → *wenige, starke Argumente*) sollten jedoch auch nicht zu viele Angebote gleichzeitig unterbreitet werden. Dies kann den Verhandlungspartner schnell überfordern und daher zu einer Abwehrhaltung führen. Üblich ist wohl die Unterbreitung von zwei bis drei Angeboten.

Dem äußeren Erscheinungsbild nach ähnelt MESO der Taktik → *Wahlmöglichkeiten begrenzen*. Wie nicht selten bei Vertragsverhandlungen, kann allerdings auch hier aus dem äußeren Erscheinungsbild nicht unmittelbar auf den Zweck geschlossen werden, weil mehrere Zwecke möglich sind.

Im Gegensatz zur Taktik Wahlmöglichkeiten begrenzen geht es bei MESO nicht darum, die Wahl des Verhandlungspartners weder offen noch verdeckt einzuschränken, vielmehr zielt diese Taktik auf Informationsgewinnung ab.

Meta-anchoring

Während sich das → *anchoring* generell und insbesondere bei Preisverhandlungen auf eine Zahl bezieht, wird unter **Meta-Ankern** die Festlegung der Natur des Vertragsgegenstandes, der Art der Probleme und der Ziele der Vertragsverhandlungen verstanden (Begriff nach *Lax/Sebenius*, 3-D Negotiations, 2006, S. 199–201). Der Begriff ist nicht ganz exakt, weil hier die Setzung von Rahmenzielen der Verhandlungen im Mittelpunkt steht, was der Begriff nicht offenbart. Es handelt sich jedenfalls dann um ein anchoring, wenn der Verhandlungspartner andere Vorstellungen dieser Rahmenbedingungen hat und diese grundlegenden Aspekte daher bereits verhandelt werden. Für die Bedeutung des Vorschlages und des Gegenvorschlages gelten dann grundsätzlich die allgemeinen Aussagen zum → *anchoring*. Vorgeschlagen wird in drei Schritten vorzugehen: Bestimmung potenzieller Meta-Anker, Evaluierung der Folgen potenzieller Meta-Anker, Antizipation der möglichen Reaktionen der anderen Seite und der daraus entstehenden Konsequenzen. Nicht genannter vierter Schritt wäre die Wahl des Meta-Ankers.

In vielen Fällen stimmen die Verhandlungsparteien aber bezüglich solcher Rahmenbedingungen überein, sodass es nicht zur Verhandlung solcher Aspekte und damit auch nicht zum meta-anchoring kommt.

Midpoint rule

Die midpoint rule (**Mittelpunkt Regel**) besagt, dass sich die Verhandlungspartner bei etwa gleichstarker *Verhandlungsmacht* (→ *negotiation power*) häufig etwa in der Mitte zwischen ihren Ausgangspositionen treffen (vgl. Abb. 4.8). Dies macht die Ausgangspositionen (→ *anchoring*) so wichtig. Außerdem folgt daraus die Bedeutung von Taktiken, die den Wert eines Ankers entkräften (*Ankerdiskreditierung*, → *anchoring*) oder die Diskussion verschieben wollen (→ *change the standards*). Das → *Harvard Verhandlungskonzept* sieht diese Tendenz kritisch und befürwortet eine Ausrichtung der Verhandlung an neutralen Beurteilungskriterien.

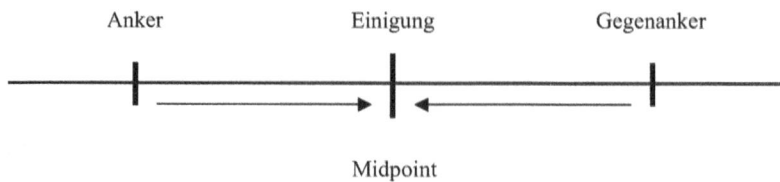

Abb. 4.8 Midpoint rule. (Quelle: eigene Darstellung)

Im Zweifel, d. h., wenn sich kein besseres Abwägungskriterium anbietet, zieht der Gesetzgeber in § 1 Abs. 3 S. 7 Außensteuergesetz die midpoint rule zur Bestimmung des angemessenen Preises bei Leistungen innerhalb eines Konzerns heran.

Missing the big picture

Bei komplexen Verhandlungsgegenständen liegt eine der zentralen Fehlerquellen (→ *Fehler*) darin, dass die Verhandler „das Gesamtbild" oder schlicht **den Überblick verlieren**. Verhandlungsergebnisse bezüglich einzelner Punkte sind häufig nicht per se gut oder schlecht für eine Seite, sondern ihre Beurteilung hängt davon ab, mit welchen anderen Verhandlungsergebnissen sie verbunden sind. Möglich ist auch, dass einzelne Verhandlungspunkte nicht generell gebraucht werden, sondern nur bei bestimmten Ergebnissen an anderer Stelle (z. B. stellt sich erst bei genereller Übernahme eines Risikos die Frage nach einer Ausnahme und nur bei Übernahme einer Leistungspflicht die Frage nach den Folgen einer Pflichtverletzung). Gerade bei komplexen Verhandlungen gerät aber das Zusammenspiel einzelner Klauseln leicht aus dem Blick. Eine Gesamtbetrachtung ist insbesondere bei umfangreichen Verträgen von zentraler Bedeutung, da hier in besonderem Maße Verzahnungseffekte zwischen den Klauseln zu beachten sind. Dadurch werden auch Widersprüche und Fehler vermieden, die keiner Seite nutzen, aber die einvernehmliche Durchführung des Vertrages erschweren. Erhöht wird das Risiko, den Überblick zu verlieren noch durch die Tatsache, dass bei komplexen Verhandlungen üblicherweise eine Aufgabenteilung vorgenommen wird, bei der jeder nur für seinen Bereich zuständig ist und scheinbar niemand eine Verantwortung für den Gesamtüberblick trägt. Noch komplizierter wird es beim Einsatz von → *Arbeitsgruppen*.

Bei einer Vielzahl von Beteiligten kann es auch passieren, dass sich einer auf den anderen verlässt. Dieses Problem sollte nicht nur durch eine spezielle Schulung aller Beteiligten für das Gesamtbild angegangen werden. Sinnvoll ist es vielmehr, je nach Größe der Verhandlung eine oder mehrere Personen speziell für dieses Gesamtbild verantwortlich zu machen (**Gesamtbildverantwortliche**).

Missverständnisse

Missverständnisse (und **Irrtümer**) vermeiden oder zumindest erkennen zu können, stellt eine zentrale Fähigkeit eines erfolgreichen Verhandlers dar. Missverständnisse bezüglich dessen, was der Verhandlungspartner verlangt oder angeboten hat, welche Interessen er verfolgt, welche Informationen er gegeben hat, wie verbindlich etwas sein soll oder gar, wie seine innere Einstellung zu dem möglichen Geschäftsabschluss ist, sind in Verhandlungen sehr häufig. Dies gilt selbst dann, wenn alle Beteiligten in ihrer Muttersprache verhandeln und aus demselben Kulturkreis stammen und auch nicht bewusst auf Missverständnisse hinarbeiten. Erst recht gilt dies für Verhandlungen in fremder Sprache und/oder zwischen Verhandlern mit stark unterschiedlichem kulturellem Hintergrund. Es gibt aber auch Irrtümer, die nicht während der Verhandlung entstehen, sondern z. B. während der Verhandlungsvorbereitung. Das Scheitern von Vertragsverhandlungen beruht nicht selten auf Missverständnissen und sonstigen Irrtümern.

Zur Vermeidung von Missverständnissen sollte bei Zweifeln zunächst nachgefragt werden. Generell gilt in Bezug auf Informationen: check the facts. Insofern könnte es sinnvoll sein, alle Informationen explizit und unter Beurteilung der Relevanz für die Verhandlungen und die Zuverlässigkeit der Information festzuhalten und zumindest einer Plausibilitätsprüfung zu unterziehen. Bei wichtigen Informationen sollte versucht werden, eine zweite Quelle zu finden (→ *Informationsbeschaffung*). Auch Schlussfolgerungen, die häufig sogar unbewusst gezogen wurden, bedürfen der kritischen Reflektion. Für die Verhandlungen selbst ist diesbezüglich der Einsatz eines → *Analytikers* sinnvoll, bzw. ist es wichtig, dass derjenige von → *zwei Verhandlern*, der gerade nicht verhandelt, sehr achtsam ist, um solche Missverständnisse zu entdecken und darauf aufmerksam zu machen. Sehr empfehlenswert ist es, entscheidende Passagen mündlich zu wiederholen und zeitnah – möglichst am Ende der Verhandlungsrunde – schriftlich zu fixieren (Punktation). Zugleich erhöht dies die moralische Verbindlichkeit der erzielten Teileinigung, die wichtig ist, da eine rechtliche Verbindlichkeit noch nicht besteht. Wegen der Gefahr von Missverständnissen sollte vor einer möglichen Eskalation grundsätzlich geprüft werden, ob nicht ein Missverständnis Ursache des Eskalationsbedürfnisses ist.

Teilweise werden Missverständnisse aus taktischen Gründen vorgetäuscht, weshalb sich insofern von Pseudomissverständnissen reden lässt.

Moral hazard

Der moral hazard (**moralisches Risiko**, **moralische Versuchung**) kann auftreten, wenn die handelnde Person die Kosten oder Konsequenzen ihres Handelns nicht (vollständig) tragen muss. Dieser Aspekt ist meist mit einer Informationsasymmetrie verbunden, die verhindert, dass diese Handlungen für den anderen (der die Kosten zu tragen hat) erkennbar sind (hidden actions). Zu unterscheiden ist moral hazard von *adverse selection* (→ *Akerlof-Markt*). Letztere beschreibt den Effekt, dass sich der Markt bei mangelnder Transparenz bzgl. Informationen über die Eigenschaften einer Ware oder Dienstleistung nur am Preis ausrichten wird. Dies führt (tendenziell) für die Zukunft zur Verschlechterung der Qualität der Waren, da sich hohe Qualität für die Anbieter nicht lohnt. Bei moral hazard wird hingegen, anstatt von Eigenschaften, ein bestimmtes Verhalten nicht erkannt. Fehlt es der Seite, die das Risiko trägt, an der Möglichkeit, die Verfehlungen der handelnden Person zu erkennen, so bestehen für die handelnde Person Anreize, sich eigennützig oder unkooperativ zu verhalten, da sie keine Konsequenzen zu befürchten hat.

Beispiel

Im Versicherungswesen wird der Begriff des moral hazard dahingehend verstanden, dass Versicherte aufgrund der Absicherung durch die Versicherung höhere Risiken eingehen und somit die Wahrscheinlichkeit des Schadenseintritts erhöhen (ex ante moral hazard). Eine weitere Ausprägung ist der fehlende Anreiz zur Senkung der Kosten, wenn bereits ein Schaden eingetreten ist (ex post moral hazard). ◄

Der moral hazard kann in Verhandlungen eine große Bedeutung spielen. Unternehmen setzen in ihren Verhandlungen Vertreter ein, die die Verhandlung übernehmen. Hierdurch entsteht eine → *Principal-Agent-Problematik*. Der Verhandler besitzt alle Kenntnisse bezüglich der Vertragsverhandlung, da er daran unmittelbar beteiligt ist. Das Unternehmen erhält meist nur mittelbar Informationen durch den Verhandler, was zu einer Informationsasymmetrie führt. Das Unternehmen kann daher die Verhandlungsfehler des Verhandlers nicht immer leicht erkennen (hidden actions). Dies könnte den Verhandler dazu verleiten, höhere Risiken einzugehen, da er die Konsequenzen im Fall des Scheiterns des Vertrags oder des Zustandekommens eines nachteiligen Vertrags (aus Sicht des Unternehmens) nicht (vollständig) tragen muss. Er kann vielmehr versuchen, das Scheitern zu rechtfertigen, um so Konsequenzen zu entgehen.

Dem moral hazard kann begegnet werden, indem das Unternehmen sich um den Abbau der Informationsasymmetrie bemüht und somit weniger hidden actions vorliegen. Wie im Rahmen der Principal-Agent-Problematik können vor allem das → *Vieraugenprinzip*, Anreizsysteme und eine verbesserte Kommunikation helfen, das Risiko für moral hazard zu senken.

Moral hazard kann zudem auch zwischen den Verhandlungsbeteiligten auftreten, da hier ebenfalls Informationsasymmetrien bestehen. Wie im unternehmensinternen Bereich kann dies eigennütziges und unkooperatives Verhalten begünstigen, wenn die Gefahr gering ist, dass der Verhandlungspartner dies bemerkt. Nicht nur die fehlende Erkennbarkeit einer Handlung kann hier ein eigennütziges Verhalten hervorrufen. Ist eine Sanktionierung des Verhaltens selbst bei dessen Erkennbarkeit gesetzlich oder vertraglich nicht möglich, kann gerade bei einem Einmalgeschäft ein eigennütziges Handeln ökonomisch attraktiv sein. Um das zu verhindern, kann auch hier versucht werden, das Informationsgefälle abzumildern. Dies ist allerdings in der Beziehung zwischen den Verhandlungsbeteiligten teilweise schwierig, da diese bestimmte Informationen nicht teilen möchten. Hier kann mit Offenlegungsverpflichtungen gearbeitet werden. Außerdem ist es möglich, vertraglich Sanktionen zu vereinbaren, die dem moral hazard entgegenwirken können. Beispiele sind sanktionierte Geheimhaltungsregeln für die Vertragsverhandlungen (→ *non-disclosure agreement*) und Konkurrenzverbote, die mit durchsetzbaren Offenlegungsregelungen verbunden werden sollten. Denn vertragliche Maßnahmen können einen moral hazard nur verhindern, wenn eine Möglichkeit besteht, dass ein Fehlverhalten von der Gegenseite erkannt wird. Ist dies nicht der Fall, können die vertraglichen Instrumente lediglich psychologische Wirkung entfalten.

Multi-person BATNA
Grundsätzlich ist zu beachten, dass nicht nur das → *BATNA* der potenziellen Vertragspartner, sondern auch das BATNA der → *Verhandlungsführer* und der internen → *decision-maker* (aufgrund der → *Principal-Agent-Problematik*) eine große Rolle spielen können. Es ist daher zu empfehlen, beide BATNAs zu ermitteln und bei der Erarbeitung der Verhandlungsstrategie zu berücksichtigen (**two-level BATNA**).

Sitzen hingegen viele Beteiligte am Verhandlungstisch, wie z. B. bei politischen Verhandlungen, aber z. T. auch bei B2B-Verhandlungen, empfiehlt es sich das **multi-person BATNA (Mehrpersonen-BATNA)** zu ermitteln. Das BATNA jedes einzelnen Verhandlers und (Mit-)Entscheiders zu ermitteln, ist aufgrund des damit verbundenen hohen Aufwands in vielen Fällen nicht zu empfehlen. In diesem Fall kann z. B. das BATNA des Verhandlungsführers ermittelt werden oder das des gesamten Teams, wenn davon auszugehen ist, dass die Personen ähnliche Interessen verfolgen. Letzteres ist oft sinnvoll, da die Verhandler eines Teams häufig aufgrund struktureller Vorgaben des Unternehmens dieselben Interessen verfolgen (z. B. eine erhöhte Bereitschaft zum Vertragsabschluss, da daran ihr Erfolg gemessen wird).

Nachverhandlungen

Nachverhandlungen (**renegotiations**) oder **Neuverhandlungen** nach Vertragsabschluss gelten in Deutschland als Zeichen fehlender Vertragstreue und sind daher – vorbehaltlich schwerwiegender Gründe – verpönt. In anderen Kulturkreisen (z. B. China), bei denen die vertragliche Einigung eine geringere Bedeutung hat und Vertragsverhandlung und -erfüllung als lebender Prozess verstanden werden, ist der Versuch einer Neuverhandlung nicht so negativ besetzt.

Aber auch in Deutschland sind die Verhandlungen mit Vertragsabschluss noch nicht zwangsläufig beendet. Dies gilt insbesondere im B2B-Bereich und auch für die bereits ausgehandelten Vertragsbedingungen. Die Aufnahme von Nachverhandlungen kann verschiedene Gründe haben. In Dauerschuldverhältnissen und langfristigen Kooperationen können sich Umstände ändern und dadurch das Bedürfnis nach einer Vertragsanpassung auslösen. In entsprechenden Verträgen sind oftmals sogenannte → *Verhandlungsklauseln* enthalten. Um eine vorschnelle Eskalation von Streitigkeiten zu vermeiden, wird darin häufig bestimmt, dass die Parteien zunächst versuchen sollen, das Problem durch Verhandlungen zu lösen; erst danach soll z. B. ein Schiedsgericht angerufen werden können. Liegt eine → *Störung der Geschäftsgrundlage* vor, besteht gem. § 313 Abs. 1 BGB eine Neuverhandlungspflicht. Darauf lässt sich zwar aus dem Wortlaut der Norm nicht schließen, doch bejaht der Bundesgerichtshof (BGH NJW 2012, 373, 376) inzwischen grundsätzlich eine solche Verhandlungspflicht in diesen Fällen.

Ein Unterfall der Nachverhandlungen sind **opportunistische Nachverhandlungen**, die möglich werden, wenn sich die *Verhandlungsmacht* (→ *negotiation power*) nachträglich geändert hat, wie es insbesondere bei transaktionsspezifischen Produkten oder Investitionen der Fall sein kann, die nicht ohne weiteres für andere Zwecke genutzt werden können. Dabei kann es zu sog. **hold-up-Problemen** kommen, d. h. die Seite, deren Verhandlungsmacht nachträglich deutlich größer geworden ist, versucht, das Verhandlungsergebnis durch Nachverhandlungen zu ihren Gunsten zu verschieben.

Berüchtigt sind auch die Forderungen nach sogenannten „**Hochzeitsrabatten**" gegenüber Lieferanten, wenn ein Großkunde einen anderen (auch potenziellen) Großkunden übernommen hat. Eine solche Verhaltensweise ist zwar während laufender Verträge häufig als Missbrauch von Marktmacht kartellrechtswidrig (→ *Verbot des Missbrauchs einer marktbeherrschenden Stellung*), wird aber dennoch praktiziert, da der Lieferant bei einer Meldung an die Kartellbehörden die Geschäftsbeziehung riskiert.

Solche Vorhaben können selbst außerhalb der Hochzeitsrabatte nur teilweise durch eine sorgfältige Vertragsgestaltung ex ante vermieden werden. Versucht eine Partei ihren Verhandlungspartner z. B. durch → *leere Versprechen* dazu zu bringen, Investitionen im Hinblick auf einen möglichen Vertrag zu tätigen, um anschließend zu eigenen Gunsten nachverhandeln zu können, so spricht man auch von einer **over-commitment-Taktik**.

Umgekehrt könnten Nachverhandlungen auch dazu genutzt werden, den *Verhandlungskuchen* zu vergrößern (→ *negotiation pie*) und ein noch besseres Vertragsergebnis für beide Seiten zu erzielen. Die Idee scheint auf den ersten Blick ungewöhnlich und ist in der Praxis auch nicht üblich. Eine bestehende Vereinbarung nimmt allerdings den Druck von den Verhandlungen. Sie stellt die sichere Alternative zum neuverhandelten Vertragsschluss dar. Unter Umständen können die Parteien sich nach der Einigung bereit zeigen, ihre Interessen und Präferenzen zu offenbaren. Dadurch könnte der *Verhandlungskuchen* (→ *negotiation pie*) vergrößert werden. Sodann könnten die Parteien um den Mehrwert verhandeln und den ursprünglichen Vertrag entsprechend abändern.

Negotiator's dilemma

Beim negotiator's dilemma (**Verhandlungsdilemma**) handelt es sich um eine Variante des spieltheoretischen Gefangenendilemmas.

Exkurs Gefangenendilemma

Die Polizei vermutet, dass zwei Gefangene bezüglich einer Straftat kooperiert haben und verhört hierzu beide getrennt. Die Strafe der beiden hängt davon ab, ob beide schweigen, nur einer schweigt und der andere gesteht oder beide gestehen. Gesteht nur einer der Gefangenen, erhält er als Kronzeuge beispielsweise nur ein Jahr Gefängnisstrafe, während der andere für sieben Jahre ins Gefängnis muss. Schweigen beide, können sie mangels Beweise nicht bestraft werden. Gestehen beide Gefangenen, so erhalten sie jeweils eine fünfjährige Gefängnisstrafe. Die Gefangenen finden sich somit im Dilemma wieder, entweder zu gestehen oder zu schweigen, ohne zu wissen, wie sich der andere Gefangene verhalten wird. Im Gesamtergebnis wäre es am besten, beide Gefangenen würden schweigen. Dazu müssten sie sich jedoch gegenseitig vertrauen. Tun sie dies nicht, werden sie gestehen, da dies individuell gesehen, die beste Lösung ist, sofern sie sich nicht sicher sind, ob der andere schweigen wird. ◄

Übertragen auf die Verhandlungssituation bedeutet dies: Die Verhandlungsparteien würden oftmals davon profitieren zu kooperieren, schrecken davor jedoch manchmal aus

Angst, übervorteilt zu werden, zurück und verhandeln stattdessen → *kompetitiv*. Das Verhandlungsdilemma wurde erstmals von *David A. Lax* und *James K. Sebenius* (*Lax/Sebenius,* The Manager as Negotiator., 1986, S. 154 ff.) beschrieben und untersucht. Es kann mit vertrauensbildenden Maßnahmen und der Schaffung (langfristig) paralleler Interessen überwunden werden.

Ein Unterfall des Verhandlungsdilemmas ist das **Dilemma des Informationsaustauschs**. Auch hier würden die Verhandler von einem Informationsaustausch profitieren, agieren jedoch nicht dementsprechend, da sie fürchten, dass der Verhandlungspartner sich nicht reziprok verhalten wird. Im Gegensatz zum Gefangenendilemma ist der Informationsaustausch ein fortlaufender Prozess, d. h., es werden nicht nur ein einziges Mal Informationen ausgetauscht (das Gefangenendilemma kann allerdings auch mehrmalig (endlich und unendlich) gespielt werden). In Bezug auf den Informationsaustausch wird daher oft empfohlen, zunächst nur eine Teilinformation preiszugeben und die Reaktion der Gegenseite abzuwarten. Es handelt sich um eine Art → *signalling*. Verhält sich der Verhandlungspartner reziprok, erwidert er also den Austausch, können weitere Informationen ausgetauscht werden. Der Informationsaustausch könnte somit anhand der Strategie → *generous tit-for-tat* ausgerichtet werden.

Grundsätzlich sollte schon während der Vorbereitung auf die Verhandlung überlegt werden, welche Informationen ausgetauscht werden können und welche Informationen die eigene Seite nicht oder nur unter bestimmten Bedingungen preisgeben will (→ *Informationskontrolle*). Insofern gilt in vielen Fällen, dass es problematischer ist, die Intensität der eigenen Interessen offenzulegen als die Interessen selbst. Doch selbst die Bekanntgabe der eigenen Interessen kann vom Verhandlungspartner im Fall des *hard bargaining* (→ *distributive Verhandlungen*) ausgenutzt werden. Um den *Verhandlungskuchen* (→ *negotiation pie*) zu vergrößern, ist der Austausch über die Interessen jedoch zentral, da nur so entsprechende Potenziale genutzt werden können.

Negotiation pie

Der Begriff negotiation pie (**Verhandlungskuchen**) meint den Gesamtwert der Verhandlungen, also alle Vor- und Nachteile, die durch die Verhandlung der Parteien erzielt werden können. Verhandlungen können entweder dazu führen, dass der Verhandlungskuchen vergrößert wird, dass er sich verkleinert oder gleich bleibt. Die verschiedenen Optionen werden unter unterschiedlichen Schlagwörtern diskutiert.

Gelingt es, den Nettogewinn der beiden Seiten in Summe zu maximieren, so profitieren – eine gleichmäßige Partizipation unterstellt – beide Seiten davon. Im Sinne einer → *win-win Strategie* ist dies ein grundsätzlich anzustrebendes Verhandlungsziel. Insofern wird in der englischsprachigen Literatur von **expanding the pie** bzw. **maximising the total pie** gesprochen. Die äußere Grenze des so geschaffenen Wertes (value) wird **efficient frontier** genannt. Gemäß dem *small pie bias* (→ *bias*) unterschätzen Verhandler die mögliche Größe des Verhandlungskuchens. Bei der Vergrößerung des Kuchens ist grundsätzlich die Grenze des → *Kartellverbotes* (Art. 101 AEUV, § 1 GWB) zu beachten, das wettbewerbsbeschränkende Abreden grundsätzlich verbietet.

Um den Kuchen zu vergrößern, sollten sich Verhandler von der Fixierung auf den Preis lösen und andere Umstände wie Lieferfristen, Qualität, Zusatzleistungen, Finanzierung, die Vertragsbeziehung, Haftungsrisiken stärker in die Gesamtlösung einbeziehen. Ein beiderseitig zufriedenstellendes Ergebnis zu erzielen, fällt insbesondere dann leichter, wenn beide Parteien bestimmten Aspekten einen unterschiedlichen Wert beimessen. Unterschiedliche Präferenzen helfen somit, den Verhandlungskuchen zu vergrößern. Auch gleich gerichtete Interessen helfen dabei, zu einem für beide Seiten vorteilhaften Ergebnis zu kommen.

Beispiel

Der Verkäufer möchte zügig liefern, um mehr Lagerplatz zu haben, und der Käufer wünscht sich eine möglichst schnelle Lieferung, um den Gegenstand nutzen zu können. ◄

Möglichkeiten den Verhandlungskuchen zu vergrößern
- unterschiedliche Wertbestimmung, unterschiedliche Ressourcen, unterschiedliche Fähigkeiten,
- unterschiedliche zeitliche Präferenzen,
- unterschiedliche Einschätzungen bezüglich zukünftiger Entwicklungen,
- unterschiedliche Risikostrukturen,
- Erweiterung/Verschiebung des Deals durch die gleichen Parteien,
- Hinzuziehung eines Dritten auf der Angebots- oder Nachfrageseite und
- im weiteren Sinn könnte man auch eine Vergrößerung des Kuchens annehmen, wenn neue, kreative Lösungen gefunden werden, die den Interessen der Parteien eher entsprechen.

Die Möglichkeit, den Verhandlungskuchen zu vergrößern, ist häufiger gegeben als Verhandler denken, da sie der → *incompatibility bias*, der verzerrten Wahrnehmung der Nicht-Kompatibilität unterliegen, auch **illusion of conflict** genannt, und daher von einem **fixed pie**, d. h. einem **unveränderlichen Kuchen**, ausgehen. Dieses Phänomen wird auch als **fixed pie illusion** bzw. **fixed pie bias** (**Illusion des unveränderlichen Kuchens**) bezeichnet (vgl. *Thompson/Hastie*, Organizational Behavior and Human Decision Processes 47 (1990), 98–123; *Bazerman/Neale*, American Behavioral Scientist 27 (1983), 211–228). Ein fixed pie wird in → *distributiven Verhandlungen* meist unterstellt. Das heißt, die Verhandlungsparteien nehmen an, dass sie einen Vorteil nur auf Kosten des Verhandlungspartners erlangen können (→ *win-lose* Situation).

Auch wenn es meist das Ziel der Verhandlung ist, den zu verteilenden Kuchen zu vergrößern oder den fixed pie aufzuteilen, gibt es doch nicht selten Situationen, in denen sich im Laufe der Verhandlungen der Kuchen sogar verkleinert (z. B. aufgrund der Verhandlungskosten, neuer Konkurrenten, steigender Projektkosten). Dieses Phänomen wird im englischsprachigen Raum unter dem Stichwort **shrinking pie** diskutiert. Diese Möglich-

shrinking pie   fixed pie   expanding pie

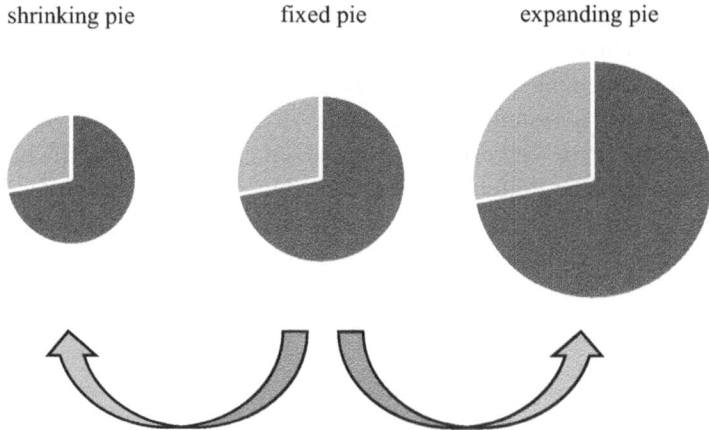

Abb. 4.9 Negotiation pie. (Quelle: eigene Darstellung)

keit ist bei Verhandlungen im Blick zu behalten und insbesondere im Rahmen von Verhandlungsgeschwindigkeiten zu berücksichtigen. Hier können gemeinsam gesetzte → *deadlines* helfen, die Verhandlungszeit und damit auch die → *Transaktionskosten*, zu regulieren.

Abb. 4.9 zeigt den fixed pie, shrinking pie und expanding pie.

Negotiation power

Negotiation power (**Verhandlungsmacht** – der deutsche Begriff darf nicht mit der Verhandlungsvollmacht verwechselt werden, die für Verhandler verwendet wird, die Verträge verhandeln aber nicht abschließen dürfen) ist ein Begriff, der sich auf die Machtposition in Verhandlungen bezieht. Die eigene Machtposition setzt sich aus dem eigenen → *BATNA*, aus dem Einfluss auf zukünftige Entwicklungen insbesondere im Rahmen von Organisationen (**role power**) und der psychologischen Verhandlungsmacht zusammen. Unter role power wird vor allem Macht verstanden, die mit der Position verbunden ist, die der Verhandler innehat (z. B. → *Verhandlungsführer*, Geschäftsführer einer Vertragspartei). Die ersten beiden Merkmale sind objektiv, während es sich bei der psychologischen Verhandlungsmacht um ein subjektives Element handelt. Die psychologische Verhandlungsmacht kann vor einer Verhandlung beeinflusst werden, indem sich der Verhandler Situationen vor Augen ruft, in denen er sich (verhandlungs-)mächtig gefühlt hat. Auch power gestures (*power posing* (→ *Herrschaftsgesten*)) sollen helfen, sich selbstbewusster und mächtiger zu fühlen.

Diese in der Verhandlungsliteratur geläufige Dreiteilung ist noch um die Verhandlungskompetenz als Machtfaktor zu erweitern. Insbesondere bei sehr komplexen Materien spielt auch die intellektuelle Verhandlungsmacht eine Rolle, also die Fähigkeit Vor- und Nachteile und Wechselbezüge bei komplizierten Sachverhalten und langen, ermüdenden Verhandlungen zu verstehen. Die Gesamtheit der in diesem Buch behandelten Fähigkeiten bezüglich Informationsbeschaffung, Fehlervermeidung, Techniken, Taktiken, Strategien, Zusammenarbeit der Verhandler etc. kann einen erheblichen Einfluss auf den Ausgang der

Verhandlungen haben. Die Stärke dieses Faktors hängt, neben den entsprechenden Fähigkeiten der anderen Seite, auch von der Komplexität der Verhandlung ab. Je komplexer der Verhandlungsgegenstand und die Verhandlungen sind, je gewichtiger sind die Verhandlungsfähigkeiten als Machtfaktor.

Die Verhandlungsmacht ist der Dreh- und Angelpunkt für die Verhandlungen. Da häufig nicht nur die konkrete Bestimmung der eigenen Verhandlungsmacht, sondern vor allem auch der Verhandlungsmacht der Gegenseite schwierig ist, kommt der „gefühlten" Verhandlungsmacht in der Praxis große Bedeutung zu.

Negotiation value

Wie hoch der negotiation value, also wieviel das Verhandlungsergebnis wert ist (**Verhandlungswert**), hängt neben den konkreten Ergebnissen vom Verhandlungsmaßstab ab, an dem die Ergebnisse gemessen werden. Diese Maßstäbe werden auch als **benchmarks** oder **acceptance criteria** bezeichnet. Diese sollten objektiv und messbar sein. Zudem sollten sie in einem funktionalen Zusammenhang mit den Zielen des Unternehmens stehen und, um Manipulationen vorzubeugen, möglichst vor Beginn der Verhandlungen aufgestellt worden sein.

Üblich ist es, den **Nettowert des Verhandlungsergebnisses** mit Hilfe des BATNA zu bestimmen. Der Nettowert des Verhandlungsergebnisses zeigt dann an, welcher Wert durch die Verhandlung für die eigene Seite gemessen am BATNA geschaffen wurde und berechnet sich folgendermaßen:

Nettowert des ausgehandelten Deals
./. Nettowert des BATNAs
─────────────────────────────────
= Nettowert des Verhandlungsergebnisses

In der Praxis wird der Nettowert des Verhandlungsergebnisses selten erfasst. Das mag unter anderem daran liegen, dass es teilweise schwierig ist, das eigene BATNA exakt zu bestimmen. Der negotiation value steht zwar in Zusammenhang mit dem Erfolg der Verhandlung, dennoch ist er nicht unbedingt maßgebend für die Zufriedenheit der Verhandler mit dem Ergebnis. Denn Verhandler messen den Erfolg der Verhandlung häufig nicht anhand objektiver Faktoren, sondern verlassen sich auf ihr subjektives Gefühl.

Negotiauction

Negotiauction (**Verhandlungsversteigerung**) ist ein von *Guhan Subramanian* (*Subramanian*, Negotiauctions: New Dealmaking Strategies for a competitive Marketplace, 2010) gebildeter Kunstbegriff, der die Verschmelzung von Verhandlung (negotiation) und → *Auktion* (auction) veranschaulichen soll. Ausgangspunkt für die Entwicklung dieser Strategie war eine von ihm gemachte Beobachtung während eines Verhandlungsexperiments: Dabei integrierten die studentischen Teilnehmer des Experiments entgegen der Anweisungen auktionstypische Elemente in Zweipersonenverhandlungen und verhandlungstypische Elemente in Auktionen. Haupterkenntnis soll sein, dass, neben Verhandlung und

Auktion, Mischformen zu beachtende Grundformen des Vertriebs sein können. *Subramanian* sieht darin vor allem eine Erweiterung der Handlungsoptionen und damit mehr Möglichkeiten, das optimale Ergebnis zu erzielen. Das deutsche Vergaberecht bietet mit dem Verhandlungsverfahren, in dem mehrere Bieter für einen öffentlichen Auftrag mit dem Auftraggeber verhandeln und dann aber ein Gebot abgeben, in bestimmten Fällen ein solches Verfahren an. Ferner werden auch bei Unternehmensverkäufen und teilweise auch bei der Vergabe von Aufträgen für Industrieanlagen Mischformen praktiziert, von denen sich der Verkäufer verspricht, ein besseres → *BATNA* zu erhalten, den Verkaufsprozess zu verkürzen und den für Auktionen typischen Bietdruck aufzubauen. Eine reine Auktion kommt in diesen Fällen wegen der Bedeutung der auszuhandelnden Vertragsbedingungen meist nicht in Betracht. Daher verhandelt der Verkäufer (Auftraggeber) in einem ersten Schritt auktionsähnlich mit mehreren Interessenten gleichzeitig darüber, wer am meisten bietet bzw. bereit ist, eine Anlage zum niedrigsten Preis zu liefern. Es schließt sich als zweiter Schritt entweder (so teilweise beim Unternehmenskauf) eine Verhandlung nur mit dem Unternehmen an, welches das beste Gebot abgegeben hat, oder es wird bei in etwa ähnlich guten Angeboten parallel weiterverhandelt. Im Ausgangspunkt wird daher bei Unternehmensverkäufen mit einem niedrigen Mindestgebot anstatt mit einem hohen Forderungsanker operiert. Im Rahmen des zweiten Schritts ist zudem häufig das aggressive → *cherry picking* zu beobachten.

Der negotiauction ähnelnde Praktiken sind auch bei der Veräußerung von begehrten Immobilien gelegentlich zu beobachten. Ein potenzieller Bieter sollte klare Regeln fordern, auch, um u. U. die Leistungsparameter zu eigenen Gunsten beeinflussen und Kenntnisse über die Konkurrenten und ihre Strategien erlangen zu können. Eine gute Vorbereitung und ein Limit, das u. a. auf Grundlage des eigenen BATNAs aufbaut, sind wichtig, um nicht dem „*Fluch des Siegers*" (→ *Auktion*) zu verfallen.

Neuer Antrag

Ein Vertrag kommt durch Antrag und Annahme zustande. Wird eine Annahme erklärt, die inhaltlich vom Antrag abweicht, liegt keine Annahme vor, sondern vielmehr eine Ablehnung des ursprünglichen Antrags verbunden mit einem neuen Angebot. Die andere Seite kann dann überlegen, ob sie dieses neue Angebot annehmen möchte.

Gerade bei schriftlich unterbreiteten Angeboten ist jedoch nicht immer auf den ersten Blick zu erkennen, ob die Antwort eine Annahme oder eine Ablehnung verbunden mit einem neuen Angebot darstellt. Dies ist vor allem dann der Fall, wenn Änderungen am ursprünglichen Text nicht für die Gegenseite kenntlich gemacht werden (z. B. durch farbliche Hinterlegung, Unterstreichungen, kursive Schrift, Änderungsmodus) oder lediglich so, dass sie nicht leicht erkennbar sind. Wird die Änderung bewusst nicht hervorgehoben oder darauf hingewiesen, handelt es sich um eine aggressive und irreführende Taktik, um die eigenen Vorstellungen durchzusetzen. Die Partei, die so vorgeht, vertraut darauf, dass der Vertrag zunächst durchgeführt wird und sie zu gegebener Zeit auf die geänderte Klausel und die damit geänderten Rechte und Pflichten hinweisen kann. Die Vertrauensbeziehung der Parteien nimmt spätestens zu diesem Zeitpunkt regelmäßig schweren Schaden. Aus rechtlicher Sicht kann in diesen Fällen eine Verletzung vorvertraglicher Pflichten im Sinne der → *c. i. c.* (§§ 280 Abs. 1, 311 Abs. 2, 241 Abs. 2 BGB) vorliegen. Kann Vorsatz nachgewiesen werden, könnte unter Umständen auch wegen → *arglistiger Täuschung* angefochten werden.

Die Gegenseite kann sich vor dieser Taktik schützen, indem sie die Länge bzw. die Zeichenanzahl, der von ihr versendeten Datei, mit der Länge bzw. Zeichenanzahl der zurückgesendeten Datei vergleicht oder einen Textvergleich (zum Beispiel bei Worddateien möglich) vornimmt. Es können im Vorfeld auch sog. rules of the game festgelegt werden, in denen zum Ausdruck kommt, dass Änderungen klar und eindeutig hervorgehoben werden müssen und der Verhandlungspartner darauf aufmerksam zu machen ist.

Nichtlineare Kompromisse
Verhandler haben häufig den Auftrag, eine klare Zielmarke (z. B. Preis) zu erreichen. Besonders stark ist der Druck in diese Richtung, wenn die Verhandlungsergebnisse zumindest partiell veröffentlicht werden, und sei es auch nur in unternehmensinternen Veröffentlichungen oder Boni etc. davon abhängen (zu sich daraus möglicherweise ergebenden Problemen → *Principal-Agent-Problematik*). Hier bieten sich aus Sicht der Verhandler nicht lineare Kompromisse an. Das bedeutet, dass die sensiblen Zahlen (Preise) durch andere Werte, die das Verhältnis von Preis und Leistung bestimmen, relativiert werden. Im Folgenden soll ein nicht linearer Kompromiss anhand veränderter Laufzeiten bei Lohnverhandlungen illustriert werden:

Beispiel

Bei einer Lohnerhöhung um 3 %, aber mit einer Laufzeit von 15 Monaten, steht die für die Gewerkschaften wichtige Zahl „3" vor dem Komma; die effektive Lohnerhöhung berechnet auf 1 Jahr liegt allerdings im Interesse der Arbeitgeber unter 3 %. ◄

Der Erfolg dieser Art von Kompromiss beruht darauf, dass die Auftraggeber meist nur darauf schauen, ob ihre Vorgabe (Position) vom Principal eingehalten wurde, statt auf die Erfüllung der Interessen zu achten. Selbst wenn die Auftraggeber diesen Mechanismus (z. B. im Unternehmen) durchschauen, ist ihnen dies dennoch recht, wenn das Gesamtergebnis vertretbar ist, weil die Auftraggeber hinsichtlich ihrer Zielvorgaben und deren Erreichung unter Beobachtung stehen. Die Beteiligten wahren so auch ihr Gesicht (→ *Gesicht wahren*), was vor allem dann relevant ist, wenn gegenüber den *Stakeholdern* (→ *think beyond the table*) der einen Seite (z. B. Gewerkschaft gegenüber ihren Mitgliedern) weitreichende Erwartungen geweckt wurden. Der Nachteil nicht linearer Kompromisse liegt in der Positionsorientierung statt Interessenorientierung, der erhöhten Komplexität des Vertragsinhaltes und den daraus folgenden höheren Kosten bei der Vertragsdurchführung.

Niedrige Erwartungen

So, wie Glück als „Realität minus Erwartungen" beschrieben wird, ist auch der gefühlte Erfolg einer Verhandlung von den Erwartungen abhängig: Hohe Erwartungen können bestenfalls erfüllt werden und sind daher nicht gut geeignet, um Erfolgserlebnisse und Zufriedenheit zu vermitteln. Sind die Erwartungen hingegen niedrig, können sie leicht übertroffen werden und ein Erfolgserlebnis begründen. Deshalb kann es durchaus sinnvoll sein, beim Verhandlungspartner niedrige Erwartungen hinsichtlich des Verlaufs der Verhandlung und der Ergebnisse zu wecken, die dann – zu ihrer großen Zufriedenheit – übertroffen werden können. Das dies funktioniert, liegt auch daran, dass der Erfolg von Verhandlungen (z. B. unter Berücksichtigung des → *negotiation value*) oftmals nicht systematisch erfasst wird.

Es kann daher für die eigene Seite Sinn machen, für den eigenen → *Verhandlungsführer* nach außen einen Ruf als „harter Hund" aufzubauen. Erlangt die Gegenseite ein Zugeständnis vom harten Verhandler, würde sie dies stärker als Erfolgserlebnis empfinden. Letztlich handelt es sich bei der Schaffung einer niedrigen Erwartungshaltung des Verhandlungspartners um eine dem → *framing* zuzuordnende Taktik.

Das bewusste Hervorrufen niedriger Erwartungen beim Verhandlungspartner zielt allerdings auch häufig darauf ab, den Verhandlungspartner zu Zugeständnissen, wie z. B. Preisnachlässen, zu veranlassen. Hat die Gegenseite allerdings zu niedrige Erwartungen, kann es sein, dass sie ganz darauf verzichtet, in Verhandlungen einzutreten. Die niedrigen Erwartungen sollten daher möglichst erst unmittelbar vor Beginn der Verhandlungen bzw. erst, wenn sicher ist, dass verhandelt werden wird, oder im Laufe der Verhandlungen hervorgerufen werden. Hier droht allerdings immer noch der Verhandlungsabbruch (→ *break it off*).

Werden die Erwartungen des Verhandlungspartners bzgl. eines bestimmten Aspekts – zum Beispiel des Preises – gesenkt, bevor mit den Verhandlungen zu diesem Punkt begonnen wird, kann auch erreicht werden, dass die Gegenseite einen niedrigeren Anker (→ *anchoring*) setzt, als dies ohne die Absenkung der Erwartungen der Fall gewesen wäre. Auf diese Weise kann der Anker beeinflusst werden, bevor er gesetzt wird. Wird während der Verhandlung erkannt, dass der Verhandlungspartner diese Taktik anwendet, kann dem begegnet werden, indem in gleicher Weise verfahren wird, also „Gleiches mit Gleichem" vergolten wird.

Eine konkrete Taktik, die darauf abzielt, Erwartungen zu senken, wird **put downs (Niedermachen/Schlechtreden)**, **negative qualities (negative Eigenschaften)** oder auch **throwing garbage at their lawn (Müll auf ihren Rasen werfen)** genannt. Allgemein versteht man darunter ein taktisches Verhalten, bei dem der Verhandler die Ware oder Leistung der Gegenseite schlechtredet, um deren Erwartungen an den Preis zu senken.

Beispiele

„Wir waren sehr unglücklich darüber, dass Sie beim letzten Mal nicht fristgerecht geliefert haben."

„Die Qualität Ihres Produktes hat uns beim letzten Mal, ehrlich gesagt, etwas enttäuscht."

„Das letzte Produkt, das wir bei Ihnen gekauft haben, zeigt leider bereits Verschleiß-
erscheinungen." ◄

Solch ein Verhalten kann von der Gegenseite als (starker) Angriff verstanden werden
und daher die Parteibeziehung nachhaltig schädigen. Die geäußerte Kritik muss im Übrigen wahr oder zumindest nicht nachprüfbar sein, soll nicht ein schlechtes Verhandlungsklima oder sogar der Abbruch der Vertragsverhandlungen (→ *break it off*) riskiert werden.
Der Verhandlungspartner kann außerdem auch hier „Gleiches mit Gleichem vergelten"
und damit beginnen, seinerseits negative Aspekte aufzulisten. Die Taktik sollte daher –
wenn überhaupt – maßvoll angewandt werden, und es ist auf eine angemessene Form der
Äußerung der Kritik zu achten. Zudem ist hier der Ansatz → *good guy/bad guy* hilfreich.
Der „good guy" kann die positiven Seiten und das Abschlussinteresse betonen, während
der „bad guy" bestimmte Seiten der Ware oder Dienstleistung schlechtredet.

Bei unternehmensinternen Verhandlungen ist die Beziehung der Beteiligten häufig noch
wichtiger, weshalb dort besondere Vorsicht bei der Anwendung dieser Taktik geboten ist.

Non-disclosure agreement (NDA)
Ein non-disclosure agreement (**Geheimhaltungsvereinbarung**) dient der Sicherung der
beiderseitigen Geheimhaltungsinteressen von Beginn der Vertragsverhandlungen an. An-
bahnungen von Verträgen erfolgen schrittweise und erfordern Verhandlungsvertrauen.
Ohne Verhandlungsvertrauen wird die Weitergabe von Informationen oft als risikoreich
angesehen und daher nur eingeschränkt praktiziert (*Dilemma des Informationsaustauschs*
→ *negotiator's dilemma*). Dabei ist ein Informationsaustausch (→ *Informationen teilen*)
entscheidend für erfolgreiche Verhandlungen, da dadurch ermittelt werden kann, ob ein
→ ZOPA besteht bzw. so auch gemeinsame und lediglich abweichende Interessen aufgedeckt werden können. Letztere können dann dazu genutzt werden, den *Verhandlungskuchen* (→ *negotiation pie*) zu vergrößern. Schon bei den ersten Gesprächen ist es deshalb
häufig sinnvoll, Know-how, Geschäftskennzahlen oder andere sensible Informationen zu
offenbaren, weil die andere Seite sonst nicht erkennen kann, ob das vorgeschlagene Geschäft wirtschaftlich interessant sein könnte. Es gibt somit ein Bedürfnis, Know-how und
andere Informationen schon relativ früh bei Verhandlungen durch eine isolierte Geheimhaltungsvereinbarung, d. h. in einem für sich stehenden Dokument („stand alone document")
vor Veröffentlichung, Weitergabe und Fremdnutzung abzusichern. Soll auch schon die Information über die Verhandlung selbst geschützt werden, bedarf es einer entsprechenden
Vereinbarung bereits vor Beginn der Verhandlungen. Bei der frühen Forderung nach einem
NDA ist allerdings darauf zu achten, dass dadurch nicht ein Signal des Misstrauens gesendet wird, welches das Verhandlungsvertrauen schädigen könnte. Daher wird diese Vereinbarung häufig auch dann als Vereinbarung mit beidseitigen Verschwiegenheitspflichten
aufgesetzt, wenn nur eine Seite ihre sensiblen Daten preisgibt. Ist die Tatsache der Verhandlung selbst nicht geheimhaltungsbedürftig, werden solche Vereinbarungen häufig auch erst

dann geschlossen, wenn der erste sensible Informationsaustausch ansteht. Andere Bezeichnungen für ein non-disclosure agreement sind confidential (disclosure) agreement, confidentiality agreements, statements of non-disclosure und material transfer agreement.

Bei der Anwendbarkeit deutschen Rechts ohne ein NDA bieten die gesetzlichen Regeln den Parteien einen gewissen Schutz mit Blick auf vor Vertragsschluss erlangte Informationen:

- Schutz von Geschäfts- und Betriebsgeheimnissen gem. GeschGehG (in Umsetzung der RL 943/2016 (EU) über den Schutz vertraulichen Know-hows und vertraulicher Geschäftsinformationen (Geschäftsgeheimnisse) vor rechtswidrigem Erwerb sowie rechtswidriger Nutzung und Offenlegung („Know-how-Richtlinie")),
- Schutz durch die § 823 Abs. 1 BGB, § 823 Abs. 2 BGB i. V. m. Strafnormen (insbesondere § 203 StGB Verletzung von Privat- und Geschäftsgeheimnissen durch Berufsangehörige, die zu besonderer Verschwiegenheit verpflichtet sind),
- § 826 BGB (vorsätzlich sittenwidrige Schädigung),
- ferner Schutz durch § 687 Abs. 2 BGB (unberechtigte Führung eines fremden Geschäfts als Eigenes) und
- Schutz durch die → *culpa in contrahendo* (Verschulden bei Vertragsschluss, §§ 280 Abs. 1, 241 Abs. 2, 311 Abs. 2 BGB).

Die Regelungsdichte und damit Schutzdichte ist somit relativ hoch. Ein NDA empfiehlt sich dennoch nicht nur wegen seiner psychologischen Wirkung. Denn Geschäftsgeheimnisse i. S. d. GeschGehG setzen Schutzbemühungen voraus. Daraus wird teilweise geschlossen, dass ein NDA sogar geboten sei. Eine ausdrückliche vertragliche Vereinbarung im Rahmen des NDA erzeugt zudem eine starke psychologische Präventivwirkung, die den Verhandlungspartner bis zu einem gewissen Grad allein dadurch von der Weitergabe oder Nutzung der Informationen abhält. Mitarbeiter der Gegenseite, die sich rechtstreu verhalten wollen, haben es zudem leichter, wenn eine konkrete, allen zugängliche, vertragliche Regelung existiert. Außerdem entfällt die ansonsten bestehende Obliegenheit des Verletzten, den Geheimnischarakter einer Tatsache beweisen zu müssen. Liegt ein NDA vor, ist es vielmehr an der Gegenseite zu beweisen, dass eine bekanntgemachte Tatsache, die grundsätzlich vom NDA erfasst ist, ausnahmsweise doch nicht von der Geheimhaltungspflicht erfasst war. Die regelmäßig vereinbarte Vertragsstrafe (Konventionalstrafe) für den Fall einer Verletzung des NDA überwindet zugleich (partiell) das Problem, einen konkreten Schaden nachzuweisen. Die Höhe der Vertragsstrafe ist allerdings nicht beliebig. Soweit die Vertragsstrafe von einer Seite formuliert und für eine Mehrzahl von Verträgen bestimmt ist, unterliegt sie der → *Inhaltskontrolle*. Aber auch eine individuell ausgehandelte Vertragsstrafe ist nicht schrankenlos möglich, sondern wird von der Rechtsprechung am Verbot der → *Sittenwidrigkeit* (§ 138 Abs. 1 BGB) gemessen. Die Konkretisierung des Umfangs der Geheimhaltungspflicht und damit auch der Freiräume erzeugt für beide Seiten Rechtssicherheit. Vertragsstrafe und Rechtssicherheit in Kombination haben eine ökonomisch rationale Präventionswirkung.

Das NDA spannt so im Ergebnis den Bogen von der Vertragsanbahnung über die Vertragsverhandlung, die Vertragsdurchführung bis zum nachvertraglichen Verhältnis. Das allzeit bestehende Problem der Verschwiegenheit und ihrer Grenzen kann so einer einheitlichen Lösung zugeführt werden. Es gibt allerdings auch negative Aspekte eines NDA: Eine entsprechende Vereinbarung erzeugt zunächst einmal gewisse → *Transaktionskosten* (Vorbereitung, Verhandlung, Durchführung). Sofern das NDA nur eine Seite verpflichtet oder auf andere Weise einseitig ist, kann durch seine Vereinbarung das Vertrauensverhältnis der Parteien geschädigt werden. Eine Geheimhaltungsvereinbarung kann zudem zur Sorglosigkeit verführen, obwohl sie keineswegs lückenlos effektiv ist. Denn viele Schädigungen oder Informationsnutzungen werden nicht entdeckt oder sind nicht beweisbar. Die Vertragsstrafen pauschalieren zudem und sind schon deshalb kaum in der Lage, schwerste Informationspflichtverletzungen effektiv zu bewältigen. Bisher nicht üblich, aber aus Sicht der Autoren empfehlenswert, wäre es, die unbefugte Nutzung bestimmter Geheimnisse vorab als Fall des § 687 Abs. 2 BGB auszugestalten. Dadurch lassen sich Gewinne, die der andere mit den im Rahmen der Vertragsverhandlung erfahrenen Informationen erzielt, abschöpfen. Dabei sollte dem Verletzten in Übernahme von generellen Gepflogenheiten des Immaterialgüterrechts ein Wahlrecht zwischen echtem Schaden, Gewinnherausgabe und fiktiver Lizenzgebühr eingeräumt werden. Die Arbeitnehmer des Verhandlungspartners und weitere Dritte lassen sich allerdings kaum unmittelbar in ein NDA einbeziehen. Wie bereits oben angemerkt, sind NDAs zudem grundsätzlich vorformuliert, weshalb daher außerhalb der Fälle vollständigen Aushandelns alle nicht ausgehandelten Regeln der → *Inhaltskontrolle* der §§ 305 ff. BGB unterworfen sind, was den Gestaltungsspielraum insbesondere hinsichtlich Vertragsstrafen erheblich einschränkt (für einen Versuch den Spielraum zu erweitern vgl. die → *Lückenfüllungstaktik*).

Beim Abschluss eines NDA ist in besonderem Maße auf die Vertretungsmacht der Beteiligten zu achten. Denn es ist nicht sicher, dass eine Verhandlungsvollmacht auch zum Abschluss eines NDA berechtigt.

Standardinhalte eines NDA
1. Präambel mit Benennung der Beteiligten und des Zwecks,
2. Laufzeit des NDA und Dauer der Geheimhaltungspflicht,
3. Definition der vertraulichen Informationen (mit Festlegung von Ausnahmen und der Beweislast),
4. Geheimhaltungsverpflichtung (Regelung der Weitergabe im Unternehmen des Vertragspartners, Weitergabe an Dritte, Schutz gegen Dritte, Beschränkung der Nutzung),
5. besondere Schutzmaßnahmen (Schutz digitaler Daten, chinese walls innerhalb des Unternehmens des Vertragspartners),
6. Vertragsstrafe oder Schadensersatzpauschale, Umgang mit Informationen nach Vertragsende und
7. Abwerbeverbote (Hinweis: Das Abwerbeverbot gehört systematisch nicht dazu, wird aber oftmals hier mit geregelt).

Norm of reciprocity

Die **Reziprozität** ist ein allgemeines psychologisches Prinzip, das sich auch in Bezug auf Vertragsverhandlungen auswirkt: Es besagt, dass der Mensch dazu tendiert, das Verhalten der Gegenseite zu spiegeln, und zwar unabhängig davon, ob das Verhalten positiv oder negativ ist. Spiegelbildliches Verhalten lässt sich daher sowohl für ein Nachgeben in Bezug auf bestimmte Punkte als auch für → *Emotionen*, → *Drohungen*, Hilfe und den Informationsaustausch beobachten, vgl. auch → *Körpersprache*. Dabei ist es auch unerheblich, ob eine Gefälligkeit ungebeten oder erbeten war. Erfolgt eine Gefälligkeit, um die nicht zuvor gebeten wurde, wird oft mehr zurückgegeben als empfangen wurde, um den Schuldausgleich zu sichern und vor allem die Freiwilligkeit des Gebens zu betonen, denn eine gleich große Gegenleistung mag erzwungen wirken. Die Tatsache, dass auch ungebetene Gefälligkeiten der norm of reciprocity unterliegen, bedingt, dass der Geber der Gefälligkeit bis zu einem gewissen Grad bestimmen kann, wer in seiner Schuld steht, während die Möglichkeiten des Empfängers, dies zu verhindern, eingeschränkt werden.

Verstanden als Gleichbehandlung stellt die Reziprozität zugleich ein fundamentales Gerechtigkeitsprinzip dar, das die Verhandlungen beeinflusst (**Reziprozitätserwartung**). Speziell auf Verhandlungen bezogen versteht man unter Reziprozitätserwartung die Annahme, der Verhandlungspartner werde einem im gleichen Maße entgegenkommen, wie man ihm entgegenkommt. Es ist daher kein Zufall, dass gerichtliche Vergleichsvorschläge selbst bei rechtlich eindeutiger Lage zugunsten einer Seite dennoch auch ein mehr als symbolisches Entgegenkommen zugunsten der Verliererseite enthalten.

Es kann Situationen geben, in denen beide Parteien der Auffassung sind, dass sie „gerechte" bzw. „gerechtfertigte" Forderungen stellen, und dennoch kann keine Einigung erzielt werden. In diesen Fällen kann es helfen, den sogenannten **test of reciprocity** – den **Reziprozitätstest** – durchzuführen: Dabei ist zu fragen, ob man den eigenen Vorschlag auch dann gerecht bzw. fair fände, wenn man in der Lage des Verhandlungspartners wäre. Hier geht es also darum, sich in die Rolle des Verhandlungspartners hineinzuversetzen.

Not happy

Wer auf einen Vorschlag des Verhandlungspartners äußert, damit „not happy" (**nicht glücklich**) zu sein, drückt – jedenfalls gegenüber englischen Verhandlern, die anders als z. B. US-Amerikaner sehr zurückhaltend sind – eine deutliche Ablehnung aus. Hierin liegt eine Taktik, die eigene Ablehnung nicht zu aggressiv (es kommt daher auch auf den Tonfall an), aber im Ergebnis deutlich zu signalisieren. Ihre Wirksamkeit erreicht die Aussage dadurch, dass sie unmittelbar die → *Emotionen* der Gegenseite anspricht und nicht als Angriff formuliert ist. Idealerweise kommt der Verhandlungspartner dem „unglücklichen" Verhandlungspartner schon deshalb etwas entgegen. Die Taktik zielt also im Ergebnis auf eine Verschiebung des *Ankers* (→ *anchoring*) ab, ohne gleichzeitig einen Gegenanker zu setzen. Selbst wenn dies nicht gelingt, besteht zumindest die Hoffnung, dass der Verhandlungspartner erläutert, warum er diesen Vorschlag als angemessen erachtet. Auf diese

Weise erlangt der Verhandlungspartner zumindest Informationen. Richtigerweise sollte die Gegenseite aber zunächst fragen, was an dem Vorschlag nicht gefällt und eventuell nach dem Gegenvorschlag (Gegenanker) fragen, soweit sich die Begründung für die Bedenken nicht entkräften lässt.

Zu den aggressiveren Taktiken, die auf eine Ankerverschiebung abzielen, gehört unter anderem das → *Schweigen*.

Offene Fragen

Der Verhandlungserfolg hängt ganz wesentlich vom Wissen über die Gegenseite, d. h. von der Kenntnis ihrer Ziele, ihrer Interessen, ihrer Präferenzen und ihrer *Verhandlungsmacht* (→ *negotiation power*) ab. → *Fragen* sind daher im Rahmen der Vertragsverhandlung essenziell und haben Einfluss auf den Erfolg von Verhandlungen. Offene Fragen – wer, was, wann, wo, wie viel, warum – gelten insoweit als besonders erfolgversprechend. Im englischsprachigen Raum wird dieser Fragetyp als **open ended question** bezeichnet. Offene Fragen sind so effektiv, weil die Antwort oftmals weit über die eigentliche Frage hinausgeht und dabei wertvolle Nebeninformationen gegeben werden. Zentral ist hier die Fähigkeit des Verhandlers, aufmerksam zuzuhören. Umstritten sind allerdings Fragen, mit denen die Haltung des Gesprächspartners hinterfragt wird (warum, weshalb), da sie von der Gegenseite als Angriff gedeutet werden könnten. In einigen Kulturen kann eine zu hohe Zahl von Fragen den Eindruck einer sehr taktischen Verhandlungsweise hervorrufen, die tendenziell abgelehnt wird. Intensive Fragen können auch als → *aggressiv* wahrgenommen werden.

Offene Fragen können nicht nur während der Verhandlung zur Informationsgewinnung eingesetzt werden. Gerade in der vorangehenden small talk Phase (→ *chit-chat*) können sie dazu dienen, das Gespräch anzuregen.

Optimism bias

Optimism bias beschreibt einen Überoptimismus, der sich auf den erfolgreichen Ausgang eines Projektes, einer Verhandlung etc. bezieht. Er ist mit dem overconfidence bias, also der Verzerrung aufgrund von Selbstüberschätzung, verwandt, welcher hingegen die eigenen Fähigkeiten betrifft. Die Ursache für Überoptimismus liegt darin begründet, dass in der Zukunft liegende, lediglich wahrscheinliche Risiken tendenziell als geringer bewertet werden, als es ihrer tatsächlichen Wahrscheinlichkeit entspricht. Gerade bei unternehmerisch veranlagten Personen lässt sich dieser Überoptimismus beobachten. Sonst würde wegen der nicht selten anzutreffenden Risikoaversion gar nicht gehandelt.

Orangenbeispiel

Das berühmte Orangenbeispiel aus dem → *Harvard Verhandlungskonzept* soll die Unterschiede zwischen → *positionsorientierten* und → *interessenorientierten Verhandlungslösungen* demonstrieren: Zwei Schwestern streiten sich in diesem Beispiel um eine Orange.

Im Zuge einer positionsorientierten Einigung würde jede eine Hälfte erhalten. Da jedoch die eine Schwester den Saft benötigt und die andere Schwester die Schale, könnte eine interessenorientierte Einigung so aussehen, dass die eine Schwester den gesamten Saft und die andere die ganze Schale erhält. In diesem Fall könnten beide Schwestern ihr Interesse befriedigen, während im Zuge einer positionsorientierten Verhandlung das Ergebnis für beide Schwestern nicht zufriedenstellend wäre. Eine interessengerechte Lösung wäre der positionsorientierten Lösung somit deutlich überlegen.

Organisator
Nicht selten wird für Verhandlungen empfohlen, einem der Beteiligten der eigenen Seite die Rolle des Organisators zuzuweisen. Überzeugend daran ist, dass man die organisatorischen Aufgaben im Zusammenhang mit einer Vertragsverhandlung nicht vernachlässigen sollte. Gerade bei eingespielten Verhandlungsteams können die organisatorischen Aufgaben aber auch verteilt sein, sodass es einen speziellen Organisator nicht geben muss.

Padding
Beim padding (**aufpolstern**) handelt es sich um eine Taktik, bei der unwichtige Dinge als wichtig dargestellt werden, um dem Verhandlungspartner dann insoweit nachzugeben. Es wird also bezüglich der eigenen Präferenzen und Wertungen getäuscht. Insofern liegt nach Ansicht der Autoren allerdings lediglich eine → *listige Täuschung* vor. Auf diese Weise soll das eigene Angebot attraktiver erscheinen; es wird sozusagen „aufgepolstert". Der anderen Seite wird dadurch das Gefühl gegeben, einen wichtigen Verhandlungserfolg erzielt zu haben. Dies ist wichtig, denn die Zufriedenheit der anderen Seite mit dem Ergebnis wirkt sich auch auf die Parteibeziehung aus. Padding sollte jedoch nicht mit dem **bogey** verwechselt werden. Beim bogey wird die andere Seite über die Bedeutung bestimmter Verhandlungspunkte in die Irre geführt, um eigene Forderungen durchzusetzen (→ *listige Täuschung*). Beim padding hingegen wird nach dem hier zugrunde gelegten Verständnis der Taktik keine sofortige Gegenleistung für das Nachgeben verlangt. Es geht also nicht um die eigene Forderung, sondern darum, das eigene Angebot aufzuwerten und/ oder die Parteibeziehung zu verbessern. Wird dem Verhandlungspartner am Ende der Verhandlung bezüglich eines Punktes nachgegeben, ohne dafür eine Gegenleistung zu verlangen, wird auch von einem **delight factor**, also einem Umstand der Freude, gesprochen. Dadurch soll der Verhandlungspartner mit einem Erfolgserlebnis aus der Verhandlung hinausgehen und somit einen letzten positiven Eindruck von der Verhandlung mitnehmen (→ *Eindruck (erster und letzter)*).

Teilweise wird padding allerdings auch als Synonym für bogey verwendet. Dann geht es darum, für das Nachgeben in Bezug auf einen unwichtigen Punkt ein möglichst großes Entgegenkommen des Verhandlungspartners zu erzielen. Da die Bewertung vieler Aspekte höchst subjektiv ist und der Verhandlungspartner auch kein schutzwürdiges Interesse hat, die Wertigkeit zu erfahren, handelt es sich nach Auffassung der Autoren um einen Fall der → *listigen Täuschung*.

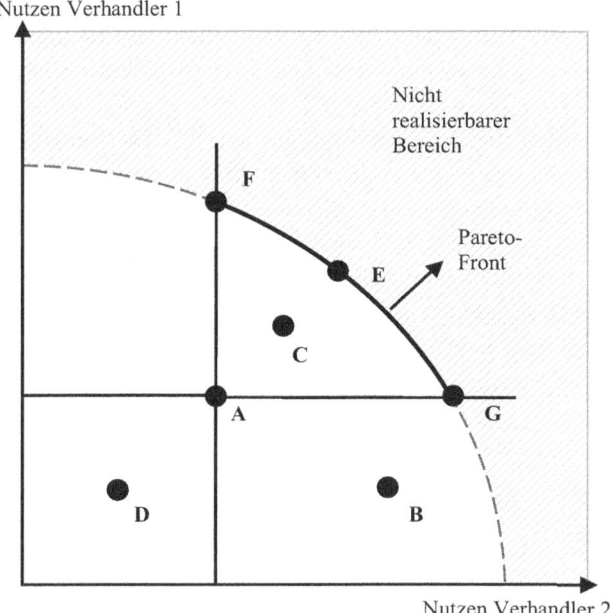

Nutzen Verhandler 1

Nicht
realisierbarer
Bereich

F

E

Pareto-
Front

C

A

G

D

B

Nutzen Verhandler 2

A Ausgangspunkt für beide
Verhandler

B Ineffizienter Punkt:
Verhandler 1 ist hier
schlechter gestellt

C Pareto-Verbesserung: Beide
werden besser gestellt als in
Punkt **A**

D Ineffizienter Punkt: Beide
werden schlechter gestellt als
in Punkt **A**

E Pareto-Optimum: Keine
Verbesserung möglich, ohne
dass der andere Verhandler
schlechter gestellt wird

F Ebenfalls ein Pareto-
Optimum

G Weiteres Pareto-Optimum

Abb. 4.10 Pareto-Optimum. (Quelle: eigene Darstellung)

Pareto-Optimum

Der nach *Vilfredo Pareto* benannte Begriff stellt sowohl einen ökonomischen Grundbegriff
als auch ein Konzept zur Lösungsoptimierung dar. Eine Lösung ist danach pareto-optimal,
wenn es keine andere Kombination von Ergebnissen gibt, in denen eine Seite besser und
die andere Seite zumindest nicht gleichzeitig schlechter steht. Die Suche nach dem Pareto-
Optimum beschreibt also die Suche nach einem Ergebnisoptimum. Abb. 4.10 zeigt pareto-
optimale Lösungen und solche, die nicht pareto-optimal sind.

Pfadabhängigkeit

Die Pfadabhängigkeit (**path dependency**) ist ein Konzept, das in den Sozialwissenschaf-
ten genutzt wird. Zum einen kann es sich schlicht darauf beziehen, dass sich vergangene
Ereignisse aufgrund von Kausalitäten (**history matters**) auf zukünftige auswirken. Das
Konzept reicht aber weiter. Es beschreibt zugleich, dass Entscheidungen auch dann von
vergangenen Ereignissen beeinflusst werden, wenn diese aktuell nicht mehr relevant sind.
Kleine, zufällige Ereignisse können daher überproportional große Auswirkungen auf zukünftige Entwicklungen haben. Ursprünglich wurde die Theorie vor allem in Bezug auf
die Entwicklung von Standards im Technologiebereich bezogen. Der Pfadabhängigkeit
liegen in diesen Fällen meist **Netzwerkeffekte** und der *bandwagon effect* (→ *Taktik der
kleinen Menge*) zu Grunde. Mit ihrer Hilfe wurde versucht, Phänomene, wie die Durchset-

zung der QWERTY-Tastatur, zu erklären. Problematischer ist, dass es zu Lock-in-Effekten kommt (→ *Lock-in-Taktik*) und es den Beteiligten auch bei erkennbarer Nachteiligkeit sehr schwerfällt, die bisherige Praxis aufzugeben oder zu modifizieren (*Sydow/Schreyögg/Koch*, Academy of Management Review 34 (2009), 689–702).

Im Unternehmen und bei Verhandlungen führt Pfadabhängigkeit dazu, dass einmal eingeschlagene Wege (Pfade), oftmals nicht mehr verlassen werden. Soll die Standardpraxis der Vertragsverhandlung, der Vertragsgestaltung oder der Vertragsdurchführung geändert werden, bedarf dies sorgfältiger Vorbereitung. Die beabsichtigte Änderung durch eine komplexe Konstruktion verbergen zu wollen, gelingt nur selten; im Gegenteil ist sie wegen der Komplexität meist mit schwerwiegenden Nachteilen verbunden. Am einfachsten ist es, zunächst eine Begründung dafür zu finden, warum ausnahmsweise (→ *Ausnahmeargument*) von der Standardpraxis abgewichen werden sollte und dabei nicht zu offenbaren, dass eine generelle Abweichung angestrebt wird. Gerade hier wird Neuerungen jedoch mit dem *Dammbruchargument* (→ *floodgate argument*) begegnet.

Play dumb

Hinter der Taktik „**den Dummen zu spielen**" steht die Idee, dass sich der Verhandlungspartner gegenüber einem „Dummen" oder „Naiven" häufig nicht besonders engagiert, weil dies nicht erforderlich zu sein scheint. Zugleich wird ein geschickter Schachzug des scheinbar Dummen häufig nicht entdeckt, weil der Verhandlungspartner vermutet, es handele sich um einen „dummen" bzw. „naiven" Zug. Die Taktik setzt also bewusst darauf, unterschätzt zu werden.

Allerdings ist es schwer, über die Dauer einer längeren Verhandlung den „Dummen" zu spielen; Naivität kann möglicherweise schon etwas leichter vorgetäuscht werden. Dazu gehört nicht nur schauspielerisches Talent, sondern auch intellektuelle Bescheidenheit. Außerdem kann es passieren, dass der Verhandlungspartner bei Annahme von „Dummheit" versucht, diese auszunutzen. Spätestens dann muss der scheinbar Dumme seine Intelligenz offenbaren. Gerade in diesen Fällen droht die Gefahr, dass der Vertragsschluss scheitert, da dann regelmäßig Misstrauen auf beiden Seiten bestehen wird.

Erfolgversprechender ist eine abgemilderte Variante dieser Taktik: Wer einen (halbwegs) „Klugen" spielt, der nur nicht in jedem Fall bis ins Letzte sorgfältig agiert und dem es daher passieren kann, dass er einmal etwas übersieht, muss sich viel weniger verstellen und gerät auch viel seltener in die Gefahr, dass der Verhandlungspartner dies umfassend ausnutzen will. Dennoch kann hinter einer solchen scheinbar gelegentlichen Unaufmerksamkeit ein kluger weitreichender Plan verborgen werden (siehe auch → *Columbo*). Zu überlegen wäre, ob in Anlehnung an die → *good guy/bad guy*-Taktik auch eine **smart guy/dumb guy-Taktik** möglich und vor allem sinnvoll sein könnte. Der „Dumme" könnte in seiner Naivität weitreichende Vorschläge machen und die Probleme mit der Freiheit eines „Narren" ansprechen, die sonst nur mit *Gesichtsverlust* (→ *Gesicht wahren*) für die andere Seite ausgesprochen werden könnten.

Positionsorientierte Verhandlungen

Unter positionsorientiertem Verhandeln wird eine Verhandlung verstanden, bei der mit einer Forderung der eigenen Position begonnen und der Erfolg der Verhandlung lediglich an dieser ursprünglichen Position gemessen wird, und zwar ohne Rücksicht auf die objektiven Interessen der eigenen Seite. Wer sich für eine positionsorientierte Verhandlung entscheidet, handelt strategisch, wenn dies für die ganze Verhandlung gilt. Da hiermit aber weder das Ziel noch der Weg dorthin näher beschrieben werden, handelt es sich wohl noch nicht um eine Strategie im hier zugrunde gelegten Sinne (s. u. Abschn. 5.2.6). Das → *Harvard Verhandlungskonzept* setzt sich zu Recht für → *interessenorientierte* statt positionsorientierte Verhandlungen ein. Positionsorientierte Verhandlungen führen leichter zu nicht durch die Interessen gerechtfertigten → *deadlocks* bzw. im Falle der Einigung zu nicht optimalen Ergebnissen (vgl. das berühmte → *Orangenbeispiel*).

Allerdings gibt es trotzdem in der Praxis Fälle, in denen ein zumindest partiell positionsorientiertes Verhandeln sinnvoll ist oder sich jedenfalls nicht einfach vermeiden lässt. Dabei werden Positionen taktisch für einzelne Verhandlungsziele verwendet. So kann es für eine Seite notwendig sein, Zielgrößen nach außen bzw. bei den eigenen Unterstützern zu kommunizieren. Typische Beispiele sind Politiker, aber auch Gewerkschaftsvertreter und Arbeitgebervertreter, wobei selbst in Unternehmen dem Vorstand vereinfachend Zielgrößen übermittelt werden und dieser daher den Erfolg eines Projektes häufig auch nur an den Zielgrößen und nicht am Unternehmensinteresse insgesamt messen wird. Unternehmensintern wird an den Positionen teilweise geschätzt, dass sie sich leicht kommunizieren lassen und auch die Überprüfung der Erreichung einfach ist, während eine interessenorientierte Entscheidung meist eine komplexe Abwägung erfordert. Ist eine Seite nach außen oder gegenüber Vorgesetzten auf solche (positionellen) Zielgrößen festgelegt, muss sie zumindest zu einem gewissen Grad positionsorientiert verhandeln.

Insgesamt fördert die → *Principal-Agent-Problematik* positionsorientiertes Verhandeln, und zwar sowohl aufgrund von Informationsdefiziten als auch aufgrund von Weisungen, die nicht selten positionsorientiert sind oder zumindest scheinen. Will man die Positionsorientierung verhindern, bedarf es entweder sehr großer Spielräume für die Verhandler oder aber einer individuellen Prüfung der Ergebnisse auf die Interessenverwirklichung durch vorgesetzte → *decision-maker*, damit die Verhandler nicht aufgrund von engen Vorgaben zu positionsorientiert verhandeln.

Ein positionsorientiertes Verhandeln kann im Einzelfall auch taktische Vorteile haben, da eine ökonomisch und funktional nicht so wichtige Frage positionell verteidigt wird oder man sie sich teuer abkaufen lassen kann (→ *padding*). Gerade Parteien, die objektiv ein schwaches → *BATNA* haben, können durch die Wahl einer positionsorientierten Verhandlungstaktik glaubwürdig Stärke zeigen.

Prämissenfragen

Als Prämissenfragen (**Voraussetzungsfragen**) lassen sich Fragen bezeichnen, die eine Prämisse unterstellen – daher auch **Unterstellungsfragen** genannt –, die der Fragende noch nicht (sicher) kennt, und darauf eine Folgefrage aufbauen. Der Antwortende bemerkt häufig nicht, dass er mit der Antwort die Prämisse, die der Fragende bisher nur vermutet hatte, bestätigt.

Beispiel

Kunde: „Wie wollen Sie den Weggang ihres besten Ingenieurs X kompensieren?" (Prämisse, die verifiziert werden soll: Weggang des Ingenieurs X)

Unternehmer: „Da besteht gar kein Grund zur Sorge. Wir haben bereits einen überaus fähigen Nachfolger für X gefunden. Er wird ab März die Aufgaben von X übernehmen." (Verkäufer bestätigt Prämisse) ◄

Der Informationsgewinn wird dadurch erreicht, dass die Gegenseite die Prämisse nicht als Gegenstand der Frage wahrnimmt und aufgrund der Formulierung der Frage häufig unterstellt, dass der Fragende diese Information bereits besitzt. Außerdem ist die Bewältigung des Prämissenereignisses häufig schwierig, weshalb die ganze Energie des Antwortenden in die taktisch geschickte Beantwortung der Folgefrage investiert wird, ohne zu merken, dass die Prämisse selbst versteckter Gegenstand der Frage ist. Diese Fragetechnik kann mit der → *Columbo*-Taktik verbunden oder auch sonst in Momenten verwendet werden, in denen der Gesprächspartner nicht voll konzentriert ist.

Dieselbe Zielrichtung wie die Prämissenfrage verfolgt die Technik → *auf den Busch klopfen.*

Präzedenzfall

Im Hinblick auf vorausgegangene Fälle sind zwei Taktiken zu unterscheiden: Die erste Taktik (**Kein Präzedenzfall**) ist darauf ausgerichtet, ein Verlangen des Verhandlungspartners abzublocken. Zu diesem Zweck wird darauf verwiesen, dass man so etwas noch nie getan habe. Im englischsprachigen Raum heißt die Taktik daher „**We have never done that before**" oder „**That would set a precedent**". In Deutschland wird darauf verwiesen, dass ein solches Verhalten „die Büchse der Pandora" öffnen würde. Um zu unterstreichen, dass ein entsprechendes Nachgeben nicht möglich ist, wird zum Teil auch darauf verwiesen, dass man diesen Preis dann allen Kunden anbieten müsste (→ *floodgate argument*) und dies nicht möglich sei. Der Gesprächspartner kann versuchen, diese Begründung mit einem → *Ausnahmeargument* zu kontern. Die eigene Position wird also in einen größeren Kontext gestellt.

Manchmal wird das Verlangen der Gegenseite auch mit dem Hinweis abgeblockt, dass dies nicht der Unternehmenspolitik entspräche. Die Ablehnung der Forderung wird dabei mit der → *Pfadabhängigkeit* begründet, die dafür sorgt, dass Menschen und Organisationen einmal eingeschlagene Wege (Pfade) nur schwer verlassen.

Umgekehrt besteht auch die Taktik Präzedenzfall, die den erfolgreichen Präzedenzfall zur Regel für künftige Fälle erheben will. Hat sich die Gegenseite bereits einmal auf den gewünschten Kompromiss eingelassen, wird es dem Verhandlungspartner schwerer fallen, das erneute Verlangen abzulehnen. Der Präzedenzfall kann also die → *Begründungslast* verschieben.

Prenegotiation plan

Unter einem prenegotiation plan (**Vorverhandlungsplan**) versteht man **guidelines** (**Richtlinien**) für die Vorbereitung von Vertragsverhandlungen. Der prenegotiation plan und die Checklisten in Bezug auf den Vertrag können integriert werden, um eine umfassende *Verhandlungsvorbereitung* (→ *80-20-Regel*) zu gewährleisten. Ein prenegotiation plan könnte beispielsweise folgendermaßen aussehen:

1. Bestimmung der relevanten Parteien und Akteure,
2. Bestimmung der Schlüsselthemen und Aspekte,
3. Bestimmung der benötigten Informationen (→ Informationsbedarfsanalyse),
4. Informationsgewinnung,
5. Bestimmung der eigenen Interessen,
6. Bestimmung der Interessen des Verhandlungspartners,
7. Bestimmung des eigenen → BATNA (einschließlich möglicher Verbesserungen des eigenen BATNA sowie Risiken für eine Verschlechterung desselben, also eine dynamische Betrachtung),
8. Bestimmung des BATNAs des Verhandlungspartners (ebenfalls dynamische Betrachtung),
9. Zielformulierung,
10. Zwischenziele,
11. Handlungsoptionen für die Zielerreichung einschließlich der Zwischenziele,
12. Vertragsvorbereitung,
13. Bestimmung einer Strategie und entsprechender Taktiken,
14. Aufstellung der → Agenda, falls diese Aufgabe nicht vom Verhandlungspartner übernommen wird,
15. weitere organisatorische Aufgaben (Bestimmung des Verhandlungsorts, der Verhandlungszeit etc.).

Der Plan ist der jeweiligen Verhandlung anzupassen, da vieles von den Rahmenbedingungen abhängt (Handelt es sich um eine Eintextverhandlung? Wenn ja, wer stellt den Text? Wird im Rahmen einer → *ständigen Geschäftsbeziehung* agiert? Oder handelt es sich um eine → *Einmalverhandlung*?). Weitere Untergliederungen können sinnvoll sein, z. B. eine spezifische Informationsbedarfsanalyse bei verschiedenen Einzelpunkten, etwa der Bestimmung des BATNAs des Verhandlungspartners.

Principal-Agent-Problematik

Eine Principal-Agent-Problematik, manchmal auch **agency dilemma** oder **agency theory** genannt, liegt vor, wenn ein Prinzipal (Geschäftsherr) einen Agenten (Vertreter) beauftragt, für ihn zu handeln – hier zu verhandeln – und Entscheidungen zu treffen. Die Konstellation ist problemanfällig, da Geschäftsherr und Vertreter regelmäßig weder den gleichen Informationsstand noch die gleichen persönlichen Interessen haben. Die Theorie wurde in den 1970er-Jahren ohne direkten Bezug zu Vertragsverhandlungen entwickelt (grundlegend: *Jensen/Meckling*, Journal of Financial Economics 4 (1976), 305–360) und findet nicht nur in der Wirtschaftswissenschaft Anwendung, sondern auch in der Sozial- und Politikwissenschaft. Für Verhandlungen spielt sie eine große Rolle, da → *decision-maker* an vielen Verhandlungen nicht selbst teilnehmen, sondern Verhandler entsenden. Selbst wenn ein decision-maker selbst verhandelt, bleibt meist ein Teil der Probleme bestehen, da er im Regelfall nicht Eigentümer des Unternehmens ist. Häufig liegt wegen mehrerer beteiligten Hierarchieebenen ein mehrstufiges Principal-Agent-Verhältnis vor.

Ein erstes Problem der Principal-Agent-Situation tritt direkt bei der Auswahl des Agenten auf. Denn unter Umständen kennt der Prinzipal den Agenten und seine Charakteristiken und Eigenschaften nicht vollständig (**hidden characteristics**), woraus das Problem der *adverse selection* (→ *Akerlof-Markt*) resultieren kann. Bei Unternehmensverhandlungen besteht insofern der Vorteil, dass der → *decision-maker* in vielen Fällen schon länger mit dem Agenten zusammenarbeitet und ihn daher oftmals ganz gut einschätzen kann.

Ein zweites Problem der Principal-Agent-Situation betrifft die Informationsasymmetrie. Zum einen verfügen die Vertreter (Agenten) der unteren Hierarchieebene zumeist über weitergehende (fach)spezifische Informationen aus dem direkten Kontakt zum Verhandlungspartner und dadurch über einen Informationsvorsprung (**hidden knowledge**). Umgekehrt ist es aber auch häufig so, dass dem Vertreter seitens der Vorgesetzten nicht alle Informationen zur Verfügung gestellt werden, aus denen sich die Interessen des vertretenen Unternehmens ableiten lassen. So werden dem Vertreter strategische Interessen häufig nicht bekanntgemacht, weil hier aus Sicht der Unternehmensleitung ein Geheimhaltungsbedürfnis besteht. Der Vertreter kann daher diese Interessen auch nicht berücksichtigen. Auch **hidden actions** sind möglich, da der Entscheider nicht mit am Tisch sitzt und somit nicht alle Handlungen des Vertreters beobachten kann. Diese Problemlage bildet im Ergebnis die Grundlage für → *moral hazard*, der somit im Rahmen der Principal-Agent-Situation eine wichtige Rolle spielt.

Vertreter (Agenten) haben eigene Interessen, die insbesondere auch durch Belohnungs- oder Bestrafungssysteme entstehen können, die nicht unbedingt den Interessen des Unternehmens entsprechen. Besonders auffällig ist dies bei Prämiensystemen, die Vertragsabschlüsse pauschal honorieren. Damit schaffen sie einen Anreiz zum Vertragsschluss auch für die Fälle, in denen dies für das Unternehmen nicht zu empfehlen ist. Anreizkompatible Belohnungssysteme zu entwickeln, ist daher eine höchst anspruchsvolle Aufgabe, vor allem da die Interessen des Unternehmens häufig nicht starr, sondern dynamisch sind. Belohnungssysteme sollten dies in geeigneter Form berücksichtigen. Aber auch ohne solche Systeme wirken z. B. die Aussichten auf Lob, Kritik, Beförderung oder Karriereende auf die Interessenlage des Verhandlers ein. Unter Umständen vertreten Agenten die Interessen des Vertretenen daher nicht immer in der gewünschten Weise (**hidden intentions**). In der Praxis wird teilweise versucht, diese Umstände bei der → *agentenorientierten Verhandlung* auszunutzen. Hiermit ist in Vertragsverhandlungen auch das sog. **trust dilemma** verbunden (*Cutcher-Gershenfeld/Watkins*, in: Mnookin/Susskind (Hrgs.), Negotiating on Behalf of Others, 1999, S. 35 ff.). Je mehr einem Vertreter vertraut wird, ihm also echte Freiheiten gewährt werden, desto besser kann er die Freiheiten nutzen, um in Kooperation mit der anderen Seite Vorteile für beide Seiten zu schaffen, also den *Verhandlungskuchen* zu vergrößern (→ *negotiation pie*). Allerdings erweitern diese Möglichkeiten zur intensiven Kooperation auch die potenziellen Missbrauchsmöglichkeiten. Dem versucht z. B. die deutsche Rechtsordnung mit dem Institut des Missbrauchs der Vertretungsmacht entgegenzuwirken. Häufig bemühen sich Unternehmen, die Problematik für die Verhandler der eigenen Seite z. B. durch ein → *Vieraugenprinzip* zu begrenzen. Durch den Einsatz von zwei Verhandlern soll es beiden Verhandlern erschwert werden, in einer Verhandlung eigene Gründe und Motive, die nicht mit denen des Unternehmens übereinstimmen, durchzusetzen. Damit der Kontrollmechanismus funktioniert, müssen die Verhandler ein Interesse daran haben, die Funktion auszuüben. Verfolgen beide Verhandler die gleichen hidden intentions, so läuft eine Kontrolle durch das Vieraugenprinzip ins Leere. Teilweise nimmt daher auch die obere Hierarchieebene selbst an der Verhandlung teil, um die Problematik zu umgehen.

Eng verbunden mit dem trust dilemma ist das **flexibility dilemma**. Treffen Vertreter und Auftraggeber klare Vereinbarungen, um die Risiken der Principal-Agent-Problematik zu bekämpfen, geht dies unweigerlich zu Lasten der Flexibilität während der Verhandlung. Klare Vorgaben können dem Verhandler allerdings auch helfen, sich gegen aggressive Verhandlungstaktiken der anderen Seite zu wehren, da er dann darauf verweisen kann, dass er hinsichtlich des Verlangten keinen Verhandlungsspielraum habe. Kehrseite strikter Vorgaben ist jedoch, dass der Verhandler meist nicht den Entscheidungsspielraum besitzt, Lösungsoptionen zu entwickeln, die im Interesse des Unternehmens lägen. Der Aufbau eines hohen Maßes an Vertrauen und sinnvolle Anreizsysteme können hier Alternativen zu strikten Vorgaben sein.

Als weiteres Problem gilt das **transformation dilemma.** Einerseits wird es für sinnvoll gehalten, wenn der Verhandler die Interessen des Unternehmens in kreative Lösungen transformiert, um den Nutzen für das Unternehmen zu steigern. Andererseits wird gerade ein solches Abweichen von Vorgaben, die letztlich auch ein positionelles Element haben, oder ein Abweichen vom Normalfall in der Regel nicht honoriert, sondern eher sanktioniert. Wer als Verhandler vom Üblichen oder gar dem Vorgegebenen abweicht, steht unternehmensintern unter Rechtfertigungszwang. Neben der Gefahr, dass die Neuerung generell nicht vorteilhaft ist oder den dem Verhandler nicht bekannten strategischen Interessen des Unternehmens widerspricht, besteht die Gefahr, dass die Innovation nicht verstanden wird, z. B., weil die dazu notwendige Aufnahmebereitschaft fehlt. Unternehmen könnten versuchen, mit einem Vorschlagswesen auch für vertragliche Verbesserungen ähnlich dem für technische und bürokratische Vorgänge das transformation dilemma abzumildern.

Bei Vorliegen einer Principal-Agent-Situation entstehen zwei Verhandlungsfelder: Zum einen ist eine Verhandlungssituation zwischen dem Agenten und dem Verhandlungspartner (**negotiations at the table**) gegeben. Zum anderen sind die unternehmensinternen

Verhandlungen zwischen dem Agenten und seinem Prinzipal zu bedenken (negotiations „**behind the table**" (→ *think beyond the table*) geht viel weiter, umfasst dabei aber auch die Verhandlung zwischen dem Agenten und dem Prinzipal). In der Praxis sieht das häufig so aus, dass beispielsweise ein Verkäufer mit einem Einkäufer verhandelt. Die Regelungen, die der Verkäufer vereinbaren will, muss er unternehmensintern zunächst mit dem Leiter der Abteilung sowie mit der Rechtsabteilung abstimmen. Dies zeigt auch, dass es unternehmensintern häufig mehr als einen Prinzipal gibt, mit dem der Vertrag abgestimmt werden muss. Gleichzeitig können auch mehrere Agenten für einen oder mehrere Prinzipale handeln. Dies ist gerade bei Vertragsverhandlungen häufig der Fall, da in der Praxis viel in Zweierteams gearbeitet wird (→ *Vieraugenprinzip*, → *zwei Verhandler*).

Abb. 4.11 verdeutlicht die Principal-Agent-Problematik und die daraus resultierenden Verhandlungen at the table und behind the table.

Um der Principal-Agent-Problematik in Vertragsverhandlungen entgegenzuwirken, stehen dem Unternehmen grundsätzlich verschiedene Maßnahmen zur Verfügung (von denen einige bereits angesprochen wurden): Es sollten Anreizsysteme geschaffen werden, die es dem Agenten ermöglichen, im Sinne des Prinzipals zu verhandeln. Auch eine entsprechende Unternehmenskultur kann diesem Zweck dienen. Dasselbe Ziel verfolgen genaue, inhaltliche Vorgaben. Das Vieraugenprinzip ist ein Kontrollmechanismus, bei dem

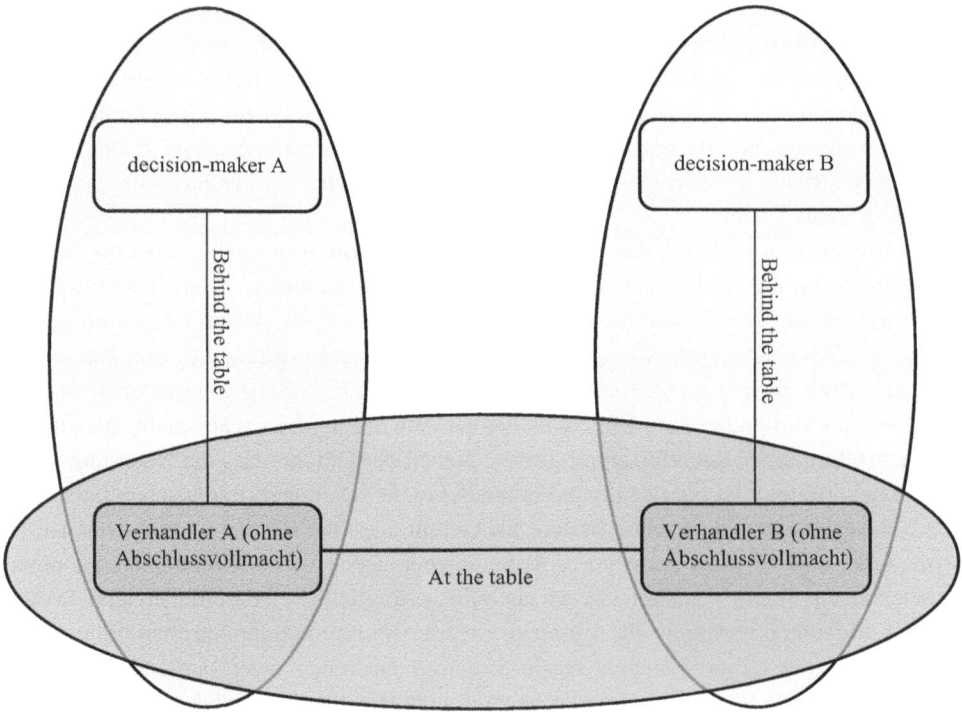

Abb. 4.11 Principal-Agent-Problematik und Verhandlungen at the table und behind the table. (Quelle: eigene Darstellung)

sich beide Verhandler gegenseitig kontrollieren. Weitere Kontrollen können hierarchiebe-
zogen ausgestaltet sein. Grundsätzlich besteht die Möglichkeit, die Informationsasymmetrien durch einen besseren Informationsfluss zu überwinden. Hier ist die Kommunikation
der Hierarchieebenen einer der wichtigsten Faktoren, und zwar in beidseitiger Richtung
(**Top-Down-** und **Bottom-Up-Kommunikation**).

Der Einsatz eines Agenten führt somit aus Sicht des Prinzipals zu Kosten (**agency
costs**). Diese setzen sich aus den Kosten für die Maßnahmen zur Bekämpfung der
Principal-Agent-Problematik zusammen und den möglichen negativen Konsequenzen, die
sich aus hidden intentions and hidden knowledge ergeben können.

Abb. 4.12 thematisiert die Principal-Agent-Situation und daraus resultierende
Probleme.

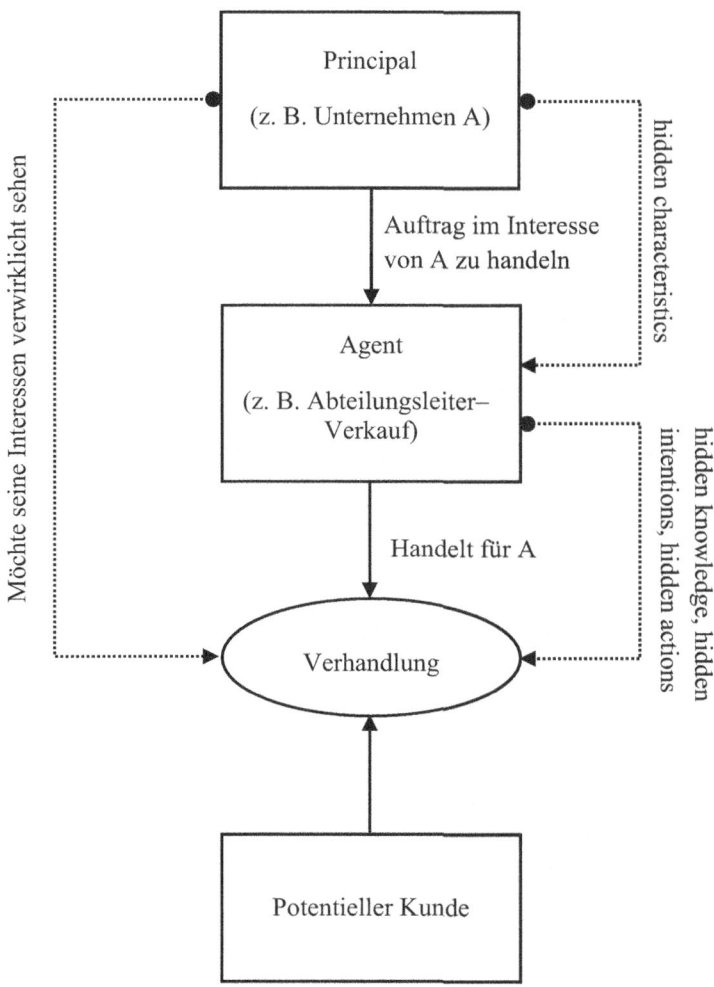

Abb. 4.12 Principal-Agent-Problematik. (Quelle: eigene Darstellung)

Protect your BATNA

Immer wieder sind Taktiken des Verhandlungspartners auf die Verschlechterung des eigenen → *BATNAs* ausgerichtet, z. B. Exklusivverhandlungen, Hinauszögern (vgl. → *calculated delay*) oder Forcieren der Verhandlungen, Festlegung auf technische Systeme (vgl. → *change the standards*) durch ein erstes kleines Geschäft und verlangte Vorleistungen (vgl. auch *over-commitment*, → *Nachverhandlungen*). Es ist Aufgabe eines Verhandlers, bei jeglichem Schritt die eventuellen Auswirkungen auf das eigene BATNA zu prüfen und einer Verschlechterung des eigenen BATNAs entgegenzuwirken. **Schütze dein BATNA!**

Protokolle

Verhandlungsprotokolle sollen den (Zwischen-)Stand von Verhandlungen zusammenfassen. Es gibt unterschiedliche Formen von Protokollen. Zum einen ist es möglich, Protokolle nach der Person, die sie verfasst, zu unterscheiden. Häufig bestimmen die beiden Verhandlungsparteien gemeinsam einen **Protokollanten**, der die Verhandlungsergebnisse festhält (vgl. hierzu → *rule of pen*). Durch die Protokollierung können → *Missverständnisse* zwischen den Verhandlungsparteien vermieden werden, und es entsteht trotz der rechtlichen Unverbindlichkeit ein gewisser Rechtfertigungsdruck, wenn sich eine Seite von dem zuvor protokollierten (Zwischen-)Ergebnis (→ *Zwischenergebnisse*) lösen möchte. Das gilt zumeist sogar dann, wenn nach dem Prinzip „nothing is agreed until everything is agreed" verhandelt wird. Oftmals hält auch jede Seite für sich die Ergebnisse der Verhandlungen fest, hat also ihren jeweils eigenen Protokollanten. Dies dient unter anderem der Information von Personen der eigenen Seite, die nicht am Verhandlungstisch sitzen (z. B. → *decision-maker*). Denn der Bindungsdruck, der hierdurch erzeugt wird, ist eindeutig geringer als bei einem gemeinsam erstellten Protokoll.

Außerdem können Protokolle nach ihrem Inhalt unterschieden werden. Werden allein die erzielten Ergebnisse festgehalten, handelt es sich um (knappe) **Ergebnisprotokolle** (→ *Zwischenergebnisse*). **Verlaufsprotokolle** halten fest, wer was gesagt hat. Letztere gibt es selten in wirtschaftlichen Verhandlungen, weil mit ihnen kein besonderer Nutzen, aber hoher Aufwand und potenziell Streit verbunden sind. Anders ist dies in politischen Verhandlungen. Hier gibt es Verhandlungsabschnitte, in denen weniger verhandelt wird, sondern die Verhandler vorbereitete Erklärungen „zu Protokoll" geben, die nicht selten wörtlich festgehalten werden.

Derjenige, der das Protokoll schreibt, besitzt einen gewissen Vorteil (→ *rule of pen*).

Pufferfragen

Ziel dieser Fragen ist nicht bzw. nicht primär die Informationsgewinnung. Pufferfragen dienen vielmehr dazu, Zeit zu gewinnen (zeitlicher Puffer), z. B. um über einen Taktikwechsel, schwierige Fragen oder Forderungen und Vorschläge der Gegenseite nachdenken zu können.

Beispiel

„Ja, diesen Punkt hatten wir bereits angeschnitten. Am besten erörtern wir das, wenn wir wieder vollzählig sind, also nach dem Mittagessen. Hatten wir uns schon auf ein Restaurant geeinigt?" (ausschließlich Zeitgewinn) ◄

Auch Rückfragen und Gegenfragen können dem Zeitgewinn dienen. Zeitliche Puffer können allerdings nicht nur mit Hilfe von Fragen, sondern auch mit Themenwechseln bzw. -einschüben, → *Verhandlungspausen*, Unterbrechungen, → *Vertagungen*, Ablenkungsmanövern etc. gewonnen werden. Insbesondere Verhandlungspausen, Unterbrechungen und Vertagungen führen zu einem größeren zeitlichen Puffer als eine Pufferfrage. Die Pufferfrage ist eher auf einen kurzen Zeitgewinn ausgerichtet.

Die Gewinnung eines Puffers kann auch dazu dienen, negative Ausstrahlungseffekte von einem Verhandlungsaspekt zum anderen zu minimieren (*horns effect*, → *Halo-Effekt*). Insbesondere wenn die Verhandlungen zu einem Aspekt mit negativen → *Emotionen* belastet waren, kann es sinnvoll sein, zunächst einen Puffer einzubauen, um so die negativen Emotionen abzubauen und die Parteibeziehung zu verbessern, bevor weitere inhaltliche Aspekte erörtert werden.

Beispiel

An die Verhandlungen über die kontrovers diskutierte Risikoverteilung sollten sich nicht die ebenfalls kritischen Preisverhandlungen anschließen. Als „Puffer" könnten hier die eventuell unproblematischen Lieferbedingungen dienen. Denkbar ist auch eine von der Verhandlung losgelöste Thematik:

> „Dann stimmen wir also bezüglich dieses Punktes überein. Wir haben übrigens eine ähnliche Vereinbarung mit einem Kunden in Argentinien getroffen. Kennen Sie zufälligerweise die Region Salta? Die Landschaft ist einfach fantastisch und es gibt dort unzählige Möglichkeiten für Out-Door-Aktivitäten wie Rafting. Das wäre doch sicherlich auch etwas für Sie!" (Zeit- und auch – kleiner – Informationsgewinn durch kurzes Anschneiden des privaten Bereichs → *chit-chat*) ◄

Put your money where your mouth is
Hersteller haben oft das Problem, Abnehmer von der höheren Qualität ihrer Produkte gegenüber den Konkurrenzprodukten zu überzeugen. Die Redewendung „Put your money where your mouth is!" soll andeuten, dass der Hersteller die Qualität seiner Produkte signalisieren soll, indem er z. B. eine Garantie für den messbaren Qualitätsunterschied gewährt. Ist das Produkt wirklich besser, werden Konkurrenten die gleiche Garantie nicht anbieten können. Dieses → *signalling* ist insbesondere geboten, wenn es sich um einen → *Akerlof Markt* handelt, bei dem die Qualität erst durch Erfahrung erkennbar ist.

Rapport

Der französische Begriff rapport (**Beziehung, Verbindung**) bezieht sich in der Psychologie auf gute, d. h. unter anderem vertrauensvolle, zwischenmenschliche Beziehungen. In Verhandlungen ist es entscheidend, rapport aufzubauen (**building rapport**). Vertrauen baut sich langsam über positive Erfahrungen auf. Vertrauen wird aber auch durch unterbewusste und bewusste emotionale Eindrücke bestimmt. So wirkt der → *similar-to-me-effect* positiv auf die Vertrauensbildung. Das → *core concerns framework* beschäftigt sich mit den Kernemotionen, die berücksichtigt werden sollten, wenn eine gute Beziehung zum Verhandlungspartner aufgebaut und beibehalten werden sollte.

Auch die → *Körpersprache* kann helfen, Vertrauen zu schaffen. Hier hilft z. B. das **Spiegeln** (**mirroring**). Dabei geht es darum, sich an die Körpersprache des anderen, also an die Art der Bewegungen, die Körperhaltung und die Stimmlage, Sprache etc. des Gegenübers anzupassen. Sitzen Gesprächspartner einander gegenüber, übernimmt einer häufig (unbewusst) spiegelbildlich die Beinhaltung des Gesprächspartners: Überschlägt das Gegenüber das rechte Bein, überschlägt der andere das linke. Beugt sich ein Gesprächsteilnehmer vor und stützt sich mit einem Arm am Tisch ab, tut es ihm der andere gleich, nur mit dem anderen Arm. Eine ähnliche (korrespondierende) Körpersprache wird vom Gesprächspartner grundsätzlich – unterbewusst – positiv aufgenommen und hilft, rapport aufzubauen. Das gilt allerdings nicht, wenn hierin ein Manipulationsversuch gesehen wird.

Daneben versuchen Verhandler regelmäßig, durch → *chit-chat* eine gute Beziehung zum Verhandlungspartner aufzubauen. Dies kann auch im Rahmen eines gemeinsamen Abendessens geschehen.

Reactive devaluation

Bei reactive devaluation (**reaktive Abwertung**) handelt es sich um einen Effekt der reflexhaften Abwertung, d. h. einen *cognitive bias* (→ *bias*) der → *behavioural economics*, der erstmals von *Lee Ross* und *Constance Stillinger* beschrieben wurde (*Ross/Stillinger*, Negotiation Journal 7 (1991), 389–404). Danach hängt die Beurteilung eines Vorschlags auch davon ab, wer ihn unterbreitet: Wird der Vorschlag von einem Gegner unterbreitet, wird er schlechter beurteilt, als wenn er von einem neutralen Dritten oder von jemandem aus dem eigenen Lager stammt. Der Effekt lässt sich auch in Verhandlungen beobachten, vermutlich, weil die Gegenseite häufig weniger als Verhandlungspartner, sondern als Gegner wahrgenommen wird. Zugeständnisse der Gegenseite werden dadurch oft geringwertiger eingestuft als sie tatsächlich sind. Deshalb kann es empfehlenswert sein, einen Kompromissvorschlag lediglich anzudeuten, sodass ihn der Verhandlungspartner weiterentwickeln kann (→ *unvollendeter Lösungsvorschlag*). Dadurch wird suggeriert, dass der Vorschlag vom Verhandlungspartner stammt. Auch die Einschaltung eines neutralen Dritten (z. B. eines Notars) kann der reactive devaluation vorbeugen.

Rechtliche Argumente

Rechtliche Argumente spielen in praktischen Vertragsverhandlungen eine vergleichsweise geringe Rolle. Dies gilt vor allem auch in Bezug auf die Einigung. Das mag auch daran liegen, dass bei kleineren Verhandlungen im B2B-Bereich häufig keine Juristen teilnehmen. Effektiv und mit Erfolg eingebracht werden kann jedoch grundsätzlich, dass ein vom Verhandlungspartner gewünschtes Verhalten strafbar ist oder eine schwerwiegende Ordnungswidrigkeit darstellt. Bei kleineren Gesetzesverletzungen oder Vertragsverletzungen wird dies in der Verhandlung oftmals nicht diskutiert. Werden die Verhandlungen von Juristen geführt, ist dies allerdings teilweise anders, da nach dem safe harbor principle Juristen dazu neigen, den sichersten Weg einzuschlagen.

Manchmal versteckt sich der Verhandlungspartner allerdings hinter rechtlichen Bedenken, d. h. es werden anstatt der wahren Gründe – z. B. für die Ablehnung eines Verlangens – rechtliche Bedenken ins Feld geführt. Es gibt allerdings auch Fälle, in denen die konkrete Reichweite rechtlicher Argumente schwierig zu überschauen ist. Nicht selten wird im Sinne eines Legal Risk Management auf die aus einer Normverletzung drohenden Risiken hingewiesen. Gerade bei Verhandlungen zwischen Nichtjuristen oder in Bezug auf nicht vertraute Rechtsordnungen wird hinsichtlich der Rechtsrisiken nicht selten bewusst übertrieben oder untertrieben. Daneben werden teilweise auch falsche Rechtsansichten vorgetragen (→ *Vorbringen einer falschen Rechtsansicht*). Sachen, die rechtlich möglich wären, werden als rechtswidrig dargestellt und umgekehrt. Lügen über die Rechtslage sind – sofern es um Tatsachenbehauptungen geht – als → *arglistige Täuschungen* zu bewerten und berechtigen die irregeführte Seite daher grundsätzlich zur Anfechtung.

In manchen Fällen kann eine Seite auch Erfolg damit haben, mehr zu verlangen als ihr von Rechts wegen zusteht. Sie wird solches vor allem dann versuchen, wenn sie deutlich mehr *Verhandlungsmacht* (→ *negotiation power*) besitzt oder wenn sie unabhängig von der Rechtslage davon ausgeht, dass ihr das Verlangte „gebührt". Dahinter kann ein Gerechtigkeitsempfinden stehen, das nicht mit der Rechtslage übereinstimmen muss. Der Verhandlungspartner mag darauf eingehen, wenn er in einer schlechten Verhandlungsposition ist. Es ist aber auch möglich, dass er der Forderung aufgrund des Gerechtigkeitsgedankens nachgibt. Denkbar wäre auch, dass er zwar diese Fairnessvorstellung des Verhandlungspartners nicht teilt, der Forderung aber nachgibt, da er sozialen Druck fürchtet, wenn sein Rückzug auf die Rechtslage in dem für ihn entscheidenden Umfeld bekannt wird und dort ein entsprechendes Verhalten womöglich „geächtet" würde.

Beispiel

Ein Mieter hat bei seinem Vermieter seit Jahren Mietrückstände, insgesamt in Höhe von 5000 €. Ein Teil der Forderungen, in Höhe von 2000 €, ist bereits verjährt. B fordert von A dennoch die vollen 5000 €. Obwohl dem Mieter bewusst ist, dass ein Teil der Forderungen verjährt ist, überweist er dem Vermieter 5000 €. Er möchte nicht, dass sich seine Unzuverlässigkeit herumspricht und womöglich negative Konsequenzen auf zukünftige Mietverhältnisse hat. ◄

Wird allerdings in einer Konfliktsituation (z. B. im Rahmen einer → Nachverhandlung) verhandelt und ist die Alternative ein Rechtsstreit (→ *bargaining in the shadow of the law*; → *see you in court*), haben rechtliche Argumente einen höheren Stellenwert, da die Rechtsposition das → *BATNA* mitbestimmt.

In Verhandlungen wird zudem manchmal auf das dispositive Recht verwiesen, um den Verhandlungspartner von der Angemessenheit und Ausgewogenheit des Vorschlags zu überzeugen. Außerdem kann ein Verweis auf das dispositive Recht die → *Begründungslast* verschieben. Derjenige, der vom dispositiven Recht abweichen möchte, hat dies zu begründen.

Referenzpunkt

Die Bewertung einer Lösung oder eines Zustands ist meist nicht in einem absoluten Sinne möglich. Es kommt dabei häufig auf die Relation zu anderen Situationen an. Wie Menschen etwas bewerten, hängt damit von dem Referenzpunkt ab, den sie heranziehen: Je nach Referenzpunkt wird eine Lösung als gut oder schlecht bzw. als Gewinn oder Verlust für die eigene Seite angesehen. Letztlich handelt es sich hier um ein → *framing*. Die anderen Situationen sind die Referenzpunkte, mit denen die aktuelle Situation verglichen wird. Referenzpunkte haben in Verhandlungen große Bedeutung. Sie entscheiden darüber, ob ein Ergebnis als fair oder unfair empfunden wird. Wichtig ist es daher, die für die eigene Seite vorteilhaften Referenzpunkte zu finden und in der Verhandlung durchzusetzen.

Tversky und *Kahneman* haben 1981 eine Studie durchgeführt, die die Bedeutung des Referenzpunkts, also des → *framing*, aufzeigt (*Tversky/Kahneman*, Science 211 (1981), 453–458, insb. 457). Praktisch sinnvoll ist es, sich zunächst über den → *Referenzpunkt* zu verständigen und erst dann, ausgehend von einem → *anchoring*, ein gemeinsames Ergebnis zu finden.

Studie

Die Probanden sollten sich vorstellen, dass sie gerade dabei sind, einen Taschenrechner für 15 $ zu kaufen, als der Verkäufer kommt und ihnen mitteilt, dass derselbe Taschenrechner gerade in einer anderen Niederlassung, die sich eine zwanzigminütige Fahrt entfernt befindet, im Ausverkauf ist. Die Mehrzahl der Teilnehmer (68 %) wollte den Taschenrechner unter den Umständen im anderen Geschäft kaufen, wenn sie dadurch 5 $ sparen könnten. Eine andere Versuchsgruppe wurde dasselbe gefragt, nur dass der Taschenrechner dieses Mal 125 $ kostete. In diesem Fall wollten jedoch nur 29 % der Befragten für einen 5 $ Rabatt in das andere Geschäft fahren. ◄

Refusal to communicate

Eine Partei kann zu einem bestimmten Zeitpunkt die Kommunikation aus taktischen Gründen verweigern (**Kommunikationsverweigerung**). Dies dient oft dazu, Zeit zu gewinnen. Die Kommunikationsverweigerung ist daher eine Möglichkeit, eine Verzögerung (→ *calculated delay*) herbeizuführen. Sie wird zudem häufig in Konfliktsituationen und dort insbesondere von konfliktscheuen Verhandlern angewandt, die so die schwierige Situation aussitzen wollen.

Diese Strategie ist insbesondere im Schriftverkehr (Post oder → *E-Mail*) verbreitet, kann aber auch bei Telefonaten eingesetzt werden, indem z. B. der Assistent/Sekretär den Gesprächspartner entschuldigt. In diesem Fall versucht die Gegenseite häufig, die Kommunikation durch erneute E-Mails oder Anrufe wiederaufzunehmen. Gerade in → *ständigen Geschäftsbeziehungen* möchte die andere Seite häufig nicht zu schnell die nächste → *Eskalationsstufe* erklimmen. Daher wird meist zunächst gewartet, bevor mit dem Abbruch der Verhandlungen (→ *break it off*) etc. gedroht wird. Diese → *Drohung* enthält zumeist wiederum eine Frist. Außerdem empfindet es der Verhandlungspartner häufig als unangenehm, die Beziehung ohne direkte Kommunikation mit der Gegenseite abzubrechen. So kann die Seite, die die Kommunikation verweigert, Zeit gewinnen. Allerdings kann dieses Verhalten die Parteibeziehung nachhaltig stören und ist daher nur dann anzuwenden, wenn Zeit nicht in einvernehmlicher Weise gewonnen werden kann.

Möchte der Verhandler der Gegenseite einer Konfliktsituation entgehen und verweigert daher die Kommunikation, kann es helfen, im Rahmen der Kontaktaufnahme Lösungswege aufzuzeigen und nicht drohend und dominant aufzutreten.

Respekt

Es handelt sich um eine wichtige Rahmenbedingung für erfolgreiches Verhandeln. Fehlt der Respekt vor der Gegenseite, geraten Verhandlungen schnell in die Gefahr des Scheiterns. Dies gilt selbst dann, wenn die andere Seite nur das Gefühl hat, nicht respektiert zu werden. Selbst rational orientierte Menschen haben Schwierigkeiten, Angriffe auf die eigene Person – und ein solcher ist fehlender Respekt – ohne weiteres hinzunehmen. Der Stellenwert des Respektes ist für die Gegenseite dann besonders hoch, wenn sie sich hinsichtlich ihres eigenen Selbstwertes unsicher ist. Das bedeutet auch, dass eine überzeugende Respektbezeugung in diesen Fällen das Verhandlungsklima positiv beeinflussen kann. Respekt und Wertschätzung sind eng verknüpft (vgl. zum Themenkomplex auch → *core concerns framework*).

Retracking the deal

Gerade bei umfangreichen Verhandlungen besteht das Problem, dass sehr leicht ein Verhandlungspunkt vergessen wird. Daher ist es sinnvoll, vor Abschluss noch einmal den gesamten **Vertrag durchzugehen**, um nach einem vergessenen Verhandlungspunkt zu suchen. Dabei besteht die Möglichkeit, so auch noch ein Thema anzubringen, das man nicht vergessen, sondern bewusst zurückgehalten hatte (→ *Salamitaktik*).

Rule of pen

Der Begriff rule of pen bezeichnet den Vorteil, den derjenige besitzt, der im Rahmen von Vertragsverhandlungen die gefundenen Kompromisse schriftlich fixiert (→ *Zwischenergebnisse*), die Vertragsvorlage (→ *Eintextverhandlung*) gemäß der gefundenen Einigung abändert bzw. das Verhandlungsprotokoll (→ *Protokolle*) führt. Denn der Schriftführer hat einen größeren Einfluss auf die exakte Formulierung als die anderen anwesenden Personen. Kleine Vorteile für die eigene Seite können durch einzelne Wörter bzw. einzelne Details erreicht werden (vgl. auch → *foggy recall*). Die festgehaltenen Ergebnisse müssen aber grundsätzlich dem tatsächlich Vereinbarten entsprechen, da ansonsten das Verhandlungsvertrauen schwer beschädigt werden könnte. Eine bewusst oder fahrlässig falsche Wiedergabe wäre auch eine → *culpa in contrahendo* (§§ 280 Abs. 1, 311 Abs. 2, 241

Abs. 2 BGB), wobei das effektive Haftungsrisiko gering ist, weil sich eine bewusst falsche Wiedergabe kaum beweisen lässt und bei einer Entdeckung vor Vertragsschluss meist noch kein Schaden entstanden ist.

Russian front

Aufgrund von Filmen und Serien ist in den USA die Ansicht verbreitet, deutsche Soldaten seien während des zweiten Weltkriegs mit der → *Drohung*, an die **russische Front** versetzt zu werden, eingeschüchtert worden, um sie zu einem bestimmten Verhalten zu veranlassen. Darauf spielt der Name dieser Taktik an: Der Gegenseite wird die Wahl zwischen einer einschüchternden, zumindest abschreckenden Option und einer zwar bei Weitem nicht guten, aber doch hinnehmbaren Option gegeben, weshalb sich die Gegenseite „freiwillig" für die nicht ganz so abschreckende Option entscheidet. Diese Taktik findet dann Anwendung, wenn – aus welchen Gründen auch immer – eine „freiwillige" Entscheidung des Verhandlungspartners für eine bestimmte Option erforderlich ist. Allein die Möglichkeit zwischen zwei Optionen „wählen" zu können, ändert aber nach deutschem Recht nichts an der Anwendbarkeit der AGB → *Inhaltskontrolle*. Die Verhandlungstaktik wird – wenn überhaupt – vermutlich eher im Verhältnis zwischen Vorgesetzten und Arbeitnehmern als im B2B-Verhältnis angewandt.

Salamitaktik

Die Salamitaktik ist wohl eine der bekanntesten Verhandlungstaktiken. Bei ihr werden (kurz) vor Abschluss des Vertrages immer wieder kleine Forderungen „scheibchenweise" vorgetragen. Der Verhandlungspartner mag diese Forderungen aus Rücksicht auf den kurz vor Abschluss stehenden Vertrag akzeptieren. In einem weiteren Sinne ebenfalls der Salamitaktik zugehörig sind die Fälle, in denen die kleinen Forderungen nicht nur vor Vertragsschluss, sondern während der ganzen Verhandlung fortlaufend eingebracht werden. Hier beruht die Idee primär auf der Unauffälligkeit der einzelnen Forderung. In der Summe wird auf diese Weise unter Umständen stärker nachgegeben, als wenn alle Forderungen sofort benannt worden wären. Allerdings wird diese Taktik (speziell bei Konzentration auf den Zeitpunkt vor Vertragsschluss) häufig zu einer gewissen Verschlechterung des Verhandlungsklimas führen.

Im Englischen gibt es viele Synonyme für Salamitaktik. Sie wird z. B. mit dem Satz **„just one more thing"** und **fractionating** beschrieben oder **the nibble** bzw. **nibbling** genannt. Man spricht auch von **add-ons** oder **quivering quill (zitternde Feder)**: Letzteres bezieht sich auf die Situation, in der eine Partei den Stift zum Unterschreiben des Vertrages schon in der Hand hält, dann aber zu unterschreiben zögert und in diesem Moment eine Nachforderung stellt. Eingeleitet wird eine Nachforderung manchmal auch mit den Worten „Did I forget to tell you (…)?", (Ich glaube ich habe ganz vergessen zu erwähnen, dass (…)); es folgen dann beispielsweise noch Gebühren und Aufschläge, die bisher im Preis nicht enthalten waren.

Im deutschsprachigen Raum lässt sich die Salamitaktik auch mit dem Ausspruch „**Daran soll es doch nicht scheitern**." verbinden. Denn gerade diese Formulierung wird häufig verwendet, um die kleine Nachforderung durchzusetzen. Der Ausspruch zeigt auch die Grundidee, die der Salamitaktik zugrunde liegt. Denn an Kleinigkeiten soll ein Vertragsschluss üblicherweise nicht scheitern, vor allem, weil bezüglich der anderen Punkte ja bereits eine Einigung erzielt wurde. Dadurch soll der Verhandlungspartner zum Nachgeben in Bezug auf die kleine Forderung bewegt werden.

Um ein entsprechendes Vorgehen zu verhindern, kann man konsequent Gegenforderungen stellen (vgl. auch → *keep something in reserve*). Es kann auch mit dem Verhandlungspartner vereinbart werden, dass zu einem gewissen Zeitpunkt alle Forderungen gestellt werden müssen. Die Einigung auf diesen Prozess macht es eindeutig schwerer Nachforderungen zu stellen, auch wenn eine solche „Vereinbarung" in der Regel nicht rechtlich durchsetzbar sein wird.

Eine der Salamitaktik verwandte Taktik ist ein → *after agreement demand*, bei dem – in der Regel geringe – Nachforderungen nach bereits erfolgter Einigung gestellt werden (→ *Nachverhandlung*).

Scheinbare Konnexität

Nicht selten werden in Verhandlungen Punkte so miteinander verbunden, dass sie als Einheit erscheinen. Es scheint nur die Alternative zu geben, dem Paket zuzustimmen oder es abzulehnen. Im Gegensatz zur Paketlösung, bei der den Parteien bewusst ist, dass verschiedene Verhandlungspunkte diskutiert werden, stellt die Taktik der scheinbaren Konnexität darauf ab, mehrere Punkte als „untrennbare" Einheit darzustellen. Dies geschieht insbesondere dann, wenn ein Teilaspekt als kaum ablehnbar erscheint. Hier wirkt auch der → *Halo-Effekt*, da die Argumente für diesen Teil alles überstrahlen, es daher also nicht auffällt, dass sie nicht den Gesamtkomplex rechtfertigen. Aufgabe des Verhandlungspartners ist es, zu erkennen, ob einheitlich präsentierte Punkte in der Argumentation tatsächlich eine Einheit bilden oder ob eine differenzierende Betrachtung geboten ist.

Beispiel

Es wird eine großzügigere Garantie als sonst üblich angeboten, allerdings unter der Voraussetzung, dass die Wartung in kürzeren Zeiträumen als sonst üblich durch den Lieferanten erfolgt; dies ist entsprechend eingepreist. Wartung und Service bilden beim Kauf von Industriegütern in der Regel nur Nebenpunkte, sodass der Abnehmer den Vertrag an diesem Punkt nicht wird scheitern lassen. Hier wäre es für den Abnehmer jedoch günstiger, sich selbst um die Instandhaltung zu kümmern, da er die Maschine vor Ort hat und den Instandhaltungsbedarf unmittelbar ermitteln kann. Zudem kann er sich bewusst für einen Dienstleister aufgrund bestimmter Kriterien entscheiden und diesen ggf. auch wechseln, wohingegen er bei der „scheinbaren Konnexität" an das Wartungsteam des Lieferanten gebunden wäre. ◀

Schweigen

Schweigen ist eine wichtige taktische Maßnahme in → *face-to-face* Vertragsverhandlungen. Zu unterscheiden sind verschiedene Arten des Schweigens:

1. Schweigen kann zum einen Zustimmung signalisieren. Ein zustimmendes Schweigen ist allerdings eine schwächere Zustimmung, als eine ausdrücklich erklärte und erlaubt eher, sich von dieser Zustimmung zu lösen. Daher ist der Gegenseite zu empfehlen, eine ausdrückliche Zustimmung mit Hilfe einer → *Ja/Nein-Frage* zu erzwingen.

Beispiel

„Sind wir uns also einig, dass …?" ◄

2. Ferner gibt es das nachdenkliche Schweigen, insbesondere, wenn der Schweigende mit der Frage oder Aussage des Verhandlungspartners nicht gerechnet hat und daher seine Verhandlungsposition überdenken will: Hier kann von der Gegenseite versucht werden, mit gezielten Fragen den Inhalt des Nachdenkens zumindest teilweise in Erfahrung zu bringen oder auch das Nachdenken zu stören.
3. Außerdem gibt es das ablehnende Schweigen. Im Regelfall wird Schweigen auf ein Angebot als Ablehnung wahrgenommen, was auch geltendem Recht entspricht, wonach Schweigen rechtlich grundsätzlich die Ablehnung eines Angebotes bedeutet (für eine Ausnahme → *kaufmännisches Bestätigungsschreiben*). Da in Verhandlungen relativ selten geschwiegen wird, kann ein solch ablehnendes Schweigen als sehr intensiv wahrgenommen werden, vor allem wenn es länger als ein paar Sekunden dauert. Manche Verhandler macht dies so nervös, dass sie dem Verhandlungspartner sofort entgegenkommen, um die Verhandlung wieder in Gang zu setzen. Daher wird Schweigen auch taktisch eingesetzt, um z. B. eine Ankerverschiebung (→ *anchoring*) zu erreichen, ohne einen Gegenanker zu setzen.
4. Dem Schweigen kann schließlich auch ein fragender Charakter zukommen. Die Unterscheidung der verschiedenen Arten des Schweigens ist nicht einfach. Gerade weil viele Verhandler Schweigen verunsichert, werden sie weitersprechen und ihr Angebot erläutern. Schweigen kann auf diese Weise Informationen hervorlocken, die sonst nicht gegeben worden wären.
5. Eine Partei kann zu einem bestimmten Zeitpunkt die Kommunikation auch aus taktischen Gründen verweigern (dazu näher → *refusal to communicate*). Dies geschieht allerdings in der Regel nicht bei → *face-to-face* Verhandlungen.

Welche Art des Schweigens vorliegt, ergibt sich häufig aus dem Kontext oder der → *Körpersprache* des Schweigenden. So unangenehm Schweigen ist, empfiehlt es sich zunächst kurz – schweigend – zu überlegen, welche Ursache das Schweigen des Verhandlungspartners haben könnte. Wenn nicht klar ist, ob es sich um ein nachdenkendes oder ablehnendes

Schweigen auf das eigene Angebot handelt, kann es empfehlenswert sein, die Gegenseite nach ihren Vorstellungen zu fragen, da diese Frage auf die unterschiedlichen Arten des Schweigens passt.

See you in court

Die → *Drohung* „**Wir sehen uns vor Gericht**" ist über den Wortsinn hinaus als Drohung, eine höhere oder öffentliche Instanz oder ein Gericht einzuschalten, zu verstehen. In Rede steht die Eskalation des Streits. Alle Varianten dieser Drohung – höhere Instanz, Öffentlichkeit, Gericht – können wirkungsvoll sein. Das gilt insbesondere für die Drohung mit einer rechtlichen Klärung. Denn eine rechtliche Klärung erzeugt häufig sehr hohe Kosten (Arbeitsaufwand innerhalb des Unternehmens, Rechtsanwaltskosten, Gerichtskosten, Störung von Geschäftsbeziehungen, Reputationsschäden), die selbst bei Gewinn des Rechtsstreites allenfalls teilweise ersetzt werden. Der drohende Rechtsstreit ist ökonomisch daher häufig (für beide Seiten) nicht zu empfehlen, zumal es immer Unsicherheiten hinsichtlich des Ausgangs eines Rechtsstreits gibt. Die Drohung mit einem Gerichtsverfahren kann daher durchaus ein lose-lose Szenario sein. Bei den anderen Formen, die hier erfasst werden, stellt sich diese Problematik nicht in gleicher Schärfe. Im Regelfall wird diese Drohung sprachlich zurückhaltend formuliert, um den Konflikt nicht emotional eskalieren zu lassen. Bei einer offenen Drohung tendieren einige Verhandler dazu, sogar entgegen rationalen Gründen nicht nachzugeben.

Das Legalitätsproblem stellt sich hinsichtlich der Drohung mit rechtlichen Schritten im Regelfall nicht. Zwar gehen von einem Rechtsstreit erhebliche negative Wirkungen aus. Aber das Recht, seine Rechtsansicht gerichtlich überprüfen zu können, ist wichtiger Bestandteil des Rechtsstaatsprinzips (Art. 20 Abs. 3 GG), weshalb nicht nur der Rechtsweg, sondern auch die Androhung des Rechtsweges nicht von der Berechtigung der Ansprüche abhängen darf. Im B2B-Verhältnis gibt es nur wenige Konstellationen, in denen sich letztlich die Drohung mit dem Rechtsweg als sittenwidrig erweist (→ *Sittenwidrigkeit*).

Wie bei jeder Drohung, muss sich der Drohende vorab darüber klar werden, ob er wirklich bereit ist, seine Drohung wahr zu machen; dafür hat er das Szenario gedanklich durchzuspielen und die Folgen abzuschätzen. Ist der Drohende nicht bereit, die Konsequenzen zu tragen, würde er durch die bloße Drohung an Glaubwürdigkeit und Verhandlungsmacht einbüßen. Beugt sich der andere der Drohung, ist auch dies gefährlich, weil er auf Revanche sinnen könnte. Entweder ist die Position des Drohenden also so stark, dass ihm weder bei der Vertragsdurchführung noch bei anderer Gelegenheit ein ernster Nachteil droht, oder er sollte zumindest nach Durchsetzung des Gewollten durch die Drohung eine intensive Versöhnungsstrategie beginnen.

Selbstknebelung

Hierbei handelt es sich um eine Taktik, die darauf abzielt, Forderungen des Verhandlungspartners abzublocken bzw. eigene Forderungen durchzusetzen. Der Verhandlungspartner soll dabei durch die Entscheidung eines Dritten über den Vertrag unter Druck gesetzt werden.

Gerade bei großen, wichtigen Verhandlungen verhandeln die → *decision-maker* selbst. Sie können sich daher bei der Abwehr der Forderungen des Verhandlungspartners bzw. der Durchsetzung der eigenen Forderungen nicht auf eine → *beschränkte Vollmacht* zurückziehen. Um den Verhandlungspartner unter Druck zu setzen, kann aber die eigene Entscheidung von einem Dritten abhängig gemacht werden, der nicht direkt in die Verhandlungen involviert ist und auf den die Entscheidungsträger keinen direkten Einfluss haben. Hier wird also künstlich ein Genehmigungserfordernis geschaffen. Diese Drohkulisse wirkt besonders dann, wenn sich der Verhandlungspartner der Zustimmung des Dritten nicht sicher ist – u. U. nicht einmal sicher ist, ob dieser rational entscheiden wird –, ihm aber am Vertragsschluss gelegen ist. In dieser Situation muss er die Interessen des Dritten bedenken und Kompromissvorschläge unterbreiten, von denen er hofft, dass sie die Zustimmung des Dritten finden werden, mit dem eine unmittelbare Verhandlung nicht möglich ist. Die Taktik ist eng verknüpft mit der Taktik → *brinkmanship*.

Beispiel

Bei den Koalitionsverhandlungen zwischen CDU/CSU und SPD 2013 nutzte die SPD das künstliche Genehmigungserfordernis, indem sie die Parteibasis über den Koalitionsvertrag abstimmen ließ. Dadurch erhöhte die SPD das Risiko des Scheiterns der Vertragsverhandlungen, konnte in den Koalitionsverhandlungen jedoch auch mehr Druck auf CDU/CSU ausüben und sich dadurch in zentralen Punkten durchsetzen. ◄

Diese Taktik lässt sich nicht leicht auf Vertragsverhandlungen übertragen. In Betracht kommt die Selbstknebelung vor allem bei sehr großen, strategisch für das Unternehmen bedeutenden Verhandlungen. In Fällen wie diesen kann das Großprojekt z. B. von der Zustimmung des Aufsichtsrats, des Betriebsrats oder unter bestimmten Umständen sogar der Aktionärsversammlung abhängig gemacht werden.

Seven elements of negotiation
Hierbei handelt es sich um einen von *Bruce Patton* (*Patton*, in: Moffitt/Bordone (Hrsg.), The Handbook of Dispute Resolution, 2005, 3. Teil, Kap. 18) entwickelten Ansatz zur Förderung des Verhandlungserfolges. Die sieben Elemente, die dabei in den Blick zu nehmen sind, lauten:

1. Interests (Interessen),
2. Alternatives (Alternativen),
3. Options (Optionen),
4. Legitimacy (Legitimität),
5. Commitments (Verpflichtungen),
6. Relationship (Beziehung),
7. Communication (Kommunikation).

Zunächst sollen die Interessen beider Parteien bestimmt und analysiert werden. Unter „Alternativen" werden die Alternativen zum Vertragsabschluss verstanden (wobei die beste Alternative das → *BATNA* darstellt). „Optionen" bezieht sich auf mögliche Optionen, wie die Interessen im Rahmen des verhandelten Vertrags verwirklicht werden können. Hierzu bedarf es der Zustimmung beider Parteien, während jede der Parteien sich einseitig dazu entschließen kann, Alternativen zum Vertragsschluss zu verfolgen. Die Interessen beider Parteien und die daraus folgenden Ansprüche sollten legitimiert werden. Dadurch wird gleichzeitig zu einer guten Parteibeziehung beigetragen. Der Punkt „Kommunikation" unterstreicht die Bedeutung einer guten Kommunikation für den Verhandlungserfolg.

Der Ansatz greift verschiedene Aspekte auf, die sich so allgemein in der Verhandlungsliteratur wiederfinden, insbesondere auch im Rahmen des → *Harvard Verhandlungskonzepts*.

Signalling

Jede Seite **sendet** – ob gewollt oder ungewollt – ständig **Signale** aus (z. B. auch durch → *Körpersprache*). Verhandlungspartner sollten sich um eine Kontrolle der von ihnen ausgehenden Signale bemühen und sich vorab darüber klar werden, welche Signale sie senden möchten, da dies die Verhandlung entscheidend beeinflussen kann. Setzt eine Verhandlungspartei Signale, die Vertrauen begründen, ist die Chance höher, dass sich die andere Seite auf eine vertrauensvolle Verhandlung einlässt. Umgekehrt können Signale die Gegenseite zu einem kompetitiven Verhandeln veranlassen. Insbesondere bei Aufnahme von Verhandlungen mit unbekannten Verhandlungspartnern ist es wichtig, sich der Problematik bewusst zu sein. Denn gerade der unsichere Verhandlungspartner tendiert dazu, zweideutige Signale im Zweifel als Hinweis auf ein kompetitives Verhandeln anzusehen. Unter diesen Umständen wäre es wichtig, vertrauensbegründende Signale auszusenden.

Auch während der Verhandlung einzelner Punkte kann signalling eine Rolle spielen. Signale können auch hier Vertrauen begründen. Wer sich z. B. an einem Risiko finanziell beteiligt, sendet das Signal, dass er es für beherrschbar hält. Es wird also durch ein bestimmtes Verhalten eine indirekte Botschaft gesendet. Es kann allerdings auch Misstrauen erweckt werden. Werden z. B. in auffälliger Weise Informationen gesammelt und Beweise gesichert, die bei einer späteren gerichtlichen Auseinandersetzung nützlich sein könnten, signalisiert dies Eskalationsbereitschaft.

In emotionsbelasteten Situationen wird häufig spontan und unüberlegt reagiert; dabei kann mehr verraten werden als beabsichtigt.

Similar-to-me-Effekt

Bei Verhandlungen und vor allem in → *ständigen Geschäftsbeziehungen* ist **Sympathie** ein wichtiger Erfolgsfaktor, denn sie erleichtert die Zusammenarbeit. Studien belegen, dass Menschen solche Menschen, die ihnen ähnlich sind, sympathischer finden und positiver wahrnehmen als Menschen, die ihnen nicht ähneln, und dann z. B. bei einer Einstellung bevorzugen (*Sears/Rowe*, Canadian Journal of Behavioral Science 35 (2003), 13–24). Diese Ähnlichkeit kann sich auf viele verschiedene Aspekte wie z. B. Alter, Geschlecht,

Beruf, Wertvorstellungen, soziale Zugehörigkeit oder gemeinsame Interessen beziehen. Insbesondere in Kontaktgesprächen, z. B. im Rahmen des *small talks* (→ *chit-chat*), ist es daher empfehlenswert *Gemeinsamkeiten* (→ find something in common) mit dem Gegenüber herauszustellen, um durch Sympathie → *rapport* herzustellen. Teilweise werden gezielt Verhandler ausgesucht, die eine hohe Übereinstimmung zum Verhandler der Gegenseite aufweisen. Da Menschen großen Wert auf eigene Individualität legen, sollte die Übereinstimmung allerdings auch nicht zu groß sein, der eine also nicht als Klon des anderen erscheinen. Diese Verhaltensweisen kann man auch als **similar-to-me-Taktik** bezeichnen. Sofern hierbei, was nicht selten vorkommt, z. B. über eigene Vorlieben und Präferenzen getäuscht wird, um ein positives Verhandlungsklima herzustellen, stellt sich die Frage, ob solche Täuschungen möglicherweise rechtmäßig sind (→ *listige Täuschung*). Die Autoren dieses Werks bejahen dies, auch weil eine rationale Entscheidung für oder gegen einen Vertragsschluss nicht auf Basis der Sympathie getroffen werden sollte. Ein Verhandler, der seine Entscheidung darauf gründet, ist nicht besonders schutzwürdig. Auch die Verbreitung und Akzeptanz eines solchen Verhaltens spricht gegen die Schutzwürdigkeit eines insoweit Getäuschten.

Verwandt mit dem similar-to-me-Effekt ist der **someone-I-want-to-be-associated-with Effekt**. Häufig gibt es einen bestimmten Typ Menschen, mit dem man gern zu tun hat. Besonders ausgeprägt ist dieser Effekt zwischen den Geschlechtern, wo es teilweise ausgeprägte Vorlieben für bestimmte Phänotypen gibt. Aber auch sonst ist es nicht selten, dass einem Menschen sympathisch sind, die eine bestimmte Eigenschaft besitzen, die man selbst auch gerne hätte. Eine Überschneidung zum similar-to-me-Effekt besteht insoweit, als nicht selten die Überzeugung bestehen wird, man besitze diese Eigenschaft, die man besonders schätzt, auch selbst, wenn auch vielleicht in geringerem Maße. Auch dieser Effekt kann taktisch genutzt werden, wenn die entsprechenden Vorlieben bekannt sind.

Sittenwidrigkeit

Das Sittenwidrigkeitsverbot in § 138 Abs. 1 BGB stellt eine rechtliche Rahmenbedingung für Vertragsverhandlungen dar. Sittenwidrige Vereinbarungen sind grundsätzlich nichtig. Anders ist dies nur, wenn der Schutz der betroffenen Seite stattdessen die Wirksamkeit und eine Anpassung zu ihren Gunsten erfordert. Vorsätzlich sittenwidrige Schädigungen lösen eine Schadensersatzpflicht gemäß § 826 BGB aus. Sittenwidrigkeit ist die äußerste Grenze und erlangt in unternehmerischen Verhandlungen nur selten Bedeutung. Am ehesten kommen im unternehmerischen Verkehr sittenwidrige Handlungen zu Lasten Dritter (Gläubigerbenachteiligung) oder im Zweipersonenverhältnis eine Übersicherung eines Gläubigers, selten eine wucherähnliche Sittenwidrigkeit in Betracht. Letztere erfordert nicht nur ein auffälliges Missverhältnis zwischen Leistung und Gegenleistung, sondern auch die Ausnutzung von wirtschaftlicher Schwäche oder Marktunkenntnis. Zumindest an diesen subjektiven Voraussetzungen wird es im B2B-Bereich meist fehlen. Nur vereinzelt gibt es Bereiche, wie insbesondere die Vertragsstrafe, in denen die Rechtsprechung auch bei individuell ausgehandelten Verträgen dazu tendiert, § 138 Abs. 1 BGB weitreichender anzuwenden. Hintergrund ist, dass die Rechtsprechung hier Gestaltungsschranken zum

Schutz der anderen Seite als notwendig ansieht, sich aber nicht zu einer (nicht leicht zu begründenden) Rechtsfortbildung entschließt, sondern die jedenfalls sprachlich flexible Regelung des Sittenwidrigkeitsverbotes extensiv anwendet.

SMART-Zielformulierungstechnik
Hierbei handelt es sich um eine allgemeine Technik zur Ausarbeitung und Formulierung der eigenen Ziele. Geprägt wurde der Begriff von *George T. Doran* (*Doran*, Management Review 70 (1981), 35–36) Das Akronym SMART steht dabei ursprünglich für

- **S** wie specific (spezifisch),
- **M** wie measurable (messbar),
- **A** wie assignable (zuordenbar),
- **R** wie realistic (realistisch) und
- **T** wie time-related (zeitbezogen).

Wegen des großen Erfolges dieses Kriterienkataloges gibt es davon mittlerweile viele Varianten. Diese Technik lässt sich auch für Verhandlungen nutzen, bei denen es besonders wichtig ist, sich vor der Verhandlung (ambitionierte) Ziele zu setzen (→ *ambitious target price setting*). Dabei steht dort das **A** für attractive (attraktiv). SMART fordert daher für Verhandlungen eine spezifische und verbindliche Formulierung des Ziels. Haupt- und Nebenziele müssen messbar sein, damit bestimmt werden kann, ob sie erreicht wurden oder nicht. Zudem sollte das Ziel attraktiv und, unter Angabe der notwendigen Schritte zur Zielerreichung, realistisch und mit klarem Zeithorizont formuliert sein. Eine derartige Zielformulierungstechnik reduziert die Fehleranfälligkeit. Auch das erweiterte Akronym **SMARTER** bei dem das **E** für evaluated (evaluiert) und das zweite **R** für reviewed (überwacht) steht, lässt sich für den Managementprozess der Optimierung von Vertragsverhandlungen nutzen.

Sofortige (kleine) Gegenleistung
Erbringt eine Partei ohne Verpflichtung eine (größere) Vorleistung, erwartet sie – zumindest in → *ständigen Geschäftsbeziehungen* und bei auf Vertrauen ausgerichteten Verhandlungen –, dass sie von der Gegenseite später eine adäquate Gegenleistung verlangen kann. Das ergibt sich aus der → *norm of reciprocity*. War die Leistung freiwillig, wird sie in der Regel von der Gegenseite sogar mehr als erwidert, um einen Schuldausgleich zu erreichen. In diesem Zusammenhang wird manchmal sofort ein unannehmbares Gegenopfer angeboten, welches der Verhandlungspartner in einer vertrauensvollen Beziehung nicht annehmen kann.

Erbringt die Gegenseite jedoch sofort eine (kleine) Gegenleistung, liegt trotz der wertmäßigen Ungleichheit bereits ein Ausgleich vor (im englischen Vertragsrecht reicht nach der **Peppercorn Theory** im Rahmen der dort für die Wirksamkeit eines Vertrages notwendigen Gegenleistung (consideration) dementsprechend auch die kleinste Gegenleistung, z. B. das Pfefferkorn, aus). Zumindest fühlt sich die Gegenseite (häufig) nicht mehr zum Ausgleich verpflichtet, und auch für den Vorleistenden ist es viel schwieriger, eine wertmäßig gleiche Gegenleistung einzufordern. Selbst bei Wertgleichheit hat die sofortige Gegenleistung den Vorteil, dass die Gegenseite sich die Gegenleistung selbst ausgesucht hat. Ansatzweise funktioniert dies auch bei Vorleistungen und bei sofortiger Gegenleistung im Rahmen der Verhandlung. Allerdings besteht die Kunst darin, die Gegenleistung als solche festzuschreiben, da bei der Verhandlung im Regelfall eine klare Zuordnung von Leistung und Gegenleistung nicht existiert.

Soft bargaining
Dieser Verhandlungsstil der **weichen Verhandlung**, der zugleich eine Strategie beinhaltet, benutzt keine harten Druckmittel und Täuschungsmanöver und ist nicht nur auf die Verbesserung des eigenen Ertrags um jeden Preis angelegt, sondern berücksichtigt auch → *winwin* Möglichkeiten. Sie ist auf eine gute Verhandlungsatmosphäre und Beziehung zum Verhandlungspartner (→ *rapport*) ausgerichtet. Die Erfahrung zeigt allerdings, dass dieses strategische Konzept nur dann gut funktioniert, wenn beide Seiten auf gleiche Weise verhandeln. Betreibt die Gegenseite ein *hard bargaining* (→ *distributive Verhandlungen*) sind die Verhandlungsergebnisse oft unvorteilhaft für den, der weich verhandelt hat. Das soft bargaining steht in enger Verbindung zu → *integrativen Verhandlungen* und der → *win-win Strategie*. Zwischen hard bargaining und soft bargaining steht das hybrid bargaining.

Split the difference
Bei dieser klassischen Technik wird vorgeschlagen, sich bei einem quantifizierbaren Unterschied der beiden Verhandlungspositionen in der Mitte zu treffen, also die **Differenz aufzuteilen**. Dies wird als fair empfunden, wenn kein anderer als fair akzeptierter Maßstab existiert. Diese Technik wird recht häufig, insbesondere auch bei einer → *last gap*, angewandt. Man sollte sich dabei allerdings nicht zu einem zahlenmäßigen Angebot verleiten lassen, weil sonst die Gefahr besteht, dass die Gegenseite diese Zahl als Ausgangspunkt nimmt und sich erst darauf aufbauend in der Mitte treffen will.

Beispiel

Unternehmen A bietet 60 €. B verlangt 100 €. Split the difference würde zu 80 € führen. Bietet A aber B 80 € als Zahl, bietet B an, jetzt erst die verbleibende Differenz zu teilen, womit die Einigung bei 90 € läge und die Differenz letztlich im Verhältnis drei Viertel zu ein Viertel geteilt würde. ◄

Umgekehrt kann der Vorschlag split the difference zu einem Zeitpunkt kommen, bei dem die Seite, die diesen Vorschlag unterbreitet, eigentlich überwiegend nachgeben müsste. Entgegen dem Gefühl, dass split the difference fair ist, kann es fairer sein, einen anderen Maßstab zur Entscheidungsfindung zu wählen. Das → *Harvard Verhandlungskonzept* lehnt split the difference daher ab und empfiehlt stattdessen die Anwendung neutraler Beurteilungskriterien.

Die → *Begründungslast* liegt dennoch regelmäßig bei demjenigen, der diese Methode ablehnt.

Ständige Geschäftsbeziehung

Hierbei handelt es sich um eine entscheidende Rahmenbedingung. Bei einer ständigen Geschäftsgebeziehung gehen die Verhandlungsparteien davon aus, in Zukunft weitere Verhandlungen zu führen und weitere Verträge abzuschließen. Das Gegenstück dazu sind Einmalverhandlungen. Im Rahmen von ständigen Geschäftsbeziehungen ist die Parteibeziehung von besonderer Bedeutung. Verhandler mit guten Beziehungen zum Verhandlungspartner erzielen langfristig bessere Verhandlungsergebnisse. Bei ständigen Geschäftsbeziehungen ist es daher entscheidend → *rapport* und Verhandlungsvertrauen aufzubauen. Auch das subjektive Empfinden der Parteien bezüglich des Erfolgs ist entscheidend. Eine wissenschaftliche Untersuchung legt nahe, dass dieses subjektive Empfinden förderlich für eine zukünftige Zusammenarbeit ist, unabhängig davon, ob die Verhandlungen auch objektiv erfolgreich waren (vgl. *Curhan/Elfenbein/Eisenkraft*, Journal of Applied Social Psychology 40 (2010), 690–709).

In der deutschen Rechtspraxis wirkt sich die ständige Geschäftsbeziehung durch erhöhte Treuepflichten (§ 242 BGB) und Rücksichtnahmepflichten (§ 241 Abs. 2 BGB) aus, die insbesondere auch in Vertragsverhandlungen zu beachten sind.

Status quo bias

Der status quo bias (→ *bias*) beschreibt den Effekt, dass Entscheider dazu tendieren, bei der Wahl zwischen Veränderungen und der **Ausgangssituation (default option)**, Letztere zu bevorzugen. Dies gilt bis zu einem gewissen Grad sogar dann, wenn die neue Situation einen Gewinn mit sich bringen würde. Dieser Effekt wird u. a. mit der Verlustaversion und dem → *endowment effect* begründet. Die hohe Gewichtung von Verlusten hat zur Folge, dass Veränderungen erst dann bevorzugt werden, wenn der Verlust durch einen signifikanten Gewinn kompensiert wird. Menschen geben zudem ungern → *Fehler* zu, binden sich daher gern konsequent an einmal getroffene Entscheidungen und haben eine Abneigung gegen Reue nach einer falschen Entscheidung (**regret aversion**). Letztere ist besonders groß, wenn nicht wie üblich gehandelt wurde. Um ein Gefühl der Reue zu vermeiden, wird dann sogar eine schlechtere Alternative in Kauf genommen. Der status quo bias wurde in vielen Experimenten nachgewiesen (grundlegend *Samuelson/Zeckhauser*, Journal of Risk and Uncertainty 1 (1988), 7–59; *Kahneman/Knetsch/Thaler*, Journal of Economic Perspectives 1 (1991), 193–206)

In Verhandlungen wirkt sich der status quo bias ebenfalls aus. Gelingt es einem Verhandler, die erwünschte Handlung als der Sicherung des Status quo dienlich erscheinen zu lassen, wird er den Verhandlungspartner leichter davon überzeugen können, sie vorzunehmen bzw. mitzutragen. Wer vom Status quo abweichen will, trägt die → *Begründungslast*. Der status quo Effekt wirkt sich vor allem bei → *Eintextverhandlungen* und → *boilerplates* aus, da die Vertragsvorlage bzw. die zur Diskussion gestellten Klauseln als default option angesehen werden. Noch stärker wirken in der Vergangenheit abgeschlossene Verträge zwischen den Parteien. Auch der vielfach bewusste Rückgriff auf dispositives Recht lässt sich mit dem status quo bias erklären.

Störung der Geschäftsgrundlage

Die Störung der Geschäftsgrundlage ist in § 313 BGB normiert und stellt eine rechtliche Rahmenbedingung dar, die Verhandler kennen sollten. Die Vorschrift regelt Fälle, in denen sich die Gegebenheiten nach Vertragsschluss gravierend ändern oder nachträglich Umstände bekannt werden, die die Vertragsdurchführung so massiv beeinträchtigen, dass es ungerecht erschiene, die Parteien daran unverändert festzuhalten. Hauptanwendungsgebiet der Vorschrift sind Dauerschuldverhältnisse, da § 313 BGB nur auf noch nicht erfüllte Verträge Anwendung findet. Damit die Vorschrift zum Tragen kommt, muss u. a. eine erhebliche Störung vorliegen und das Festhalten am Vertrag einer Partei unzumutbar sein. Die Vorschrift möchte daher nur in ganz gravierenden Fällen eingreifen. Die Störung der Geschäftsgrundlage kann im Ergebnis sowohl auf fundamentalen Ereignissen beruhen, die ganze Branchen betreffen (sog. „große Geschäftsgrundlage", z. B. Pandemiefolgen oder auch Folgen des Angriffskrieges). Bisher betrafen die meisten Praxisfälle aber eher Störungen mit nur wenigen Beteiligten („kleine Geschäftsgrundlage"). Problematisch ist, dass § 313 BGB recht vage Rechtsbegriffe verwendet. Dadurch ist es für den Rechtsanwender schwer einzuschätzen, ob im konkreten Fall eine Störung der Geschäftsgrundlage vorliegt.

Haben sich die Umstände entsprechend der Vorschrift dramatisch verändert, kommt eine Anpassung des Vertrags in Betracht oder subsidiär die Aufhebung. Der BGH hat 2012 (BGH NJW 2012, 373, 376) entschieden, dass in diesem Zusammenhang auch eine Neuverhandlungspflicht besteht.

Für Verhandler wirkt sich diese Vorschrift auf mehreren Ebenen aus. Möchten sie eine Anpassung auch bei gravierenden Veränderungen der Umstände möglichst vermeiden, können sie die Anwendung der Vorschrift durch konkrete, vertragliche Risikozuweisungen bis zu einem gewissen Grad einschränken, obwohl die Vorschrift im Kern zwingend ist. Gleichzeitig verdeutlicht § 313 BGB, dass es Situationen geben kann, die eine Vertragsanpassung notwendig machen. Die Verhandler sollten sich dessen bewusst sein und die benötigte Dynamik des Vertrags möglichst schon durch vertragliche Regelungen sicherstellen.

Ändern sich die Umstände dramatisch, kann es auch für die davon profitierende Partei sinnvoll sein, eine Anpassung auszuhandeln, da bei einer gerichtlichen Anpassung der Ausgang ungewiss ist.

Strategic misrepresentation

Hierbei handelt es sich um eine Taktik, bei der strategisch bedingt, bewusst ein falsches Versprechen abgegeben wird. Der Versprechende weiß, dass er das Versprechen – z. B. hinsichtlich der technischen Leistungsfähigkeit noch nicht entwickelter Produkte und vor allem hinsichtlich eines Fertigstellungszeitpunktes – nicht wird einhalten können. Die Nichteinhaltung solcher Versprechen löst nach praktisch allen Rechtsordnungen Haftungen aus. Zwar ist der Vorsatz meist nicht nachweisbar, da die Beteiligten gerade vor Beginn eines Projektes nicht selten überoptimistisch (→ *optimism bias*) sind und jedenfalls in Deutschland droht auch keine pre-trial discovery wie nach US-Recht, bei der alle Geschäftsunterlagen herauszugeben sind. Jedoch reicht nach deutschem Recht die Fahrlässigkeit für eine Haftung aus (→ *culpa in contrahendo*). Es ergeben sich keine Besonderheiten im Verhältnis zu anderen Pflichtverletzungen.

Dennoch ist insbesondere bei Großprojekten und Projekten mit unrealistischen Erwartungen des Auftraggebers ein bewusst falsches Versprechen nicht selten. Der Versprechende hofft darauf, dass der Versprechensempfänger im Laufe des Projektes einsieht, dass die Erwartung völlig unrealistisch war und deshalb keine Ansprüche geltend machen wird. Nicht selten wussten Vertreter des Auftraggebers schon vor der Auftragsvergabe, dass die Versprechungen und auch die ihr zugrunde liegende Vorstellung des Auftraggebers unrealistisch waren und sind. Um das Projekt intern auf ihrer Seite durchzubringen, haben manchmal sogar die Projektverantwortlichen des Auftraggebers bewusst mit unrealistischen, zu optimistischen Annahmen gearbeitet. Dann gibt es also teilweise eine Art „Komplizenschaft" zwischen Vertretern des Auftraggebers und den Verhandlern des Auftragnehmers. In anderen Fällen, insbesondere bei Großprojekten der öffentlichen Hand, sorgen nicht selten nachträgliche Änderungswünsche des Auftraggebers dafür, dass Zeitpläne und der Kostenrahmen völlig unrealistisch werden, weshalb niemand danach fragt, ob die ursprünglichen Zeit- und Kostenpläne überhaupt realistisch waren. Gerade bei fortschreitenden Großprojekten hat der Auftraggeber auch wirtschaftlich häufig keine Alternative zum Auftragnehmer. Schon deshalb kann der Auftragnehmer auf eine gütliche Einigung hoffen. Teilweise fördert auch die Rechtsordnung eine solche strategic misrepresentation, wenn die Rechtsprechung (BGHZ 153, 311, 325) die Wirksamkeit von Vertragsstrafen wegen nicht rechtzeitiger Fertigstellung in Allgemeinen Geschäftsbedingungen auf 5 % der Auftragssumme begrenzt (und der eigentliche Schaden schwer messbar ist).

Sunk cost bias
Unter dem sunk cost bias (**verzerrte Wahrnehmung bereits angefallener, irreversibler Kosten**) versteht man einen wichtigen Effekt der → *behavioural economics*. Dieser besteht darin, dass bisherige Aufwendungen für ein Projekt, die nicht mehr reduziert bzw. rückgängig gemacht werden können (z. B. durch einen Verkauf), bei der Bewertung einer jetzt anstehenden Entscheidung mit eingerechnet werden, obwohl rational nur die aufgrund der Entscheidung zukünftig entstehenden Vor- und Nachteile einzuberechnen wären. Hintergrund dieser Verzerrung im ökonomischen Denken (zu diesen Verzerrungen allgemein → *bias*) ist zum einen der Wunsch, die bisherigen Investitionen (die bisherigen Kosten) als werthaltig zu bewahren. „Verschwendung" soll vermieden werden. Eine große Rolle spielt ferner, dass Organisationen, und erst recht handelnde Personen, nicht gern → *Fehler* einräumen. Würde das Projekt nicht weitergeführt, würden die bisherigen Kosten regelmäßig als auf einer objektiv fehlerhaften Entscheidung beruhend angesehen. Es besteht also das Problem des *hindsight bias* (→ *bias*). Daher steigt die Risikobereitschaft und generell die Bereitschaft Projekte fortzuführen mit zunehmenden sunk costs an, weil der → *Referenzpunkt* immer weiter in den Verlustkontext wandert. Darüber hinaus wirkt der **Sicherheitseffekt**: Der unsichere bzw. risikobehaftete Verlust (Projektweiterführung und potenzieller Ausgleich der Verluste) wird dem sicheren Verlust (Projektabbruch und dadurch endgültiger Verlust) vorgezogen.

In Verhandlungen gilt es, sich diesen Effekt bewusst zu machen und ihn für die eigene Seite zu vermeiden. Argumentiert die andere Seite z. B. für eine Weiterführung eines Projektes mit dem Argument „dann lohnen sich auch die bisherigen Aufwendungen", sollten die Alarmglocken klingeln, da der Verhandlungspartner dann vermutlich dem sunk cost bias unterliegt.

Beispiel

Weitere Formulierungen, die auf den sunk cost bias hinweisen:
„Ich denke, wir sollten das Projekt zum Abschluss bringen, wo wir doch so lange daran gearbeitet haben."
„Wir haben so viel investiert, dass wir das Projekt jetzt auch durchführen sollten." ◄

Beim Verhandlungspartner kann ein sunk cost bias sowohl Chancen auf einen Abschluss eröffnen als auch einer Einigung entgegenstehen. In letzterem Fall sind Vertragskonstruktionen zu erwägen, die für den Verhandlungspartner die (offene) Realisierung der verlorenen Kosten als Verlust vermeiden. Vom sunk cost bias ist auch die **time investment (theory)** beeinflusst. Unter time investment (theory) versteht man bei Verhandlungen, dass viele Verhandler angesichts der investierten Verhandlungs- und Vorbereitungszeit dazu tendieren, zumindest bei einem nicht absolut eindeutig besseren → *BATNA*, weiterzuverhandeln und eher ein weniger gutes Ergebnis in Kauf zu nehmen, als einen Verhandlungsabbruch zu riskieren. Auch das sunk cost-Phänomen hängt mit dem → *BATNA* zusammen. Je mehr Arbeit ein Verhandler in die Ermittlung seiner *Verhandlungsmacht* (→ *negotiation power*) oder allgemeiner in die Verhandlungen steckt, umso größer ist seine Erwartung auf einen besseren Deal als Ergebnis der aktuell laufenden Verhandlungen. Nur dann hat der Verhandler das Gefühl, dass sich der Aufwand „gelohnt" hat (vgl. dazu *Malhotra/Gino*, Administrative Science Quarterly 56 (2011), 559–592). Verhandler sollten sich dieses Effektes bewusst sein, um die Verhandlungen objektiv führen zu können. Eine beiderseitige Zufriedenheit ist bei sehr aufwendigen Verhandlungen daher jedenfalls dann schwer zu erreichen, wenn der Aufwand nicht bereits erwartet wurde. Beide Seiten sollten sich daher um realistische Vorstellungen hinsichtlich des Verhandlungsaufwandes bemühen.

Der sunk cost bias kann aber auch abschlussfördernd sein. Schafft man es, den Verhandlungspartner in lange, aufwendige Verhandlungen einzubinden, steigt generell auch dessen Abschlussbereitschaft an. Dieses Phänomen nennt sich „**wasted work principle**". Denn Verhandler möchten diesen Aufwand nicht „umsonst" getätigt haben. Nach langen Verhandlungen mag der Verhandlungspartner daher gewillt sein, weitere Kompromisse einzugehen, um den Vertragsabschluss nicht zu gefährden, selbst wenn er mit dem Ergebnis nicht ganz zufrieden ist.

SWOT-Analyse (strength, weakness, opportunities and threats analyses)

Die Abkürzung SWOT steht für „strength, weaknesses, opportunities and threats analysis" (**Stärken, Schwächen, Chancen und Gefahren Analyse**) und bezeichnet eine Analyse-

Technik, die vor Abschluss aller größeren Geschäfte durchgeführt werden sollte. Sie erleichtert es, eine angemessene Verhandlungsstrategie zu finden und z. B. auch das richtige Verhandlungsteam zusammenzustellen. Die Analyse sollte im Verhandlungsbereich für das eigene Unternehmen und den potenziellen Vertragspartner (hier primär durch Bestimmung des bestehenden und zu erwartenden → *BATNA*) unter Differenzierung zwischen augenblicklicher Situation, kurzfristigen, mittelfristigen und langfristigen Perspektiven sowie unter Berücksichtigung der Verhandler (→ *Principal-Agent Problematik*), → *decision-maker* und *Stakeholder* (→ *think beyond the table*) durchgeführt werden. Denn die entsprechenden Personen können aufgrund ihrer Stärken besondere Chancen eröffnen, aber auch einen potenziellen Schwachpunkt darstellen. Ergibt die Analyse z. B., dass kurzfristig eine Verbesserung gegenüber dem augenblicklichen Status quo für die eigene Seite zu erwarten ist, so folgt daraus, dass die Verhandlung entweder soweit verschoben oder gestreckt werden sollte bis diese Verbesserung eintritt (→ *calculated delay*) oder diese Verbesserung anderweitig Teil der Verhandlungsstrategie werden sollte.

Take it or leave it

Die Taktik des take it or leave it kann im deutschsprachigen Raum als „nimm es oder lass es" bzw. „**friss oder stirb**" bezeichnet werden und stellt eine → *Drucktaktik* dar. Sie kann sich auf einzelne Verhandlungspunkte oder auch das gesamte Angebot beziehen. Dabei macht eine Seite ein Angebot, ohne einen Verhandlungsspielraum zu eröffnen. Der Gegenseite wird signalisiert, dass sie das Angebot entweder so annehmen kann oder kein Vertrag zustande kommt. Auf diese Weise wird ein hoher Druck aufgebaut, und das Risiko des Scheiterns des Vertrags steigt erheblich. Die Taktik ähnelt der Strategie des → *Boulwarism*, die sich aber als Strategie auf den ganzen Vertrag oder zumindest wesentliche Teile bezieht. Von vornherein sollte bedacht werden, wie im Fall der tatsächlichen Ablehnung verfahren werden soll. Soll dann doch weiterverhandelt werden, wäre eine das eigene → *Gesicht wahrende* Erklärung notwendig, die vorher erarbeitet werden sollte. In diesem Fall liegt dann eher Sturheit vor als eine echte take it or leave it-Taktik.

Wird die Taktik dagegen in Bezug auf einen Punkt eingesetzt, der einen → *deal-breaker* darstellt, wird es zum → *Vertragsabbruch* (*break it off*) kommen.

Taktik der kleinen Menge

Die Taktik der kleinen Menge stammt aus dem Vertriebsbereich und wird insbesondere im B2C-Verhältnis angewandt. Sie beruht auf dem Prinzip, dass die Knappheit eines Produkts den Kunden zum Kauf anregt.

Beispiel

Bei Buchungsportalen im Internet wird z. B. hingewiesen

„Nur noch 3 verfügbare Zimmer."

„Nur noch 2 verfügbare Sitzplätze im Flugzeug." ◄

Um ein Produkt attraktiver erscheinen zu lassen, machen Verkäufer auf die begrenzte Verfügbarkeit aufmerksam. Zugleich ist damit meist direkt oder indirekt die Aussage verbunden, dass das Produkt auch bei anderen begehrt ist. Kunden bewerten Produkte besser, wenn andere Kunden (vor allem solche aus einem ähnlichen sozialen Umfeld) das Produkt ebenfalls nutzen (**bandwagon effect**; **Mitläufereffekt**). Im englischsprachigen Raum wird die Taktik daher angelehnt an diesen zu beobachtenden Effekt manchmal auch **jumping on the bandwagon** genannt.

Im B2C-Bereich gilt diese Taktik als unlauter (→ *unlautere Irreführung*), wenn die Knappheit des Produkts lediglich vorgetäuscht wird; sie dürfte dann auch rechtswidrig irreführend im Sinne des Bürgerlichen Gesetzbuches sein (→ *arglistige Täuschung*). Im B2B-Bereich handelt es sich um einen Grenzfall (→ *listige Täuschung*). Im Ergebnis gehen die Autoren davon aus, dass im unternehmerischen Verkehr jedoch keine Anfechtung möglich ist.

Beispiel

Zalando wurde 2015 von der Wettbewerbszentrale abgemahnt, da das Internetportal seine Produkte mit dem Hinweis „3 Stück verfügbar" versah, obwohl noch eine größere Anzahl lieferbar war. ◄

Täuschungen entdecken

Angesichts der Verbreitung von Taktiken, die Irreführungselemente enthalten (→ *Irreführung*, vgl. auch Themenliste), ist die Frage ob und ggf. wie Täuschungen aufgedeckt werden können, von erheblicher Bedeutung für Verhandler (**detection of deception (DoD)** oder **lie detection**; **Lügen entdecken**). Die Aufdeckung von Täuschungen kann auch Auswirkungen auf die Verbreitung der Anwendung entsprechender Taktiken haben.

Die entsprechende Forschung konzentriert sich auf Aussagen vor Gericht und in Vernehmungen, z. B. durch Polizei, Geheimdienste oder Anhörungen in Disziplinarverfahren, da dort die Richtigkeit von Aussagen eine noch viel größere Bedeutung als in Verhandlungen hat. Die Übertragbarkeit der dortigen Erkenntnisse auf Verhandlungen ist stets kritisch zu überprüfen. Kriminalistische (Verhör-)Methoden sowie technische Hilfsmittel wie Lügendetektoren, Stimmanalysen oder Filmanalysen scheiden für Verhandlungen ohnehin aus. Die Aufdeckung einer eventuellen Täuschung durch den Getäuschten könnte für diesen sogar zum ungewollten Scheitern der Verhandlung führen (→ *Betrugsdilemma*). So wichtig also die Kenntnis einer Täuschung sein kann, so vorsichtig muss bei der Kenntniserlangung und der Verwertung der gewonnenen Informationen vorgegangen werden.

In Deutschland ist in der juristischen Praxis das Begriffspaar Glaubwürdigkeit/Glaubhaftigkeit anerkannt, mit dem zwischen der Person (Glaubwürdigkeit) und der Sachaussage (Glaubhaftigkeit) unterschieden wird. International bezeichnet man die Glaubwürdigkeitsanalyse als statement validity assessment (SVA) und die Glaubhaftigkeitsanalyse als criteria-based content analysis (CBCA). Während darauf aufbauende Gutachten in Deutschland für gerichtliche Verfahren als Beweismittel anerkannt sind, ist dies z. B. in den USA nicht der Fall. Die für richterliche Entscheidungen notwendige sehr hohe Richtigkeitswahrscheinlichkeit dieser Beurteilungsverfahren ist also umstritten. In Verhandlungen sind allerdings auch schon weniger sichere Indizien für eine Täuschung von Wert, da diese Anlass geben können, weitere Informationen einzuholen oder zumindest die Unsicherheit über die Richtigkeit der Information bei der Entscheidungsfindung zu berücksichtigen. Auch soziale Sanktionen können bereits aufgrund von Indizien ergriffen werden.

Die Aufdeckung von Täuschungen in Verhandlungen wird durch verschiedene Faktoren erschwert. Verhandlungen erfordern häufig einen hohen mentalen Einsatz und werden auch nicht selten mit wenig Personal geführt (kein → *Analytiker*). Bei Verhandlungen geht es häufig auch nicht um völlige Unwahrheiten, sondern um Übertreibungen und Verfälschungen. Ebenfalls durchaus verbreitet ist es, Umstände, die nur vom Hörensagen bekannt sind oder aufgrund bestimmter anderer Informationen nur vermutet werden, als sicher oder aus eigener Anschauung stammend zu schildern. Entsprechende Täuschungen sind weit schwerer zu entdecken als völlig frei erfundene Tatsachen. Ein professioneller Verhandler, der für sein Unternehmen verhandelt, wird durch die Verhandlung in der Regel deutlich weniger emotional berührt, als wenn er für sich selbst sprechen würde. Emotionale Stressanzeigen bei Irreführungen können daher schwächer ausfallen oder gar nicht sichtbar werden. Bei Verhandlungen von hoher wirtschaftlicher Bedeutung haben die Verhandler häufig erheblich überdurchschnittliche intellektuelle Kapazitäten. Wenn solche Verhandler sich intensiv auf eine Täuschung vorbereiten, ist diese in der Regel sehr schwer zu entdecken. Schließlich ist es auch möglich, dass ein Verhandler selbst von seiner Seite falsch informiert wurde und den Verhandlungspartner somit nicht willentlich täuscht. Der Verhandler hat in diesen Fällen ein reines Gewissen und verhält sich entsprechend unbefangen. In vielen Fällen gibt es zudem Wahrnehmungs- oder Erinnerungsfehler, die allerdings durchaus in Richtung der Interessen der eigenen Seite tendieren können (→ *foggy recall*).

Konsequenz aus dem Gesagten sollte zum einen sein, dass Verhandler besonders wichtige Informationen auch ohne Anhaltspunkte für eine Täuschung zu verifizieren versuchen (check the facts!). Zum anderen sollte die Ermittlung von möglichen Täuschungen in der Verhandlung mit begrenztem Aufwand, aber dennoch professionell betrieben werden. Im Einzelfall hängt der zu betreibende Aufwand stark von der Parteibeziehung und dem gegenseitigen Vertrauen ab. Gefundene Indizien für eine Täuschung sollten als bloße Indizien behandelt und dementsprechend keine voreiligen Schlussfolgerungen gezogen werden. Ein Grundmisstrauen gegenüber dem Verhandlungspartner ist schädlich für die Verhandlungen und daher zu vermeiden. Indizien sollten daher Anlass zu weiteren Recherchen sein und ggf. in die Risikoabwägung einfließen, wenn sich der Wahrheitsgehalt nicht klären lässt. Rechtlich besteht die Möglichkeit, sich die Richtigkeit bestimmter Aussagen vom Verhandlungspartner in Form einer Garantie zusichern zu lassen.

In → *ständigen Geschäftsbeziehungen* kann es sich lohnen, einen track record (Erfolgsbilanz) für einzelne Verhandler der Gegenseite hinsichtlich ihrer Ehrlichkeit zu führen, da sich die Richtigkeit oder Unrichtigkeit nicht selten später herausstellen wird. Bewusstes Täuschen ist grundsätzlich emotional und intellektuell belastend. Auch wenn einige Verhandler Anzeichen gut verbergen können, kann bei anderen Verhandlern eine Abweichung vom Normalverhalten festgestellt werden. Als Zeichen für emotionalen Stress gelten u. a. eine hohe, sich überschlagende Stimme, ein roter Hals, verzögertes Sprechen, Blinzeln (weniger Blinzeln während der Lüge, mehr Blinzeln direkt im Anschluss) und vergrößerte Pupillen (zur hohen Stimme *DePaulo/Malone/Muhlenbruck/Charlton/Cooper*, Psychological Bulletin 129 (2003), 74–118; zum verzögerten Sprechen *Harrison/Hwalek/Raney/ Fritz*, Social Psychology 41 (1978), 156–161; zum Blinzeln *Leal/Vrij*, Journal of Nonverbal Behavior 32 (2008), 187–194; zur Pupillenreaktion *Strempel*, Marburger Uni Journal 19 (2004), 36). Dies hat insbesondere dann eine gewisse Aussagekraft, wenn die Verhandlungssituation als solche bei wahrer Aussage keinen Anlass für emotionalen Stress bieten würde.

Nachfragen können generell das Risiko reduzieren, dass der Verhandlungspartner einen Täuschungsversuch unternimmt. Rückfragen bei wichtigen Aussagen sind sinnvoll. Denn je mehr gesagt wird, umso eher kann es aussagekräftige Beurteilungen zu Täuschungsindizien geben. Nebenbei werden auch → *Missverständnisse* unwahrscheinlicher. Rückfragen sollten allerdings nicht so gestellt werden, dass sie Misstrauen signalisieren. Eine Studie hat gezeigt, dass vor allem spezifische Fragen Täuschungen durch Auslassungen vorbeugen können (*Schweitzer/Croson*, International Journal of Conflict Management 1999, 225–248). Ohne direkte Frage neigen Verhandler dazu, Probleme nicht anzusprechen; sie erwähnen sie jedoch, wenn sie unmittelbar danach gefragt werden. *Testfragen* (→ *Fragen*) beziehen sich auf Sachverhalte, die der eigenen Seite schon bekannt sind, wobei auf die Sicherheit dieser eigenen Kenntnis besonderer Wert gelegt werden sollte. Reflexfragen enthalten nur aus Sicht des Lügners eine verdeckte Anschuldigung. Ist diese Anschuldigung aber zu verdeckt, wird sie auch der Täuschende nicht bemerken, ist sie offenkundiger, kann auch ein Nichttäuschender die Verdächtigung auf sich beziehen und sich dadurch verletzt fühlen. Echte (v. a. starke) → *Emotionen* sind bereits kurz vor dem Sprechen sichtbar, weil sie automatische Bewegungen der Gesichtsmuskulatur auslösen (sog. micro expressions), die sich (wenn überhaupt) erst verzögert unterdrücken lassen (vgl. *Brewer/Williams*, Psychology and Law, 2007, S. 71 ff.). Folgen die Emotionen gegen diese Regel erst nach, ist dies ein Indiz für die Künstlichkeit der Emotion und damit zugleich ein Indiz für eine Täuschung. Schablonenhafte Formulierungen, die vom normalen Sprachverhalten abweichen, können auf eine gelernte Formulierung hinweisen (vgl. *Adelson*, Monitor on Psychology 35 (2004), 70). Werden demnach im Wiederholungsfall exakt die gleichen Wörter und Formulierungen verwendet, ist auch dies ein Indiz für eine gelernte Aussage. Wenn jemand gern Ich-Formulierungen benutzt und dann bei der Schilderung von etwas Selbsterlebtem diese Perspektive nicht verwendet, könnte dies ein Indiz für eine Täuschung sein, weil es emotional belastender ist, in der Ich-Form die Unwahrheit zu sagen (vgl. *Newman/Pennebaker/Berry/Richards*, Personality and Social Psychology Bulletin 29 (2003), 665–675). Studien belegen außerdem, dass Lügner dazu tendieren, längere Antworten zu geben, als Personen, die die Wahrheit sagen (vgl. *Harrison/ Hwalek/Raney/Fritz*, Social Psychology 41 (1978), 156–161). Die Äußerung von Erinnerungszweifeln für Details soll eher typisch für diejenigen sein, die eine subjektiv wahre

Aussage treffen (vgl. *Vrij/Mann*, Group Decision and Negotiation 13 (2004), 61, 66), wobei ein solches Verhalten auch geübt werden kann.

Die Intensität emotionaler Erregung auf Zweifel an einer Aussage dürfte wohl eher typabhängig sein, als Rückschlüsse auf den Wahrheitsgehalt zu erlauben. Kleinere sachliche Fehler können auf Wahrnehmungs- oder Erinnerungsfehlern beruhen, die zu klein sind, um Indizien für die Kernaussage zu liefern. Größere Fehler deuten nicht unbedingt auf eine Täuschung hin, lassen aber eine Unrichtigkeit der Kernaussage doch wahrscheinlicher werden. Unrichtige Informationen über Emotionen, die man bei einem Ereignis gehabt haben will, sind kein erhebliches Indiz für die Unrichtigkeit der Kerninformation hinsichtlich der Tatsachen, da die Täuschungsbereitschaft bei Emotionen besonders hoch und bis zu einem gewissen Grad sogar gesellschaftlich akzeptiert ist.

Telefonische Verhandlung

Die telefonische Verhandlung ist eine preiswerte Alternative zur → *face-to-face* Verhandlung. Im Gegensatz zu face-to-face Verhandlungen verbleibt im Rahmen von telefonischen Verhandlungen nur die Stimme in Bezug auf die nonverbale Kommunikation. Das schriftliche Fixieren von Zwischenergebnissen während der Verhandlung ist nicht möglich (→ *Protokoll*) und wird daher regelmäßig elektronisch oder schriftlich nachgeholt. In der Regel sind telefonische Verhandlungen für größere Verhandlungsrunden oder komplexere Verhandlungen nicht geeignet.

Insbesondere wenn die Verhandler sich schon vorher persönlich kennengelernt oder auf andere Weise Verhandlungsvertrauen begründet haben, können Routineverhandlungen, bei denen der Preis, die Menge und wenige Nebenbedingungen zu berücksichtigen sind, allerdings gut im Rahmen von telefonischen Verhandlungen bewältigt werden. Da nur relativ wenige Verhandlungtaktiken auf Körpersprache basieren (wie z. B. → *wince*), können die meisten Taktiken auch in Telefonverhandlungen Anwendung finden. Die Notwendigkeit der anschließenden schriftlichen Fixierung verschafft dem → *kaufmännischen Bestätigungsschreiben* besondere Bedeutung.

Verhandlungen werden häufig nur teilweise telefonisch geführt, um z. B. die Wirtschaftlichkeit telefonischer Verhandlungen mit den Vorteilen von Präsenzverhandlungen bei bedeutenden Problemen zu kombinieren. Hinzu kommt typischerweise noch → *E-Mail*-Verkehr.

Term sheet

Term sheets (**Eckpunktepapiere**) werden bei komplexen und langwierigen Verhandlungen verwendet. Sie dienen der Zusammenfassung der bereits erzielten Einigungen (→ *Zwischenergebnisse*). Anders als → *Protokolle*, fassen sie meist nicht einzelne Verhandlungsrunden, sondern einen übergeordneten Zwischenstand zusammen. Häufig erfolgt die Darstellung in Form von **bullet points** (Aufzählungspunkten), d. h. Stichpunkten, also nicht in Form von ausformulierten Klauseln. Wird das Eckpunktepapier dagegen in Klauselform abgefasst und unterschrieben, besteht nach deutschem Recht ein gewisses Risiko dafür, dass ein Vertragsschluss bejaht wird, obwohl die Unterschrift lediglich die Richtigkeit des Festgehaltenen bestätigen sollte. Dass dies nur eine (unverbindliche) Zusammenfassung der vorläufigen Einigungen und kein Vertragsschluss sein soll, sollte daher in einer Präambel grundsätzlich ausdrücklich festgehalten werden. Statt einer Unterschrift wird daher oftmals auch lediglich paraphiert.

Think beyond the table

Die Aufforderung „**über den Verhandlungstisch hinauszudenken**" soll darauf aufmerksam machen, dass es gerade bei komplexen Verhandlungen, im Fall von → *Principal-Agent-Verhandlungen*, bei Verhandlungen mit mehreren Parteien und Verhandlungen, bei denen viele **Stakeholder** (Vertreter unterschiedlicher Interessen) direkt oder zumindest indirekt involviert sind, wichtig ist, sich nicht nur auf die Verhandlungsbeteiligten zu konzentrieren, die am Verhandlungstisch sitzen (*at the table*, → *Principal-Agent-Problematik*). Es sollten alle Stakeholder identifiziert und ihre Interessen bei der Verhandlung berücksichtigt werden. Zu diesen Stakeholdern gehören alle, die intern, direkt oder indirekt, über den Abschluss mitbestimmen können sowie ferner diejenigen, die den Abschluss umsetzen sollen, diejenigen, die vom Abschluss profitieren, diejenigen, die durch den Abschluss (scheinbar oder real) Nachteile erleiden sowie je nach Projekt auch Unternehmensexterne, wie Gewerkschaften, Umweltschützer, Lieferanten, Regierungen, Gemeinden, Aktivisten etc.

Diese Stakeholder können für oder gegen einen Vertragsschluss Druck entfalten oder sich neutral verhalten. Es kann insofern wichtig sein, auch mit indirekt beteiligten Akteuren direkt zu verhandeln, um ihre Unterstützung zu gewinnen. Es geht also um den Aufbau von Koalitionen, die helfen sollen, ein Projekt durchzusetzen. Umgekehrt ist es genauso wichtig, Koalitionen von Stakeholdern, die das Projekt blockieren möchten, zu verhindern (eine diesbezügliche Taktik ist → *divide and conquer*).

In solchen komplexen Situationen kann es hilfreich sein, eine sogenannte **all-party map**, also eine Skizze mit allen Stakeholdern und ihren jeweiligen Interessen, Verbindungen und Einflussmöglichkeiten zu erstellen. Die Übersicht sollte auch enthalten, ob und wie diese eingebunden oder – im Gegenteil – von einer Beteiligung am Prozess abgehalten werden könnten. Insofern wird auch von **mapping influential players** gesprochen.

In einem weiten Sinn sollte hier auch ergründet werden, ob Dritte in den Vertrag eingebunden werden könnten, um den *Verhandlungskuchen* (→ *negotiation pie*) zu vergrößern.

This will hurt you more than it will hurt me

Dieses „das wird dich mehr schmerzen als es mich schmerzen wird" ist eine verbreitete → *Drucktaktik* (bzw. Strategie, soweit die gesamte Verhandlung so geführt werden soll), bei der potenziell beide Seiten (zunächst) verlieren (lose-lose Strategie). Dabei wird mit einem Verhalten gedroht (→ *Drohung*), das beiden Seiten schadet. Die Seite, die ein entsprechendes Verhalten ankündigt, ist allerdings der Überzeugung, dass die Gegenseite, absolut oder zumindest relativ gesehen, durch den Konflikt die größeren Schäden (Schmerzen) erleiden und daher letztlich gezwungen sein wird, nachzugeben. Es handelt sich um eine äußerst aggressive Taktik, die das Verhandlungsvertrauen und damit auch die Geschäftsbeziehung massiv gefährdet und auf Eskalation ausgelegt ist.

Beispiele

Ein Beispiel für den Einsatz des „this will hurt you more than it will hurt me" als Strategie sind Arbeitskämpfe als Mittel zur Durchsetzung von Tarifforderungen von Gewerkschaften. Ein anderes Beispiel sind Arbeitsniederlegungen eines Subunternehmers gegenüber einem Generalauftragnehmer in einer kritischen Phase des Projekts. Der Subunternehmer möchte so in der Regel bestimmte Punkte nachverhandeln (→ *Nachverhandlungen*). Er geht dabei davon aus, dass der Generalauftragnehmer durch die Arbeitsniederlegung einen viel größeren Schaden erleiden wird und daher den Nachschlag, wenn er nicht zu groß ist, bewilligt, obwohl das Verhalten des Subunternehmers rechtswidrig und er daher schadensersatzpflichtig ist. Manchmal beruht auch die Stilllegung einer Baustelle im Streit um die Ursachen einer Verzögerung oder eines Mangels auf dieser Strategie. Die Europäische Union benutzte gegenüber Großbritannien in den Brexit-Verhandlungen diese Strategie, weil Großbritannien bei einem Austritt ohne Vertrag ein deutlich größerer Schaden als der EU drohte. ◄

Oftmals kalkulieren die Beteiligten vor Realisierung der Drohung zutreffend ihre potenziellen Schäden und einigen sich aufgrund dessen ohne teuren Konflikt. Manchmal reicht somit allein die Ankündigung des schädigenden Verhaltens aus, um die Gegenseite zu Konzessionen zu bewegen. Häufig wird allerdings die Höhe der Schäden für die eigene oder die fremde Seite oder auch das eigene oder fremde Durchhaltevermögen falsch eingeschätzt. Selbst wenn sich eine Seite mit dieser Taktik (Strategie) durchsetzt und kurzfristig einen Vorteil erlangt, kann dies für sie langfristig zu negativen Folgen führen. So kann es beispielsweise sein, dass die so agierende Seite in Zukunft aus dem Kreis potenzieller Lieferanten ausgeschlossen wird. Bei Arbeitskämpfen kann die Konsequenz eine harte Rationalisierungswelle mit dem Verlust von Arbeitsplätzen sein oder auch die Abwanderung von Kunden in einen benachbarten Bereich und ein dadurch notwendiger Abbau von Arbeitsplätzen. Eine solche Taktik (Strategie) bedarf daher stets auch der Analyse der möglichen langfristigen Folgen. Darüber hinaus ist gerade hier immer die Frage zu stellen, ob der Druck rechtmäßig, also insbesondere verhältnismäßig ist.

TINA

Das Akronym TINA steht für „**there is no alternative**", also für die **Alternativlosigkeit**. Historisch soll diese Bezeichnung auf Margaret Thatcher zurückzuführen sein, die in ihrer ersten Amtszeit von 1979–1983 hinsichtlich der von ihr betriebenen, einschneidenden, wirtschaftspolitischen Veränderungen häufiger die Formulierung „there is no alternative" als Rechtfertigung gebrauchte, woraus als einer ihrer Spitznamen das Akronym TINA entstanden sein soll. Das Behaupten der Alternativlosigkeit einer Vorgehensweise oder

Regelung lässt sich auch in Vertragsverhandlungen beobachten. Es ist ein Argument, welches als solches auf das Unterbinden von Diskussionen abzielt. Dieselbe Zielrichtung wird mit → *undiscussable* verfolgt. Darüber hinaus kann diese Technik eingesetzt werden, um das → *BATNA* des Verhandlungspartners zu schwächen, indem z. B. technische Standards als alternativlos dargestellt werden. Im Extremfall kann eine Seite suggerieren wollen, dass dem Verhandlungspartner überhaupt keine anderen Alternativen zum Vertragsschluss bleiben. Da jedoch die Option besteht, die Verhandlungen abzubrechen und den Status quo beizubehalten, gibt es immer eine Alternative. Insofern soll der Hinweis auf TINA vielmehr den Eindruck erwecken, dass die Alternative bzw. die Alternativen sehr schlecht sind.

Für den Verhandlungspartner ist es sinnvoll zu erkunden, welches die Gründe für TINA sind. Im politischen Raum kann der Grund sein, dass die wahre Begründung für öffentliche Auftritte zu komplex ist. Es kann aber gerade in Vertragsverhandlungen auch sein, dass demjenigen, der TINA benutzt, kein Argument einfällt, oder er sich z. B. zum Schutz der Unternehmensinteressen nicht traut, das wirkliche Argument zu nennen. Es kann zudem Ausdruck dafür sein, dass dieser Aspekt dem Verhandlungspartner besonders wichtig ist. Schließlich kann es emotionale Gründe haben, wenn eine Seite über eine Frage nicht verhandeln will. Gelingt es, den jeweiligen Grund für die Verwendung von TINA zu bestimmen, gilt es für den Verhandlungspartner, sich des Grundes anzunehmen und den Verhandlungspartner so dazu zu bringen, eine konstruktivere Haltung einzunehmen.

Tit-for-tat (TFT)

Die Bezeichnung tit-for-tat stammt historisch von „tip for tap" (wörtlich: Schlag gegen Schlag). Deutsche Synonyme für diese Strategie sind „**Wie du mir, so ich dir**"; und teilweise auch „**Auge um Auge, Zahn um Zahn**". Diese Strategie beginnt kooperativ und vertrauensvoll. Verhält sich der Verhandlungspartner nicht kooperativ, wechselt auch die erste Seite zu einem nicht-kooperativen Verhalten. Kehrt der Verhandlungspartner zu einem kooperativen Verhandlungsstil zurück, wendet auch die erste Seite wieder einen kooperativen Verhandlungsstil an. Im Gegensatz zur → *generous tit-for-tat Strategie* bietet die erste Seite aber nicht von sich aus eine Rückkehr zum kooperativen Verhandlungsstil an. Diese Strategie wurde von *Anatol Rapoport* im Rahmen eines Wettbewerbs erfunden, gilt aus Sicht der Spieltheorie als überzeugende Lösung und hat sich praktisch bewährt, solange sie in einem Bereich relativer Fairness Verwendung findet und es mehrere Verhandlungsrunden gibt (vgl. dazu grundlegend *Axelrod*, The Evolution of Cooperation, 1984). Sie ist ein Anwendungsfall einer situationsadäquaten Strategie. Allerdings sollte nicht unbedingt ein Automatismus zwischen der Taktik der Gegenseite und der eigenen Taktik bestehen, da die eigene Seite auf diese Weise ausrechenbar und letztlich manipulierbar würde. Auch wirkt die eigene Position nicht immer konsistent. Schließlich besteht die Gefahr, dass sich Spannungen in den Verhandlungen aufschaukeln. Gerade um eine Eskalation zu vermeiden, mit der auch ein Kontrollverlust verbunden ist, wurde die → *generous tit-for-tat* Strategie geschaffen, bei der es auch möglich ist, einen ersten deeskalierenden Schritt zu gehen.

Transaktionskosten

Verhandler sollten bei Vertragsverhandlungen die Minimierung von Transaktionskosten im Blick haben (grundlegend zu Transaktionskosten *Williamson*, The Economic Institutions of Capitalism, 1985, insb. S. 15 ff.; *ders.*, in: Schmalensee/Willig (Hrsg.), Handbook of Industrial Organization, 1989, S. 135–182). Bei Verhandlungen entstehen Transaktionskosten, die traditionell in vier verschiedene Kategorien untergliedert werden:

- Informations- und Suchkosten (unter anderem auch durch die Suche nach Alternativen im Rahmen der Bestimmung des → *BATNA*)
- Verhandlungskosten (durch den Aufwand für die eigentliche Verhandlung (Zeit- und Ressourcenaufwand) und für den Vertragsabschluss (z. B. Gebühren))
- Überwachungskosten
- Durchsetzungskosten/Kosten für Nachverhandlungen

Die Transaktionskosten lassen sich demnach auch in ex ante und ex post anfallende Transaktionskosten untergliedern, wobei die ersten beiden Arten von Kosten bereits vor Vertragsschluss anfallen (ex ante), die letzten beiden Kostengruppen dagegen nach Vertragsschluss (ex post).

Durchsetzungskosten schließen auch die Kosten der Bearbeitung von Streitfällen innerhalb des Unternehmens ein. Aus Unternehmenssicht ist hier nicht unproblematisch, dass diese internen Kosten nach allgemeinem Schadensersatzrecht nicht ersatzfähig sind.

Aus organisatorischer Perspektive ist die Minimierung von Transaktionskosten generell ein Ziel. Sie lässt sich erreichen, indem Verhandler darauf achten, zukünftige Verhandlungen bereits durch die aktuellen Verhandlungen zu vereinfachen. Hierzu kann u. a. eine gute Beziehung zum Vertragspartner beitragen (→ *rapport*). Die Standardisierung der Verhandlungen hilft ebenfalls, Transaktionskosten zu senken. In diesen Bereich fallen auch → *Präzedenzfälle*. Wird ein solcher Präzedenzfall von beiden Seiten anerkannt, erübrigen sich zukünftige Verhandlungen, sofern sich die Umstände nicht ändern. Auch die Einigung auf Standards kann zur Transaktionskostensenkung beitragen. Zudem sollte es ein Ziel sein, die Verhandlungen möglichst kurz zu halten. Hier können u. a. → *deadlines* helfen. Zu bedenken ist jedoch gleichzeitig, dass die Minimierung der Transaktionskosten in einem Spannungsverhältnis mit der Qualität der Verhandlungsvorbereitung und Verhandlungsführung steht, die sich wiederum oftmals entscheidend auf das Verhandlungsergebnis auswirken. Verhandler müssen hier jeweils Vor- und Nachteile abwägen.

Treiber

Mit diesem Begriff wird eine bestimmte Rolle in einem Verhandlungsteam bezeichnet. Der Treiber „treibt" die Verhandlung voran (daher der Name), d. h. er beginnt einen neuen Verhandlungsabschnitt und gibt die Geschwindigkeit und den Fortgang der Verhandlung vor. Der → *Verhandlungsführer* kann diese Rolle mitübernehmen. Dann gibt es keinen separaten Treiber. Möglich ist aber auch, dass der Verhandlungsführer insbesondere in einer größeren Verhandlungsrunde oder bei bestimmten Spezialmaterien diese Aufgabe einem Mitglied des Verhandlungsteams überlässt, womit es einen Treiber neben dem Verhandlungsführer geben kann.

Tür-ins-Gesicht-Taktik

Diese Taktik (**door-in-the-face technique**, **DITF**, teilweise auch **rejection-then-retreat technique** genannt) beruht auf Erkenntnissen der → *behavioural economics* und dient der Durchsetzung eigener Forderungen. Zuerst wird eine übertriebene Forderung gestellt, die von der Ausgangsidee aber durchaus plausibel ist; sie darf daher nicht zu extrem sein, sondern sollte noch ausreichend Spielraum für Zugeständnisse und Gegenangebote lassen. Diese Forderung wird vom Verhandlungspartner abgelehnt. Wird jetzt mit einer zweiten, geringeren Forderung nachgesetzt, hat diese zweite Forderung deutlich höhere Chancen, akzeptiert zu werden, weil die andere Seite nicht erneut einen Vorschlag ablehnen will. Die Tür-ins-Gesicht-Taktik beruht in gewisser Weise auf dem *Ankereffekt* (→ *anchoring*). Die erste hohe Forderung setzt den Anker und lässt die zweite geringere Forderung dadurch angemessener erscheinen. Der Anker stellt damit den → *Referenzpunkt* für weitere Überlegungen dar. Auch die *Reziprozität* (→ *norm of reciprocity*) bewirkt, dass die Rücknahme des ersten Angebots einem Zugeständnis gleicht und mit einem Entgegenkommen durch die andere Seite erwidert wird.

Am besten funktioniert diese Taktik, wenn Unsicherheit über die Angemessenheit zum Beispiel des Preises oder von Lieferzeiten besteht. Positive Nebenwirkung der Taktik kann aufgrund der Reziprozität ein erhöhtes Zufriedenheitsgefühl sein. Dieser Effekt ist bei professionellen Verhandlern, die ihn kennen und auch konkrete Vorstellungen zum Preis etc. haben, aber wahrscheinlich nur schwach ausgeprägt. Unrealistisch hohe Forderungen können dann vor allem auch unseriös wirken und leicht ein schlechtes Verhandlungsklima schaffen.

Überlegt antworten

Überlegt zu antworten (**considered response**) ist eine Handlungsmaxime, die → *Fehler* vermeiden soll. Informationen sind in Vertragsverhandlungen entscheidend. Deshalb wird der Verhandlungspartner versuchen, für ihn wertvolle Informationen zu erkunden. Allein die in diesem Buch aufgeführten Fragetechniken (vgl. Themenliste) – und die Liste ist nicht abschließend – zeigen die Vielfalt der Fragen. Hinter den Fragetechniken stehen unterschiedliche Ziele, Absichten und Motive, die auch nicht immer auf den ersten Blick ersichtlich sind. In Verhandlungen sollte daher generell nicht übereilt auf Fragen geantwortet werden. Vielmehr ist zunächst darauf zu achten, die Bedeutung der Frage und die dahinterstehende Zielrichtung zu erkennen, um daraufhin überlegt antworten zu können. Hier kann auch eine Rückfrage helfen. Besteht Unsicherheit über die Motivation des Fragestellers, kann auch ausweichend geantwortet werden. Dasselbe gilt für Reaktionen auf Angebote und Vorschläge des Verhandlungspartners.

Übertreibungen

Es ist geradezu der Normalfall, dass zugunsten der eigenen Seite hinsichtlich Tatsachen bis zu einem gewissen Grad über- oder untertrieben wird. Teilweise gibt es sogar Empfehlungen wie „**make a mountain out of a molehill**" (einen Berg aus einem Maulwurfshügel machen), was im Deutschen dem Sprichwort „**aus einer Mücke einen Elefanten machen**" entspricht. So werden z. B. kleinste Mängel am Produkt als größere Schäden deklariert, oder eine Verhandlungsseite zeigt sich angeblich tief getroffen über eine Äußerung der Gegenseite. Zu starke Übertreibungen fallen jedoch häufig auf. Außerdem wird das Verhandlungsklima gestört, sodass ein vertrauensvolles Verhandeln dann nicht mehr möglich ist (→ *EANT*). Etwas schwächer ist diese Wirkung einer negativen Übertreibung, wenn sie vom bad guy im Rahmen einer → *good guy/bad guy* Taktik kommt. Selbst zutreffende Angaben werden bei zu starkem Übertreiben pauschal bezweifelt. Übertreibungen sind ebenfalls → *Irreführungen*. Ein deutliches (positives) Übertreiben in Bezug auf Fakten und Tatsachen der eigenen Seite kann daher auch haftungsrechtlich relevant sein (→ *culpa in contrahendo*, → *arglistige Täuschung*), führt also zu Ansprüchen gegenüber dem Übertreibenden (zu den möglichen Ausnahmen siehe näher unter → *listige Täuschung*).

Empfehlenswert ist es daher, Übertreibungen selbst bei fehlender Haftungsrelevanz – wenn überhaupt – nur in einem begrenzten Maß durchzuführen. Bei der Abweichung muss es sich um eine, in diesem Zusammenhang noch tolerable Fehlerquote handeln, die nicht die Plausibilität gefährdet und bei Aufdeckung (→ *Täuschungen entdecken*) auch als schlichter Fehler oder Ermessensspielraum durchgehen kann. Diese Toleranzgrenze dürfte bei den meisten Werten bei etwa 10 % bis 20 % Abweichung liegen. Interessanterweise gibt es eine Studie, wonach bei Veränderungen des Abbildes des eigenen Gesichtes das gewählte Idealbild etwa 20 % attraktiver ist als die Wirklichkeit, dass also selbst bei der eigenen Attraktivität ein Realitätsgefühl das Übertreiben bremst (vgl. *Epley/Whitchurch*, Personality and Social Psychology Bulletin 34 (2008), 1159–1170).

Rechtlich sind Übertreibungen im deutschen Recht nicht gegenüber Täuschungen größeren Ausmaßes privilegiert, solange nur die Übertreibung eine Auswirkung auf den Vertragsschluss hat.

Unberechenbarkeit

Ist ein Verhandler unberechenbar, hat dies Vor- und Nachteile für die Seite dieses Verhandlers. Nicht wünschenswert ist, dass ein Verhandler, im Hinblick auf die Vertragsdurchführung (sofern er dafür ebenfalls zuständig ist), unberechenbar ist. Denn dann ist die Bereitschaft zu einer Verhandlung mit einem solchen Verhandler stark herabgesetzt und das Risiko des Scheiterns steigt.

Eine gewisse Unberechenbarkeit hinsichtlich der Verhandlungstaktik wird dagegen teilweise als positiv angesehen. Die Unberechenbarkeit eines → *decision-makers* kann dazu führen, dass die Gegenseite, die an der Einigung interessiert ist, in einer Art Sicherheitszuschlag mehr nachgibt, als dies sonst angemessen wäre. Umgekehrt besteht die Gefahr, dass weniger vertrauensvolle Beziehungen (→ *rapport*) aufgebaut werden, wenn eine Seite zu unberechenbar agiert.

Generell sollte Verhandlungsverhalten nicht willkürlich und irrational wirken. Der Hinweis darauf, unberechenbar zu bleiben, ist vielmehr so zu verstehen, dass der Verhandler variabel agieren sollte (variable Verhandlungstaktik), um dadurch nicht zu leicht ausrechenbar und manipulierbar zu sein.

Undiscussable

Als undiscussable (**indiskutabel**) werden Punkte bezeichnet, die für die jeweilige Seite so bedeutend sind, dass diese nicht einmal bereit ist, über sie zu diskutieren. Der deutsche Begriff „indiskutabel" bedeutet zwar sprachlich das Gleiche, wird aber nicht mit derselben Strenge einer fehlenden Gesprächsbereitschaft, sondern nur im Sinne einer fehlenden Bereitschaft, in diesem Punkt auch nur geringfügig nachzugeben, verstanden. Im englischsprachigen Raum wird hierfür tendenziell der Begriff **non-negotiable** verwendet.

Etwas als undiscussable einzuordnen, kann den Zweck haben, sich hier unnütze (aufwendige) Verhandlungen zu sparen. Die andere Seite muss für sich entscheiden, ob sie dies akzeptieren kann. Der so gekennzeichnete Punkt wird damit gegen Argumente immunisiert, also geradezu tabuisiert. Es ist allerdings nicht immer leicht, einen Punkt überzeugend als undiscussable darzustellen. Eine Möglichkeit dies zu erreichen, ist die → *Selbstknebelungstaktik*, bei der sich eine Seite vorab in eine Situation manövriert, aus der sie nicht ohne größeren Gesichtsverlust (→ *Gesicht wahren*) oder schwerwiegende materielle Verluste herauskommt.

Einen Punkt als undiscussable zu erklären, kann Sinn machen, wenn er für die eigene Seite wirklich hohe Bedeutung hat (z. B. ein → *deal breaker* ist), aber der Grund dafür z. B. deshalb nicht genannt werden kann, weil der Verhandlungspartner dadurch eine wichtige, die weitere Verhandlung beeinflussende Information erhielte. Denn in Verbindung mit der Taktik undiscussable werden gleichzeitig in der Regel auch Informationsbegehren des Verhandlungspartners abgewehrt. Da die Interessen dabei somit nicht aufgedeckt werden, kann es sich zudem um ein Element des → *positionsorientierten Verhandelns* handeln; zumindest kann es für die Gegenseite so wirken. Wenn etwas undiskutierbar ist und damit wie eine Prämisse wirkt, besteht sogar die Gefahr, dass ein solcher Punkt bei der Messung des gegenseitigen Nachgebens nicht berücksichtigt wird, da über ihn nicht verhandelt wurde (Messung des Nachgebens nur bei den verhandelten Punkten). Fair wäre es hingegen, in solchen Fällen ein besonders intensives Nachgeben an anderer Stelle zu erhalten.

Die Anwendung der Taktik undiscussable erhöht die Gefahr des Scheiterns der Verhandlungen und kann sich negativ auf das Verhandlungsvertrauen auswirken, da selbst Informationsbegehren abgelehnt werden.

Unlautere Irreführung

Das UWG-Gesetz gegen unlauteren Wettbewerb gehört zum Lauterkeitsrecht und dient dem Schutz von Konkurrenten und Verbrauchern. Gemäß § 5 UWG (aktive Irreführung) und § 5a UWG (Irreführung durch Unterlassen) sind irreführende geschäftliche Handlungen unlauter. Die durch ein entsprechendes Verhalten geschädigten Konkurrenten können Unterlassungs- (§ 8 UWG) und Schadensersatzansprüche (§ 9 Abs. 1 UWG) geltend machen. Seit 2022 haben auch Verbraucher Schadenersatzansprüche gem. § 9 Abs. 2 UWG.

Bemerkenswerterweise enthält das Gesetz in § 5 Abs. 2 UWG – der auf Art. 3 der Richtlinie über irreführende und vergleichende Werbung beruht (Richtlinie 2006/114/EG) – einen nicht abschließenden („insbesondere") Katalog der Gegenstände, bei denen die Täuschung unlauter ist. Dieser Katalog betrifft den Vertragsgegenstand und die Person des Werbenden. Auch wenn es sich nicht um eine abschließende Aufzählung handelt und das Lauterkeitsrecht und die Irreführungsregeln des Zivilrechts nach h. M. keine Einheit bilden, deutet diese begrenzte Aufzählung doch darauf hin, dass es vielleicht Gegenstände geben könnte, über die irregeführt werden kann, ohne dass diese Irreführung rechtswidrig ist. Die Autoren haben dazu das Konzept der → *listigen Täuschung* entwickelt.

Unvollendete Lösungsvorschläge

Hierbei handelt es sich um eine Taktik, die dazu dient, die eigenen Vorstellungen durchzusetzen und für den gewünschten Kompromiss eine hohe Akzeptanz beim Verhandlungspartner zu erreichen. Dafür können eine Idee, ein Lösungsvorschlag oder ein Kompromiss lediglich angedeutet werden. Greift der Verhandlungspartner den Ansatz auf und entwickelt ihn weiter, führt dies in der Regel zu verschiedenen Vorteilen für die Seite, die die Idee angedeutet hat. Zum einen lassen sich dadurch negative Effekte durch → *reactive devaluation* verhindern. Denn der Verhandlungspartner wird den weiterentwickelten Vorschlag in der Regel als seinen eigenen anerkennen. Das führt dazu, dass er ihm weniger skeptisch gegenübersteht und ihn auch innerlich stärker akzeptiert. Das kann insbesondere für eine erfolgreiche Vertragsdurchführung entscheidend sein. Außerdem ist das Erfolgsgefühl des Verhandlers der Gegenseite von Bedeutung. Dieser wird dann häufig auch bereit sein, diese Lösung gegen Bedenken seiner eigenen Vorgesetzten (der → *decision-maker*) zu verteidigen (Verhandlung *behind the table*, → *Principal-Agent-Problematik*). Akzeptiert der Verhandlungspartner die Idee als seine eigene, kann er zudem im Gegenzug kein Zugeständnis verlangen.

Zugleich ist nach deutschem Recht auf diese Weise sichergestellt, dass es sich um eine ausgehandelte, nicht der → *Inhaltskontrolle* unterliegende, Regelung handelt.

Verbot des Missbrauchs einer marktbeherrschenden Stellung

Neben dem für Vertragsverhandlungen noch wichtigeren → *Kartellverbot* ist das Verbot des Missbrauchs einer marktbeherrschenden Stellung im Sinne des Art. 102 AEUV (EU) bzw. §§ 19 f. GWB (Deutschland) die zweite rechtliche Rahmenbedingung des **Kartell-**

rechts für Vertragsgestaltungen. Die Höchstsanktion bei der Kartellbuße in Höhe von 10 % eines Konzernjahresumsatzes (vgl. Art. 23 Abs. 2 S. 2 VO (EG) 1/2003 Kartellverfahrensverordnung, § 81 Abs. 4 S. 2 und 3 GWB) zuzüglich ergänzender Schadensersatzansprüche ist Grund genug, diese kartellrechtliche Regel uneingeschränkt zu beachten. Diese wirkt sich auf den zulässigen Vertragsinhalt aus. Die absolute marktbeherrschende Stellung wird nach deutschem Recht für ein einzelnes Unternehmen gem. § 18 Abs. 4 GWB ab einem Marktanteil von 40 % vermutet, was allerdings weder eine Widerlegung noch eine Marktbeherrschung bei einem geringeren Marktanteil ausschließt. Eine absolute Marktmacht wird im europäischen Recht ab ca. 50 % angenommen. Im deutschen Recht werden der absoluten Marktmacht des europäischen Rechts die relativ marktstarken Unternehmen gleichgestellt, die gegenüber einem bestimmten Vertragspartner Marktmacht haben (vgl. § 20 Abs. 1, 2, 3 GWB). Verboten sind in den Fällen der Marktmacht in Deutschland und in Europa insbesondere die Diskriminierung eines Vertragspartners gegenüber einem anderen Vertragspartner und die gezielte (rechtswidrige) Behinderung. Auch eine Gruppe von Unternehmen kann Marktmacht haben (Oligopol), doch sind die Voraussetzungen noch strenger (vgl. § 18 Abs. 5, 6 GWB) und liegen vor allem nach europäischem Recht (vgl. EuG, Slg. 2002 II 2585 – Airtours) nur selten vor.

Verhandlungsabschnitte
Anders als bei → *Verhandlungsphasen*, geht es bei den Verhandlungsabschnitten nicht um eine funktionale Unterteilung der Verhandlung, sondern um eine Aufteilung der Kernverhandlung.

1. Typische Verhandlungsabschnitte.
2. Trennung von juristischen und technischen Fragestellungen.
3. Unterteilung nach Hierarchieebenen, sodass zunächst auf den unteren Hierarchiestufen Entscheidungen für die Leiter/Geschäftsführer vorbereitet werden. Umgekehrt ist es auch möglich, dass zunächst die → *decision-maker* eine generelle Einigung erzielen und die Detailfragen dann Spezialisten überlassen.
4. Unterteilung nach Themenkomplexen, wie z. B. Risiko & Haftung, Mängel, Garantien, Liefertermine.

Verhandlungsebenen
Die Verhandlungstheorie basiert darauf, dass die Verhandler logisch und interessengeleitet denken und die Vor- und Nachteile für ihr Unternehmen und für sich rational abwägen. Dies ist die **rationale Verhandlungsebene**. Gerade im Unternehmensbereich, speziell bei Verhandlungen zwischen Unternehmen, dominiert die rationale Verhandlungsebene. Der Mensch handelt jedoch nicht ausschließlich ökonomisch; er ist kein reiner Homo oeconomicus, sondern folgt auch seinen Gefühlen (→ *Emotionen*). Es gibt daher immer auch eine **emotionale Verhandlungsebene**, bei der es um die Gefühle beider Seiten geht. Selbst wenn man durch Nutzung der rationalen Verhandlungsebene eine Zustimmung und damit

einen Vertragsschluss erreicht, lohnt es sich, zusätzlich Zeit in die emotionale Ebene zu investieren. Denn stimmen die Verhandler einander auch emotional zu, erhöht dies die Wahrscheinlichkeit, dass die Einigung auch gelebt wird, sich beide Seiten also in potenziellen Konfliktfällen konstruktiv verhalten. Als Drittes gibt es die **Identitätsebene**, bei der es um die Betroffenheit des Menschen – des Verhandlers – als Person geht. Es geht also um die Ehre und Wertschätzung des Verhandlers selbst. Einen Bezugspunkt zur Identitätsebene haben Taktiken wie „Gesicht geben".

Verhandlungsführer

Insbesondere bei einer größeren Zahl von Verhandlern auf einer Seite ist es regelmäßig sinnvoll, einen Verhandlungsführer zu bestimmen. Denn es bedarf innerhalb der Verhandlungsdelegation häufig klarer und schneller Entscheidungen, die nicht durch Rückfragen beim Unternehmen verzögert werden sollten und die auch nicht erst im Team diskutiert werden müssen. Auch der Verhandlungspartner erwartet die Existenz eines Verhandlungsführers, an den er sich wenden kann. Mit der Rolle des Verhandlungsführers sind verschiedene Aufgaben verbunden. Interner Verhandlungsführer ist derjenige, der gegenüber dem eigenen Unternehmen die Verantwortung für die Verhandlung trägt. Im Regelfall ist er zugleich auch im Auftreten nach außen (d. h. gegenüber dem Verhandlungspartner) der Verhandlungsführer. Ist dies ausnahmsweise nicht der Fall, spricht man von einer *grauen Eminenz* (→ *decision-maker*). Der Verhandlungsführer übernimmt meist auch die Rolle des → *Treibers*. Der Verhandlungsführer kann zugleich auch → *decision-maker* sein, der dann selbstständig über den Vertragsabschluss entscheiden kann. Versteht man den Begriff decision-maker in einem weiteren Sinne, ist jeder Verhandlungsführer auch decision-maker, da er zumindest organisatorische Entscheidungen treffen darf. Es kommt jedoch ebenfalls häufig vor, dass ein Verhandler zwar Verhandlungsführer ist, sich unternehmensintern jedoch mit einem decision-maker zumindest abstimmen muss.

Nicht selten bestehen Erwartungen an die (hohe) hierarchische Stellung des Verhandlungsführers. Der Verhandlungspartner liest daran die Wertschätzung für seine Seite und das verhandelte Geschäft ab. Dies kann es unter Umständen sinnvoll erscheinen lassen, für Verhandlungen im Ausland klangvollere Titel als innerhalb Deutschlands zu verwenden (z. B. Vice President für einen Hauptabteilungsleiter).

Verhandlungsklausel

Eine Verhandlungsklausel verpflichtet die Beteiligten, zu verhandeln, bevor sie im Rahmen eines Konflikts die nächste → *Eskalationsstufe*, z. B. die Anrufung eines Schiedsgerichts oder Klage vor einem ordentlichen Gericht, erklimmen dürfen. Es handelt sich um ein juristisches Hilfsmittel.

Bei den aufgrund einer Verhandlungsklausel durchgeführten Verhandlungen hat nicht selten eine Seite kein Interesse an der Verhandlung, sieht sich also lediglich gezwungen „pro forma" zu verhandeln. Um zu zeigen, dass sie verhandelt, kann diese Partei in unwichtigen Nebenpunkten nachgeben, sonst aber hart bleiben. Solange das Verhalten auch sonst normalem Verhandlungsgebaren entspricht, kann die Verletzung der Verhandlungspflicht kaum nachgewiesen werden, weshalb die Effektivität von Verhandlungsklauseln nicht unumstritten ist. Zu ihren Gunsten lässt sich sagen, dass allein der dadurch zur Verfügung gestellte, mögliche Einigungszeitraum und die Notwendigkeit zu verhandeln, doch zu einer echten Verhandlungsbereitschaft und damit zu einer echten Chance auf Konfliktlösung führen können.

Verhandlungspause

Verhandlungspausen (**take a break!**) sind außerordentlich wertvoll. Bei langen Verhandlungen können sich die Verhandler in diesen **Pausen** erholen sowie Informationen und Eindrücke austauschen und sich auf die kommenden → *Verhandlungsabschnitte* vorbereiten. Besonders wichtig sind Pausen, wenn ein → *Analytiker* beteiligt ist bzw. jemand, der zumindest zeitweise die Rolle des Analytikers übernommen hat. Der Analytiker kann dann in den Verhandlungspausen seine Eindrücke schildern. Je nach Verhandlungssituation können in der Verhandlungspause Pläne und Taktiken modifiziert werden. Es kann auch ein Informationsaustausch mit dem → *back office* bzw. mit dem → *decision-maker* im Hintergrund stattfinden. Viele Pausen erlauben es den Verhandlungsparteien allerdings nicht, sich zurückzuziehen. Sie werden vielmehr gemeinsam mit dem Verhandlungspartner, z. B. beim gemeinsamen Essen, verbracht. Dies schafft häufig Gelegenheit für informelle Gespräche, durch die sich Informationen und Optionen gewinnen lassen. Bei einer gemeinsam verbrachten Pause können sich daher oftmals nur einzelne Verhandler kurz entschuldigen, um z. B. telefonisch Rücksprache mit einem Entscheider zu halten. Gibt es jedoch innerhalb des Verhandlungsteams Diskussionsbedarf, kann es sinnvoll sein, bestimmte Punkte zu vertagen (→ *Vertagung*), um sie erst bei der nächsten Verhandlungsrunde zu besprechen.

Bei komplexen Verhandlungen, vor allem auch im politischen Bereich, sind die Verhandlungen während der Pausen, die off the records stattfinden, oftmals entscheidend für die Kompromissfindung.

Eine Verhandlungspause kann zudem als cooling-off (d. h. als atmosphärische Entspannung) genutzt werden, wenn die Verhandlung z. B. sehr emotional war. Insgesamt können sich die Verhandler gerade auch in den Verhandlungspausen um ein gutes Klima bemühen. Diese Pausen werden regelmäßig für → *chit-chat* genutzt.

Wenn die andere Seite einen „Lauf" (Flow) hat, kann die Verhandlungspause wie im Sport eingesetzt werden, um diesen „Lauf" zu unterbrechen und die Moral der eigenen Verhandler wieder aufzurichten. In diesem Fall ist die Verhandlungspause ein taktisches Gestaltungsinstrument im Rahmen der Verhandlung (**taktische Pause**). Es kann auch eine Taktik sein, eine Pause zu verhindern, um dem Verhandlungspartner nicht die Vorteile der Verhandlungspause Zugutekommen zu lassen. Hier wird teilweise auf eine Überforderung der Verhandler abgezielt. Die Verweigerung der Pause wird manchmal mit einem künstlichen und überraschenden *Zeitdruck* (→ *false deadline*) erreicht. Oft wird ein anschließender Termin als Begründung für den angeblichen zeitlichen Druck genannt. Umgekehrt kann auch die Verlängerung einer Pause ein Versuch sein, Zeitdruck aufzubauen.

Verhandlungsphasen

Verhandlungen werden in unterschiedliche Phasen eingeteilt. Die Anzahl und Bezeichnung der Phasen sind in der Literatur nicht einheitlich. Wichtige Schritte sind aber in jedem Fall:

- Verhandlungsvorbereitung
- Verhandlungseinstieg
- Kernphase der Verhandlung
- Vereinbarung
- Umsetzung des Vereinbarten
- Ex-post-Phase

In den einzelnen Phasen stellen sich unterschiedliche Herausforderungen (dazu ausführlicher unter Kap. 3). Besondere Bedeutung für den Verhandlungserfolg kommt der Verhandlungsvorbereitung zu; siehe auch → *80-20-Regel*. In dieser Phase werden unter anderem die Verhandlungsziele erarbeitet, das eigene und fremde → *BATNA* bestimmt sowie die Verhandlungsstrategie und -taktiken ausgearbeitet. Der Einstieg in die Verhandlungen ist geprägt durch das gegenseitige Kennenlernen (bei neuen Verhandlungspartnern, → *Eindruck*), dem Aufbau einer guten Beziehung (→ *rapport*) und der Informationsgewinnung, insbesondere in Bezug auf Präferenzen, Wünsche, Ziele und Vorstellungen. Gerade der geschickte Einsatz von Fragetechniken (vgl. Themenliste) kann hier zu zusätzlichem Informationsgewinn führen. Dann folgt die Kernphase der Verhandlung, in der die einzelnen Aspekte verhandelt und Lösungen und Kompromisse gefunden werden (müssen). Hier wird die vorher erarbeitete Verhandlungsstrategie (vgl. Themenliste) eingebracht und die meisten Taktiken angewandt. Ist die Verhandlung erfolgreich, kommt es zum Vertragsabschluss. Es kann auch sein, dass die Parteien die Verhandlungen abbrechen (→ *break it off*), da eine oder beide Seiten eine bessere Alternative zum Vertragsschluss haben. Wird ein Vertrag geschlossen, folgt die Umsetzung des Vereinbarten. Gerade bei Projekten, bei denen es auf die Kooperation der Parteien ankommt, ist hier eine gute Parteibeziehung wichtig. Die Ex-post-Phase, d. h. die Phase nach der Umsetzung des Vereinbarten, wird manchmal im Rahmen des → *Claim-Managements* genutzt, um Forderungen und Ansprüche durchzusetzen. Hierdurch soll versucht werden, das Ergebnis noch einmal zu beeinflussen. Darüber hinaus dient diese Phase der Reflexion der Verhandlungen.

Verhandlungsstil

Der Verhandlungsstil (**negotiation style**) hat Berührungspunkte zur Verhandlungstaktik, ist aber nicht mit dieser zu verwechseln. Zum Verhandlungsstil gehören alle sich wiederholenden Abläufe formeller und atmosphärischer Art. Es kann einen unternehmensspezifischen Verhandlungsstil geben, z. B. bei Vorliegen entsprechender Drehbücher. Darüber hinaus haben → *Verhandlungsführer* und auch eingespielte Teams von → *zwei Verhandlern* jeweils eigene Verhandlungsstile. Dies ist beim Auswechseln von Verhandlern zu beachten. Um bei Verhandlungen glaubwürdig zu erscheinen, ist es grundsätzlich ratsam einen Verhandlungsstil zu entwickeln, der zur eigenen Persönlichkeit passt, um darauf aufbauend Verhandlungsexpertise zu gewinnen. Außerdem ist es wichtig, den Verhandlungsstil des Verhandlungspartners einschätzen zu können, denn so lassen sich spezifischere Verhandlungsstrategien und -taktiken entwickeln und anwenden.

Die Psychologie kennt zahlreiche Systeme zur Bestimmung von Persönlichkeitsprofilen (vgl. als eine der ersten *Allport/Ordbert*, Psychological Monographs 211 (1936), 1–38). Ein Beispiel dafür ist der **Myers-Briggs-Typenindikator (MBTI)**, der von *Katharine Cook Briggs* und *Isabel Myers* entwickelt wurde und auf der Typologie von *Carl Gustav Jung* beruht. Es kann sinnvoll sein, seine eigene Persönlichkeit näher auszuloten, eventuell auch mit Hilfe eines psychologischen Tests. Aber es ist nicht notwendig und auch nicht sinnvoll ein psychologisches Profil aller Verhandlungspartner anzulegen. Interessant kann es aber sein, eine grobe Einschätzung des Verhandlungspartners vorzunehmen, da es in der Verhandlung einen Unterschied macht, ob man beispielsweise einem introvertierten oder extrovertierten Menschen gegenübersitzt. Beim MBTI werden vier Gegensatzpaare von Eigenschaften unterschieden, die im Folgenden vereinfachend dargestellt werden:

- Introversion (= introvertiert) oder Extraversion (= extrovertiert).
- Intuition (= „sechster Sinn", „Bauchgefühl") oder Sensorik (= von sensorischen Eindrücken geprägt).
- Denken (= analytisch) oder Fühlen (= gefühlsbetont, emotional).
- Wahrnehmung (Offenheit gegenüber Neuem, z. B. Informationen) oder Beurteilung (schnell im Urteil fällen).

Eine andere Unterteilung (sogenannte **TKI-Methode**) unterscheidet zwischen analytisch vorgehenden, strukturierten, zielorientierten, emphatischen, neugierigen, flexiblen und durchsetzungsstarken Verhandlern. Im Fall von Konflikten unterscheiden *Thomas/Kilmann* (*Thomas/Kilmann*, Conflict Mode Instrument, 1974) fünf verschiedene Arten, mit dieser Situation umzugehen (**Thomas-Kilmann Conflict Mode Instrument**). Die Erläuterungen in der Klammer stellen dabei keine Übersetzung dar, sondern eine stark vereinfachende, kurze Erläuterung der Hauptcharakteristiken:

- Competing (Durchsetzung der eigenen Interessen auf Kosten des Gegenübers),
- Collaborating (Zusammenarbeit mit dem Gegenüber, um kreative Lösungen, aufbauend auf den zugrunde liegenden Interessen beider Seiten, zu finden),

- Compromising (Kompromissfindung, die zumindest teilweise die Interessen beider Seiten berücksichtigt),
- Avoiding (Konfliktvermeidung. Es wird nach keiner Lösung gesucht),
- Accommodating (unter Vernachlässigung der eigenen Interessen, wird einer Lösung zugestimmt, um den Wünschen des Gegenübers nachzukommen).

Entscheidend ist es, zu erkennen, dass es unterschiedliche Verhandlungstypen gibt, die jeweils Stärken und Schwächen aufweisen. Je nachdem zu welchem Verhandlungsstil der Verhandlungspartner neigt, sind die Strategie und Taktiken anzupassen (vgl. dazu *Mnookin/Peppet/Tulumello*, Beyond Winning, 2004, S. 53 f.).

Verstrickungstaktik

Bei der Verstrickungstaktik wird dem Verhandler der Gegenseite persönlich ein wertvoller Vorteil angeboten, dessen Annahme zur Folge hat, dass sich dieser Verhandler rechtswidrig (Bestechlichkeit) oder zumindest unmoralisch bzw. illoyal gegenüber seinem Unternehmen verhält (→ *Principal-Agent-Problematik*). Die Idee dahinter ist, dass der Verhandler der Gegenseite, in eine (begrenzte) Abhängigkeit gerät, sobald er den angebotenen Vorteil annimmt. Diese Verstrickung wird dann in den Verhandlungen zu den eigenen Gunsten ausgenutzt.

Die Taktik kann sogar verfangen, wenn nur der Anschein entsteht, der Verhandler der Gegenseite habe einen Vorteil angenommen oder sich an rechtswidrigem (z. B. kartellrechtswidrigem) oder unmoralischem Verhalten beteiligt. Bei scheinbar zugunsten eines Verhandlers sehr großzügigen Angeboten ist seitens des Verhandlers immer an daraus folgende Abhängigkeiten zu denken. Solche Abhängigkeiten sind strikt zu vermeiden. Das gilt auch für verfängliche Orte oder Situationen, bei denen bereits aus dem Anschein der Verstrickung eine solche erwachsen kann. Ist die Verstrickung einmal entstanden und versucht die Gegenseite, dies erpresserisch zu nutzen, sollte die Verstrickung der eigenen Seite offenbart werden. Das entsprechende Unternehmen wird diese Offenbarung unter Umständen durch einen (weitgehenden) Verzicht auf Sanktionierung des Fehlverhaltens honorieren.

Diese Verstrickungstaktik erfüllt ihrerseits teilweise Straftatbestände (z. B. → *Bestechung* bzw. beim späteren Ausnutzen der Verstrickung auch Erpressung). Bereits der Versuch des Einsatzes dieser Taktik kann die Parteibeziehung gravierend stören und sogar zum *Verhandlungsabbruch* (→ *break it off*) führen. Unternehmen können der Verstrickungstaktik durch das → *Vieraugenprinzip* entgegnen, da zwei Personen (→ *zwei Verhandler*) schwieriger als eine Person zu verstricken sind. Bezüglich der Annahme von Geschenken gibt es in der Regel Vorgaben von der Compliance-Abteilung. Existiert kein Compliance-System sind in solchen Fällen Vorgesetzte zu informieren.

Von einer Verstrickung im weiteren Sinne könnte darüber hinaus dann gesprochen werden, wenn ein Verhandler an einem einmal eingeschlagenen Weg festhält und weitere Aufwendungen tätigt, obwohl dies irrational ist. Die Kosten-Nutzen-Abwägung weicht einer zwanghaften Dynamik. Ursächlich dafür sind die → *sunk cost bias*, die Angst vor dem Gesichtsverlust (→ *Gesicht wahren*), der illusorische Optimismus (→ *optimism bias*) sowie → *anchoring*. Abhilfe schafft nur die konsequente Zukunftsbezogenheit.

Vertragsbruch

Unter einem Vertragsbruch (**breach of contract**) wird eine Situation verstanden, in der eine Vertragspartei ihre vertraglichen Pflichten nicht erfüllt. Die Sanktionen (Rechtsfolgen), die aus dem Vertragsbruch resultieren, sind aus den verschiedensten Gründen nicht immer effektiv, z. B., weil nicht alle Schäden kompensiert werden. Sie unterscheiden sich je nach Rechtsordnung. In Deutschland beschäftigt sich das Leistungsstörungsrecht mit der Thematik. Im Falle einer Pflichtverletzung hat der Gläubiger daher einen Schadensersatzanspruch. Dieser besteht entweder in einem Schadensersatz neben der Leistung oder statt der Leistung (§§ 280, 281 BGB). Im anglo-amerikanischen Raum kann der Gläubiger im Regelfall nicht die Leistung in Natur (specific performance) verlangen, sondern hat nur einen Anspruch auf Ersatz des Schadens (in Geld). Schon die Möglichkeit eines Vertragsbruchs beeinflusst die Vertragsverhandlungen.

Ein besonderer Fall des Vertragsbruchs ist der **efficient breach (of contract)** (**effizienter/sinnvoller Vertragsbruch**). Das Konzept stammt aus dem Bereich der ökonomischen Analyse des Rechts. Ein efficient breach liegt demnach vor, wenn es effizient, also ökonomisch sinnvoll ist, dass eine Partei den Vertrag bricht und dafür der anderen Seite den Schaden ersetzt. Für die Partei, die den Vertrag bricht, ist es somit ökonomisch sinnvoller, den Schaden zu ersetzen als die versprochene Leistung zu erbringen.

Beispiel

Spezialreifenhersteller A verkauft Spediteur B 100 neue Reifen für dessen LKWs zu einem Preis von je 150 € (insgesamt 15.000 €). Bevor A die Reifen ausliefert, ruft ihn C an, der dringend neue Reifen für die LKWs seines Transportunternehmens braucht, da über Nacht Randalierer auf das Unternehmensgelände eingedrungen sind und 40 Reifen zerstochen haben. Er bietet A 200 € pro Reifen (also insgesamt 8000 €). A liefert ihm die gewünschte Menge und kann deshalb den Vertrag mit B nicht fristgerecht erfüllen. Er muss – wie hier unterstellt werden soll – dem B 1500 € Schadensersatz leisten. Dennoch hat sich das Geschäft für ihn gelohnt, denn er hat aus dem Geschäft mit C 8000 € erhalten. Für dieselben 40 Reifen für B hatte er dagegen nur 6000 € vereinbart. Von dem Überschuss in Höhe von 2000 € muss er zwar 1500 € an B zahlen, aber es verbleibt ihm auch nach Ersatz des Schadens noch ein Plus von 500 €. ◄

Viele Rechtsordnungen tolerieren einen efficient breach of contract, d. h. einen **effizienten Vertragsbruch** zumindest insoweit, als er nicht unter das sogenannte Legalitätsprinzip fallen soll. Mitarbeiter handeln dann ihrem Unternehmen gegenüber rechtmäßig, wenn der Vertragsbruch dem Unternehmen nutzt. Von daher sollte bei den Vertragsverhandlungen an (positive und/oder negative) Anreize für den Vertragspartner gedacht werden, sich vertragsgemäß zu verhalten.

für negative Anreize: Vertragsstrafen

für positive Anreize: Bonuszahlung ◄

Sofern der Verhandlungspartner nicht dauerhaft abhängig ist, ist die Möglichkeit eines efficient breach of contract eine wichtige Begrenzung der eigenen, scheinbar überlegenen, Verhandlungsmacht.

Vertragsfreiheit

Die grundsätzliche Vertragsfreiheit, beinhaltet die Freiheit

- darüber zu entscheiden, ob man einen Vertrag schließt (Abschlussfreiheit),
- mit wem man einen Vertrag abschließt (Partnerwahlfreiheit),
- mit welchem Inhalt der Vertrag geschlossen wird (Inhaltsfreiheit bzw. Gestaltungsfreiheit) und
- zu bestimmen, welche Form der Vertrag aufweisen soll (Formfreiheit).

Die Vertragsfreiheit ist als Teil der allgemeinen **Privatautonomie** eine zentrale rechtliche Rahmenbedingung für Verhandlungen und macht diese erst möglich und sinnvoll. Hierzu gehört auch die Freiheit, sich ganz neue Vertragsarten und ganz neue vertragliche Regelungen auszudenken und zum Inhalt eines Vertrages zu machen. In Deutschland ist die Vertragsfreiheit ansatzweise in § 311 Abs. 1 BGB geregelt, kann sich aber auch auf die grundrechtliche Handlungsfreiheit in Art. 2 Abs. 1 GG stützen. Diese Freiheit ist aber nicht unbegrenzt; sie wird an einigen Stellen beschränkt. In seltenen Fällen kann es einen **Kontrahierungszwang**, also die Pflicht zum Vertragsschluss, geben. Im unternehmerischen Bereich kommt dies vor allem bei einem kartellrechtlichen Missbrauch einer marktbeherrschenden Stellung einer Seite in Betracht, der sich in einer Nichtbelieferung oder der Beendigung einer Geschäftsbeziehung äußert. Spezialgesetzlich und kartellrechtlich (vgl. Art 102 AEUV, § 19 Abs. 2 Nr. 4 GWB) kann es im Rahmen der sog. essential facilities Doktrin einen Kontrahierungszwang in Bezug auf Telekommunikationsnetze, Verkehrsnetze, Energienetze und andere wesentliche Einrichtungen geben, ohne deren Nutzung der Konkurrenz eine Geschäftstätigkeit nicht sinnvoll möglich ist. Erforderlich sind dafür ein angemessenes Nutzungsentgelt und freie Kapazitäten. Auch das Patentrecht (§ 24 PatentG) kennt bei entsprechendem öffentlichem Interesse eine Zwangslizenz. Weitaus stärker als die Abschlussfreiheit ist die Inhaltsfreiheit eingeschränkt. Das → *zwingende Recht*, die → *Inhaltskontrolle* (vor allem bei allgemeinen Geschäftsbedingungen, aber auch generell bei strukturellen Ungleichgewichtslagen) und → *gesetzliche Verbote* (zur Wahrung staatlicher Interessen, wie z. B. beim Verbot der Schwarzarbeit oder zum Schutz Einzelner, wie z. B. im Antidiskriminierungsrecht) schränken die Vertragsfreiheit in nicht unerheblichem Maße ein. Sie bleibt aber in jedem Fall der Ausgangspunkt, weshalb derjenige, der behauptet, etwas sei unzulässig, die → *Begründungslast* trägt. Formvorschriften wiederum schränken die Formfreiheit ein.

Videoverhandlungen

Befinden sich die Verhandler beider Seiten nicht im selben Raum und kommunizieren sie über Video (Bild und Ton) handelt es sich um eine sog. Videoverhandlung. Erst in den letzten Jahren haben Videoverhandlungen mit spezieller Software und verbesserter Übertragungstechnik ein so hohes technisches Niveau erreicht, dass sie als echte Alternative zu → *face-to-face* Verhandlungen erscheinen. Der Durchbruch kam für die Videoverhandlungen mit der Covid-19-Pandemie, die face-to-face Verhandlungen (insbesondere im internationalen Geschäftsverkehr) ausschloss oder zumindest stark erschwerte. Die Pandemie beschleunigte zudem nochmals die technische Entwicklung. Durch den Masseneinsatz von Videoverhandlungen erfolgte dann auch eine stärkere Anpassung der Verhandlungen an das Medium Video. In der Verhandlungswissenschaft steht eine abschließende Bewertung von Videoverhandlungen bislang noch aus. Die vorhandenen älteren Studien sind aufgrund des damaligen technischen Standes und der fehlenden Gewöhnung an Videoverhandlungen nur eingeschränkt aussagekräftig. Neue Studien auf Basis aktueller Technik und Gewöhnung liegen erst vereinzelt vor.

Zu den Vorteilen von Videoverhandlungen zählt, dass sie Reisekosten sowie Reisezeit und damit → *Transaktionskosten* sparen. Wegen der gesparten Reisezeit können Videoverhandlungen zudem kurzfristiger angesetzt werden. Auch ein Zerlegen in mehrere kürzere Verhandlungstreffen ist mangels Reisezeit und Reisekosten meist unproblematisch möglich, wodurch Vertagungen taktisch besser eingesetzt werden können. Unklar ist, ob Videoverhandlungen weniger lange dauern als face-to-face Verhandlungen. Ältere Studien haben insofern keine signifikanten zeitlichen Unterschiede festgestellt (*Suh*, Information & Management 35 (1999), 295, 306; *Wang/Doong*, Information & Management 55 (2014), 738, 744). Gespräche mit Verhandlern deuten darauf hin, dass zumindest ein subjektives Gefühl besteht, dass Videoverhandlungen kürzer sind. Zumindest erscheint es wenig sinnvoll, hier lange Verhandlungen mit dem Ziel einer Erschöpfung der Gegenseite anzustreben. Denn durch den leichteren Austausch von Verhandlern und Vertagungen kann dieser Taktik effektiv entgegengewirkt werden. Bei Verhandlungen über große Distanzen in ostwestlicher Richtung besteht bei Videoverhandlungen (wie bei telefonischen Verhandlungen) häufig das Problem der Zeitverschiebung. Experten für Detailfragen können bei Videoverhandlungen aber grundsätzlich kurzfristiger und flexibler zu den sie betreffenden Details hinzugezogen werden. Sie müssen dadurch nicht an der gesamten Verhandlungsrunde teilnehmen. Auch die Rückkoppelung zum → *back office* und zum → *decision-maker* wird durch Videoverhandlungen deutlich einfacher. Die Koordinierung zwischen den Verhandlern einer Gruppe kann außerdem durch Chats wesentlich intensiviert werden (z. B. integrierte Funktionen bei Softwares wie Zoom und Teams). So kann der aktuell Sprechende während seiner Rede Hinweise erhalten und umgekehrt Aufgaben an andere verteilen. Hier ergeben sich neue Optionen für Rollenverteilungen speziell bei Videoverhandlungen (siehe Themenliste „Rolle"). Verhandlungsbegleitende → *Analytiker* erhalten umfassendere praktische Einsatzmöglichkeiten. Die Videoverhandlungen finden außerdem automatisch an einem neutralen Ort, d. h. virtuell, statt. Feng-Shui-technische Probleme z. B. durch Personen, die im Rücken sitzen oder offene Türen im Rücken kann es somit nicht geben. Die Überzahl einer Seite erzeugt gleichzeitig eine deutlich geringere Schieflage als dies bei face-to-face Verhandlungen der Fall wäre. Generell haben auch Dominanzgesten (→ *Herrschaftsgesten*) eine schwächere Wirkung, da diese insbesondere auf der visuellen Wirkung von Personen oder Objekten beruhen, die hier aber deutlich eingeschränkt ist (*Wachter*, Computers in Human Behavior 15 (1999), 763, 772 und 776 f.). Zurückhaltende Verhandler werden durch Videoverhandlungen gleichzeitig weniger in ihrer Entfaltung gebremst, da insbesondere emotionaler Druck abgeschwächt wird. Das betrifft sowohl Druck von der Gegenseite als auch den Druck durch die eigene Seite. Dies kann allerdings auch zu aggressiveren Verhandlungen seitens sonst zurückhaltender Verhandler führen (so für Frauen *Stuhlmacher/Citera/Willis*, Sex Roles 57 (2007), 329, 335). Vermutet wird zudem, dass Videoverhandlungen Geschlechterunterschiede, etwa bei der Initiierung von Verhandlungen, abmildern können (siehe *Kugler/Reif/Kaschner*, Psychosocial Bulletin 144 (2018), 198, 216). Der einzelne Verhandler kann bei Videoverhandlungen außerdem darüber bestimmen, was man von ihm sieht (*Ebner*, in: Honeyman/Schneider (Hrsg.): The Negotiator´s Desk Reference, 2017, S. 159). Überrumpelungen in Form eines zur Unterschrift vorgelegten Textes sind ebenfalls schwieriger, solange noch die Schriftform üblich ist, da ein sofortiges, beidseitiges Unterschreiben vor Ort nicht möglich ist.

Videoverhandlungen bringen insgesamt jedoch nicht nur Vorteile, sondern auch gewisse Nachteile mit sich. So gibt es trotz verbesserter Technik noch immer gelegentliche technische Störungen während Videoverhandlungen. Solche technischen Störungen lassen sich zum einen missbrauchen (z. B. durch absichtliches Falschverstehen), sie können zum anderen aber auch tatsächliche → *Missverständnisse* erzeugen. Wie bei allen technischen Systemen gibt es zudem das Risiko der fehlerhaften Anwendung (z. B. mit der Möglichkeit des Zugangs für Dritte oder der Übermittlung interner Chats an die Gegenseite). Ein Vertrauensaufbau durch soziale Kontakte außerhalb der Kernverhandlung (im Rahmen von Socializing, z. B. gemeinsames Essen, gemeinsames Sightseeing, gemeinsame Veranstaltungsbesuche) ist bei Videoverhandlungen kaum möglich. Das Kennenlernen und der Vertrauensaufbau während der Kernverhandlungen durch soziale Kommunikation am Rande der Verhandlung ist vielmehr deutlich erschwert. Videoverhandlungen sind zudem trotz verbesserter Bild- und Sprachqualität noch immer weniger reich an nonverbaler Kommunikation als face-to-face Verhandlungen (vgl. → *Körpersprache* und siehe auch Themenliste „Weitere Kommunikationstechniken"). Gerade der normalerweise natürlich bestehende Blickkontakt ist bei Videoverhandlungen eingeschränkt. Da außerdem nur ein kleiner Bildausschnitt aufgezeichnet wird, sind die Verhandler gleichzeitig in ihren Bewegungen eingeschränkt. Möchten Verhandler in Videoverhandlungen nonverbal kommunizieren, müssen sie oft zu ansonsten unüblichen Gesten greifen (wie z. B. eine „Daumenhoch"-Geste). Weil → *Emotionen* in Videoverhandlungen häufig schlechter erkannt werden, besteht zudem die erhöhte Gefahr einer nicht optimalen Reaktion auf die Emotionslage des Verhandlungspartners. Auch wird der Vertrauensaufbau durch nonverbale Kommunikation erschwert (vgl. *Chamäleon-Effekt* (→ *Körpersprache*)). Wenn das eigene Verhandlungsteam nicht von einem gemeinsamen Raum aus verhandelt (was allerdings möglich ist), ist es in Videoverhandlungen gleichzeitig schwieriger als in face-to-face Verhandlungen, ein Gruppengefühl zu entwickeln. Die Täuschungsbereitschaft steigt etwas an (*Burgoon et al.*, Trust and Deception in Mediated Communication, 2003), weil, anders als in der face-to-face Verhandlung, kein „in das Gesicht lügen" erforderlich ist. Meist sind die Mikrofone der nicht sprechenden Verhandler zudem ausgeschaltet. Das erschwert spontane Reaktionen auf Aussagen der Gegenseite. Das → *aktive Zuhören* ist daher z. B. vornehmlich auf Kopfnicken beschränkt, da „hmm" und „ja" nicht gut eingesetzt werden können. Die Einschränkung spontaner Reaktionen kann umgekehrt allerdings auch Vorteile haben, da so spontane → *Fehler* verhindert werden können. Es ist in Videoverhandlungen zudem schwieriger, das Niveau an Körperspannung, Aufmerksamkeit und Konzentration auf die Verhandlung zu erreichen, welches in face-to-face Verhandlungen Standard ist. Es wird zudem vermutet, dass die eingeschränkte Übertragung stimmlicher Äußerungen zu potenziellen Nachteilen für Frauen führen kann, da ihr Frequenzbereich stärker von Übertragungsverlusten betroffen ist (*Siegert/Niebuhr*, in: Hillman et al. (Hrsg.), Elektronische Sprachsignalverarbeitung 2021, 2021). Die fehlende Anreise kann zudem das Risiko einer ungenügenden Verhandlungsvorbereitung erhöhen, da Verhandler die Anreise fast immer auch zur Vorbereitung nutzen. Es bedarf bei Videoverhandlungen in der Regel zudem eines höheren Grades an akustischer und bildlicher Konzentration, um alles Wesentliche aufzunehmen. Dadurch ist die Belastung pro Zeiteinheit höher. Auch sich selbst zu sehen, wird in westlichen Verhandlungskulturen überwiegend als störend empfunden (*Bennet et al.*, Journal of Applied Psychology 106 (2021), 330, 314). Die Anzeige des eigenen Bilds lässt sich aber in der Regel abschalten, sodass sich der Verhandler auch allein auf die andere Seite konzentrieren kann. Die durch den Stress von Videoverhandlungen ausgelöste Erschöpfung wird auch als **Zoom Fatigue** bezeichnet. Gerade bei langen Videoverhandlungen sind daher → *Verhandlungspausen* wichtig. Bei Videoverhandlungen bestehen außerdem Risiken bezüglich der Vertraulichkeit der Gespräche. So können solche Verhandlungen beispielsweise leicht – ohne Wissen des Verhandlungspartners – aufgezeichnet werden. Zudem können unbemerkt weitere Personen der Videoverhandlung folgen. Die Position des Hosts führt zudem zu einer technischen Dominanz durch diesen. Ob dies trotz verbesserter Technik und professionellerem Umgang mit Videoverhandlungen auch heute und in Zukunft gilt, bleibt abzuwarten. Während es unklar ist, ob die objektiven Ergebnisse in Videoverhandlungen schlechter als bei face-to-face Verhandlungen sind, war die Verhandlungszufriedenheit bei face-to-face Verhandlungen, zumindest mit früherer Technik, höher (*Purdy/Nye/Balakrishan*, International Journal of Conflict Management 2 (2000), 162, 179 f.).

Aufgrund der beschriebenen, deutlichen Unterschiede zwischen face-to-face Verhandlungen und Videoverhandlungen sollte das Verhandlungsverhalten an Videoverhandlungen angepasst werden. Aufgrund der erhöhten Belastung durch Videoverhandlungen bieten sich mehrere kürzere Zeitslots an (→ *Verhandlungspause*). Verhandlungen sollten intensiv vorbereitet werden, was auch die sorgfältige Aufstellung einer → *Agenda* beinhaltet. Dies schließt auch die Anpassung der Taktik an das Format der Videoverhandlung ein. Insbesondere sollte eine gegen Verwechslungen sichere Chatfunktion eingerichtet werden, um die

Möglichkeiten zur internen Kommunikation zu erhöhen. Aufgrund der besonderen praktischen Bedeutung sollte die technische Stellung als Host oder zumindest als Co-Host angestrebt werden. Die Sprecherrollen sind bei Videoverhandlungen noch wichtiger als bei anderen Verhandlungsformen und sollten daher klar definiert und verteilt werden. Noch mehr als sonst bietet es sich bei Videoverhandlungen an, einen → *Analytiker* hinzuzuziehen. Insbesondere bei mehrseitigen Verhandlungen bietet sich die Einschaltung eines Moderators an. Eine Begrüßung durch hochrangige → *decision-maker* ist bei Videoverhandlungen unproblematisch möglich. Wie bereits erwähnt, müssen zudem Spezialisten nicht die ganze Zeit anwesend sein, sondern können zu den relevanten Zeitpunkten zugeschaltet werden. Der bei Videoverhandlungen häufigere Personenwechsel während der Verhandlung sollte in eine Form gekleidet werden, in der jeder Dazutretende willkommen geheißen wird und das Verabschieden klar erkennbar, aber ohne Störung erfolgt. Aufgrund der Defizite bei den Möglichkeiten, sich näher kennenzulernen und Vertrauen zu bilden, sollten die verbliebenen Möglichkeiten (z. B. durch frühes und nicht zeitgleiches Eintreffen im virtuellen Konferenzraum), eine Vorstellungsrunde und Zeit für *small talk* (→ *chit-chat*) vorgeplant und genutzt werden. Beidseitig große Bildschirme, eine geringe Anzahl an Verhandlern und gute Technik verbessern die Möglichkeiten nonverbaler Kommunikation und erleichtern die entsprechende Vertrauensbildung. Wer nonverbal kommunizieren will, sollte zudem darauf achten, dass seine Handbewegungen sichtbar sind. Professionelle Kleidung, professionelle Bildhintergründe und eine Vorbesprechung der jeweils eigenen Seite sind zu empfehlen, um dem für face-to-face Verhandlungen typischen Konzentrationslevel nahe zu kommen. Die generell wichtige Nachbereitung der Verhandlung (z. B. → *WWW*, → *WWYDD*) ist bei Videoverhandlungen aktuell noch bedeutsamer, weil sich diese Verhandlungsform noch in einer dynamischen Entwicklungsphase befindet, für die die Reflektion des Erlebten besonders geeignet ist, Optimierungspotenziale zu erarbeiten.

Vieraugenprinzip
Das Vieraugenprinzip (**two-men rule**) ist ein Kontrollmechanismus. Entscheidungen, die von einer Person getroffen werden, sind fehler- und missbrauchsanfällig. Zwei Personen können sich gegenseitig kontrollieren und so → *Fehler* und Missbräuche verhindern. Es besteht auch die Möglichkeit der Abwechslung bei der Verhandlung, beispielsweise nach Themengebieten, wodurch der jeweils nicht Verhandelnde die Rolle des → *Analytikers* einnehmen kann. Das Vieraugenprinzip hilft darüber hinaus auch bei der Überwindung der → *Principal-Agent-Problematik*. Voraussetzung für das Funktionieren des Vieraugenprinzips ist, dass zwischen den beiden Personen kein Abhängigkeitsverhältnis besteht. Bei dieser Teamgröße ist im Ergebnis der Koordinationsaufwand noch gering und die Vorteile relativ groß.

Vom Vieraugenprinzip ist das Verhandeln unter vier Augen zu unterscheiden, bei dem zwei Verhandler eins zu eins miteinander verhandeln. Es kann in besonders heiklen Situationen, z. B. beim Start eines Versuchsballons, empfehlenswert sein, unter vier Augen zu verhandeln, auch wenn ansonsten im Verhandlungsteam gearbeitet wird.

Das Vieraugenprinzip ist ein in der Praxis häufig auftretender Unterfall des **Mehrau-genprinzips**. Denn auch eine größere Gruppe (z. B. drei oder vier Personen) kann sich gegenseitig kontrollieren. Die Größe eines Verhandlungsteams hängt von der anstehenden Aufgabe und anderen Rahmenbedingungen ab. Größere Verhandlungsteams haben zwar insoweit Vorteile, als hier spezielle Kompetenzen gebündelt werden können. Zugleich entsteht jedoch das Problem der Koordination der Verhandler der eigenen Seite. Größere Teams sind daher in der Regel schwerfälliger und teilweise weniger effektiv. Selbst bei größeren Verhandlungen ist es deshalb oft sinnvoll, eine Teamgröße von sechs Personen nicht zu überschreiten. Manchmal lassen sie sich wegen der Komplexität der Verhandlung größere Teams jedoch nicht vermeiden.

Die Gesamtvertretungsmacht realisiert das Vieraugenprinzip bezogen auf die Abschlussvollmacht. Bei der Gesamtvertretungsmacht müssen zwei Vertreter den Vertretenen gemeinsam vertreten, um wirksam einen Vertrag zu schließen. Geschäftsführern kann beispielsweise Gesamtvertretungsmacht erteilt werden. Bei der sogenannten „unechten Vertretungsmacht" besteht für den Geschäftsführer und den Prokuristen Gesamtvertretungsmacht.

Vorbringen einer falschen Rechtsansicht

Das absichtliche Vorbringen einer falschen Rechtsansicht wird bereits in dem ca. 1830 entstandenen Manuskript von *Arthur Schopenhauer* (Eristische Dialektik) als Kunstgriff 28 unter der Bezeichnung **argumentum ad auditores** erwähnt. Bei Rechtsfragen gibt es einen weiten Vertretbarkeitsspielraum und auch rein subjektive Meinungen (z. B. „*meiner Meinung nach ist so etwas nicht zulässig*"). Dieses Spektrum kann in Verhandlungen taktisch genutzt werden und ist dabei rechtlich nicht relevant. Die andere Seite kann aus solchen Äußerungen nichts ableiten. Es gibt aber auch das bewusste Vorbringen einer falschen Rechtsansicht als Täuschungstaktik. In Verhandlungen wird diese Täuschungstaktik meist genutzt, um etwas als unzulässig oder jedenfalls rechtlich riskant darzustellen (**unzutreffende, rechtliche Bedenken**) und dadurch abzuwehren. Recherchiert die andere Seite das rechtliche Argument nicht sofort, ist die Aufdeckung im Nachhinein relativ unwahrscheinlich, da sich die Verhandler im Nachgang regelmäßig nicht mit ausgeschlossenen Optionen beschäftigen werden. Viel seltener wird umgekehrt etwas als zulässig dargestellt, das jedoch nicht zulässig ist. Weil man sich der dortigen rechtlichen Konsequenzen stärker bewusst ist, sind dann auch eher indirekte Äußerungen üblich z. B., indem man als Verkäufer Einsatzmöglichkeiten eines Gerätes beschreibt, womit indirekt aus Sicht der anderen Seite die Aussage verbunden ist, dass diese Einsatzmöglichkeiten auch legal sind. Die Täuschungstaktik des Vorbringens einer falschen Rechtsansicht ist besonders beliebt, wenn die Verhandler der anderen Seite die Fehlerhaftigkeit nicht beurteilen können und z. B. aus Zeitdruck, Kostengründen etc. die Gefahr gering ist, dass diese Rechtsansicht hinterfragt wird. Selbst bei einer nicht zu vernachlässigenden Wahrscheinlichkeit der rechtlichen Überprüfung findet diese Taktik teilweise Verwendung, da der Vorsatz nicht leicht nachzuweisen ist. Häufig wird allerdings keine unvertretbare Rechtsansicht geäußert, sondern eine noch vertretbare, die allerdings – anders als dies die andere Seite verstehen wird und verstehen soll – nicht herrschend ist. Zu bedenken ist, dass ein solches Verhalten die Vertragsbeziehung gefährden kann, da entsprechende Lügen oder Beschönigungen zumindest von vielen Verhandlern als unmoralisch angesehen werden.

Müsste der Vertreter der Gegenseite nach seinem Selbstverständnis diese rechtliche Frage beurteilen können, kann es aber erkennbar nicht, wird die Täuschung nicht selten mit „wie Sie wissen" Formulierungen kombiniert.

Beispiel

„Wie Sie wissen, gibt es ja sehr schwerwiegende Bedenken in der Literatur, gegen eine solche Klausel. Ich denke nicht, dass wir das Unwirksamkeitsrisiko eingehen sollten." ◄

Der Verhandlungspartner wird, um seine Unkenntnis nicht zu offenbaren, unter Umständen nicht widersprechen und eventuell nicht einmal eine Überprüfung vornehmen. Es stellt sich auch bei dieser Täuschungstaktik die Frage, ob eine (zumindest bestehende) Fahrlässigkeit oder der Vorsatz des die falsche Rechtsansicht Äußernden überhaupt haftungsbegründend sein kann, also ob die Täuschung rechtswidrig ist. Im Ergebnis gehen die Autoren davon aus, dass Täuschungen über die Rechtslage, die sich auf eine Tatsachenbehauptung stützen, die getäuschte Seite zur Anfechtung berechtigen. Bereits die von den Autoren durchgeführte Studie belegt, dass viele Teilnehmer solche Bluffs nicht nur als unmoralisch ansehen, sondern auch Rechtsfolgen befürworten. Auch ökonomisch betrachtet, resultieren aus solchen Lügen relevante negative Effekte, die eine rechtliche Regelung zu reduzieren vermag. Zudem zeigt ein Blick in § 263 StGB, dass Täuschungen über die Rechtslage von § 123 Abs. 1, 1. Alt. BGB erfasst sein sollten.

Wahlmöglichkeit begrenzen

Anders als bei der → *Russian front* geht es bei der Taktik Wahlmöglichkeit begrenzen (**reducing choice**) darum, dem Verhandlungspartner echte Wahlmöglichkeiten einzuräumen. Diese werden allerdings so beschränkt, dass keine der Wahlmöglichkeiten den eigenen Interessen widerspricht. Zwei schwer miteinander vereinbare Ziele – Entscheidungsfreiheit des Verhandlungspartners und Durchsetzung der eigenen Interessen – sollen auf diese Weise kombiniert werden. Zwei Formen dieser Taktik sind vorstellbar.

Die erste beruht auf → *Täuschung*. Dem Verhandlungspartner werden dabei scheinbar objektiv und sehr überzeugend seine Handlungsoptionen aufgezeigt, wobei Handlungsoptionen, die den Interessen der eigenen Seite zuwiderlaufen, unterschlagen werden. Diese Taktik funktioniert teilweise, da Menschen sich häufig auf die richtige Wahl zwischen mehreren Handlungsoptionen konzentrieren, statt sich zu fragen, ob es noch weitere Handlungsmöglichkeiten gibt. Diese Taktik nutzt daher die geistige → *Pfadabhängigkeit*. Die Taktik kann mit Hilfe des → *framing* Effekts weiter ausgebaut werden, um die Wahl des Verhandlungspartners gemäß den eigenen Interessen zu beeinflussen (→ *forced choice*).

Die andere Variante dieser Taktik spielt überlegene Verhandlungsmacht aus, reduziert also offen die Wahlmöglichkeiten für den Verhandlungspartner, geriert sich dabei jedoch als fair (ist fair), weil nur die Wahlmöglichkeiten ausgeschlossen werden, die (deutlich) gegen die eigenen Interessen verstoßen. Diese Fairness wird gegenüber dem Verhandlungspartner meist auch betont, um trotz Durchsetzung der eigenen Interessen ein Vertrauensverhältnis aufzubauen, das vor allem auch für eine reibungslose Vertragsdurchführung entscheidend sein kann. Die Herausforderung liegt bei dieser Taktik darin, dem Verhandlungspartner diese begrenzte Fairness überzeugend zu vermitteln.

Beispiele

„Wir können das Produkt in blau oder schwarz anbieten. Welche Farbe bevorzugen Sie?" ◄

Warnen statt drohen

Gerade Juristen empfehlen, bei Verhandlungen eher zu warnen als zu drohen. Denn eine → *Drohung*, bei der sich der Drohende Einfluss auf den Eintritt der in Aussicht gestellten negativen Folgen zuschreibt, kann unter Umständen strafbar sein (§ 240 StGB Nötigung), zumindest aber ein Anfechtungsrecht (§ 123 BGB) begründen und generell Schadensersatzansprüche (§ 823 Abs. 2 BGB oder → *culpa in contrahendo*) verursachen. Die Warnung hingegen beschreibt lediglich, welcher Nachteil, unabhängig von einer Einflussnahme des Warnenden, eintreten könnte und ist rechtlich grundsätzlich unbedenklich. Insofern wird auch von **Aufmerksammachen** gesprochen. Man appelliert dadurch an das rationale Verhalten des Verhandlungspartners. Diese Taktik dient dazu, den Verhandlungspartner auf reale Gegebenheiten aufmerksam zu machen und dadurch zu einem bestimmten Verhalten zu bewegen, welches im eigenen Interesse liegt.

Häufig wird eine Drohung, die als solche gemeint ist und verstanden werden soll, allerdings nur sprachlich als Warnung formuliert, um weniger aggressiv zu erscheinen. Allerdings ist die (juristische) Einordnung keine Frage der geschickten Formulierung, sondern entscheidet sich qualitativ aufgrund des Gesamteindrucks, den das Verhalten auf einen verständigen Empfänger macht. Auch eine als Warnung getarnte Drohung bleibt daher eine Drohung mit allen damit verbundenen rechtlichen und weiteren Konsequenzen (z. B. Abbruch der → *ständigen Geschäftsbeziehung*).

Was-wäre-wenn-Frage

Mit Was-wäre-wenn-Fragen wird die andere Seite gebeten, sich eine bestimmte Situation (Hypothese) vorzustellen und zu sagen, wie sie sich in dieser Situation verhalten würde bzw. welche Konsequenzen dies hätte (Hypothesentechnik). Die Hypothesentechnik wird in diesem Fall mit Hilfe der Was-wäre-wenn-Frage angewandt.

Mit dieser Fragetechnik können unterschiedliche Ziele verfolgt werden. Zum einen kann es sein, dass der Gesprächspartner bestimmte Schlussfolgerungen selbst ziehen soll.

Selbst gezogene Schlussfolgerungen besitzen eine höhere Überzeugungskraft als Argumente des Gegenübers (→ *reactive devaluation*, vgl. auch → *unvollendete Lösungsvorschläge*). Zudem kann es sich um eine tatsächlich wahrscheinliche Konstellation in der Zukunft handeln, deren mögliche Regelung mit dieser Frage eingeleitet wird. Die Frage kann zum anderen im Rahmen eines Versuchsballons genutzt werden, um mögliche Lösungen für ein Problem auszutesten. Eine entsprechende Fragetechnik kann dabei – ähnlich den → *Prämissenfragen* – dazu eingesetzt werden zu erfahren, ob der Verhandlungspartner dieses Szenario für wünschenswert hält. Auf diese Weise können Präferenzen des Verhandlungspartners ermittelt werden, die sodann die Problemlösung vereinfachen. Schließlich ist es möglich, den anderen mit dieser Fragetechnik dazu zu bewegen, sich in die Lage des Fragenden zu versetzen, wenn das Eventualereignis ein Rollentausch ist.

Wenige, starke Argumente
Bei komplexen Fragestellungen lassen sich für den eigenen Vorschlag häufig zahlreiche Argumente finden. Sinnvoll ist in Verhandlungen jedoch allein die Verwendung von nur wenigen – maximal drei –, dafür aber möglichst starken und unangreifbaren Argumenten. Zum einen sind die meisten Verhandler für eine größere Zahl von Argumenten auf einmal nicht aufnahmefähig. In diesem Zusammenhang fällt manchmal das Stichwort **magical number seven**, das sich auf den Aufsatztitel von *George A. Miller* bezieht (*Miller*, Psychological Review 2 (1956), 81–97). In diesem Aufsatz diskutierte Miller die Anzahl von Objekten, die im menschlichen Kurzzeitgedächtnis abgespeichert werden kann. Auch wenn neuere Studien zeigen, dass man dafür keine konkrete Zahl nennen kann, da dies von verschiedenen Faktoren abhängt (u. a. auch davon, was man sich merken soll (Zahlen, Buchstaben etc.)), beweist die Forschung doch, dass die menschlichen Kapazitäten in dieser Hinsicht begrenzt sind. Schon deshalb ist zu empfehlen, sich auf wenige Argumente zu konzentrieren.

Darüber hinaus werten schwächere Argumente den gesamten Argumentationswert ab, da der Verhandlungspartner sich dann oftmals auf die Schwächen konzentrieren wird (→ *zuerst Abwehr der schwachen Argumente*). Obwohl er vielleicht noch keine – zumindest keine guten – Gegenargumente gegen die Hauptargumente gefunden hat, wird sein Eindruck durch die Unzulänglichkeiten der schwachen Argumente geprägt. Unter dem Stichwort **Schallplatte mit Sprung** (wegen der bei solchen Schallplatten üblichen Wiederholung der Stelle vor dem Defekt) wird daher empfohlen, sich nur auf die wenigen, starken Argumente zu stützen und diese dafür ruhig öfter zu wiederholen.

Wince
Bei dieser Taktik bringt der Empfänger sein Erstaunen/Entsetzen über ein Angebot des Verhandlungspartners zum Ausdruck, und zwar nicht allein durch Worte, sondern vor allem auch durch sein Verhalten und seine → *Körpersprache*. Die physische Reaktion zeigt, dass das Angebot so, eindeutig nicht akzeptanzfähig ist. Der Name der Taktik spielt darauf an, dass der Empfänger eines Angebots vor Entsetzen „zusammenzuckt" (to wince). Deshalb ist diese Taktik auch unter dem Begriff **flinch** (zucken) bekannt. In der Praxis wird der vom

Verhandlungspartner vorgeschlagene Preis oft laut und mit negativem Unterton wiederholt. Unterstrichen wird die Ablehnung durch eine ablehnende Gestik (z. B. Kopfschütteln, Stirnrunzeln, mit der Hand abwinken). Darauf folgt dann → *Schweigen*. Die dahinterstehende Idee ist, dass eine solche verbale und vor allem auch nonverbale Ablehnung im Regelfall deutlich stärker wahrgenommen wird als eine rein verbale Ablehnung. Der Empfänger dieser harten Ablehnung wird daher eher zum Nachgeben veranlasst. In Preisverhandlungen wird wince daher häufig genutzt, um den *Anker* (→ *anchoring*) des Verhandlungspartners, ohne Setzen eines *Gegenankers* (→ *anchoring*), zu verschieben. Dies setzt allerdings voraus, dass die nonverbale Ablehnung authentisch erscheint und nicht einstudiert wirkt.

Win-lose Strategie

Bei dieser Strategie wird versucht, den eigenen Gewinn auch auf Kosten des Verhandlungspartners zu maximieren bzw., wenn es um die Bereinigung eines Verlustes geht, Letzteren zu minimieren. Diese Strategie wird auch **Konkurrenzstrategie** genannt. Die Größe des Gesamtgewinns beider spielt für diese Strategie nur dann eine Rolle, wenn sich dies auch zugunsten der eigenen Seite auswirkt. Sie ist eng mit dem *hard bargaining* (→ *distributive Verhandlungen*) verbunden. Dadurch gehen tendenziell für beide Seiten Chancen aus einer Vergrößerung des Gesamtgewinns (→ *expanding the pie*) verloren, da bei einer solchen Ausrichtung eine zu starke Fokussierung auf die Verteilung erfolgt. Außerdem scheitern Verhandlungen häufiger als bei kooperativeren Strategien, da das Verhandlungsvertrauen, einschließlich des Vertrauens in die faire Vertragserfüllung, hier weitaus geringer ist. Dennoch gibt es Befürworter dieser Strategie (vgl. *Cohen*, You can negotiate anything, 1982). Sie gehen davon aus, dass es nicht nur bei Einmalgeschäften, sondern auch bei → *ständigen Geschäftsbeziehungen* nur wenige Möglichkeiten gibt, ein → *win-win* zu kreieren. Sollte es sie geben, sollte dann konsequent nach dem größten Anteil des Zusatzgewinns gestrebt werden. In der Praxis dürfte die win-lose Strategie immer noch relativ verbreitet sein. Aus dieser Perspektive heraus wird der konkurrierenden → *win-win Strategie* vorgeworfen, die Interessen der eigenen Seite unzureichend wahrzunehmen und dadurch schlechtere Ergebnisse für die eigene Seite zu erzielen. Gerade in → *ständigen Geschäftsbeziehungen* gewinnen allerdings die Parteibeziehung und die vertrauensvolle Zusammenarbeit stärker an Bedeutung. Der win-win-Ansatz ist hier allerdings nicht die einzige Alternative zur win-lose Strategie. Zu nennen sind z. B. auch → *interessenorientierte Verhandlungen*.

Win-win Strategie

Bei der win-win Strategie, auch **Kooperationsstrategie** genannt (→ *soft bargaining*; → *integrative Verhandlung*), wird nicht geleugnet, dass es auch um die Verteilung eines etwaigen Gewinns geht und die Verteilung auch Gegenstand der Verhandlung sein muss. Dieser Ansatz sieht jedoch ein zentrales Ziel darin, insgesamt einen Vertrag zu konstruieren, der durch Kooperation einen möglichst großen Gesamtertrag verspricht (*expanding the pie* (→ *negotiation pie*)) und darüber hinaus auch der anderen Seite einen Gewinn verschafft, da nur dies zu einem auch in der Vertragsdurchführung stabilen Gefüge führt. Selbst bei überragender eigener *Verhandlungsmacht* (→ *negotiation power*) ist es sinnvoll, der anderen Seite einen kleinen Gewinn zu lassen, auch um sich diesen Vertragspartner zu erhalten. Diese Strategie erhöht die Wahrscheinlichkeit des erfolgreichen Vertragsschlusses im Vergleich zur win-lose Strategie und führt auch zu einem höheren Vertrauen für die Vertragsdurchführung. In der Praxis haben win-win-orientierte Verhandler den Nachteil, dass ihre Vorteile (geringere Quote gescheiterter Verhandlungen, vertrauensvollere Vertragsdurchführung) häufig nicht hinreichend berücksichtigt werden, sondern nur auf den Inhalt tatsächlicher Vertragsabschlüsse geschaut wird.

Als Reaktion auf die Kritik am win-win Ansatz wird teilweise der Begriff **mutual gains** (**beiderseitige Vorteile**) ins Spiel gebracht. Hier soll es im Gegensatz zum win-win Ansatz vor allem um die Vergrößerung des *Verhandlungskuchens* (→ *negotiation pie*) gehen, d. h. es soll durch die Verhandlungen ein Mehrwert kreiert werden. Über die Verteilung des Kuchens soll dieser Begriff dagegen nichts aussagen. Das Consensus Building Institute hat einen Ansatz entwickelt, der sich auf mutual gains konzentriert und ihn daher mutual gains approach genannt.

WWW

Die Abkürzung WWW steht bei Vertragsverhandlungen für „**what worked well?**" („**Was hat gut funktioniert?**"). Verhandeln ist ein kontinuierlicher **Lernprozess**, der durch Praxis und theoretisches Hintergrundwissen angereichert werden kann. Die WWW-Methode ist eine Empfehlung, die dazu anregen soll, die eigenen Verhandlungen zu reflektieren und zu überlegen, welche Taktik, Technik oder Strategie gut funktioniert hat. Diese Erkenntnis kann für zukünftige Verhandlungen nutzbar gemacht werden. Allerdings ist dabei zu bedenken, dass der Erfolg oder Misserfolg einer Taktik, Technik oder Strategie von vielen Rahmenbedingungen abhängt. Bevor die Taktik erneut angewandt wird, sollte daher überlegt werden, ob sie sich auf die neue Situation übertragen lässt.

Die Frage „what worked well?" kann auch im Rahmen eines deal sheets beantwortet werden und in dem Fall nicht nur dem Verhandler helfen, aus seinen Erfolgen zu lernen, sondern allgemein zur unternehmensinternen Verbesserung von Verhandlungen beitragen.

WWYDD

Die Abkürzung WWYDD steht für „**what would you do differently?**" („**Was würdest du anders machen?**"). Wie die → *WWW*-Methode soll auch der WWYDD-Ansatz dazu dienen, aus erlebten Verhandlungen zu lernen. Hierbei konzentriert sich der Verhandler allerdings nicht auf das, was gut gelaufen ist, sondern auf das, was er besser hätte machen können.

Die Frage „what would you do differently?" kann auch im Rahmen eines deal sheets beantwortet werden und in dem Fall nicht nur dem Verhandler selbst helfen, aus seinen → *Fehlern* zu lernen, sondern auch zur unternehmensinternen Verbesserung von Verhandlungen beitragen. Nicht unproblematisch ist dabei jedoch, dass die Verhandler in diesem Fall dazu tendieren könnten, ihre Verhandlung und das Ergebnis bewusst zu überschätzen, um sich unternehmensintern keiner Kritik auszusetzen. Dieses Problem könnte durch gesicherte Anonymität entschärft werden.

Zero price effect

Dieses Phänomen wurde von *Ariely/Shampanier/Manzar* (*Ariely/Shampanier/Manzar*, Marketing Science 26 (2007), 742–757) untersucht. Der zero price effect, der dem Bereich der → *behavioural economics* zuzurechnen ist, beschreibt, wie sich die Tatsache, dass ein Gut (zero price product) kostenlos angeboten wird, auf die Kaufentscheidung auswirkt. Die Studie gibt Hinweise darauf, dass eine Preisreduktion auf null eine stärkere Reaktion auslöst als andere Preisreduktionen.

Experiment (real purchase)

Ariely/Shampanier/Manzar stellten in ihrem Experiment potenziellen Käufern zwei Schokoladenstücke zur Auswahl: Zum einen Hershey's (geringe Qualität) und zum anderen Lindt (hohe Qualität). Es wurden zwei Preis-Paare in zwei Szenarien gebildet:

Hershey's	Lindt
1 Cent	14 Cents
0 Cent	13 Cents

Im ersten Szenario wurde für beide Produkte ein Preis verlangt. In diesem Fall entschieden sich 8 % der Teilnehmer für Hershey's Schokolade, 30 % für Lindt und 62 % nahmen gar keine Schokolade.

Im zweiten Szenario wurde der Preis der Hershey's Schokolade auf null reduziert und der Preis der Lindt Schokolade ebenfalls um einen Cent auf 13 Cents. In diesem Fall entschieden sich 31 % für Hershey's Schokolade und nur noch 13 % der Teilnehmer für die Lindt Praline. 56 % der Probanden nahmen keine Schokolade. ◀

Im Ergebnis ruft eine Preisreduktion auf null eine stärkere Reaktion hervor als eine Preisreduktion auf einen anderen (positiven) Wert. Wurde Hershey's Schokolade kostenlos angeboten, entschieden sich mehr Teilnehmer trotz ihrer geringen Qualität für diese Option. Dem kostenlosen Gut scheint ein höherer Wert beigemessen zu werden.

Ob und wenn ja, wie der Effekt in Verhandlungen genutzt werden könnte, ist nicht endgültig geklärt. Im B2B-Verhältnis werden Produkte in der Regel nicht kostenlos angeboten. Der Effekt könnte sich dort eventuell im Rahmen von linkage, also der Verknüpfung verschiedener Waren (und Dienstleistungen) oder vertraglicher Regelungen, auswirken bzw. bei der Deklaration von „kostenlosen" Nebenleistungen.

ZOPA (zone of possible agreement)

Das ZOPA – auch **bargaining range** bzw. in Deutschland **Einigungszone** genannt – beschreibt den Bereich, in dem sich die jeweiligen *Minimalziele* (→ *deal-breaker*) der Verhandlungsparteien überlappen, wobei diese Minimalziele bei rationalen, interessenorientierten Verhandlungen wesentlich durch das eigene → *BATNA* bestimmt werden. Bei → *positionsorientierten Verhandlungen* kann das Minimalziel aber auch irrational und nicht vollständig bezogen auf das BATNA gesetzt werden. Als Grundbegriff erfunden wurde ZOPA von *Howard Raiffa* im Jahr 1982 (*Raiffa*, The Art and Science of Negotiation, 1982).

Gibt es ein ZOPA, müsste es in der Theorie eine Einigung geben. Denn innerhalb des ZOPA ist, rational betrachtet, jede Einigung für beide Seiten wirtschaftlich sinnvoll. Das liegt daran, dass innerhalb dieser Zone beide Parteien keine bessere Alternative zum Vertragsabschluss haben (vgl. *Jung/Matejek*, Zeitschrift für Konfliktmanagement 3 (2021), 102, 104; siehe auch *Liu/Chai*, in: Benoliel (Hrsg.), Negotiation Excellence, 2014, S. 1, 18). Dadurch verdeutlicht das ZOPA auch die Spanne der Einigungsmöglichkeiten für die Parteien. Gleichzeitig offenbart das ZOPA den gesamten *Verhandlungswert* (→ *negotiation value*), der durch einen Vertragsabschluss realisiert werden kann. Das ZOPA stellt somit den *Verhandlungskuchen* (→ *negotiation pie*) dar und kann dabei helfen, zu ermitteln, wieviel vom Verhandlungskuchen eine Partei erhalten hat (vgl. *Jung/Matejek*, Zeitschrift für Konfliktmanagement 3 (2021), 102, 104). Denn auch, wenn jede Einigung innerhalb des ZOPA für beide Seiten sinnvoll ist, so sagt dies noch nichts über die Verteilung der Vorteile aus. Der Verhandlungserfolg kann insbesondere bei einem größeren ZOPA so ermittelt werden. Bei einem kleinen ZOPA besteht die Hauptleistung der Verhandler darin, überhaupt eine Einigung innerhalb des engen ZOPA erzielt zu haben. Die in diesem Buch erörterten Verhandlungstaktiken zielen oftmals darauf ab, innerhalb des ZOPA bei der Verteilung besser abzuschneiden (so z. B. die → *better offer*-Taktik).

Gibt es kein ZOPA, folglich also ein **NOPA** (no possible agreement), so sollte es auf den ersten Blick, bei rationaler Betrachtung, keine Einigung geben (siehe zum *Verhandlungsabbruch* (→ *break it off*) näher unter *walk away terms* (→ *deal-breaker*)).

Das ZOPA ist jedoch bis zu einem gewissen Grad verfälschend, weil es in der Regel eindimensional bestimmt wird. Meist wird nur der absolute Preis berücksichtigt. Nebenbedingungen, wie Zahlungsbedingungen, Qualitäten, Risiken und Chancen, werden häufig nicht berücksichtigt. Dieses Problem der Nichtberücksichtigung der Multidimensionalität, das bereits bei der Ermittlung des BATNA besteht, setzt sich somit beim ZOPA fort. Wie beim BATNA kann auch hier der *Weighted-Negotiation-Score* (→ *BATNA*) helfen, mit der Multidimensionalität umzugehen. Das ZOPA lässt sich insofern aus dem Zusammenspiel der BATNA-Indifferenzkurve beider Seiten sowie der jeweiligen Minimalziele ermitteln (*Jung/Matejek*, Zeitschrift für Konfliktmanagement 6 (2021), 234, 238).

Das ZOPA ist im Ergebnis bislang jedoch eher eine Kategorie, die die Wissenschaft und nicht die Praxis verwendet. Gerade in Verhandlungstrainings mit vorgegebenen Werten, wird das ZOPA allerdings genutzt, um die Fähigkeiten von Verhandlern in Trainingsverhandlungen zu bewerten. Es sollte jedoch auch in der Praxis stärker Berücksichtigung finden, wobei der Weighted-Negotiation-Score helfen mag.

Das ZOPA wird vom deutschen Gesetzgeber in § 1 Abs. 3 S. 6 Außensteuergesetz im Rahmen des hypothetischen *Fremdvergleichs* (→ *Analogieschluss*) zur Bestimmung des angemessenen Preises bei Geschäften zwischen Unternehmen eines Konzerns inhaltlich herangezogen und hat damit in gewisser Weise auch eine Legalanerkennung erfahren.

Abb. 4.13 zeigt das Verhältnis von BATNA und ZOPA.

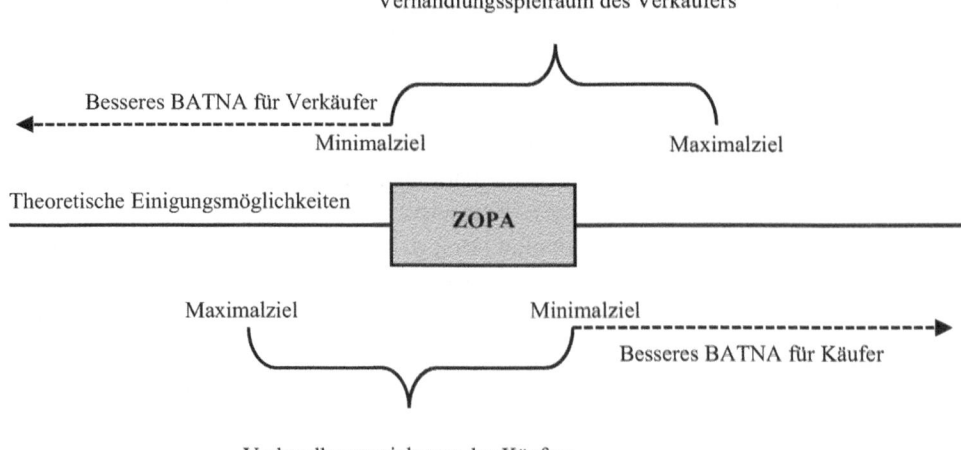

Abb. 4.13   BATNA und ZOPA. (Quelle: eigene Darstellung)

Zuerst Abwehr der schwachen Argumente

Es gilt als sinnvoll, aus der umfassenden Argumentation des Verhandlungspartners zunächst die schwachen Argumente abzuwehren. Dies ist intellektuell leichter und gibt Zeit, sich auf die Auseinandersetzung mit den stärkeren Argumenten vorzubereiten. Zudem kann die Abwehr der schwachen Argumente die Verhandlungsstimmung bezüglich der Gesamtstärke der Argumente prägen und dazu führen, dass der Verhandlungspartner schon früh seinen Vorschlag modifiziert bzw. sogar aufgibt.

Teilweise wird auch versucht, das schwächste Argument zu entkräften und daraus zu schließen, dass die gesamte Argumentation scheitert. Diese Argumentationstechnik erinnert an das argumentum ad absurdum, bei dem durch das Bilden eines Extremfalls, auf den die Argumentation nicht passt, das gesamte Aussagengerüst eingerissen werden soll.

Um dieser Taktik des Verhandlungspartners vorzubeugen, gibt es die Empfehlung, sich auf → *wenige, starke Argumente* zu konzentrieren.

Zwei gegen Einen

Je größer ein Verhandlungsteam ist, desto mehr Ressourcen (intellektuelle und fachliche) besitzt es. Allerdings ist dieser Gewinn an Ressourcen aus Sicht des Unternehmens teuer – hoher Personal- und Zeiteinsatz (→ *Transaktionskosten*) –, und die Koordinierung des eigenen Verhandlungsteams ist je nach Größe des Teams aufwendig. Dieser Ressourceneinsatz kann sich jedoch lohnen. Bei einer Verhandlung von „Zwei gegen Einen" ist das Verhandlungsteam gegenüber der allein verhandelnden Gegenseite, zumindest bei relativ komplexen Verhandlungsgegenständen, klar im Vorteil. Die intellektuelle Leistungsfähigkeit der beiden Verhandler ist zusammen höher, sie haben die Möglichkeit sich abzuwechseln, analytische Beobachtungen anzustellen und unter Umständen Taktiken wie → *good guy/bad guy* anzuwenden. Um eine solche Unterlegenheit zu vermeiden, sollte im Vorfeld geklärt werden, wie viele Verhandler der Gegenseite an der Verhandlung teilnehmen werden.

Aus verschiedenen Gründen (Kosten, kein geeigneter zweiter Verhandler, nur eine Person darf an der Verhandlung teilnehmen) kann es Fälle geben, bei denen ein Verhandler mit zwei oder mehr Verhandlern der Gegenseite verhandeln muss. Hier können verschiedene Maßnahmen dazu beitragen, das Übergewicht des Verhandlungspartners zu einem gewissen Grad auszugleichen:

- gute Vorbereitung auf die Verhandlung und auf die individuellen Verhandler der Gegenseite (d. h. insbesondere auf deren unterschiedliche Interessen),
- ein verstärkter Einsatz von → *Fragen* und intensives Beobachten der Verhandler der Gegenseite,
- Überlegungspausen (→ *Verhandlungspausen*) und
- der Aufbau eines guten Verhältnisses (→ *rapport*), insbesondere zu einem der Verhandler der Gegenseite (Verbündeter).

Zwei Verhandler
Außer bei sehr großen und sehr kleinen Verhandlungen ist ein aus zwei Personen bestehendes Verhandlungsteam oft die Idealgröße. Anders als bei einer Einpersonenverhandlung, tritt bei der der Präsenz von zwei Verhandlern seltener eine (inhaltliche, psychologische oder sonstige Form von) Überforderung ein. Ein Verhandlungsteam bestehend aus zwei Personen hat zudem den Vorteil, dass derjenige, der gerade nicht verhandelt, die Rolle des → *Analytikers* einnehmen kann. Eine inhaltliche Spezialisierung, z. B. in einen technischen und einen ökonomisch-juristischen Teil, ist ebenfalls möglich und wird in der Praxis häufig vorgenommen. Dabei ist es grundsätzlich vorteilhaft, wenn der Verhandlungspartner im eigenen Team Grundkenntnisse im anderen Fachgebiet besitzt, sodass er der Verhandlung folgen und die aktuelle Verhandlungssituation einschätzen kann.
Weitere Vorteile von zwei Verhandlern:

- Bei zwei Verhandlern kann die Taktik des → *good guy/bad guy* eingesetzt werden, wobei im Zweifel der Techniker die Rolle des good guy und der Jurist die Rolle des bad guy einnehmen würde.
- Zwei Verhandler und ihre wechselnde Art der Zusammenarbeit reichen aus, um verschiedene Verhandlungsstile abzudecken und überzeugend zu vertreten und um aus Sicht der Gegenseite bis zu einem gewissen Grad taktisch unberechenbar (→ *Unberechenbarkeit*) zu sein.
- Zwei Verhandler können schlechter überrumpelt oder manipuliert werden als ein Verhandler.
- Die Kosten bei zwei Personen bleiben relativ überschaubar.
- Der Koordinierungsaufwand zwischen den Verhandlern bleibt beherrschbar.
- Gerade weil zwei Personen verhandeln, ist es überzeugend, dass der → *decision-maker* – als dritte, entscheidende Person – im Hintergrund bleibt.
- Die zwei Verhandler können sich gegenseitig kontrollieren (→ *Vieraugenprinzip*).
- Zwei Verhandler haben in der Situation → *Zwei gegen Einen* einen klaren Verhandlungsvorteil.

Natürlich kann es auch Fälle geben, in denen zwei Verhandler nicht miteinander harmonieren und sich dadurch in Verhandlungen gegenseitig behindern. Hier besteht die Herausforderung für den decision-maker häufig darin, dieses Problem zu erkennen. Gelingen kann dies z. B., indem die Verhandler getrennt Bericht erstatten.

Insgesamt ist das System der zwei Verhandler so überzeugend, dass man bei großen Verhandlungsrunden überlegen sollte, für jeden Teilbereich mit zwei Verhandlern zu arbeiten (z. B. jeweils zwei Techniker, und zwei kaufmännisch-juristische Verhandler).

Zwingendes Recht

Unter zwingendem Recht (**ius cogens**) versteht man das Recht, das durch Verträge, und zwar auch durch Individualverträge, nicht wirksam abgeändert werden kann. Es stellt damit eine rechtliche Rahmenbedingung für Vertragsverhandlungen dar. Der Grad des zwingenden Charakters ist jedoch nicht immer gleich. So gibt es halbzwingende Normen, die nur zulasten einer Seite zwingend sind, zugunsten der anderen Seite aber geändert werden können. Der zwingende Charakter bezieht sich häufig nur auf die Zeit des Vertragsschlusses und schließt abweichende Einigungen nach Entdeckung eines Konfliktfalles regelmäßig nicht aus (vgl. § 475 Abs. 1 BGB). Generalklauseln, wie z. B. die Treuepflicht (§ 242 BGB Treu und Glauben) oder die → *Störung der Geschäftsgrundlage* (§ 313 BGB), sind nur im Kern zwingend, erlauben aber gewisse Regelungen zur Konkretisierung.

Zwingendes Recht kann zum deutschen Ordre public gehören, und eine Abweichung wird in Deutschland auch dann nicht anerkannt, wenn sie auf einer Schiedsvereinbarung beruht oder wenn es um die Vollstreckung eines ausländischen Urteils geht. Auch hinsichtlich des Umgehungsschutzes sind nicht alle zwingenden Normen gleich bestandsfest.

Im Prinzip sollte in diesem Bereich nicht verhandelt werden, da eine vom Gesetz abweichende Lösung unwirksam wäre. Dennoch finden im Grenzbereich zum zwingenden Recht immer wieder Verhandlungen und auch Einigungen statt, da die Parteien davon ausgehen, dass sich bei einer intakten Vertragsbeziehung meist keiner auf die Unwirksamkeit einer Klausel berufen wird.

Zwischenergebnisse

Es ist im Allgemeinen empfehlenswert, Zwischenergebnisse einer Verhandlung schriftlich festzuhalten und zwar sowohl wegen der Gefahr von → *Missverständnissen* und → *foggy recalls*, die mit der Zahl der Details notwendigerweise zunimmt, als auch weil solche schriftlich fixierten Zwischenergebnisse, wenn auch keine rechtliche, so doch zumindest eine gewisse moralische Bindung entfalten. Diese psychologische Bindung kann durch eine Paraphierung noch verstärkt werden. Häufig werden Zwischenergebnisse im Rahmen eines → *term sheets* stichpunktartig festgehalten.

Kulturelle Unterschiede bei Vertragsverhandlungen am Beispiel von Deutschland, den USA und China

Das folgende Kapitel befasst sich mit den unterschiedlichen Verhandlungsstilen in Deutschland, den USA und China. Die Ausführungen beziehen sich folglich auf externe Verhandlungen zwischen Unternehmen (und nicht auf unternehmensinterne Verhandlungen). Die USA und China werden insofern exemplarisch dargestellt, da sie zu den wichtigsten Handelspartnern Deutschlands zählen und entsprechende Kenntnisse für deutsche Verhandler somit von besonderem Interesse sind. Um die kulturellen Besonderheiten bei Verhandlungen in den USA und China besser hervorheben zu können, ist es wichtig, zunächst den deutschen Verhandlungsstil näher zu beleuchten.

5.1 Wie Deutsche verhandeln

5.1.1 Vorbemerkung

Wie bei jeder anderen Nationalität auch, gibt es nicht „den deutschen Verhandler" und nicht „den deutschen Verhandlungsstil". Beeinflusst wird die Art des Verhandelns durch die persönliche Mentalität (Grad der Extrovertiertheit, Fähigkeit zur Konfliktbewältigung, Risikoaversion, Emotionalität etc.), (internationale) Verhandlungserfahrung, Geschlecht, Alter, Hierarchie, Bildungsgrad, Kompetenz, Branche, Region, Migrationshintergrund, Eigentümerstruktur des Unternehmens (z. B. ausländische Muttergesellschaft, Großkonzern mit anonymen Gesellschaftern oder Familienunternehmen), Größe und Internationalität des Unternehmens, Unternehmensstrategie, Wettbewerbssituation des Verhandlungsgegenstands, etc. Fehlt es den deutschen Verhandlungsführern beispielsweise an fachlicher Kompetenz, verhandeln sie aus Angst, benachteiligt zu werden, seltener kooperativ. Darüber hinaus agieren und reagieren solche Verhandlungsführer häufiger emo-

© Der/die Autor(en), exklusiv lizenziert an Springer Fachmedien Wiesbaden GmbH, ein Teil von Springer Nature 2023
S. Jung, P. Krebs, *Grundlagenwissen für erfolgreiche Verhandler*,
https://doi.org/10.1007/978-3-658-41493-1_5

tional als fachlich versierte Verhandler. Regionale Unterschiede spielen in Deutschland im Hinblick auf auf den Verhandlungsstil kaum eine Rolle. Denn die Verhandlungspartner kommen bei mittelgroßen und größeren Unternehmen fast nie aus der gleichen Region, sodass generell deutschlandweit verhandelt wird. Andere Faktoren sind viel prägender für den Verhandlungsstil, wie z. B. die Sozialisation im akademischen und unternehmerischen Umfeld. Aber auch Verhandlungserfahrung und Verhandlungsschulungen oder die konkrete Zusammensetzung der Verhandlungsgruppe können erheblichen Einfluss darauf haben, wie verhandelt wird. So ist es in deutschen Unternehmen mittlerweile üblich, internationale Verhandlungsteams zu bilden. Dennoch lassen sich einige Aussagen treffen, die jedenfalls im Regelfall auf deutsche Verhandler zutreffen.

5.1.2   Verhandlungsausbildung

In Deutschland gibt es an juristischen und wirtschaftswissenschaftlichen Fakultäten sowie in wirtschaftswissenschaftlichen und ingenieurwissenschaftlichen Studiengängen Ausbildungskurse für Verhandlungen. Diese sind in der Regel jedoch nicht verpflichtend und werden nur von einem kleinen Bruchteil der Studierenden besucht bzw. werden aufgrund von Teilnehmerbegrenzungen nur für wenige Studierende angeboten. Hintergrund ist, dass – speziell an Universitäten – eine gewisse Grundskepsis gegenüber allzu praxisorientierter Wissensvermittlung vorherrscht. Vor allem wird in Deutschland in aller Regel streng zwischen den verschiedenen Fachrichtungen getrennt. Interdisziplinäre Ausbildungen (gleichzeitig oder nacheinander) sind verhältnismäßig selten und werden auch karrieretechnisch kaum honoriert. Da die Vertragsverhandlungen wissenschaftliche Erkenntnisse aus einer Vielzahl von Wissenschaften kombinieren (Sozialpsychologie, klassische Betriebswirtschaft, Spieltheorie, Verhaltensökonomie, Kommunikationswissenschaft, Recht) hält sich jeder deutsche Wissenschaftler, der sich mit Verhandlungen insgesamt beschäftigt, zu weiten Teilen außerhalb seines Fachgebietes auf. Eine solche Betätigung außerhalb des eigenen Fachgebietes wird möglichst vermieden. Das wird wohl einer der Gründe dafür sein, dass nur wenige Hochschulen eine Ausbildung in Vertragsverhandlungen anbieten. Großunternehmen und gelegentlich auch mittelständische Unternehmen schulen ihre Mitarbeiter, allerdings nach dem Bedarf, der von den vorgesetzten Entscheidungsträgern beurteilt wird. Bei jüngeren Juristen können Kenntnisse der Verhandlungswissenschaft z. B. auf einer Mediationsausbildung oder auf einem US-amerikanischen LL.M.-Abschluss beruhen. Die meist fehlende Ausbildung bzw. Schulung deutscher Verhandler fällt häufig nicht sofort auf, da die stetige Verbesserung der eigenen Fähigkeiten durch fortschreitende Erfahrung zu den typisch deutschen Idealen gehört. Erfahrene deutsche Verhandler verhandeln daher, selbst wenn sie keinerlei Verhandlungsausbildung hatten, professionell. Da Aufgaben generell strukturiert und rational angegangen werden, kann diese Herangehensweise selbst bei unerfahrenen deutschen Verhandlern deren fehlende spezifischen Verhandlungskenntnisse überspielen. Die Auswirkungen der fehlenden Verhandlungsausbildung zeigen sich jedoch an der eher seltenen Suche nach

→ *win-win*-Lösungen, denn Deutsche zeigen, anders als Skandinavier oder Niederländer, keine Tendenz dazu. Ohne Schulungen besteht zudem regelmäßig eine relativ geringe Variationsbreite an Strategien und Taktiken. Da z. B. die Effekte der → *behavioural economics* im Regelfall nicht bekannt sind, haben deutsche Verhandler es zudem häufig schwer, die Hintergründe zu verstehen und daraus Konsequenzen zu ziehen.

5.1.3 Mentalitäten

Den Verhandlern eines Landes bestimmte Mentalitäten zuzuweisen, erscheint angesichts der Vielfalt der Menschen und der sie prägenden Umwelt kaum vorstellbar. Daher beziehen sich die folgenden Ausführungen auch nicht auf individuelle deutsche Verhandler, sondern auf den Durchschnitt der deutschen Verhandler. Dieser Durchschnitt wird mit den Durchschnitten anderer Länder verglichen. Folglich basiert dieser Vergleich auf Tendenzen, die im Einzelfall nicht unbedingt den individuellen Eigenschaften entsprechen.

5.1.4 Orientierung an rechtlichen Vorgaben – safe harbor principle

Deutsche Verhandler gelten als „gesetzestreu". Auch wenn dies in der Grundtendenz stimmen dürfte, erscheint eine differenzierte Betrachtung geboten. Die Bedeutung des Rechts für eine Verhandlung hängt, abgesehen von objektiven Parametern (wie z. B. der Unternehmensgröße und der Bedeutung der rechtlichen Risiken der Transaktion), insbesondere davon ab, inwieweit Juristen in den Prozess involviert sind. Dabei orientiert sich ein Jurist, der als Manager an der Verhandlung beteiligt ist, deutlich weniger an rechtlichen Regeln als einer, der als interner oder externer juristischer Berater agiert. Bevorzugt werden Geschäftsverhandlungen zwischen KMU und größeren, in Familienbesitz befindlichen KMU, ohne die unmittelbare Beteiligung von Anwälten geführt, denn deutsche mittelständische Unternehmen haben regelmäßig keine eigene Rechtsabteilung. Sie arbeiten vielmehr mit Rechtsanwaltskanzleien als ständige externe Berater zusammen. Die seltene Einschaltung von Juristen spart Kosten und wird praktiziert, solange auch die andere Seite ohne Juristen verhandelt.

Viele mittelständische Unternehmen versuchen sich relativ strikt an vorher durch unternehmensinterne Entscheidungsträger oder (meist externe) Juristen als günstig, oder zumindest unbedenklich, eingestufte Klauseln zu halten. Andere mittelständische Unternehmen machen sich wiederum keine Mühe mit der rechtlich wirksamen Gestaltung ihrer Vertragsbeziehung. Sie vertrauen darauf, dass es ohnehin selten zum Rechtsstreit kommt und achten daher nur darauf, dass das Vereinbarte für sie günstig erscheint. Die Frage der Wirksamkeit tritt so in den Hintergrund, und dies, obwohl Deutschland weltweit eine der strengsten Regelungen für die Inhaltskontrolle von B2B → *boilerplates* und AGB kennt. Letztere Grundhaltung hängt von den gemachten Erfahrungen ab und kann sich nach juristischen Problemen von wirtschaftlicher Bedeutung schnell ändern.

Vereinzelt gibt es Unternehmen, die bei ihren Verhandlungen, die scharfe deutsche AGB-Inhaltskontrolle zu ihren Gunsten nutzen wollen. Diese Unternehmen stimmen selbst kritischen Punkten, ohne weiteres zu, da sie darauf vertrauen, dass die gesetzliche AGB-Inhaltskontrolle sie schützt, da sie zur Unwirksamkeit besonders belastender Klauseln führt (sog. → *AGB-gestützte Verhandlungstaktik*). Dieser Schutz ginge verloren, wenn die entsprechende Klausel individuell ausgehandelt würde. Diese Taktik funktioniert allerdings ausschließlich bei der Anwendbarkeit deutschen Rechts. Viele deutsche Unternehmen, die selbst AGB verwenden, versuchen daher, sich dem deutschen (AGB-) Recht im internationalen Geschäftsverkehr zu entziehen. Dazu wählen sie ein ausländisches Recht – meist das schweizerische Recht, welches zwar Ähnlichkeiten zum deutschen Recht aufweist, aber keine entsprechende Inhaltskontrolle im B2B-Bereich kennt. Dem Vertragspartner wird dies teilweise noch als Entgegenkommen vermittelt, da das deutsche Unternehmen auf sein eigenes Recht verzichtet. Die wahren Gründe für die Rechtswahl sind jedoch die Gestaltungsfreiheit nach Schweizer Recht, die gleiche Sprache und die generell gute Zugänglichkeit des schweizerischen Rechts für deutsche Verhandler.

Insbesondere bei Großunternehmen findet in der Regel während der Vertragsverhandlungen eine intensive Abstimmung mit der Rechtsabteilung statt (→ *bargaining in the shadow of the law*). Diese Unternehmen zeigen sich häufig auch aus Standardisierungsgründen wenig flexibel und beharren auf der Verwendung, der von ihnen vorgegebenen Standardklauseln, und zwar selbst dann, wenn die von der Gegenseite gewünschte Alternativregelung keine wesentlichen Nachteile zur Folge hätte. Hintergrund sind die meist aufwendigen unternehmensinternen Genehmigungsprozeduren. Diese Unternehmen argumentieren im Übrigen gerne damit, dass wenn ihnen die Änderung zumutbar sei, weil sie keine wesentlichen Nachteile zur Folge habe, dies auch umgekehrt gelten müsse, weshalb die Gegenseite auch mit der Standardklausel leben könne.

Insgesamt ist die Bedeutung des Rechts für Verhandlungen in Deutschland somit vergleichsweise hoch. Denn Deutsche streben eine sichere, gut planbare Situation für die Vertragsabwicklung an. Hierfür erscheint eine rechtlich abgesicherte Lage wertvoll. Dem entspricht, dass die Vertragstreue (pacta sunt servanda) in Deutschland einen hohen Stellenwert hat. Das bedeutet nicht, dass Verträge stets in jeglicher Hinsicht eingehalten werden (→ *Vertragsbruch*). Die von außen bestehende Wahrnehmung einer besonderen Regeltreue der Deutschen, erscheint zumindest etwas überzeichnet. Nachverhandlungen, d. h. Verhandlung nach Vertragsschluss, sind aber, verglichen mit anderen Ländern (insbesondere China, siehe näher unter Abschn. 5.2.5), relativ unüblich und werden insbesondere dann nicht akzeptiert, wenn damit ein finanzieller Nachteil verbunden ist. Etwas anderes gilt, wenn sich grundlegende Umstände nach Vertragsschluss geändert haben. Dann werden Nachverhandlungen akzeptiert. Deutsche Verhandler lassen sich zudem dann eher auf Nachverhandlungen ein, wenn sie in einer langfristigen Geschäftsbeziehung mit der anderen Seite stehen, um die Beziehung nicht zu gefährden. Umgekehrt sehen deutsche Verhandler von der Bitte um Nachverhandlungen oftmals ab, da sie wissen, dass diese nicht gern gesehen sind und daher die Parteibeziehung gefährden können. Hat die andere Seite eine sehr starke Verhandlungsmacht, kann sich das deutsche Unternehmen – entgegen seinen Präferenzen – allerdings zu Nachverhandlungen gezwungen sehen.

Das deutsche Recht wird in Bezug auf ausgehandelte Vertragsklauseln stark von der Suche nach einzelfallgerechten Entscheidungen geprägt (Grundsatz von Treu und Glauben, zweck- und interessengerechte Auslegungen, teilweise sogar gegen den ausdrücklichen Wortlaut, Lückenfüllung entsprechend der ohne Vereinbarung geltenden Gesetzeslage oder entsprechend abweichenden Vorstellungen der Parteien im Wege der ergänzenden Vertragsauslegung). Dem Grundsatz nach ermöglicht dies den Verzicht auf die vollständige Regelung jedes Einzelfalls und einen etwas großzügigeren Umgang mit Formulierungen, soweit nur das inhaltlich Gewollte klar bleibt. Diese möglichen Spielräume für Verhandlungen werden jedoch häufig nicht genutzt, sondern vielmehr sehr detailorientierte Regelungen geschaffen (entsprechend werden deutsche Verhandler auch wahrgenommen, vgl. *Guo*, Theorie internationaler Unternehmensverhandlungen (国际商务谈判学), 2009, S. 247). So werden häufig sogar gesetzeswiederholende Regeln in Verträge aufgenommen, die als Information für die Gegenseite und für das Verständnis des Vertragstextes aus sich heraus als hilfreich angesehen werden. Die geringe Neigung, Freiräume zu lassen, könnte vielleicht auch damit zusammenhängen, dass dies mit dem bewussten Eingehen eines Risikos verbunden wäre, was insbesondere bei Juristen wenig verbreitet ist. Insgesamt gelten deutsche Verhandler im internationalen Vergleich als tendenziell risikoavers, obwohl die weltberühmte „German Angst" hier vermutlich keine Rolle spielen dürfte. Immerhin neigen deutsche Unternehmen generell zu etwas weniger umfangreichen Verträgen, als dies bei amerikanischen Unternehmen der Fall ist (siehe dazu unter Abschn. 5.3.4). Denn deutsche Verhandler stehen dem subsidiär anwendbaren dispositiven Recht nicht ganz so kritisch gegenüber wie US-Amerikaner.

Soweit Juristen eine wesentliche Rolle in den Vertragsverhandlungen spielen (als Verhandler oder auch im → *back office*), ist die Wahl des rechtlich sichersten Weges aufgrund der bereits angesprochenen Risikoaversion sehr verbreitet. Deutsche Juristen folgen regelmäßig dem → *safe harbor principle* und orientieren sich nicht an einem Legal Risk Management, bei dem außerhalb des Strafrechts und sehr hohen Risiken die Chancen und Risiken ökonomisch abgewogen werden. Selbst unternehmerisch orientierte Geschäftsleitungen trauen sich teilweise nicht, sich über schriftlich dokumentierte juristische Bedenken hinwegzusetzen, wobei dies im Einzelfall von den drohenden Sanktionen abhängt. Die Berücksichtigung juristischer Bedenken durch die Geschäftsleitung kann wohl auch damit begründet werden, dass das deutsche Haftungsrecht für Geschäftsführer als streng wahrgenommen wird. Denn das Legalitätsprinzip verbietet Rechtsbrüche, auch wenn sie im Interesse des Unternehmens erfolgen. Folge ist, dass bei dadurch hervorgerufenen Schäden die Vorteile nicht gegengerechnet werden dürfen. In der Praxis wird die Geschäftsführerhaftung außerhalb von Insolvenzen jedoch kaum durchgesetzt.

Trotz der soeben erläuterten Bedeutung des Rechts für deutsche Unternehmen, sind vor Gerichten oder auch Schiedsgerichten ausgetragene Rechtsstreitigkeiten zwischen den Vertragsparteien nicht die bevorzugte Option. Zwar wird meist der ordentliche Gerichtsweg oder ein Schiedsverfahren und nicht etwa ein alternativer Streitbeilegungsmechanismus

(ADR) vereinbart. Doch werden Rechtsstreitigkeiten als aufwendig, riskant und geschäfts-schädigend wahrgenommen und daher grundsätzlich lediglich als allerletztes Mittel ver-standen. Ein Gang vor Gericht, führt grundsätzlich zur Beendigung einer Geschäfts-beziehung. Selbst die Drohung einer Seite, den Rechtsweg zu beschreiten, wird häufig als Affront betrachtet. In Konfliktverhandlungen werden daher, zumindest von Nichtjuristen, → *rechtliche Argumente* im Regelfall nur eingesetzt, um eine angemessene Einigung zu erzielen. Die Möglichkeit eines Rechtsstreits wird von deutschen Verhandlern somit, außer bei Verhandlungen über die endgültige Abwicklung einer Geschäftsbeziehung, selten als echtes → *BATNA* verstanden.

Ein im weiteren Sinne rechtliches Element, das deutsche Verhandler beeinflusst, sind die sich in den letzten Jahren immer stärker durchsetzenden, unternehmensinternen Compliance-Regeln. Diese Code-of-Conduct-Regeln beschränken zur Verhinderung von Korruption (→ *Bestechung*) Ausgaben zugunsten von Verhandlungspartnern (Geschenke, Einladungen, gemeinsames Essen) sowie die entsprechende Entgegennahme von Ge-schenken und Einladungen durch deutsche Verhandler. Insbesondere bei Großunter-nehmen und bei mittelständischen Unternehmen, die den Großunternehmen zuliefern, sind die Compliance-Regeln regelmäßig sehr streng. Es bestehen häufig nur sehr kleine Freiräume und nicht selten umständliche Regeln zur Genehmigung von Ausnahmen im Einzelfall. Deutsche Verhandler können daher insoweit der anderen Verhandlungsseite als wenig zugewandt erscheinen. Zudem können peinliche Situationen entstehen, wenn den deutschen Verhandlern Geschenke übergeben oder diese zum Essen eingeladen werden und die Kosten die unternehmensinternen Grenzen überschreiten. Denn die deutschen Ver-handler stehen vor dem Dilemma, entweder die unternehmensinternen Regelungen zu ver-letzen oder die Gegenseite zu verärgern. Die beschriebene Problematik ist nicht auf Deutschland beschränkt, doch sind in der Außenwahrnehmung die deutschen Regeln und ihre Umsetzung besonders rigide.

5.1.5   Grundeigenschaften und Herangehensweisen

Trotz großer individueller Unterschiede bei einzelnen Verhandlern werden Verhandlern aus verschiedenen Ländern bestimmte typische Grundeigenschaften und Herangehens-weisen zugeordnet. Diese Zuordnung hat im Kern ihre Berechtigung, da Verhandlungs-stile allein aufgrund der Tatsache, dass sowohl am Verhandlungstisch als auch im Hinter-grund regelmäßig eine ganze Reihe von Personen beteiligt sind, nicht so sehr von den individuellen Eigenschaften Einzelner, als von den üblichen Verhaltensweisen und Er-wartungen der sie umgebenden Gesellschaft geprägt werden. Selbst einzelne Unter-nehmen fallen nur selten komplett aus dem Üblichen heraus, weil mit abweichenden Verhaltensmustern soziale Distanz und Risiken für die Kommunikation verbunden sind. Im Übrigen sind die in diesem Zusammenhang getätigten Aussagen auf das übliche Ver-halten sowie die üblichen Grundeinstellungen gerichtet und nehmen nicht für sich in Anspruch, universell zu gelten.

In Deutschland spielen logische Argumente in Verhandlungen eine große Rolle (vgl. Themenliste „Argumentationstechniken"). Es besteht der Glaube, dass man sich logischen Argumenten nicht verschließen könne. Die Eröffnungsposition wird von deutschen Verhandlern daher häufig sehr intensiv begründet und im Verlauf der Verhandlung auch nicht ohne weiteres aufgegeben. Von Verhandlern aus anderen Kulturen – z. B. chinesischen Verhandlern – kann dies teils als starrsinnig, auf der eigenen Position beharrend und wenig flexibel wahrgenommen werden (*Guo*, Theorie internationaler Unternehmensverhandlungen (国际商务谈判学), 2009, S. 247). Dennoch treten deutsche Verhandler im internationalen Maßstab vergleichsweise zurückhaltend und introvertiert auf. Sie empfinden das Zeigen von → *Emotionen* in der Verhandlung, und zwar sowohl bezüglich negativer als auch positiver Erregung, als eher unprofessionell. Ein sehr emotionaler Verhandler auf der Gegenseite wird daher generell weniger respektiert. Treffen rein männliche Verhandlungsteams aufeinander, ist die akzeptierte Aggressivität höher als bei Verhandlungen in gemischten Verhandlungsteams (→ *Geschlecht*). Verhandlungen laufen allerdings überwiegend vergleichsweise distanziert und formell ab. Das Einstreuen von Witzen in Verhandlungen gehört nicht zum Standard deutscher Verhandler. Erst recht gilt dies für die Verwendung von Ironie (zur Situation in den USA vgl. Abschn. 5.3.5). Deutsche Verhandler werden überwiegend als ernsthaft, konzentriert, aufmerksam zuhörend (→ *aktives Zuhören*) und geduldig (→ *Geduld*) erlebt. Letzteres gilt trotz eines ausgeprägten Bemühens um Effektivität. Teilweise wird deutschen Verhandlern sogar eine internationale Spitzenstellung hinsichtlich der Qualität des Zuhörens und der diesbezüglichen Ausdauer zugeschrieben (vgl. *Lewis,* When Cultures Collide, 2018, S. 72 f.). Deutsche Verhandler sind an Hintergrundinformationen interessiert, finden Wiederholungen zur Klarstellung hilfreich und verwenden selbst viele Wiederholungen zur Klarstellung, aber auch zum Unterstreichen eines Argumentes. Nicht selten gibt es gemeinsame Tischvorlagen mit den bereits erzielten Ergebnissen. Dennoch gibt es eine Untersuchung, wonach deutsche Verhandler im internationalen Vergleich sehr wenig → *Fragen* stellen (siehe Themenliste „Fragetechniken") (*Hernandez Requejo/Graham*, Global Negotiations, 2008, S. 76 f.). Anders als bei unternehmensinternen Sitzungen werden Verhandlungen mit Externen kaum als Bühne angesehen, die zur Selbstdarstellung auffordert. Die Messung des Erfolgs ist ergebnisorientiert. Von außen betrachtet, fallen Deutsche durch ihre Fakten- und Zahlenorientierung auf. Selbst beim Wetter würde man nicht davon sprechen, dass es heute „etwas kühler" ist, sondern man würde darauf verweisen, dass es z. B. lediglich 16 °C sind. Aus internationaler Sicht gelten deutsche Verhandler als papierorientiert, da sie häufig die verschiedensten Fragestellungen schriftlich vorbereitet haben. Bei mehrtägigen Verhandlungen erfolgen auch entsprechende schriftliche Nachbereitungen als Vorbereitung auf den nächsten Verhandlungstag. Deutsche Verhandler müssen, jedenfalls aus US-amerikanischer Sicht, häufig bei den Zuständigen in der Zentrale rückfragen, verhandeln detailverliebt und sind aus dieser Sicht bürokratisch und langsam.

Deutsche Verhandler haben nicht selten ein kompliziertes Verhältnis zu Deutschland. Einerseits sind insbesondere die Akademiker dazu erzogen worden, keine betont positive

Beziehung zu Deutschland, seiner Geschichte und seinen Symbolen zu entwickeln oder gar öffentlich zu zeigen. So erzeugen z. B. das Zeigen der deutschen Flagge oder auch das Singen deutscher Volkslieder in der Regel keine positiven → *Emotionen*. Positive Bezugnahmen auf deutsche Geschichte durch ausländische Verhandlungspartner, selbst, wenn sie sich auf die Zeit nach 1945 oder die Kaiserzeit beziehen, verursachen nicht selten peinliches Schweigen, weil deutsche Verhandler manchmal nichts mit dem entsprechenden Ereignis der deutschen Geschichte anfangen können, häufiger aber einfach unsicher sind, wie sie auf diese Bemerkungen reagieren sollen. Viele Deutsche sind hingegen der Region sehr verbunden, insbesondere, wenn sie in dieser Region auch schon aufgewachsen sind. Ein ernsthaftes Interesse für diese Region, wird daher von deutschen Verhandlern sehr häufig positiv aufgenommen. Jedenfalls bei höherrangigen Verhandlern ist auch die deutsche Hochkultur (Konzerte, Museen, Gedenkstätten) regelmäßig positiv besetzt. Unternehmen deutsche Verhandler mit ihren Gästen abends oder am Wochenende einen entsprechenden Ausflug, sind sie regelmäßig nicht an informellen Verhandlungen während dieser Ausflüge interessiert.

Deutsche Verhandler sind von Produkten „Made in Germany", deutscher Technik, insbesondere Autos, meist tief überzeugt (und lassen dies auch die Gegenseite spüren, vgl. *Guo*, Theorie internationaler Unternehmensverhandlungen (国际商务谈判学), 2009, S. 247; *Liu*, Internationale Unternehmensverhandlungen (国际商务谈判), 2005, S. 163 ff.). Gleiches gilt auch für unternehmerische und rechtliche Denkweisen sowie die Art, Verhandlungen zu führen. Dies geht so weit, dass sie die jeweilige deutsche Verhaltensweise gegenüber allen anderen Verhaltensweisen als überlegen ansehen und abweichende Herangehensweisen innerlich nicht tolerieren. Dieses Überlegenheitsgefühl („am deutschen Wesen soll die Welt genesen") kann in Verbindung mit einem nicht ganz seltenen Hang zur „Besserwisserei" und der aus Sicht anderer Länder sehr direkten Art in Deutschland seine Ablehnung zu zeigen („Nein") zu kritischen Verhandlungssituationen führen. So kann es passieren, dass deutsche Verhandler in Verhandlungen über Qualitätsprobleme ihres chinesischen Zulieferers von dessen Verhandlern ein Bekenntnis zur nicht erreichten Qualität zu erzwingen suchen, selbst wenn sie bemerken, dass ein solch offenes Fehlereingeständnis der Mentalität ihrer Verhandlungspartner widerstrebt. Der teilweise Hang zum „Belehren" kann im (negativen) Einzelfall so weit gehen, dass ein deutscher Verhandler versucht, der Gegenseite deren Interessen zu erläutern oder ihr Vorschläge macht, wie sie sich organisieren sollte. Dies ist von der Situation zu unterscheiden, in der eine Seite aufgefordert wird, sich in die andere Seite hineinzuversetzen.

Die sehr direkte Art, Ablehnung auszudrücken, ist – wie soeben erwähnt – ein hervorstechendes und für den Verhandlungserfolg nicht ungefährliches Spezifikum deutscher Verhandler. So berichtete ein deutscher Rechtsanwalt mit langjährigen Erfahrungen in internationalen Verhandlungen, dass in internationalen Telefonkonferenzen der Satz „that is not possible" nur von einem deutschen Anwalt stammen könne. Von den anderen Verhandlern wird dies zumeist als aggressiv und unflexibel wahrgenommen. Vereinfacht lässt sich sagen, dass in Deutschland Wahrheit vor Takt geht. Aufgrund der sehr direkten Art der

Kommunikation von Ablehnung in Deutschland müssen deutsche Verhandler erst mit der Zeit lernen, die unterschiedlichen Ausdrucksweisen ihrer Verhandlungspartner hinsichtlich einer Zustimmung/Ablehnung richtig zu deuten. Ein Vorteil der sehr direkten Art besteht für den Verhandlungspartner jedoch darin, dass ein → *auf den Busch klopfen* und andere Formen von „shadow games" selten genutzt werden.

Wenn auch nicht mehr durchgängig, spielen akademische Titel und hierbei insbesondere der Doktortitel, der in Deutschland rechtlich als Teil des Namens auch in den Ausweispapieren erscheint, noch immer eine vergleichsweise große Rolle. Deutsche Verhandler erwarten insofern, mit ihrem Titel angesprochen zu werden (außer das Gegenüber hat ebenfalls einen Doktortitel). Der Gebrauch von Vornamen gegenüber Geschäftspartnern ist jedoch – entgegen der deutschen Mentalität – in einigen US-amerikanisch geprägten Unternehmen üblich. Ein Indiz hierfür ist, wenn die Kommunikation innerhalb des Unternehmens in Deutschland auf Englisch erfolgt. Soweit dies international üblich ist, wechseln deutsche Verhandler, auch wenn sie aus Unternehmen kommen, in denen dies nicht üblich ist, allerdings meist schnell und vorbehaltlos zur Verwendung des Vornamens. Sie passen sich damit diesbezüglich generell dem internationalen Standard an. Funktionstitel, wie Prokurist (drückt zugleich weitreichende Vertretungsmacht aus), Abteilungsleiter, Bereichsleiter, Direktor, Generalbevollmächtigter, Geschäftsführer/Vorstandsmitglied, werden inzwischen etwas weniger betont als noch vor einiger Zeit. Soweit deutsche Unternehmen nicht US-amerikanisch geprägt sind, sind die vergebenen Titel sprachlich vergleichsweise zurückhaltend. In Kombination mit der Verhandlungsleitung durch oftmals relativ niedrige Funktionsrangstufen kann dies zu Irritationen bei Verhandlern der Gegenseite führen, insbesondere, wenn in dem entsprechenden Land die Verhandlungsspitze üblicherweise eher hochrangig besetzt ist. Deutsche Unternehmen verwenden daher für den externen Verkehr gelegentlich andere, höherrangig klingende Titel für ihre Verhandler als intern. Privates und Geschäftliches werden in Deutschland meist deutlich getrennt. Einladungen nach Hause sind daher sehr selten. Private Themen werden nur thematisiert, wenn man sich näher kennt.

Deutschland ist nach 1945 zu einer Konsensgesellschaft geworden, in der alle wesentlichen Entscheidungen im Konsens getroffen werden. Verbunden mit der Vorliebe für rational begründete Entscheidungen kann dies z. B. dazu führen, dass ein Geschäftspartner, der in einer Frage bereits nachgegeben hat, noch davon überzeugt werden soll, dass diese Entscheidung, die einzig mögliche, rationale Entscheidung ist. Zu den deutschen Verhandlern nachgesagten sog. Sekundärtugenden gehören zudem Ordnung und Pflichterfüllung. Letzteres führt allerdings häufig auch dann zur Befolgung fester Vorgaben der Entscheidungsbefugten, wenn diese aus Sicht des betroffenen Unternehmens nicht vorteilhaft sind. Eine verbreitete konformistische Grundeinstellung erschwert zudem die Einigung über zuvor nicht praktizierte Lösungen. Pünktlichkeit hat ebenfalls weiterhin einen hohen Stellenwert in Deutschland. Dies zeigt sich z. B. darin, dass nur leicht verspätete Teilnehmer einer Verhandlung häufig näher begründen, warum sie verspätet sind. Die Begründung zielt darauf ab, Verständnis für die Verspätung zu erlangen und einer Verärgerung des Verhandlungspartners vorzubeugen. Die gezielte (leichte) Unpünktlichkeit wird hingegen teilweise als Machtdemonstration (→ *Herrschaftsgesten*) eingesetzt. Sie kommt aber vor allem zwischen Parteien zum Einsatz, bei denen ein erhebliches Machtungleichgewicht besteht.

Vorbereitungsmaßnahmen für eine methodische Planung (auch in Verbindung mit dem Ordnungsgedanken) sind ein deutsches Ideal, was sich in Verhandlungen z. B. in der Vorbereitung einer Agenda und der Einteilung des Verhandlungsstoffes in einzelne Verhandlungsabschnitte äußert. Deutsche Verhandler werden insofern als linear aktiv eingeordnet. Dies rechtfertigt sich insbesondere damit, dass deutsche Verhandler Wert darauf legen, immer nur einen Verhandlungsgegenstand entsprechend der Agenda zu diskutieren, um so alle Verhandlungsgegenstände geordnet nacheinander abzuarbeiten. Im Sinne der Grundtypeneinteilung zwischen Dealmaker (abschlussorientierte Verhandler) und Realmaker (Verhandler, der einen perfekten Vertrag anstrebt), tendieren deutsche Verhandler eher Richtung Realmaker. Bei komplexen Sachverhalten werden daher auch komplexe Lösungen befürwortet, die der Komplexität des Sachverhalts Rechnung tragen. Sie streben einen technisch, wirtschaftlich und juristisch nahezu perfekten Vertrag an, was oftmals keinerlei Raum lässt, Vertragspunkte gänzlich offen zu lassen (zum Einfluss des Rechts siehe bereits oben unter Abschn. 5.1.4).

Auch die Unternehmensorganisation wirkt sich auf die Verhandlungen aus. Deutsche Großunternehmen gelten als sehr schwerfällig. Es existiert häufig eine Vielzahl von standardisierten Handlungsanweisungen. Von den meisten Handlungsanweisungen wird erwartet, dass sie tatsächlich befolgt werden. Die Genehmigung zur Abweichung im Einzelfall unterliegt einem komplexen Prozedere. Im Regelfall existieren zudem klare Kommunikations- und Weisungslinien. Dem entspricht die zugrunde liegende hierarchische Organisation. Häufig sind mehrere Abteilungen in den Entscheidungsprozess einzubeziehen. Die Rivalität zwischen Abteilungen gilt aus Sicht ausländischer Verhandlungspartner in deutschen Großkonzernen als besonders groß. Hier (scheinbar) gegen die Interessen eines der betroffenen Bereiche zu verhandeln, kann vom entsprechenden Bereichsleiter nachhaltig übel genommen werden. Mittelständische Unternehmen im Familieneigentum arbeiten zwar auch mit hierarchischen Strukturen. Die Geschäftsführung hat jedoch meist einen direkten Durchgriff auf Entscheidungen, nutzt ihn aber meist erst ab einer gewissen Größenordnung. Die Abteilungsrivalität spielt hier keine so große Rolle. Bei wirklich bedeutenden Verhandlungen beteiligen sich Gesellschaftergeschäftsführer nicht selten selbst an der entscheidenden Verhandlung. Da der → *decision-maker* dann mit am Tisch sitzt, fallen für das deutsche Unternehmen somit Taktiken die auf einer → *Principal-Agent-Situation* beruhen weg. Großunternehmen signalisieren die Bedeutung durch Beteiligung einer Verhandlung hingegen durch die Teilnahme eines Geschäftsbereichsleiters. Bezogen auf das Vergleichsgebiet Westeuropa und Nordamerika ist die Gleichstellung der Frauen im Management deutscher Unternehmen nicht besonders weit entwickelt. Ob dies eine geringe Verbreitung kooperativer Verhandlungsstile begünstigt, kann nur vorsichtig vermutet werden.

5.1.6 Verhandlungsvorbereitung

Von deutschen Verhandlern, wird erwartet, dass sie alle Zahlen und Fakten der eigenen, aber auch die der anderen Seite kennen. Diesbezüglich erfolgt daher grundsätzlich eine intensive *Verhandlungsvorbereitung* (→ *80-20-Regel*). Diese betrifft regelmäßig auch frühere Geschäftsabschlüsse zwischen den Beteiligten und die aktuelle Konkurrenzsituation in Bezug auf die zu verhandelnde Leistung. Als Ideal wird es angesehen, wenn die deutschen Verhandler ein generelles Verständnis von der wirtschaftlichen Position der Gegenseite, ihrer wirtschaftlichen Positionierung sowie ihrer Abnehmer und Lieferanten haben. Neben der Kenntnis der Einzelfakten gilt ein analytisches Gesamtverständnis des zu verhandelnden Projektes als wünschenswert. Dies betrifft auch ein Grundverständnis der Stärken und Schwächen. In komplexeren Situationen, in denen der Verhandlungsgegenstand mit weiteren Materien verbunden ist (z. B. bei diplomatischen Verhandlungen), existiert nach deutschem Verständnis idealerweise ein Gesamtkonzept, das als Leitidee für alle Teilprojekte dient. Als entsprechend gut vorbereitet werden deutsche Verhandler daher im Ausland wahrgenommen (*Liu*, Internationale Unternehmensverhandlungen (国际商务谈判), 2005, S. 163 ff. zum deutschen Verhandlungsstil). Diese sehr intensive Vorbereitung zu Zahlen und Fakten kann allerdings – wenn die Kenntnisse offensiv verbreitet werden – auch als „Besserwisserei" verstanden und bewertet werden. Sind die Daten und Fakten tatsächlich wichtig und ist die Gegenseite nicht in gleicher Weise vorbereitet, kann bei der Gegenseite zudem ein Unterlegenheitsgefühl entstehen. Im schlimmsten Fall kann sogar ein Gesichtsverlust drohen. Dies wiederum kann zu einer angespannten Verhandlungsatmosphäre beitragen. Deutsche Verhandler sind hingegen häufig davon überzeugt, dass gerade ein Faktendruck, selbst wenn er die andere Seite peinlich berühren sollte, ein geeignetes Mittel ist, um die andere Seite zum (partiellen) Nachgeben zu bringen.

Ziel der Vorbereitung ist es generell, die Interessen beider Seiten zu kennen und umfassend analytisch rational argumentieren zu können. Denn die analytisch-rationale Argumentation zur weitestgehenden Verwirklichung der eigenen Interessen entspricht dem deutschen Ideal einer Verhandlung (so bereit oben unter Abschn. 5.1.5). Deutsche Verhandler sind grundsätzlich bereit, sich auf den konkreten Kontext einzulassen. Die inhaltliche Argumentation ist meist sorgfältig vorbereitet. Dies schließt nicht selten eine zweite Argumentationsrunde hinsichtlich bereits vorab erwarteter Gegenargumente ein.

In verhandlungstechnischer Hinsicht gilt eine → *Agenda* unter Festlegung der Reihenfolge der anzusprechenden Punkte und inhaltlicher Vorschläge an die Gegenseite als nahezu unverzichtbar (zur linearen Verhandlungsweise siehe unter Abschn. 5.1.5). Dies umfasst häufig auch einen Zeitplan. Nicht selten gibt es bereits intensive Vorverhandlungen über die Agenda und den Zeitplan.

Unternehmensinterne Vorbesprechungen zur Festlegung roter Linien, von Verhandlungszielen und Optionen, kompletten Vorschlägen für einzelne Verhandlungspunkte und den Rollen einzelner Verhandler sind ebenfalls sehr verbreitet. Trotz hierarchischer Unterschiede, die sich regelmäßig auch dadurch ausdrücken, dass der ranghöchste Verhandler eröffnet, kommen die rangniederen Spezialisten in ihrem Spezialfeld zum Einsatz.

Es kann jedoch auch passieren, dass rangniedrigere Spezialisten letztendlich nicht zu Wort kommen, wodurch sie ihre Rolle nicht erfüllen können, was zu negativen Emotionen führt (→ core concerns framework).

Eine psychologisch-emotionale Vorbereitung ist unüblich, soweit nicht negative Erfahrungen in früheren Verhandlungen spezifischen Anlass für eine entsprechende Vorbereitung bieten. Auch einzelne Taktiken werden sehr selten vorbesprochen. Dies liegt partiell an der häufig fehlenden (taktischen) Schulung deutscher Verhandler zu Vertragsverhandlungen. Auch lässt das Ideal einer rational-argumentativen Einigung auf Basis der Interessen den Bedarf für Taktiken als nicht so groß erscheinen. Lediglich im Verkauf werden Verhandler stark mit persuasive selling techniques vertraut gemacht und setzen diese daher gezielt nach einer getroffenen Vorüberlegung ein. Sofern Verhandler schon mit bestimmten Taktiken der Gegenseite konfrontiert wurden, sind Abwehrmaßnahmen und Gegentaktiken zudem durchaus Teil der Verhandlungsvorbereitung. Erfahrene deutsche Verhandler verfügen im Einzelfall auch über ein recht großes Taktikrepertoire, ohne dass ihnen vielleicht immer bewusst wäre, dass entsprechende situationsspezifische Verhaltensweisen als Taktiken zu qualifizieren sind. So wird in Deutschland Schweigen an sich selten als Taktik eingesetzt. Erfahrungen mit dieser Taktik können jedoch zum aktiven Einsatz führen. So berichtete ein professioneller Verhandler, dass er mit der Zeit gelernt habe, länger als seine chinesischen Verhandlungspartner zu → *schweigen*. Deutsche Verhandler beherrschen häufig weder ein Pokerface noch sind sie es gewohnt, durch künstliche → *Körpersprache* über ihre Gefühle zu täuschen. Trotz der insgesamt eher sehr zurückhaltenden Emotionalität können daher die Gefühle eines deutschen Verhandlers offenbar werden. Unter Umständen sind so auch Meinungsunterschiede zwischen einzelnen Verhandlern erkennbar. Nach einer Studie (*Hernandez Requejo/Graham*, Global Negotiations, 2008, S. 76 f.) weisen deutsche Verhandler die höchste self-disclosure-Rate von allen untersuchten Nationen auf. Ob geplant oder nicht, teilen deutsche Verhandler somit scheinbar besonders viel über sich selbst mit.

5.1.7 Mock negotiations

Mock negotiations, also Übungsverhandlungen in Vorbereitung auf eine Verhandlung, sind selbst bei sehr bedeutenden Geschäften im unternehmerischen Bereich in Deutschland, bis auf wenige Bereiche, unüblich. Auch Aufzeichnungen über Verhandler der Gegenseite, mit denen bereits Verhandlungen stattgefunden haben, existieren nur sehr selten. Analysen vergangener Verhandlungen finden grundsätzlich ebenfalls nicht in strukturierter Form statt. Wenn dies bei größeren Verhandlungen doch einmal vorkommt, fließen die Ergebnisse dann informell in die zukünftigen Verhandlungen ein. Mangels eines Wissensmanagements im Verhandlungsbereich, bleibt es meist dem individuellen Verhandler überlassen, sich an Verhandlungsvorerfahrungen zu erinnern oder Vorerfahrungen von anderen Verhandlern zu erfragen.

5.1.8   Ort, Zeit und Zusammensetzung eines Verhandlungsteams

Deutsche Verhandler bevorzugen Geschäftsräume als Ort der Verhandlung. Dies schließt Konferenzräume auf Flughäfen und (selten) in Hotels mit ein. Verhandlungen in Unternehmen finden in der Regel während regulärer Geschäftszeiten statt, weshalb Freitagnachmittag gemieden wird. Dies hat auch mit der gestiegenen Bedeutung der Work-Life-Balance und den für die meisten Arbeitnehmer tendenziell festen Arbeitszeiten zu tun. Begünstigt wird dies zudem durch die relativ strikte Trennung von Privatem und Geschäftlichem. Teilweise wird es auch genutzt, um durch die Verhandlung zu dieser unbeliebten Zeit, einen subtilen *Zeitdruck* (→ *deadline*) für die Einigung aufzubauen. Für internationale Verhandlungen, insbesondere im Ausland, spielen diese zeitlichen Aspekte hingegen keine größere Rolle. Hier passen sich die deutschen Verhandler vielmehr den Bedürfnissen an. Für alle nicht zu kleinen Verhandlungen gelten Zweierteams (→ *zwei Verhandler*) mit einem Verhandler für die technischen Fragen und einem Verhandler für den kaufmännisch-juristischen Bereich als ideal. Bei Industrieanlagen, Unternehmenskäufen und ähnlichen bedeutenden und komplexen Verhandlungsgegenständen sind die Verhandlungsteams größer. Bei sehr großen Verhandlungen sind die deutschen Verhandlungsteams regelmäßig kleiner, als es z. B. chinesische oder US-amerikanische Verhandlungsteams wären. Bei nicht ganz so großen Verhandlungen gelten deutliche Unterschiede bei der Teilnehmeranzahl und in der Zusammensetzung der Verhandlungsteams als sehr problematisch und führen schnell zu einer Verhandlungssackgasse (→ *deadlock*). In der Regel bemühen sich daher beide Seiten dies zu vermeiden. In Branchen oder Verhandlungssituationen, in denen die Beteiligung von Juristen nicht allgemein üblich ist, wird schon die Beiziehung eines Juristen als Verhandlungsungleichgewicht verstanden, das eines Ausgleichs bedarf (d. h. ebenfalls der Hinzuziehung eines Juristen). Soweit dies nicht mit Rücksicht auf die Gegenseite für erforderlich gehalten wird, haben die Verhandler auch bei bedeutenden Verhandlungen häufig einen vergleichsweise niedrigen Rang im Unternehmen. Verhandlungsanalytiker (→ *Analytiker*) oder andere professionelle Verhandlungsberater werden in Deutschland fast nie herangezogen. Selbst wenn dies ganz ausnahmsweise einmal der Fall sein sollte, würden Verhandlungsspezialisten lediglich in die Vorbereitung involviert. Verbreitet gibt es vielfältige Zustimmungsvorbehalte, denen die Verhandler unterliegen. In mittelständischen Unternehmen erfassen diese Genehmigungsvorbehalte meist nur Fälle, in denen vorher festgelegte Grenzen überschritten werden sollen (d. h. vor allem wirtschaftliche Kennzahlen).

5.1.9   Small talk

Small talk (→ *chit-chat*) hat in Deutschland für unternehmerische Verhandlungen kaum eine Bedeutung. Die damit verbundenen Möglichkeiten zur Schaffung eines positiven Verhandlungsklimas, dem Verstehen der Gruppenstruktur der Gegenseite oder der Analyse des emotionalen Normalverhaltens, sind deutschen Verhandlern meist nicht bekannt.

Erfahrungen mit Studierenden und die Befragung einiger professioneller Verhandler deuten darauf hin, dass sogar nicht nur Unkenntnis bzw. Desinteresse vorliegt. Vielmehr scheinen die Risiken (Erkenntnismöglichkeiten für die Gegenseite) und Kosten von small talk deutschen Verhandlern höher als die daraus resultierenden Chancen (Erkenntnismöglichkeiten über die Gegenseite und Begründung eines Vertrauensverhältnisses). Es gibt praktisch keine echten Tabuthemen für den small talk mit deutschen Verhandlern. Dennoch gelten nur wenige Themen als geeignet, ohne größere Risiken eine angenehme Stimmung zu erzeugen und zugleich ein guter Ausgangspunkt für die anschließenden Kernverhandlungen zu sein. Small talk über das Wetter ist unbeliebt, weil es schwierig ist, auf diesem Weg näher ins Gespräch zu kommen, aber dennoch nicht selten. Gespräche über private Verhältnisse sind generell unüblich. Es dominieren Themen wie der Anfahrtsweg, Reisen, Sport, insbesondere Fußball. Kommuniziert ein Gastgeber seine Hobbies offen, z. B. auch durch Bilder an der Wand, ist dies ebenfalls ein beliebtes small talk Thema. Geschäftsessen als Teil einer Verhandlung existieren, doch begrenzen die oben angesprochenen Compliance-Regeln vielfach diese Geschäftsessen. Entsprechend dem allgemeinen → *similar to me*-Gedanken bevorzugen deutsche Verhandler Verhandlungspartner, die ihnen in ihren Verhandlungsverhalten und Wertvorstellungen ähnlich sind.

5.2   Wie Chinesen verhandeln

5.2.1   Vorbemerkung

Entsprechend den Ausführungen zu deutschen Verhandlern gibt es auch bei chinesischen Verhandlern nicht „den chinesischen Verhandler" und nicht „den chinesischen Verhandlungsstil". In China sind sogar deutlich größere örtliche Unterschiede innerhalb des Landes, etwa verglichen mit Deutschland, feststellbar. So stehen Verhandler aus Hongkong, wohl aufgrund der historischen Erfahrung als britische Kolonie und des noch immer bestehenden Sonderstatus, westlichen Mentalitäten näher, als dies generell bei chinesischen Verhandlern der Fall ist. Chinesen die außerhalb des Landes (in Übersee) ihr Geschäfts aufgebaut haben, werden zudem beispielsweise besonders gute Verhandlungsfähigkeiten bescheinigt (*Liu*, Internationale Unternehmensverhandlungen (国际商务谈判), 2005, S. 183 f.). Es gibt auch einzelne ethnische Minderheiten, die mentalitätsspezifische Besonderheiten aufweisen (bei den Uiguren ist z. B. eine direktere und gefühlsbetontere Kommunikation verbreitet). Diese Eigenheiten dürften sich auch auf der Verhandlungsebene auswirken. Generell sind zudem die Unterschiede zwischen den großen modernen Zentren und kleineren Provinzen relativ groß. Erhebliche Unterschiede sind auch zwischen staatlichen Unternehmen und vor allem international tätigen Privatunternehmen festzustellen. Die Verhandler letzterer Unternehmen sprechen häufig fließend Englisch und haben in der Regel auch Erfahrung mit internationalen Verhandlungen. Beides ist bei Angestellten staatlicher Unternehmen viel seltener der Fall.

Zu berücksichtigen ist ebenfalls, dass die VR China selbst nach einem weltweiten Maßstab einen der bemerkenswertesten, dynamischsten Veränderungsprozesse der letzten Jahrhunderte durchläuft. Vor Beginn der Wirtschaftsreformen im Jahr 1978 war die VR China ein in sich geschlossenes, kommunistisches, wirtschaftlich nicht weit entwickeltes Schwellenland. Seither hat sich die VR China in rasantem Tempo zur führenden Exportnation der Welt entwickelt. Sie ist nun sogar auf dem Weg, die größte Volkswirtschaft der Welt zu werden, vor allem, wenn man ihre mögliche Dominanz auf strategischen Zukunftsmärkten sowohl in wirtschaftlicher als auch teilweise in technologischer Hinsicht bedenkt. Auch politisch entwickelt sich die VR China zur Weltmacht. Das Ganze geschieht im Rahmen einer kapitalistischen Wirtschaft unter Wahrung eines starken Einflusses des Staates und der kommunistischen Partei hinsichtlich strategischer Wirtschaftsfragen sowie umfassend in politischer Hinsicht. Aus chinesischer Sicht und im Lichte seines Status als historische, kulturelle und politische Supermacht hat China derzeit wieder den Stellenwert erlangt, der ihm nach eigenem Bekunden zusteht. Anders als noch vor wenigen Jahren, haben viele Verhandler mittlerweile auch Erfahrungen mit internationalen Verhandlungen gesammelt. Die Einbindung staatlicher Stellen in Verhandlungen hat bereits deutlich nachgelassen, auch wenn diese Einbindung immer noch weitaus höher ist als in westlichen Verhandlungskulturen. Bei Verhandlungen mit anderen Unternehmen profitiert ein westliches Unternehmen von guten Beziehungen zu den chinesischen Behörden und der eigenen westlichen Regierung, da dies aus chinesischer Sicht die Überwindung bürokratischer Hindernisse erleichtert. Die rasante Entwicklung, die notwendigerweise nicht überall gleichschnell erfolgen kann und Jüngere stärker erfasst als Ältere, begünstigt eine gewisse Heterogenität. Demgegenüber sorgen der tradierte Konfuzianismus, die von der kommunistischen Partei vorgegebenen Leitideen und die generelle Orientierung am Kollektiv doch für eine vergleichsweise homogene Sozialisation. Den Wurzeln des altbewährten Yin-Yang-Prinzips folgend, stimmen traditionelle und kommunistische Leitlinien auch dialektisch überein. In Bezug auf Vertragsverhandlungen fördern sie ebenfalls das Streben nach äußerer Harmonie. Darüber hinaus entspricht dieser Ansatz auch der Ambiguitätstoleranz, d. h. der positiven Grundhaltung gegenüber mehrdeutiger Kommunikation.

5.2.2 Verhandlungsausbildung

Die führenden chinesischen Hochschulen bieten inzwischen Kurse in Vertragsverhandlungen an. Neben den Ausbildungen, die den US-amerikanischen Vorbildern folgen, gibt es auch Angebote, die stärker an den eigenen Traditionen und Vorlieben orientiert sind. Diese erfreuen sich starker Nachfrage. So rühmte sich der chinesische Verhandlungslehrer *Liu Birong* (Autor von etwa 25 Verhandlungsbüchern) bereits 2008 damit, dass er allein in seinen Kursen mehr als 10.000 Menschen das Verhandeln beigebracht habe (*Mehring*, Die Hohe Schule der Kriegskunst bei Geschäftsverhandlungen, 2017, S. 39). Die Beherrschung von Strategien und Taktiken genießt traditionell ein sehr hohes Ansehen. Dies gilt bis heute fort. So zeigte das chinesische Staatsfernsehen bei der Neujahrsansprache für 2018 von Präsident *Xi Jinping* eine Bücherwand, in der unter anderem die 2300 Jahre alten „36 Strategeme" von *Sun Tzu* ebenso wie *von Clausewitz,* „Vom Kriege" (1832), zu sehen waren. Die Nutzung alter und die Erfindung neuer Strategien und Taktiken scheint sich insgesamt größerer Wertschätzung zu erfreuen als in den westlichen Verhandlungskulturen (vgl. die Beispiele unten unter „Taktiken").

5.2.3   Mentalität

Wie schon oben ausgeführt, sind nicht alle Verhandler gleich. Vielmehr können zahlreiche Faktoren die Mentalität der konkreten Verhandler und ihr tatsächliches Verhalten beeinflussen. Generell lassen sich chinesische Verhandler aber als kollektivistisch und im persönlichen Umgang traditionsorientiert charakterisieren. Folglich handeln chinesische Verhandler insoweit zumeist regelbasiert. Dies sowie die chinesische Sprache als prägendes Element sorgen für vergleichsweise homogene Mentalitäten bei Verhandlern und erst recht bei deren Verhaltensweisen. So ist auch das Verständnis von Verhandlungen als komplexe Strategiespiele, die nicht mit bloßen Rezepten, sondern mit situationsangemessenen Strategien und Taktiken gewonnen werden können, relativ weit verbreitet.

5.2.4   Orientierung an rechtlichen Vorgaben

Die Orientierung an rechtlichen Vorgaben ist in Verhandlungen in China noch immer begrenzt. Bis vor wenigen Jahren wies das chinesische Rechtssystem selbst dort, wo die Interessen der kommunistischen Partei und des Staates nicht betroffen waren, ganz erhebliche Mängel auf. Das materielle Recht entsprach nicht den Bedürfnissen einer modernen Wirtschaftsordnung, das Prozessrecht und das Vollstreckungsverfahren waren wenig effektiv, die Richter waren nicht gut ausgebildet, schlecht bezahlt, korruptionsanfällig. Zudem sahen sich diese in einem Abhängigkeitsverhältnis gegenüber lokalen Funktionären. Die VR China unternimmt jedoch große Anstrengungen, diese Defizite ihres Rechtssystems abzubauen. Diese Veränderungen scheinen sich jedoch, zumindest außerhalb der Korruptionsbekämpfung, noch nicht entscheidend auf die Einstellung der Vertragsverhandler zum Recht durchgeschlagen zu haben. Aus westlicher Perspektive fällt vor allem das Fehlen fairer Verfahren bei Rechtsstreitigkeiten mit einem der zahlreichen staatlich kontrollierten oder strategisch wichtigen Unternehmen auf. Von chinesischen Verhandlern wird das chinesische Recht nicht als entscheidende Absicherung gegen Pflichtverletzungen der Gegenseite verstanden, die es ermöglichen würde, wirtschaftliche Risiken im Vertrauen auf das Recht einzugehen. Es fehlt wohl bei Vielen auch noch immer an einer positiven Einstellung zum Recht. Diese Annahme wird durch eine von den Autoren durchgeführte internationalen Studie (Siegener Studie) gestützt. Dabei wurde festgestellt, dass sich die Mehrheit der befragten Chinesen gegen Rechtsfolgen bei einer vorsätzlichen Täuschung über die Rechtslage ausspricht. Dennoch gibt es inzwischen eine ganz erhebliche

Tendenz der chinesischen Verhandler, auch das Recht zu nutzen. Das gilt allerdings haupt-
sächlich dann, wenn sie das Recht auf ihrer Seite haben. Ansonsten bleiben chinesische
Verhandler der Auffassung, dass man flexibel wie „Wasser" bleiben sollte, um das beste
Ergebnis (auch unabhängig von der Rechtslage) zu erzielen (*Chen*, Der chinesische Verhandlungsstil (最会谈判的中国人), 2007, S. 22 ff.). Entsprechend nehmen mittlerweile
häufiger Juristen an Verhandlungen teil als früher, um die Rechtslage zu evaluieren. Die
steigende Bedeutung des Rechts äußert sich zudem z. B. in den konkreten Vertragsbedingungen, in die chinesische Unternehmen bei Großprojekten durchaus Zeit und spe-
zialisierte Manpower investieren. Weitere deutliche Indizien für die zunehmende Bedeutung des Rechts sind die Vereinbarung der Geltung chinesischen Rechts im Vertrag, die
Vereinbarung der Maßgeblichkeit der chinesischen Sprachfassung des Vertrages und die
Vereinbarung der Zuständigkeit zur Streitentscheidung durch die chinesische Schieds-
gerichtsinstitution CIETAC.

5.2.5 Vertrauensbildung und Vertragsverhandlungen

Vertragliche Beziehungen bedürfen generell eines Vertrauens in die Gegenseite. Im besonderen Maße gilt dies für längerfristige, komplexe Beziehungen (→ *ständige Geschäftsbeziehungen*) sowie solchen, die einen hohen Grad an Kooperation erfordern.
Rechtsordnungen können hinsichtlich ihrer materiellen Regelungen und Durchsetzungs-
mechanismen so effektiv, kostengünstig und für Rechtsverletzer abschreckend strukturiert sein, dass sie das beiderseitige Verhandlungsvertrauen im erheblichen Maße unterstützen. Übernimmt eine Rechtsordnung (wie derzeit in China) diese Aufgabe (jedenfalls
noch) nicht, hat die Begründung von Vertrauen in den Vertragspartner durch das Verhandlungsverhalten einen besonders hohen Stellenwert. Daher spielt in China die außer-
juristische Vertrauensbildung seit langem eine besondere Rolle.

Guanxi, das Beziehungsnetzwerk zwischen den beteiligten Unternehmen und zentralen
Personen dieser Unternehmen, bildet die Basis des Vertrauens. Kombiniert mit rechtlichen
Maßnahmen soll so der langfristige Erfolg gesichert werden. Die Bedeutung der Beziehungen ist tief mit den Lehren des Konfuzianismus verbunden, erweist sich aber auch
im modernen ökonomischen Sinne als funktional. Das konfuzianische Ideal schafft sowohl ethische Bindungen zwischen gleichrangigen Verhandlungspartnern wie auch beid-
seitige Verpflichtungen in hierarchischen Verhältnissen. Hauptziel ist ein harmonisches
Miteinander.

Begünstigt wird ein Guanxi durch viele beteiligte Unternehmen und viele natürliche
Personen als Teile des Vertrauensnetzwerks und das Ganze auf Basis längerfristiger Beziehungen. Längerfristige Beziehungen sind, selbst bei effizienten Rechtsordnungen,
meist ohne Mitwirkung des Rechts stabil, da die Beteiligten selten oder nur in Extrem-
fällen, bereit sein werden, wegen eines einzelnen (selbst größeren) Streitpunktes eine
längerfristige Beziehung zu riskieren. Hinzu kommt, dass in einer langfristigen Beziehung
in der Regel auch ein gewisses persönliches Vertrauen zwischen den Führungskräften bei-

der Seiten entsteht. Selbst bei effizienten Rechtsordnungen wird die Initiierung rechtlicher Verfahren im Konfliktfall in diesen Beziehungen nur als allerletzter Ausweg in Erwägung gezogen. Diese Funktionsweise von Beziehungen ohne die Einbeziehung des Rechtssystems erklärt somit, warum chinesische Unternehmen in der Regel längerfristige Beziehungen anstreben. Erwartet der chinesische Verhandlungspartner nur eine kurzfristige Beziehung, wird viel weniger in die Qualität der Beziehung investiert, und die Angebote werden in der Regel als weniger attraktiv bewertet. Ein idealtypisches Guanxi, mit vielen beteiligten Unternehmen und Menschen innerhalb der Unternehmen, wäre besonders stabil, da die Konsequenzen eines schwerwiegenden Fehlverhaltens, die Schwächung und im Extremfall den Verlust dieses ganzen Beziehungsnetzwerkes bedeuten könnten. Guanxi ist daher ökonomisch grundsätzlich positiv zu bewerten. In China gibt es allerdings noch immer Fälle einer Überbetonung des Guanxi, mit einer hinsichtlich des Ausmaßes ökonomisch nicht zu rechtfertigenden Bevorzugung, was teilweise bis hin zum Nepotismus führt. Umgekehrt bedeutet die Betonung einer Vertrauensbeziehung allerdings nicht, dass chinesische Unternehmen auf „harte" Verhandlungstaktiken verzichten.

Ein nicht-chinesisches Unternehmen, das im Verhandlungsweg eine neue Geschäftsbeziehung begründen möchte, hat es daher deutlich leichter, wenn schon eine stabile längerfristige Geschäftsbeziehung zu einem anderen chinesischen Unternehmen besteht, welches dem Guanxi des chinesischen Verhandlungspartners zuzurechnen ist. Die in der Praxis häufig empfohlenen Vermittler (Zhongjian Ren), können, wenn es um die Beziehungen zu staatlichen Behörden geht, ein Grenzfall zur Korruption sein. Ein gut vernetzter Vermittler hat jedoch ein umfangreiches Guanxi und einen hohen sozialen Status. Seine Einschaltung soll beim chinesischen Unternehmen die Entwicklung von Vertrauen in das westliche Unternehmen erleichtern. Der Vermittler „verleiht" also etwas vom Vertrauen in seine Person. Geht es nur um eine Zweierbeziehung, wird empfohlen, zwischen mehreren Personen auf jeder Seite eine Vertrauensbeziehung aufzubauen. Damit wird die Abhängigkeit von einer einzigen interpersonellen Vertrauensbeziehung vermieden. Die Bedeutsamkeit des Aufbaus einer Vertrauensbeziehung aus chinesischer Sicht erklärt teilweise auch die häufig mehrtägige Kennenlernphase zwischen den Verhandlern des chinesischen Unternehmens und denen des nicht-chinesischen Unternehmens. In diesem Rahmen spielen vor allem groß angelegte (Fest-)Essen eine Rolle, bei denen chinesische Unternehmen ihre potenziellen Geschäftspartner „fürstlich" bewirten. Für die bloße Informationsgewinnung über die Gegenseite wäre eine deutlich kürzere Kennenlernphase ausreichend. Die großzügige Gastfreundschaft chinesischer Unternehmen stößt bei Verhandlungsführern aus einigen westlichen Ländern (z. B. Deutschland) auf eine strenge Compliance-Kultur, in der die Annahme von wertvollen Geschenken oder Dienstleistungen streng verboten ist. Wird ein Geschenk oder eine Einladung abgelehnt, riskiert der chinesische Gastgeber jedoch einen Gesichtsverlust, weshalb besondere Sensibilität gefragt ist. Eine Herausforderung stellt insofern auch die chinesische Tradition dar, Geschenke nicht sofort im Beisein des Schenkenden zu öffnen. So soll ein möglicher Gesichtsverlust des Schenkenden für den Fall vermieden werden, dass das Geschenk nicht angemessen ist (*Fan*, Unternehmerische Verhandlungen (商务谈判), 2015, S. 268 f.). Im Gegenzug wissen chinesische Verhandlungsführer die Gastfreundschaft westlicher Verhandlungsführer gegenüber ihren chinesischen Gesprächspartnern meist sehr zu schätzen.

Chinesische Unternehmen betrachten einen Vertrag hinsichtlich seiner konkreten Inhalte als nicht vollständig fix, sondern in Abhängigkeit von den Entwicklungen als flexibel. Verhandlungen nach Vertragsschluss (sog. Nachverhandlungen) haben daher eine erhöhte Bedeutung, und es ist Aufgabe der Planer, diesen Umstand immer mitzubedenken. Der Vertrag sollte dementsprechend eine ausgeglichene Machtposition über die Vertragslaufzeit absichern. Westliche Unternehmen neigen daher dazu, chinesische Lieferanten häufiger Besuche zur Qualitätssicherung abzustatten und weitere Maßnahmen zu ergreifen, um den Erfolg fortlaufend zu überwachen. Diese Relativierung der Einigung über den Vertragsinhalt (kein klares pacta sunt servanda) könnte durch die Probleme bei der rechtlichen Durchsetzung eines Vertrages begünstigt werden. Auch der fehlende Glaube an perfekte statische Lösungen könnte hinzukommen. Guanxi verhindert zwar meist schwere Verletzungen der erwarteten Leistung, hat aber nicht die Kraft, Kämpfe um kleine Vorteile nach Vertragsschluss zu verhindern.

Trotz des Interesses chinesischer Unternehmen an längerfristigen Geschäftsbeziehungen, gibt es mitunter auch bloße Einmalgeschäfte. Schon aufgrund der Einmaligkeit und häufig auch des nicht so großen Volumens des Geschäfts, wird hier der Aufbau einer Guanxi-Beziehung nicht als lohnenswert erachtet. Auch bieten solche Beziehungen bei Einmalgeschäften einen deutlich geringeren praktischen Schutz. Denn in dieser Situation ist der Guanxi-Ansatz weniger bedeutend für die Wahl des Vertragspartners. Der Einsatz von „Vermittlern" ist in solchen Fällen ebenfalls weniger üblich. Selbst hier spielt persönliches Vertrauen aber eine deutlich größere Rolle als in anderen Verhandlungskulturen.

5.2.6   Grundeigenschaften und Herangehensweise

Chinesische Verhandler sind sehr patriotisch. Sie sind überzeugt von der Bedeutung und Größe ihres Landes und stolz auf den rasanten Aufstieg. Damit verbunden ist ein Selbstbewusstsein, das bis hin zu einem Überlegenheitsgefühl gegenüber anderen Kulturen reichen kann. Auch in Bezug auf Verhandlungen besteht regelmäßig ein hohes Selbstvertrauen, das chinesischen Verhandlern auch als Rückhalt gegenüber Forderungen einer nicht-chinesischen Gegenseite dient. Das Verhalten in der VR China ist stark von Regeln und Traditionen bestimmt. Dazu gehört insbesondere, der anderen Seite Ehrerbietung zu zeigen. Besondere Ehrerbietung wird gegenüber dem hierarchisch höherstehenden, aber auch gegenüber Älteren gezeigt. Man spricht insoweit auch von *Shehui Dengji* (soziale Hierarchie/sozialer Status). Nach einer Untersuchung von *Geert Hofstede* (siehe näher www.hofstede-insights.com) ist die soziale Distanz zwischen Vorgesetzten und Untergebenen in der VR China eine der höchsten in der Welt. Aus chinesischer Sicht beginnt die Achtung der sozialen Hierarchie bei der Auswahl der Verhandler. Auch in der Verhandlung hat die hierarchische Organisation große Bedeutung. Auf Pünktlichkeit wird großer Wert gelegt. Vielfach gilt sogar ein leicht verfrühtes Ankommen als erstrebenswert. In China haben Zeremonien einen hohen Stellenwert, weshalb von ausländischen Verhandlern erwartet wird, dass sie sich in solchen Situationen angemessen verhalten. Darüber hinaus hat die Wahrung des Gesichts beider Seiten für chinesische Verhandler große Bedeutung. Das Konzept der Gesichtswahrung hat in China einen sehr hohen Stellenwert. Der Schlüsselbegriff *Mianzi* steht für „Gesicht" und „soziales Kapital" gleichermaßen. Soziales Kapital kann man auch durch nicht regelkonformes Auftreten, z. B. einer zu starken Ichbezogenheit, die Missachtung der Hierarchie, zu lautem bzw. zu aggressivem Verhalten, verlieren. Chinesische Verhandler zeigen selten → *Emotionen* und wenn doch, besteht die Möglichkeit, dass diese nicht gänzlich aufrichtig sind. Die → *Körpersprache* wird durch Selbstbeherrschung geprägt und gibt daher kaum Anhaltpunkte für die Gegenseite. Da westliche Verhandler aus Sicht chinesischer Verhandler meist recht unsensibel für abgestufte Verhaltensweisen sind, äußern sich chinesische Verhandler manchmal deutlicher gegenüber westlichen Verhandlern, als sie dies bei innerchinesischen Verhandlungen tun würden. Wenn eine Seite von der anderen verlangt, die Verletzung einer Pflicht formal einzuräumen, ist dies aus chinesischer Sicht bereits grenzwertig, weshalb diese Anerkenntnis selbst bei eindeutiger Lage nicht ohne weiteres gegeben werden wird. Bedarf es aus rechtlichen Gründen, z. B. für die Abrechnung eines Schadens über eine Versicherung, des Schuldanerkenntnisses, so wird geraten, einen neutralen Dritten einzuschalten, um eine Anerkennung mit deutlich kleinerem Gesichtsverlust zu ermöglichen.

Für chinesische Verhandler hat das Zuhören (tinghua) einen höheren Stellenwert als in westlichen Verhandlungskulturen. Tendenziell scheint die Zahl der aktiv gesprächsorientierten chinesischen Verhandler jedoch zuzunehmen. Geduld gehört zudem zu den Grundfähigkeiten der chinesischen Verhandler. Eine solche Fähigkeit bedeutet allerdings nicht, dass chinesische Verhandler nicht auch die Möglichkeit künstlichen Zeitdrucks nutzen (→ *false deadlines*). Chinesische Verhandler wollen gewinnen (kiasuness), wobei Bezugspunkt insbesondere die Konkurrenz ist. Andererseits legt der die chinesische Gesellschaft prägende Konfuzianismus großen Wert auf die Wahrung des Gesichts und der Harmonie. Im Ergebnis führt dies tendenziell zu einer → *win-lose*-Herangehensweise. Im Vergleich mit etwa den USA wird der Gewinn sowohl während der Verhandlung als auch im Vertragstext oder in Äußerungen nach Vertragsschluss aber weitaus weniger deutlich geäußert. Eine inhaltlich kompetitive Verhandlung gilt auch dann als angemessen, wenn ein kooperativ geprägtes Verhältnis z. B. ein Joint Venture angestrebt wird. Chinesische Verhandler trennen deutlich zwischen dem Verhandlungsprozess und der späteren Beziehung.

Die VR China ist trotz ihres Turbokapitalismus tief vom kollektiven Denken beeinflusst. Verhandler sagen daher „wir" und nicht „ich". Verstoßen Ausländer konsequent gegen diese Regel, wird dies von chinesischen Verhandlern als negativ empfunden. Chinesische Verhandler sehen zwar auch den einzelnen Deal, aber stärker als bei Verhandlern aus anderen Ländern stehen die langfristigen Perspektiven regelmäßig im Vordergrund. Dabei wird auch auf den Gesamtkontext zu den Beziehungen zu anderen Unternehmen geachtet. Man spricht insoweit von der Orientierung an einem Gesamtbild. Chinesischen Verhandlern wird nachgesagt, nicht linear Punkt für Punkt zu verhandeln, sondern polychron zu sein. Ein Element dieser Verhandlungsweise, nämlich verschiedene parallele Kommunikations-verfahren mit unterschiedlichen Personen, ist für westliche Unternehmen kein Problem. Es kann jedoch vorkommen, dass mehrere Verhandlungpunkte parallel diskutiert werden und nicht erst zum nächsten Punkt weitergegangen wird, wenn für den ersten Punkt eine Eini-gung erzielt wurde. Diese „holistische" Verhandlungsweise ist aber nicht planlos. So gibt es in China auch das Konzept zunächst einen groben Rahmen zentraler Übereinstimmungen zu klären und sich dann den problematischen Punkten zu widmen. Aber auch, wenn meh-rere Einzelpunkte parallel diskutiert werden, erfolgt die Zusammenfassung in der Regel auf Basis einer konzeptionellen Überlegung. Auch wenn mehrere Einzelpunkte parallel dis-kutiert werden, basiert die Rekapitulation dieser Punkte auf konzeptionellen Überlegungen. Der chinesische Verhandlungsführer hat also immer das große Ganze (→ *missing the big picture*) im Blick. Im Gegensatz zu den meisten westlichen Verhandlungskulturen werden in China die Vorschläge oft erst begründet und dann konkretisiert. Reaktionen auf die Be-gründungen können auf diese Weise genutzt werden, um den Vorschlag in einer für die andere Seite nicht erkennbaren Weise zu modifizieren. Rahmenvereinbarungen, die dauer-haft gelten sollen, werden als strategisch wichtig angesehen. Nicht selten werden Regelun-gen/Regelungsmechanismen vorgeschlagen, die kurzfristig für die Gegenseite gut sind, aber langfristig der eigenen Seite mehr Vorteile bringen. China ist in ganz Asien schon tra-ditionell berühmt für seine Händler. Es ist daher allgemein üblich, beim ersten Angebot einen Verhandlungsspielraum zu lassen. Bevorzugt wird das Bild vom aktiven Verhandler. Dieser macht das erste, sehr ambitionierte Preisangebot. Dies entspricht auch der hohen Bedeutung der Reziprozität als vorherrschendes Gerechtigkeitsprinzip in China. Hinsicht-lich anderer inhaltlicher Fragen und Nebenbedingungen warten chinesische Verhandler häufig auf den Vorschlag der Gegenseite, in der Hoffnung, dass jedenfalls einige Vorschläge bereits ohne Verhandlung und damit z. B. ohne selbst Zugeständnisse zu machen, akzeptiert werden können. Chinesische Verhandler fragen überdurchschnittlich viel. Wegen der Ver-trauensbildung beziehen sich viele Fragen auch auf persönliche Beziehungen. Neben der Kultur des Fragenstellens spielt in China der Vergleich sowie die Präsentation von verfüg-baren Parallelangeboten anderer Anbieter gegenüber der Gegenseite eine deutlich wichti-gere Rolle als in anderen Verhandlungskulturen. Hier wird nicht nur versucht, den *framing Effekt* (→ *framing*) zu nutzen, sondern auch eine begründete Ablehnung der verschiedenen Vorschläge ist schwieriger. Regelmäßig offenbart die Argumentation auch mehr Informa-tionen über die andere Seite.

Die starke hierarchische Orientierung hält chinesische Verhandler nicht davon ab, auch taktisch über die Entscheidungsbefugnis zu täuschen. So kann es durchaus sein, dass der Ranghöchste der formelle Verhandlungsführer ist, aber einer seiner formellen Vertreter letzt-lich der wahre → *decision-maker* (oft als Teamleader bezeichnet) ist. Der hohe Rang des Verhandlungsführers ohne Letztentscheidungskompetenz hat den taktischen Vorteil, dass dies sehr schwer zu entdecken ist. Wäre der verdeckte decision-maker hingegen deutlich hochrangiger als der (scheinbare) Verhandlungsführer, könnte dies schon dadurch auffallen, dass sich bei einer Provokation, einem Witz o. ä. alle chinesischen Verhandler in ihrer Reaktion letztlich nach dem hochrangigen decision-maker richten und ihn so verraten würden. Die Autoren haben selbst erlebt, wie sich ein scheinbarer chinesischer Verhandlungsführer außer Sichtweite der Delegationen mit einem weiteren Verhandlungsmitglied unterhielt, wobei dieses weitere Verhandlungsmitglied im konkreten Gesprächsverlauf aufgrund Gestik, Körpersprache und Art von Frage und Antwort den Eindruck erweckte, er sei der decision-maker. Da viele Entscheidungen in China letztlich von der obersten Unternehmensebene getroffen werden, kann es durchaus sein, dass der letztendliche Entscheider, trotz der an sich hochrangigen Verhandlungsdelegation, selbst nicht anwesend ist.

Chinesische Verhandler sagen fast nie direkt „nein". Aus westlicher Sicht sind die vielfältigen Formen des „vielleicht" oder einer weichen Ablehnung, ein erhebliches Problem. Selbst die Unterschrift unter dem Vertrag bedeutet nicht immer ein klares „ja" zu allen Vertragsklauseln. Es kann durchaus die Absicht bestehen, im Rahmen der Implementierungsphase bestimmte Regelungen doch noch abzuändern. Es gibt allerdings auch in China eindeutige Fälle der Ablehnung. Schweigen die Verhandler der chinesischen Seite auf einen Vorschlag und senken sie etwas später den Kopf, schauen also nach unten, ist dies eine klare Ablehnung. Bei chinesischen Verhandlern sind → *Schweigen* und die Nutzung von → *Verhandlungspausen* stark ausgeprägt (*Mehring*, Die Hohe Schule der Kriegskunst bei Geschäftsverhandlungen, 2017, S. 221 ff.). Schon ohne gezieltes Schweigen dauert es bei chinesischen Verhandlern im Durchschnitt länger, bis eine Antwort gegeben wird. Diese unmittelbare Antwort soll nicht selten erst acht Sekunden nach der Frage der Gegenseite kommen. Diese Verzögerung der Antwort lässt Zeit zum Überlegen. Aus dem gleichen Grund würde ein chinesischer Verhandler auch dann die Übersetzung eines Dolmetschers abwarten, wenn er die Sprache der Gegenseite hinreichend versteht. Gezieltes Schweigen wird taktisch sehr häufig gebraucht, weil man davon ausgeht, dass viele Menschen längeres Schweigen nicht gut ertragen können. Gerade weil das Schweigen störend ist, aber auch weil längeres Schweigen es immer schwerer zu machen scheint, es ohne Gesichtsverlust zu brechen, sind chinesische Verhandler auch darin geübt, das Schweigen zu beenden. Üblicherweise beziehen sich die ersten Worte dann nicht auf den Verhandlungsgegenstand, sondern es wird z. B. als Gastgeber eine Tasse Tee angeboten oder als Gast nach einem Getränk gefragt.

Das Kommunikationsverhalten chinesischer Verhandler gilt als weit entwickelt, wobei generell der Schwerpunkt bei indirekten Aussagen liegt. Wie bereits erwähnt, sind ihre Ambiguitätsfähigkeit und ihre Ambiguitätstoleranz weit entwickelt. Vage oder mehrdeutige Aussagen werden also bewusst eingesetzt und nicht als negativ empfunden. Wenn die andere Partei ebenfalls unklare Aussagen macht, empfinden chinesische Verhandlungsführer dies in der Regel nicht als störend. Auch Druck und Täuschungen erfolgen überwiegend indirekt. Nur wenn chinesische Verhandler das Gefühl haben, die westliche Gegenseite wäre hierfür nicht sensibel genug, wird die indirekte Kommunikation etwas ausdrücklicher. Wenn die Verhandlungen Dolmetscher erfordern, wird die Kommunikation oft erheblich erschwert. Die Abhängigkeit von nur einem Dolmetscher kann diesem eine gewisse Machtposition verleihen, sei es in Bezug auf Überlegungen zu Veränderungen im Kontext der Übersetzung, sei es durch eigenständige Verhandlungsbeiträge.

Die Kunst der Verhandlung wird in China immer wieder mit der Kriegskunst verglichen (*Mehring*, Die Hohe Schule der Kriegskunst bei Geschäftsverhandlungen, 2017, mwN). Daher sind die „36 Strategeme" und *Sun Tsus* „Die Kunst des Krieges" sehr beliebte Literatur unter chinesischen Verhandlern. Dies begünstigt eine → *win-lose*-Perspektive, auch wenn in der chinesischen Verhandlungsliteratur auch der → *win-win*-Aspekt behandelt wird. Außerdem ist dies mit dem Versuch verbunden, die 36 Strategeme und ähnliche Klassiker zu nutzen und weitere, entsprechende Taktiken zu entwickeln. So wird das berühmte Strategem Nr. 6 „im Osten Lärmen und im Westen angreifen" für Verhandlungen genutzt, indem über die Prioritäten getäuscht wird und ein eigenes Nachgeben in der scheinbar prioritären Frage gegen ein Nachgeben der Gegenseite in der wirklich prioritären Frage getauscht wird (→ *padding*) (*Mehring*, Die Hohe Schule der Kriegskunst bei Geschäftsverhandlungen, 2017, S. 287 (Fn. 416)).

5.2.7 Verhandlungsvorbereitung

In China scheint der *Verhandlungsvorbereitung* (→ *80-20-Regel*) erhebliche Bedeutung zugemessen zu werden. Die den Autoren zugängliche Literatur gibt diese Phase jedoch nicht näher wieder. Betont wird allerdings die Vorabanalyse der Interessenlage, des Ziels der Verhandlungen und der möglichen Taktiken (*Mehring*, Die Hohe Schule der Kriegskunst bei Geschäftsverhandlungen, 2017). Praktiker berichten von sehr gut vorbereiteten chinesischen Verhandlern. Chinesische Verhandler beschaffen sich nicht nur die für das eigentliche Geschäft notwendigen Informationen (→ *Informationsbeschaffung*). Entsprechend ihres ganzheitlichen Ansatzes sind sie auch über Marktstellung und Marktverhalten, sowie das Beziehungsgeflecht der Gegenseite informiert. Informationen haben in China einen sehr hohen Stellenwert. Dies erklärt auch die vielen → *Fragen* in Verhandlungen. Der Wert der Informationen ist so hoch, dass illegale Methoden der Informationsbeschaffung zeitweise Gegenstand von Berichten in westlichen Medien waren.

Vorverhandlungen über Ort, Zeit und → *Agenda* sind bei größeren Projekten verbreitet. Die nochmals vor der eigentlichen Verhandlungsvorbereitung liegende erstmalige Kontaktaufnahme erfolgt nicht selten unter Nutzung eines Vermittlers mit einem weitreichenden Beziehungsgeflecht und hohem sozialen Rang. So haben internationale Konzerne teilweise Enkel der ursprünglichen führenden Kader der kommunistischen Partei Chinas als Vermittler beschäftigt.

5.2.8 Ort, Zeit und Zusammensetzung einer Verhandlungsdelegation

Verhandlungen mit chinesischen Unternehmen finden überwiegend in China statt. Chinesische Verhandler bevorzugen Verhandlungen im eigenen Land, um die Agenda und den Verlauf der Verhandlung besser steuern zu können (*Liu*, Internationale Unternehmensverhandlungen (国际商务谈判), 2005, S. 188 ff.). Das gilt unabhängig davon, dass es zahlreiche chinesische Verhandler gibt, die Interesse an einer Auslandsverhandlung haben, um auf diese Weise, das entsprechende Land und häufig auch die Technologien des Vertragspartners näher kennenzulernen. Dem Interesse an einem Gegenbesuch wird dann häufig zu einem anderen Zeitpunkt Rechnung getragen. Die Verhandlungen finden in der Regel in einem Konferenzraum der chinesischen Seite statt. Möglich sind aber auch andere Konferenzräume vor Ort.

Traditionell wird eine Terminvereinbarung mit längerem zeitlichem Vorlauf bevorzugt. Allerdings sind, z. B. bei Entrepreneuren, auch kurzfristige Terminvereinbarungen üblich. Chinesische Verhandlungen dauern zudem sehr lange. Dazu tragen sowohl die lange Kennenlernphase als auch die vorsichtige Vorgehensweise während der eigentlichen Verhandlung bei. Hinzu kommt, dass chinesische Unternehmen dazu tendieren, mit großen Verhandlungsteams zu agieren, was ebenfalls die Verhandlungen in die Länge zieht (*Liu*, Internationale Unternehmensverhandlungen (国际商务谈判), 2005, S. 188 ff.). Chinesischen Verhandlern ist die davon abweichende auf kurze, effektive Verhandlungen ausgerichtete Herangehensweise, z. B. in den USA oder Deutschland, allerdings durchaus bekannt. Sie schätzen diese Art der Verhandlung lediglich nicht. Da chinesische Verhandler teilweise versuchen, den Zeitdruck (→ *deadline*) kurz vor Rückreise auszunutzen, ist es üblich, dass die ausländischen Verhandler in China das Rückreisedatum flexibel halten, bzw. sich auf eine Verhandlung in Etappen einstellen und auf keinen Fall den Rückreisetag offenbaren. Für Verhandlungen normaler Länge gelten in China Dienstag bis Donnerstag als ideal (*Liu Birong* wiedergegeben von *Mehring*, Die hohe Schule der Kriegskunst bei Geschäftsverhandlungen, 2017, S. 285). Überstunden für die Verhandlungen auf sich zu nehmen, ist für chinesische Verhandler ebenfalls üblich und wird von den chinesischen Verhandlern generell nicht als ein Problem angesehen (*Liu*, Internationale Unternehmensverhandlungen (国际商务谈判), 2005, S. 188 ff.). Aufgrund der Bedeutung von Hierarchie und Alter entspricht die ideale Verhandlungsdelegation hinsichtlich des Leiters der Delegation sowie hinsichtlich Hierarchie und Alter in etwa der der Gegenseite. Hierarchiedifferenzen werden von ausländischen Verhandlern manchmal durch eine spezielle Titelführung für Verhandlungen mit chinesischen Geschäftsleuten reduziert. Altersdifferenzen können durch entsprechende Kleidung und ein entsprechendes Auftreten tendenziell überwunden werden. Chinesische Verhandlungsdelegationen waren früher generell sehr groß. Sie sind immer noch größer als westliche Verhandlungsdelegationen, doch scheinen die Unterschiede etwas abzunehmen. Rang, Alter und Entscheidungsbefugnis sind für chinesische Verhandler wichtige Ausrichtungspunkte für westliche Verhandlungspartner. In chinesischen Verhandlungsbüchern wird zwischen Teamleitern und Hauptverhandlungsführern unterschieden (*Zhang* et al., Shangwu Tanpan (Business Negotiations), 2018, S. 115 f.). Für den Aufbau der Vertrauensbeziehung, die auf Basis der Personen erfolgt, ist die personelle Konstanz der Verhandler essenziell.

5.2.9 Kennenlernphase/small talk

Aus den oben näher geschilderten Gründen (kaum Vertrauen in rechtliche Absicherungen, zentrale Bedeutung des Guanxi für das Vertrauen in Geschäftspartner) gibt es nicht nur einen (kurzen) *small talk* (→ *chit-chat*), sondern regelmäßig eine längere Kennenlernphase. Zu dieser Kennenlernphase gehören stets gemeinsame Dinner sowie Besichtigungen etc. Der eigentliche Vertrag wird hier noch nicht diskutiert. Die Gruppenstruktur der Gegenseite, aber auch das Sozialverhalten der einzelnen Verhandler, ist Gegenstand der Beobachtungen. Hauptziel ist der Vertrauensaufbau zwischen den Verhandlern beider Seiten, insbesondere auf der Führungsebene. Allerdings wird small talk nicht nur in der Kennenlernphase eingesetzt. Ihm kommt vielmehr auch während der Verhandlung Bedeutung zu. Kommt es z. B. während der Verhandlungen zu Spannungen zwischen den Parteien, versuchen chinesische Verhandler diese abzubauen, da sie generell Wert auf ein harmonisches Verhältnis legen. Sie schlagen deshalb ggf. eine Vertagung, ein Essen oder eine andere Aktivität vor, in deren Rahmen small talk geführt wird, um die Atmosphäre zu verbessern (*Chen*, Der chinesische Verhandlungsstil (最会谈判的中国人), 2007, S. 64).

5.2.10 Taktiken in der Vertragsverhandlung

Wie bereits angesprochen, erfreuen sich Strategien und Taktiken hoher Wertschätzung. Dies fördert ihre Anwendung wie auch das Erfinden neuer Taktiken. Da es sehr viele spezifisch chinesische Taktiken gibt, sollen im Folgenden nur einzelne Beispiele genannt werden. Täuschungstaktiken (siehe Themenliste „Täuschung"), die schon in den 36 Strategemen oder „Die Kunst des Krieges" von *Sun Tzu* verankert sind, spielen eine bedeutende Rolle. Entsprechend den 36 Strategemen und der konfuzianischen Tradition sind mittelbare Täuschungen weitaus beliebter als die Verwendung explizit unzutreffender Aussagen. Diese Täuschungstaktiken betreffen etwa die Wertigkeit von Verhandlungspunkten (→ *padding*), wie auch das Ausmaß eines Entgegenkommens der chinesischen Seite. Drucktaktiken (siehe Themenliste „Druck und Drohungen") konzentrieren sich primär auf die Konkurrenzsituation. Beliebt ist es u. a., mehrere westliche Konkurrenzunternehmen parallel zum gleichen Verhandlungsgegenstand einzuladen, um so einen auktionsähnlichen Druck entsprechend der Idee der → *negotiauction* zu erzeugen. In Einzelfällen wird auch Druck auf individuelle Verhandler auf Basis herausgefundener Angriffspunkte ausgeübt. Druck durch Abbruch der Vertragsverhandlungen ist unüblich, weil dies dem chinesischen Harmoniebedürfnis widerspricht. Daher ist auch die offene Drohung mit dem Abbruch der Verhandlungen seltener. Druck und Täuschung werden zudem u. U. auch kombiniert. Oftmals wird nur über das Ziel des Drucks getäuscht (siehe Strategem Nr. 6). Deutlich seltener finden sich bewusst inhaltlich falsche Darstellungen, obwohl es auch hierfür ein einschlägiges Strategem (Strategem Nr. 7) gibt. Das könnte damit zusammenhängen, dass hier die Gefahr der Aufdeckung der Irreführung erheblich größer ist und zu einem Gesichtsverlust führen würde. Die große Bedeutung des Gesichtwahrens führt dazu, dass Taktiken auch hieran anknüpfen. So gibt es spezielle shaming-Taktiken, bei denen den westlichen Verhandlern vorgeworfen wird, durch ein bestimmtes Handeln, die Beziehung zu gefährden. Auch vergangene Streitigkeiten werden herangezogen, um der Gegenseite ein schlechtes Gewissen einzureden. Ziel ist es, dafür an entscheidender Stelle ein Nachgeben zu erreichen. Wenn ein westlicher Verhandler einem führenden chinesischen Verhandler hilft, das Gesicht zu wahren, z. B., indem eine fehlerhafte Behauptung nicht in der Verhandlung diskutiert, sondern unter vier Augen richtiggestellt wird, dann wird der chinesische Verhandler dies meist honorieren. Da das Guanxi und damit die persönlichen Vertrauensbeziehungen eine so große Rolle spielt, lädt dies bei vorhandenen Vertrauensbeziehungen auch zu Manipulationstaktiken ein, mit denen versucht wird, persönliche Beziehungen zugunsten des Geschäftsabschlusses zu manipulieren. Chinesische Verhandler sind häufig auch in der Abwehr von Taktiken geübt. So prüfen sie eine von der Gegenseite gesetzte → *deadline* nicht nur auf ihre Ernsthaftigkeit, sondern reizen auch die als ernsthaft beurteilte deadline vollständig aus. Hierdurch soll nicht nur die Zeit maximal genutzt werden, sondern auch die Gegenseite dem Verhandlungsstress (Unsicherheit über Notwendigkeit des Abbruchs der Verhandlung bei Nichteinhaltung der deadline) ausgesetzt werden.

Es werden auch teilweise zweisprachige Namensschilder für die Verhandlung verwendet, bei denen ein chinesisches Namenschild dem falschen westlichen Verhandler zugeordnet wird. Hierdurch soll ein Anhaltspunkt gewonnen werden, ob einer der westlichen Verhandler Chinesisch kann. Einigungen werden manchmal bewusst leicht falsch wiedergegeben (→ *foggy recall*). Dies kann sich auf die Änderung der Einigung richten, aber genauso gut eine Verzögerungstaktik sein. Bemühen sich westliche Verhandler, entsprechend chinesischen Vorstellungen kein klares Nein zu verwenden, wird manchmal von chinesischer Seite versucht, dies im Sinne westlichen Verständnisses als Zustimmung zu interpretieren. Beobachtet wurde auch, dass chinesische Verhandler bewusst so hart über den Preis verhandelten, dass die europäische Seite die Verhandlungen abbrechen wollte. Daraufhin wurde der chinesische Verhandlungsführer ausgetauscht und in Kenntnis der Schmerzgrenze (→ *deal-breaker*) der europäischen Seite ein Verhandlungsergebnis erzielt, dass sehr nah am noch vertretbaren Minimalergebnis des europäischen Unternehmens lag. Diese Taktik erfreut sich einer gewissen Beliebtheit, weil sie bei der chinesischen Seite den Eindruck erweckt, dass die geforderten Zugeständnisse tatsächlich als letztes Mittel eingesetzt wurden. Gegenmittel sind verfrühte Scheinabbrüche der Verhandlungen, um die chinesische Seite zum vorzeitigen Einlenken zu zwingen und das tatsächliche Limit der eigenen Seite nicht preiszugeben.

5.2.11 Implementierung von Verhandlungsergebnissen und weitere Verhandlung

Wie bereits angesprochen, sehen chinesische Verhandler den Vertragsschluss zwar als sehr wichtigen Zwischenschritt, aber nicht als absoluten Endpunkt an. Die Implementierung lässt nach ihrem Verständnis durchaus noch Möglichkeiten für weitere konkretisierende oder auch leicht abändernde Verhandlungen. Insbesondere Punkte, die nach Abschätzung der chinesischen Verhandler nicht essenziell für den westlichen Vertragspartner sind, werden trotz vertraglicher Vereinbarung nicht selten zum Gegenstand von intensiven Nachverhandlungen gemacht. Ein Problem können insoweit auch unterschiedliche Sprachfassungen (z. B. Englisch und Chinesisch) darstellen. Aus westlicher Sicht ist dieser Umsetzungsprozess langsam und teuer, weil er eine entsprechende aufwendige Bearbeitung erfordert. Es gibt allerdings auch chinesische Unternehmen, die sich stärker an das Vereinbarte gebunden fühlen, insbesondere, soweit sie dadurch gegenüber anderen chinesischen Unternehmen einen Wettbewerbsvorteil erlangen können. Mündliche Zusagen gelten in China moralisch als noch weniger bindend und werden daher; unabhängig von der Frage rechtlicher Formbedürftigkeit, generell nicht als ausreichend erachtet.

5.3   Wie US-Amerikaner verhandeln

5.3.1   Vorbemerkung

Wie schon bei den deutschen Verhandlern ausgeführt, gibt es auch in den USA nicht „den US-amerikanischen Verhandler" bzw. „den US-amerikanischen Verhandlungsstil". Es lassen sich vielmehr zahlreiche Einflussfaktoren ausmachen, die den Verhandlungsstil prägen. Zu bedenken ist insofern, dass die USA immer ein Einwanderungsland waren. Im Laufe der Geschichte hat eine Immigration aus den verschiedensten Gebieten der Welt stattgefunden. Dies und die schiere Größe des Landes würden eigentlich eine große regionale Heterogenität der Vertragsverhandler nahelegen. Aufgrund der hohen Assimilationskraft des Landes ist der Verhandlungsstil unter US-amerikanischen Verhandlungsführern aber dennoch vergleichsweise homogen. Wenn den Verhandlern Kaliforniens eine größere Offenheit für innovative Ideen als denen an der Ostküste nachgesagt wird (*Hernandez Requejo/Graham*, Global Negotiation, 2008, S. 238 f.), so dürfte dies vor allem durch die in Kalifornien angesiedelten Unternehmen begünstigt sein, die als Teil der Digital Economy stärker auf innovative Lösungen angewiesen sind. Ursache wäre dann jedoch weniger die Region als die jeweiligen Unternehmen und deren Unternehmenskultur. Auch wenn also einige Unterschiede in den Verhandlungsstilen, z. B. zwischen Verhandlungsführern aus New York und dem Mittleren Westen, zu beobachten sind, lassen sich diese auch durch allgemeine Einflussfaktoren erklären, wie die persönliche Mentalität, Auslandserfahrung, Geschlecht, Alter, Hierarchie, Branche, Fachwissen, Verhandlungsgeschick, Verhandlungsstrategie des Unternehmens, Rolle (Einkäufer/Verkäufer), Charakter der Verhandlung als einmaliges Geschäft oder als Teil einer dauerhaften Geschäftsbeziehung. Allerdings scheint der Unterschied zwischen Verhandlern, die wie der ehemalige US-Präsident Donald Trump generell Verhandlungen mit harten Bandagen bevorzugen und solchen, die eine kooperative Verhandlung entsprechend dem → *Harvard Verhandlungskonzept* anstreben, ausgeprägter zu sein als in anderen Ländern. Besonders

betont wird in den USA auch der Unterschied zwischen einem „businesslike negotiator"
und einem „legalistic negotiator" (dazu näher unter Abschn. 5.3.4).

5.3.2 Verhandlungsausbildung

Die USA sind das Land, das als erstes die Bedeutung von Verhandlungen entdeckt hat. Die
Spieltheorie und die Sozialpsychologie haben in den USA Verhandlungen bereits in den
frühen 1960ern als Forschungsfeld erschlossen. Mitte der 70er-Jahre wurden in den USA
dann schon sehr erfolgreiche Verhandlungsbücher veröffentlicht und entsprechende Coa-
chings sowie Ratgeber für unternehmensbezogene Verhandlungen angeboten. Der Jurist
Roger Fisher gründete dann 1979 an der Harvard Law School das Harvard Negotiation
Project, aus dem 1983 das institutionalisierte „Program on Negotiation" (PON) hervor-
ging. Das Programm vereint die Verhandlungsforschung und die Verhandlungsausbildung.
So wurden neben tausenden Studierenden der Harvard Law School und der Harvard Business School zehntausende Praktiker im Rahmen des PON in Vertragsverhandlungen aus-
bzw. weitergebildet. Viele der veröffentlichten Bücher zu Vertragsverhandlungen zielen
selbst bei prominenten wissenschaftlichen Autoren auf ein breites Publikum ab. Die nach-
haltigste Wirkung ist dem Buch „Getting to Yes – Negotiating an Agreement Without Giving In", 1. Aufl. 1981, von *Fisher/Ury* zuzuschreiben. Dieses Buch ist inzwischen in
vielen Sprachen und mehreren Auflagen erschienen. Das darin beschriebene Konzept wird
weltweit auch als → *Harvard Verhandlungskonzept* bezeichnet. Viele Grundideen dieses
Konzeptes, wie die interessenorientierte Verhandlung oder die rationale Entscheidungsfindung unter Berücksichtigung des eigenen → *BATNA*, sind weltweit zum Maßstab für
professionelle Verhandler geworden. Inzwischen werden überall in den USA an den Law
Schools, Business Schools, Engineering Schools und für Wirtschaftspsychologen Ver-
handlungskurse angeboten. Der vom Harvard Program on Negotiation propagierte → *win-
win-Ansatz* (*expanding the pie*; → *negotiation pie*) ist in der US-amerikanischen Praxis
jedoch weitaus weniger verbreitet, als dies dem Harvard Verhandlungskonzept entspräche.
   Eine besondere Stärke des US-amerikanischen Universitätssystems ist die Offenheit
für interdisziplinäre Zusammenarbeit sowie die Orientierung an praktischen Problemen,
welche gerade im Verhandlungsbereich von besonderem praktischem Nutzen sind. Juristen, Psychologen, Betriebswirte und klassische Ökonomen arbeiten daher mit Blick auf
Verhandlungen intensiv zusammen. Die auch beratende Betätigung vieler Verhandlungs-
wissenschaftler, die Zusammenarbeit zwischen Wissenschaftlern und Praktikern und das
Feedback über die Kursteilnehmer sorgen dafür, dass in den USA eine intensive Rück-
kopplung zwischen Theorie und praktischen Erfahrungen festzustellen ist. Auch außerhalb der Universitäten gibt es in den USA ein flächendeckendes reichhaltiges Angebot an
Schulungen und Beratungen. Die Literatur zu Vertragsverhandlungen in einfacher und
klarer Sprache, die zum Selbststudium einlädt, ist kaum überschaubar und erreicht in der
Summe eine Millionenauflage. In der Regel steht ein besonderes Problem oder ein vom
jeweiligen Autor als durchschlagend propagierter Verhandlungsansatz im Mittelpunkt des

jeweiligen Werks. Der durchschnittliche Ausbildungsstand in Vertragsverhandlungen dürfte daher im Ergebnis insgesamt signifikant höher als bei allen anderen großen Handelsnationen sein. Allerdings verstehen viele US-amerikanische Verhandler das ihnen vermittelte Verhandlungswissen wohl primär als Rezept, das lediglich anzuwenden ist. Das weitergehende Verständnis für Verhandlungen als Strategiespiel, welches komplexe, auf den Einzelfall bezogene Überlegungen erfordert, ist daher trotz der Menge an angebotenen Schulungen weniger verbreitet.

5.3.3   Mentalitäten

So wie kein typischer Vertragsverhandler für jedes Land ausgemacht werden kann (siehe oben), gibt es auch erhebliche Unterschiede in den Mentalitäten US-amerikanischer Verhandler. Dennoch lassen sich Gemeinsamkeiten ausmachen, die vielen Verhandlern eines Landes, relativ betrachtet, im Vergleich zu Verhandlern anderer Länder gemein sind. So werden US-Bürgern, unabhängig von Herkunftsland, Religion und sozialem Status, gewisse kulturelle Grundwerte vermittelt und letztlich vorgelebt, die ihre Mentalität prägen (zu einzelnen Aspekten im Folgenden).

5.3.4   Orientierung an rechtlichen Vorgaben

Die US-amerikanische Ausprägung des Common Law ist, wie das Common Law generell, relativ stark formbetont. Es kommt mehr auf den Wortlaut eines Vertrages (plain meaning rule) als auf das wirtschaftlich Gewollte oder einen fairen Ausgleich an. Dem entspricht, dass das US-Recht den Parteien eines Vertrages in starkem Maße Eigenverantwortung überträgt. Das US-Recht ist fallorientiert und begünstigt daher keine allgemeinen Regeln. Es weist von Bundesstaat zu Bundesstaat zudem spürbare Unterschiede auf. Das bedeutet, dass nur ausgefeilte vertragliche Regelungen Rechtsunsicherheiten verhindern können. Dies begünstigt die Einbindung von Juristen in die Verhandlung und erklärt den in den USA festzustellenden Hang zu besonders ausführlichen und detaillierten Verträgen, die möglichst jeden vorstellbaren Fall erfassen. Sie sind in der Regel so formuliert, dass Umstände außerhalb des schriftlichen Vertrages keine Berücksichtigung finden sollen. Um dieses Ziel zu erreichen, werden diverse Klauseln in die Verträge aufgenommen, die z. B. die parol evidence rule für maßgeblich erklären. Ebenfalls beliebt sind integration clauses. Dem für den Fall einer Vertragslücke heranzuziehenden Common Law wird vor allem im Hinblick auf die Rechtssicherheit misstraut. Zu bedenken ist insofern auch, dass das US-amerikanische Prozessrecht dafür sorgt, dass kleinere Summen nicht wirtschaftlich sinnvoll eingeklagt werden können. Andererseits sorgt das System durch schwerwiegende Strafen über Sammelklagen (class action), Strafschadensersatz (punitive damages) und sehr hohe und kaum gerichtlich überprüfbare Sanktionen durch staatliche Behörden, wie z. B. die SEC (Securities and Exchange Commission) oder das DOJ

(Department of Justice), dafür, dass Unternehmen sich bewusst sind, dass größere Transaktionen keinesfalls ohne juristischen Rat vorgenommen werden können. US-Anwälte erfreuen sich dennoch keiner großen Beliebtheit. Das liegt zum einen an den hohen Sanktionen, die entsprechend hohe Kosten für US-Anwälte mit sich bringen, aber auch an dem grundsätzlich angewandten Geschworenensystem. Dieses System erlaubt es Laien, die emotional beeinflussbar sind, Entscheidungen zu treffen. Einem guten Anwalt wird so die Möglichkeit gegeben, das Urteil in nicht unerheblichem Ausmaß zu beeinflussen. Die USA haben nicht nur in absoluten Zahlen (1,3 Mio. Anwälte, vgl. ABA, Profile of the Legal Profession, 2022, S. 22), sondern auch im Verhältnis zur Einwohnerzahl (4,0 Anwälte pro 1000 Einwohner, wobei es starke Schwankungen zwischen den Bundesstaaten gibt, ABA, Profile of the Legal Profession, 2022, S. 24) mit die meisten Anwälte pro Kopf weltweit.

US-amerikanische Juristen denken in der Tendenz wirtschaftlicher als dies z. B. deutsche Anwälte tun. Dies liegt u. a. an der interdisziplinären Ausbildung, z. B. im Bereich Law and Economics, aber auch an der fehlenden Scheu von US-Juristen, sich Erkenntnisse des jeweiligen anderen Gebietes anzueignen und dem eigenen Handeln zugrunde zu legen. Auch die generell positive Sicht auf Risiken – bei entsprechenden Chancen (siehe dazu unter Abschn. 5.3.5) – erleichtert den Juristen in den USA eine stärker ökonomische Denkweise. Recht als Gegenstand des Risikomanagements zu betrachten, ist deshalb zumindest nicht völlig ungewöhnlich.

Die Juristen verhandeln dennoch auch in den USA anders als Ökonomen. Dies hat dazu geführt, dass man in den USA zwischen den „businesslike negotiators" und den „legalistic negotiators" unterscheidet. Businesslike negotiators sind generell optimistisch, dass in den Verhandlungen eine Lösung gefunden wird. Sie bevorzugen tendenziell die großen Linien. Nicht jede Einzelheit muss perfekt geklärt sein. Legalistic negotiators konzentrieren sich, ähnlich deutschen Verhandlern, stark auf Daten und Fakten und informieren sich vorab häufig auch über potenziell wichtige Details. Emotionale Verhandlungsmethoden sind für diese Art Verhandler noch seltener als für businesslike negotiators. Verhandlungen über Details und die konkrete juristische Fixierung stehen im Mittelpunkt der Verhandlungen der legalistic negotiators. Diese kategoriale Unterscheidung ähnelt im Ergebnis der zwischen Dealmaker (abschlussorientierte Verhandler) und Realmaker (auf einen perfekten Vertrag orientiert), nur dass letztere Unterscheidung eher auf eine persönliche Mentalität als auf eine bestimmte Gruppenzugehörigkeit zurückzuführen ist.

In seltenen Fällen kann man auch einen „moralistischen Verhandlungsführer" beobachten, dessen Verhalten durch Idealismus geprägt wird, und der oft an Ideale und → *Emotionen* appelliert und gegenüber der moralischen Integrität der Gegenseite skeptisch ist. In reinen B2B-Verhandlungen sind solche Verhandler sehr selten. Dies gilt, obwohl ethische Prinzipien in den USA tendenziell offener und intensiver als z. B. in Westeuropa an den Universitäten vermittelt werden. Außerdem ist es in den USA durchaus üblicher als in Europa, dass hinter Unternehmen eine Organisation mit einem idealistischen Zweck steht.

Obwohl Anwälte in den USA an einer Vielzahl von Verhandlungen von Anfang an beteiligt sind, gibt es auch Verhandlungen, bei denen die Juristen zunächst bewusst außen vor gelassen werden. Dabei ist es das primäre Ziel der verantwortlichen Manager eine Einigung bzgl. der wesentlichen wirtschaftlichen Punkte zu erzielen, um erst in einem zweiten Schritt den jeweiligen Juristen damit zu beauftragen, auf dieser Basis einen unterschriftsreifen Vertrag zu entwerfen. Diese Grundsatzeinigung (deal) wird in der Regel mit Handschlag besiegelt und häufig auch schriftlich fixiert. Dies geschieht oftmals durch sog. → *term sheets*, in denen in Form von *bullet points* (→ *term sheets*), also nicht in ausformulierten Sätzen, der aktuelle Stand zusammengefasst wird. Möglich ist auch ein → *letter of intent (LOI)*, dem tendenziell eine zumindest moralisch höhere (wenn auch keine rechtliche) Verbindlichkeit zugeschrieben wird. Auf der Grundlage der Rahmvereinbarung wird davon ausgegangen, dass die Juristen im Regelfall diese Aufgabe zügig und ohne allzu große Konflikte bewältigen. Die beteiligten Juristen beider Seiten stehen insoweit unter erheblichem Einigungsdruck ihrer jeweiligen Auftraggeber. Bei einer klassischen Verhandlungsstruktur unter unmittelbarer Beteiligung der Juristen, werden Differenzen zu Klauseln daher als konfliktträchtiger wahrgenommen.

5.3.5 Grundeigenschaften und Herangehensweisen

Die USA sind schon seit Anfang des 20. Jahrhunderts die Wirtschaftsmacht Nr. 1 in der Welt. Nach der Auflösung der Sowjetunion und der damit verbundenen Staatengemeinschaft sind sie bis zum Aufstieg der Volksrepublik China gut 20 Jahre lang die einzige politische, wirtschaftliche und militärische Supermacht gewesen. Das prägt das Selbstwertgefühl der Unternehmen und der für sie Handelnden und spiegelt sich in der umgangssprachlichen Selbstbezeichnung der USA als „God's own country" wider. Englisch als meistgenutzte internationale Verhandlungssprache verstärkt das Selbstwertgefühl der US-amerikanischen Verhandler gegenüber Nicht-Muttersprachlern. Selbst bei internationalen Verhandlern auf der Gegenseite, die gut Englisch können, besteht häufig keine sprachliche Balance, wenn US-amerikanische Verhandler laut, schnell und unter Verwendung ihres lokalen Dialektes sprechen. Darüber hinaus sind US-amerikanische Verhandler für ihren offenen und direkten Kommunikationsstil bekannt. Nur deutsche Verhandler werden international als noch direkter wahrgenommen. Forderungen und die Ablehnung von Vorschlägen werden klar und eindeutig geäußert (näher zur Kommunikation unter Abschn. 5.3.8 und 5.3.9). Da zurückhaltende indirekte Kommunikation innerhalb der USA zunächst einmal als Zeichen von Schwäche wahrgenommen wird, stehen US-amerikanische Verhandler in der Gefahr, Verhandler aus stärker kontextbezogenen Kulturen prima facie als vergleichsweise schwach einzuordnen. Auch andere Verhaltensweisen, wie ein weicher Händedruck und andere kulturelle Unterschiede können bei amerikanischen Verhandlern einen falschen Eindruck über die Verhandlungsmacht der Gegenseite erwecken. Das raumgreifende Verhalten US-amerikanischer Verhandler am Ort des Meetings („Give me space!") kann dieses Gefühl fehlender Parität auf beiden Seiten ebenfalls verstärken.

Je größer die Mentalitätsunterschiede der anderen Verhandlungsseite zu den US-amerikanischen Verhandlern sind, desto eher wird das Auftreten der US-amerikanischen Verhandler von der Gegenseite negativ bewertet. Die Verhandler der Gegenseite empfinden die US-amerikanische Mentalität dann nicht selten als Zeichen mangelnden Respekts vor ihrer Kultur, wenn nicht gleich als „imperialistisch". Insofern wird auch der Begriff „Superpower Negotiator" (*Solomon/Quinney*, American Negotiating Behavior, 2010, S. 38 ff.) verwendet. Die zögerliche Kompromissbereitschaft sowie die häufige Anwendung von → *deadlines* und → *take it or leave it*-Angeboten kann so ein Vorurteil noch verstärken. Verhandler aus kontextorientierten Kulturen nehmen US-amerikanische Verhandler zudem oft als arrogant und (aufgrund der Offenheit) als schroff wahr.

Das hohe Selbstwertgefühl US-amerikanischer Verhandler kann sie dazu verleiten, noch stärker als es bei anderen großen Handelsnationen der Fall ist, an ihren nationalen Perspektiven zur Bewertung von Verhandlungen, Emotionen und Taktiken festzuhalten. Die Sensibilität gegenüber anderen Verhandlungskulturen oder individuellen Verhaltensweisen ihrer ausländischen Verhandlungspartner ist im Durchschnitt zudem nicht besonders gut ausgeprägt. Dabei gibt es sehr informative einschlägige US-Literatur zu dieser Thematik. Dieses interkulturelle Defizit spiegelt jedoch nur eine Tendenz wider. Selbstverständlich gibt es auch US-amerikanische Verhandler mit langjähriger Erfahrung mit anderen Verhandlungskulturen, die intensiv damit vertraut und sensibilisiert sind und sich entsprechend verhalten.

Formale Macht und Status spielen in den USA eine viel geringere Rolle als in den meisten anderen Kulturen. Auch formale Bildung ist weniger wichtig als die in der Praxis bewiesenen Fähigkeiten. Für kompetitive Verhandlungen folgt daraus, dass es sich für die Gegenseite der US-amerikanischen Verhandler lohnt, sich vorab einen Ruf als sehr harte bzw. kompetente Verhandlerin bzw. als sehr harter bzw. kompetenter Verhandler zu erwerben. Das bedeutet allerdings nicht, dass Hierarchien unwichtig sind. Es bestimmen vielmehr die tatsächliche Macht, und zwar auch unter Berücksichtigung der konkreten Situation, und weniger der formale Rang das Sozialverhalten US-amerikanischer Verhandler. Bemerkenswert ist jedoch, dass diese hierarchischen Strukturen generell durchlässiger sind als in anderen Ländern. Die Verwendung der Vornamen in der Anrede ist Sinnbild dafür, dass es beim Umgang mit Höherrangigen weniger formale Regeln zu beachten gilt. Hierarchien können im Verhandlungsprozess daher auch vergleichsweise problemlos übersprungen werden. So kann in den USA ein Social Event am Rande einer Verhandlung dazu genutzt werden, den viel höherrangigen CEO der Gegenseite ohne Vorwarnung auf ein Problem anzusprechen. In Deutschland würde dies Kopfschütteln auslösen, und in China wäre die Gefahr des sofortigen Abbruchs der Verhandlungen in Folge einer solchen Respektlosigkeit hoch.

Eine verpasste Chance wird in den USA als weitaus schlimmer angesehen, als einem nicht perfekten Vertrag zuzustimmen oder eine Ablehnung hinnehmen zu müssen. Dementsprechend ist auch ein „cold calling" keinesfalls ungewöhnlich. US-amerikanische Verhandler haben im Gegensatz zu Verhandlern anderer Nationen zudem häufig die volle eigenständige Abschlusskompetenz. Soweit nicht ein ausdrücklicher Vorbehalt festgelegt wurde, fühlen sich US-amerikanische Verhandler daher oft befugt, auch ohne Rücksprache mit dem Head Office den Vertrag zu schließen („full authority"). Ihre Handlungen stehen somit seltener als bei Verhandlern in anderen Verhandlungskulturen unter einem Genehmigungsvorbehalt. Taktiken, die vor allem an hierarchische Strukturen anknüpfen, sind dementsprechend weniger gängig. Allein dadurch wird im Vergleich zu anderen Verhandlungsstilen zudem viel Zeit gespart. Das passt dazu, dass kurze, intensive Verhandlungen generell als Leitbild US-amerikanischer Verhandler gelten. Small talk (dazu näher unter D.III.8.) ist dementsprechend ebenfalls oft zeitlich begrenzt, da sich die Verhandlungen auf den eigentlichen Verhandlungsgegenstand konzentrieren sollen.

Verhandlungen sollen in den USA zudem eine lineare Sequenz aus Phasen (Vorverhandlungen, Opening, Hauptphase – deren einzelne Punkte wieder einer linearen Struktur folgen –, Verhandlungsabschluss mit Endergebnis) bilden. Den USA wird nach Deutschland und der Schweiz der linearste Verhandlungsstil nachgesagt. Zeitpläne für die Verhandlungen haben einen hohen Verbindlichkeitsgrad. Dementsprechend gibt es häufig auch eine inhaltliche → *Agenda*, die aber als solche weniger strikt gehandhabt wird als bei deutschen Verhandlern. Probleme werden grundsätzlich der Reihe nach verhandelt, solange es keine guten Gründe gibt, es anders zu machen. Bei schwierigen Verhandlungen werden aber auch *package deals* (→ *scheinbare Konnexität*) angestrebt, durch die inhaltlich prinzipiell nicht verbundene Aspekte für die Erzielung einer Einigung verknüpft werden. Die Zeitkomponente ist für US-amerikanische Verhandler auch deshalb wichtig, weil sie sich bewusst sind, wie dynamisch die Verhandlungssituation und die Verhandlungsmacht (→ *BATNA*) sind und dass Zeit Geld ist („time is money"). Kommt es nicht schnell zum Abschluss, besteht die Befürchtung, dass → *Zwischenergebnisse* aufgrund einer veränderten Situation wertlos werden. Dies gilt auch deshalb, weil die Zwischenabsprachen meist nicht rechtlich verbindlich sind und die freiwillige Bindung zeitlich und inhaltlich recht begrenzt ist.

Die Kommunikation ist in den USA gewöhnlich offen und direkt („tell it like it is", dazu bereits oben) und grundsätzlich sehr höflich. Von kontextorientierten Verhandlungskulturen wird dies wegen der Direktheit, dem scheinbar mangelnden Respekt vor Hierarchien und dem angewandten Druck jedoch nicht immer so empfunden. Die mündliche Kommunikation (und nicht die schriftliche) steht bei Verhandlungen generell im Vordergrund. Eine informelle Atmosphäre wird gegenüber einer formellen Atmosphäre bevorzugt, da sie dem Schwerpunkt der Verhandlung auf mündlicher Kommunikation zuträglich ist. Im Regelfall werden der Gegenseite die eigenen Interessen und Absichten nicht offengelegt. Es heißt zwar, dass US-amerikanische Verhandler häufig einen „cards on the table"-Ansatz verfolgen. Bei genauerem Hinsehen wird dabei dann auch vieles sofort auf den Punkt gebracht. Anders als beim Pokerspiel werden aber nicht alle Karten, d. h. im Fall von Verhandlungen, nicht alle Interessen und Positionen, aufgedeckt. Vorschläge werden erst unterbreitet und dann begründet (zum umgekehrten chinesischen Ansatz siehe Abschn. 5.2.6). Induktive, pragmatische Argumente stehen insofern im Vordergrund. Die Wertschätzung für rationale Argumentationen geht allerdings nicht so weit, dass US-amerikanische Verhandler annehmen würden, schon hieraus ließe sich das rationale, zu erreichende Verhandlungsergebnis ablesen. Inhalt und Ergebnis gelten am Ende als wichtiger als (geschliffene) Rhetorik und Argumentation. Die Fähigkeit zu gut verständlicher, aktiver Rede hat jedoch einen hohen Stellenwert.

Die Verhandlungen werden rational und in der Regel ohne Betonung von → *Emotionen* geführt. Inhaltlich kann Zustimmung oder Ablehnung durch Intensität oder Personalisierung ein scheinbar emotionales Niveau erreichen, doch auch dann ist kein emotionaler Kontrollverlust gegeben. Viele in der inhaltlichen Intensität scheinbar emotionale Formulierungen (z. B. „awsome"/„terrible") sind vielmehr Standardformulierungen, ohne dass eine entsprechend intensive Emotion damit verbunden ist. Da US-amerikanische Verhandler häufig wenig Erfahrung mit echten Emotionsausbrüchen haben, könnten sie durch gespielte (oder echte) Gefühlsausbrüche aus dem Konzept gebracht werden.

US-amerikanische Verhandler sprechen oftmals nur Englisch und können somit nicht in einer anderen Sprache verhandeln. Wie oben bereits angemerkt, sehen sie ihrem Selbstverständnis nach Englisch allerdings auch als internationale Verhandlungssprache an. Im Übrigen setzen selbst US-amerikanische Verhandler, die Sprachkenntnisse haben, oftmals Dolmetscher ein, weil ihnen dies Überlegungszeit verschafft. Manchmal werden US-amerikanische Verhandler als „naiv" wahrgenommen (*Lewis*, When Cultures Collide, 2018, S. 181). Denn zu Beginn von Verhandlungen scheinen sie manchmal Probleme zu übersehen und erwecken den Eindruck, als vertrauten sie ihrem Verhandlungspartner vollends. Es wäre jedoch grundfalsch aus diesen Verhaltensweisen oder ggf. bestehenden Defiziten mit Blick auf interkulturelle Aspekte (dazu bereits unter Abschn. 5.3.5) auf wirtschaftliche Naivität zu schließen. US-amerikanische Verhandler sind sich potenzieller Risiken hinsichtlich des wirtschaftlichen Verhandlungsgegenstandes generell bewusst. Durch die Konzentration auf das Wesentliche im Fall von businesslike negotiators (siehe unter Abschn. 5.3.4) können sie, verglichen mit Verhandlern aus anderen Verhandlungskulturen, potenziell sogar leichter den Überblick über das große Ganze behalten (→ *missing the bigger picture*).

Metaphern sind beliebt, insbesondere um ein Vorwärtskommen zu beschreiben. Auch Slogans und Catchphrases spielen in der Praxis eine Rolle. Wegen der Beliebtheit origineller Formulierungen, werden nicht selten Begriffe erst für ein bestimmtes Projekt geschaffen, ohne das damit schon klar wäre, was genau damit gemeint ist. Das Projekt „Warp Speed", zur bekannten Förderung der Entwicklung von Corona-Impfstoffen, hatte z. B. diesen Projektnamen bis klar war, wie das Projekt aussehen sollte. Für die Gegenseite bedeutet dies, dass US-amerikanische Verhandler mit entsprechenden eigenen Formulierungen leichter gewonnen werden können. Humor wird von US-amerikanischen Verhandlern generell als positiv angesehen. Die aktive Verwendung von Witzen erfolgt meist selbst dann, wenn die Gegenseite mangels Sprachverständnis oder weil sie den Witz als unangemessen ansieht, nicht reagiert. Sehr gute US-amerikanische Verhandler zeichnen sich nicht selten dadurch aus, dass sie in der Lage sind, in einer kritischen Situation der Verhandlung einen Witz auf eigene Kosten zu machen, um so die Situation zu entspannen. Auch wenn die amerikanische Verhandlungswissenschaft die Bedeutung von → *Fragen* hervorhebt, dominieren bei US-amerikanischen Verhandlern meist die eigenen aktiven

Redeanteile (zum Verhältnis von Reden und Zuhören siehe → *70-30-Regel*). Selbst während des gemeinsamen Essens oder anderer gesellschaftlicher Anlässe ist es für US-amerikanische Verhandler nicht unüblich, Verhandlungsthemen anzusprechen und sogar für die mehrstündige Dauer einer Cocktailparty ausschließlich über das Geschäft zu sprechen.

Der Inhalt und nicht der Kontext stehen bei der Verhandlung im Vordergrund. Angestrebt wird in erster Linie ein guter Deal und nicht unbedingt eine langfristig gute Beziehung. US-amerikanische Verhandler leben in der Gegenwart und schenken daher der Vergangenheit der Geschäftsbeziehung verhältnismäßig wenig Aufmerksamkeit. Sie schauen primär in die nahe Zukunft. Dies schließt die Berücksichtigung strategischer Aspekte im Rahmen der Verhandlung über einen konkreten Gegenstand jedoch keinesfalls aus. Die langfristige Beziehung ist nur nicht von sich aus generelles Ziel von Verhandlungen (siehe zur Situation in China Abschn. 5.2.5). Der gute Deal wird nach ökonomisch-rationalen Gesichtspunkten, insbesondere nach dem return on investment (ROI), bewertet. Der weniger übliche Blick in die strategische Zukunft führt dazu, dass kleinere Probegeschäfte, die als solche nicht richtig profitabel sind, eher ungern geschlossen werden. In der Beratung werden US-amerikanische Verhandler allerdings auf die Üblichkeit solcher Geschäfte, z. B. in Deutschland, und die großen Chancen auf Folgegeschäfte hingewiesen.

Verglichen mit den Besonderheiten deutscher oder chinesischer Verhandler spielen Zahlen und Daten nur im Kernbereich der Verhandlung eine große Rolle. In diesem Kernbereich werden präzises Wissen um die Fakten und auch schriftliche Unterlagen erwartet. Bei längerfristigen Verträgen ist für US-amerikanische Verhandler auch das Monitoring in diesem Kernbereich von großer Bedeutung. Die Fokussierung auf den Kernbereich wird als besondere Fähigkeit wahrgenommen, welche nicht nur die Komplexität der Verhandlungen verringert, sondern diese auch verkürzt und → *Transaktionskosten* reduziert.

US-amerikanische Verhandler vereinfachen im Rahmen der Konzentration auf den Kernbereich den Sachverhalt und die zu lösenden Probleme. Dabei neigen sie dazu, Chancen zu überzeichnen und Risiken zu verharmlosen. Selbst hinsichtlich relevanter Leistungsdaten besteht eine Tendenz zur großzügigen Darstellung zu eigenen Gunsten. Partiell mag dies an dem Schwung und Optimismus liegen, mit dem viele US-amerikanische Verhandler in Verhandlungen gehen. Ursache dürfte aber auch das Rechtssystem sein. Denn das Common Law sieht vertragliche Leistungsversprechen als entscheidend an und zieht vorvertragliche Erklärungen regelmäßig nicht zur Auslegung des Vertragsinhalts oder zur Durchsetzung von Ansprüchen heran. Im Fall von fraud greift die parol evidence rule allerdings grundsätzlich nicht. Wieviel Erklärungen US-amerikanischer Verhandler wert sind, zeigt sich daher erst beim genauen Blick auf den Vertragsinhalt. Für Verhandlungen mit Kulturen, denen – wie in Deutschland – die Wahrheit der Aussagen während der Verhandlungen wichtig ist, raten US-amerikanische Verhandlungsratgeber, sich in den Verhandlungen ausschließlich auf erfüllbare Aussagen zu beschränken.

Lineare Kompromisse, bei denen sich beide Seiten in einer Frage entgegenkommen, sind bei US-amerikanischen Verhandlern nicht beliebt, da diese Art des Kompromisses ein

Nachgeben erfordert. Diese Art des Nachgebens wird tendenziell als Schwäche interpretiert, weshalb US-amerikanische Verhandler versuchen, sie zu vermeiden. Allerdings gilt das Finden einer Synthese nach den von den Verhandlungsparteien vorgebrachten Thesen und Antithesen unter US-amerikanischen Verhandlern, wegen der dafür notwendigen Kreativität, als positive Leistung. Ermöglicht man den US-amerikanischen Verhandlern das Auffinden einer Synthese, handelt sich für diese nicht um ein problematisches Nachgeben. Eine Ausnahme zum soeben Gesagten gilt in den USA zudem beim Preis, da das erste Angebot in aller Regel bewusst noch deutlich vom ohnehin ambitionierten Ziel abweicht (→ *ambitious target price setting*). Anstelle der linearen Kompromisse steht eher ein Geben und Nehmen hinsichtlich unterschiedlicher Fragen im Vordergrund (→ *nicht lineare Kompromisse*). Generell erfolgt ein Nachgeben, wenn überhaupt, erst sehr spät. Vorher wird ausgelotet, ob das gewünschte Ergebnis nicht doch ohne jegliches Nachgeben erreicht werden kann. Im Umgang mit US-amerikanischen Verhandlern wird entsprechend im besonderen Maße → *Geduld* empfohlen. US-amerikanische Verhandler sind häufig sehr pragmatisch, wenn es um bestimmte Konstruktionen und Formulierungen geht. Stimmt das von ihnen wirtschaftlich gewollte Ergebnis, lassen sie sich relativ häufig auf Formulierungsänderungen oder auch Konstruktionsänderungen hinsichtlich der vertraglichen Regelung ein.

Aufgrund der positiven Grundeinstellung der amerikanischen Gesellschaft zur Eingehung von Risiken bei entsprechenden Chancen und dem Grundoptimismus, es schaffen zu können, sind US-amerikanische Verhandler bereit, relativ hohe Risiken hinsichtlich des Scheiterns des Vertragsschlusses einzugehen. Dies begünstigt ambitiöse Ziele (→ *ambitiuous target price setting*) und noch ambitiösere erste Angebote (→ *first offer*). Um eine Einigung zu erreichen, finden eine Vielzahl von Techniken Anwendung. Neben Angeboten, Argumenten und dem Versuch, mit Logik zu überzeugen, spielen insbesondere auch aggressive Überzeugungstaktiken eine größere Rolle. Soweit, wie nicht selten, US-amerikanische Verhandler hard ball verhandeln, sind Drucktaktiken (vor allem in zeitlicher Hinsicht) aber auch Täuschungstaktiken sehr verbreitet (siehe näher unten; siehe auch die entsprechenden Themenlisten). Selbst persönlicher Druck gegen die Verhandler der Gegenseite gehört zum Verhandlungsrepertoire.

5.3.6   Verhandlungsvorbereitung

Eine sorgfältige *Verhandlungsvorbereitung* (→ *80-20-Regel*) hat dem Grunde nach in den USA einen hohen Stellenwert, auch wenn, wie überall auf der Welt, der Druck der Routineaufgaben nicht selten zu praktischen Defiziten in der Vorbereitung führt. Für bedeutende Verhandlungen kennen die USA mock negotiations, also Übungsverhandlungen, zur Simulation der eigentlichen Verhandlung. Rechtsanwaltskanzleien haben teilweise sogar einen Pseudogerichtssaal, um die Situation einer Gerichtsverhandlung realistischer durchspielen zu können.

5.3.7   Ort, Zeit und Zusammensetzung des Verhandlungsteams

Verhandlungen finden häufig in den Räumen des gastgebenden US-amerikanischen Unternehmens statt. Soweit praktische Argumente für andere Räumlichkeiten, z. B. in einem Hotel, sprechen, werden diese Räume genutzt. Für größere Verhandlungen gibt es in der Regel einen angepassten zeitlichen Vorlauf. Bei entsprechenden geschäftlichen Chancen werden auch sehr kurzfristig Verhandlungstermine vereinbart. US-amerikanische Verhandler legen, wie bereits angemerkt, großen Wert auf zügige Verhandlungen, da die Verhandlungszeit als wertvoll gilt. Die aufgestellten Zeitpläne für die Verhandlung sind daher tendenziell knapp bemessen und verbindlich. Es wird somit regelmäßig mit → *deadlines* gearbeitet. US-amerikanische Verhandlungsteams im kommerziellen Bereich sind, international gesehen, verhältnismäßig klein. Die juristischen Verhandlungsteams, die vor allem zur Konkretisierung der grundsätzlichen vertraglichen Einigung herangezogen werden, sind hingegen recht groß.

5.3.8   Small talk

Wie oben bereits angesprochen, wird dem small talk (→ *chit-chat*) in den USA nur eine begrenzte Bedeutung zugestanden. Auf dem Weg zu einer schnellen, effizienten Verhandlung spielt er daher keine größere Rolle. Etwas anders ist dies auf einem Social Event am Rande der Verhandlung. Business, Reisen, weltweite Ereignisse, Sport (insbesondere die in den USA populären Sportarten Baseball, American Football, Basketball, Golf, Tennis und in ländlichen Gebieten auch Jagen und Fischen) und Familie sind beliebte Themen für den small talk. US-Amerikaner reden auch relativ häufig über Politik und Religion (zumindest häufiger als in Deutschland). Schon wegen der starken politischen Spannungen in den USA wird ausländischen Verhandlern hier lediglich ein → *aktives Zuhören* empfohlen. Selbst wenn sich ein US-Verhandler kritisch über die aktuelle Politik seines Landes äußern sollte, wird dringend davon abgeraten, die USA als solche zu kritisieren. Die Verbundenheit der US-Amerikaner zu ihrem Land ist in aller Regel sehr groß. Angriffe auf die USA, ihre Werte und Traditionen werden von US-Amerikanern nicht selten als persönliche Angriffe angesehen.

5.3.9   Strategien und Taktiken

Angesichts des fortgeschrittenen Standes der Ausbildung in Verhandlungen, ist es nicht überraschend, dass die Verwendung von Strategien und Taktiken weit verbreitet ist. Die enorme Vielfalt schließt es aus, hier auch nur die wichtigsten verwendeten Taktiken zusammenzustellen. Gute Verhandler sollten sich allerdings häufiger der Zuweisung der → *Begründungslast* an die Gegenseite bedienen, da der Begründungspflichtige es immer schwerer hat sich durchzusetzen (*Solomon/Quinney*, American Negotiating Behavior,

2010, S. 41, wenn auch unter der Bezeichnung Beweislast). Drucktaktiken und Täuschungs-taktiken (siehe entsprechende Themenlisten) sind bei vielen US-amerikanischen Ver-handlern populär. Druck (→ *Drucktaktiken*) wird häufig in Form von → *deadlines* oder → *take-it-or-leave-it*-Angeboten ausgeübt. Obwohl der Kommunikationsstil offen ist, do-miniert indirekter Druck. Viele US-amerikanische Verhandler beherzigen, dass die Kom-bination von indirektem Druck mit dem Aufzeigen eines Auswegs, der kein bloßes Nach-geben ist, größere Erfolgschancen hat als reiner Druck. Dieser Ansatz erhöht die Wahrscheinlichkeit eines erfolgreichen Kompromisses, da die Gegenseite nicht einfach den auferlegten Forderungen nachgibt. Persönliche Beziehungen haben für US-amerikanische Verhandler im Allgemeinen keine Priorität. Es wird zumindest berichtet, dass US-amerikanische Verhandler häufiger versuchen, persönlichen Druck auf Verhandler auszuüben (*Solomon/Quinney*, American Negotiating Behavior, 2010, S. 55). Neben vie-len Verhandlern, die einzelne erworbene Taktikkenntnisse eher rezepthaft anwenden, gibt es auch bewusst geplante Herangehensweisen. So werden im Einkauf die Erkenntnisse zur Kombination von Auktion und Verhandlung (→ *negotiauction*) nutzbar gemacht. Die potenziellen Lieferanten halten sich in räumlicher Nähe auf und bieten im Bewusstsein der Existenz der Konkurrenz, aber ohne deren Gebote zu kennen, gegeneinander. Außerdem werden den Lieferanten Leistungseinheiten vorgegeben, für die separate Leistungsan-gebote abzugeben sind. Dies soll → *cherry picking* ermöglichen. Denn selbst vom ins-gesamt günstigsten Anbieter wird verlangt, in den Teilbereichen, in denen er ein schlech-teres Angebot abgegeben hat, bezogen auf diese Aspekte nachzubessern. Dabei wird nicht aufgedeckt, dass er insgesamt schon der günstigste Anbieter ist.

Themenlisten

Die im Folgenden aufgelisteten Themenlisten sollen die Erschließung dieses Buches erleichtern. Mit Hilfe der Listen kann man sich in bestimmte Aspekte der Verhandlung einlesen. Zwischen den Listen gibt es Überschneidungsbereiche, weshalb einige Stichwörter mehrfach vorkommen. Um die Überschneidungsbereiche zu reduzieren, werden einige der Themenlisten auf bestimmte Aspekte beschränkt.

Die Themenlisten enthalten ausschließlich die fettgedruckten Oberbegriffe. Weitere Schlagwörter, die innerhalb eines Oberbegriffs angesprochen werden, werden innerhalb der Themenlisten grundsätzlich nicht aufgeführt, um diese übersichtlich zu halten.

Da auch Themenlisten untereinander in Beziehung stehen können, werden einige von ihnen unter einem allgemeinen Begriff zusammengefasst. So gibt es beispielsweise den übergeordneten Begriff „Kommunikationstechniken", unter dem sich unter anderem Themenlisten zu „Antworttechniken" und „Fragetechniken" finden lassen.

Behavioural economics und psychologische Effekte

Erkenntnisse der Verhaltensökonomie (behavioural economics) und psychologische Effekte sind häufig Grundlage von speziellen Taktiken und Techniken (siehe dazu unter „Taktiken und Techniken" sowie ihre dahinterstehenden Effekte). Im Folgenden sollen alle Begriffe aufgelistet werden, die aus diesem Themenbereich stammen.

Effekte

An dieser Stelle werden die Erkenntnisse der behavioural economics und psychologische Effekte aufgelistet, die für Vertragsverhandlungen von Bedeutung sein können.

- Availability bias
- Backlash effects
- Behavioural economics
- Bias
- Eindruck (erster und letzter)
- Electronic Multitasking
- Endowment effect
- Framing
- Geschlecht
- Halo-Effekt
- Incompatibility bias
- Norm of reciprocity
- Optimism bias
- Pfadabhängigkeit
- Reactive devaluation
- Referenzpunkt
- Similar-to-me-Effekt
- Status quo bias
- Sunk cost bias
- Zero price effect

Taktiken und Techniken sowie ihre dahinterstehenden Effekte

An dieser Stelle sollen beispielhaft einige Taktiken und Techniken aufgeführt werden, die auf Effekten der behavioural economics bzw. psychologischen Effekten beruhen. Diese Effekte werden in Klammern hinter der Taktik bzw. Technik aufgeführt

- After agreement demand (sunk cost bias)
- Ambitious target price setting
- Anchoring (anchoring effect)
- Ankerdiskreditierung (anchoring effect)
- Better than that (anchoring effect)
- Eintextverhandlungen (anchoring effect, status quo bias)
- First offer (anchoring effect)
- Fuß-in-der-Tür-Taktik
- Gain frame (framing)
- Gegenanker (anchoring effect)
- Janus-faced present (endowment effect)
- Loss frame (framing)
- Nullpunkt anchoring Problem (anchoring effect)
- Pufferfragen (horns effect)
- Salamitaktik (endowment effect)

- Scheinbare Konnexität (Halo-Effekt)
- Similar-to-me-Taktik (similar-to-me-Effekt)
- Smart bundling (mehrere kleine Zugeständnisse)
- Sofortige (kleine) Gegenleistung (Peppercorn Theory)
- Taktik der kleinen Menge (bandwagon effect, scarcity effect)
- Tür-ins-Gesicht-Taktik (anchoring effect, norm of reciprocity)
- You go first (anchoring effect)

Besser verhandeln lernen

Besseres Verhandeln ist erlernbar. Im Folgenden werden alle Stichworte aufgelistet, die in diesen Bereich fallen. Hier bestehen große Überschneidungen zur Verhandlungsvorbereitung (siehe dort), da die Verbesserung der eigenen Verhandlungsfähigkeiten ein Bestandteil der Verhandlungsvorbereitung ist.

- ACBD
- Adopt an outsider lens
- Advocatus diaboli
- Missverständnisse
- Verhandlungsstil
- WWW
- WWYDD

Emotionen

Auch wenn das Harvard Verhandlungskonzept empfiehlt, Menschen und Probleme getrennt zu betrachten, spielen bei Vertragsverhandlungen Emotionen in der Praxis eine erhebliche Rolle. Im Folgenden sind diesbezügliche Stichworte aufgelistet.

- Be tough talk nice
- Building a golden bridge
- Chit-chat
- Core concerns framework
- Eindruck (erster und letzter)
- Emotionen
- Empathie
- Find something in common
- Hide your glee
- Not happy
- Verhandlungsebenen

Hilfsmittel

Hilfsmittel sind tatsächliche oder auch rechtliche Instrumente, die für eine Technik, und damit auch für eine Taktik oder Strategie, benötigt werden oder zu deren Abwehr dienen. Im Folgenden werden Begriffe, die sich auf Verhandlungsbeteiligte beziehen (siehe dort), und Hilfsmittel, die vorwiegend i. R. d. Verhandlungsvorbereitung (siehe dort) eingesetzt werden, ausgelassen:

Juristische Hilfsmittel

Neben allgemeinen Hilfsmitteln werden in Verhandlungen vor allem auch juristische Hilfsmittel eingesetzt. Sie kommen vor allem (aber nicht nur) bei der konkreten Vertragsgestaltung zum Einsatz. Grundsätzlich nicht aufgelistet werden hier dagegen rechtliche Rahmenbedingungen (siehe dort):

- AGB-gestützte Verhandlungstaktik
- Annotations
- Bargaining in the shadow of the law
- Boilerplates
- Doppelte Schriftformklausel
- Eintextverhandlungen
- Inhaltskontrolle
- Kaufmännisches Bestätigungsschreiben
- Letter of intent (LOI)
- Lückenhafte Regelungen
- Memorandum of understanding (MoU)
- Non-disclosure agreement (NDA)
- Rechtliche Argumente
- Verhandlungsklausel
- Vertragsbruch
- Vorbringen einer falschen Rechtsansicht
- Zwingendes Recht

Tatsächliche Hilfsmittel

Neben juristischen Hilfsmitteln kommen in Verhandlungen zahlreiche tatsächliche Hilfsmittel zum Einsatz. Diesbezügliche Begriffe sind im Folgenden aufgelistet:

- Agenda
- Ampelsysteme
- Annotations
- Aspiration point

- BATNA (best alternative to a negotiated agreement)
- Change the standards
- Deadline
- Deal-breaker
- Körpersprache
- Prenegotiation plan
- Protokolle
- Referenzpunkt
- Retracking the deal
- SMART-Zielformulierungstechnik
- SWOT-Analyse
- Term sheet
- Verhandlungspause
- Vieraugenprinzip
- Zwischenergebnisse

Informationsgewinnung

Die Informationsgewinnung ist eine zentrale Aufgabenstellung im Rahmen von Verhandlungen. Insbesondere Fragetechniken (siehe dort) können für die Informationsgewinnung eingesetzt werden. Hier sollen Stichworte zur Informationsgewinnung aufgelistet werden, bei denen es sich nicht um Fragetechniken handelt.

- 70-30-Regel
- Aktives Zuhören
- Analytiker
- Auf den Busch klopfen
- Emotionen
- FOG
- Information overload
- Informationen teilen
- Informationsbedarfsanalyse
- Informationskontrolle
- Körpersprache
- Negotiator's dilemma

Kommunikationstechniken

Verhandlungen bedeuten Kommunikation. Aus diesem Grund werden in diesem Buch verschiedenste Kommunikationstechniken erörtert. Die folgenden Themenlisten fallen in diesen Bereich.

Antworttechniken

Im Folgenden sind Stichwörter zusammengestellt, die sich auf Antworttechniken (nicht aber auf Argumentationstechniken) beziehen.

- Aber Ja-Antwort
- Ja, aber-Antwort
- Not happy
- Schweigen
- Überlegt antworten

Argumentationstechniken

Argumentationstechniken dienen in Verhandlungen dazu, den Vertragspartner vom eigenen Standpunkt zu überzeugen. Es werden in Verhandlungen sowohl rationale als auch irrationale Argumentationstechniken verwendet. Hierzu gehören im weiteren Sinn folgende Stichwörter:

- Analogieschluss
- Argumente des Verhandlungspartners nutzen
- Ausnahmeargument
- Begründungen
- Begründungslast
- Besseres Angebot
- Change the standards
- Floodgate argument
- FOG
- Pareto-Optimum
- Präzedenzfall
- Rechtliche Argumente
- Scheinbare Konnexität
- TINA
- Übertreibungen
- Vorbringen einer falschen Rechtsansicht
- Wenige, starke Argumente
- Zuerst Abwehr der schwachen Argumente

Fragetechniken

Erfolgreiche Verhandler stellen mehr Fragen als der durchschnittliche Verhandler. Im Folgenden sind wichtige Fragetechniken zusammengestellt.

- A-not-A question
- Abschlussfragen
- Columbo
- Fragen
- Ja/Nein-Fragen
- Offene Fragen
- Prämissenfragen
- Pufferfragen
- Was-wäre-wenn-Frage

Weitere Kommunikationstechniken

Neben Frage- (siehe dort), Antwort- (siehe dort), Argumentationstechniken (siehe dort) und Begriffen, die im Zusammenhang mit Zuhören stehen, gibt es weitere Aspekte, die mit Kommunikation zu tun haben. Dazu zählen insbesondere auch Punkte aus dem Bereich der nonverbalen Kommunikation. Die entsprechenden Techniken sind im Folgenden zusammengestellt.

- 7-38-55-Regel
- Antiwörter vermeiden
- Cheap talk
- Chit-chat
- DAD approach
- E-Mail
- Empathie
- Eindruck (erster und letzter)
- Herrschaftsgesten
- Hide your glee
- Informationen teilen
- Körpersprache
- Missverständnisse
- Refusal to communicate
- Signalling
- Verhandlungspause
- Wince

Zuhören

Zuhören ist zentral für die Informationsgewinnung. Des Weiteren ist Zuhören entscheidend für den Aufbau einer guten Beziehung zum Vertragspartner, da aufmerksames Zuhören Interesse und Respekt signalisiert.

- 70-30-Regel
- Aktives Zuhören

Kompetitives Verhandeln

Verhandlungen werden nicht immer kooperativ geführt. Kompetitiv ausgerichtete Verhandlungen sind nach wie vor üblich. Dabei kommen Druck, Drohungen und Täuschungen zum Einsatz. Die folgenden Themenlisten beschäftigen sich mit diesen Aspekten.

Druck und Drohungen

Druck und Drohungen werden in Verhandlungen vielfach eingesetzt, um den Verhandlungspartner zum Nachgeben zu zwingen oder Fehler der Gegenseite zu provozieren. Im Folgenden werden alle Begriffe zusammengestellt, die mit Druck und Drohungen in Verbindung stehen.

- (Aggressives) Claim-Management
- BAFO (Best and final offer)
- Big fish
- Break it off
- Brinkmanship
- Calling a higher authority
- Chicken
- Credible threat
- Deadline
- Drohung
- EANT (Ethically ambiguous negotiation tactics)
- False deadline
- Refusal to communicate
- Russian front
- See you in court
- Take it or leave it
- This will hurt you more than it will hurt me
- Warnen statt drohen

Irreführungen

Im Folgenden werden Begriffe zusammengestellt, die mit Irreführung bei Vertragsverhandlungen zusammenhängen. Es gibt z. B. viele Taktiken, die auf Irreführung beruhen.

- All I've got
- Ambiguous authority
- Arglistige Täuschung
- Auf den Busch klopfen
- Besseres Angebot
- Betrug
- Budgetbegrenzung
- Cheap talk
- Culpa in contrahendo (c. i. c.)
- EANT (Ethically ambiguous negotiation tactics)
- False deadline
- Foggy recall
- Information overload
- Irreführung
- Leeres Versprechen
- Listige Täuschungen
- Neuer Antrag
- Padding
- Scheinbare Konnexität
- Similar-to-me-Effekt
- Strategic misrepresentation
- Taktik der kleinen Menge
- Übertreibungen
- Vorbringen einer falschen Rechtsansicht
- Wahlmöglichkeit begrenzen

Kooperatives Verhandeln

Im Folgenden werden alle Begriffe aufgelistet, die im weiteren Sinn mit kooperativem Verhandeln in Zusammenhang stehen. Es bestehen gewisse Überschneidungen zu den Verhandlungsstrategien (siehe dort), da kooperatives Verhandeln eine Strategie darstellt.

Kooperatives Verhandeln

Zunächst sollen hier alle Begriffe aufgeführt werden, die einen Zusammenhang zu kooperativem Verhandeln aufweisen, abgesehen von Begriffen, die einen Bezug zu Vertrauen haben.

- Be tough talk nice
- Harvard Verhandlungskonzept

- Ideen des Verhandlungspartners weiterentwickeln
- Integrative Verhandlungen
- Negotiation pie
- Orangenbeispiel
- Pareto-Optimum
- Soft bargaining
- Win-win Strategie

Vertrauen zwischen den Parteien

Vertrauen ist ein wesentlicher Erfolgsfaktor für Verhandlungen. Im Folgenden werden damit im Zusammenhang stehende Begriffe aufgelistet. Um Überschneidungen zu reduzieren, werden Begriffe, die vorwiegend kooperativem Verhandeln (siehe dort) zuzurechnen sind, hier ausgeblendet.

- Be tough talk nice
- Building a golden bridge
- Change the negotiator
- Chit-chat
- Rapport
- Respekt
- Ständige Geschäftsbeziehung

Lösungen und Kompromisse

Das Finden von Lösungen und Kompromissen ist ein zentraler Bestandteil von Verhandlungen. Es gibt einen gewissen Überschneidungsbereich mit den Verhandlungsstrategien (siehe dort), weshalb diese in der folgenden Liste nicht aufgeführt sind.

- BAFO (Best and final Offer)
- Building a golden bridge
- Change the negotiator
- DDD approach
- Fairness-Normen
- FC approach
- Final offer arbitration (FOA)
- Flip a coin
- Ideen des Verhandlungspartners weiterentwickeln
- Logrolling
- MESO

- Negotiation pie
- Nichtlineare Kompromisse
- Orangenbeispiel
- Pareto-Optimum
- Split the difference
- Unvollendete Lösungsvorschläge
- ZOPA (zone of possible agreement)

Rechtliche Rahmenbedingungen

Rechtliche Rahmenbedingungen beeinflussen Vertragsverhandlungen, indem sie z. B. bestimmte rechtliche Grenzen aufzeigen, Pflichten statuieren oder als Ausgangspunkt fungieren. Im Folgenden werden alle Begriffe aufgelistet, die mit diesem Themenkomplex in Zusammenhang stehen. Juristische Hilfsmittel (siehe dort) sind teilweise eng mit rechtlichen Rahmenbedingungen verknüpft, werden hier allerdings in einer gesonderten Liste aufgeführt.

- Arglistige Täuschung
- Aufklärungspflichten
- Auskunftspflichten
- Bestechung
- Betrug
- Culpa in contrahendo (c. i. c.)
- Datenschutz
- Dispositives Recht
- Drohung
- Ergänzende Vertragsauslegung
- Erpressung
- Faires Verhandeln
- Inhaltskontrolle
- Irrtumsanfechtung
- Kartellverbot
- Kollidierende AGB
- Sittenwidrigkeit
- Störung der Geschäftsgrundlage
- Unlautere Irreführung
- Verbot des Missbrauchs einer marktbeherrschenden Stellung
- Vertragsbruch
- Vertragsfreiheit
- Zwingendes Recht

Verhandlungsarten

Verhandlungen können geführt bzw. ausgestaltet werden. Die Art der Verhandlung hängt von vielen Faktoren ab, wie z. B. dem Verhandlungsthema, der Bedeutung des möglichen Vertragsschlusses und den Verhandlungsbeteiligten. Hier können gewisse Überschneidungen mit den Verhandlungsstrategien (siehe dort) auftreten.

- Auktion
- Eintextverhandlungen
- Electronic Multitasking
- E-Mail
- Face-to-face
- Integrative Verhandlungen
- Interessenorientierte Verhandlungen
- Nachverhandlungen
- Negotiauction
- Positionsorientierte Verhandlungen
- Telefonische Verhandlung
- Videoverhandlungen

Verhandlungsbeteiligte

An Verhandlungen können direkt und indirekt eine Vielzahl von Personen mit unterschiedlichen Aufgaben, Befugnissen, Fähigkeiten und Interessen beteiligt sein. Im Folgenden werden die insoweit einschlägigen Stichwörter zusammengestellt.

Eigenschaften

Verhandlungsbeteiligte besitzen unterschiedliche Eigenschaften. Verhandler sollten die sie charakterisierenden Eigenschaften kennen und bei anderen erkennen, um ihre Taktiken und Strategien u. a. auch danach ausrichten zu können. Teilweise sind Eigenschaften eng verbunden mit Emotionen, die hier in einer gesonderten Liste erfasst wurden (siehe dort). Im Folgenden sind hierzu Stichwörter aufgeführt.

- Durchsetzungsvermögen
- Empathie
- Geduld
- Geschlecht
- Respekt
- Unberechenbarkeit
- Verhandlungsstil

Rolle

In einer Verhandlung können Personen unterschiedliche Positionen einnehmen und damit unterschiedliche Aufgaben erfüllen. Im Folgenden sollen einschlägige Stichwörter diese Rollenverteilung darstellen.

- Advocatus diaboli
- Analytiker
- Arbeitsgruppen
- Back office
- Decision-maker
- Good guy/bad guy
- Organisator
- Protokollant (siehe unter Protokolle)
- Treiber
- Verhandlungsführer
- Zwei Verhandler

Verhandlungsstrategien

Strategien sind Handlungsmaximen, die für eine komplette Verhandlung oder zumindest einen größeren Teil der Verhandlung ausgelegt sind. Sie sind im Regelfall so allgemein, dass sie weiterer Konkretisierung durch passende Taktiken benötigen, um angewandt werden zu können. Das Harvard Verhandlungskonzept ist ein umfassendes Konzept und bündelt daher verschiedene Strategien.

- Basarstrategie
- Blockadestrategie
- Boulwarism
- Distributive Verhandlungen
- Generous tit-for-tat (GTFT)
- Integrative Verhandlungen
- Interessenorientierte Verhandlungen
- Negotiauction
- Positionsorientierte Verhandlungen
- Soft bargaining
- This will hurt you more than it will hurt me
- Tit-for-tat (TFT)
- Win-lose Strategie
- Win-win Strategie

Verhandlungsvorbereitung

Eine gute Vorbereitung ist essenziell für den Verhandlungserfolg. Die dazu passenden Schlagwörter sind nachfolgend zusammengestellt. Auch Verhandlungsübungen (siehe unter „besser verhandeln lernen") gehören zur Verhandlungsvorbereitung ebenso wie bestimmte Hilfsmittel (siehe dort), z. B. Bestimmung des BATNA. Überschneidungen ergeben sich vor allem daraus, dass bestimmte Arbeitsschritte, wie z. B. die Informationsbeschaffung nicht nur i. R. d. Verhandlungsvorbereitung, sondern auch während der Verhandlung selbst eine zentrale Rolle spielen.

- 80-20-Regel
- Advocatus diaboli
- Agenda
- Ambitious target price setting
- Ampelsysteme
- Annotations
- Aspiration point
- Back office
- BATNA (best alternative to a negotiated agreement)
- Chit-chat
- Deal-breaker
- Informationsbedarfsanalyse
- Informationsbeschaffung
- Know your target
- Missing the big picture
- Multi-person BATNA
- Seven elements of negotiation
- Verhandlungsphasen

Wirtschaftswissenschaftliche Konzepte und Begriffe

Im Folgenden werden zentrale wirtschaftswissenschaftliche Konzepte und Begriffe aufgelistet, die als Hintergrundwissen Bedeutung für Vertragsverhandlungen haben. Begriffe, die der behavioural economics zuzuordnen sind, werden in einer gesonderten Liste aufgeführt (siehe dort).

- Akerlof Markt
- Behavioural economics
- Moral hazard
- Negotiator's dilemma
- Pareto-Optimum

- Principal-Agent-Problematik
- Transaktionskosten

Zeit

Der Faktor Zeit spielt in Verhandlungen eine zentrale Rolle. Viele Taktiken nutzen beispielsweise zeitliche Effekte. Hier sollen alle Begriffe aufgeführt werden, die im weiteren
Sinn mit dem Faktor Zeit zu tun haben.

- Agenda
- Calculated delay
- Change the negotiator
- Deadline
- False deadline
- Go for a walk
- Refusal to communicate
- Schweigen
- SMART-Zielformulierungstechnik
- Taktik der kleinen Menge
- Verhandlungsabschnitte
- Verhandlungspause

Literaturverzeichnis

Literatur

Acuff, Frank L.: How to Negotiate Anything with Anyone Anywhere Around the World, 3. Auflage, New York 2018.

Adamczyk, Gregor: Storytelling – Mit Geschichten überzeugen, 3. Auflage, Freiburg 2018.

Adelson, Rachel: Detecting deception, Monitor on Psychology 35 (2004), S. 70.

Aderhold, Lutz/Koch, Raphael/Lenkaitis, Karlheinz: Vertragsgestaltung, 4. Auflage, Baden-Baden 2021.

Adler, Rachel F./Benbunan-Fich, Raquel: Juggling on a high wire: Multitasking effects on performance, International Journal of Human-Computer Studies 70 (2012), S. 156–168.

Adler, Rachel F./Benbunan-Fich, Raquel: The Effects of Task Difficulty and Multitasking on Performance, Interacting with Computers 27 (2015), S. 430–439.

Adler, Robert S./Silverstein, Elliot M.: When David meets Goliath: Dealing with power differentials in negotiations, Harvard Negotiation Law Review 2000, S. 1–77.

Akerlof, George A.: The Market for "Lemons": Quality Uncertainty and the Market Mechanism, Quarterly Journal of Economics 3 (1970), S. 488–500.

Allert, Arnd: Erfolgreich verhandeln bei M&A-Transaktionen im Mittelstand, 1. Auflage, Lampertheim 2014.

Allport, Gordon W./Ordbert, Henry S.: Trait-Names: a Psycho-Lexical Study Psychological Monographs 211 (1936), S. 1–38.

Amanatullah, Emily T./Tinsley, Catherine H.: Punishing female negotiators for asserting too much…or not enough: Exploring why advocacy moderates backlash against assertive female negotiators, Organizational Behavior and Human Decision Processes 120 (2013), S. 110–122.

Anderson, Cameron/Galinsky, Adam D.: Power, optimism, and risk-taking, European Journal of Social Psychology 36 (2006), S. 511–536.

Andrade, Jackie: What does doodling do?, Applied Cognitive Psychology 1 (2009), S. 100–106.

Ariely, Dan: Predictably Irrational: The Hidden Forces that Shape Our Decisions, 1. Auflage, New York 2008.

Atkin, Thomas S./Rinehart, Lloyd M.: The Effect of Negotiation Practices on the Relationship between Suppliers and Customer, Negotiation Journal 22 (2006), S. 47–65.

Audebert, Patrick: Bien négocier, 3. Auflage, Paris 2005.

Axelrod, Robert: The Evolution of Cooperation, 2. Auflage, New York 2006.

Babcock, Linda/Laschever, Sara: Why Women Don't Ask, 1. Auflage, Princeton 2007.

© Der/die Herausgeber bzw. der/die Autor(en), exklusiv lizenziert an Springer Fachmedien Wiesbaden GmbH, ein Teil von Springer Nature 2023

S. Jung, P. Krebs, *Grundlagenwissen für erfolgreiche Verhandler*, https://doi.org/10.1007/978-3-658-41493-1

Bacharach, Samuel B./Lawler, Edward J.: Power and tactics in bargaining, Industrial and Labor Relations Review 34 (1981), S. 219–233.

Baird, Douglas G./Gertner, Robert H./Picker, Randal C.: Game Theory and the Law, 1. Auflage, Cambridge (Mass.) 1998.

Baker, James A. III: Work Hard, Study…and keep out of politics, 1. Auflage, Evanston 2006.

Balachandra, Laksshmi/Bordone, Robert C./Menkel-Meadow, Carrie/Ringstorm, Philip/Sarath, Edward: Improvisation and Negotiation: Expecting the Unexpected, Negotiation Journal 21 (2005), S. 415–423.

Banaji, Mahzarin/Greenwald, Anthony G.: Blindspot: Hidden Biases of Good People, 1. Auflage, New York 2013.

Barisch, Sina: Optimierung von Verhandlungsteams – Der Einflussfaktor Hierarchie, 1. Auflage, Wiesbaden 2011.

Barrett, Frank J.: Critical Moments as "Change" in Negotiation, Negotiation Journal 20 (2004), S. 213–219.

Bazerman, Max H./Curhan, Jared R./Moore, Don A./Valley, Kathleen L.: Negotiation, Annual Reviews 1 (2000), S. 279–314.

Bazerman, Max H./Moore, Don A./Gillespie, James J.: The Human Mind as a Barrier to Wiser Environmental Agreements, American Behavioral Scientist 42 (1999), S. 1277–1300.

Bazerman, Max H./Neale, Magaret A.: Negotiator Judgement a Critical Look at the Rationality Assumption, American Behavioral Scientist 2 (1983), S. 211–228.

Bazerman, Max H./Neale, Magaret A.: Negotiating Rationally, 1. Auflage, New York 1992.

Bazerman, Max H./Watkins, Michael D.: Predictable Surprises – The Disasters You Should Have Seen Coming and How to Prevent Them, 1. Auflage, Boston, Massachusetts 2004.

Beam, Carrie/Segev, Arie: Automated Negotiations: A Survey of the State of the Art, Wirtschaftsinformatik 3/97, S. 263–267.

Bear, Julia B.: "Passing the buck": Incongruence between gender role and topic leads to avoidance of negotiation, Negotiation and Conflict Management Research 4 (2011), S. 47–72.

Bear, Julia B./Babcock, Linda: Negotiation topic as a moderator of gender differences in negotiation, Psychological Science 23 (2012), S. 743–744.

Beck, Hanno: Behavioral Economics – Eine Einführung, 1. Auflage, Wiesbaden 2014.

Becker, Tatjana: Festsetzung und Durchsetzung von Verhandlungszielen, 1. Auflage, Hamburg 2016.

Beck'sches Formularbuch Bürgerliches, Handels- und Wirtschaftsrecht, 11. Auflage, München 2013.

Bender, Rolf/Nack, Armin/Treuer, Wolf D.: Tatsachenfeststellung vor Gericht – Glaubhaftigkeits- und Beweislehre, Vernehmungslehre, 5. Auflage, München 2021.

Bennet, Andrew A./Campion, Emily D./Keeler, Kathleen R./Keener, Sheila K.: Videoconference Fatigue? Exploring Changes in Fatigue after Videoconference Meetings during Covid-19, Journal of Applied Psychology 106 (2021), S. 330–344.

Benton, Alan A./Kelley, Harold H./Liebling, Barry: Effects of extremity of offers and concession rate on the outcomes of bargaining, Journal of Personality and Social Psychology 1 (1972), S. 73–83.

Berger, Klaus P.: Private Dispute Resolution in International Business: Negotiation, Mediation, Arbitration, 3. Auflage, Alphen aan den Rijn 2015.

Bernhardt, Madeleine: Effektive Befragungsstrategien für Juristen in unternehmensinternen Untersuchungen, 1. Auflage, Hamburg 2015.

Berz, Gregor: Spieltheoretische Verhandlungs- und Auktionsstrategien – Mit Praxisbeispielen von Internetauktionen bis Investmentbanking, 1. Auflage, Freiburg 2007.

Bittner, Gerhard/Schwarz, Elke: Emotion Selling – Messbar mehr verkaufen durch neue Erkenntnisse der Neurokommunikation, 2. Auflage, Wiesbaden 2015.

Bohnet, Iris/Bowles, Hannah R.: Special Section: Gender in Negotiation: Introduction, Negotiation Journal 24 (2008), S. 389–392.

Borbonus, René: 30 Minuten – Sich durchsetzen, 2. Auflage, Offenbach 2015.

Bordone, Robert C./Carr, Chad M.: Critical Decisions in Negotiation: A New Video Resource for Teaching Negotiation, Negotiation Journal 29 (2013), S. 463–476.

Boulware, Lemuel R.: The Truth about Boulwarism, 1. Auflage, Washington, D. C., 1969.

Bowles, Hannah R.: Psychological Perspectives on Gender in Negotiation, Harvard Kennedy School, Working Paper Series 2012, S. 1–42.

Bowles, Hannah R./Babcock, Linda/McGinn, Kathleen L.: Constraints and Triggers: Situational Mechanics of Gender in Negotiation, Journal of Personality and Social Psychology 89 (2005), S. 951–965.

Bowles, Hannah R./Babcock, Linda/Lai, Lei: Social incentives for gender differences in the propensity to initiate negotiations: Sometimes it does hurt to ask, Organizational Behavior and Human Decision Processes 103 (2007), S. 84–103.

Bowles, Hannah R./Kray, Laura J.: Negotiation is a Man's Game – ultimate truth or Enduring Myth?, Harvard Business School 2013, S. 1–11.

Bowles, Hannah R./Thomason, Bobbi/Macias-Alonso, Inmaculada: When Gender Matters in Organizational Negotiations, Annual Review of Organizational Psychology and Organizational Behavior 9 (2022), S. 199–223.

Boyce, Tim: Successful Contract Negotiation, 1. Auflage, London 1996.

Brahm, Laurence J.: Doing Business in China – The Sun Tzu Way, 1. Auflage, Boston 2004.

Brahm, Laurence J.: When yes Means No! (or yes or maybe) – How to negotiate a deal in China, 1. Auflage, Boston 2005.

Braun, Gerold: Verhandeln in Einkauf und Vertrieb, 2. Auflage, Wiesbaden 2013.

Breslin, William J./Rubin, Jeffrey Z. (Hrsg.): Negotiation Theory and Practice, 3. Auflage, Cambridge (Mass.) 1995.

Brett, Jeanne M.: Negotiating Globally: How to Negotiate Deals, Resolve Disputes, and Make Decisions Across Cultural Boundaries, 3. Auflage, San Francisco 2014.

Brewer, Neil/Williams, Kipling D.: Psychology and Law: An Empirical Perspective, 1. Auflage, New York 2007.

Brinkman, Rick/Kirschner, Rick: Dealing with People You Can't Stand – How to Bring Out the Best in People at Their Worst, 3. Auflage, New York, Chicago 2012.

Bruno, Tiziana/Adamczyk, Gregor/Gessner, Martina: Menschen einschätzen und überzeugen, 1. Auflage, Freiburg 2012.

Bühring-Uhle, Christian/Eidenmüller, Horst/Nelle, Andreas: Verhandlungsmanagement – Analyse – Werkzeuge – Strategien, 2. Auflage, München 2017.

Buelens, Marc/van Poucke, Dirk: Determinants of a Negotiator's Initial Opening Offer, Journal of Business and Psychology 19 (2004), S. 23–25.

Burgoon, Judee K./Stoner, Gates Matthew/Bonito, Joseph A./Dunbar, Norah E.: Trust and Deception in Mediated Communication, Proceedings of the 36th Hawaii International Conference on System Sciences, 2003.

Burkhardt, Nina/Lamb, Berton L./Taylor, Jonathan G.: Power distribution in complex environmental negotiations: Does balance matter?, Journal of Public Administration Research and Theory 7 (1997), S. 247–275.

Butt, Arif N./Choi, Jin N./Jaeger, Alfred M.: The effects of self-emotion, counterpart emotion, and counterpart behavior on negotiator behavior: a comparison of individual-level and dyad-level dynamics, Journal of Organizational Behavior 6 (2005), S. 681–704.

Cahen, Phillipe: Signaux faibles, mode d'emploi – Déceler les tendances, anticiper les ruptures, 1. Auflage, Paris 2011.

Camerer, Colin/Loewenstein, George/Weber, Martin: The Curse of Knowledge in Economic Setting: An Experimental Analysis, The Journal of Political Economy 97 (1989), S. 1232–1254.

Camp, James R.: No: The Only Negotiating System You Need for Work and Home, 1. Auflage,
New York 2007.

Campbell, Joseph: The Hero with a Thousand Faces, 1. Auflage, New York, 1949.

Campbell, Keith E./Kleim, David M./Olson, Kenneth R.: Conversational Activity and Interruptions among Men and Women, The Journal of Social Psychology 132 (1992), S. 419–421.

Carnevale, Peter J. D./Lawler, Edward J.: Time Pressure and the development of integrative
agreements in bilateral negotiations, Journal of Conflict Resolution 30 (1986), S. 636–659.

Carney, Dana R./Cuddy, Amy J. C./Jap, Andy J.: Power Posing – Brief Nonverbal Displays Affect Neuroendocrine Levels and Risk Tolerance, Journal of Applied Psychology 4 (2015),
S. 1–10.

Chartrand, Tanya L./Bargh, John A.: The Chameleon Effect: The Perception-Behavior Link and
Social Interaction, Journal of Personality and Social Psychology 76 (1999), S. 893–910.

Chen, Xingxing: Der chinesische Verhandlungsstil, 1. Auflage, Peking, 2007 (陈星星:最会
谈判的中国人).

Chi, Shu-Cheng S./Friedman, Raymond A./Shih, Huei-Lin: Beyond Offers and Counteroffers –
The Impact of Interaction Time and Negotiator Job Satisfaction on Subjective Outcomes in Negotiation, Negotiation Journal 29 (2013), S. 39–60.

Christensen-Szalanski, Jay J. J./Fobian Willham, Cynthia: The hindsight bias: A meta-analysis,
Organizational Behavior and Human Decision Processes 48 (1991), S. 147–168.

Churchman, David: Negotiations – Process, Tactics, Theory, 2. Auflage, Boston, 1995.

**Cialdini, Robert B./Vincent, Joyce E./Lewis, Stephen K./Catalan, José/Wheeler, Diane/Darby,
Betty L.**: Reciprocal Concessions Procedure for Inducing Compliance. The Door-in-the-Face
Technique, Journal of Personality and Social Psychology 2 (1975), S. 206–215.

Cialdini, Robert B.: Influence – Science and Practice, 5. Auflage, Boston 2008.

Clausewitz, Carl von: Vom Kriege – vollständige Ausgabe, 7. Auflage, Hamburg 2014 (Original
1832 erschienen).

Cohen, Herb: You Can Negotiate Anything: The World's Best Negotiator Tells You How to get
What You Want, 1. Auflage, New York, Toronto 1982.

Cohen, Jonathan R.: When people are the means: Negotiating with respect, Georgetown Journal of
Legal Ethics 14 (2001), S. 739–802.

Cohen, Raymund: Negotiating Across Cultures. International Communication in an independent
World, 2. Auflage, Washington, D.C. 2004.

Collins, Patrick: Negotiate to Win! Talking Your Way to What You Want, 1. Auflage, New York 2009.

Combalbert, Laurent: Négocier en situations complexes – Résoudre les situations difficiles par la
négociation influente, 1. Auflage, Paris 2012.

Craver, Charles B.: The inherent tension between value creation and value claiming during bargaining interactions, Cardozo Journal of Conflict Resolution 12 (2010), S. 101–118.

Craver, Charles B.: Skills & Values – Legal Negotiating, 4. Auflage, Dayton 2020.

Craver, Charles B./Barnes, David W.: Gender, Risk Taking, and Negotiation Performance, Michigan Journal of Gender and Law 5 (1999), S. 299–352.

Croson, Rachel/Gneezy, Uri: Gender Differences in Preferences, Journal of Economic Literature
47 (2009), S. 1–27.

Csikszentmihalyi, Mihaly/Csikszentmihalyi, Isabella S.: Optimal Experience – Psychological
Studies of Flow in Consciousness, 1. Auflage, Cambridge (Mass.) 1988.

Cuddy, Amy J. C./Fiske, Susan T./Glick, Peter/Xu, Jun: A model of (often mixed) stereotype
content: Competence and warmth respectively follow perceived status and competition, Journal
of Personality and Social Psychology 82 (2002), S. 878–902.

Cummins, Tim/David, Mark/Kawamoto, Katherine: Contract and Commercial Management – The Operational Guide, 1. Auflage, Zaltbommel 2011.

Curhan, Jared R./Elfenbein, Hillary A./Eisenkraft, Noah: A Multi-Round Negotiation Study, Journal of Applied Social Psychology 40 (2010), S. 690–709.

Cutcher-Gershenfeld, Joel/Watkins, Michael: Towards A Theory of Representation in Negotiation, in: Mnookin, Robert H./Susskind, Lawrence. E. (Hrsg.): Negotiating on Behalf of Others, Thousand Oaks (California) 1999, S. 23–51.

Daigneault, Edward W.: Drafting International Agreement in Legal English, 3. Auflage, Wien 2022.

Dall, Martin: Der Verhandlungsprofi – Besser verhandeln – mehr erreichen, Wien 2011.

Däubler, Wolfgang: Verhandeln und Gestalten – Der Kern der neuen Schlüsselqualifikationen, 1. Auflage, München 2003.

David, Patrick: La négociation commerciale en practique, 7. Auflage, Paris 2015.

Dawson, Roger: Secrets of Power Negotiating – Inside Secrets from a Master Negotiator, 3. überarbeitete Auflage (15th Ann. Ed.), New Jersey 2011.

De Cozar, Éric/Fréderic, Vendeuvre: Négocier plus, Négocier mieux – Savoir créer et partager la valeur, 1. Auflage, Paris 2013.

De Dreu, Carsten K. W.: Coercive Power And Concession Making in Bilateral Negotiation, Journal of Conflict Resolution 39 (1995), S. 646–670.

DePaulo, Bella M./Malone Brian E./Lindsay, James J./Muhlenbruck, Laura/Charlton, Kelly/ Cooper, Harris: Cues to Deception, Psychological Bulletin 129 (2003), S. 74–118.

Diamond, Stuart: Getting More – You are always negotiating. Get what you want every day, 1. Auflage, London 2011.

Diekmann, Kristina A./Tenbrunsel, Ann E./Galinsky, Adam D.: From self-prediction to self-defeat: behavioural forecasting, self-fulfilling prophecies, and the effect of competitive expectations, Journal of Personality and Social Psychology 85 (2003), S. 672–683.

Dindia, Kathryn: The Effects of Sex of Subject and Sex of Partner on Interruptions, Human Communication Research 13 (1987), S. 345–371.

Dixit, Avinash K./Barry, Nalebuff J.: The Art of Strategy – A Game Theorist's Guide to Success in Business and Life, 1. Auflage, New York, London 2008.

Dixit, Avinash K./Skeath, Susan/Reiley, David H.: Games of Strategy, 3. Auflage, New York 2009.

Dobelli, Rolf: Die Kunst des klaren Denkens – 52 Denkfehler die Sie besser anderen überlassen, 3. Auflage, München 2020.

Dobelli, Rolf: Die Kunst des klugen Handelns – 52 Irrwege die Sie besser anderen überlassen, 1. Auflage, München 2012.

Donaldson, Michael C.: Erfolgreich Verhandeln für Dummies, 4. Auflage, Weinheim 2008.

Donohue, William A.: Critical Moments as "Flow" in Negotiation, Negotiation Journal 20 (2004), S. 147–151.

Donohue, William A./Taylor, Paul J.: Role Effects in Negotiation: The One-Down Phenomenon, Negotiation Journal 23 (2007), S. 307–331.

Doran, George T.: There's a S.M.A.R.T. way to write management's goals and objectives, Management Review 11 (1981), S. 35–36.

Druckman, Daniel: Departures in Negotiation: Extensions and New Directions, Negotiation Journal 20 (2004), S. 185–204.

Druckman, Daniel: Intuition or Counterintuition? The Science behind the Art of Negotiation, Negotiation Journal 25 (2009), S. 431–448.

Druckman, Daniel/Olekalns, Mara/Smith, Phillip L.: Interpretive Filters: Social Cognition and the Impact of Turning Points in Negotiation, Negotiation Journal 25 (2009), S. 13–40.

Dunning, David/Kruger, Justin: Unskilled and Unaware of It: How Difficulties in Recognizing One's Own Incompetence Lead to Inflated Self-Assessments, Journal of Personality and Social Psychology 77 (1999), S. 1121–1134.

Dupont, Christophe: La Négociation, 1. Auflage, Paris 1994.

Ebner, Noam: Negotiation via Videoconferencing, in: Honeyman, Christopher/Kupfer Schneider, Andrea (Hrsg.): The Negotiator's Desk Reference, St. Paul: DRI Press 2017, S. 151–170.

Eckel, Catherine C./Grossmann, Philip J.: Forecasting Risk Attitudes: An Experimental Study of Actual and Forecast Risk Attitudes of Women and Men, Journal of Economic Behavior and Organization 68 (2008), S. 1–17.

Edmüller, Andreas/Wilhelm, Thomas: Manipulationstechniken – Erkennen und abwehren, 4. Auflage, Freiburg 2019.

Effron, Daniel/Bryan, Christopher/Murninghan, Keith: Cheating at the end to avoid regret, Journal of Personality and Social Psychology 109 (2015), S. 395–414.

Eidenmüller, Horst: Exerting Pressure in Contractual Negotiations, European Review of Contract Law 3 (2007), S. 21–40.

Ellis, Yvonne/Daniels, Bobbie/Jauregui, Andres: The effect of multitasking on the grade performance of business students, Research in Higher Education Journal 8 (2010), S. 1–10.

Engel, Martin: Collaborative Law, 1. Auflage, Tübingen 2010.

Englich, Birte/Mussweiler, Thomas/Strack, Fritz: Playing Dice with Criminal Sentences: The Influence of Irrelevant Anchors on Experts' Judicial Decision Making, Personality and Social Psychology Bulletin 2 (2006), S. 188–200.

Epley, Nicholas/Whitchurch, Erin: Mirror, Mirror on the Wall: Enhancement in Self-Recognition, Personality and Social Psychology Bulletin 34 (2008), S. 1159–1170.

Erbacher, Christian E.: Grundzüge der Verhandlungsführung, 4. Auflage, Zürich 2018.

Eriksson, Karin H./Sandberg, Anna: Gender Differences in Initiation of Negotiation: Does the Gender of the Negotiation Counterpart Matter?, Negotiation Journal 28 (2012), S. 407–428.

Eskine, Kendalle J./Kacinik, Natalie A./Prinz, Jesse J.: A bad taste in the mouth: gustatory disgust influences moral judgment, Psychological Science 3 (2011), S. 295–299.

Faludi, Susan: Backlash: The Undeclared War against American Women, 1. Auflage, New York 1991.

Fan, Jianting: Unternehmerische Verhandlungen, 4. Auflage, Dalian, 2015 (樊建廷:商务谈判).

Fang, Tony: Chinese Business Negotiating Style, Thousand Oaks 1999.

Fang, Tony: Negotiation: The Chinese Style, Journal of Business & Industrial Marketing 21 (2006), S. 50–60.

Fant, Lars: Cultural mismatch in conversation: Spanish and Scandinavian communicative behaviour in negotiation settings. HERMES – Journal of Language and Communication in Business 2 (1989), S. 247–265.

Faure, Guy O.: Dumb Barter: A Seminal Form of Negotiation, Negotiation Journal 27 (2011), S. 403–418.

Fischhoff, Baruch: Hindsight is not equal to foresight: The effect of outcome knowledge on judgment under uncertainty, Journal of Experimental Psychology: Human Perception and Performance 1 (1975), S. 288–299.

Fisher, Roger/Brown, Scott: Getting Together – Building Relationships as We Negotiate, 1. Auflage, Boston 1988.

Fisher, Roger/Ury, William L.: Getting to Yes – Negotiating an agreement without giving in, 1. Auflage, New York 1981 sowie unter Beteiligung von Bruce M. Patton, 2. Auflage, Boston 1992.

Fisher, Roger/Ury, William L./Patton, Bruce: Das Harvard-Konzept – Der Klassiker der Verhandlungstechnik, 23. Auflage, Frankfurt 2009.

Fisher, Roger/Shapiro, Daniel: Beyond Reason – Using Emotions as You Negotiate, 1. Auflage, London 2005.

Fleck, Denise/Volkema, Roger/Pereira, Sergio/Levy, Barbara/Vaccari, Lara: Neutralizing Unethical Negotiating Tactics: An Empirical Investigation of Approach Selection and Effectiveness, Negotiation Journal 30 (2014), S. 23–48.

Forgas, Joseph P.: On feeling good and getting your way: Mood effects on negotiator cognition and behavior, Journal of Personality and Social Psychology 3 (1998), S. 565–577.

Freedman, Jonathan/Fraser, Scott: Compliance Without Pressure: The Foot-In-The-Door Technique, Journal of Personality and Social Psychology 2 (1966), S. 195–202.

Fried, Charles: Contract as Promise – A Theory of Contractual Obligation, 1. Auflage, Cambridge (Mass.) 1981.

Fritzsche, Thomas: Souverän verhandeln – Psychologische Strategien und Methoden, 2. Auflage, Bern 2016.

Froman, Lewis A./Cohen, Michael D.: Compromise and logroll: Comparing the efficiency of two bargaining processes, Behavioral Sciences 2 (1990), S. 180–183.

Galinsky, Adam G./Mussweiler, Thomas: First Offers as Anchors: The Role of Perspective-Taking and Negotiator Focus, Journal of Personality and Social Psychology 4 (2001), S. 657–669.

Geraghty, Michael: Anybody Can Negotiate – Even You: How to Become a Master Negotiator, 1. Auflage, New York u. a. 2006.

Gibson, Kevin: Making Sense of the Sacred, Negotiation Journal 27 (2011), S. 477–492.

Gilbert, Daniel T./Malone, Patrick S.: The correspondence bias, Psychological Bulletin 117 (1995), S. 21–38.

Gilbert, Daniel T./Morewedge, Carey K./Risen, Jane L./Wilson, Timothy D.: Looking Forward to Looking Backward – The Misprediction of Regret, Psychological Science 15 (2004), S. 346–350.

Gino, Francesca/Moore, Don A.: Using final deadlines strategically in negotiation, Negotiation and Conflict Management Research 4 (2008), S. 371–388.

Glenn, Phillip/Susskind, Lawrence: How Talk Works: Studying Negotiation Interaction, Negotiation Journal 26 (2010), S. 117–123.

Goh, Cee Chen: Negotiating with the Chinese, 1. Auflage, Brookfield 1996.

Golann, Dwight: Death of a Claim: The Impact of Loss Reactions on Bargaining, Negotiation Journal 20 (2004), S. 539–553.

Goldman, Barry M./Shapiro, Depra L. (Hrsg.): The Psychology of Negotiations in the 21st Century Workplace – New Challenge and New Solutions, 1. Auflage, New York 2012.

Gordon, Colin (Hrsg.): Power/Knowledge: Selected Interviews & Other Writings by *Michel Foucault* 1972 – 1977, Brighton 1980.

Graham, John L./Lam, N. Mark: The Chinese Negotiation, Harvard Business Review 10 (2003), S. 1–17.

Greig, Fiona: Propensity to Negotiate and Career Advancement: Evidence from an Investment Bank that Women are on a „Slow Elevator", Negotiation Journal 24 (2008), S. 495–508.

Greiter, Ivo/Schweizer, Adrian/Ponschab, Rainer: Schlüsselqualifikationen – Kommunikation – Mediation – Rhetorik – Verhandlung – Vernehmung, 1. Auflage, Köln 2008.

Gigerenzer, Gerd/Seiten, Reinhard: Bounded Rationality, 1. Auflage, Cambridge (Mass.) 2001.

Guedj, Jean-Paul: Négocier avec succès, 1. Auflage, Levallois-Perret 2015.

Güth, Werner/Huck, Steffen: From ultimatum Bargaining to Dictatorship - an experimental Study of four Games varying in Veto Power, Metroeconomica 48 (1997), S. 262–279.

Guo, Xiujun: Theorie internationaler Unternehmensverhandlungen, 1. Auflage, Peking, 2009 (郭秀君:国际商务谈判学).

Guth, Stephen R.: The Contract Negotiation Handbook: An Indispensable Guide for Contract Professionals, 1. Auflage, Morrisville (North Carolina) 2008.

Haft, Fritjof: Juristische Rhetorik, 8. Auflage, Freiburg 2009.

Haft, Fritjof: Verhandlung und Mediation – Die Alternative zum Rechtsstreit, 2. Auflage, München 2000.

Haft, Fritjof/Schlieffen, Katharina Gräfin von (Hrsg.): Handbuch Mediation, 3. Auflage, München 2016.

Hägg, Göran: Die Kunst, überzeugend zu reden – 44 Kleine Lektionen in praktischer Rhetorik, 1. Auflage, München 2003.

Hagger, Martin S.: Ego Depletion and the Strength Model of Self Control: A Meta – Analysis, Psychological Bulletin 136 (2010), S. 495–525.

Hameiri, Boaz/Porat, Roni/Bar-Tal, Daniel/Bieler, Atara/Halperin, Eran: Paradoxical thinking as a new avenue of intervention to promote peace, Proceedings of the National Academy of Sciences of the United States of America 111 (2014), S. 10996–11001.

Hamilton, David L./Katz, Lawrence B./Leirer, von O.: Cognitive representation of personality impressions – Organizational processes in first impression formation, Journal of Personality and Social Psychology 4 (1980), S. 1050–1063.

Harding, Chet: Improvisation and Negotiation: Making It Up as You Go Along, Negotiation Journal 20 (2004), S. 205–212.

Harper, Richard/Randall, Dave/Sharrock, Wes: Choice: The Sciences of Reason in the 21st Century: A Critical Assessment, 1. Auflage, Cambridge 2016.

Harrington, Joseph E.: Games, Strategies and Decision Making, 2. Auflage, New York 2015.

Harrison, Albert A./Hwalek, Melanie/Raney, David F./Fritz, James G.: Cues to Deception in an Interview Situation, Social Psychology 41 (1979), S. 156–161.

Haselton, Martie G./Nettle, Daniel/Andrews, Paul W.: The Evolution of Cognitive Bias, in: Buss, David M. (Hrsg.), The Handbook of Evolutionary Psychology, 1. Auflage, New Jersey 2005, S. 724–746.

Heeper, Astrid/Schmidt, Michael F.: Erfolgreich Verhandeln – Sich gut vorbereiten – gekonnt abschließen, 4. Auflage, Berlin 2013.

Hernandez Requejo, William/Graham, John L.: Global Negotiation. The New Rules, 1. Auflage, New York, 2008.

Heussen, Benno/Pischel, Gerhard (Hrsg.): Handbuch Vertragsverhandlung und Vertragsmanagement, 5. Auflage, Köln 2021.

Heyde, Anke von der/Linde, Boris von der: Gesprächstechniken für Führungskräfte - Methoden und Übungen zur erfolgreichen Kommunikation, 3. Auflage, Planegg 2009.

Hoeppner, Sven: The unintended consequence of doorstep consumer protection: surprise, reciprocation, and consistency, European Journal of Law and Economics 38 (2014), S. 247–276.

Hofstede, Geert/Hofstede, Gert Jan/Minkov, Michael: Cultures and Organizations – Software of the Mind, Intercultural Cooperation and Its Importance for Survival, 3. Auflage, New York 2010.

Honeyman, Christopher/Coben, James/De Palo, Giuseppe: Rethinking Negotiation Teaching – Innovations for Context and Culture, 1. Auflage, Saint Paul 2009.

Insko, Chester A. et al.: Interindividual-Intergroup Discontinuity in the Prisoner's Dilemma Game, Journal of Conflict Resolution 38 (1994), S. 87–116.

Insko, Chester A. et al.: Individual-group discontinuity as a function of fear and greed, Journal of Personality and Social Psychology 58 (1990), S. 68–79.

Irving, Janis L.: Groupthink – Psychological Studies of Policy Decisions and Fiascoes, 2. Auflage, Boston 1982.

Jensen, Michael C./Meckling, William H.: Theory of the firm: Managerial behavior, agency costs and ownership structure, Journal of Financial Economics 4 (1976), S. 305–360.

Jex, Steve M./Britt, Thomas W.: Organizational Psychology – A Scientist-Practitioner Approach, 3. Auflage, Hoboken 2014.

Jhering, Rudolf von: Culpa in contrahendo oder Schadensersatz bei nichtigen oder nicht zur Perfection gelangten Verträgen, Jherings Jahrbücher 4 (1861), S. 1–112.

Jung, Stefanie: Acceptable Lies in Contract Negotiations, Journal of Dispute Resolution 2021, S. 255–295.

Jung, Stefanie: Täuschungen in unternehmerischen Vertragsverhandlungen, 2023 (erscheint demnächst).

Jung, Stefanie/Matejek, Michael: Multidimensionalität von (Mediations-)Verhandlungen – Teil 1, ZKM 2021, S. 102–106.

Jung, Stefanie/Matejek, Michael: Multidimensionalität von (Mediations-)Verhandlungen – Teil 2, ZKM 2021, S. 234–239.

Kahneman, Daniel: Thinking fast and slow, 1. Auflage, New York 2011.

Kahneman, Daniel/Knetsch, Jack L./Thaler, Richard H.: Anomalies: The Endowment Effect, Loss Aversion, and Status Quo Bias, The Journal of Economic Perspectives 1 (1991), S. 193–206.

Kahneman, Daniel/Slavic, Paul/Tversky, Amos: Judgement under uncertainty: Heuristics and Biases, 1. Auflage, Cambridge (Mass.) 1982.

Kahneman, Daniel/Tversky, Amos: Prospect Theory: An Analysis of Decision under Risk, Econometrica 2 (1979), S. 263–291.

Kahneman, Daniel/Tversky, Amos: Choices, Values, and Frames, American Psychologist 4 (1984), S. 341–350.

Kahneman, Daniel/Tversky, Amos: Advances in Prospect Theory: Cumulative Representation of Uncertainty, Journal of Risk and Uncertainty 5 (1992), S. 297–323.

Kahneman, Daniel/Tversky, Amos: Choices, Values and Frames, 1. Auflage, Cambridge 2000.

Karrass, Chester L.: Give and Take: The Complete Guide to Negotiating Strategies and Tactics, 1. Auflage, New York 1993.

Katz, Guy: Intercultural Negotiation – The unique case of Germany and Israel, 1. Auflage, Norderstedt 2011.

Kay, Ketty/Shipman, Claire: The Confidence Code – The Science and Art of Self-Assurance – What Women Should Know, 1. Auflage, New York 2014.

Kemmerling, Birte C.: The Impact of Concession Strategies on Negotiation Performance, 1. Auflage, Hamburg 2016.

Kirgis, Paul F.: Hard bargaining in the classroom, Negotiation Journal 28 (2012), S. 93–115.

Kirgis, Paul F.: Bargaining with consequences: Leverage and coercion in negotiation, Harvard Negotiation Law Review 1 (2014), S. 69–128.

Kittel, Frank: Verhandeln, 1. Auflage, Freiburg 2015.

Klayman, Joshua: Varieties of Confirmation Bias, Psychology of Learning and Motivation 32 (1995), S. 385–418.

Kleef, Gerben A. van/Côté, Stéphane: Expressing Anger in Conflict: When it Helps and When it Hurts, Journal of Applied Psychology 92 (2007), S. 1557–1569.

Klucharev, Vasily/Smidts, Ale/Fernández, Guillén: Brain mechanisms of persuasion: how ‚expert power‘ modulates memory and attitudes, Social Cognitive and Affective Neuroscience 4 (2008), S. 353–366.

Knapp, Mark L./Hall, Judith A./Horgan, Terrance G.: Nonverbal Communication in Human Interaction, 8. Auflage, Boston 2013.

Knapp, Peter/Novak, Andreas: Effizientes Verhandeln – Konstruktive Verhandlungstechniken in der täglichen Praxis, 3. Auflage, Frankfurt a.M. 2010.

Köster, Ralf: Die Anwendung von Strategemen in der Verhandlungskultur, 1 Auflage, Wiesbaden 2009.

Kolb, Deborah M.: Too Bad for the Women or Does It Have to Be? Gender and Negotiation Research over the Past Twenty-Five Years, Negotiation Journal 25 (2009), S. 515–531.

Kolb, Deborah M./Porter, Jessica L.: Negotiating at Work: Turn Small Wins into Big Gains, 1. Auflage, New York 2015.

Kolb, Deborah M./Williams, Judith: Everyday Negotiation – Navigating the Hidden Agendas in Bargaining, 1. Auflage, San Francisco 2003.

Kramer, Roderick M./Pommerenke, Pamela L./Newton, Elizabeth: The social context of negotiation: Effects of social identity and accountability on negotiator judgement and decision making, Journal of Conflict Resolution 3 (1993), S. 633–656.

Kramer, Roderick M./Newton, Elizabeth/Pommerenke, Pamela L.: Self-enhancement biases and negotiator judgement: Effects of self-esteem and mood, Organizational Behavior and Human Decision Processes 1 (1993), S. 110–133.

Kray, Laura/Kennedy, Jessica A./van Zant, Alex: Not competent enough to know the difference? Gender stereotypes about women's ease of being misled predict negotiator deception, Organizational Behavior and Human Decision Processes 2 (2014), S. 61–72.

Kray, Laura J./Locke, Connson C./Van Zant, Alex B.: Feminine Charm: An Experimental Analysis of Its Costs and Benefits in Negotiations, Personality and Social Psychology Bulletin 38 (2012), S. 1343–1357.

Krebs, Peter: Die Begründungslast, Archiv für die civilistische Praxis 195 (1995), S. 171–211.

Krebs, Peter: Sonderverbindung und außerdeliktische Schutzpflichten, 1. Auflage, München 2000.

Kremenyuk, Victor A.: International Negotiation. Analysis, Approaches, Issues, 2. Auflage, San Francisco 2002.

Krishnan, Alparna/Kurtzberg, Terri R./Naquin, Charles E.: The Curse of the Smartphone: Electronic Multitasking in Negotiations, Negotiation Journal 30 (2014), S. 191–208.

Krüger, Christoph/Kensok, Peter: Das neue Verhandeln: Vom Schlachtfeld zum Verhandlungstisch, 1. Auflage, Göttingen 2012.

Kugler, Katharina G./Reif, Julia A./Kaschner, Tamara/Brodbeck, Felix C.: Gender differences in the initiation of negotiations: A meta-analysis, Psychological Bulletin 144 (2018), S. 198–222.

Kumar, Rajesh/Worm, Verner: International Negotiation in China and India, 1. Auflage, London 2011.

Kupfer Schneider, Andrea/Honeyman, Christopher (Hrsg.): The Negotiator's Fieldbook, 1. Auflage, Washington, D.C. 2006.

Kupfer Schneider, Andrea/Tinsley, Catherine H./Cheldelin, Sandra I./Amanatullah, Emily T.: Likeability v. Competence: The Impossible Choice Faced by Female Politicians, Attenuated by Lawyers, Duke Journal Of Gender Law & Policy 17 (2010), S. 363–384.

Kyprianou, Alexis: La Bible de la négociation – 75 fiches pour utiliser et contrer les techniques des meilleurs négociateurs, 1. Auflage, Paris 2013.

Lai, Lei/Bowles, Hannah R./Babcock, Linda: Social Costs of Setting High Aspirations in Competitive Negotiation, Negotiation and Conflict Management 1 (2013), S. 1–12.

Lakhani, Avnita: The truth about lying as a negotiation tactic: Where business, ethics, and law collide ... or do they?, ADR Bulletin 9 (2007), S. 133–140.

Langers, Ellen: The illusion of Control, Journal of Personality and Social Psychology 2 (1975), S. 311–328.

Larrick, Richard P./Wu, George: Claiming a large slice of a small pie: Asymmetric disconfirmation in negotiation, Journal of Personality and Social Psychology 93 (2007), S. 212–233.

Lax, David: When Auctions Met Negotiations, Negotiation Journal 26 (2010), S. 357–366.

Lax, David/Sebenius, James K.: The Manager as Negotiator. Bargaining for Cooperation and Competitive Gain, 1. Auflage, New York 1986.

Lax, David A./Sebenius, James K.: 3-D Negotiation – Powerful Tools to Change the Game in Your Most Important Deals, 1. Auflage, Cambridge (Mass.) 2006.

Leal, Sharon/Vrij, Aldert: Blinking During and After Lying, Journal of Nonverbal Behavior 32 (2008), S. 187–194.

Leary, Kimberlyn: Critical Moments in Negotiation, Negotiation Journal 20 (2004), S. 143–145.

Lenzing, Aline: Nachverhandlungen in Geschäftsbeziehungen – Relevanz, Analyse und Implikationen, 1. Auflage, Hamburg 2016.

Levin, Irwin P./Schneider, Sandra L./Gaeth, Gary J.: All Frames are Not Created Equal: A Typology and Critical Analysis of Framing Effects, Organizational Behavior and Human Decision Processes 2 (1998), S. 149–188.

Lewicki, Roy J./Barry, Bruce/Saunders, David M.: Negotiation – Reading, Exercises, and Cases, 7. Auflage, New York 2014.

Lewis, Richard D.: When Cultures Collide – Leading Across Cultures, 4. Auflage, Boston, London 2018.

Lighthall, Nichole R./Mather, Mara/Gorlick, Marissa A.: Acute Stress Increases Sex Differences in Risk Seeking in the Balloon Analogue Risk Task, PLOS ONE 4 (2009), S. 1–6.

Liu, Yuan: Internationale Unternehmensverhandlungen, 2. Auflage, Peking, 2005.

Liu, Meina/Chai, Sabine: Planning and Preparation for Effective Negotiation, in: Benoliel, Michael (Hrsg.), Negotiation Excellence: Successful Deal Making, 2. Auflage 2014, Singapur, S. 1–22.

Locke, Edwin A./Shaw, Karyll N./Saari, Lise M./Latham, Gary P.: Goal Setting and Task Performance: 1969–1980, Psychological Bulletin 90 (1981), S. 125–152.

Luce, Robert D./Raiffa, Howard: Games and Decisions – Introduction and Critical Survey, 1. Auflage, New York 1957.

Lytle, Anne L./Brett, Jeanne M./Shapiro, Debra L.: The Strategic Use of Interests, Rights, and Power to Resolve Disputes, Negotiation Journal 15 (1999), S. 31–52.

Macduff, Ian: Using Blogs in Teaching Negotiation: A Technical and Intercultural Postscript, Negotiation Journal 28 (2012), S. 201–215.

Machiavelli, Niccolò: Der Fürst – 1. Auflage, Neuenkirchen 2007 (Erstveröffentlichung unter dem Titel Il Principe 1532).

Malhotra, Deepark/Bazerman, Max H.: Negotiation Genius – How to Overcome Obstacles and Achieve Brilliant Results at the Bargaining Table and Beyond, 1. Auflage, New York 2007.

Malhotra, Deepark/Bazerman, Max H.: Investigative Negotiation, Harvard Business Review 85 (2007), S. 72–78.

Malhotra, Deepark/Gino, Francesca: The Pursuit of Power Corrupts – How Investing in Outside Options Motivates Opportunism in Relationships, Administrative Science Quarterly 56 (2011), S. 559–592.

Manhart, Ulrike: Höre! Rede! Siege! Leitfaden für erfolgreiches Verhandeln, 2. Auflage, Wien 2014.

Marcus, Leonard J./Dorn, Barry C./McNulty, Eric J.: The Walk in the Woods: A Step-by-Step Method for Facilitating Interest-Based Negotiation and Conflict Resolution, Negotiation Journal 28 (2012), S. 337–349.

Mason, Malia F./Wiley, Elizabeth A./Ames, Daniel R: From belief to deceit: How expectancies about others' ethics shape deception in negotiations, Journal of Experimental Social Psychology 76 (2008), S. 239–248.

Mastenbroek, Willem F.: Verhandeln – Strategie, Taktik, Technik, 1. Auflage, Wiesbaden 1992.

Maynard, Douglas W.: Demur, Defer, and Deter: Concrete, Actual Practices for Negotiation in Interaction, Negotiation Journal 26 (2010), S. 125–143.

McCloskey, Henry J.: Coercion: Its nature and significance, The Southern Journal of Philosophy 3 (1980), S. 335–351.

McGinn, Kathleen L./Nöth, Markus: Communicating Frames in Negotiations, in: Bolton, Gary E./Croson, Rachel T.A. (Hrsg.), Oxford Handbook of Economic Conflict Resolution, 1. Auflage, Oxford 2012, 61–75.

McJohn, Stephen M.: Default rules in contract law as response to status competition in negotiation, Suffolk University Law Review 39 (1997), S. 1–21.

McMillan, Julie R./Clifton, A. Kay/McGrath, Diane/Gale, Wanda S.: Women's language: Uncertainty or Interpersonal Sensitivity and Emotionality?, Sex Roles 3 (1977), S. 545–554.

Mehrabian, Albert: Silent Messages: Implicit Communication of Emotions and Attitudes, 2. Auflage, Wadsworth, Belmont 1971.

Mehring, Florian W.: Die Hohe Schule der Kriegskunst bei Geschäftsverhandlungen. Kommentierte Übersetzung eines an Chinesen gerichteten Ratgebers des Verhandlungsforschers Liu Biron, 1. Auflage, Hamburg 2017.

Merchant, Karima: How Men and Women differ: Gender Differences in Communication Styles, Influence Tactics, and Leadership Styles, CMC Senior Theses (2012), S. 1–62.

Mery, Marwan: Manuel de négociation complexe – Menaces, mensonges, insultes… méthodes et techniques pour faire face à toute situation, 1. Auflage, Paris 2013.

Micholka-Metsch, Jutta/Metsch, Marc-Christopher: Strategien für die deutsch – chinesische Geschäftsbeziehung. Erfolgreich verhandeln und Konflikte lösen, 1. Auflage, Wiesbaden 2015.

Miles, Edward W.: Developing Strategies for Asking Questions in Negotiation, Negotiation Journal 29 (2013), S. 383–412.

Miller, George A.: The Magical Number Seven, Plus or Minus Two: Some Limits on Our Capacity for Processing Information, Psychological Review 2 (1955), S. 343–352.

Mnookin, Robert H.: Bargaining With the Devil, 1. Auflage, New York 2010.

Mnookin, Robert H./Peppet, Scott R./Tulumello, Andrew S.: Beyond Winning: Negotiating to Create Value in Deals and Disputes, 1. Auflage, Cambridge (Mass.) 2004.

Mnookin, Robert H./Susskind, Lawrence E./Foster, Pacey C. (Hrsg.): Negotiating on Behalf of Others, 1. Auflage, Thousand Oaks (Ca.) 1999.

Moal-Ulvoas, Gaëlle: Business Negotiation, 1. Auflage, Louvain-la-Neuve 2014.

Modler, Peter: Das Arroganz-Prinzip, 3. Auflage, Dortmund 2018.

Moffitt, Michael L./Bordone, Robert C.: The Handbook of Dispute Resolution, 2. Auflage, San Francisco 2005.

Movius, Hallam/Susskind, Lawrence: Built to Win, 1. Auflage, Boston (Mass.) 2009

Movius, Hallam/Wilson, Timothy D.: How We Feel about the Deal, Negotiation Journal 27 (2011), S. 241–250.

Muraven, Mark/Tice, Dianne F./Baumeister, Roy F.: Self-Control as a Limited Resource: Regulatory Depletion Patterns, Journal of Personality and Social Psychology 74 (1998), S. 774–798.

Nadler, Janice: Rapport in Legal Negotiation: How Small Talk Can Facilitate E-Mail Dealmaking, Harvard Negotiation Law Review 9 (2004), S. 223–253.

Nash, John: Equilibrium Points in n-Person Games, Proceedings of the Natural Academy of Sciences 1 (1950), S. 48–49.

Nash, John: The Bargaining Problem, Econometrica 2 (1950), S. 155–162.

Nasher, Jack: Durchschaut – Das Geheimnis, kleine und große Lügen zu entlarven, 2. Auflage, München 2010.

Nasher, Jack: DEAL! Du gibst mir, was ich will, 1. Auflage, München 2015.

Neisser, Ulric: The Concept of Intelligence, Intelligence 3 (1979), S. 217–227.

Nelson, Noa/Albeck-Solomon, Rivka/Ben-Ari, Rachel: Are Your Disputants Insecure and Does it Matter? Attachment and Disputants' Speech during Mediation, Negotiation Journal 27 (2011), S. 45–68.

Newman, Matthew L./Pennebaker, James W./Berry, Diane S./Richards, Jane M.: Lying Words: Predicting Deception From Linguistic Styles, Personality and Social Psychology Bulletin 29 (2003), S. 665–675.

Nickerson, Raymond S.: Confirmation Bias: A Ubiquitous Phenomenon in Many Guises, Review of General Psychology 2 (1998), S. 175–220.

Niederle, Muriel/Vesterlund, Lise: Gender Differences in Competition, Negotiation Journal 24 (2008), S. 447–463.

Nierenberg, Gerard I./Calero, Henry H./Grayson, Gabriel: How to Read a Person Like a Book. Observing Body Language to Know What People Are Thinking, 1. Auflage, New York 2010.

Olekalns, Mara/Adair, Wendi L. (Hrsg.): Handbook of Research on Negotiation, 1. Auflage, Cheltenham 2013.

Olekalns, Mara/Druckman, Daniel: With Feeling: How Emotions Shape Negotiation, Negotiation Journal 30 (2014), S. 455–478.

Opresnik, Marc: Die Geheimnisse erfolgreicher Verhandlungsführung – Besser verhandeln – in jeder Beziehung, 2. Auflage, Berlin, Heidelberg 2014.

Oswald, Margit E./Grosjean, Stefan: Confirmation bias, in: Pohl, Rüdiger F. (Hrsg.), Cognitive Illusions, 1. Auflage, East Sussex 2004, S. 79–96.

Ott, Edward E.: 50 dialektische Argumentationsweisen und Kunstgriffe, um bei rechtlichen Auseinandersetzungen Recht zu behalten, 1. Auflage, Basel 1990.

Paddock, Elizabeth L./Kray, Laura J.: The Role of Gender in Negotiation, in: Benoliel, Michael (Hrsg.), Negotiation Excellence: Successful Deal Making, 2. Auflage, Singapur 2015, S. 209–226.

Parlamis, Jennifer D./Mitchell, Lorianne D.: Teaching Negotiations in the New Millennium: Evidence – Based Recommendations for Online Course Delivery, Negotiation Journal 30 (2014), S. 93–113.

Pesic, Martina: Emotionen in Verhandlungen, 1. Auflage, Hamburg 2016.

Pinet, Angelique: The Negotiation Phrase Book, 1. Auflage, Avon (Mass.) 2011.

Pinkley, Robin L./Neale, Margaret A./Bennett, Rebecca J.: The Impact of Alternatives to Settlement in Dyadic Negotiation, Organizational Behavior and Human Decision Processes 57 (1994), S. 97–116.

Ponschab, Reiner/Schweizer, Adrian: Schlüsselqualifikationen: Kommunikation – Mediation – Rhetorik – Verhandlung – Vernehmung, 1. Auflage, Köln 2008.

Pratsch, Stephanie: The Role of Aspirations in Negotiation, 1. Auflage, Hamburg 2016.

Protner, Jutta: Besser Verhandeln – Das Trainingsbuch, 4. Auflage, Offenbach 2010.

Purdy, Jill M./Nye, Pete/Balakrishan, P.V. (Sundar): The Impact of Communication Media on negotiation outcomes, The International Journal of Conflict Management 2 (2000), S. 162–187.

Putman, Robert D.: Diplomacy and domestic politics: the logic of two-level games, International Organization 3 (1988), S. 427–460.

Püttjer, Christian/Schnierda, Uwe: Die heimlichen Spielregeln der Verhandlung – So trainieren Sie ihre Überzeugungskraft, 2. Auflage, Frankfurt a.M. 2010.

Rackham, Neil/Carlisle, John: The Effective Negotiator – Part I: The Behavior of Successful Negotiators, Journal of European Industrial Training 6 (1978), S. 6–11.

Rackham, Neil/Carlisle, John: The Effective Negotiator – Part I: Planning for Negotiations, Journal of European Industrial Training 6 (1978), S. 2–5.

Raiffa, Howard: The Art and Science of Negotiating, 1. Auflage, Cambridge (Mass.) 1982.

Raiffa, Howard/Richardson, John/Metcalfe, David: Negotiation Analysis – The Science and Art of Collaborative Decision Making, 1. Auflage, Cambridge (Mass.) 2007.

Ranehill, Eva et al.: Assessing the Robustness of Power Posing: No Effect on Hormones and Risk Tolerance in Large Sample of Men and Women, Psychological Science 26 (2015), S. 653–656.

Rapoport, Anatol/Chammah, Albert M.: Prisoner's Dilemma – A Study in Conflict and Cooperation, 1. Auflage, Ann Arbor (Michigan) 1965.

Rhode, Alexander/Schönbohm, Avo/van Vliet, Jacobus: The Tactical Utilization of Cognitive Biases in Negotiation, Working Paper of the Institute of Management, Berlin 2014, paper no. 80.

Rizzo, Mario/Whitman, Glen: The Camel's Nose is in the Tent: Rules, Theories and Slippery Slopes, University of California, Los Angeles (UCLA) Law Review 51 (2003), S. 539–592.

Robinson, Lauar F./Reis, Harry T.: The Effects of Interruption, Gender, and Status on Interpersonal Perceptions, Journal of Nonverbal Behavior 13 (1989), S. 141–153.

Roese, Neal J./Vohs, Kathleen D.: Hindsight Bias, Perspectives on Psychological Science 7 (2012), S. 411–426.

Rosette, Ashleigh S./Kopelman, Shirli/Abbott, JeAnna L.: Good Grief! Anxiety Sours the Economic Benefits of First Offers, Group Decision and Negotiation 3 (2014), S. 629–647.

Rosner, Siegfried/Winheller, Andreas: Mediation und Verhandlungsführung – Theorie und Praxis des wertschöpfenden Verhandelns nicht nur in Konflikten, 1. Auflage, München 2012.

Ross, Lee/Stillinger, Constance: Barriers to conflict resolution, Negotiation Journal 7 (1991), S. 389–404.

Rubin, Jeffrey Z./Brown, Bert R.: The Social Psychology of Bargaining and Negotiation, 1. Auflage, New York 1975.

Rubinstein, Ariel: Perfect Equilibrium in a Bargaining Model, Econometrica 1 (1982), S. 97–110.

Rudman, Laurin A./Moss-Racusin, Julie E./Nauts, Phelan S.: Status incongruity and backlash effects: Defending the gender hierarchy motivates against female leaders, Journal of Experimental Social Psychology 1 (2012), S. 165–179.

Salacuse, Jeswald W.: The Global Negotiator, 1. Auflage, New York 2003.

Samuelson, William/Zeckhauser, Richard: Status Quo Bias in Decision Making, Journal of Risk and Uncertainty 1 (1988), S. 7–59.

Sears, Greg J./Rowe, Patricia M.: A personality based similar-to-me effect in the employment interview: Conscientiousness, affect versus competence-mediated interpretations and the role of the job relevance, Canadian Journal of Behavioral Science/Revue Canadienne des Sciences du Comportement 35 (2003), S. 13–24.

Schelling, Thomas: The Strategy of Conflict, 1. Auflage, Cambridge (Mass.) 1960.

Schleichert, Hubert: Wie man mit Fundamentalisten diskutiert, ohne den Verstand zu verlieren – Anleitung zum subversiven Denken, 11. Auflage, München 2021.

Schlösser, Tim: Druckausübung in Vertragsverhandlungen – Eine ökonomische Analyse zum allgemeinen Zivilrecht, 1. Auflage, München 2014.

Schmitz, Raimund/Spilker, Ulrich/Schmelzer, Josef A.: Strategische Verhandlungsvorbereitung – Ein Leitfaden mit Arbeitshilfen, wie Sie Ihre Ziele in 5 Schritten sicher erreichen, 1. Auflage, Wiesbaden 2006.

Schneider, Andrea K./Tinsley, Catherine H./Cheldelin, Sandra/Amanatullah, Emily T.: Likeability v. Competence: The Impossible Choice Faced by Female Politicians, Attenuated by Lawyers, Duke Journal of Gender Law & Policy 17 (2010), S. 363–384.

Schopenhauer, Arthur: Eristische Dialektik oder die Kunst, Recht zu behalten in 38 Kunstgriffen dargestellt, 7. Auflage, Frankfurt a.M. 2009 (Manuskript ca. 1830).

Schott, Barbara/Troczynski, Peter: Verhandeln, 3. Auflage, Freiburg 2020.

Schranner, Matthias: Teure Fehler – Die 7 größten Irrtümer in schwierigen Verhandlungen, 9. Auflage, Berlin 2009.

Schranner, Matthias: Verhandeln im Grenzbereich, 16. Auflage, München 2014.

Schroevers, Sander M./Lewis, Ian R.: Negotiations in English, 1. Auflage, Freiburg 2010.

Schulze, Reiner/Zoll, Fryderyk: Europäisches Vertragsrecht, 3. Auflage, Baden-Baden 2020.

Schweitzer, Maurice/Croson, Rachel T. A.: Curtailing Deception: The Impact of Direct Questions on Lies and Omissions, International Journal of Conflict Management 3 (1999), S. 225–248.

Sebenius, James K.: Level Two Negotiations: Helping the Other Side Meet Its „Behind-the-Table" Challenges, Negotiation Journal 29 (2013), S. 7–21.

Senger, Harro von: Strategeme, Lebens- und Überlebenslisten der Chinesen – die berühmten 36 Strategeme aus drei Jahrtausenden, 4. Auflage, Bern 1988.

Shaughnessy, Brooke/Mislin, Alexandra/Hentschel, Tanja: Should He Chitchat? The Benefits of Small Talk for Male Versus Female Negotiators, Basic and Applied Social Psychology 37 (2015), S. 105–117.

Shell, Richard G.: Bargaining for Advantage – Negotiation Strategies for Reasonable People, 2. Auflage, New York, London 2006.

Shefrin, Hersh M./Thaler, Richard H.: The behavioural life cycle hypothesis, Economic Inquiry 4 (1988), S. 609–643.

Shonk, Katherine: The „Sandberg Effect": Why Women Are Asking for More, Program on negoti-ation, Negotiation Strategies for Women, Program on Negotiation 11 (2013), S. 7–10.

Shonk, Katherine: Women Negotiators: Focus on the Power and Status, Program on negotiation, Business Negotiation Strategies for Women, Program on Negotiation 11 (2013), S. 12–16.

Siegert, Ingo/Niebuhr, Oliver: Speech Signal Compression Deteriorates Acoustic Cues to Percei-ved Speaker Charisma, in: Hillman, Stefan/Weiss, Benjamin/Michael, Thilo/Möller, Sebastian (Hrsg.), Elektronische Sprachsignalverarbeitung 2021 – Tagungsband der 32. Konferenz, Ber-lin 2021.

Simon, Herbert A.: Models of Bounded Rationality: Empirically grounded economic reason, 1. Auflage, Cambridge (Mass.) 1997.

Small, Deborah A./Gelfand, Michele/Babcock, Linda/Gettmann, Hilary: Who goes to the Bar-gaining Table? The Influence of Gender and Framing on the Initiation of Negotiation, Journal of Personality and Social Psychology 93 (2007), S. 600–613.

Smith, Thomas H.: Metaphor for Navigating Negotiations, Negotiation Journal 21 (2005), S. 343–364.

Smyser, W. R.: How Germans Negotiate, 1. Auflage, Washington, D.C. 2003.

Smyth, Leo F.: Escalation and Mindfulness, Negotiation Journal 28 (2012), S. 45–72.

Solnick, Sara J.: Gender differences in the ultimatum game, Economic Inquiry 29 (2001), S. 189–200.

Solomon, Richard H./Quinney, Nigel (Hrsg.): American Negotiating Behavior: Wheeler-Dealers, Legal Eagles, Bullies, and Preachers, 1. Auflage, Washington, D.C., 2010.

Staw, Barry M.: Knee-Deep in the Big Muddy: A Study of Escalating Commitment to a Chosen Course of Action, Organizational Behavior and Human Performance 1 (1976), S. 27–44.

Steedman, Ian: Reservation Price and Reservation Demand, in: Macmillan, Palgrave (Hsrg.) The New Palgrave. A Dictionary of Economics, 1. Auflage London 1987, S. 158–159.

Stelmach, Jerzy/Brozek, Bartosz: Theorie der juristischen Verhandlungen, 1. Auflage, Baden-Baden 2014.

Stern, Patrice/Mouton, Jean: La Boîte à outils de la Négociation, 2. Auflage, Paris 2014.

Stone, Douglas/Heen, Sheila: Thanks for The Feedback – The Science and Art of Receiving Feed-back Well, 1. Auflage, New York 2014.

Stone, Douglas/Patton, Bruce/Heen, Sheila: Difficult Conversations – Your Boss, Your Spouse, Your Friends, Your Kids, Your Clients, 1. Auflage, London 2000.

Strack, Fritz/Mussweiler, Thomas: Explaining the Enigmatic Anchoring Effect: Mechanisms of Selective Accessibility, Journal of Personality and Social Psychology 3 (1997), S. 437–446.

Straker, David: Changing Minds – in Detail, 2. Auflage, Crowthrone 2010.

Strempel, Ilse: Das Auge – Spiegel der Seele, Marburger Unijournal 19 (2004), S. 36–39.

Stuart, Harborne W. Jr.: Surprise Moves in Negotiation, Negotiation Journal 20 (2004), S. 239–251.

Stuhlmacher, Alice F./Citera, Maryalice/Willis, Toni: Gender Differences in Virtual Negotiation: Theory and Research, Sex Roles 57 (2007), S. 329–339.

Subramanian, Guhan: Negotiauctions: New Dealmaking Strategies for a competitive Marketplace, 1. Auflage, New York 2010.

Suh, Kil-Soo: Impact of communication medium on task performance and satisfaction; an examina-tion of media-richness theory, Information & Management 35 (1999), S. 295–312.

Sun Tzu: Die Kunst des Krieges, 14. Auflage, Hamburg 2015 (benannt nach Sunzi ca. 500 v. Chr.).

Susskind, Lawrence E.: The Siting Puzzle – Balancing Economic and Environmental Gains and Losses, Environmental Impact Assessment Review 5 (1985), S. 157–163.

Susskind, Lawrence E.: Ten Propositions Regarding Critical Moments in Negotiation, Negotiation Journal 20 (2004), S. 339–340.

Susskind, Lawrence E.: Good for you – Great for Me: Finding the Trading Zone and Winning at Win-Win Negotiation, 1. Auflage, Philadelphia 2014.

Sutter, Matthias/Bosman, Ronald/Kocher, Martin/van Windern, Frans: Gender pairing and bargaining: Beware the same sex!, Working Papers in Economics and Statistics 27 (2008), S. 1–27.

Sydow, Jörg/Schreyögg, Georg/Koch, Jochen: Organizational Path Dependence: Opening the black box, Academy of Management Review 4 (2009), S. 689–702.

Sydow, Jörg/Duschek, Stephan: Netzwerkzeuge – Tools für das Netzwerkmanagement, 1. Auflage, Wiesbaden 2013.

Thaler, Richard H.: Mental Accounting Matters: Journal of Behavioral Decision Making 3 (1999), S. 183–206.

Thaler, Richard H./Sunstein, Cass R.: Nudge: Improving Decisions about Health, Wealth and Happiness, 1. Auflage , New Haven 2008.

Thiele, Albert: Die Kunst zu überzeugen – Faire und unfaire Dialektik, 8. Auflage, Berlin 2006.

Thomas, Kenneth W./Kilmann, Ralph H.: Conflict Mode Instrument, 1. Auflage, New York 1974.

Thompson, Leigh L./Hastie, Reid: Social Perception in Negotiation, Organizational Behavior and Human Decision Processes 1 (1990), S. 98–123.

Thompson, Leigh L./Valley, Kathleen/Kramer, Roderick M.: The Bittersweet Feeling of Success: An Examination of Social Perception in Negotiation, Journal of Experimental Social Psychology 31 (1995), S. 467–492.

Thompson, Leigh L. (Hrsg.): Negotiation Theory and Research, 1. Auflage, New York 2006.

Thompson, Leigh L.: The Mind and Heart of the Negotiator, 6. Auflage, Harlow 2014.

Thorndike, Edward. L.: A Constant Error in Psychological Ratings, Journal of Applied Psychology 1 (1920), S. 25–29.

Tinsley, Catherine H./Amanatullah, Emily T.: Backlash: Who Does it, When and Why?, IACM 21st Annual Conference Paper, S. 1–35.

Trebilcock, Michael J.: The Limits of Freedom of Contract, 1. Auflage, Cambridge (Mass.) 1993.

Tu, Jung-Tsung: Impact of Culture on International Business Negotiation, 1. Auflage, Boca Raton 2007.

Tversky, Amos/Kahneman, Daniel: Availability: A Heuristic for Judging Frequency and Probability, Cognitive Psychology 2 (1973), S. 207–232.

Tversky, Amos/Kahneman, Daniel: Judgement Under Uncertainty: Heuristics and Biases, Science 4157 (1974), S. 1124–1131.

Tversky, Amos/Kahneman, Daniel: The Framing of Decisions and the Psychology of Choice, Science 4481 (1981), S. 453–458.

Uher, Thomas E./Davenport, Philip: Fundamentals of Building Contract Management, 2. Auflage, Sydney 2009.

Urlacher, Brian R.: Groups, Decision Rules, and Negotiation Outcomes: Simulating the Negotiator's Dilemma, Negotiation Journal 30 (2014), S. 5–22.

Ury, William L.: Getting to Yes With Yourself and Other Worthy Opponents, 1. Auflage, New York 2015.

Ury, William L.: Must We Fight? From the Battlefield to the Schoolyard – A New Perspective on Violent Conflict and Its Prevention, 1. Auflage, San Francisco 2002.

Ury, William L.: The Third Side: How We Fight and How We Can Stop, 2. Auflage, New York 2000.

Voeth, Markus/Herbst, Uta: Verhandlungsmanagement – Planung, Steuerung und Analyse, 2. Auflage, Stuttgart 2015.

Vrij, Aldert/Mann, Samantha: Detecting Deception: The Benefit of Looking at a Combination of Behavioral, Auditory and Speech Content Related Cues in a Systematic Manner, Group Decision and Negotiation 13 (2004), S. 61–79.

Vuorela, Taina: Laughing Matters: A Case Study of Humor in Multicultural Business Negotiations, Negotiation Journal 21 (2005), S. 105–130.

Wachs, Friedhelm: Faktor V – Die fünf Phasen erfolgreichen Verhandelns, 1. Auflage, Weinheim 2012.

Wachter, Renée M.: The effect of gender and communication mode on conflict resolution, Computers in Human Behavior 15 (1999), S. 763–782.

Walters, Amy E./Stuhlmacher, Alice F./Meyer, Lia L.: Gender and Negotiator Competitiveness: A meta analysis, Organizational Behavior and Human Decision Processes 76 (1998), S. 1–29.

Walz, Robert: Verhandlungstechniken für Notare, 1. Auflage, München 2003.

Wang, Hui-Chih/Doong, Her-Sen: Revisiting the Task-Media Fit Circumflex: A further examination of negotiation tasks, Information & Management 55 (2014), S. 738–746.

Wannenwetsch, Helmut: Erfolgreiche Verhandlungsführung in Einkauf und Logistik, 4. Auflage, Berlin, Heidelberg 2013.

Ward, Andrew/Disston, Lauren G./Brenner, Lyle/Ross, Lee: Acknowledging the Other Side in Negotiation, Negotiation Journal 24 (2008), S. 269–285.

Watkins, Michael: Breakthrough in Business Negotiations: A Toolbox for Managers, 1. Auflage, San Francisco 2002.

Watzenberg, Anja: Der Homo Oeconomicus und seine Vorurteile: Eine Analyse des zivilrechtlichen Benachteiligungsverbots, 1. Auflage, Berlin, Boston 2014.

Wendler, Axel/Hoffmann, Helmut: Technik und Taktik der Befragung, 2. Auflage, Stuttgart 2015.

Wheeler, Michael: The Fog of Negotiation: What Negotiators Can Learn from Military Doctrine, Negotiation Journal 29 (2013), S. 23–38.

Wheeler, Micheal: The Art of Negotiation. How to Improve in a Chaotic World, 1. Auflage, New York 2013.

White, Sally B./Neale, Margaret A.: The role of negotiator aspirations and settlement expectancies in bargaining outcomes, Organizational Behavior and Human Decision Processes 57 (1994), S. 303–317.

Wiesner, Donald A./Glaskowsky, Nicholas A.: Illustrated Negotiator's Glossary, 1. Auflage, Coral Gables 2001.

Williams, Gerald A./Craver, Charles: Legal negotiating, 1. Auflage, St. Paul 2007.

Williamson, Oliver E.: The Economics of Organization: The Transaction Cost Approach, The American Journal of Sociology 87 (1981), S. 548–577.

Williamson, Oliver E.: The Economic Institutions of Capitalism, 1. Auflage, New York, 1985.

Williamson, Oliver E.: Transaction Costs Economics, in: Schmalensee, Richard/Willig, Robert (Hrsg.), Handbook of Industrial Organization, Vol. I, 1. Auflage, Amsterdam 1989.

Wilson, Paul R.: Perceptual Distortion of Height as a Function of Ascribed Academic Status, The Journal of Social Psychology 1 (1968), S. 97–102.

Wilson, Timothy D./Dunn, Dana S./Bybee, Jane A./Hyman, Diane B./Rotondo, John A.: Effects on Analyzing Reasons on Attitude-Behavior Consistency, Journal of Personality and Social Psychology 47 (1984), S. 5–16.

Wilson, Timothy D./Gilbert, Daniel T.: Affective Forecasting, Knowing What to Want, Current Directions in Psychological Science 14 (2005), S. 131–134.

Wilson, Timothy D./Houston, Christopher E./Etling, Kathryn M./Brekke, Nancy: A New Look at Anchoring Effects. Basic Anchoring and Its Antecedents, Journal of Experimental Psychology General 4 (1996), S. 387–402.

Young, Mark/Schlie, Erik: The Rhythm of the Deal: Negotiation as a Dance, Negotiation Journal 27 (2011), S. 191–203.

Zamir, Eyal/Teichman, Doron (Hrsg.): The Oxford Handbook of Behavioral Economics and the Law, 1. Auflage, Oxford 2014.

Zimmermann, Don H./West, Candace: Sex Roles, Interruptions and Silences in Conversation, Language and Sex: Difference and Dominance, in: Thorne, Barrie/Henley, Nancy (Hrsg.), Language and Sex. Difference and Dominance, 1. Auflage, Rowley (MA.) 1975, S. 105–129.

Zhang, Quiang/Zhong, Zheng/Yang, Mingna/Fu, Jianbo: Shangwu Tanpan (Business Negotiations), 3. Auflage, Beijing 2018.

Weitere Quellen

American Bar Association: Profile of the Legal Profession, 2022 (abrufbar unter: https://www. abalegalprofile.com/index.html, zuletzt abgerufen am 12.09.2022).

Baker&McKenzie/PILPG: The International Negotiations Handbook – Success through Preparation, Strategy and Planning, 2007 (abrufbar unter: http://www.bakermckenzie.com, zuletzt abgerufen am 29.08.2022).

Glick, Sylvia: Fairness in Negotiation – Understanding the norms of fairness in negotiation, in: Harvard Law School, Program on Negotiation – Daily Blog, 06. September 2022 (abrufbar unter: https://www.pon.harvard.edu/daily/negotiation-skills-daily/being-fair-and-getting-what-you-want/, zuletzt abgerufen am 12.09.2022).

Harvard Law School: BATNA Basics: Boost your Power at the Bargaining Table, Program on negotiation, Cambridge (Mass.) 2012, S. 1–8.

Harvard Law School: Crisis Communication – How to Avoid Being Held Hostage by Crises Negotiations, Program on negotiation, Cambridge (Mass.) 2012, S. 1–8.

Harvard Law School: Dealing with Difficult People, Free Report, Cambridge (Mass.) 2013, S. 1–17.

Harvard Law School: How to Negotiate Better Business Deals, Program on negotiation, Cambridge (Mass.) 2014, S. 1–15.

Harvard Law School: Negotiation Strategies and Negotiation Techniques to Help you Become a Better Negotiator, Program on negotiation, Cambridge (Mass.) 2014, S. 1–17.

Harvard Law School: Negotiation Strategies For Women – Secrets to Success, Program on negotiation, Cambridge (Mass.) 2013, S. 1–25.

Harvard Law School: Real Leaders Negotiate – Understanding the Difference between Leadership and Management, Free Report, Cambridge (Mass.) 2015, S. 1–31.

Harvard Law School: – Sales Negotiations – How to get to Win-Win, Negotiation Special Report, Cambridge (Mass.) 2013, S. 1–25.

Harvard Law School: Win-Win or Hardball? Learn Top Strategies from Sports Contract Negotiations, Free Report, Cambridge (Mass.) 2012, S. 1–9.

Medvec, Victoria H./Leonardelli, Geoffrey J./Galinsky, Adam D./Claussen-Schulz, Aletha: Choice and Achievement at the Bargaining Table: The Distributive, Integrative and Interpersonal Advantage of Making Multiple Equivalent Simultaneous Offers, IACM 18th Annual Conference, June 1, 2005, S. 1–30.

Shell Canada Limited: Public Engagement, Quest CCS Project, Annual Summary Report, Alberta Department of Energy, 2013, Section 9 (abrufbar unter: https://open.alberta.ca/dataset/dff12913-36f7-4962-aae1-406b60b11dcf/resource/d7d4d0bf-9f1f-4587-89ca-14facbcf58a6/download/ccsquestreport2013.pdf, zuletzt abgerufen am 12.09.2022.)

Internetquellen

Changing minds: http://changingminds.org/disciplines/negotiation/tactics/tactics.htm (zuletzt abgerufen am 29.8.2022).

Harvard Law School – Program on Negotiation – Daily Blog: http://www.pon.harvard.edu/blog/ (zuletzt abgerufen am 29.8.2022).

Hofsteede, Geert: www.hofstede-insights.com (zuletzt abgerufen am 05.09.2022)

Karrass: http://www.karrass.com/blog/ (zuletzt abgerufen am 29.8.2022).

Peter Barron Stark Companies – Blog: http://www.peterstark.com/category/negotiating-tactics/ (zuletzt abgerufen am 29.8.2022).

Soll, Jack B./Milkman, Katherine L./Payne, John W.: A User's Guide to Debiasing, https://onlinelibrary.wiley.com/doi/pdf/10.1002/9781118468333, 2014, S. 1–29 (zuletzt abgerufen am 29.8.2022).

Stichwortverzeichnis

Zahlen und Indexbegriffe
5 Ps *siehe unter* 80-20-Regel
7-38-55-Regel 27
30-percent-rule *siehe unter* first offer
30-Prozent-Regel *siehe unter* first offer
70-30-Regel 27
80-20-Regel 28

A
Aber Ja-Antwort 28
Abnehmende Raten des Nachgebens *siehe
        unter* diminishing rates of concession
Abschlussfragen 29
Absichtserklärung *siehe unter* letter of intent
        (LOI) und memorandum of
        understanding (MoU)
Abweichende Interessen *siehe unter* Harvard
        Verhandlungskonzept
ACBD 29
Acceptance criteria *siehe unter* negotiation value
Add-on *siehe unter* Salamitaktik
Adopt an outsider lens 30
Adverse selection *siehe unter* Akerlof-Markt
Advocatus diaboli 30
After agreement demand 31
AGB *siehe unter* Inhaltskontrolle
AGB-gestützte Verhandlungstaktik 31
Agency costs *siehe unter* Principal-Agent-
        Problematik
Agency dilemma *siehe unter* Principal-Agent-
        Problematik
Agency theory *siehe unter* Principal-Agent-
        Problematik
Agenda 32
Agreement bias *siehe unter* BATNA

Ähnlichkeitsschluss *siehe unter* Analogie
Aim high *siehe unter* ambitious target
        price setting
Akerlof Markt 33
Aktives Zuhören 34
Allerletztes Angebot *siehe unter* BAFO
Allgemeine Geschäftsbedingungen (AGB)
        siehe unter Inhaltskontrolle
All I´ve got 35
All-party map *siehe unter* think beyond the table
Alternativlosigkeit *siehe unter* TINA
Ambiguous authority 35
Ambitioniertes Setzen eines Zielpreises *siehe
        unter* ambitious target price setting
Ambitious target price setting 36
Ampelsysteme 37
Analogieschluss 38
Analytiker 39
Anamnese *siehe unter* Informationsbeschaffung
Anchoring 39
Anchoring effect *siehe unter* anchoring
Änderung der Standards *siehe unter* change the
        standards
Anfechtung *siehe unter* arglistige Täuschung
A-nicht-A-Fragen *siehe unter* A-not-A
        questions
Ankerdiskreditierung *siehe unter* anchoring
Ankerheuristik *siehe unter* anchoring
Ankern *siehe unter* anchoring
Anmerkungen *siehe unter* annotations
Annotations 43
A-not-A question 44
Antiwörter vermeiden 44
Anwalt des Teufels *siehe unter* advocatus
        diaboli
Arbeitsgruppen 45

Arglistige Täuschung 46
Argumentationslast *siehe unter* Begründungslast
Argumente des Verhandlungspartners nutzen 47
Argumentum ad auditores *siehe unter* Vorbringen
    einer falschen Rechtsansicht
Argumentum a simile *siehe unter* Analogieschluss
Aspiration level *siehe unter* aspiration point
Aspiration point 47
Attribute framing *siehe unter* framing
Auf den Busch klopfen 49
Aufklärungspflicht 50
Aufmerksammachen *siehe unter* warnen
    statt drohen
Aufpolstern *siehe unter* padding
Auftragsbestätigung *siehe unter* kaufmännisches
    Bestätigungsschreiben
Auge um Auge, Zahn um Zahn *siehe unter*
    tit-for-tat (TFT)
Auktion 51
Aus einer Mücke einen Elefanten machen *siehe*
    unter Übertreibungen
Ausgangssituation *siehe unter* status quo bias
Auskunftspflichten 52
Ausnahmeargument 52
Autonomer Vertragsabschluss *siehe unter*
    autonome Verhandlungen
Autonome Verhandlungen durch Software 53
Availability bias 54

B
Back office 54
Backlash effects 55
BAFO (Best and final offer) 56
Bait and switch-Taktik *siehe unter* Lockangebot
Bandwagon effect *siehe unter* Taktik der
    kleinen Menge
Bargaining in the shadow of the law 56
Bargaining range *siehe unter* ZOPA
Basarstrategie 57
Basartaktik 57
BATNA (best alternative to a negotiated
    agreement) 57
BATNA und Verhandlungsreihenfolge 62
Bauen einer goldenen Brücke *siehe unter*
    building a golden bridge
Bauernopfer *siehe unter* Gesicht wahren
Be specific *siehe unter* ambitious target
    price setting
Be tough talk nice 62

Begründender Sprachstil *siehe unter*
    Begründungen
Begründungen 63
Begründungslast 63
Behavioural decision research *siehe unter*
    behavioural economics
Behavioural economics 64
Bemühensklauseln *siehe unter* leeres Versprechen
Bereit sein für Fehler des
    Verhandlungspartners 64
Beschränkte Vollmacht 65
Besitztumseffekt *siehe unter* endowment effect
Besseres Angebot 66
Bestechlichkeit *siehe unter* Bestechung
Bestechung 67
Betrug 68
Betrugsdilemma 69
Better offer *siehe unter* besseres Angebot
Better than that 70
Beziehung *siehe unter* rapport
Bias 70
Bid invitation *siehe unter* change the standards
Big fish 72
Billige Äußerungen *siehe unter* cheap talk
Bis an den Rand des Abgrundes gehen *siehe*
    unter brinkmanship
Black hat/white hat *siehe unter* good guy/bad guy
Blockadestrategie 73
Blue pencil test *siehe unter* Inhaltskontrolle
Bogey *siehe unter* padding
Boilerplates 73
Boomerang *siehe unter* Argumente des
    Verhandlungspartners
Boulwarism 74
Bracketing 75
Break it off 76
Brinkmanship 77
Budget limitation *siehe unter* Budgetbegrenzung
Budgetbegrenzung 78
Buhmann-Methode *siehe unter* beschränkte
    Vollmacht
Building a golden bridge 79
Building rapport *siehe unter* rapport
Bullet points *siehe unter* term sheet

C
Calculated delay 80
Call for tenders *siehe unter* change the standards
Calling a higher authority 81

Camel's nose metapher *siehe unter* Fuß-in-der-
Tür-Taktik
Chamäleon-Effekt *siehe unter* Körpersprache
Change the negotiator 82
Change the standards 82
Cheap talk 83
Cherry picking 84
Chicken 85
Chinese auction *siehe unter* besseres Angebot
Chit-chat 86
Claim-Management 87
Cognitive bias *siehe unter* bias
Columbo 89
Columbo-Taktik *siehe unter* Columbo
Commander *siehe unter* Analytiker
Common enemy *siehe unter* chit-chat
Common value assets *siehe unter* Auktion
Computer based negotiations *siehe unter*
autonome Verhandlungen durch
Software
Computer mediated communication (CMC)
siehe unter E-Mail
Confirmation bias *siehe unter* Eindruck
Considered response *siehe unter* überlegt
antworten
Control the agenda *siehe unter* Agenda
Core concerns framework 89
Correspondence bias *siehe unter* bias
Credible threat 91
Cui bono 91
Culpa in contrahendo (c.i.c.) 91

D

Da könnte ja jeder kommen *siehe unter*
floodgate argument
DAD approach 94
Dammbruchargument *siehe unter* floodgate
argument
Daran soll es doch nicht scheitern *siehe unter*
Salamitaktik
Das ist alles, was ich anbieten kann *siehe unter*
all I've got
Datenschutz 94
DDD approach 95
Deadline 96
Deadlock 97
Deal-breaker 98
Decide, announce defend *siehe unter* DAD
approach

Decider *siehe unter* decision-maker
Decision-maker 100
Default option *siehe unter* status quo bias
Defence in depth *siehe unter* beschränkte
Vollmacht
Defensive Claim-Strategie *siehe unter*
Claim-Management
Delight factor *siehe unter* padding
Den Dummen spielen *siehe unter* play dumb
Devil's advocate *siehe unter* advocatus diaboli
Dialogue, decide, deliver *siehe unter* DDD
approach
Dickering *siehe unter* Basartaktik
Differenz aufteilen *siehe unter* split the difference
Dilemma des Informationsaustausches *siehe*
unter negotiator's dilemma
Diminishing rates of concessions 101
Dispositives Recht 102
Distributive negotiation *siehe unter* distributive
Verhandlungen
Distributive Verhandlungen 102
DITF, door-in-the-face technique *siehe unter*
Tür-ins-Gesicht-
Divide and conquer 103
Don't reward bad behaviour *siehe unter*
generous tit-for-tat
Doppelte Schriftformklausel 103
Double bracketing *siehe unter* bracketing
Down- und Bottom-Up-Kommunikation
siehe unter Principal-Agent-
Problematik
Dritter Weg *siehe unter* Harvard
Verhandlungskonzept
Drohung 104
Drucktaktiken 106
Durchsetzungsvermögen 107

E

EANT (Ethically ambiguous negotiation
tactics) 109
Eckpunktepapiere *siehe unter* term sheet
Efficient breach of contract *siehe unter*
Vertragsbruch
Efficient frontier *siehe unter* negotiation pie
Effizienter/sinnvoller Vertragsbruch *siehe unter*
Vertragsbruch
Einbahnstraßen-Prinzip *siehe unter* Agenda
Eindruck (erster und letzter) 110
Eine Münze werfen *siehe unter* flip a coin

Einen Spaziergang machen *siehe unter* go for a walk
Einfache Schriftformklausel *siehe unter* doppelte Schriftformklausel
Einfühlungsvermögen *siehe unter* Empathie
Eingehungsbetrug *siehe unter* Betrug
Einigungszone *siehe unter* ZOPA
Einschließungstaktik *siehe unter* Lock-in-Taktik
Einschüchterungstaktik *siehe unter* big fish
Eintextverhandlungen 110
Electronic Multitasking 112
E-Mail 108
Emotionale Begründung *siehe unter* Begründung
Emotionale Verhandlungsebene *siehe unter* Verhandlungsebenen
Emotionen 112
Empathie 113
Empty promises *siehe unter* leeres Versprechen
Endgültig, fair und verbindlich *siehe unter* Boulwarism
Endowment effect 114
E-negotiation *siehe unter* E-Mail
Englische Auktion *siehe unter* Auktion
Entscheiden, verkünden und verteidigen (EVV) *siehe unter* DAD approach
Entscheider *siehe unter* decision-maker
Entscheidungsmatrix *siehe unter* Ampelsysteme
Ergebnisprotokolle *siehe unter* Protokolle
Erstes Angebot *siehe unter* first offer
Ethisch fragwürdige Verhandlungstaktiken *siehe unter* EANT (ethically ambiguous negotiation tactics)
Etwas in Reserve behalten *siehe unter* keep something in reserve
Expanding the pie *siehe unter* negotiation pie
Exploding offer *siehe unter* deadline
Extension neglect *siehe unter* bias
Extreme but flexible *siehe unter* first offer

F
Face-to-face 116
Facilitation payments *siehe unter* Bestechung
Faires Verhandeln 116
Fairness-Normen 117
Fait accompli *siehe unter* Fakten schaffen
Faking *siehe unter* Irreführung
Fakten schaffen 119
Falsche Endzeit *siehe unter* false deadline
False deadline 120

FC approach 121
Fehler 121
Feiglingspiel *siehe unter* chicken
Feilschen *siehe unter* haggling
Final, fair and firm *siehe unter* Boulwarism
Final offer arbitration (FOA) 122
Find something in common 122
First offer 122
Fixed pie *siehe unter* negotiation pie
Fixed pie bias *siehe unter* negotiation pie
Fixed pie illusion *siehe unter* negotiation pie
Flexibility dilemma *siehe unter* Principal-Agent-Problematik
Flinch *siehe unter* wince
Flip a coin 123
Floodgate argument 124
Fluch des Siegers *siehe unter* Auktion
FOG (facts, opinions, guesses) 124
Foggy recall 125
Foot-in-the-door technique (FITD) *siehe unter* Fuß-in-der-Tür-Taktik
Forderung nach Einigung *siehe unter* after agreement demand
Fractionating *siehe unter* Salamitaktik
Fragen 125
Framing 126
Framing Effekt *siehe unter* framing
Fremdvergleich *siehe unter* Analogieschluss
Freude verstecken *siehe unter* hide your glee
Friss' oder stirb' *siehe unter* take it or leave it
Fristen *siehe unter* deadline
FTF *siehe unter* face-to-face
Fuß-in-der-Tür-Taktik 127

G
Gain frame *siehe unter* framing
Geduld 127
Gefangenendilemma *siehe unter* negotiator's dilemma
Gegenanker *siehe unter* anchoring
Gegenbewegung *siehe unter* backlash effects
Gegenläufige Interessen *siehe unter* Harvard Verhandlungskonzept
Geheimhaltungsvereinbarung *siehe unter* non-disclosure agreement (NDA)
Gemeinsame Interessen *siehe unter* Harvard Verhandlungskonzept
Gemeinsamkeiten *siehe unter* find something in common

Gender *siehe unter* Geschlecht
Gender in context *siehe unter* Gender
Generous tit-for-tat (GTFT) 128
Geplauder *siehe unter* chit-chat
Gesamtbildverantwortliche *siehe unter* missing the big picture
Geschlecht 128
Gesicht wahren 133
Gesichtsverlust *siehe unter* Gesicht wahren
Gespräche führen, entscheiden, umsetzen *siehe unter* DDD approach
Getting to yes *siehe unter* Harvard Verhandlungskonzept
Gewagte Politik *siehe unter* brinkmanship
Glaubhafte Drohung *siehe unter* credible threat
Go for a walk 133
Goal framing *siehe unter* framing
Good cop/bad cop *siehe unter* good guy/bad guy
Good guy/bad guy 134
Graubereich *siehe unter* deal-breaker
Graue Eminenz *siehe unter* decision-maker
Großzügiges wie du mir, so ich dir *siehe unter* generous tit-for-tat
GTFT *siehe unter* generous tit-for-tat
Guidelines *siehe unter* prenegotiation plan
Guter Polizist/böser Polizist *siehe unter* good guy/ bad guy

H
Haggling *siehe unter* Basartaktik
Halo-Effekt 135
Hard bargaining *siehe unter* distributive Verhandlungen
Hart in der Sache verbindlich im Ton *siehe unter* be tough talk nice
Hart in der Sache weich zum Menschen *siehe unter* be tough talk nice
Harvard-Verhandlungskonzept 136
Hedonic framing *siehe unter* mehrere kleine Zugeständnisse
Heiligenscheineffekt *siehe unter* Halo-Effekt
Herrschaftsgeste 140
Herrschende Meinung *siehe unter* Autoritätsargumentation
Hidden action *siehe unter* Principal-Agent-Problematik
Hidden characteristics *siehe unter* Principal-Agent-Problematik

Hidden intentions *siehe unter* Principal-Agent-Problematik
Hidden knowledge *siehe unter* Principal-Agent-Problematik
Hide your glee 27
Hindsight bias *siehe unter* bias
History matters *siehe unter* Pfadabhängigkeit
Hochzeitsrabatt *siehe unter* Nachverhandlungen
Hof-Effekt *siehe unter* Halo-Effekt
Hold-up problem *siehe unter* Nachverhandlungen
Holländische Auktion *siehe unter* Auktion
Horns effect *siehe unter* Halo-Effekt

I
Ideen des Verhandlungspartners weiterentwickeln 140
Identitätsebene *siehe unter* Verhandlungsebenen
Illusion des unveränderlichen Kuchens *siehe unter* negotiation pie
Illusion of conflict *siehe unter* negotiation pie
Illusion of control *siehe unter* bias
Impact bias *siehe unter* bias
Incompatibility bias 141
Indifference point *siehe unter* BATNA
Indiskutabel *siehe unter* undiscussable
Information overload 141
Informationen teilen 142
Informationsasymmetrie *siehe unter* Akerlof Markt
Informationsbedarfsanalyse 142
Informationsbeschaffung 143
Informationsindizien *siehe unter* Informationsbeschaffung
Informationskontrolle 144
Informationsquellen *siehe unter* Emotionen und unter Informationsbeschaffung
Inhaltskontrolle 145
Integrative negotiation *siehe unter* integrative Verhandlungen
Integrative Verhandlungen 147
Interessen *siehe unter* Harvard Verhandlungskonzept
Interessenorientierte Verhandlungen 147
Interest-based bargaining *siehe unter* interessenorientierte Verhandlungen
Into-the-wind-technique *siehe unter* E-Mail
Irreführung 148

Irrtümer *siehe unter* Missverständnisse
Irrtumsanfechtung 149
Ius cogens *siehe unter* zwingendes Recht

J

Ja, aber-Antwort 150
Ja/Nein-Fragen 150
Janus-faced present 151
Janusköpfiges Geschenk *siehe unter* Janus-
     faced present
Jumping on the bandwagon *siehe unter* Taktik
     der kleinen Menge
Just one more thing *siehe unter* Salamitaktik

K

Kartellrecht *siehe unter* Verbot des Missbrauchs
     einer marktbeherrschenden
Stellung
Kartellverbot 152
Kaufmännisches Bestätigungsschreiben 152
Keep something in reserve 153
Kein Präzedenzfall *siehe unter* Präzedenzfall
Knabberer *siehe unter* after agreement demand
Know your target 154
Kognitive Verzerrung *siehe unter* bias
K.-o.-Kriterium *siehe unter* deal-breaker
Kollidierende AGB 154
Kommunikationsverweigerung *siehe unter*
     refusal to communicate
Konkurrenzstrategie *siehe unter* win-lose-
     Strategie
Konsistenzeffekt *siehe unter* Argumente des
     Verhandlungspartners nutzen
Kontrahierungszwang *siehe unter* Vertragsfreiheit
Kooperationsstrategie *siehe unter* win-win
     Strategie
Körpersprache 155
Korruption *siehe unter* Bestechung
Krunch *siehe unter* better than that

L

Large slice bias *siehe unter* bias
Last gap 155
Last offer *siehe unter* BAFO
Last shot rule *siehe unter* kollidierende AGB
Leading *siehe unter* Körpersprache
Leeres Versprechen 156

Lernprozess *siehe unter* WWW
Letter of intent (LOI) 156
Letzte Verhandlungslücke *siehe unter* last gap
Letztes Angebot *siehe unter* BAFO
Lie detection *siehe unter* Täuschungen entdecken
Limited authority *siehe unter* beschränkte
     Vollmacht
Listige Täuschungen 157
Lockangebot 160
Lock-in-Taktik 160
Logrolling 161
Loss frame *siehe unter* framing
Loss of face *siehe unter* Gesicht wahren
Low-cost concession *siehe unter* deadlock
Lückenfüllungstaktik 161
Lückenhafte Regelungen 162
Lügen entdecken *siehe unter* Täuschungen
     entdecken

M

Magical number seven *siehe unter* wenige,
     starke Argumente
Maintaining face *siehe unter* Gesicht wahren
Make a mountain out of a molehill *siehe unter*
     Übertreibungen
Mapping influential player *siehe unter* think
     beyond the table
Maßstäbe *siehe unter* benchmark
Maximalziel *siehe unter* aspiration point
Maximise the total pie *siehe unter* negotiation pie
Mehraugenprinzip *siehe unter* Vieraugenprinzip
Mehrere Angebote *siehe unter* multiple offers
Mehrere kleine Zugeständnisse 162
Mehrpersonen-BATNA *siehe unter* multi-
     person BATNA
Memorandum of understanding (MoU) 163
MESO 163
Meta-anchoring 164
Meta-Anker *siehe unter* meta-anchoring
Midpoint rule 164
Minimalziel *siehe unter* deal-breaker
Mirroring *siehe unter* rapport
Missing the big picture 165
Missverständnis 165
Mitläufereffekt *siehe unter* Taktik der
     kleinen Menge
Mittelpunkt Regel *siehe unter* midpoint rule
Moral hazard 166
Moralisches Risiko *siehe unter* moral hazard

Moralische Versuchung *siehe unter* moral hazard
Moralisch-ethische Begründung *siehe unter* Begründung
Müll auf ihren Rasen werfen *siehe unter* niedrige Erwartungen
Multi-person BATNA 167
Multiple equivalent simultaneous offers *siehe unter* MESO
Münze werfen *siehe unter* flip a coin
Mutt and Jeff *siehe unter* good guy/bad guy
Mutual gains *siehe unter* win-win Strategie
Myers-Briggs-Typenindikator (MBTI) *siehe unter* Verhandlungsstil

N
Nachverhandlungen 168
Name dropping *siehe unter* big fish
NDA *siehe unter* non-disclosure agreement
NEA (Nichteinigungsalternative) *siehe unter* BATNA
Negative Eigenschaften *siehe unter* niedrige Erwartungen
Negative qualities *siehe unter* niedrige Erwartungen
Negotiation at the table *siehe unter* Principal-Agent-Problematik
Negotiation behind the table *siehe unter* Principal-Agent-Problematik
Negotiation dance *siehe unter* Basartaktik
Negotiation of merits *siehe unter* Harvard Verhandlungskonzept
Negotiation pie 170
Negotiation power 172
Negotiation style *siehe unter* Verhandlungsstil
Negotiation value 173
Negotiator's dilemma 169
Negotiauction 173
Nettowert des Verhandlungsergebnisses *siehe unter* negotiation value
Netzwerkeffekt *siehe unter* Pfadabhängigkeit
Neuer Antrag 174
Neutrale Beurteilungskriterien *siehe unter* Harvard Verhandlungskonzept
Neuverhandlung *siehe unter* Nachverhandlung
Nibbling *siehe unter* Salamitaktik
Nicht glücklich *siehe unter* not happy
Nichtlineare Kompromisse 175
Niedermachen *siehe unter* Niedrige Erwartungen
Niedrige Erwartungen 176

No-deal option *siehe unter* BATNA
Non-disclosure agreement (NDA) 177
Non-negotiable *siehe unter* undiscussable
NOPA *siehe unter* ZOPA
Norm of reciprocity 180
Not happy 180
Notiz über das Einvernehmen *siehe unter* memorandum of understanding (MoU)
Nullpunkt anchoring-Problem *siehe unter* anchoring

O
Ob-Fragen *siehe unter* Ja/Nein-Fragen
Offene Fragen 181
Offensive (aggressive) Claim-Strategie *siehe unter* Claim-Management
One text procedure *siehe unter* Eintextverhandlungen
Open ended questions *siehe unter* offene Fragen
Operative clauses *siehe unter* boilerplates
Opinion leader *siehe unter* decision-maker
Opportunistische Nachverhandlung *siehe unter* Nachverhandlungen
Optimism bias 181
Optionen 202
Orangenbeispiel 181
Organisator 182
Outsider lens *siehe unter* adopt an outsider lens
Over-commitment-Taktik *siehe unter* Nachverhandlungen

P
Package reservation value *siehe unter* deal-breaker
Padding 182
Pareto-optimal *siehe unter* Pareto-Optimum
Pareto-Optimum 183
Passive Claim-Strategie *siehe unter* Claim-Management
Path dependency *siehe unter* Pfadabhängigkeit
Patience *siehe unter* Geduld
Pause *siehe unter* Verhandlungspause
Peppercorn Theory *siehe unter* sofortige (kleine) Gegenleistung
Pfadabhängigkeit 183
Play dumb 184
Positionen *siehe unter* Harvard Verhandlungskonzept

Positionsorientierte Verhandlungen 185
Power posing *siehe unter* Herrschaftsgesten
Prämissenfragen 185
Präzedenzfall 186
Primacy effect *siehe unter* Begründungen
Prenegotiation plan 187
Principal-Agent-Problematik 187
Principled negotiations *siehe unter* Harvard
    Verhandlungskonzept
Prinzip der Kongruenzgeltung *siehe unter*
    kollidierende AGB
Privatautonomie *siehe unter* Vertragsfreiheit
Private value assets *siehe unter* Auktion
Process labelling *siehe unter* Drohung
Protect your BATNA 192
Protokollant *siehe unter* Protokoll
Protokoll 192
Pufferfrage 192
Put downs *siehe unter* niedrige Erwartungen
Put your money where your mouth is 193

Q

Quasi-endowment effect *siehe unter*
    endowment effect
Quivering quill *siehe unter* Salamitaktik

R

Radio-Eriwan-Antworten *siehe unter*
    Ja, aber-Antwort
Range offer *siehe unter* anchoring
Rapport 194
Ratification tactic *siehe unter* beschränkte
    Vollmacht
Rationale Begründung *siehe unter* Begründung
Rationale Verhandlungsebene *siehe unter*
    Verhandlungsebenen
Reactive devaluation 194
Reaktive Abwertung *siehe unter* reactive
    devaluation
Recency effect *siehe unter* Begründungen
Rechtliche Argumente 194
Rechtskontrolle *siehe unter* Inhaltskontrolle
Red flags *siehe unter* Ampelsysteme
Redlining *siehe unter* annotations
Reducing choice *siehe unter* Wahlmöglichkeit
    begrenzen
Referenzpunkt 196

Refusal to communicate 196
Regret aversion *siehe unter* status quo bias
Renegotiation *siehe unter* Nachverhandlung
Request for proposal (RFP) *siehe unter* change
    the standards
Reservation price *siehe unter* deal-breaker
Reservation value bzw. reservation point *siehe*
    unter deal-breaker
Resistance point *siehe unter* deal-breaker
Respekt 197
Retracking the deal 197
Reverse auction *siehe unter* Auktion
Reward in heaven *siehe unter* leeres
    Versprechen
Reziprozität *siehe unter* norm of reciprocity
Reziprozitätserwartung *siehe unter* norm of
    reciprocity
Reziprozitätstest *siehe unter* norm of
    reciprocity
Risky choice framing *siehe unter* framing
Role power *siehe unter* negotiation power
Rosinen picken *siehe unter* cherry picking
Rückschlag *siehe unter* backlash effects
Rule of pen 197
Russian Front 198
Russische Front *siehe unter* Russian front

S

Sackgasse *siehe unter* deadlock
Salamitaktik 198
Schallplatte mit Sprung *siehe unter* wenige,
    starke Argumente
Scheinbare Konnexität 199
Schlecht reden *siehe unter* niedrige Erwartungen
Schütze dein BATNA *siehe unter* protect
    your BATNA
Schweigen 200
Scope neglect *siehe unter* bias
Scoringsysteme *siehe unter* Ampelsysteme
Screening *siehe unter* Akerlof Markt
See you in court 201
Selbstknebelung 201
Setzen eines ambitionierten Zielpreises *siehe*
    unter ambitious target price setting
Seven elements of negotiation 202
Share information *siehe unter* Informationen teilen
Shrinking pie *siehe unter* negotiation pie

Sich an eine höhere Autorität wenden *siehe unter* calling a higher authority

Signale senden *siehe unter* signalling

Signalling 203

Signature limit lasso *siehe unter* beschränkte Vollmacht

Similar-to-me-Effekt 203

Similar-to-me-Taktik *siehe unter* similar-to-me-Effekt

Single-text negotiation *siehe unter* Eintextverhandlungen

Sittenwidrigkeit 204

Slippery slope *siehe unter* floodgate argument

Small pie bias *siehe unter* bias

Small talk *siehe unter* chit-chat

Smart bundling *siehe unter* mehrere kleine Zugeständnisse

Smart guy/stupid guy Taktik *siehe unter* play dumb

SMARTER *siehe unter* SMART-Zielformulierungstechnik

SMART-Zielformulierungstechnik 205

Sofortige (kleine) Gegenleistung 205

Soft bargaining 206

Someone-I-want-to-be-associated-with-Effekt *siehe unter* similar-to-me-Effekt

SOPHOP-Prinzip *siehe unter* Harvard Verhandlungskonzept

Source amnesia *siehe unter* Informationsbeschaffung

Spiegeln *siehe unter* rapport

Split the difference 206

Stakeholder *siehe unter* think beyond the table

Standardklauseln *siehe unter* boilerplates

Ständige Geschäftsbeziehung 207

Stärken, Schwächen, Chancen und Risiken Analyse *siehe unter* SWOT

Status quo bias 207

Störung der Geschäftsgrundlage 208

Strategic misrepresentation 208

Strukturelle Ungleichgewichtslage *siehe unter* Inhaltskontrolle

Substantive clauses *siehe unter* boilerplates

Suicide by cop *siehe unter* Gesicht wahren

Sunk cost bias 209

SWOT-Analyse (strength, weakness, opportunities and threats analyses) 210

Sympathie *siehe unter* similar-to-me-Effekt

T

Tag team approach *siehe unter* change the negotiator

Tagesordnung *siehe unter* Agenda

Take a break *siehe unter* Verhandlungspause

Take it or leave it 211

Taktik der kleinen Menge 211

Taktik des verschärften Wettbewerbs *siehe unter* besseres Angebot

Taktische Pause *siehe unter* Verhandlungspause

Tatsachen, Meinungen, Vermutungen *siehe unter* FOG (facts, opinions, guesses)

Täuschen und wechseln *siehe unter* bait and switch

Täuschungen entdecken 212

Teile und erobere *siehe unter* divide and conquer

Telefonische Verhandlung 215

Term sheet 215

Testfrage *siehe unter* Fragen

Test of reciprocity *siehe unter* norm of reciprocity

Teufelshorn-Effekt *siehe unter* Halo-Effekt

That would set a precedent *siehe unter* Präzedenzfall

The nibble *siehe unter* Salamitaktik

Theorie des letzten Wortes *siehe unter* kollidierende AGB

There is no alternative *siehe unter* TINA

Think beyond the table 216

This will hurt you more than it will hurt me 216

Thomas-Kilmann Conflict Mode Instrument *siehe unter* Verhandlungsstile

Throwing garbage at their lawn *siehe unter* niedrige Erwartungen

Time investment (theory) *siehe unter* sunk cost bias

TINA 217

Tit-for-tat (TFT) 218

TKI Methode *siehe unter* Verhandlungsstil

Toter Punkt *siehe unter* deadlock

Traded small movement close *siehe unter* deadlock

Transaktionskosten 219

Transformation dilemma *siehe unter* Principal-Agent-Problematik

Treiber 219

Trust dilemma *siehe unter* Principal-Agent-Problematik

Tür-ins-Gesicht-Taktik 220
Two-level BATNA *siehe unter* multi-
    person BATNA
Two-men rule *siehe unter* Vieraugenprinzip

U
Über den Verhandlungstisch hinausdenken
    siehe unter think beyond the table
Überblick verlieren *siehe unter* missing the big
    picture
Überlegt antworten 220
Überstrahlungseffekt *siehe unter* Halo-Effekt
Übertreibungen 221
Umfassender Konsens *siehe unter* FC approach
Umgekehrte Auktion *siehe unter* Auktion
Unberechenbarkeit 221
Undiscussable 222
Unklare Entscheidungsmacht *siehe unter*
    ambiguous authority
Unlautere Irreführung 223
Unterstellungsfragen *siehe unter* Prämissenfragen
Unveränderlicher Kuchen *siehe unter*
    negotiation pie
Unvollendete Lösungsvorschläge 223
Unzutreffende rechtliche Bedenken *siehe unter*
    Vorbringen einer

V
Verbindung *siehe unter* rapport
Verbot des Missbrauchs einer
    marktbeherrschenden Stellung 223
Verfälschende Erinnerung *siehe unter* foggy recall
Verhandeln für andere *siehe unter* backlash
    effects
Verhandeln im Schatten des Rechts *siehe unter*
    bargaining in the shadow of the law
Verhandlungsabbruch *siehe unter* break it off
Verhandlungsabschnitte 224
Verhandlungsdilemma *siehe unter* negotiator's
    dilemma
Verhandlungsebenen 224
Verhandlungsführer 225
Verhandlungsklausel 225
Verhandlungskuchen *siehe unter* negotiation pie
Verhandlungsmacht *siehe unter* negotiation power
Verhandlungspause 226
Verhandlungsphasen 227
Verhandlungsprotokolle *siehe unter* Protokolle

Verhandlungssackgasse *siehe unter* deadlock
Verhandlungsstil 227
Verhandlungsversteigerung *siehe unter*
    negotiauction
Verhandlungsvorbereitung *siehe unter*
    80-20-Regel
Verhandlungswert *siehe unter* negotiation value
Verhandlungsziel kennen *siehe unter* know
    your target
Verlaufsprotokolle *siehe unter* Protokolle
Vermeidungsstrategien der Inhaltskontrolle
    siehe unter Inhaltskontrolle
Verstrickungstaktik 229
Verteidigung in der Tiefe *siehe unter*
    beschränkte Vollmacht
Vertrag durchgehen *siehe unter* retracking
    the deal
Vertragsbruch 230
Vertragsfreiheit 231
Vertrauensdilemma *siehe unter* Principal-
    Agent-Problematik
Verzerrte Wahrnehmung bereits angefallener,
    irreversibler Kosten *siehe unter* sunk
    cost bias
Verzerrte Wahrnehmung der Nicht-Kompatibilität
    siehe unter incompatibility bias
Verzerrte Wahrnehmung irreversible Kosten
    siehe unter sunk cost bias
Verzerrung *siehe unter* bias
Videoverhandlungen 232
Vieraugenprinzip 235
Vollendete Tatsachen *siehe unter* Fakten schaffen
Von Angesicht zu Angesicht *siehe unter*
    face-to-face
Voraussetzungsfragen *siehe unter*
    Prämissenfragen
Vorbringen einer falschen Rechtsansicht 236
Vorverhandlungsplan *siehe unter*
    prenegotiation plan

W
Wahlmöglichkeit begrenzen 237
Wahrheitspflicht *siehe unter* culpa in
    contrahendo (c. i. c.)
Walk away term *siehe unter* deal-breaker
Warnen statt drohen 238
Was hat gut funktioniert *siehe unter* WWW
Was würdest du anders machen *siehe*
    unter WWYDD

Wasted work principle *siehe unter* sunk cost bias

Was-wäre-wenn-Frage 238

WATNA (worst alternative to a negotiated agreement) *siehe unter* BATNA

Weasel words *siehe unter* leeres Versprechen

Wechsel des Verhandlers *siehe unter* change the negotiator

We have never done that before *siehe unter* Präzedenzfall

Weiche Verhandlung *siehe unter* soft bargaining

Weighted-Negotiation-Score (WNS) *siehe unter* BATNA

Wem nützt dies *siehe unter* cui bono

Wenige, starke Argumente 239

What worked well *siehe unter* WWW

What would you do differently *siehe unter* WWYDD

White lies *siehe unter* listige Täuschung

Wie du mir, so ich dir *siehe unter* tit-for-tat (TFT)

Wince 239

Win-lose Strategie 240

Winner's curse *siehe unter* Auktion

Win-win Strategie 240

Wir sehen uns vor Gericht *siehe unter* see you in court

Work teams *siehe unter* Arbeitsgruppen

Working groups *siehe unter* Arbeitsgruppen

WWW 241

WWYDD 241

Y

Yes momentum *siehe unter* Abschlussfragen

Yes/no questions *siehe unter* Ja/Nein-Fragen

Yessable questions *siehe unter* Abschlussfragen

You go first *siehe unter* anchoring

Z

Zeitdruck *siehe unter* deadline

Zentrale Grundbedürfnisse *siehe unter* core concerns framework

Zero price effect 242

Zitternde Feder *siehe unter* Salamitaktik

Zoom Fatigue *siehe unter* Videoverhandlungen

ZOPA (zone of possible agreement) 242

Zuerst Abwehr der schwachen Argumente 244

Zwei gegen Einen 244

Zwei Verhandler 245

Zwingendes Recht 246

Zwischenergebnisse 246

GPSR Compliance

The European Union's (EU) General Product Safety Regulation (GPSR) is a set of rules that requires consumer products to be safe and our obligations to ensure this.

If you have any concerns about our products, you can contact us on ProductSafety@springernature.com

In case Publisher is established outside the EU, the EU authorized representative is:

Springer Nature Customer Service Center GmbH
Europaplatz 3
69115 Heidelberg, Germany

The manufacturer's authorised representative in the EU is Springer
Nature Customer Service Centre GmbH, Europaplatz 3, 69115 Heidelberg,
Germany. If you have any concerns regarding our products, please
contact ProductSafety@springernature.com

Printed and bound by CPI Group (UK) Ltd, Croydon, CR0 4YY
24/04/2026
02096365-0018